总主编简介

朱崇实，1982 年 2 月毕业于厦门大学经济系，获经济学学士学位；1990 年 5 月毕业于南斯拉夫贝尔格莱德大学国际经济系，获经济学博士学位。厦门大学原校长、厦门大学法学院教授、经济法学专业博士生导师，兼任中国法学会经济法学研究会副会长。主要著作 9 部（含合著），发表论文 40 余篇。主持或参与国家级、部省级科研课题 10 项，科研成果先后获"孙冶方经济科学奖""国家首届人文社科优秀成果奖"和"福建省社会科学优秀成果奖"等。

执行总主编简介

朱福惠，湖南娄底人，1961 年 7 月生。武汉大学法学博士，现为厦门大学法学院教授，宪法与行政法专业博士生导师，中国宪法学研究会副会长、中国法学会比较法学研究会理事。主要学术成果有：《宪法与制度创新》（法律出版社 2000 年版），《宪法至上——法治之本》（法律出版社 2000 年版），《宪法专论》（与刘连泰、周刚志合著，科学出版社 2007 年版），《宪法学原理》（主编，厦门大学出版社 2011 年版）。

主编简介

齐树洁，男，河北武安人，1954 年 8 月生。1972 年 12 月自福建泉州一中应征入伍，1978 年 4 月从新疆军区某部退役。1982 年 7 月毕业于北京大学法律系，获法学学士学位。1990 年 8 月毕业于厦门大学民商法专业，获法学硕士学位。2003 年 11 月毕业于西南政法大学诉讼法学专业，获法学博士学位。曾在西南政法学院、中国人民大学、香港大学、澳门大学、台湾政治大学、菲律宾雅典耀大学、英国伦敦大学、德国弗莱堡大学、法国巴黎第二大学、美国佛罗里达大学研修和访问。现为中国民事诉讼法学研究会副会长，中国仲裁法学研究会副会长，厦门大学法学院教授、博士生导师、司法改革研究中心主任。

高等学校法学精品教材系列

CIVIL PROCEDURE LAW

民事诉讼法

【第十三版】

根据2017年新《民事诉讼法》修订

齐树洁 • 主编

撰稿人：（以撰写章节先后为序）

齐树洁　卢正敏　林毅坚　陈恭健

丁兆增　张旭东　张　榕　郑贤宇

梁开斌　陈慰星

厦门大学出版社
XIAMEN UNIVERSITY PRESS
国家一级出版社
全国百佳图书出版单位

图书在版编目(CIP)数据

民事诉讼法/齐树洁主编.—13 版.—厦门:厦门大学出版社，2019.11
高等学校法学精品教材系列/朱崇实总主编
ISBN 978-7-5615-7643-4

Ⅰ.①民…　Ⅱ.①齐…　Ⅲ.①民事诉讼法—中国—高等学校—教材　Ⅳ.①D925.1

中国版本图书馆 CIP 数据核字(2019)第 247525 号

出 版 人　郑文礼
策划编辑　施高翔
责任编辑　李　宁
封面设计　李嘉彬
技术编辑　许克华

出版发行　厦门大学出版社
社　　址　厦门市软件园二期望海路 39 号
邮政编码　361008
总 编 办　0592-2182177　0592-2181406(传真)
营销中心　0592-2184458　0592-2181365
网　　址　http://www.xmupress.com
邮　　箱　xmup@xmupress.com
印　　刷　厦门市明亮彩印有限公司

开本　787mm×1092mm　1/16
印张　31.5
插页　2
字数　636 千字
版次　2019 年 11 月第 13 版
印次　2019 年 11 月第 1 次印刷
定价　60.00 元

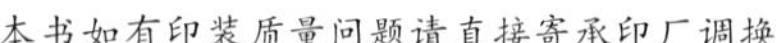
本书如有印装质量问题请直接寄承印厂调换

厦门大学出版社
微信二维码

厦门大学出版社
微博二维码

GAODENG FAXUEYUANXIAO JINGPIN JIAOCAI XILIE

高等学校法学精品教材系列编委会

厦门大学出版社

总 序

中国的改革开放要求建立一个法治社会。与这样的一个宏伟目标相适应,自1979年以来中国的法学教育蓬勃发展,截至2006年,全国已经成立了法律院校600多所,在读大学生数十万人(尚不包括大中专及夜大、成人教育的学生人数)。应该承认,我国法学教育在迅速发展的同时也存在教育质量参差不齐、不能完全适应社会发展需要等方面的问题。因而,积极推进教学方式改革,促进法学课程体系的完善,努力培养"宽口径、厚基础"的复合型法律人才,已经成为法学教育界的共识。为达成此种目的,法学教育中的课程建设及其相关的教材编写,在当前法学教育大调整的格局中显得尤其重要。基于上述考虑,我们特组织福建省各高等法律院校的主要学术骨干编写了这套教材,各部教材的主编均是福建省高等学校法学院的主要学科带头人。例如,《国际经济法》主编廖益新教授、《民法总论》主编蒋月教授、《环境法》主编陈泉生教授、《宪法学》主编朱福惠教授、《刑法总论》主编陈晓明教授和《法理学》主编宋方青教授等,都是在本学科领域颇有建树,得到同行认可并深受学生喜爱的优秀教师。其他参与教材编写的也都是教学第一线的中青年骨干教师,具有良好的法学教育背景,许多人兼通中西法学。由于众多优秀教师参与编写,使这套教材的质量有了可靠的保障。

厦门大学法学院在编写这套教材中发挥了积极的作用。厦门大学是国内最早开设法科的高校之一,从事法学教育已经有八十多年的历史。改革开放以来,法学院在1986年即获得博士学位授予权,2006年获得法学博士授权一级学科,现设有国际法、经济法、民商法、宪法与行政法、诉讼法、法理学和刑法学七个博士点,拥有法学博士后流动站。国际法是国家重点学科,民商法、经济法、宪法与行政法是福建省重点学科。在学科建设取得重大成就的同时,法学院适应我国法制发展的需要,为国家和社会培养了大批优秀的法律人才,成为我国重要的法学研究和人才培养的基地。为了推动我国法学教育事业的发展,厦门大学法学院联合福建省各主要高校的法学院系编写了这套教材,其目的在于整合福建省高校法学教学资源,加强各高校法学教师的联系,总结教学经验,为福建省乃至全国的法学教育作出更多有益的贡献。

这套教材具有如下几个特色：

第一，依据法学本科教育的特点和规律，吸收我国法学理论界近年来最新的、较为成熟的研究成果。我们认为，本科教学以培养初级法律人才为直接的教育目标，因而必须注重基本概念、基本原理与基本制度的讲解与传授，而不能一味求新求奇，更不能以个别专家的学术观点取代理论界已经形成的共识。我国处于社会转型时期，改革开放事业日新月异的发展，国家的法律制度的变革十分迅速，法学理论的发展更有"一日千里"之势。为了确保本科教育的培养质量，我们在教材内容的甄选方面，努力做到既注重基本知识、理论共识，又注意吸纳理论界近年来最新的、较为成熟的研究成果。

第二，依据法律人的思维范式编撰教学内容，寓"德育"于法律知识教育之中。如前所述，法学教育的总目标在于培养社会主义法治国家的"治国之才"。新时代的法律人才不仅应当具备扎实的法学知识理论功底，而且还应当具有牢固的法律信仰和优秀的道德品质。法律人所具有的这种独特的信仰和道德，与其独特的知识背景和思维范式联系在一起，共同构成法律人所特有的人文精神。如欲培养法律人的道德品质，空洞的道德说教无济于事。唯有依据法律人独特的思维范式、将公平正义的法律理念融汇在教学内容中，学生才能在学习的过程中逐渐自觉地确立法律信仰，法律道德的培养才能初具成效。基于这种认识，我们依据法律人的思维范式编撰教学内容，力图寓"德育"于法律知识教育之中。

第三，依据当代中国社会对于法律人才的要求，努力建构完善的课程体系与教学内容体系。要培养合格的法律人才，建构完善的法学课程体系至关重要。我们根据本科教学的要求，首先组织编写十四门核心课程的教材，对法学上的基本概念和基本原理作了较为清晰的阐释。除此之外，还组织编写了房地产法、证券法、公证与律师制度和知识产权法等与市场经济发展密切相关的法学教材。希望我们这一套教材能够为本科法学教材体系的发展作出微薄的贡献。

由于我们的水平有限，缺点和错误在所难免，敬请读者批评指正。

2007年8月1日

前　言

民事诉讼是典型的规范性纠纷解决方式。诉讼制度的出现使纠纷的解决能够在和平、公正的环境下进行；由于有了公权力机关的主导，诉讼程序更加专业化，纠纷解决的结果也更加确定，执行更有保障。在我国实行全面依法治国的新形势下，民事诉讼法及其相关制度必须与时俱进，不断完善，才能适应社会发展的需要和民众多元化的利益需求，有效地解决争议，保障人民的权益。自1991年《民事诉讼法》颁行以来，国家制定了许多与民事诉讼相关的法律和法规。例如，《海事诉讼特别程序法》《劳动争议调解仲裁法》《诉讼费用交纳办法》等。在一些民事、经济、行政法律及法规中，也有不少与民事诉讼相关的规定。例如，《道路交通安全法》中关于交通事故损害赔偿争议处理程序的规定，《电子签名法》中关于数据电文证据效力的规定，《公证法》中关于公证文书证据效力、强制执行效力的规定，《侵权责任法》中关于污染者举证责任的规定，《消费者权益保护法》中关于消费者保护公益诉讼的规定，《环境保护法》中关于环境保护公益诉讼的规定等。这些法律、法规都属于广义的民事诉讼法，具有特别法的效力。此外，近年我国缔结或参加的国际公约中也有一些与涉外民事诉讼程序相关的规定。例如，我国1997年参加的《关于从国外调取民事或商事证据的公约》，2009年缔结的《中华人民共和国和巴西联邦共和国关于民事和商事司法协助的条约》等。

为适应社会经济的发展和司法实践的需要，全国人大常委会于2003年将民事诉讼法的修改列入其立法计划。2007年10月28日，十届全国人大常委会第三十次会议通过了《关于修改〈中华人民共和国民事诉讼法〉的决定》。此次修改主要集中在再审程序和执行程序两个方面。2012年8月31日，十一届全国人大常委会第二十八次会议再次修改《民事诉讼法》。此次修改涉及的范围较广，其中尤以诚实信用原则、公益诉讼、第三人撤销之诉、小额诉讼最为引人注目。2017年6月27日，十二届全国人大常委会第二十八次会议第三次修改《民事诉讼法》，增设检察机关提起公益诉讼和支持公益诉讼的规定。

本书以2017年6月27日修正后的《民事诉讼法》和2015年2月4日公布的《最高人民法院关于适用〈中华人民共和国民事诉讼法〉的解释》为依据，结合司法改革和民事审判的实践，阐述民事诉讼的基本原理和主要程序。作者在注重基础知识的完整性和准确性的同时，力求体现最新的立法、司法和学术研究动态，理论联系实际，启发学生独立思考，培养分析问题、解决问题的能力。

本书的作者来自本省多所法律院校，均具有多年民事诉讼法教学的经验，具体

的写作分工如下(以撰写章节先后为序):

齐树洁:法学博士,厦门大学法学院教授、博士生导师、司法改革研究中心主任,兼任中国民事诉讼法学研究会副会长、中国仲裁法学研究会副会长、福建省法学会诉讼法学研究会顾问。本书主编,撰写第一、十一章。

卢正敏:法学博士,厦门大学法学院教授,德国弗莱堡大学法学院访问学者,兼任中国民事诉讼法学研究会理事。撰写第二、六章。

林毅坚:法学博士,厦门大学嘉庚学院讲师。撰写第三、十四章。

陈恭健:法学学士,福建江夏学院法学院副院长、副教授,兼任福建省法学会劳动法学研究会副会长。撰写第四、十六、十七章。

丁兆增:法律硕士,福建师范大学法学院副教授,兼任中国民事诉讼法学研究会理事、福建省法学会诉讼法学研究会理事。撰写第五、十五章。

张旭东:法学博士,福州大学法学院教授、诉讼法教研室主任,兼任中国民事诉讼法学研究会理事、福建省法学会诉讼法学研究会理事。撰写第七、八、九章。

张榕:法学博士,厦门大学法学院教授、博士生导师,兼任中国民事诉讼法学研究会常务理事、福建省法学会诉讼法学研究会副会长。撰写第十章。

郑贤宇:法学博士,集美大学法学院副教授,兼任中国民事诉讼法学研究会理事、福建省法学会诉讼法学研究会理事。撰写第十二章。

梁开斌:法学博士,福建工程学院法学院副院长、副教授,福建省知识产权研究院执行院长,兼任中国民事诉讼法学研究会理事、福建省法学会诉讼法学研究会理事。撰写第十三章。

陈慰星:法学博士,华侨大学法学院教授,荷兰阿姆斯特丹大学荷中法律研究中心高级研究员,兼任中国民事诉讼法学研究会理事、福建省法学会诉讼法学研究会理事。撰写第十八章。

文章千古事,得失寸心知。本书的初稿形成于 2006 年,距今已经过去 13 年了,其间经历了《民事诉讼法》的三次修改,可谓“十年磨一剑”。承蒙读者的厚爱,本书被许多法律院校采用为教材,受到广大法科学生的好评。我们因此深感责任重大,始终不敢懈怠。自 2007 年出版以来,作者坚持每年修订一次教材,力求使之跟上时代的步伐,成为最好的教学用书。然而,尽管作了很大的努力,由于民事诉讼法的体系庞大,涉及面广,加上我们的水平所限,本书的不足之处在所难免。为此,恳请读者朋友们批评指正,以便将来修订时予以完善。

齐树洁　谨识

2019 年 8 月 26 日

目　录

第一章　民事诉讼法概述

【引　例】

新光化工厂因进口的处理污水设备被雷电击坏，加之工人慌乱之中处理不当，致使排放的污水污染了大片农田。128户受损害的农民联名向市环保局请求处理，要求化工厂赔偿农户损失共计50万元。市环保局经调查核实，根据《环境保护法》的有关规定，作出处理决定：(1)对化工厂罚款10万元；(2)责令化工厂赔偿128户农民的经济损失20万元。化工厂和128户农民均对处理决定不服，并且先后在法定期限内向法院起诉。问：法院应如何处理？

第一节　民事纠纷及其解决机制

一、民事纠纷

人类社会充满了各种各样的矛盾。有交往难免有争议，有合作就可能有纠纷，有利益必然有冲突。在诉讼法学上，争议、纠纷、冲突等用语是意义基本相同的表述。通常而言，纠纷是指社会主体之间的一种利益对抗状态。纠纷的发生意味着一定范围内的协调均衡状态或秩序被打破。[①] 从某种意义上说，纠纷是推动人类社会不断向前发展的一种动力。但是，不可否认，纠纷和冲突也给人类的正常生活秩序带来了一定的负面作用。因此，有必要通过有效的社会机制及时解决争议，防止矛盾的激化，消除纠纷的不利影响。

无论是人类文明的发展史，还是司法制度的演进史，都可以看成是一部纠纷解

① 范愉：《纠纷解决的理论与实践》，清华大学出版社2007年版，第70页。

决方式的演化史。[①] 对于纠纷这一人类生活中的重要事实，人类社会曾经采用不同的应对方式，而这些方式也在不同的时期起到了解决纠纷的作用。从早期的民族社会、习惯以及与此相联系的同态复仇、血亲复仇甚至战争，一直到法律诉讼和司法的出现，人类社会纠纷的解决方式产生了巨大变化。诉讼制度作为一种主要纠纷解决机制的确立，标志着公力救济代替私力救济，文明的诉讼程序取代野蛮的暴力复仇，这一转变避免或极大地减少了给人类造成巨大灾难与恶性循环的暴力复仇现象。有学者将这种转变与国家的产生一并视为法的产生的主要标志。[②]

民事纠纷，又称民事争议，通常是指平等主体之间发生的以民事权利义务或者民事权益为主要内容的冲突或者对抗行为。其特点大致如下：

1.民事纠纷主体之间是平等的。民事纠纷的主体即民事主体，纠纷主体彼此之间的法律地位平等，不存在隶属关系或者管理与被管理的关系。

2.民事纠纷以民事权利义务或者民事权益为主要内容。民事纠纷主体之间争议的内容，主要限于他们之间的民事权利义务关系或者民事权益，若超出此范围，原则上即不属于民事纠纷。在法律有特别规定时，民事纠纷的内容也包括对特定事实的争议。例如，德国、日本等国民事诉讼法规定，当事人可以提起确认证书真伪的诉讼。

3.民事纠纷原则上具有可处分性。民事纠纷属于私权纠纷，根据私法的“意思自治”原则，民事纠纷主体在不违反法律的强制性规定的前提下有权自由处分纠纷涉及的民事权益。必须指出的是，民事纠纷的可处分性主要针对有关财产关系的民事纠纷而言，有关人身关系的纠纷一般不具有可处分性。

按照不同的标准，可以将民事纠纷划分为不同的类型。最为常见的划分方法是根据民事纠纷的内容，将其划分为两大类：一类是与财产关系有关的民事纠纷，如合同纠纷、损害赔偿纠纷等；另一类是与人身关系有关的民事纠纷，如赡养纠纷、名誉权纠纷等。在实践中，这两类纠纷往往交相并存，有些财产关系的民事纠纷与人身关系的民事纠纷的发生互为前提，有些民事纠纷则兼具财产和人身的性质，如继承权纠纷、股东权纠纷等。

二、民事纠纷解决机制

为了解决现实生活中层出不穷的各种矛盾和纠纷，修复被破坏的社会关系，使

---

① 李琦：《冲突解决的理想性状和目标——对司法正义的一种理解》，载《法律科学》2005年第1期。

② 沈宗灵主编：《法理学》，高等教育出版社1994年版，第84～85页。

社会呈现和谐、稳定、有序的状态，在人类社会中逐渐形成了各种方式有别、功能互补的纠纷解决机制。其中，民事纠纷解决机制，是指在一定社会中实行的，用以缓解、消除民事纠纷的一整套制度和方法。从历史和现实的角度看，民事纠纷解决机制并不是单一的，而往往是多元的。在不同的历史时期，在不同的国家或地区，民事纠纷解决机制的具体形态和特征存在很大的差异。

根据纠纷解决主体的性质，可以将民事纠纷解决机制区分为自力救济、社会救济与公力救济三种类型。

（一）自力救济

自力救济又称私力救济，俗称“私了”，是指纠纷主体在没有纠纷以外的第三人介入和帮助的情形下，依靠自身的力量解决纠纷。自力救济是最原始、最简单的民事纠纷解决机制，是人类早期社会主要的救济方法。

自力救济的典型方式有两种，即自决与和解。自决，是指纠纷主体一方强调凭借自己的力量使对方服从，如血亲报复、同态复仇等。这种方式往往表现为强者以其优势强行解决民事纠纷，弱者可能因此得到极不公正的结果。和解又称“交涉”，是指纠纷主体双方以平等协商、相互妥协的方式和平地解决纠纷。与自决相比，和解体现了双方的妥协和让步，注重的是情感和理智，因而比自决更有利于纠纷的彻底解决。

与其他民事纠纷解决机制相比，自力救济具有两大特征：(1)最高的自治性。无论是自决还是和解，纠纷主体都是按照自己的意愿并凭借自身的力量来解决纠纷的，没有任何第三者协助或者主持解决纠纷。只不过自决强调当事人一方凭借自己的力量使对方服从，而和解注重的是当事人双方的意思自治。(2)非严格的规范性。自力救济的过程和结果不受也无须受规范的严格制约，既不受程序法规范的制约，也不受实体法规范的制约。但是，自力救济不受规范的严格制约，并不意味着完全不受任何限制。例如，就和解而言，纠纷主体之间的平等协商以及和解协议的合意，本身也就起到了规范的制约作用。

自力救济是一种纠纷主体个人之间解决纠纷的机制，由于缺乏外来力量的介入，其解决纠纷的能力相当有限。随着社会的发展，强力性的自决受到了严格限制，但和解作为一种纠纷解决的方法，在现代社会依然存在并发挥着重要作用。不过在现代社会，和解也受到一定限制：首先，和解必须遵循合法原则，和解的过程和内容不得违背法律的禁止性规定和社会公共利益；其次，和解必须遵循公平与自治原则，和解的过程和结果必须以纠纷主体之间的真实意志为基础，不得强迫、欺诈、显失公平等。通常情况下，和解协议并不具有强制执行力，但法律另有规定的除外。例如，根据我国《仲裁法》第 49 条的规定，当事人达成和解协议的，可以请求仲裁庭根据和解协议的内容作出裁决书。若仲裁庭根据和解协议作出裁决书，则该和解协议因被赋予仲裁裁决书的效力而具有强制执行力。民事诉讼则有所不同。在我国，当事人达成的诉讼和解协议，只有转化为调解书后才能够具有法律上的强制力，和解协议本身不能获得强制执行力。①

（二）社会救济

社会救济，是指依靠社会力量（第三者）来解决纠纷的机制。调解（诉讼外调解）与仲裁是社会救济的主要类型。

调解，是指第三者（调解人）依据一定的社会规范，如习惯、道德、法律等，对纠纷当事人双方进行劝说、沟通，促成当事人双方相互谅解和让步，从而解决纠纷。②从古至今，调解一直是我国普遍运用的民事纠纷解决方式。我国古代就有官府调解、民间调解以及两者结合的"官批民调"制度，而民间调解又包括亲友、乡邻、族长、缙绅调解等。由于"厌讼"的传统根深蒂固，在很长一段时期内，调解一直是我国解决民事纠纷的主要机制。重视调解的传统一直延续至今，只是调解的形式产生了明显变化。我国现有的调解形式中，属于社会救济范畴的，主要有行政调解、人民调解、社会团体调解、行业协会调解等。③

调解具有三个主要特点：(1)第三者的介入。调解由第三者介入，第三者的个人因素如德高望重、能力较强等，都有助于促成调解合意的形成。(2)纠纷主体的合意性。第三者对于纠纷的解决和纠纷的主体没有强制力，只是以沟通、协调、说服等方式促成纠纷主体达成解决纠纷的合意。换言之，在调解的场合，纠纷的解决从根本上取决于纠纷主体双方的合意。(3)非严格的规范性。与仲裁和诉讼相比，调解并不严格依据程序法规范和实体法规定来进行，而具有很大程度上的灵活性和随意性。调解的开始、步骤、结果常常随着纠纷主体的意志而变动、确定，具有较大的灵活性和随意性。但与和解相比，调解的规范性相对较高，因为在调解过程中，纠纷主体为了获得调解人的支持，往往有必要就自己主张的正当性对调解人进

---

① 关于诉讼和解协议的效力，其他国家的做法与我国有异：在英美法国家，如果法院以裁决方式将和解协议的内容记录下来（即合意判决），则该协议与法院判决的效力完全相同；在德国，将和解内容作为合同登记于法院案卷上，即具有强制执行力。

② 《牛津法律词典》对 mediation（调解）的解释如下：A form of alternative dispute resolution in which an independent third party (mediator) assists the parties involved in a dispute or negotiation to achieve a mutually acceptable resolution of the points of conflict. See Jonathan Law(ed.), *Oxford Dictionary of Law*, Eighth Edition, Oxford University Press, 2015, p.394.

③ 我国《民事诉讼法》中的法院调解，历来被视为一种诉讼活动，作为法院结案的一种方式，因而不属于社会救济的范畴。

行说服，而调解人越具有中立性，纠纷主体所主张的正当性就越重要；并且，调解人基于多种因素（如体现自己的公正、有利于解决纠纷等）的考虑，常常依据正当的社会规范（包括法律规范）来协调纠纷双方的利益冲突。[①]

仲裁，又称“公断”，是指民事主体在纠纷发生之前或者纠纷发生之后达成协议，或者根据有关法律的规定，将纠纷提交给中立的民间组织予以审理，由其作出有约束力的裁决的一种纠纷解决机制。仲裁产生于古希腊和古罗马时期，最初主要用来解决商人之间的商务纠纷，在中世纪时成为一种法律制度。至 19 世纪末 20 世纪初，随着商品经济和国际贸易的发展，仲裁逐渐通行于各国，其适用范围也由最初的商事争议扩展到各种民事纠纷，包括劳动争议、医疗纠纷、消费者纠纷、环境纠纷、知识产权纠纷等。在当今世界，几乎所有国家和地区都设立了仲裁制度，并且出现了国际性的仲裁机构和仲裁立法。

现代仲裁制度具有以下特点：(1)民间性。作为第三者的仲裁机构可为常设性的，也可为临时性的，[②]无论其为何种形式，均非国家机关，而为民间组织或者社团法人。仲裁员通常是由当事人选定或约定的专家，而非国家公务人员。仲裁机构和仲裁员的仲裁权来源于当事人的仲裁合意（特殊情况下来源于法律规定），无权以国家强制力解决纠纷。(2)自治性。仲裁充分地体现了当事人的意思自治，具体表现如下：是否采用仲裁方式解决纠纷，取决于当事人的合意（特殊情况下的强制仲裁除外）；当事人自行商定值得信任并对纠纷处理较为便利的仲裁机构；当事人有权选定或约定仲裁员；当事人可以约定审理方式和开庭形式；仲裁程序的继续进行往往以当事人的意志为前提；当事人在仲裁中可自愿达成和解或调解协议；在一定情形下，当事人还可选择适用的程序规则和实体法规范。(3)法律性。[③] 主要体现在两个方面：一是仲裁必须以最低限度的合法性为原则。仲裁的民间性和自治性并不能完全排除由当事人选定或者法律规定必须适用的仲裁程序法和民事实体法，尤其不得排除强行法的适用。二是在仲裁与诉讼的关系上，就我国而言，仲裁过程中的证据保全、财产保全以及仲裁裁决的执行，均只能借助于法院依靠国家强制力来实施，仲裁机构无权采取强制性措施；法院还可以通过撤销仲裁裁决或不予

---

① 邵明：《民事诉讼法理研究》，中国人民大学出版社 2004 年版，第 38 页。

② 我国《仲裁法》仅规定了常设仲裁机构，未规定临时仲裁制度，这是立法上的一个缺憾。临时仲裁具有方便、快捷、节省费用的特点，有利于尽快解决争议。学者建议，将来修订《仲裁法》时，应当考虑临时仲裁的法律地位问题，给予其一席之地。参见赵秀文主编：《国际商事仲裁法》，中国人民大学出版社 2014 年第 2 版，第 50～51 页。

③ 应当注意的是，仲裁的法律性是在仲裁成为法律制度之后才具有的属性。早期的仲裁具有纯粹的民间性和自治性，未渗入国家公权力和法律因素。随着仲裁制度的法律化，国家公权力渗入仲裁，从而使仲裁具有一定的法律性。

执行仲裁裁决的方式对仲裁进行司法监督。

总体而言，与自力救济相比，社会救济机制是依靠民间性的第三者的力量来解决纠纷的，不过，这个第三者是由纠纷主体双方自己选定的，体现了当事人的高度意思自治。社会救济机制的特点在于：一方面，纠纷解决的过程民主、公正，纠纷解决的成本低廉、迅捷便利、方式灵活，有利于调和当事人双方的矛盾；另一方面，社会救济机制解决纠纷的功能有着明显的局限性。就调解而言，调解的运用和调解协议的最终达成都必须依赖纠纷主体双方的合意，并且，调解协议一般不具有强制执行力[①]，只能依靠纠纷主体双方的自觉履行，这在很大程度上限制了调解解决纠纷的功能。与调解相比，仲裁具有更大的权威性和强制性，仲裁裁决一经作出即具有强制执行力。但是，通常情况下，仲裁的运用依然依赖于纠纷主体双方的合意，且仲裁机构解决纠纷缺乏相应的强制手段的支持（如不能直接采取证据保全、财产保全等措施），因而仍然存在自身的结构性缺陷。

（三）公力救济

公力救济，是指利用国家公权力来解决民事纠纷的机制。就民事纠纷而言，民事诉讼是最主要的公力救济机制。根据我国现行法律，除民事诉讼外，民事纠纷的公力救济方式还包括行政裁决。许多法律规定，行政机关或者具有行政职能的机构可依职权或根据当事人的申请解决特定的民事纠纷，如《土地管理法》第 14 条、《专利法》第 57 条、《商标法》第 60 条等。不过，通过行政裁决方式解决民事纠纷，仅限于法律明文规定的情形，法律没有明文规定的，行政机关或具有行政职能的机构不得以行政裁决方式处理民事纠纷。在通常情况下，以行政裁决处理的民事纠纷，往往具有一定的专业性和公益性。

民事诉讼是典型的规范性纠纷解决方式，作为公力救济取代私力救济的结果，它是人类对于纠纷解决方式的一项革命性创造。诉讼制度的出现使纠纷的解决得以在和平、公正的环境下进行，而且，由于有了公权力机关的主导，诉讼程序更加专

---

① 一些国家的法律规定，调解协议经过一定的程序（如将调解协议送交法院审核或进行公证），确认其不违背法律禁止性规定和社会公共利益并遵循最基本的自由和公平原则后，即被赋予确定力和执行力。在我国，根据最高人民法院 2009 年《关于建立健全诉讼与非诉讼相衔接的矛盾纠纷解决机制的若干意见》第 20 条、第 25 条的规定，经各种具有调解职能的组织调解达成的具有民事合同性质的协议，经调解组织和调解员签字盖章后，当事人可以申请有管辖权的法院确认其效力。经法院确认效力后，一方拒绝履行协议的，另一方当事人可以依法申请法院强制执行。2010 年 8 月颁布的《中华人民共和国人民调解法》第 33 条规定了人民调解协议的司法确认制度。为此，立法机关 2012 年修改《中华人民共和国民事诉讼法》时，在特别程序中增设一节，规定确认调解协议案件的程序。

业化，纠纷解决的结果也更加确定，执行更有保障。

与其他民事纠纷解决机制相比，民事诉讼具有两大特征：(1)国家强制性。民事诉讼是国家(法院)利用国家公权力(审判权)解决民事纠纷的方式，其国家强制性主要体现如下：民事诉讼的启动并不需要纠纷主体双方的合意，只要一方当事人提起诉讼，即可导致诉讼程序的启动；法院对纠纷的裁判是一种强制性判断，无须经过纠纷当事人的同意；当法律责任承担者不自觉履行裁判时，法院以国家强制执行权迫使其履行裁判；其他国家机关、社会团体和任何公民，都无权变更或撤销法院的裁判。(2)严格规范性。首先，民事诉讼是由若干诉讼程序和诉讼阶段组成的，民事诉讼必须严格依照法律规定的程序有序地进行；其次，在诉讼中法官必须根据民事实体法律规范对纠纷作出最终裁判。尽管法院享有对于某些事项的自由裁量权，但其自由裁量必须保持在法律许可的范围内。

民事诉讼的国家强制性使民事纠纷能够得到最终解决、最终实现当事人的实体权益。因此，在现代民事纠纷解决机制中，诉讼成为解决民事纠纷的最终方式，诉讼结果具有终局的法律效力，此即"司法最终解决"原则。民事诉讼的严格规范性有利于限制法官的恣意，保护当事人的合法权益，有利于提高并保障纠纷解决结果的可预见性，有利于维护统一的法律秩序和社会秩序。与自力救济、社会救济机制相比，诉讼是解决民事纠纷最有效、最权威、最彻底的方式。

诉权是当事人获得司法救济、实现权利的前提和基础。没有救济的权利不是真正的权利。"二战"以来，许多国家通过修改宪法，确认接受司法裁判权是人民享有的一项由宪法保障的基本权利，诉权保障呈现宪法化的趋势。一些重要的国际法文件对当事人的诉权保障作了明确规定，诉权由此上升为一种基本的人权，诉权保障呈现国际化的趋势。1966 年《公民权利和政治权利国际公约》将"受公正审判的权利"(right to a fair trial)作为民主法治社会中公民所享有的一项基本人权。[①]

我国《宪法》第 33 条规定："国家尊重和保障人权。"社会主义司法制度应当保障在全社会实现公平和正义。宪法赋予人民享有接受司法裁判权的法理依据在于：首先，在法治国家，由于人民的社会生活关系不受人的支配，而是受法的支配，

---

① 《公民权利和政治权利国际公约》第 14 条第 1 款规定："所有的人在法庭和裁判所前一律平等。在判定对任何人提出的刑事指控或确定他在一件诉讼案中的权利和义务时，人人有资格由一个依法设立的合格的、独立的和无偏倚的法庭进行公正和公开的审讯。"(All persons shall be equal before the courts and tribunals. In the determination of any criminal charge against him, or of his rights and obligations in a suit at law, everyone shall be entitled to a fair and public hearing by a competent, independent and impartial tribunal established by law.)参见北京大学法学院人权研究中心编：《国际人权文件选》，北京大学出版社 2002 年版，第 20 页；Malcolm D. Evans(ed.), *Blackstone's International Law Documents*, Blackstone Press Limited, 1996, p.146.

为了解决人民之间因社会生活关系方面所发生的纠纷，就必须保障人民利用司法解决私权争议的权利；其次，国家权力相互分离及相互制约是一国宪政的基础，为了保障人民的自由和权利不受违法的或不当的行政行为侵害，确立与行政相分离的司法权，并在此基础上赋予人民有请求司法救济的权利，就成为贯彻法治主义的基本条件；最后，宪法是一国的根本大法，司法权属于国家权力的一个组成部分，由于国家权力的行使必须以法律为依据，因此，行使司法权进行的裁判必须是依法进行的裁判。通过法院的依法裁判以实现社会正义，是人民真正享有宪法所规定的其他基本权利的司法保障。

三、多元化纠纷解决机制

民事诉讼是解决民事纠纷的重要方式之一。为适应现代社会利益多元化的需要，在保障民众利用司法制度的前提下，应当建立多元化纠纷解决机制，并赋予当事人程序选择权。人类从野蛮到文明的演进过程，也是不同类型的纠纷解决机制形成和发展的过程。在国家出现之前，自力救济是纠纷解决的常态。在国家出现之后，合法的暴力由国家统一行使，公力救济在纠纷解决中占据主导地位，同时，基于私法自治的特点，也允许存在一定的社会救济空间，而自力救济则日趋式微。在现代社会，这三种纠纷解决机制仍依各自所占的或轻或重的地位并存着，从而构成了以诉讼为主导的多元化民事纠纷解决体系。

与其他民事纠纷解决机制比较，民事诉讼固然有许多突出的优点，但也存在着一些难以克服的局限，例如，程序复杂、周期长、成本高等。如果一味追求通过诉讼的方式解决纠纷，势必造成一部分社会成员的利益无法得到保障的恶果。此外，民事诉讼严格的规范性和国家强制力在很大程度上限制了当事人的意思自治，不利于纠纷主体之间矛盾的调和。面对不断变迁的社会和日益多元的利益需求及其冲突，为了保障民众“接近正义”(access to justice)权利的行使，各国无不试图建立一个包括协商、调解、仲裁、诉讼等纠纷解决方式在内，能够满足社会主体多样化需求的程序体系和动态调整系统，即多元化的纠纷解决机制。[①] 在这个机制中，每一种具体的纠纷解决方式发挥着其独特的作用，并且相互联系，彼此相互协调，相辅相成。ADR(Alternative Dispute Resolution，即替代性纠纷解决机制)正是在这样一种背景下应运而生并得到蓬勃发展的。

替代性纠纷解决机制除了传统的协商、调解、仲裁外，还包括法院附设的仲裁(court-annexed arbitration)、简易陪审团审理(summary jury trial)、早期中立评估(early

① 范愉主编：《多元化纠纷解决机制》，厦门大学出版社 2005 年版，绪论。

neutral evaluation)、小型审判或咨询法庭(mini-trial or executive tribunal)、调解一仲裁(med-arb)、聘请法官(private judging or rent-a-judge)等新型的纠纷解决方式。ADR 的出现与发展不仅给特定纠纷的当事人,也给整个社会带来巨大的利益。作为一种以利益为基础的纠纷解决方式,ADR 的产生促进了纠纷解决理念的变化,即从对抗走向对话,从价值单一化走向价值多元化,从胜负决斗走向谋求“双赢”,从而有利于社会的和谐与发展。

近年来,我国多元化纠纷解决机制不断发展,逐步完善,成效显著。2010 年 8 月,全国人大常委会通过了《中华人民共和国人民调解法》(2011 年 1 月 1 日起施行)。这部新法律坚持人民调解的群众性、民间性和自治性,进一步完善了人民调解的组织形式,体现了人民调解的便利性和人民性,明确了人民调解协议的效力和司法确认制度,突出调解优先,对于及时妥善解决民间纠纷、构建和谐社会具有重要意义。①

2019 年 2 月 27 日,最高人民法院发布《人民法院第五个五年改革纲要(2019—2023)》(以下简称《五五改革纲要》),提出如下要求:深化多元化纠纷解决机制改革。创新发展新时代“枫桥经验”,完善“诉源治理”机制,坚持把非诉讼纠纷解决机制挺在前面,推动从源头上减少诉讼增量。完善调解、仲裁、行政裁决、行政复议、诉讼等有机衔接、相互协调的多元化纠纷解决体系,促进共建、共治、共享的社会治理格局建设。加大对行业专业调解工作的指导力度,完善多方参与的调解机制,健全完善律师调解机制,进一步发挥专业调解作用。对具备调解基础的案件,按照自愿、合法原则,完善先行调解、委派调解工作机制,引导鼓励当事人选择非诉方式解决纠纷。推动建立统一的在线矛盾纠纷多元化解平台,实现纠纷解决的在线咨询、在线评估、在线分流、在线调解、在线确认。推广线上线下相结合的司法确认模式,促进调解成果当场固定、矛盾纠纷就地化解。

2019 年 8 月 1 日,最高人民法院发布《关于建设一站式多元解纷机制、一站式诉讼服务中心的意见》,提出如下要求:完善诉前多元解纷联动衔接机制。联合有关部门出台推进多元解纷文件,加强与调解、仲裁、公证、行政复议的程序衔接,健全完善行政裁决救济程序衔接机制。畅通与工会、共青团、妇联、法学会、行政机关、仲裁机构、公证机构、行业协会、行业组织、商会等对接渠道,加强数据协同共享,指派专人开展联络工作。促进建立调解前置机制,发挥人民调解、行政调解、律师调解、行业调解、专业调解、商会调解等诉前解纷作用。加强调解协议司法确认

---

① 据报道,目前全国有 82 万个人民调解组织,422.9 万名人民调解员。2013 年,全国各地人民调解组织化解各类矛盾纠纷 943.9 万件。参见周斌:《去年人民调解组织化解纠纷 943.9 万件》,载《法制日报》2014 年 2 月 28 日第 1 版。

工作，进一步完善司法确认程序，探索建立司法确认联络员机制，推动司法确认全面对接人民调解等线上平台，实现人民调解司法确认的快立快办。根据地区纠纷类型和特点，在诉讼服务中心按需建立婚姻家庭、道路交通、物业纠纷、劳动争议、医疗纠纷、银行保险、证券期货、知识产权、涉侨涉外等专业化调解工作室。

2019年8月7日，《联合国关于调解所产生的国际和解协议公约》(*United Nations Convention on International Settlement Agreements Resulting from Mediation*，简称《新加坡调解公约》）在新加坡开放签署，包括中国、美国在内的46个国家和地区作为首批签约方签署了这一公约。《新加坡调解公约》是由联合国国际贸易法委员会历时四年研究拟订的，并经联合国大会会议于2018年12月审议通过，旨在解决国际商事调解达成的和解协议的跨境执行问题。在通过该公约的决议中，联合国大会表示，调解在友好解决国际商事争议上具有独特的价值，该公约的制定将补充现行国际调解法律框架，有助于发展和谐的国际经济关系。

四、当事人的程序选择权

在多种民事纠纷解决机制并存的前提下，赋予当事人充分的程序选择权是必要的。通过对不同纠纷解决机制的权衡与比较，让纠纷主体根据法律的规定和自身利益的需求，选择相应的纠纷解决机制，是现代司法的必然选择。

所谓民事程序选择权，是指当事人在法律规定的范围内自主选择纠纷解决方式以及在纠纷解决过程中选择相关程序事项的权利。民事程序选择权是从当事人的角度出发，为满足当事人的个性化的利益需要而设计的制度。民事程序选择权的主体是当事人，以存在两种以上可供选择的、功能相当的程序机制为前提，主要通过当事人之间在充分权衡其实体利益和程序利益的基础上所达成的合意来实现。

民事程序选择权直接源于程序主体性原则。所谓程序主体性，是指当事人在纠纷过程中应当居于主体而不是客体的地位，诉讼的进程应当主要由当事人的诉讼行为而不是法院的职权行为推动。根据宪法的规定，公民是权利主体，依法享有生存权、自由权、财产权、诉讼权等基本权利。为了保障公民的这些基本权利的实现，必须在一定范围内肯定公民在法律上的主体性，赋予当事人在法律程序中的主体地位。

诉讼当事人在诉讼中的利益，不仅包括实体利益，而且也包括程序利益（如劳力、时间、费用等）。作为程序主体，当事人应不仅可以请求法院实现其实体利益，而且可以请求法院维护其程序利益。就法院而言，法院一方面应当赋予当事人发现真实（追求实体利益）的机会，另一方面也应当同时赋予当事人促进诉讼（追求程

序利益)的机会。如果法院没有赋予当事人相当的机会,可能造成当事人实体利益和程序利益的受损,有害于当事人程序主体地位。近代以来,各国普遍赋予当事人充分的民事程序选择权。

从世界范围来看,民事程序选择权主要有如下几种:(1)选择民事纠纷解决方式的权利。各国民事程序法一般都承认,在发生民事纠纷时,当事人可自主选择调解、仲裁、诉讼等方式解决其纠纷。(2)选择管辖法院的权利。(3)选择简易程序与普通程序的权利,即对于依法应当适用普通程序审理的案件,当事人可以合意选择适用简易程序。(4)选择第一审程序与第二审程序的权利。其目的在于避免上诉审法院因一审中的程序瑕疵而将案件发回一审,致使当事人遭受程序上的不利益。这种权利仅仅存在于上诉审程序中。(5)选择结案方式的权利。当事人在诉讼过程中,享有选择以判决、调解、和解、撤诉等方式结案的权利。(6)选择诉讼程序与非诉讼程序的权利。这类选择权最为典型的表现,即在某些债权债务案件中,债权人有权选择督促程序或诉讼程序来实现其债权。(7)某些案件中允许当事人合意选择言词审理或书面审理的权利。(8)其他民事程序选择权。这一类民事程序多见于商法中。例如各国普遍规定,在破产程序中,债权人有选择重整、和解或破产清算的权利。又如在票据丧失后,允许权利人选择票据诉讼、公示催告、挂失止付等程序予以补救。

我国立法赋予了当事人一定程度的民事程序选择权。例如,根据《民法总则》《合同法》《物权法》《仲裁法》《民事诉讼法》等法律的规定,在民事纠纷发生后,当事人可以选择调解、仲裁或者诉讼等方式解决民事纠纷,立法赋予了当事人对于民事纠纷解决方式的选择权。但是,应当看到,民事程序选择权的存在,必须以存在两种以上功能相当的程序为前提。从我国的现实国情来看,人民调解、行政裁决、仲裁制度都存在着一些制度上的不足,与诉讼制度缺乏有机的衔接,未能充分发挥其解决纠纷、保障权益的积极作用。在市场经济和依法治国的新形势下,传统的纠纷解决机制正受到严峻的挑战,亟待予以完善。

第二节　民事诉讼与民事诉讼法

一、民事诉讼

(一)民事诉讼的概念

民事诉讼是解决民事纠纷的一种公力救济方式,是国家为保护公民、法人和其他组织的民事权益而设立的一项司法制度。具体而言,是指法院受理原告的起诉,在当事人及其他诉讼参与人的参加下,审理民事纠纷案件的诉讼活动以及由此而产生的诉讼法律关系。

从上述概念可以看出,民事诉讼涵盖诉讼活动与诉讼法律关系两个方面的内容。诉讼活动既包括法院的审判活动,如受理案件、传唤被告、审核证据、采取强制措施、作出裁判等,也包括诉讼参与人的诉讼活动,如原告起诉、被告应诉答辩、证人出庭作证等。诉讼法律关系是指法院和一切诉讼参与人之间在诉讼过程中所形成的诉讼权利义务关系。例如,原告起诉后,法院经审查认为符合起诉条件,裁定予以受理,便与原告产生了诉讼法律关系;法院受理案件后,在法定期限内将起诉状副本送达被告,便与被告产生了诉讼法律关系。

近年来,由于经济的发展和社会的变迁,各种矛盾和冲突层出不穷,民事纠纷急剧增多。1984 年,各级人民法院处理的一审民事案件仅 80 余万件。[①] 到了 2006 年,地方各级人民法院全年审结的一审民事案件多达 4382407 件,相当于 1984 年的 5 倍。[②] 2008 年,全国各级法院受理各类案件 10711275 件,首次突破 1000 万件大关。[③] 2018 年,最高人民法院受理案件 34794 件,审结 31883 件;地方各级人民法院受理案件 2800 万件,审结、执结 2516.8 万件。[④]

民事诉讼是解决民事争议的重要方式,但并非唯一的或最好的方式。在民事诉讼之外,协商(即谈判)、调解、行政处理、仲裁也是解决民事争议的有效方式。诉讼外的调解,是指非司法机关的第三者(包括行政机关、民间团体、行业组织以及国

① 郑天翔:《最高人民法院工作报告》,载《最高人民法院公报》1985 年第 1 期。
② 肖扬:《最高人民法院工作报告》,载《最高人民法院公报》2007 年第 4 期。
③ 王胜俊:《最高人民法院工作报告》,载《最高人民法院公报》2009 年第 4 期。
④ 周强:《最高人民法院工作报告》,载《最高人民法院公报》2019 年第 4 期。

际组织所设立的纠纷解决机构)依据一定的道德、惯例、习俗和法律规范,协调当事人双方之间的争议,促使双方在相互谅解和让步的基础上解决纠纷的活动。仲裁是指纠纷主体根据双方之间的协议,将争议提交一定的机构或个人居中裁决的纠纷解决方式。近年来,在西方各国的民事司法改革中,ADR日益受到重视,适用范围越来越广泛,已成为当代社会中与民事诉讼制度并行不悖、相互补充的重要社会机制。

(二)民事诉讼的特点

民事诉讼作为一种重要的纠纷解决方式,具有如下几个特点:

1.民事诉讼具有纠纷解决的法定性。民事诉讼是国家司法制度的重要组成部分,为了达到公正解决纠纷的目的,民事诉讼法规定了严格的程序和方法,诉讼主体必须遵循法定的程序进行民事诉讼。无论是法院还是诉讼参与人,在诉讼中都必须依法行使诉讼权利,履行诉讼义务。

2.民事诉讼具有纠纷解决的广泛性。法院作为国家唯一的审判机关,有权受理和裁判广泛发生于社会生活中的民事经济争议,现代社会中少有诉讼所不能涉及的领域。[①] 随着市场经济的日益发达,各种新型案件不断涌现,当市场主体无法寻求其他的救济手段时,司法将责无旁贷。[②]

3. 民事诉讼具有纠纷解决的被动性。民事诉讼实行“不告不理”的原则,法院不主动审理案件,诉讼程序由当事人启动。

4.民事诉讼具有纠纷解决的权威性。根据“司法最终解决”原则,相对于其他纠纷解决方式,诉讼以国家强制力为后盾,居于优势地位,一旦纠纷被法院所受理,其他民事程序都应终止或中止;而且,法院审判的结果具有终局性。

5.民事诉讼具有严格的程序性,其内容大体由第一审程序、第二审程序和执行程序组成,具体步骤包括:(1)起诉与受理。即当事人向法院提起诉讼和法院立案受理。(2)审理前的准备。指法院为案件的开庭审理所做的各方面准备。(3)开庭审理。由审判组织召集诉讼参加人和其他诉讼参与人对案件进行开庭审理,这是

---

① 宋英辉、吴卫军:《诉讼法学研究:观念的更新与变革》,载《人民法院报》2001年9月28日第3版。

② 强调对公民诉讼权的保障,是各国司法改革的一个新动向。如何保障公民的诉讼权,使其能够接近法院,利用司法制度,由此成为各法治国家关注的重点。许多国家的民事司法改革即以“接近正义”作为主题和口号。长期以来,我国对此问题一直未给予足够的重视,法律对当事人的起诉规定了较为严格的条件,法院也常以法无明文规定或以内部规定为依据拒绝受理案件,影响了民众对司法制度的有效利用。参见左卫民、朱桐辉:《公民诉讼权:宪法与司法保障研究》,载《法学》2001年第4期。

诉讼的核心环节。(4)裁判。即法院对案件的争议事实作出认定,并依据有关的法律对案件作出实体判决或程序上的裁定。(5)第二审。指当事人一方或双方不服一审法院的裁判而向上一级法院上诉,上诉审法院由此对案件进行审查的过程。(6)执行。对不履行法院判决和其他法律文书的义务的当事人,法院可依申请或依职权通过法定的手段和形式强制其履行义务。除了这六个环节外,对于已经发生法律效力的裁判,如发现确有错误,还可按审判监督程序进行再审。需要说明的是,虽然上述六个阶段构成一个完整民事诉讼的整体,但并非每一个具体的民事案件都要经历这六个阶段。例如,有的案件在审理前的准备阶段,当事人达成和解协议或调解协议,以撤诉或调解方式结案,案件即告终结。又如有的案件,当事人在一审判决后,不再上诉,案件便由此终结。

二、民事诉讼模式

(一)民事诉讼模式的含义及意义

模式概念在不同的学科领域被广泛运用,其含义具有多重性。通常认为,模式是对某类事物或行为特征的概括或抽象,模式通过揭示该事物与他事物的本质属性来说明或表明此事物与彼事物的差异。民事诉讼模式,是指支持民事诉讼制度和程序运作所形成的结构中各种基本要素及其关系的抽象形式。它是对民事诉讼程序及制度结构的抽象和概括,是对特定的或者某一类型的民事诉讼体制基本特征的揭示和对民事诉讼中最基本要素和关系的描述。法院审判行为与当事人诉讼行为之间的关系构成民事诉讼模式中的核心问题。

在外国民事诉讼理论中,无论是大陆法系国家还是英美法系国家的学者,都很少使用民事诉讼模式这一概念,也极少运用模式分析的方法去探讨各国民事诉讼体制的差异。近年来,我国一些学者开始以诉讼模式来研究民事诉讼的基本特征,阐明民事诉讼模式与特定民事诉讼体制中各种具体诉讼制度的相互关系。各国不同的民事诉讼模式是在不同历史文化背景、法律传统、政治经济体制等基础上形成的。研究民事诉讼模式对于揭示民事诉讼的运行规律,正确处理当事人和法院在民事诉讼中的关系,实现民事诉讼的价值目标以及推进我国民事司法改革,进而建立先进的有中国特色的民事诉讼制度具有重要意义。

(二)当事人主义与职权主义

在民事诉讼法学领域,根据当事人和法院在诉讼程序的启动和继续、裁判对象的确定、证据资料的来源等方面的不同作用,通常将当今世界有代表性的民事诉讼

模式分为当事人主义和职权主义两种模式。

所谓当事人主义，是指诉讼程序的启动和继续主要由当事人决定，裁判对象仅限于当事人请求的范围，证据资料主要由当事人提出。在当事人主义的支配下，民事诉讼以当事人双方积极的诉讼活动为核心而展开，依当事人双方的主张和举证而进行，法院只就当事人提出的请求并根据当事人提供的证据作出裁判。当事人主义诉讼模式有利于充分调动当事人的积极性，实现当事人的程序参与权，维护当事人的合法权益，体现诉讼的民主与公正。但是，在传统的当事人主义体制下，法官的消极地位可能不利于发现事实真相，还可能导致诉讼效率的低下。

所谓职权主义，是指法院对诉讼程序的启动和继续、裁判对象的确定以及证据资料的调查收集等方面均具有主导权。职权主义侧重法院的职权，法官在诉讼中居于主导地位，控制诉讼的进程，诉讼以法官对案件的调查为主线而展开。职权主义诉讼模式有利于法官作用的发挥，有利于发现事实真相，有利于诉讼效率的提高。但是，职权主义诉讼模式削弱了当事人的主体地位，容易导致法官的专横及裁判权的滥用，不利于保护当事人的权益。

（三）我国民事诉讼模式的评价与完善

1991年之前，我国人民法院的审判活动在诉讼过程中，始终起着主导的作用，对诉讼的开始、发展和终结，具有绝对性的意义。因此，我国的民事诉讼模式属于职权主义的诉讼模式。在审判实践中，这一诉讼模式对于查明案件事实真相，避免当事人运用诉讼技能误导法官，实现实体公正具有一定的积极意义。但是，职权主义的诉讼模式也逐渐暴露出法官权力滥用、当事人的程序权益保障不足、开庭审理形式化等较为明显的缺陷。为此，1991年修法时，在一定程度上弱化了法院的职权，加强了当事人的地位，具体表现在强化当事人的举证责任，建立自愿调解的制度，在财产保全、先予执行及裁判执行上强调依当事人的申请等。

通常认为，诉讼的成本、解决争议所需要的时间、司法制度发现事实真相和适用法律的正确程度，是评价一国民事司法的三个尺度。当事人主义的诉讼模式对于程序公正的保障具有极其重要的作用，然而，在发达法治国家民事司法运行的过程中，当事人之间过度的对抗也导致了诉讼迟延和诉讼成本过高的问题。因此，西方各国从20世纪70年代开始，先后对民事司法制度进行改革，其特点是适当地强化法官对诉讼程序进行的控制权，其目的在于确保个人权利与社会权力之间的平衡，提高司法裁判的效率，保障诉讼能够迅速且井井有条地进行，并使更多的民众能够更公平地利用司法救济制度。当然，由当事人控制诉讼到法官控制诉讼的民事司法理念转变并不意味着有关国家民事诉讼模式发生了根本性的转变，而只是指在诉讼模式中法官控制诉讼或主导诉讼的色彩或倾向的明显增加。[①]

肇始于20世纪80年代末的我国民事审判方式改革，则呈现了与上述发达国家民事司法改革相反的运作特征，它以弱化法院职权和强化当事人主体性为改革的切入点，其目的在于克服原有司法制度及其运行过程中所显露的各种弊端，如重实体轻程序、漠视当事人权利、暗箱操作、落后的法官管理体制以及司法腐败等等。审判方式改革以强化当事人的举证责任为突破口，并由此引发了诉讼制度乃至司法体制的改革。改革过程中对域外先进立法与司法经验的借鉴、公开审判的实质化、合议庭职责的落实等措施，为我国司法制度的完善注入了新的活力，为实现司法公正提供了必要前提。但从近年来的发展趋势看，我国的诉讼机制在向当事人主义倾斜的过程中，应当警惕西方国家司法制度中已经出现的弊端，合理地规划民事诉讼制度的改革。事实上，当事人主义与职权主义交错是当今许多国家在民事诉讼问题上形成的共识和共同的发展趋势，过度对抗的当事人主义不符合我国的具体国情。

三、民事诉讼法

民事诉讼法是调整民事诉讼关系的法律规范的总称。法院的民事审判活动，双方当事人和其他诉讼参与人的诉讼活动，都必须依照法定的程序进行。[②]

民事诉讼法有广义和狭义之分，或称实质意义与形式意义之分。狭义或形式意义的民事诉讼法专指民事诉讼法典，即国家最高权力机关颁布的关于民事诉讼的专门性法律。广义或实质意义的民事诉讼法，除了民事诉讼法典之外，还包括其他法律中有关民事诉讼的规范。例如，《专利法》中关于"诉前禁令"和"诉前证据保全"的规定，《环境保护法》中关于环境公益诉讼主体资格的规定。这些民事诉讼的法律规范虽然不是以民事诉讼法典的形式出现的，但对民事诉讼活动也有拘束力。

（一）民事诉讼法的制定

1982年3月8日，在总结多年审判实践经验的基础上，五届全国人大常委会第二十二次会议通过了《中华人民共和国民事诉讼法（试行）》，并于同年10月1日

① 齐树洁主编：《民事司法改革研究》，厦门大学出版社2006年第3版，第56页。

② 美国《布莱克法律词典》对civil procedure（民事诉讼法）作如下解释：The body of law — usually rules enacted by the legislature or courts governing the methods and practices used in civil litigation. See Bryan A. Garner (ed.), *Black's Law Dictionary*, Eighth Edition, West Group Publishing, 2004, p.263.

起试行。此后，为适应改革开放、社会经济生活的重大变化并与《民法通则》等新颁布的民事实体法协调一致，立法机关对《民事诉讼法(试行)》进行了修改。1991 年 4 月 9 日，七届全国人大第四次会议通过了《中华人民共和国民事诉讼法》(以下简称《民事诉讼法》)，同日公布并生效。

1991 年《民事诉讼法》分为四编，共 29 章 270 条。与试行法相比，它更加适应改革开放与社会经济发展的需要，进一步保障当事人依法行使诉讼权利，便于人民法院依法正确、及时地审理民事案件，保证民事实体法律的贯彻执行。为便于各级法院正确理解与执行《民事诉讼法》，最高人民法院制定了一系列有关民事诉讼的司法解释，例如，1992 年 7 月《关于适用〈中华人民共和国民事诉讼法〉若干问题的意见》，1998 年 6 月《关于民事经济审判方式改革问题的若干规定》，1998 年 6 月《关于人民法院执行工作若干问题的规定》，2001 年 12 月《关于民事诉讼证据的若干规定》(以下简称《民事证据规定》)，2003 年 7 月《关于适用简易程序审理民事案件的若干规定》(以下简称《简易程序规定》)，2004 年 8 月《关于人民法院民事调解工作若干问题的规定》(以下简称《民事调解规定》)，2015 年 2 月《关于适用〈中华人民共和国民事诉讼法〉的解释》等。

(二)民事诉讼法的修改

近年来，学界对于民事诉讼法修改的理论和实践问题进行了深入的探讨，取得了丰硕的成果。全国人大常委会于 2003 年将民事诉讼法的修改列入其立法计划。

2007 年 10 月 28 日，十届全国人大常委会第三十次会议通过了《关于修改〈中华人民共和国民事诉讼法〉的决定》。该《决定》对现行民事诉讼法的修改主要集中在再审程序和执行程序两个方面。修改后的《民事诉讼法》仍为四编，共 28 章 268 条。

2012 年 8 月 31 日，十一届全国人大常委会第二十八次会议再次修改民事诉讼法。此次修法涉及面较广，引起了全社会的关注和讨论。修改后的《民事诉讼法》仍为四篇，共 27 章 284 条。根据一位学者的概括，本次修法的主要内容可归纳为如下 10 个方面：(1)明确规定诚实信用原则，规范当事人的诉讼行为。(2)设立公益诉讼制度，维护公共利益。(3)设立小额诉讼制度，提高小额纠纷的解决效率，降低诉讼成本。(4)扩大检察监督的领域，增加监督的方式，强化检察监督的职能。(5)增设案外第三人撤销之诉，维护案外第三人的民事权益。(6)对利用法律程序侵害他人合法权益、逃避义务履行的行为，规定了法律制裁措施。(7)完善和发展民事证据制度。(8)完善第二审程序。(9)明确规定裁判文书公开制度，推进审判的公开化。(10)对再审程序再修改,使得再审制度更加合理。[①]

2014年12月18日,最高人民法院审判委员会第1636次会议通过《关于适用〈中华人民共和国民事诉讼法〉的解释》(以下简称《民诉法解释》)。这份司法解释文件共23章,552条,6万余字,于2015年2月4日公布,自公布之日起施行。据介绍,它是最高人民法院有史以来参加起草的人员最多、条文最多、篇幅最长的司法解释。《民诉法解释》对公益诉讼、第三人撤销之诉、小额诉讼、行为保全、举证责任期限、专家辅助人、司法确认调解协议、实现担保物权、再审检察建议等民事诉讼新制度,细化了程序规范,增强了可操作性,确保这些新制度能够顺利、全面地实施并发挥作用;针对司法实践中对《民事诉讼法》规定的不同理解、不一致的做法作了比较全面、系统的解释。[②]

2017年6月27日,十二届全国人大常委会第二十八次会议通过修改民事诉讼法的决定,增设检察机关提起公益诉讼和支持公益诉讼的规定。

(三)民事诉讼法的性质

我国传统民事诉讼法学理论一般认为,民事诉讼法的性质主要是部门法、基本法和程序法。所谓部门法,是指民事诉讼法调整民事诉讼活动和民事诉讼关系,这种特定的调整对象是其他法律部门代替不了的。所谓基本法,是指民事诉讼法由国家最高权力机关制定,是一切民事程序的基本法。所谓程序法,则是相对于实体法而言的。[③]

近年来,越来越多的学者认识到,"部门法"只是说明了民事诉讼法调整的对象,"基本法"仅仅表明了民事诉讼法在整个法律体系中的效力和地位,民事诉讼法的性质主要是程序性和公法性。[④]

1.民事诉讼法的程序性。一国法律除宪法外,大致可分为实体法和程序法两大类。民事实体法以现实生活中的民事行为和民事关系为调整对象,主要内容包括民事主体、民事权利义务以及民事责任等;而程序法则是操作性极强的技术性规范,诉讼法、立法程序法、选举程序法等均属程序法。民事诉讼法是法院和当事人等进行民事诉讼所必须遵循的程序规范,属于民事程序法。除民事诉讼法外,民事

---

① 张卫平:《民事司法制度的新发展——〈关于修改中华人民共和国民事诉讼法的决定〉概览》,载《检察日报》2012年9月7日第3版。

② 沈德咏主编:《最高人民法院民事诉讼法司法解释理解与适用》,人民法院出版社2015年版,第2页。

③ 江伟主编:《民事诉讼法学原理》,中国人民大学出版社1999年版,第25页。

④ 邵明:《民事诉讼法理研究》,中国人民大学出版社2004年版,第70页;张卫平主编:《民事诉讼法》,高等教育出版社2006年版,第9页。

程序法还包括公证法、仲裁法、破产法、调解法等。

2.民事诉讼法的公法性。民事诉讼法是规范民事诉讼的法律，而民事诉讼的本质，即运用国家公权力来解决民事纠纷，具有很强的国家强制性：当事人不仅要遵守法定的诉讼程序，而且还要受诉讼结果的约束，否则法院将依法强制执行。法院与当事人之间的关系是公法关系，法院的审判权和强制执行权以及当事人的诉权和诉讼权利，均属于公权的范畴，而诉讼结果所具有的效力，即为公法上的效力。诚然，民事诉讼解决的是私权纠纷，尊重当事人的意思自治是民事诉讼的应有之义，但不能因此而否认民事诉讼法的公法性质。

（四）民事诉讼法的任务

我国《民事诉讼法》第 2 条规定了民事诉讼法的基本任务，即保护当事人行使诉讼权利，保证人民法院正确行使审判权。具体而言，民事诉讼法的任务可分为以下几个方面：

1. 保护当事人行使诉讼权利。诉讼权利是当事人参加民事诉讼，制约和监督民事审判权，维护自身合法权益的根本手段。保护当事人行使诉讼权利，不仅是程序公正的要求，而且也是实体公正的要求。

2. 保证人民法院查明事实，分清是非，正确适用法律，及时审理民事案件。查明事实，分清是非，正确适用法律，直接体现了实体公正的要求，因而属民事诉讼法的基本任务之一。及时审理民事案件，则体现了对民事裁判的效率要求。"迟来的正义非正义"，诉讼活动不仅要实现公正，而且要追求效率。

3. 确认民事权利义务关系，制裁民事违法行为，保护当事人的合法权益。民事纠纷的发生，源于纠纷主体之间的民事权利义务关系不明晰或者一方有违法行为，侵害了他方权益，因此，确认民事权利义务关系，制裁民事违法行为，保护当事人的合法权益，理所当然成为民事诉讼法的根本任务。

4. 教育公民自觉遵守法律。民事诉讼法不仅要求法院解决民事纠纷，制裁民事违法行为，而且应使当事人以外的其他公民通过了解诉讼过程和结果受到教育，增强法治观念，从而起到预防纠纷、减少诉讼的作用。

5. 维护社会秩序、经济秩序，保障社会主义建设事业顺利进行。民事纠纷虽属私权纠纷，但若不能及时有效解决，必然带来负面影响，有碍社会与经济的稳定与发展。因此，从国家整体而言，民事诉讼法不但应当解决私权纠纷、保护当事人的合法权益，而且应当在大局上注重维护社会秩序、经济秩序，保障社会主义建设事业的顺利进行。

(五)民事诉讼法的效力

民事诉讼法的效力即民事诉讼法的作用和适用范围,包括空间效力、时间效力、对人效力和对事效力四个方面。

1.空间效力

民事诉讼法的空间效力,是指民事诉讼法适用的地域范围。我国《民事诉讼法》第4条规定:"凡在中华人民共和国领域进行民事诉讼,必须遵守本法。"但是我国缔结或参加的国际条约与我国民事诉讼法有不同规定的,适用该条约的规定,我国声明保留的条款除外。据此,民事诉讼法的空间效力范围及于我国整个领域。应当指出的是,由于"一国两制"政策的实施,根据《香港特别行政区基本法》的有关规定,1997年7月1日之后,全国性法律除该法附件三有明确规定者外,不在香港特别行政区实施。《澳门特别行政区基本法》也有类似的规定。因此,我国现行《民事诉讼法》不适用于香港特别行政区和澳门特别行政区。

根据《民事诉讼法》第16条的规定,民族自治地方的人民代表大会有权制定变通或补充规定。这些变通或补充规定应当遵循宪法和民事诉讼法的基本原则,仍属于我国民事诉讼法的有机组成部分。因此,不能误认为民事诉讼法的空间效力不包括民族自治地方。

2.时间效力

民事诉讼法的时间效力,是指民事诉讼法在什么时间范围内有效,包括生效时间、失效时间以及是否具有溯及力等事项。

我国现行《民事诉讼法》的生效时间为1991年4月9日,其时间效力范围即从1991年4月9日开始,直至将来被废止之日。

民事诉讼法具有溯及既往的效力,即法院在民事诉讼法生效前受理的案件,若尚未审结,则应按新生效的民事诉讼法规定的程序审理。

3.对人效力

民事诉讼法的对人效力,是指民事诉讼法对哪些主体具有约束力。根据《民事诉讼法》第4条的规定,凡在我国领域内参加民事诉讼的主体,无论其国籍如何,都必须遵守我国民事诉讼法。具体而言,这些主体包括:(1)我国公民、法人和其他组织;(2)居住在我国领域内的外国人、无国籍人以及在我国的外国企业和组织;(3)在我国进行民事诉讼的外国人、无国籍人以及外国企业和组织。

根据我国《民事诉讼法》第261条的规定,对享有外交特权与豁免的外国人、外国组织或国际组织提起的民事诉讼,应当依照我国法律和我国缔结或参加的国际条约的规定办理。换言之,这些人员和组织一般享有民事司法豁免权,不受我国民事诉讼法的约束,有关纠纷只能通过外交途径解决。但是,在下列情形下,上述人

员和组织不具有民事司法豁免权，应受我国《民事诉讼法》的约束：(1)享有司法豁免权者的所属国明确宣布放弃司法豁免的；(2)享有司法豁免权者因私人事务与对方当事人发生民事纠纷的；(3)享有司法豁免权者提起民事诉讼而被反诉的。

4.对事效力

民事诉讼法的对事效力，是指法院依照民事诉讼法审理的案件范围，即民事诉讼主管范围。我国《民事诉讼法》第3条规定："人民法院受理公民之间、法人之间、其他组织之间以及他们相互之间因财产关系和人身关系提起的民事诉讼，适用本法规定。"此即民事诉讼法的对事效力范围。随着社会的发展和民事法律制度的健全，民事诉讼法的对事效力范围将不断扩大。

第三节　民事诉讼法与相关法律部门的关系

一、民事诉讼法与宪法的关系

民事诉讼法与宪法的关系极为密切。"二战"以来，民事诉讼法呈现出宪法化的特点：宪法明确地规定了民事诉讼的一些基本原则、当事人的程序基本权和法院的审判权；民事诉讼程序严格遵从宪法的精神、原则和规范，是对宪法原则的具体实践。在此意义上，可以将民事诉讼法称为"被适用的宪法"。

宪法是国家的根本大法，在我国的法律体系中具有最高的法律效力。在民事诉讼中如何充分实践宪法的精神、原则和规范，是完善民事诉讼制度所面临的重大问题。无论是民事诉讼目的的确立、民事诉讼基本原则的构建，还是当事人诉权和程序基本权的保障，都应当贯彻宪法的要求。

在一般情况下，法院并不直接援引宪法的规定裁判民事案件。[①] 我国各级人民法院在审理案件过程中，通常在裁判文书中只引用法律、行政法规、地方性法规、司法解释等作为裁判案件的具体法律依据。[②] 由于这些法律、法规等都是依照宪

① 即使对于刑事案件，也不宜直接援引宪法的规定。参见最高人民法院《关于在刑事判决中不宜援引宪法作论罪科刑的依据的批复》(1955年7月30日最高人民法院研字第11298号)。

② 1986年10月最高人民法院《关于人民法院制作法律文书如何引用法律规范性文件的批复》[法(研)复(1986)31号]。

法的原则和精神制定的，法院在裁判案件时援引这些法律、法规，在某种程度上也可以看作是间接地适用宪法，贯彻落实宪法的规定。但是，还有部分宪法的内容在司法实践中被长期“虚置”，并没有发挥应有的法律效力。因此，宪法的司法化成为一个重要课题。所谓宪法司法化，就是指宪法可像其他法律法规一样进入司法程序，直接作为法院裁判民事案件的法律依据。宪法的司法化已成为当今世界各国司法实践的普遍做法，许多国家建立了宪法诉讼的机构和程序。我国现行立法虽未明文确立宪法司法化制度，但已有相关案例出现。① 应当指出的是，宪法司法化的命题不仅关系法院能否以宪法作为裁判案件法律依据的问题，而且涉及违宪审查制度这一更为根本和复杂的问题。我国现有的政治架构是否支持这一制度的运作，以及一旦建立该项制度后由最高人民法院还是由专门设立的机构行使违宪审查权，这些问题都有待于从理论上作进一步的探讨。

二、民事诉讼法与民法、婚姻法、经济法等实体法的关系

民事诉讼法与民法、婚姻法、经济法等的关系是程序法与实体法的关系。民事实体法与民事程序法在对社会关系的调整中各自发挥着作用，彼此独立而又相辅相成。前者是国家制定的调整平等主体之间社会生活关系的规则，后者则是法院解决私权纠纷时所应遵循的程序规则。在我国，传统的法律解释学将诉讼法看作是实现实体法内容的手段与方法。这一观念近年来已受到许多学者的质疑。学界普遍认为，不应当将诉讼法视为单纯的手段和工具，而应当充分重视其保障程序正义的独立价值。

研究民事程序法与实体法的关系对我国法治建设具有重要的现实意义。在我国，从 20 世纪 80 年代初期的人治与法治的讨论到近年来关于权利与人权问题的研究都反映了一种倾向，即“在考虑法制建设的时候，中国的法律家更侧重于强调令行禁止、正名定分的实体合法性方面，而对在现代政治、法律系统中理应占枢纽位置的程序问题则语焉不详。偶有论者，也并未把程序看作一个具有独立价值的

---

① 2001 年，最高人民法院对山东省高级人民法院请示的一个案件作出了《关于以侵犯姓名权的手段侵犯宪法保护的公民受教育的基本权利是否应承担民事责任的批复》(法释[2001]第 25 号)。该批复明确指出，根据本案事实，“陈晓琪等以侵犯姓名权的手段，侵犯了齐玉苓依据宪法规定所享有的公民受教育的基本权利，并造成了具体的损害后果，应承担相应的民事责任”。据此，山东省高级人民法院援引宪法作出了终审判决。一些司法界、学术界人士认为本案迈出了走向宪政的重要一步，并将其称之为我国“宪法司法化第一案”。根据最高人民法院审判委员会 2008 年 12 月 8 日第 1457 次会议的决定，该司法解释已被废止。

要素。”[①]这也是我国长期以来“重实体、轻程序”的一个很重要的原因。我国在制定程序制度时，注重的往往是程序制度与实体法的协调一致，而不是把重点放在程序的合理性上。这与我国长期在法律结构上实体法与诉讼法不分、在诉讼组织和操作方式上司法与行政合一以及程序公正观的欠缺有着密切的关系。

事实上，程序一方面可以限制法官的裁量权，维护法的稳定性和自我完结性；另一方面也容许选择的自由，使法律系统具有开放的结构和紧缩的过程，包含着决定裁判成立的前提，存在着左右当事人在程序完成之后的行为态度的契机，并且保留着客观评价裁判过程的可能性。因此，实体法与诉讼法“如同一辆车的两个轮子，对诉讼都起作用，在它们之间不可能存在主从关系”。[②]

民事程序法与实体法之间是一种相互独立而又相辅相成的关系。二者的关系可以概括为两个方面：其一，民事程序法与实体法作为统一的法律体系的共同组成部分，二者相互独立，互不从属。程序法在保证实体法目标实现之外，还有着独立的价值和功能，即保障程序的正义。民事程序法和实体法在各保有其功能独立性的同时，在形式上又有一体化的倾向，这有助于协调二者在实现特定法律价值时出现的冲突和紧张关系。其二，民事程序法与实体法相互依存，相辅相成。一方面，实体法作为抽象的、一般的法律规则，其生命力必须通过程序法的保障作用来体现；而程序法因其浓厚的技术性色彩和强制性效力，必须以代表广泛民意的立法机关制定的实体法律为基准，以实现判决结果的正当化。另一方面，程序法通过对实体规范的选择适用、填补漏洞和矫正不足来推动实体法的发展；而实体法则通过更加精微、技巧的利益衡量对程序提出更高要求而推动程序法的进步。民事程序法与实体法之间这种相互独立而又相辅相成的关系，决定了两者之间不应有主次、轻重之分，而应通过建立一种协调互动机制，使当事人依实体法的规定（对实体权利的请求权）进入诉讼程序，法院依程序法的规定（正当程序）保障实体权利，两者配套实施，共同促进和实现对社会民事关系的规范和维护。

三、民事诉讼法与刑事诉讼法的关系

民事诉讼法和刑事诉讼法同属程序法，因此在形式上、审判制度和诉讼程序上有许多相同或交叉之处（例如刑事附带民事诉讼），但由于它们所调整的对象不同，二者之间仍存在明显的区别，主要表现如下：

1.提起诉讼的主体不同。民事诉讼涉及私权纠纷，通常由与案件有直接利害

---

① 季卫东：《法治秩序的建构》，中国政法大学出版社 1999 年版，第 13 页。

② ［日］兼子一、竹下守夫：《民事诉讼法》，白绿铉译，法律出版社 1995 年版，第 8 页。

关系的当事人提起诉讼,实行不告不理;而刑事诉讼旨在惩罚犯罪,保护人民,因而除自诉案件外,必须由检察机关提起公诉,实行国家干预。

2.基本原则不同。当事人权利平等原则、处分原则、法院调解原则、辩论原则等是民事诉讼法特有的原则;而分工负责、互相配合、互相制约原则,犯罪嫌疑人和被告人有权获得辩护的原则是刑事诉讼法特有的原则。

3.审理方式不同。对于民事案件,法官可以在自愿和合法的基础上进行调解,如能达成协议,可以以调解方式结案,调解不成的,由法院及时作出判决;刑事诉讼中除自诉案件外,法院不能进行调解,必须采用判决方式。①

4.证明标准不同。刑事案件的证明标准高于民事案件。我国法律对此未作明文规定,在外国(例如英国),刑事诉讼实行"排除一切合理怀疑"的证明标准,而民事案件则实行"盖然性权衡"的证明标准。②

5.执行方式不同。民事裁判大多由当事人自动履行,只有在当事人不履行时,才由法院强制执行;而刑事裁判通常由专门的机关执行,其方式多为限制和剥夺被告人的人身自由。

四、民事诉讼法与行政诉讼法的关系

《中华人民共和国行政诉讼法》(以下简称《行政诉讼法》)颁布于1989年4月4日,自1990年10月1日起施行。2014年11月1日和2017年6月27日,全国人大常委会两次对《行政诉讼法》作了修改。《民事诉讼法》与《行政诉讼法》都属于程序法,二者的关系较为密切。我国的行政诉讼制度脱胎于民事诉讼法,在《行政诉讼法》颁行之前,行政案件依照民事诉讼法进行审理。因此,二者在基本原则、审判制度、诉讼程序上有很多共同之处,但作为两个独立的法律部门,有着各自不同的任务、目的和调整对象,其主要区别如下:

1.诉讼主体不同。民事诉讼旨在解决公民之间、公民与法人之间、法人之间财产关系和人身关系中产生的争议,在民事诉讼中,公民、法人和其他组织既可以作为原告,也可以作为被告。而行政诉讼旨在解决行政机关或其工作人员与公民、法

---

① 2012年3月14日修改的《中华人民共和国刑事诉讼法》增设"当事人和解的公诉案件诉讼程序"。

② 《牛津法律词典》对standard of proof(证明标准)的解释如下:The degree of proof required for any fact in issue in litigation, which is established by assessing the evidence relevant to it. In criminal proceedings the standard of proof is proof of beyond reasonable doubt.. In civil proceedings the standard of proof is proof on a balance of probabilities. See Jonathan Law (ed.), *Oxford Dictionary of Law*, Eighth Edition, Oxford University Press, 2015, p.591.

人、其他组织之间在行政管理中发生的争议，在行政诉讼中，被告是特定的，只能是作出行政行为的行政机关，原告则是不服行政机关的行政行为的公民、法人或者其他组织。

2.举证责任不同。在民事诉讼中，一般实行“谁主张，谁举证”，由提出主张的当事人承担举证责任，通常由原告首先举证。而行政诉讼实行举证责任倒置，由作为被告的行政机关负担举证责任，被告应当提供作出该行政行为的证据和所依据的规范性文件。

3.审理方式不同。民事诉讼可以进行调解，以调解方式结案。而在行政诉讼中，作为被告的行政机关不能任意处分自己的行政权力，只有依法行政的义务，因此，对于行政争议案件(行政赔偿、补偿以及行政机关行使法定自由裁量权的案件除外)，人民法院不能通过调解方式进行处理。①

在引例中，农户与化工厂之间的损害赔偿纠纷属于民事争议，环保局对这一争议的处理，在性质上属于行政调解，并不因此改变争议的性质。农户起诉时，应以化工厂为被告，通过民事诉讼程序解决。环保局对化工厂的罚款是一种行政处罚。化工厂不服环保局的处罚决定，向人民法院提起诉讼。该争议属于行政争议，应当通过行政诉讼程序解决。128 户农民人数众多，应当推选代表人参加诉讼。

五、民事诉讼法与仲裁法的关系

仲裁与民事诉讼同属于解决民事纠纷的方式，但仲裁具有非诉讼性质，由仲裁法调整。1994 年 8 月 31 日，八届全国人大常委会第九次会议通过了《中华人民共和国仲裁法》(以下简称《仲裁法》)。该法自 1995 年 9 月 1 日起施行。根据我国《仲裁法》的规定，人民法院有权根据当事人的请求，对仲裁协议是否有效作出裁定，并可撤销违法的仲裁裁决；当事人申请财产保全、证据保全的，仲裁委员会应当将当事人的申请提交人民法院；仲裁裁决生效后，如果一方当事人不履行裁决，另一方当事人可以向人民法院申请强制执行。② 二者的主要区别有以下几方面：

1.纠纷解决机构的性质不同。法院是国家的审判机关，其审判权由法律规定；

---

① 在近年的司法实践中，一些法院尝试推行行政诉讼和解机制，促使当事人和解。这一做法得到了最高司法机关的肯定。参见最高人民法院 2007 年 3 月 1 日印发的《关于进一步发挥诉讼调解在构建社会主义和谐社会中积极作用的意见》第 6 条。

② 关于仲裁与诉讼的联系、区别以及互动关系，参见张斌生主编：《仲裁法新论》，厦门大学出版社 2010 年第 4 版，第二章“仲裁与诉讼之比较”。2014 年，全国 225 家仲裁委员会共受理案件 113660 件。参见张维：《去年全国仲裁受案量超 11 万件》，载《法制日报》2015 年 6 月 13 日第 6 版。

而仲裁机构属于社团法人，多为民间社会团体，既不隶属于行政机关，也不从属于审判机关。

2.受理的前提不同。民事诉讼以法律规定的当事人的诉权和法院的审判权为基础，在纠纷发生后，当事人向法院起诉，只要符合民事诉讼法规定的起诉条件，法院就应当受理；仲裁的提交必须以当事人之间存在仲裁协议为前提条件，若没有仲裁协议，仲裁机构无权行使仲裁权。《仲裁法》第 19 条规定："仲裁协议独立存在。合同的变更、解除、终止或者无效，不影响仲裁协议的效力。仲裁庭有权确认合同的效力。"

3.当事人的选择权限不同。在民事诉讼中，诉讼的地点、法院及审判程序均由法律作出明确规定，当事人无权自由选择；而仲裁的地点、组织、仲裁员乃至仲裁程序都可以由当事人自由选择。

4.具体程序步骤不同。例如，民事诉讼实行两审终审制，原则上必须公开审理；仲裁实行一裁终局，且原则上不公开进行。又如，《民事诉讼法》第 42 条规定："合议庭评议案件，实行少数服从多数的原则"；而《仲裁法》第 53 条规定："仲裁庭不能形成多数意见时，裁决应当按照首席仲裁员的意见作出。"

值得一提的是，2006 年 9 月 8 日，最高人民法院公布了《关于适用〈中华人民共和国仲裁法〉若干问题的解释》（自公布之日起施行），对人民法院审理涉及仲裁案件适用法律的若干问题作出解释。该文件表明了司法机关支持仲裁事业发展的态度。例如，第 1 条规定："仲裁法第 16 条规定的'其他书面形式'的仲裁协议，包括以合同书、信件和数据电文（包括电报、电传、传真、电子数据交换和电子邮件）等形式达成的请求仲裁的协议。"第 2 条规定："当事人概括约定仲裁事项为合同争议的，基于合同成立、效力、变更、转让、履行、违约责任、解释、解除等产生的纠纷都可以认定为仲裁事项。"第 3 条规定："仲裁协议约定的仲裁机构名称不准确，但能够确定具体的仲裁机构的，应当认定选定了仲裁机构。"第 13 条规定："依照仲裁法第 20 条第 2 款的规定，当事人在仲裁庭首次开庭前没有对仲裁协议的效力提出异议，而后向人民法院申请确认仲裁协议无效的，人民法院不予受理。仲裁机构对仲裁协议的效力作出决定后，当事人向人民法院申请确认仲裁协议效力或者申请撤销仲裁机构的决定的，人民法院不予受理。"

六、民事诉讼法与公证法的关系

公证作为公证机构的一种具有法律效力的证明活动或证明行为，是预防纠纷、减少诉讼的有效方式之一。公证法调整公证机构的证明活动，具有非讼性。公证机构与当事人之间的关系属于非讼法律关系。

2005 年 8 月 28 日，十届全国人大常委会第十七次会议通过了《中华人民共和国公证法》(以下简称《公证法》)，自 2006 年 3 月 1 日起施行。根据该法的规定，公证是公证机构根据自然人、法人或者其他组织的申请，依照法定程序对民事法律行为、有法律意义的事实和文书的真实性、合法性予以证明的活动。公证机构是依法设立，不以营利为目的，依法独立行使公证职能、承担民事责任的证明机构。

在我国，公证法与民事诉讼法有着诸多联系，主要体现在以下几个方面：

1.公证文书的特殊证明效力。《民事诉讼法》第 69 条规定："经过法定程序公证证明的法律事实和文书，人民法院应当作为认定事实的根据，但有相反证据足以推翻公证证明的除外。"

2.诉讼前的证据保全。根据《公证法》第 11 条的规定，证据保全是公证机构的业务事项之一。当事人在起诉前，可以向公证机构申请证据保全；在起诉后，将公证保全的证据提交法院。根据《民事诉讼法》第 81 条第 2 款的规定，在紧急情况下，当事人可以在起诉前向法院申请证据保全。

3.公证文书的强制执行效力。《民事诉讼法》第 238 条第 1 款规定："对公证机关依法赋予强制执行效力的债权文书，一方当事人不履行的，对方当事人可以向有管辖权的人民法院申请执行，受申请的人民法院应当执行。"《公证法》第 37 条规定："对经公证的以给付为内容并载明债务人愿意接受强制执行承诺的债权文书，债务人不履行或者履行不适当的，债权人可以依法向有管辖权的人民法院申请执行。"为促进公证制度与审判制度的衔接，充分发挥公证制度对于化解社会矛盾纠纷的作用，最高人民法院于 2008 年 12 月 22 日发布《关于当事人对具有强制执行效力的公证债权文书的内容有争议提起诉讼人民法院是否受理问题的批复》。该批复指出：根据《民事诉讼法》和《公证法》的规定，经公证的以给付为内容并载明债务人愿意接受强制执行承诺的债权文书依法具有强制执行效力。债权人或者债务人对该债务文书的内容有争议直接向人民法院提起民事诉讼的，人民法院不予受理。但公证债权文书确有错误，人民法院裁定不予执行的，当事人、公证事项的利害关系人可以就争议内容向人民法院提起民事诉讼。2018 年 9 月 30 日，最高人民法院公布《关于公证债权文书执行若干问题的规定》(自 2018 年 10 月 1 日起施行)。

第二章 民事诉讼的基本理论

【引 例】

王某以丈夫李某有恶习、夫妻感情破裂为由起诉要求离婚,法院经过庭审,判决驳回原告诉讼请求。判决生效两个月后,王某又以李某对其实施家庭暴力为由向法院提起离婚诉讼。问:法院是否可以受理后诉?

第一节 概 述

一、民事诉讼基本理论体系

对于民事诉讼基本理论的体系,我国学者之间有不同的认识。有的学者认为该体系仅包括诉讼目的论、诉权论和既判力本质论。[①] 有的学者认为包括民事诉讼目的、模式、价值目标、民事诉讼法律关系、诉权与审判权、民事诉讼中的人权保障等。[②] 有的学者认为应当包括民事诉讼主体论、民事诉讼目的论、民事诉讼价值论、诉权理论、诉讼标的理论、既判力理论等。[③] 还有的学者强调,民事诉讼基本理论体系包括民事诉讼价值论、目的论、诉权理论、诉讼标的理论、民事诉讼法律关系理论和既判力理论等几个方面。[④]

---

① 陈荣宗:《举证责任分配与民事程序法》,台湾三民书局1984年版,第153页。

② 谭兵主编:《民事诉讼法学》,法律出版社1997年版,第51页。

③ 赵钢:《回顾、反思与展望——对二十世纪下半叶我国民事诉讼法学研究状况之检讨》,载《法学评论》1998年第1期。

④ 江伟、邵明:《中国民事诉讼法学》,载罗豪才、孙琬钟主编:《与时俱进的中国法学》,中国法制出版社2001年版。

我们赞同最后一种观点，即民事诉讼基本理论主要包括民事诉讼价值论、目的论、诉权论、诉讼标的论、法律关系论和既判力论，这六大理论构成了民事诉讼法学的基本内容。在当今时代，社会主体活动的多样化、复杂化、快速化及价值多元化，要求民事诉讼法学相应地扩大其研究的对象领域；经济全球化也在一定程度上促进民事诉讼法的国际化趋势的发展。处于这样背景之下的民事诉讼法学理论体系应当是开放的，既要吸收域外立法、司法经验，也要积极总结我国民事审判和司法改革的实践经验。民事诉讼价值论涉及民事诉讼制度的价值取向问题，是民事诉讼理论体系中最深刻、最抽象的部分，在民事诉讼基本理论体系中处于核心地位。民事诉讼目的论涉及为何设立民事诉讼制度的问题。无论是国家制定实施民事诉讼法还是当事人进行民事诉讼，总是具有一定的目的；不同的目的就会产生不同结构和内容的民事诉讼制度。因此，诉讼目的论成为民事诉讼法学中的一个基本理论问题。民事诉讼价值论和目的论在民事诉讼基本体系中具有前提性和基础性的地位，因而是民事诉讼基本理论的出发点。诉权论是关于当事人为什么可以进行诉讼的理论，诉权是将民事纠纷引入民事诉讼程序的权能，因此诉权论被视为关于民事诉讼出发点的理论。诉讼标的是当事人请求法院司法救济的对象，也是法院裁判的对象，因而诉讼标的论也是民事诉讼基本理论中必不可少的内容。民事诉讼法律关系论探讨的主要问题是法院和当事人在诉讼中的具体地位和作用。法院经正当的诉讼程序对民事案件作出确定判决，在既判力产生的同时，诉讼程序终结，因此既判力论被认为是诉讼终结点的理论。

二、诉讼法与实体法的关系

在现代法治社会，摆正民事诉讼法与民事实体法的关系，是构建合理的民事诉讼理论体系的前提。

从西方民事诉讼基本理论发展史来看，对诉讼法与实体法关系的认识，经历了从“实体法一元论—诉讼法一元论—二元论”的发展历程。在自由资本主义时期，由于尊崇私法自治和强调私法至上，人们普遍认为，民事诉讼无非是借助法院的力量实现民事实体法权利的单纯技术程序而已，民事诉讼法仅被作为民事实体法的一个组成部分，或者将民事诉讼法作为民事实体法的助法或附属法。当时的诉讼观是实体法一元论，即仅从实体法立场来认识和处理诉讼问题。随着社会和法律的发展，尤其是公法及其观念和理论的进一步发展，人们认识到民事诉讼法应属于公法，是与民事实体法相独立的法律部门。这一时期的诉讼观，早期是诉讼法一元论，基本上是从诉讼法的角度理解和把握民事诉讼的理论、制度和具体概念。然而，仅从诉讼法立场分析诉讼问题也是不合理的，因为民事诉讼既具有程序的一面，又具有实体的一面，事实上，民事诉讼是民事诉讼法与民事实体法共同作用的"场"。于是，人们提出了现代二元论的诉讼观，重视民事诉讼中程序法与实体法之间相辅相成的关系。[①]

对于民事诉讼法与民事实体法的关系，在不同国家、不同时期存在着不同的认识。我国向来有"重实体轻程序"的传统，认为诉讼法是实体法的助法。不过，自20世纪90年代以来，越来越多的学者认识到民事诉讼法的独立价值，重新审视民事诉讼法与民事实体法的关系，将民事诉讼法与民事实体法视为同等重要的两个法律部门。

我们认为，现代二元论的诉讼观合理地阐释了民事诉讼法与民事实体法的关系，应当成为理解和研究民事诉讼理论的基本视角。具体而言，一方面，民事诉讼法具有实现民事实体法的功能。如果民事诉讼法不具有此功能，那么，在民事实体法体系日益完善的近现代，民事诉讼法就没有存在的现实基础，失去了存在的价值和合理性。与此同时，民事诉讼法还具有创制民事实体法规范和促进民事实体法发展的功能。民事实体法律的发展史已经印证了这一事实：实体法的内容往往不是事先被确定了的不变的价值，而必须通过诉讼程序的进行在一般规范命题框架内逐渐形成，只有在积累了相当数量的案件处理经验之后，才能说实体法的某项条文具有什么样的内容。[②] 另一方面，民事诉讼法还具有自身独立的价值，即保障程序的公正。民事诉讼法独有的原理和原则制度具有高度的稳定性和历史延续性，民事诉讼法制度正当性和合理性有其自身的评价标准。

第二节　民事诉讼的价值

一、民事诉讼价值的含义

民事诉讼价值是指民事诉讼对诉讼主体合理需要的积极满足或正面满足。关于民事诉讼程序的价值准则，学者间的看法不尽一致。有的认为，诉讼程序应当追

① 邵明：《民事诉讼法理研究》，中国人民大学出版社2004年版，第4～5页。

② 王亚新：《民事诉讼中的依法审判原则和程序保障》，载梁治平主编：《法律解释问题》，法律出版社1998年版。

求的价值包括正当、公正、迅速和经济。[1] 有的认为，诉讼程序具有三大价值目标，即公正、效率和效益。[2] 有的认为，民事诉讼程序应当具有的价值是公正性、正当性、对话性和迅速性。[3] 有的提出，民事诉讼程序的价值目标包括公平、效率、民主、效益、真实、人权等。[4] 还有的学者指出，民事诉讼程序价值可分为两个基本类型：一是目的性价值（内在价值），包括程序自由、程序公正、程序效益等具体形态；二是工具性价值（外在价值），包括实体公正、秩序等具体形态。[5]

民事诉讼是民事诉讼法与民事实体法共同作用的领域，因而对民事诉讼程序价值的定位也就不应脱离其中的任何一方而孤立地考察。民事诉讼是诉讼过程与诉讼结果的一体化。从诉讼过程来看，在实体法内容不变的条件下，不同的诉讼程序制度往往会产生不同的甚至截然相反的实体法律后果，或者虽然达到了相同的实体法律后果，却在投入的时间、精力、金钱等方面存在很大的差别，而且，程序制度的不同还会产生其他方面的功能差异，因此，民事诉讼程序自身必然具有程序价值；从诉讼结果来看，诉讼的结果是否不折不扣地保证了实体法的贯彻、实施，即是否实现了实体法，必然会成为衡量民事诉讼程序的一个价值准则。[6] 因此，我们认为，民事诉讼价值包括程序价值和实体价值，程序价值体现了民事诉讼程序的独立价值，实体价值则体现了民事诉讼实现民事实体法的功能。

二、民事诉讼的程序价值

民事诉讼的程序价值是民事诉讼程序的内在要求，主要包括程序公正和程序效率等。[7]

（一）程序公正

在现代正当程序中，诉讼程序公正的标准或要求主要有以下几点：

1. 法官中立。法官中立，首先，指法官在诉讼中处于超然地位，法官与自己正

---

① ［日］谷口安平：《程序的正义与诉讼》，王亚新、刘荣军译，中国政法大学出版社 1996 年版，第 52 页。

② 陈桂明：《诉讼公正与程序保障》，中国政法大学出版社 1996 年版，第 7～8 页。

③ 刘荣军：《程序保障的理论视角》，法律出版社 1999 年版，第 145 页。

④ 汤维建：《市场经济与民事诉讼法学的展望》，载《政法论坛》1997 年第 1 期。

⑤ 肖建国：《民事诉讼程序价值论》，中国人民大学出版社 2000 年版，第 95～99 页。

⑥ 江伟主编：《民事诉讼法专论》，中国人民大学出版社 2005 年版，第 58 页。

⑦ 此部分内容主要参考邵明：《民事诉讼法理研究》，中国人民大学出版社 2004 年版，第 101～105 页。

在审判的案件及其当事人没有利害关系。法谚曰,"任何人都不能是自己的案件的法官"(No man may be a judge in his own cause)。其次,法官中立意味着法官公平地对待各方当事人,不能因自己的情感因素或者价值取向而偏袒任何一方当事人。

2. 诉讼当事人平等。诉讼当事人平等不仅是公平审判的先决条件,而且是衡量诉讼程序是否公正的基本标准。诉讼当事人平等,意味着当事人享有平等的诉讼权利(相同或者对等的诉讼权利),承担平等的诉讼义务,双方当事人的利益应得到平等的维护。法院有义务保障当事人在诉讼中的平等地位。

3. 程序参与。其基本要求包括:其一,法院必须对当事人进行有效的程序通知(即接受程序通知权),使当事人能够充分及时地了解诉讼程序进行的情况。其二,在诉讼中,受到诉讼结果影响的当事人有权提出诉讼主张和提供事实和证据,对方当事人应能对此陈述意见,法院不得将当事人未发表过意见或未进行过辩论的事实、证据或诉讼请求作为裁判的基础和内容(即诉讼听审权)。

4. 程序公开。即审判公开。审判公开不仅包括形式上的公开,而且包括实质上的公开;不仅包括对群众和社会的公开,而且应当强调对当事人的公开;不仅包括结果的公开,而且包括过程的公开。

5. 程序安定。包括程序运行的稳定性和程序结果的安定性。前者要求法官及当事人遵守法定的诉讼程序,不得任意诉讼;后者要求对经过正当程序审理并得出的程序结果予以维护,不允许任意变更或撤销,否则将损害司法判决的权威性和国家法律的安定性。

(二)程序效率

在保证诉讼公正的前提下,程序效率追求的是及时审理判决、减少或节约诉讼成本。诉讼成本是指国家法院、当事人和证人等诉讼参与人进行民事诉讼所耗费的财产、劳力和时间等。法谚曰:"迟到的正义非正义"(Justice delayed is justice denied)。在以公正作为诉讼最高价值目标的前提下,提高诉讼效率也是民事诉讼程序所应追求的目标之一。①

为了降低诉讼成本、提高诉讼效率,可作如下努力:(1)建构公正的诉讼程序。按照公正的程序进行审判,能够获得正当性,可以减少不必要的上诉或再审,从而降低诉讼成本,提高诉讼效率。这体现了诉讼公正与程序效率之间的一致性。(2)根据案件的性质和繁简而设置相应的诉讼程序。即对于诉讼标的额较大或案情较

① 有的学者将程序效率称为程序效益。"效益"一词极可能使人误认为民事诉讼是获得经济收益的手段,但实际上,民事诉讼的价值难以用经济收益来衡量。

复杂的案件，适用比较慎重的程序来解决，而对于诉讼标的额较小或案情较简单的案件，适用较为简易的程序来解决。(3)设置合理的起诉要件、上诉要件、申请执行要件等。若不具备法定条件，则应驳回诉讼或终结程序，从而避免无益的诉讼或执行，以节约审判或执行资源。(4)建构合理的诉的合并制度。在一个诉讼程序中解决多个纠纷或者多个主体之间的纠纷，既可避免判决相互矛盾，又能降低诉讼成本。(5)设立法官推进诉讼的职责、当事人促进诉讼的义务、合理的期间等制度，促使法官适时行使审判权和当事人及时实施诉讼行为。

(三)程序公正与程序效率的关系

一方面，程序公正与程序效率之间存在着一致性。按照公正程序审判能够提高程序效率，缺乏效率的诉讼程序在一定意义上也是不公正的，只有同时符合公正与效率要求的诉讼程序才是正当的程序。另一方面，程序公正与程序效率之间也存在着冲突。偏重公正的程序，往往要付出更多的诉讼成本。偏重效率的程序，可能有失诉讼公正。如何解决两者之间的冲突呢？法律和诉讼的最高价值在于公正，因此，应当在维护程序公正的前提下追求程序效率。但是，不同类型的案件和不同的程序平均占用诉讼资源也是不合理的。对于简易案件尤其是小额纠纷，应当适用低成本、高效率的简易程序或小额程序。[①]

三、民事诉讼的实体价值

民事诉讼的实体价值是评价和判断民事诉讼程序在实现民事诉讼实体目的方面是否有用或是否有效的标准。民事诉讼的实体价值，主要是指实体公正。实体公正通常是指裁判结果公正，主要体现为法院认定事实准确和适用法律正确。[②]

应当注意的是，民事诉讼中的“真实”具有一定的相对性。在具体的诉讼中，由于特定的时空条件的限制，对案件事实的证明不可能达到绝对的客观真实的程度，因而法院认定的案件事实，仅是一种法律上的真实。当然，法官在审理案件时，应当尽最大努力查明案情，使判决所认定的事实尽可能地接近客观真实。只有最大限度地发现真实，诉讼制度才能得到民众的尊重、信赖和利用，也才是真正富有效率的。

---

① 始于20世纪90年代中期的英国民事司法改革，提出了“分配正义”的司法理念，强调民事诉讼应当根据案件的不同情况，适当地分配法院资源。参见齐树洁主编:《英国民事司法制度》，厦门大学出版社2011年版，第31页。

② 江伟主编:《民事诉讼法学关键问题》，中国人民大学出版社2010年版，第21页。

四、民事诉讼程序价值与实体价值的关系

对于民事诉讼程序价值与实体价值的关系，可从以下三方面来理解：

1.程序价值与实体价值之间的一致性。一般而言，符合程序价值的诉讼程序能够产生符合实体价值的诉讼结果。在符合程序价值的诉讼中，当事人能够平等和充分地陈述诉讼请求、主张事实、提供证据和进行辩论，从而最大限度地再现案件真实。反过来，实体价值也会反作用于程序价值。通过符合程序价值的诉讼程序及时实现实体价值，能够使人们认识正当程序的重要性和必要性，从而促成人们对程序价值的积极追求。因此，我们应当追求程序价值与实体价值的统一。

2.程序价值与实体价值之间的冲突。程序价值是实体价值的前提。一般情况下，符合程序价值的诉讼程序比不符合程序价值的诉讼程序更能产生符合实体价值的诉讼结果。但是，由于诉讼程序受到特定的条件限制，且须谋求程序公正与程序效率等诸多价值之间的平衡等，以致符合程序价值的诉讼程序并不必然能够实现实体价值。例如，适用非法证据排除规则，可能使某些极为重要的证据材料被排除于诉讼之外，致使案件最终难以重现真实，有关当事人的实体权益保护也将难以实现。

3.程序价值与实体价值之间的协调。在程序价值与实体价值发生冲突时，需要权衡利弊作出选择。一方面，基于诉讼程序的独立价值，考虑到在获得实体公正的概率上正当程序远高于非正当程序，因此不应为了追求个案实体价值而放弃程序价值。以放弃程序价值为代价换得个案实体公正，是否符合"两利相权择其重，两害相比取其轻"的权衡标准，不无疑问。强调和维护正当程序的保障是现代法治的必然内涵。另一方面，为了维护程序价值而过分牺牲个案实体公正，这样的程序是否具有合理性也值得怀疑。因此，需要根据具体案情作出合理选择。同时，在维护程序价值的原则下，可通过法定程序途径纠正个案实体的不公正，比如通过严格的再审程序纠正实体不公正的判决。[①]

---

① 汤维建主编：《民事诉讼法学原理与案例教程》，中国人民大学出版社 2006 年版，第 26～27 页。

第三节　民事诉讼的目的

目的作为一个哲学范畴，是指主体在认识客体的过程中，按照自己的需要和对象本身的固有属性预先设计，并以观念形态存在于主体头脑中的某种结果，它体现了对自身的需求与客观对象之间的内在联系。目的反映了主体所期望达到的目标或者结果。主体不同，其目的也许就不同。民事诉讼目的论所阐明的问题在于民事诉讼制度是为了什么而存在或设立的。根据主体的不同，可从不同角度来理解民事诉讼的目的。

一、关于民事诉讼目的的学说

民事诉讼目的论提出之后，很快受到法学家（尤其是大陆法系的法学家）的青睐，形成了多种诉讼目的理论学说。我国学者自 20 世纪 90 年代中期以来，对这一理论问题也给予了较多关注。

关于民事诉讼目的的学说，最具代表性的有私权保护说、维护法律秩序说、纠纷解决说、程序保障说、权利保障说、多元说、搁置说等。①

1.私权保护说。私权保护说认为，由于国家禁止自力救济，因而设立民事诉讼制度，并由法院依照实体法对当事人的实体权利予以保护。私权保护说以实现实体法规范为其着眼点，强调国家实行民事诉讼的目的就在于保护实体权利。

2.维护法律秩序说。维护法律秩序说认为，民事诉讼的目的只是为了消除实体权利争议对私法秩序所产生的消极影响，是为了维护国家私法秩序，而保护私权仅是民事诉讼在客观上所起的作用而已。

3.纠纷解决说。纠纷解决说认为，即使在实体法产生之前，以裁判解决纠纷的诉讼和审判制度即已存在，因此，将保护私权或维护私法秩序作为民事诉讼的目的，属本末倒置；民事诉讼是解决民事纠纷的一种方式，而不是从既存的实体权利出发来确认当事人之间原有的权利义务关系。因此，民事诉讼的目的应是纠纷的强制性解决。

4.程序保障说。程序保障说从“正当程序”的观念出发，认为民事诉讼以程序保障的赋予为目的，换言之，国家设立诉讼制度，是为了确保当事人双方在程序过

① 李祖军：《民事诉讼目的论》，法律出版社 2000 年版，第 102～123 页。

程中法律地位的平等，并在诉讼构造中平等地使用攻防武器，各自拥有主张、举证的机会。此说进一步认为，法院不应将诉讼的审理过程作为只是为了达到判决或者和解而必经的准备阶段，而应将这一过程本身作为诉讼应有的目的来把握，只有正当的程序才是使判决或和解获得正当性的源泉，因此，法院应从"以判决为中心"转向"以诉讼的过程本身为中心"。

5.权利保障说。权利保障说从宪法上权利保障的角度来阐述民事诉讼的目的，认为诉讼制度基于宪法所保障的权利实为实体法上的实质权，私权保护说的最大缺陷就在于无视实质权与请求权在机能上的根本区别，以致将二者合成为实体法上的权利，并列为民事诉讼制度应予保护的对象；事实上，请求权属于实现实质权的救济手段，只有对实质权的保障才是民事诉讼的目的。

6.多元说。多元说认为，对诉讼目的的认识，应站在作为制度设置、运作者的国家和作为制度利用者的国民双重立场下进行。依此理论，纠纷的解决、法律秩序的维护及权利的保护都应当视为民事诉讼制度的目的。具体而言，不同学者所主张的多元说在内容上有所差异，例如，德国学者认为，民事诉讼是国家法院规范私人冲突的公共行为，其目的是维护个人权利，并对案件争议中整个私法体系的适用作出贡献。[①] 美国学者则认为，民事诉讼的主要目的有三：一是和平解决法律上的争议；二是保护正义的一方，通过国家公力救济使其获得补救；三是适用法律并且创制法律。[②]

7.搁置说。搁置说认为，民事诉讼目的论过于抽象，亦无明确的优劣基础，没有多大的实际意义，与其对此争论不休，不如将其搁置起来，将时间和精力用于讨论更现实、更具体的问题。

事实上，各种民事诉讼目的论都是特定历史条件下的产物。19世纪初出现并占主导地位的私权保护说，与当时自由资本主义时期奉行"个人本位主义"的理念是一致的。19世纪末20世纪初，随着自由资本主义向垄断资本主义的过渡与发展，国家加强了对社会生活的干预，为了应对经济生活中出现的各种新情况、新问题，维护法律秩序说取代了私权保护说而成为主导的民事诉讼目的论，以适应当时"社会本位主义"的理念。"二战"以后，社会快速发展，出现了实体法没有明确规定的大量新型民事纠纷，纠纷解决说适应了处理大量新型纠纷的客观需要。程序保障说则是在现代法治社会日益强调"正当程序"的背景下产生的，力图摆脱实体法而仅从民事诉讼程序过程本身来界定民事诉讼的目的。此后，民事诉讼目的理论

---

① 宋冰编：《读本：美国与德国的司法制度及司法程序》，中国政法大学出版社1998年版，第289页。

② [美]罗辛伯格·汉斯·斯密特：《民事诉讼的目的》，载《研究生法学》1994年第2期。

研究由一般社会理念转向对宪法理念的探求，以寻求合法性及正统性资源，权利保障说的提出即为其中的一个标志。现代社会价值观的多元化以及主体的多元化，促使民事诉讼目的论向多元化方向发展。[①]

二、民事诉讼目的的多元化

从民事诉讼目的论的各种学说来看，私权保护说立足于实体法上的观点，认为民事诉讼的目的就是保护民事权利，诉讼只不过是一种手段，一味强调对实体利益的追求。依此目的设计的程序制度，将有招致额外而不必要之程序上不利益之虞。权利保障说与私权保护说相比，其区别仅在于认为诉讼保障的是实质权而非请求权，因此，其存在的缺陷与私权保护说相似。维护法律秩序说主张诉讼的本质在于法的创造，主张在一个未完成的私法秩序中不能确定当事人的权利存在与否，必须通过民事诉讼来对抽象的制定法加以具体化和个别化，并适用于民事案件以最终完成私法秩序的构造。从某种意义上说，此说确有其合理之处，但将维护私法秩序作为民事诉讼的首要目的，有悖于保障个人基本权的宪法理念，既忽略了诉讼制度应平衡兼顾实体利益与程序利益的基本宗旨，也违背了程序主体性原则。尤其是此说主张只要有利于国家对经济生活的干预，法官即可不受限制地自由发现法律，必然导致对制定法权威的极度轻视，从而损及法律的安定性。[②] 纠纷解决说的制度前提是不存在成文的民事实体法，肯定了法官适用法律的创造性，这对于解决大量的现代新型纠纷具有一定的积极意义，但同时，它的缺陷也是非常明显的：此说拒绝承认既存权利，与现代法治国家的原理相悖；此说单纯强调纠纷解决观念，未把实体权利的保护列入民事诉讼的目的范围之内，也不符合宪法赋予保护实体权利的基本宗旨。因此，有学者进一步指出，如果依此说设计或运作程序制度，将有趋于默认实体私权动辄遭受程序上不利益所耗损或危害之虞。[③] 至于程序保障说，它强调以程序本身作为自己应有的目的，强调程序自身的独立价值，为我们认识程序的地位和作用开拓了新的视野，为衡量诉讼法的价值提供了新的标准[④]，但是，此说完全漠视了民事诉讼制度对实体利益的追求，把程序的独立价值推向了极端，从而意味着"为诉讼而诉讼"，其不合理性显而易见。

民事诉讼是民事实体法与民事诉讼法共同作用的场所，民事诉讼的目的应当既

---

① 杨荣馨主编：《民事诉讼原理》，法律出版社 2003 年版，第 20～21 页。

② 李祖军：《民事诉讼目的论》，法律出版社 2000 年版，第 127 页。

③ 邱联恭：《程序制度机能论》，台湾三民书局 1996 年版，第 163 页。

④ 李祖军：《民事诉讼目的论》，法律出版社 2000 年版，第 132 页。

包括实体性目的，又包括程序性目的，是多个目的的统一。具体言之，民事诉讼价值的多元性、民事诉讼主体的多元性，决定了民事诉讼的目的应当是多元化的：民事诉讼价值是实体价值与程序价值的统一，民事诉讼的实体价值决定了民事诉讼具有实体性目的，民事诉讼的程序价值决定了民事诉讼具有程序性目的；在民事诉讼程序中，任何程序参加者都有各自的目的指向，法院是如此，各方当事人之间也是如此，不能以法院的审判目的代替当事人参与诉讼的目的。因此，民事诉讼目的的确定，必须充分考虑程序参加者的多样性和复杂性。

民事诉讼目的的多元化，大致包括以下方面：(1)保护民事权益、解决民事纠纷和维护法律秩序。当民事权益受到侵害或民事纠纷发生时，纠纷主体通过民事诉讼来保护权益或解决纠纷。民事诉讼能够起到“定分止争”的作用，即明确当事人之间的具体民事法律关系，结束当事人之间的纠纷，保护当事人合法的权益。在法律层面，保护民事权益、解决民事纠纷与维护私法秩序是一致的。保护了民事权益即解决了民事纠纷，解决了民事纠纷亦即保护了民事权益。保护了民事权益和解决了民事纠纷，则维护了私法秩序。(2)创制民事实体法规范。20世纪以后，出现了大量的新型纠纷，虽然新型纠纷中受到侵害的正当利益尚未纳入现行法律的权利框架之中，但事实上必须保护这些正当利益。近年来，现代性诉讼大量涌现，民事诉讼创制实体法的功能日益明显。(3)确定公共政策等目的。自20世纪后半叶以来，司法的社会功能不断扩大，越来越多的社会、政治问题通过民事诉讼予以解决。现代社会的民事诉讼往往需要承担多种司法功能和社会责任。在社会发展过程中，民众对司法和诉讼寄予更高的期望。民事诉讼通过正当程序解决公益性纠纷(比如环境纠纷、消费纠纷、社会福利纠纷等)，确定公共政策，分配社会资源，推动社会改革。诉讼也是国家司法权行使和法律实现的重要环节，其最深刻的意义在于维护整个社会的政治秩序和国家权力的合法性。①

一般说来，民事诉讼诸多目的总是不可分割地交融在一起，并体现于同一诉讼程序过程中。但是，对于不同的主体而言，民事诉讼目的的侧重点有所差异：对当事人而言，保护私权、解决纠纷是其运用民事诉讼的直接目的；国家负有保护国民之责，所以国家设立民事诉讼制度首先应当遵从当事人诉讼目的，至于私权保护、纠纷解决以外的目的则多由国家来考虑；对于基层法院而言，保护私权、解决纠纷更为突出和更为重要，而最高法院司法的目的应侧重于违宪审查或统一法律适用。

① 范愉：《非诉讼纠纷解决机制研究》，中国人民大学出版社2000年版，第31～35页。

第四节　诉与诉权

一、诉

(一)诉的含义

诉的概念可做不同的理解，如将诉理解为“请求”“诉讼行为”“诉讼手段”“声明”“法律制度”等；诉可作为动词使用，如“李某诉王某”，也可作为名词使用，如给付之诉、侵权之诉、违约之诉等。

从名词的角度来界定“诉”，诉是指特定原告对特定被告、向法院提出的审判特定的实体(法)主张的请求。诉具有以下基本特征：

1.“诉”依其本质来看，是原告请求法院给予诉讼救济。诉是原告提起的，提起诉的直接目的是请求法院审理和判决特定的实体(法)主张。民事之诉的提起原则上取决于当事人的意志，只有原告提起“诉”，方可启动诉讼程序或者形成诉讼系属。

2.“诉”是特定原告对特定被告提起的。在“诉”中，原告和被告均应是具体的或明确的，原告与被告对具体的民事权益或责任存在着争议而处于对立的状态。

3. 特定的实体(法)主张，构成了诉讼请求之实体内容。特定的实体(法)主张，即原告获得实体(法)上的具体法律地位或法律效果的主张，例如原告请求被告给付某物、原告请求与被告离婚等。

我国传统民事诉讼理论认为，诉包括程序意义上的诉与实体意义上的诉。这就将诉分解为两个不同的概念，人为地割裂了诉的概念的统一性。民事诉讼是民事诉讼法与民事实体法共同作用的领域，与此相一致，诉包括程序和实体两方面的内涵。诉的程序内涵，即原告对于法院审判权行使的请求；诉的实体内涵，即原告向被告提出的实体上的具体主张。

应当注意的是，诉与诉讼请求这两个概念的含义非常接近，实务中人们往往不严格区分二者。但是，诉与诉讼请求仍是两个不同的概念，诉的外延比诉讼请求的外延要宽：诉包括程序内涵和实体内涵两方面的内容，其中，诉的实体内涵构成诉讼请求，而诉的程序内涵则是诉讼请求所不能涵盖的内容。

(二)诉的要素

诉的要素,是指构成一个完整的诉所必须具备的不可缺少的基本内容。确定诉的要素,具有重要意义:诉的要素可用来判断一诉是否完整,若欠缺诉的要素,法院可拒绝受理;诉的要素使诉特定化,从而使一诉区别于他诉;诉的要素的增加或变更,可用来确定诉的合并或变更。

关于诉的要素,曾有不同的认识,主要有两要素说与三要素说之分:两要素说认为诉的要素包括诉讼标的和诉讼理由(或诉讼根据),三要素说认为诉的要素包括当事人、诉讼标的和诉的理由(包括事实理由和法律理由)。任何一个诉必须有当事人,否则诉不能提起。因此,当事人应为诉的要素之一,现已成为大多数学者的共识。

本书主张的诉的三要素与传统的三要素说存有差异。具体而言,我们认为,一个完整的诉由三方面要素构成:

1. 当事人。这是诉的主体。诉由原告提起。原告起诉的目的主要是请求法院按照民事诉讼程序、运用国家审判权解决民事纠纷或保护民事权益。为实现此目的,原告针对被告提起诉讼,所以诉的主体是原告与被告。

2. 诉讼标的。这是诉的客体。诉讼标的体现了当事人提起诉的目的,构成法院审判的主要对象或主要范围。因此,诉讼标的理应包含在诉的要素之内。

3. 案件实体事实。案件实体事实之所以成为诉的一个构成要素,是因为案件实体事实一方面用来支持诉讼标的,另一方面也使诉特定化或者具体化。

传统理论将支持诉讼标的的实体法律根据与案件实体事实一并作为诉的理由,视为诉的要素之一。应当看到,与案件实体事实不同的是,实体法律根据应由法官选择适用,即所谓"当事人负责事实,法官负责法律",并且往往在案件审理终结时才能决定实体法规范的适用。既然诉是由原告提起的,就不应由原告在起诉时就确定实体法律规范的具体适用,但是这并不妨碍原告在起诉状(包括反诉状)中援用实体法律根据。① 因此,不宜将支持诉讼标的的实体法律根据纳入诉的要素之中。

值得注意的是,《民诉法解释》第 247 条规定了"一事不再理"的原则及判断标准:"当事人就已经提起诉讼的事项在诉讼过程中或者裁判生效后再次起诉,同时符合下列条件的,构成重复起诉:(一)后诉与前诉的当事人相同;(二)后诉与前诉的诉讼标的相同;(三)后诉与前诉的诉讼请求相同,或者后诉的诉讼请求实质上否定前诉裁判结果。当事人重复起诉的,裁定不予受理;已经受理的,裁定驳回起诉,

① 江伟主编:《民事诉讼法》,中国人民大学出版社 2013 年第 6 版,第 26 页。

但法律、司法解释另有规定的除外。"从该条文来看，判断重复起诉的标准似乎为四个：一是已经提起诉讼或作出裁判的"事项"（即案件实体事实），二是当事人，三是诉讼标的，四是诉讼请求。但实质上，依然是从上述三要素来判断是否构成重复起诉。第247条中新增的关于"诉讼请求"的要素，是在考虑我国采诉讼标的旧实体法说存在一定弊端的前提下，力求结合具体的诉讼请求内容来识别诉讼标的。[①] 换言之，关于"诉讼请求"的要素是为了进一步识别诉讼标的，并非独立的诉的要素。

在引例中，前后两次起诉当事人、诉讼标的相同，但案件实体事实不同，因此属于两个诉，法院应当受理后诉。离婚案件不同于其他案件，即使前后两次起诉案件事实相同，只要原告再次起诉是在6个月之后，法院也可以受理后诉。《民事诉讼法》第124条规定，判决不准离婚和调解和好的离婚案件，判决、调解维持收养关系的案件，没有新情况、新理由，原告在6个月内又起诉的，不予受理。由此可知，对于此类案件，法律允许当事人在裁判生效后再行起诉，但规定了一定时间的限制。

（三）诉的类型

根据诉讼标的的性质和内容，通常将诉分为给付之诉、确认之诉和形成之诉三类，分别对应于实体法上的请求权、支配权和形成权。

1.给付之诉

给付之诉，是指原告请求法院判令被告履行一定给付义务之诉。原告对被告享有的特定的给付请求权，是给付之诉成立的实体法基础。原告所主张的给付，包括金钱给付、物之给付（包括特定物的给付和种类物的给付）及行为给付（包括作为和不作为）。

给付之诉可分为现在给付之诉和将来给付之诉。一般认为，现在给付之诉是指原告针对现存的给付义务而提起的，请求法院判令被告在判决生效后立即履行给付义务的诉讼；将来给付之诉是指原告针对将来的给付义务而提起的，请求法院判令被告在判决生效后，在履行期到来时或条件成就时履行给付义务的诉讼。

原告提起给付之诉，法院判决原告胜诉的，其判决属于给付判决，具有执行力；法院判决原告败诉的，即认为原告主张的权利或法律关系不存在，所以原告败诉的判决是消极的确认判决，没有执行力。

2.确认之诉

确认之诉，是指原告请求法院确认其主张的民事法律关系或法律事实存在或

---

① 沈德咏主编：《最高人民法院民事诉讼法司法解释理解与适用》，人民法院出版社2015年版，第635页。

不存在之诉。确认之诉的基本特点在于原告仅请求法院对某种法律关系是否存在予以判定，其诉讼请求中没有给付内容。原告请求确认其主张的民事法律关系存在的，为积极确认之诉；原告请求法院确认其主张的法律关系不存在的，为消极确认之诉。

在通常情况下，确认之诉是对特定的争议的民事法律关系的确认。一般的"事实"，即使是法律上的重要事实，也不得成为确认之诉的客体。但也有例外，如德、日等国民事诉讼法中规定了确认证书真伪的诉讼，在此情况下，该事实成为确认之诉的客体。

应当注意的是，只有当某项法律关系构成民事纠纷的核心法律关系而不是先决事项时，才能对此提起确认之诉。例如，给付财产之诉中，在法院裁判被告是否应承担给付义务之前，首先必须确认原告对该财产是否具有所有权，但此时原告不得提起确认之诉。

在确认之诉中，不论原告胜诉还是败诉，其判决均为确认判决。如果原告主张某民事法律关系存在，则其胜诉判决为积极的确认判决，其败诉判决为消极的确认判决；如果原告主张某民事法律关系不存在，则其胜诉判决为消极的确认判决，其败诉判决为积极的确认判决。

3.形成之诉

形成之诉，又称为变更之诉、创设之诉，是指原告请求法院变动现存之民事法律关系之诉。形成之诉的实体法基础是原告所享有的形成权。当事人提起形成之诉的目的在于利用法院判决使现存的法律关系变更或消灭。

形成之诉大体上可分为两类：一是无广泛效力的形成之诉，即其形成判决的效力仅存在于当事人双方之间而不具有对世效力，比如合同变更之诉、合同撤销之诉、债权人撤销权之诉等。二是有广泛效力的形成之诉，又称真正意义上的形成之诉，即其形成判决的效力不仅存在于当事人双方之间，而且具有对世效力，这类形成之诉集中于有关身份关系的人事诉讼（如撤销或解除婚姻关系之诉、撤销或解除收养关系之诉）、社团关系的公司诉讼（如撤销公司股东会决议之诉）等。

在形成之诉中，原告胜诉的，其判决为形成判决。形成判决生效时，无须实施强制执行即可自动发生法律关系变动的效果。原告败诉的，其判决实际上是维持民事法律关系的现状，因而为确认判决。

（四）诉的合并与变更

1.诉的合并

为了在同一个诉讼程序中同时解决多个争议或者多数人之间的争议，以促进诉讼效率、增强诉讼制度解决纠纷的功能并避免矛盾判决，各国普遍设立了诉的合

并制度。在大陆法系民事诉讼理论中，诉的合并包括两种基本形态：诉的主观合并与诉的客观合并。此外，事实上还存在基于这两种基本形态的诉的主客观合并的情形。诉的主观合并，又称诉的主体合并、诉讼当事人的合并，是指同一案件中当事人一方或双方为两人以上的情形，例如必要共同诉讼以及以其为基础的群体诉讼。诉的客观合并即诉讼标的的合并，是指在同一诉讼程序中，同一原告对同一被告主张两个以上诉讼标的的情形。诉的主客观合并，例如普通共同诉讼及以其为基础的群体诉讼、有独立请求权第三人提起的参加之诉与本诉的合并、被告提起的反诉与本诉的合并等。诉的合并既可能发生在提起诉讼之时，也可能发生在提起诉讼之后。此处仅介绍诉的客观合并。

在一般情况下，诉的客观合并可以起到促进诉讼效率、防止裁判矛盾的作用，但如果不加任何限制地合并诉讼标的，有时反而会拖延诉讼、降低诉讼效率。因此，许多国家规定了诉的合并要件。诉的客观合并除了必须具备通常的起诉要件之外，还必须具备其他特殊要件，主要包括：(1)合并的数个诉讼标的必须由同一原告(包括反诉原告)向同一被告(包括反诉被告)在同一诉讼程序中提出；(2)合并的数个诉讼标的必须适用相同的诉讼程序；(3)受诉法院对合并的数个诉的其中之一必须享有管辖权，对与该诉有牵连关系的他诉取得管辖权(诉的合并导致管辖权的合并)，但若合并的他诉属于其他法院级别管辖、专属管辖或协议管辖的，则不得合并；(4)法律对该类诉讼无禁止合并的规定。对合并的数个诉在同一程序中合并审理，既可以合并辩论也可以分开辩论。不过，对于合并的数个诉应当分别作出裁判，各裁判可以同时作出也可以先后作出。若法院认为诉的合并不利于诉讼程序的顺畅进行，也可将已合并之诉予以分离，以各自的程序分别审判。

在大陆法系各国和地区民事诉讼法中，诉的客观合并主要有以下种类：(1)单纯合并。又称普通合并、并列合并，是指在同一诉讼程序中，同一原告对同一被告提出两个以上的相互独立的诉讼标的。在单纯合并中，被合并的数个诉讼标的之间相互独立，诉讼目的彼此不同且并不冲突，事实上这些诉可以分别提起、请求法院分别审判。(2)预备合并。又称顺位合并、假定合并，是指在同一诉讼程序中，原告提起主位(或先位)之诉，同时提起或者追加提起备位(或后位)之诉，原告请求若主位之诉败诉则就备位之诉作出判决，若主位之诉获得胜诉的确定判决则备位之诉无须审判。(3)选择合并。又称择一合并，是指在同一诉讼程序中，原告提出两个以上的诉讼标的，其中任一诉讼标的获得胜诉判决原告即达到诉讼目的，法院不得再对其他诉讼标的作出判决。

2.诉的变更

诉的变更包括诉的主观变更和诉的客观变更。[①] 诉的主观变更,即诉讼当事人变更(参见本书第六章的相关论述)。诉的客观变更,是指以新的诉讼标的替换原来的诉讼标的,从而将原诉替换为新诉。允许诉的客观变更的基本理由在于,以适当的诉讼标的作为审判对象,有利于争议的适当和真正的解决。

诉的客观变更要件与诉的客观合并要件基本相同,主要有以下方面:(1)变更后的新诉与原诉须适用相同的诉讼程序;(2)在原诉言词辩论终结之前变更(我国有些司法解释要求在举证期限届满前进行变更);(3)新诉不属于其他法院级别管辖、专属管辖和协议管辖。此外,在德、日等国家,还要求诉的变更不得过分拖延原诉的诉讼程序。

二、诉权

(一)诉权理论的演变

诉权概念源于罗马法,但在罗马法时代,诉权只不过是根据不同性质的案件采取的不同诉讼形式,具有开始诉讼机能的含义,并没有作为实质上的诉权赋予权利人以何种地位的内涵。[②] 至 19 世纪,德国法学家们在构筑诉讼法学体系时,提出了私法诉权说。后来,在诉权理论发展过程中,在私法诉权说之上出现了抽象诉权说和具体诉权说,构成了近代的三大诉权学说。而后,在此基础上,还出现了其他的学说。诉权学说林立,这里仅作概要介绍。

1.私法诉权说

这是最早的诉权学说,又称实体诉权说。此说认为,诉权是一种私权,是私法上的权利的延伸和变形。私法诉权说在 19 世纪前半期资产阶级诉讼理论中占统治地位。该学说漠视诉讼法的独立价值,将诉权视为民事权利的附属权利,存在严重问题:若认为诉权属于私权,则无法向国家提出请求,但诉权的指向对象应是国家司法机关而非被告;认为诉权属于私权,还意味着原告必须享有实体权利才能起诉,法院在受理案件前即必须查明原告有无实体权利,这显然不符合诉讼实际,也不利于当事人合法权益的保护。此外,在消极的确认之诉场合,原告并未向被告主

---

① 大陆法系的民事诉讼理论认为,诉的变更仅指诉的客观变更,诉的主观变更称为当事人变更,一般将其列入当事人部分予以阐释。

② [日]谷口安平:《程序的正义与诉讼》,王亚新、刘荣军译,中国政法大学出版社 1996 年版,第 69 页。

张私权的存在。

2.公法诉权说

19 世纪后半叶，伴随着公法观念和理论的发达，人们对诉权从属于实体法上请求权的传统观念产生了怀疑。诉权的观念逐渐演变为国民对于国家的公法上的权利，公法诉权说于是应运而生。公法诉权说主张，诉权在性质上不是依据私权派生的权利，而是一种公法上的权利。诉权不是对于被告的权利，而是对于国家司法机关的权利。公法诉权说在其发展过程中，经历了从“抽象诉权说”到“具体诉权说”的发展过程。

抽象诉权说认为，诉权是指任何公民和组织都享有的请求法院合法审理和判决的权利。诉权限于发动诉讼程序，只要当事人提起了诉讼，即使被法院依法驳回，当事人的诉权也被视为实现；只有当法院非法拒绝当事人的起诉时，其诉权才遭到侵犯。在抽象诉权说看来，诉权是与民事权利无关的纯粹的诉讼权利，是公民向国家提出的公法上的请求权。抽象诉权说使诉权与它所要保护的实体权利完全脱节，没有赋予诉权以请求法院为具体判决的内涵，使诉权本身过于抽象和空虚，无实质价值。

将诉权与实体权利结合在一起，是具体诉权说与抽象诉权说的显著区别。具体诉权说最初主张，诉权是公法性质的权利，是个案中原告请求法院作出利己判决的一种权利。依据此说，胜诉判决请求权仅存在于原告，显有不足。在具体诉权说发展过程中相继产生了权利保护请求权说、本案判决请求权说和司法行为请求权说等观点。权利保护请求权说主张诉权是当事人要求法院作出利己判决的权利，但由于程序终结前不可能知道原告的请求是否正当，因而在法院判决之前也就谈不上要求作出有利判决的权利。权利保护请求权说于是逐渐被抛弃。本案判决请求权说立足于解决纠纷的诉讼目的论，认为诉权是当事人要求法院就自己的请求是否适当作出判决即本案判决的权利。但本案判决请求权说一直无法说明诉权为什么仅能在本案判决的情形下才存在的问题。司法行为请求权说认为，在现代法治社会，宪法保障任何人均可向法院请求司法保护，诉权即为司法行为请求权，它是诉讼开始后实施诉讼的权能，并非存在于诉讼之外的权利。批评者认为，诉权应自诉讼程序外运用，与现实的诉讼阶段均无关系；同时，司法行为请求权说具有与早期的抽象诉权说相类似的过于抽象和空虚的缺点。①

3.宪法诉权说

此说从宪法的角度来考察诉权问题，主张诉权来自于各国宪法所保障的“接受

---

①　孙森炎：《论诉权学说及其实现》，载杨建华等：《民事诉讼法论文选辑》（下），台湾五南图书出版公司 1984 年版。

裁判权”。诉权是当事人因与他人发生民事纠纷向法院请求裁判的权利，也是宪法所保障的公民基本权利之一。许多学者认为，宪法诉权说将宪法权利纳入诉权内容之中，在这一点上有着优秀的实质内容。

4.二元诉权说

这是苏联民事诉讼法学家多勒罗沃里斯基等主张的诉权理论。此说认为，诉权的具体内涵包括程序意义上的诉权和实体意义上的诉权两个方面。程序意义上的诉权，即提起诉讼的权利(起诉权)；实体意义上的诉权则指原告对被告的实体要求获得满足的权利(胜诉权)。二元诉权论从程序法和实体法两个层面来考察当事人的诉权，具有相当的明确性。但是，二元诉权说也受到了诸多批判：诉权应具有确定的内涵，对诉权的概念应做统一和科学的表述；二元诉权说中的实体意义上的诉权，把实体权利当作诉权的依据，认为实体权利是诉权的基础，这种诉权理念与现代权利理念背道而驰。我国学者接受苏联的二元诉权说后，该学说长期作为我国诉权理论的通说。

5.诉权否定说

日本学者三月章提出了诉权否定说。他认为，诉权不过是对诉讼制度目的的主观投影，将这种权利作为一种制度上的权利来看待，不具有任何意义。对于此说，学者们批评认为，此说有剥夺国民请求司法救济之嫌，有违宪法的规定。此说最终未能成为日本的通说。

(二)诉权的内涵

从诉权理论的发展过程来看，如何看待民事诉讼法与民事实体法的关系，如何界定民事诉讼的目的，构成不同诉权理论争论的焦点。私权诉权说是从实体法一元论的立场来构建诉权理论，其目的论基础是私权保护说。而公法诉权说则主要立足于诉讼法的立场，强调诉讼法的独立性。其中，抽象诉权说完全抛开私法观念的束缚，认为诉权是纯粹意义上的公法(诉讼法)上的权利，其目的论基础是维护法律秩序说。权利保护请求权说试图从实体法与诉讼法的综合立场来理解诉权，其目的论基础与私权保护说相一致。本案判决请求权说实质上又是从诉讼法一元论的立场来看待诉权，其目的论基础是纠纷解决说。苏联的二元诉权说从维护法律秩序的目的论出发，在处理诉讼法与实体法的关系问题上，实际上将前者作为实现后者的手段和工具。[①]

民事诉讼既然是民事诉讼法与民事实体法共同作用的领域，从诉讼法与实体法相结合的角度来认识诉权，就是一种应然的选择。撇开其中任何一个角度，都是

---

① 江伟主编：《民事诉讼法专论》，中国人民大学出版社2005年版，第67页。

不合理的：若纯粹从诉讼法的角度来理解诉权，诉权将会成为抽象、空虚的没有实质内容的权利；若纯粹从实体法的角度来理解诉权，则会背离民事诉讼的性质，难以解释民事诉讼中的一系列现实问题。同时，诉讼目的的多元化应成为解读诉权的出发点。

我们认为，民事诉权的内涵是指当民事权益受到侵害或就民事关系发生争议时，当事人请求法院行使审判权解决民事纠纷或者保护民事权益的权利。具体而言，可从以下几方面来理解：

1.诉权是当事人向行使审判权的法院请求司法救济的权利

法治国家的一个重要特征，即限制权利人通过自力救济实现自己的权利，而规定权利的实现要通过公力救济来达成。因此，当权利人基于法律赋予的权利提出主张时，这种主张的对象总是指向国家。民事诉权是当事人为实体权益寻求司法救济的手段，其义务主体是国家（法院），即国家（法院）承担着保护诉权的义务或职责，不得非法拒绝审判。

2.诉权是当事人平等享有的宪法基本权利

法谚云："没有救济的权利不是真正的权利。"宪法在赋予国民以自由权、人身权和财产权的同时，也赋予国民在这些权利受到侵害或发生争议时寻求诉讼救济的权利，所以诉权是一种宪法意义上的救济权。诉权的宪法化是现代宪政的发展趋势之一，将诉权提升为宪法基本权利，旨在从宪法的高度来保护诉权。与此相对应，国家（法院）则承担不得非法拒绝审判的宪法义务。应当注意的是，当特定的民事纠纷需要诉讼救济时，当事人双方平等地享有诉权。在现实生活中，可能只有纠纷主体一方行使诉权，但不能据此否定另一方当事人也享有诉权；双方同时或者先后行使诉权，根据一事不再理原则，只能接受一方而否决另一方，但不能据此否认诉权是双方平等享有的权利。

3.诉权包括程序内涵和实体内涵

当事人依据诉权将民事纠纷引导到诉讼程序中，由此体现诉权的程序内涵。所谓诉权的程序内涵，即在程序上请求法院行使审判权，旨在启动诉讼程序。正是由于诉权程序内涵的存在，诉讼程序的启动才有了程序根据，并使启动诉讼程序成为可能。从诉权的行使到诉讼程序的启动，这一过程可描述如下：行使诉权→提起"诉"（起诉）：行使起诉权→诉讼程序的启动。诉权的程序内涵使我们理解的诉权有别于私法诉权说所谓的诉权。[①]

诉权的实体内涵，是指解决民事纠纷或者保护民事权益的请求。诉权尽管与实体权利不同，但通过行使诉权，其目的是要解决民事纠纷或者保护民事权益。若

① 邵明：《民事诉讼法理研究》，中国人民大学出版社 2004 年版，第 116～122 页。

否定诉权的实体内涵,则将产生与抽象诉权说和司法行为请求权说相同的局限,导致诉权的抽象和空虚。应当注意的是,诉权的实体内涵是解决民事纠纷或者保护民事权益的请求,并不意味着作为诉讼主体的当事人仅限于实际享有民事权益的人,更不意味着实体权利是诉权的基础。这是因为,若认为实际享有民事权益的人才有权提起诉讼,这必然要求法院在受理案件之前审查判断起诉者是否享有民事权利,但起诉者是否确实享有民事权利,往往须经过举证、质证等实体审理程序方能确认,这样就会导致一个无法解决的矛盾;若认为只有实际享有民事权益的人才能享有诉权,那么将无法解释实际诉讼中原告败诉的情形。诉权的意义在于,任何人认为自己的权益受到侵害或者与他人发生争议时,都可以请求国家予以司法救济。

(三)诉权与诉讼权利的关系

诉讼权利是指民事诉讼法律关系主体在诉讼过程中享有的各项程序权利。诉权与诉讼权利是既有区别又相互联系的两个概念。

诉权与诉讼权利的联系主要表现在三个方面:(1)诉权的行使是当事人行使诉讼权利的前提条件。只有诉权的合法行使,方能启动诉讼程序,在诉讼程序中的当事人才能享有和行使诉讼权利。不享有诉权的人启动诉讼程序,不能成为民事诉讼当事人,更谈不上享有和行使诉讼权利的问题。(2)诉权的行使要能现实地启动诉讼程序,必须借助诉讼权利(起诉权或者反诉权)的行使。因此,在制度上,诉权的行使要件是被具体转化为起诉要件或者反诉要件而予以规定的。(3)证明权、辩论权等诉讼权利的行使,有助于实现诉权的实体内容或行使诉权的目的。

诉权与诉讼权利的区别主要体现在以下几点:(1)权利的性质不同。诉权属于基本人权之一,应由宪法加以明确和保障;诉讼权利则属于程序权利,是为了保障诉讼程序的顺利进行、保障当事人的合法权益以及体现程序的正当性,是由诉讼法加以规定的。(2)权利的内涵不同。诉权是当事人请求法院开始诉讼程序并获得司法救济的权利,既包括程序内涵又包括实体内涵;而诉讼权利是主体在诉讼过程中展开诉讼的进攻防御、进行各项诉讼行为的权利,不包括实体内涵。(3)产生的时间不同。诉权产生于诉讼开始之前,随着实体权利争议产生而产生,而诉讼权利存在于诉讼过程中。(4)权利主体不同。诉权主体是当事人,而诉讼权利主体包括当事人、法院和证人等诉讼参与人。(5)义务主体不同。与诉权主体相对的是法院,而与诉讼权利主体相对的可能是法院、对方当事人或证人等诉讼参与人。(6)行使的次数不同。根据“一事不二讼”原则,同一纠纷的诉权通常仅可一次行使,而许多诉讼权利(如辩论权、申请回避权等)可由双方当事人多次行使。

我国传统民事诉讼理论曾经认为,诉权是当事人各项诉讼权利的概括和集中

体现，诉讼权利是诉权在诉讼中的具体表现形式。由诉权与诉讼权利的上述联系与区别可以看出，此种看法是不够全面的。

（四）诉权的保障

诉权是当事人享有的宪法基本权利。诉权的充分行使和满足，除当事人自身的诉权意识之外，主要取决于两个方面的条件：一是立法保障，二是司法保障。

为了保障当事人的诉权，国家法律应当为纠纷当事人行使诉权、请求司法保护提供充分的法律依据和严密的程序保障。例如，应当肯定宪法规范可作为司法裁判依据，当事人能够提起宪法诉讼来保护其受侵害的诉权；民事实体法应当具有合理性和可操作性，使当事人能够据此行使诉权保护其合法权益；设置完备的民事诉讼程序，使当事人能够及时地获得公正的诉讼救济；建构合理的法律援助制度，帮助贫困的当事人寻求诉讼保护。①

在司法过程中，法院应当充分尊重当事人的诉权，并为当事人充分行使诉权提供方便，杜绝随意阻碍和剥夺当事人行使诉权的情况发生。目前，我国司法实践中对诉权保障的不足主要表现为限制当事人的起诉、反诉，人为地设置不合理的起诉条件等。为了保障诉权，对于符合起诉要件的案件，法院应当及时受理，不得非法增设起诉要件；对于起诉时存在轻微程序错误的案件，法院应当允许原告补正，不得以轻微程序错误为由拒绝司法；对于受到侵害或者发生争议的“形成中的权利”，法院不得以没有相应的实体法规范为判决根据而拒绝审判。若法院侵害当事人的诉权，当事人有权获得相应的救济。

第五节　诉讼标的

一、诉讼标的理论的演变

诉讼标的作为诉的构成要素，是当事人诉讼的核心，是法院裁判的对象，是判断诉的合并与变更、是否重复起诉以及既判力客观范围等的根据，因而在民事诉讼理论和实践中具有重要意义。

英美法系国家实行判例法制度，案件本身即诉讼标的，有关诉讼标的的问题在理论上和制度上一般没有多大争议。关于诉讼标的的学说之争主要存在于大陆法

① 江伟主编：《民事诉讼法学关键问题》，中国人民大学出版社 2010 年版，第 27 页。

系国家，尤其是德国和日本。归纳起来，大陆法系有关诉讼标的的学说主要有旧诉讼标的理论、新诉讼标的理论、新实体法说等学说。

1.旧诉讼标的理论（旧实体法说）

旧诉讼标的理论认为，诉讼标的是原告在诉讼中提出的特定的具体的实体法上的权利主张，判别诉讼标的的多少，须以原告所享有的实体法上的请求权为标准。这种理论的缺陷很明显：首先，此观点是以给付之诉为出发点来看待诉讼标的的，难以解释形成之诉和确认之诉中的诉讼标的问题，如在解释消极的确认之诉时就遇到了无法克服的障碍（起诉人本身并没有实体法上的权利）。其次，此观点以实体法上的请求权为诉讼标的的识别标准，只要实体法上规定的实体权利不同，即使原告请求给付的目的相同，其诉讼标的也不同，这无法解决请求权竞合的情形。

2.新诉讼标的理论（诉讼法说）

在批判旧诉讼标的理论的基础之上，学者们提出了新诉讼标的理论。在新诉讼标的理论中，主要有二分肢说与一分肢说两种。

二分肢说主张，诉讼标的的内容不能以实体请求权为依据，而只能以原告陈述的事实理由和诉的声明为识别标准，事实理由和诉的声明中只要有一种为多数，诉讼标的即为多数。按照该理论，在实体请求权竞合的场合，如果诉的事实理由和诉的声明合并起来只构成一个诉讼标的，不论实体法上存在多少请求权，都不发生多个诉讼标的的问题。此说解决了旧理论在实体法请求权竞合时不能克服的难题，但又产生了一个问题，即基于几个不同的事实而请求同一给付时诉讼标的如何识别，二分肢说难以给出合理的解释，如在离婚诉讼中，以离婚的事实理由来判别诉讼标的，有多个离婚的事实理由就构成多个诉讼标的，显然也不妥。

针对二分肢说的缺陷，一分肢说将事实理由从诉讼标的的识别标准中予以剔除，认为诉讼标的仅以诉的声明为识别标准。按照一分肢说，以同一给付为目的的请求，即使存在不同的事实理由，仍仅为一个诉讼标的。此说可合理地说明实体法请求权竞合时诉讼标的的识别问题，也解决了二分肢说面对"不同事实同一给付"时识别诉讼标的的困境。但是，一分肢说也有自身的缺陷，如在金钱或替代物给付之诉中，无法判断诉讼标的是否同一；此外，不把当事人提出的事实理由作为诉讼标的的识别标准，有可能把当事人没有想要提请裁判的事实作为裁判的对象，从而使判决的既判力过于宽泛，与当事人主义相违。①

3.新实体法说

由于新诉讼标的理论难以对诉讼标的作出合理的解释，于是自 20 世纪 60 年代始，一些学者又回到实体法领域，从实体法角度研究诉讼标的问题。新实体法说

① 江伟主编：《中国民事诉讼法专论》，中国政法大学出版社 1998 年版，第 100 页。

认为，基于同一事实关系发生以同一给付为目的的几个实体法上的请求权时，属于请求权基础竞合而非请求权的竞合，此时只有一个实体法上的请求权存在；真正的请求权竞合，是指因几个事实关系发生几个请求权，且请求给付的内容又相同的情形。

新实体法说实际上是以事实关系作为判断实体请求权的标准，再以修正后的请求权竞合理论来识别诉讼标的。批评者认为，新实体法说的请求原因，在实体法中常有不同的规定；请求权竞合与请求权基础竞合的区分标准，在实体法理论中并不是很清晰，因此该理论仍有其不足。

上述关于诉讼标的的各种理论学说，都难以全面合理地处理诉讼标的问题。时至今日，学者们仍孜孜不倦地探索诉讼标的理论，不断提出各种新的学说。[①]

二、诉讼标的的含义

1.诉讼标的的含义

我国传统民事诉讼法学理论通说认为，诉讼标的是当事人争议的、请求法院裁判的民事权利义务关系。这实际上是以实体法中的请求权作为识别诉讼标的的标准，因而属于旧诉讼标的理论的范畴。我国现行立法大致认同旧诉讼标的理论，民事法律中甚至专门设立了解决实体请求权竞合的条款(如《合同法》第 122 条)。尽管如此，对于形成之诉和确认之诉的诉讼标的问题，仍不能给出合理的解释。随着对大陆法系诉讼标的理论的进一步介绍和研究，我国学者就诉讼标的提出了不同的主张：有的认为应采新实体法说；[②]有的对二分肢说进行修正，提出了新二分肢说；[③]有的主张，对诉讼标的问题的认识应从诉的不同类型来考虑，给付之诉的诉讼标的应当是当事人关于请求对方履行给付义务的诉讼请求，确认之诉和变更之诉的诉讼标的应当是当事人要求法院确认或变更实体法律关系的诉讼请求；[④]还有的主张立法应当根据不同情况承认实体法说和二分肢说，并在新诉讼标的理论

① 李龙：《民事诉讼标的理论研究》，法律出版社 2003 年版，第 58～76 页。

② 李龙：《诉讼标的的识别的根据》，载陈光中、江伟主编：《诉讼法论丛》(第 3 卷)，法律出版社 1999 年版。

③ 所谓新二分肢说，即认为诉讼标的是诉讼法上的概念，以当事人诉的声明结合原因事实作为识别标准，当诉的声明与原因事实二者中有一个要素为单一时，诉讼标的即为单一，只有在二者均为多数的情况下，才构成多个诉讼标的。参见江伟主编：《中国民事诉讼法专论》，中国政法大学出版社 1998 年版，第 88 页。

④ 张卫平：《论诉讼标的及其识别标准》，载《法学研究》1997 年第 4 期。

发挥作用的地方作出若干特别规定。[①]

诉讼标的理论中的新旧实体法说与诉讼法说，分别建立在实体法一元论与诉讼法一元论的基础之上，未能充分意识到民事诉讼是民事实体法与民事诉讼法综合作用的领域，因而这些理论本身避免不了自身难以克服的缺陷。从民事诉讼法与民事实体法结合的角度来探讨诉讼标的问题，应当是我们的立足点。

结合程序法与实体法来认识诉讼标的，我们认为，诉讼标的是指当事人提出的、要求法院对某种民事实体法律地位或者民事实体法律效果予以裁判确定的请求。[②] 诉讼标的具有程序内容和实体内容两个方面：(1)从程序角度来看，诉讼标的是当事人向法院提出的诉讼请求，这种请求不同于实体法上请求权。诉讼标的决定着法院审判的范围，是判断诉的合并和变更、当事人是否重复起诉以及既判力客观范围的根据，显然具有诉讼性质。(2)从实体角度来看，诉讼标的的具体内容是当事人希望获得的某种民事实体法律地位或者民事实体法律效果。诉讼标的的实体内容构成了当事人请求法院保护的实体范围和对象；若否认诉讼标的的实体内容，则变成“为诉讼而诉讼”，诉讼即无存在的实质价值。实际上，无论何种诉讼标的理论，至少都认可诉讼标的是原告提出的有关自己实体权益的主张，这也印证了诉讼标的必然具有实体内容。

诉讼标的由当事人确定。应当注意的是，当事人提出的诉讼标的必须具体明确，以便法院和对方当事人识别。通常认为，具体明确的诉讼标的应当注重两个方面：一是在质的方面，必须具体明确请求给付什么、确认什么或形成什么；二是在量的方面，必须具体明确请求数量或数额的多少，如应明确请求给付金钱的具体数额。

民事诉讼案件复杂多样，如何合理地识别诉讼标的，是司法实务中的一个重要问题。我们认为，对诉讼标的的识别，可以根据诉讼标的的具体内容来确定；特殊情况下，必须结合案件事实来识别。

2.诉讼标的与诉讼请求、诉讼标的物

我国传统诉讼标的理论认为，诉讼标的不同于诉讼请求，是两个不同的概念：诉讼标的是就民事争议总体而言的，是指当事人之间争议的民事实体权利义务关系，而诉讼请求则是指当事人在诉讼中提出的具体请求。在重新界定诉讼标的含义的基础上，我们认为，诉讼标的即诉讼请求。实际上，在英美法系和大陆法系各国民事诉讼中，诉讼标的与诉讼请求基本上是同义的。

诉讼标的与诉讼标的物则是两个不同的概念。诉讼标的是当事人的诉讼请

---

① 杨荣馨主编：《民事诉讼原理》，法律出版社 2003 年版，第 94 页。

② 江伟主编：《民事诉讼法专论》，中国人民大学出版社 2005 年版，第 73 页。

求，而诉讼标的物则是当事人争议的权利义务指向的具体的物，是权利的客体，而非权利本身。任何诉讼必须具有诉讼标的，但未必每个具体的案件都存在诉讼标的物。

第六节　民事诉讼法律关系

一、民事诉讼法律关系的含义

民事诉讼法律关系，简称民事诉讼关系，是指受民事诉讼法调整的法院、当事人及其他诉讼参与人之间存在的以诉讼权利义务为内容的具体社会关系。[①]

我国传统民事诉讼法学理论认为，民事诉讼法律关系是受民事诉讼法调整的法院和一切诉讼参与人之间存在的以诉讼权利义务为内容的具体社会关系。民事诉讼法律关系的基本特点在于：诉讼法律关系的主体一方为法院，另一方是当事人、人民检察院和其他诉讼参与人；当事人之间、当事人与其他诉讼参与人之间并不存在民事诉讼法律关系。然而，事实上，当事人之间、当事人与其他诉讼参与人之间发生诉讼法律关系是客观存在的。根据我国《民事诉讼法》和有关司法解释的规定，当事人之间可以约定管辖法院，约定举证期限，合意选择适用简易程序，进行诉讼和解等行为，即说明当事人之间存在着一定的诉讼法律关系。大陆法上的诉讼契约也反映了当事人之间存在诉讼法律关系。所谓诉讼契约，是指当事人之间对于诉讼程序的进行和事项以直接发生诉讼法上效果为目的而达成的合意或契约。[②] 从各国民事诉讼法的相关规定来看，诉讼契约包括管辖合意、证据契约、放弃型诉讼契约、执行契约等。除当事人之间存在诉讼法律关系之外，当事人与其他诉讼参与人之间同样存在诉讼法律关系，如当事人委托诉讼代理人代为诉讼行为，在当事人与代理人之间也会形成诉讼上的权利义务关系。因此，越来越多的学者修正了原先的观点，将民事诉讼法律关系的含义界定为“法院、当事人及其他诉讼参与人之间”存在的诉讼权利义务关系。各种民事诉讼法律关系都以同一诉讼活动为载体，并且，各种诉讼法律关系的存在都是为实现一个共同的目的，即解决当

---

① 江伟主编：《民事诉讼法学》，复旦大学出版社 2002 年版，第 64 页。

② 陈桂明、李仕春：《诉讼契约论》，载《清华法律评论》（第 2 辑），清华大学出版社 1999 年版；张卫平：《论诉讼契约化——完善我国民事诉讼法的基本作业》，载《中国法学》2004 年第 3 期。

事人之间的实体权益之争，故此彼此分立的关系之间又是统一的。当代民事诉讼中的协同主义理论也证明了这种分离与统一的诉讼关系。①

对于民事诉讼法律关系的理解，曾有一面关系说、两面关系说和三面关系说之争。一面关系说认为民事诉讼法律关系仅存在于原被告之间，法院仅是居中裁判者，与当事人之间不发生诉讼法律关系。此说过分强调当事人处分权在民事诉讼中的作用，背离了民事诉讼的内在本质，因而未获广泛支持，目前已极少有人坚持此说。两面关系说主张，民事诉讼法律关系指的是法院与原告之间、法院与被告之间的关系，原被告之间不存在民事诉讼法律关系。我国传统上对民事诉讼法律关系的认识实质上也是采两面关系说。两面关系说强调了民事诉讼作为公力救济的本质以及法院在诉讼中的作用，克服了一面关系说的片面与武断，因此，两面关系说在世界各国均有较大影响。但是，两面关系说完全否认当事人之间具有诉讼法律关系，不符合民事诉讼的实际，且此说过于强调法院的主导作用，忽视了当事人的程序主体地位，因而也受到不少学者的批判。许多学者主张三面关系说，即认为不仅法院与原、被告之间存在诉讼法律关系，而且原告与被告之间也存在诉讼法律关系。我们对民事诉讼法律关系含义的上述界定，实质上也采三面关系说，只不过在三面关系基础之上，尚包括当事人与其他诉讼参与人之间的诉讼法律关系等。

二、民事诉讼法律关系的要素

与其他法律关系相同，民事诉讼法律关系也是由主体、内容和客体三个要素构成的。

1.民事诉讼法律关系的主体

民事诉讼法律关系的主体，是指民事诉讼权利的享有者和民事诉讼义务的承担者。主要包括法院、当事人及其诉讼代理人、证人等其他诉讼参与人和检察院。

在我国民事诉讼理论中，许多学者区分了民事诉讼法律关系主体与民事诉讼主体两个概念。民事诉讼主体并非民事诉讼法律关系主体的简称，而是指民事诉讼法律关系主体中能够直接引起诉讼程序发生、发展和终结的主体，如法院、检察院、当事人及法定诉讼代理人等。民事诉讼主体必然为民事诉讼法律关系主体，但民事诉讼法律关系主体未必为民事诉讼主体。

2.民事诉讼法律关系的内容

民事诉讼法律关系的内容，是指民事诉讼法律关系主体依据民事诉讼法所享

---

① 协同主义是与辩论主义完全不同的一种崭新的诉讼结构，它强调法院、原告、被告三方之间的相互协作。参见唐力:《辩论主义的嬗变与协同主义的兴起》，载《现代法学》2005 第 6 期。

有的诉讼权利和所承担的诉讼义务。

民事诉讼法律关系主体不同，所享有的诉讼权利和诉讼义务也不相同。例如，法院享有的诉讼权力义务以审判权为核心，包括程序指挥权、审理权、判决权等；检察院的诉讼权力义务则以其所享有的法律监督权为基础；当事人的诉讼权利义务主要在于维护当事人的合法民事权益、保证诉讼的顺利进行，且不同地位的当事人享有的诉讼权利和承担的诉讼义务也不完全相同；诉讼代理人的诉讼权利义务以诉讼代理权为基础，其权利义务取决于被代理人的诉讼地位和享有的代理权限；而证人、鉴定人、勘验人、翻译人员等所享有的诉讼权利义务是基于协助法院查明案情需要而规定的，其范围较为窄小。

此外，即使就同一民事诉讼法律关系主体而言，同一主体在不同诉讼阶段的诉讼权利义务也有所不同。民事诉讼由相互衔接的若干诉讼阶段组成，每个诉讼阶段的诉讼任务不同，与不同诉讼阶段相适应，民事诉讼法律关系主体享有的诉讼权利和承担的诉讼义务有所差异。例如，第一审法院与第二审法院、再审法院的诉讼权力和诉讼义务有所不同；第一审中的当事人与第二审中的当事人的诉讼权利义务也有区别。[①]

3.民事诉讼法律关系的客体

民事诉讼法律关系的客体是指诉讼权利和诉讼义务所指向的对象。传统民事诉讼法学理论认为，民事诉讼法律关系的客体通常包括案件事实和诉讼请求。法院与当事人之间、当事人与当事人之间的诉讼法律关系客体是案件事实和诉讼请求；法院、当事人与其他诉讼参与人之间的诉讼法律关系的客体则是案件事实，因为证人等其他诉讼参与人不是当事人，不能提出诉讼请求，仅是协助查明案件事实而参加诉讼。

就起诉、反诉、上诉等是否合法以及回避、诉讼期间顺延、管辖权异议、管辖合意、撤回起诉等事项所发生的民事诉讼法律关系，其客体显然不是案件事实或诉讼请求，而是程序事项。因此，程序事项也是民事诉讼法律关系的客体之一。

值得一提的是，大陆法系民事诉讼理论中没有“诉讼法律关系客体”这一概念，而仅有“诉讼客体”的概念，这与我国“诉讼法律关系客体”是两个不同的概念。在大陆法系各国和地区，“诉讼客体”与审判对象、诉讼请求、诉讼标的的含义基本相同。

① 张卫平主编：《民事诉讼法》，高等教育出版社 2006 年版，第 25 页。

三、民事诉讼上的法律事实

民事诉讼上的法律事实，是指能够引起民事诉讼法律关系发生、变更或消灭的事实。根据是否包含行为人的意志，民事诉讼上的法律事实可以分为两大类：一是民事诉讼事件，即不以诉讼法律关系主体的意志为转移的法律事实，如当事人死亡等。二是民事诉讼行为，这是民事诉讼上的主要法律事实。

（一）民事诉讼行为的含义

民事诉讼行为，是指民事诉讼法律关系主体所实施的能够引起诉讼法上效果的行为。

根据不同标准，可对民事诉讼行为作不同划分。按照诉讼行为是作为还是不作为，民事诉讼行为可分为积极行为和消极行为。积极行为，是指诉讼法律关系主体通过作为而引起诉讼法上效果的行为。例如，当事人起诉、撤诉、上诉等诉讼行为；消极行为，是指诉讼法律关系主体通过不作为的形式而引起诉讼法上效果的行为，如一审判决后当事人在上诉期内未提起上诉的，上诉期间届满时，判决即生效。按照诉讼行为是否合法，民事诉讼行为可分为合法行为与违法行为。诉讼法律关系主体实施的民事诉讼法允许或者符合民事诉讼法要求的诉讼行为，称为合法行为；诉讼法律关系主体实施的违反民事诉讼法的行为，称为违法行为。此外，根据诉讼行为的实施主体不同，民事诉讼行为还可分为法院的诉讼行为、当事人的诉讼行为与其他诉讼参与人的诉讼行为。

（二）法院与当事人的诉讼行为

1. 法院的诉讼行为

法院是国家的审判机关，其诉讼行为具有国家行为的性质或者说具有法定的职权性。法院的诉讼行为大致可分为如下四种：

其一，法院的审理行为，即在审判程序中，法院就程序事项和实体事项进行审查核实的行为。比如，法院审查起诉是否具备法定要件，审查核实证据是否具有真实性，审查案件事实是否真实，审查诉讼请求是否合法等。

其二，法院的裁判行为，即法院根据其审查核实的结果，依法做出是否同意或许可的行为，可分为判决、裁定和决定等。比如，法院审查后认为起诉不具备法定要件的，则裁定不予受理或驳回起诉。再如，经过审理，法院认为原告诉讼请求合法的，则判决原告胜诉。

其三，法院的执行行为，即法院所实施的执行裁决行为和执行实施行为。执行

裁决行为，比如审查和裁定当事人申请执行是否具备法定要件、裁定是否终结执行、裁定采取何种执行措施。执行实施行为，是指法院为强制义务人履行执行名义所确定的债务，而采取具体的执行措施。

其四，法院的诉讼指挥行为，即法院主持和维持审判程序和执行程序有序及时进行的行为。比如，法院依职权主动指定或变更期日和期间、主持法庭辩论、裁定中止诉讼、宣布终结诉讼等。

2. 当事人的诉讼行为

关于当事人的诉讼行为，根据不同标准可作不同分类。在大陆法系民事诉讼理论中，比较重要的是取效(性)诉讼行为、与效(性)诉讼行为这一分类。

取效性诉讼行为，是指无法单独直接产生行为人所预期的诉讼效果，必须借助法院相应的行为才能产生行为人所预期的诉讼效果的诉讼行为，如被告以原告不适格为由请求法院驳回诉讼、当事人向法院提出调查证据的申请、当事人有关案件事实的主张和举证行为等。取效性诉讼行为只能向法院实施，法院应当审查取效性诉讼行为是否合法或者有无理由，然后做出是否同意的裁判。

与效性诉讼行为，是指无须法院同意，就可直接发生诉讼效果的诉讼行为。取效性诉讼行为以外的诉讼行为，基本上属于与效性诉讼行为。在与效性诉讼行为中，有些是向法院实施的，而有些是向对方当事人或第三人实施(如解除委托诉讼代理的通知等)；有些是单方当事人实施的(如当事人自认、原告放弃诉讼请求、被告承认诉讼请求、当事人放弃上诉等)，而有些是双方当事人共同实施的(如协议管辖等)。此外，有些诉讼行为可同时为取效诉讼行为和与效诉讼行为，例如起诉行为，一方面能够产生诉讼程序启动的法律效果(属于与效诉讼行为)，另一方面也是取效诉讼行为(因为提起诉讼须待法院的判决才有意义)。

原则上，民事诉讼行为采取“表示主义”，即诉讼行为的有效成立仅以表示行为为准，并不以“意思真实”为诉讼行为生效要件，拒绝类推适用民法上的意思瑕疵可撤销等规定。这主要是基于诉讼程序的顺畅进行和安定性的考虑。通常而言，对于已经实施的或生效的诉讼行为，原则上不得任意撤回或以意思瑕疵为由撤销。但是，基于尊重当事人意志的考虑，法律也规定了一些可以撤回或撤销的行为。比如，当事人可以撤回起诉、撤回上诉、撤回保全的申请、撤回执行的申请等。

此外，民事诉讼行为原则上也不得附条件。大陆法系各国的通说认为，由于诉讼是由前后不断的多数诉讼行为有序构成的，后行的诉讼行为建立在先行的诉讼行为之上，因而诉讼中诉讼行为之间的关系必须确定，不得附条件。不过，也存在例外，例如，在预备合并之诉的场合，允许诉讼行为附条件。

第七节 既判力

一、既判力的含义

1.判决确定与既判力

法院判决处于不得通过上诉予以变更或撤销的状态，称为判决的确定。具有确定力的判决，即确定判决。确定判决系大陆法系国家法律中的概念，我国称其为生效判决。在我国，确定判决主要有地方各级法院超过上诉期的一审判决、地方法院的二审判决、最高人民法院的一审判决和二审判决。法院判决的确定力包括形式确定力和实质确定力。[①] 形式确定力是指判决所具有的不得以上诉予以变更或撤销的效力。实质确定力即既判力，是指确定判决对诉讼标的之判断对法院和当事人等所产生的约束力。我国《民事诉讼法》第155条规定："最高人民法院的判决、裁定，以及依法不准上诉或者超过上诉期没有上诉的判决、裁定，是发生法律效力的判决、裁定。"第175条规定："第二审人民法院的判决、裁定，是终审的判决、裁定。"在这两个法条中，固然没有明示的"既判力"一词，但结合既判力的理论思考，它们无疑是我国民事判决的既判力的法律依据。所谓"发生法律效力的判决"或"终审的判决"，从立法精神来看，其显著特点即具有确定性。

既判力的学说源于罗马法，德国、日本、法国等国民事诉讼法均采纳这一概念。在英美法系，也有与既判力概念相近的概念，即"res judicata"。据《布莱克法律词典》的解释，"res judicata"是指"已判决的事项，其效力规则是具有完全事物管辖权的法院作出的终局判决对当事人及其利害关系人的权利具有决定作用，同时该判决绝对地阻止他们就同一请求和诉因再行起诉。"该词典还指出，既判力的适用包括三个基本的条件：(1)存在一个决定争点的决定；(2)存在一个关于双方权利义务关系的最终判决；(3)主张既判力的主体必须是原诉的当事人或者是与当事人存在

① 应当注意的是，非讼判决具有形式确定力，但是不具有实质确定力。

直接利害关系的人。[①] 由于英美法系的“res judicata”制度与大陆法系的既判力制度极为接近，因而有学者直接将其译为既判力。

既判力的约束力主要体现在以下两个方面：(1)从当事人的角度来说，当事人对既判的案件不得再为争执。在制度上体现为禁止当事人再行起诉(包括反诉)，即一事不二讼；若当事人再行起诉(包括反诉)，则法院一事不再理。此即既判力的消极效果或消极作用(又称“禁止反复”的作用)。(2)从法院的角度来说，法院在处理后诉时应受前诉确定判决的拘束。在制度上体现为法院应以前诉确定判决对诉讼标的之判断为基础来处理后诉，不得作出相异的判决。此即既判力的积极效果或积极作用(又称“禁止矛盾”的作用)。既判力是否发生约束力，属于法院的职权调查事项。

2.既判力与一事不再理

关于既判力和一事不再理的关系，学说上有同一说、区别说和交叉说之分。同一说认为，一事不再理属于既判力的概念范围，因为禁止法院就同一既判事项重复审理，这一效力的基础实际上贯彻了纠纷解决的一次性原则，亦即一事不再理精神。区别说认为，一事不再理是指判决一经确定，不管其结果如何，该案件的诉权即已消灭，法院不得就同一事件再为审判，当事人再行起诉时，法院不必经实体审理，即以起诉不合法为由驳回；该原则是刑事诉讼制度中的重要审判原则，不适用于民事诉讼。交叉说认为，既判力与一事不再理之间既不存在包容关系又不存在绝对的排斥关系，二者应是相互交叉的关系。[②]

在既判力与一事不再理的关系上，应坚持交叉说。从一事不再理的效力来看，一事不再理包括两方面的内容：(1)诉讼系属的效力，即对于已经起诉或正在诉讼中的案件，当事人不得再行起诉，若再行起诉法院则不予受理；(2)既判力的消极效果，即对于已经作出确定判决的案件，当事人不得再行起诉，若再行起诉法院则不予受理。由此可见，既判力与一事不再理在效力上存在交叉之处：在既判力的消极效果上，既判力与一事不再理原则有一致的内容。但既判力的积极效果不为一事不再理原则所具有，而一事不再理原则的诉讼系属效力也不为既判力所包含。

---

① res judicata: A thing adjudicated. 1. An issue that has been definitively settled by judicial decision. 2.An affirmative defense barring the same parties from litigating a second lawsuit on the same claim, or any other claim arising from the same transaction or series of transactions and could have been-but was not-raised in the first suit. The three essential elements are (1) an earlier decision on the issue, (2) a final judgment on the merits, and (3) the involvement of the same parties, or parties in privity with the original parties. See Bryan A. Garner(ed.), *Black's Law Dictionary*, *Eighth Edition*, *West Group Publishing*, 2004, pp.1336～1337.

② 江伟主编:《中国民事诉讼法专论》,中国政法大学出版社 1998 年版,第 169～171 页。

3.具有既判力的法律文书

一般而言,确定的终局判决是具有既判力的法律文书。在我国,这类法律文书包括法院的确定判决(非讼判决除外)和我国法院承认的外国法院确定判决。应注意的是,确定判决并不等同于终局判决。所谓终局判决,是指能够终结其审级程序效力的判决。终局判决一经作出即意味着该审级程序结束,如一审终局判决、上诉审终局判决等。终局判决未必为确定判决,但确定判决应为终局判决。此外,通常情况下,确定判决要能够对后诉产生既判力,还要求后诉与前诉是同一个诉。[①]

传统上,既判力制度和理论主要用来处理法院判决的效力问题,但如今既判力出现了扩大化现象,其表现之一就是将既判力的适用范围由法院判决扩张至其他法律文书。例如,法院支付令、法院调解书、仲裁裁决(劳动仲裁裁决除外)、仲裁调解书等也具有既判力。其主要理由在于,既然对民事纠纷的实体问题已经作出了终局解决,并且这种解决获得国家正式制度上的承认,就不应对此案件以民事诉讼方式予以再次解决,这种做法不仅符合既判力的精神,而且也体现了民事诉讼制度对其他解决纠纷方式的尊重和支持。[②]

二、既判力的本质

判决确定以后,无论该判决有无误判,均产生既判力,当事人和法院均受其约束,不得就该判决内容再行争执。为什么确定判决具有如此效力呢?此即既判力的本质问题,亦即维护确定判决既判力的根据问题。

关于既判力的本质,学说上有实体法说、诉讼法说、权利实在说、新诉讼法说、综合既判力说等不同观点。[③] (1)实体法说:认为既判力本质在于确定判决具有创设实体法的效果,任何判决都以确定当事人之间的实体权利状态为内容,因此,无论该判决是否与诉讼程序之外的实体权利状态一致,均有拘束当事人和法院的效力。(2)诉讼法说:认为判决的既判力纯粹系诉讼上的效力,与诉讼之外的实体权利毫无关系,判决具有既判力的原因,在于国家的审判及其权威性的判断需要得到稳定和统一。(3)权利实在说:认为在法院判决之前,当事人之间私自适用法律而主张的权利,仅是权利的"假象",只有经过法院判决,才能成为实在的权利。判决之所以有既判力,是因为判决能赋予真正实在的权利,当事人和法院必须遵从,不

① 在特殊情况下,并不要求后诉与前诉的当事人相同(参见下文"既判力的主观范围")。

② 江伟主编:《民事诉讼法学》,复旦大学出版社 2002 年版,第 72 页。

③ 关于既判力本质诸学说的详细介绍,参见江伟主编:《中国民事诉讼法专论》,中国政法大学出版社 1998 年版,第 155～161 页。

能为相异主张和判断。(4)新诉讼法说:此说立足于一事不再理的理念,认为前诉判决之所以对后诉判决有约束力,其原因在于法院不得就同一事项重复审判,因而当事人不得重复起诉。(5)综合既判力说:认为应当从实体法和程序法两个方面来理解既判力的本质。一方面,判决既判力使民事实体法律关系的存在与否得到确定,使抽象的实体权利转变为具体的实体权利;另一方面,前诉判决的实体确定力对于后诉产生程序上的约束力。

除综合既判力说之外,上述几种学说均立足于一元论(实体法一元论或诉讼法一元论)的立场来解释既判力的性质,在方法论上难免具有片面性。民事诉讼是实体法与诉讼法共同作用的"场",判决本身是诉讼法与实体法联系的具体体现,在既判力本质问题上应坚持诉讼法与实体法相结合的二元论立场。从实体法角度来看,既判力体现了对当事人实体争议的判断,使当事人之间的实体权利义务关系得以确定,这与当事人解决纠纷和保护实体权益的目的是一致的,其中当然包含了实体性;从诉讼法角度来看,为了维护法律和司法的权威性,维护诉讼的安定性,提高诉讼效率,促进纠纷的一次性解决,既判力禁止就既判案件再行起诉和审判,这其中显然包含了诉讼性。

承认判决的既判力,接受个案不公正就有了正当根据:通过个案确定判决来维护国家法律和法院判决的权威性,维护法律和诉讼的安定性,提高诉讼效率等,尤其在当事人已经获得充分程序保障的情况下。正基于此,即使个案判决有错误,也应遵从,因为在个案上忍受错误判决的危害相对要小得多。当然,维护法律和诉讼的权威性和安定性也不应绝对化,不应绝对牺牲个案正义,在符合严格的法定条件下,可以排除判决的既判力,如通过严格的再审程序对既判事项再次审判。

三、既判力的范围

既判力的范围主要包括时间范围、客观范围和主观范围三方面。

1.既判力的时间范围

确定既判力的时间范围,主要意义在于在时间上限定确定判决在何时确定的实体权利义务对后诉有约束力。具体而言,可从三个方面来理解既判力的时间范围:(1)既判力的发生之时。只有确定判决才具有既判力,因此,判决确定之时,即为既判力的发生之时。(2)既判力的标准时。原则上,既判力标准时为(事实审)言词(或口头)辩论终结之时。这是因为,判决所判定的是本案最后辩论终结时的实体法律问题,在本案最后辩论终结之后发生的实体争议,由于没有经过当事人的起诉和正当程序的审判，所以不应受既判力的拘束。[①]《民诉法解释》第 248 条明确规定："裁判发生法律效力后，发生新的事实，当事人再次提起诉讼的，人民法院应当依法受理。"(3)既判力的消失之时。导致判决既判力消失的情形，主要是通过再审等法定程序撤销确定判决。

2.既判力的客观范围

既判力的客观范围，即确定判决中哪些判断事项具有既判力。一些国家的民事诉讼法规定，原则上，既判力的客观范围仅限于判决主文。所谓判决主文，是指判决中对诉讼标的之判断部分，即判决结论部分。换言之，既判力的客观范围，即诉的诉讼标的。既判力的客观范围之所以是诉的诉讼标的，主要是因为诉讼标的是诉的质的规定性，是当事人请求诉讼救济的实体事项。[②]

确定判决对判决理由的判断，原则上没有既判力。各国和地区的立法之所以未规定判决理由的既判力，其主要原因有三：一是判决理由只是法院对诉讼标的判断的前提和手段，并非判决的对象，未经当事人作为争点在诉讼中认真加以辩论，为了避免对未经当事人认真对待的请求作出判断而造成突然袭击，不能认可判决理由具有既判力；二是如果允许法院对当事人没有认真争执的争点作出的判断产生既判力，当事人就丧失了在此后其他诉讼中就未经争执的争点展开争执的可能，而且也不能提出与被作出了判断的争点相矛盾的主张；三是判决理由不具有既判力，法院可以在后诉中迅速且有效地进行诉讼指挥。[③]

不过，在特定情形下，判决理由也具有既判力。通常认为，法院对被告抵销抗辩的判断属于判决理由，但判决在被告的抵销抗辩范围内也具有既判力。例如，原告甲请求被告乙偿还借款 30 万元。诉讼中，乙抗辩称：甲欠乙 20 万元货款并主张抵销这 20 万元。法院支持该抵销，判决乙偿还甲借款 10 万元。两人均未上诉。上诉期满后，乙就已抵销的 20 万元货款，以甲为被告提起返还货款之诉。此时，基于既判力，法院应驳回乙之诉。但应当注意的是，抵销抗辩并非绝对具有既判力，法院就抵销抗辩所作的判断必须为实体上的判断，且必须在终局判决中的理由经判断才有既判力可言。[④]

3.既判力的主观范围

既判力的主观范围，即哪些人受到既判力的拘束。首先，作出确定判决的法院应当包含于既判力的主观范围之内。除法院之外，既判力原则上仅限于当事人之间

---

① 江伟主编：《民事诉讼法学》，复旦大学出版社 2002 年版，第 73 页。

② 汤维建主编：《民事诉讼法学原理与案例教程》，中国人民大学出版社 2006 年版，第 50 页。

③ 江伟主编：《民事诉讼法学原理》，中国人民大学出版社 1999 年版，第 290 页。

④ 骆永家：《既判力之研究》，台湾三民书局 1981 年版，第 47 页。

(此即既判力的相对性),其依据在于:既判力的对象即诉讼标的,在处分主义和辩论主义诉讼体制下,诉讼标的是当事人确定的,当事人双方在获得充分程序保障的情况下就诉讼标的展开了充分对抗,当事人理应对诉讼的结果——判决负责,因此,既判力原则上只能及于当事人双方。相反,如果将既判力扩大适用于没有参与诉讼、未能获得程序保障的第三人,显然是不公平的。

但是,既判力的相对性原理并不是绝对的,在一定条件下,判决的既判力也可以扩张至当事人以外的第三人:(1)具有对世效力的确定判决,其既判力不仅及于当事人双方,而且还及于其他第三人。这属于既判力向不特定的第三人扩张。例如,广泛效力的形成判决和确认婚姻无效、确认收养无效等确认判决的既判力向不特定的第三人扩张。(2)在某些情况下,既判力扩张到当事人以外的特定第三人,主要包括:其一,法定的当事人变更中,退出诉讼的原当事人。其二,本案最后辩论终结后,当事人的承继人。这里的承继人,是指诉讼辩论终结后,承继当事人实体权利义务的人。承继人包括两种:一是一般承继人,即作为当事人的自然人死亡、法人和其他组织消灭或合并后,承担当事人实体权利义务的人;二是特定承继人,即因特定法律行为(如债权债务转移)等而承担当事人实体权利义务的人。其三,法律规定的对他人实体权利义务或者财产拥有管理权或处分权的人,如破产管理人、遗产管理人、遗嘱执行人、代位权人等。其四,诉讼担当时实体权利义务的归属人。

第三章 民事诉讼法的基本原则

【引　例】

甲因乙拒不返还到期借款，向法院提起诉讼，请求法院判决乙返还本金10万元及利息7000元。在审理中，法院主持调解。甲考虑到乙的实际困难，不但放弃了7000元利息，而且本金也只要求返还7万元。法院据此制作调解书并送达双方当事人。问：该调解协议是否符合合法原则？

第一节 民事诉讼法基本原则概述

一、民事诉讼法基本原则的概念

民事诉讼法的基本原则，是指能够反映其所调整对象的本质和规律，贯穿于民事诉讼的全过程，对民事诉讼法律关系主体和整个民事诉讼活动起指导作用的根本准则。法律的基本原则承载着法律的价值，反映了法律的本质和目的，是法律的精神实质的抽象概括。民事诉讼法的基本原则具有立法准则和行为准则功能，集中地体现和反映了民事诉讼法的本质特征、指导思想和立法精神，是制定和实施民事诉讼法的重要依据，在民事诉讼的一系列程序、制度和具体规范中处于核心的、支配的地位。基本原则的表现形式一般有两种：第一种形式是在立法时明确加以规定，第二种形式是将基本原则的内容、精神反映在具体的法律规范中。我国《民事诉讼法》的基本原则采用第一种表现形式。

民事诉讼法的基本原则不同于民事诉讼法的具体制度，也不同于民事诉讼法的具体条文。它具有以下几个特征：(1)普遍性。基本原则对制定民事诉讼法的各

基本制度、各具体程序规范具有普遍指导意义，它不局限于诉讼的某一阶段或者某一个问题上，而是对民事诉讼的全过程都具有指导和指引作用的准则。民事诉讼各制度、程序应当符合基本原则的要求，不得与基本原则相抵触。(2)概括性。基本原则综合反映了民事诉讼的性质、特点及其规律，其效力不局限于具体某一制度规范，而是贯穿于民事诉讼的始终，具有高度的概括性和涵盖力。(3)稳定性。基本原则集中地反映了民事诉讼的本质和规律，是构建民事诉讼规则体系的支点和基础，具有较稳定的内容和形式。由于基本原则涉及民事诉讼的根本问题，是民事诉讼法的"基本骨架"，因而具有较强的稳定性，一般不轻易发生变化。

二、民事诉讼基本原则的功能

民事诉讼基本原则反映了民事诉讼的本质规律和立法的指导思想，体现了对民事诉讼活动的基本要求，是规定民事诉讼体制和程序结构的基石，对民事诉讼立法和司法实践具有重要的作用。具体来说，民事诉讼法的基本原则主要具有以下三方面的功能：

(一)立法准则的功能

民事诉讼法是由一系列具体规则、具体制度和程序规范构成的专门体系，基本原则是统领和协调这一体系的基准。因此，在制定民事诉讼法的基本规则时，应当首先确定民事诉讼基本原则的内容，再将基本原则的内在要求贯彻到具体的制度规范中。就这一层面而言，民事诉讼基本原则是制定民事诉讼法律规范的基础，具有立法准则的功能。

(二)行为准则的功能

民事诉讼法的基本原则通过规范民事诉讼参与人的诉讼行为，保障民事诉讼活动得以顺利进行。民事诉讼通常是在当事人和其他诉讼主体共同参与下进行的，民事诉讼法的基本原则对民事诉讼具有指导作用，为当事人和其他诉讼参与人顺利进行诉讼活动指明方向。对当事人而言，民事诉讼基本原则既保障当事人享有充分的自主权利，又防止当事人滥用权利。

(三)裁判准则的功能

对于审判案件的法官来说，在处理程序问题和实体问题时，应当以事实为依据，以法律为准绳。但是，由于立法的不周延性，加之法官不得因为找不到具体适用的法律而拒绝审判，因此，法官在审判实践中，必须发挥主观能动性，运用法律赋予的自由裁量权行使审判权。以基本原则指导法官的裁判行为，可以最大限度地避免法官在行使自由裁量权时出现权力的恣意。同时，通过对基本原则的适用，也为法官的创造性司法提供了可能。

三、民事诉讼法基本原则体系

民事诉讼法基本原则体系包括立法上的原则体系和理论中的原则体系。我国《民事诉讼法》第一章对民事诉讼的基本原则作了规定，包括以下内容：同等、对等原则（第 5 条），民事审判权由人民法院行使原则（第 6 条），人民法院独立进行审判原则（第 6 条），以事实为依据、以法律为准绳原则（第 7 条），当事人在适用法律上一律平等的原则（第 8 条），法院调解原则（第 9 条），使用本民族语言文字进行诉讼原则（第 11 条），辩论原则（第 12 条），诚实信用原则（第 13 条），处分原则（第 13 条），检察监督原则（第 14 条），支持起诉原则（第 15 条）。这些原则共同构成了我国民事诉讼法基本原则体系。在这一原则体系中，有些原则反映了诉讼活动的共同规律，是民事诉讼、刑事诉讼和行政诉讼都适用的原则，例如以事实为依据、以法律为准绳原则，使用本民族语言文字进行诉讼等原则，即属于三大诉讼制度共有的原则。而另一些原则反映了民事诉讼的本质属性，属于民事诉讼所特有的原则，如处分原则、调解原则等。

理论上的民事诉讼法基本原则体系的构成与立法不尽相同，理论界对民事诉讼法基本原则及其体系的理解也很不一致。比较有代表性的观点有三种：第一种是将《民事诉讼法》第一章的规定区分为基本原则和基本制度，将合议、回避、公开审判、两审终审作为民事诉讼的基本制度。[①] 第二种观点认为，《民事诉讼法》第一章中的某些规定不具有基本原则的属性，其中与宪法和部门法共有的原则及属于民事诉讼法基本制度的内容，不应列为民事诉讼法基本原则，据此主张将平等原则、辩论原则、处分原则、调解原则作为民事诉讼法的基本原则。[②] 第三种观点认为，基本原则应当是规范整个民事诉讼程序的、效力及于民事诉讼始终并能承载民事诉讼程序价值的规则。基于该标准，真正属于民事诉讼法基本原则只有两个，即辩论原则和处分原则。[③] 学者之所以对基本原则体系有不同的理解，一是因为现行民事诉讼法对基本原则的规定比较杂乱，二是学界对如何界定和识别基本原则缺乏统一标准。有些学者依据各自的标准把一些非原则性的规范或具体规则纳入

---

① 谭兵主编：《中国民事诉讼法要论》，西南财经大学出版社 1991 年版，第 81 页。

② 陈桂明：《诉讼公正与程序保障》，中国法制出版社 1996 年版，第 63 页。

③ 肖建国：《民事诉讼程序价值论》，中国人民大学出版社 2000 年版，第 148 页。

基本原则体系中,使得基本原则的范围过于宽泛。

我们认为,民事诉讼基本原则体系的构成,应当包括那些能够反映民事诉讼本质特点及诉讼基本规律,并且能够贯穿于民事诉讼全过程,对整个诉讼活动起指导作用的根本性准则。基于此种认识,我国民事诉讼法的基本原则有以下几项:平等原则、法院调解原则、辩论原则、处分原则、诚实信用原则。

第二节　平等原则

一、平等原则的含义

平等原则,是指在民事诉讼中,当事人平等地享有和行使诉讼权利。平等原则根源于民事诉讼的本质特征。我国《民事诉讼法》第 8 条规定:"民事诉讼当事人有平等的诉讼权利。人民法院审理民事案件,应当保障和便利当事人行使诉讼权利,对当事人在适用法律上一律平等。"第 5 条第 1 款规定:"外国人、无国籍人、外国企业和组织在人民法院起诉、应诉,同中华人民共和国公民、法人和其他组织有同等的诉讼权利义务。"

《民事诉讼法》确立当事人诉讼权利平等原则,主要基于以下几点因素:第一,诉讼权利平等原则是宪法规定的"公民在法律面前一律平等"原则在民事诉讼中的贯彻和体现。民事诉讼立法以宪法为依据,应当体现宪法的基本要求和精神。诉讼权利平等原则即是"公民在法律面前一律平等"这一宪法性原则在民事诉讼中的具体化。第二,诉讼权利平等原则是由民事纠纷的性质决定的。民事纠纷是公民之间、法人之间和公民与法人之间产生的纠纷,无论其主体身份地位存在多大的差别,当事人始终处在平等地位,不存在命令、服从、隶属关系,也不存在尊、卑、贵、贱之分。第三,诉讼权利平等原则是程序公正的必然要求。程序公正是现代法治的基石,是民事诉讼最基本的价值准则。当事人在诉讼中享有平等的诉讼权利,是程序公正的基本构成要素之一。只有确立当事人平等的诉讼地位,使之真正充分地享有和行使诉讼权利,才能保障诉讼的平等性和公正性。[①]

---

① 田平安主编:《民事诉讼法原理》,厦门大学出版社 2015 年第 6 版,第 74 页。

二、平等原则的内容

根据我国《民事诉讼法》的规定，当事人诉讼权利平等原则包括以下三个方面的基本内容：

（一）当事人双方的诉讼地位和诉讼权利义务平等

在民事诉讼中，不论当事人的社会地位如何，也不论其是原告或是被告，是公民还是法人，是国有企业还是民营企业，他们的诉讼地位都是平等的，不允许任何一方享有诉讼上的特权。同样的，当事人双方在诉讼中享有平等的诉讼权利，平等地享有"诉讼攻击"与"诉讼防御"的机会。例如，当事人双方都有对案件事实进行陈述的权利，都有权提出相应证据维护自己的合法权益；一方当事人提出主张时，另一方当事人有权反驳其主张；一方提出证据证明其主张时，另一方有权进行质证并提出反证抗衡。

需要注意的是，当事人享有平等的诉讼权利，并不意味着双方的诉讼权利是完全等同的。民事诉讼法采取"同一性"规定和"对等性"规定，使诉讼权利平等原则得以具体化。当事人所享有的诉讼权利中，有的诉讼权利是双方都享有的。例如，双方当事人都有权委托诉讼代理人、收集提供证据、进行辩论等。而有些诉讼权利只能由原告享有，有些诉讼权利则只能是由被告享有。例如，原告有放弃、变更诉讼请求的权利；被告则享有承认、反驳原告提出的诉讼请求，提出反诉的权利。这些差异体现了诉讼权利的对应性。

（二）不同国籍及无国籍当事人的诉讼权利义务平等

赋予外国人、无国籍人、外国企业和组织与本国公民、法人具有平等的诉讼权利和义务，已成为国际惯例和各国的普遍实践。外国人、无国籍的当事人在人民法院进行诉讼，其诉讼地位与我国当事人相同。当然，给予不同国籍、无国籍的当事人平等的诉讼权利，有一个前提条件，即该当事人所在国未对我国当事人在该国法院进行诉讼予以权利限制。我国《民事诉讼法》第 5 条第 2 款规定："外国法院对中华人民共和国公民、法人和其他组织的民事诉讼权利加以限制的，中华人民共和国人民法院对该国公民、企业和组织的民事诉讼权利，实行对等原则。"即如果外国当事人所在国的法律对我国公民或法人的诉讼权利给予一定限制，我国人民法院也

对该国公民或法人的诉讼权利给予相应的限制，体现“同等、对等原则”。[①]

（三）人民法院应保障当事人平等地行使诉讼权利

当事人诉讼权利平等，不仅需要在法律上予以明确，更需要在审判实践中予以保障。人民法院依法保障当事人平等地行使诉讼权利，既是人民法院应当履行的职责，也是当事人享有平等诉讼权利的基础。如果得不到人民法院的保障，立法上规定的这种平等性可能在司法中得不到真正的实现。

为切实保障当事人平等地行使诉讼权利，人民法院在审判民事案件时应当注意以下几点：首先，充分尊重当事人的诉讼权利，对双方当事人一视同仁，及时、准确告知当事人的诉讼权利，为当事人双方行使诉讼权利提供平等的机会。例如，民事诉讼法规定，人民法院应当在开庭前和开庭审理时，告知当事人的诉讼权利和义务。这就要求人民法院切实履行告知义务，同时告知双方当事人，以便当事人有充分的时间了解和行使诉讼权利。其次，在诉讼进程中，人民法院为防止当事人实施诉讼行为出现不均衡的结果，应加强职权介入以保障当事人在实质上享有公平的诉讼权利。例如，一方当事人因故意或重大过失而迟延提出证据材料，可能给对方造成不利的诉讼状况，在此种情形下，法官有权决定不予接受迟延提出的证据材料。最后，人民法院应当尽可能为双方当事人行使诉讼权利提供方便。在司法实践中，一些客观原因往往造成当事人行使诉讼权利的障碍，如有的当事人不了解如何行使诉讼权利，有的当事人因缺少文化知识而难以书写诉状，有的不通晓当地语言文字，有的因经济困难无力交纳诉讼费用。对此，人民法院应当排除障碍，为当事人指定代书人，提供翻译，给予法律帮助等。值得注意的是，人民法院在引导当事人行使诉讼权利时，必须注意平等性，不能厚此薄彼，只关注一方当事人。

三、平等原则的实现

依靠当事人双方积极的“攻击”与“防御”活动来推动程序展开的制度构想，是建立在当事人实力相等的假定条件之上的，但在现实生活中，当事人之间力量对比的不平衡往往造成实际上的不平等。因此，为保障当事人之间以平等辩论的方式进行诉讼，不能仅仅停留在双方当事人进行诉讼之机会平等以及法院中立性的保

---

① 例如，2007 年 4 月 1 日起实施的《诉讼费用交纳办法》第 5 条第 2 款规定：“外国法院对中华人民共和国公民、法人或者其他组织，与其本国公民、法人或者其他组织在诉讼费用交纳上实行差别对待的，按照对等原则处理。”

障上，而应当实现双方当事人进行诉讼的条件平等或实质平等。[①] 目前可从以下几个方面强化和实现当事人的实质平等：

（一）强化当事人之间相关义务以实现当事人诉讼地位的实质平等

在程序进行方面课以当事人促进诉讼的义务，要求当事人依法行使诉讼权利，及时、妥当地进行主张与举证，对当事人故意迟延实施的诉讼行为给予否定的评价；在裁判资料的形成方面，强化当事人的真实义务，均衡当事人的诉讼进行能力，促进当事人实质平等的实现。

（二）法院职权介入，实现当事人诉讼地位的实质平等

法院消极、中立，不介入当事人作用的领域，是古典自由主义辩论原则下的诉讼构造。这种诉讼构造仅仅表现为当事人形式上的机会平等，但实际运作上恰恰又可能损害当事人平等诉讼的构造关系。所以，法院依职权介入当事人之间的诉讼，是创造和实现当事人实质平等的诉讼地位的必然选择。在程序运作方面，法院职权对程序实施积极的干预，有利于实现当事人诉讼地位的实质平等。以法院职权运作诉讼程序为原则，有利于诉讼程序的顺利进行和便于当事人诉讼，并能够适时调整当事人实施诉讼行为的不均衡后果。比如，一方当事人故意迟延提出诉讼资料，可能给相对方造成不利的诉讼状况，在这种情况下，法官有权裁定不予接受迟延提出的裁判资料。在实体内容形成方面，法官积极行使释明权[②]有助于实现当事人诉讼地位的实质平等。法官释明权的确立，从一定意义上说是法官职权介入了诉讼资料的形成即当事人作用的领域，也是法院协调当事人之间平等诉讼的有效方式。通过法官的释明，当事人进一步完善主张、提出证据，弥补了当事人因自身诉讼能力弱而形成的与对方当事人不平等的缺憾。在遵循辩论原则的民事诉讼领域导入法官的释明权，是对诉讼资料采当事人主导的诉讼构造的补充和修正，有利于在诉讼资料的形成方面促进当事人诉讼地位的实质平等。

（三）人民法院和当事人间的权利义务相称

这是平等原则内容的进一步扩展，意在通过对法院权利义务的界定，更有效地

---

① 英国《民事诉讼规则》第 1.1 条规定：法院应当“确保双方当事人地位平等”(ensuring that the parties are on an equal footing)。参见齐树洁主编：《英国证据法》，厦门大学出版社 2014 年第 2 版，第 27 页。

② 释明权又称阐明权，是指法官在民事诉讼中为了明了诉讼关系，通过就案件的事实问题和法律问题向当事人发问的方式，促使当事人作出进一步陈述或者补充诉讼资料和证据资料。参见张力：《阐明权研究》，中国政法大学出版社 2006 年版，第 11～12 页。

保障当事人的权利。它以诉权和审判权的良性互动为宗旨，二者的交替互动构成民事诉讼活动中的一根轴线。为了保障诉讼的公正，防止审判权的滥用，除了外部的权力监督机制以外，还必须以权利制约权力，也就是以诉权制约审判权，这是民事诉讼的内外部监督相结合的模式。这种模式要求：其一，法院审判权的设置应当是为了更好地保障当事人的权利；其二，法院应享有对案件的相应的管理权和指挥权。法官的中立性地位是无可辩驳的，但对于因财富、诉讼知识、地位等原因而处于劣势的一方当事人，法官应给予适度的法律上的帮助。我国尚未建立强制律师代理制度，法官在法律允许的限度内对处于劣势的一方当事人采取适当的积极行为，有利于维持当事人双方攻守力量的均衡，在一定程度上引导案件沿着当事人平等的正常方向进行，从而达到"矫正正义"的效果。

（四）注意配套原则以及相关庭审制度的完善

在民事诉讼中，平等原则是辩论原则和处分原则的前提和基础。反过来，平等原则的落脚点是辩论原则和处分原则。因此，为实现当事人之间的地位平等，就必须完善我国现行辩论原则和处分原则：其一，明确规定在辩论过程中当事人没有提出的案件事实，裁判者不能作为判案的依据。其二，对于当事人无争议或自认的事实，法院应作为裁判的根据。其三，法院的裁判不得超出当事人的诉讼请求范围。其四，扩大当事人处分权的范围。

第二节　法院调解原则

一、法院调解原则的含义

调解是指在中立第三方的主持下，发生纠纷的当事人通过相互沟通协商，对其所争议的民事权利义务关系达成协议的活动。法院调解是指在人民法院审判人员的主持下，诉讼当事人就争议的问题，通过自愿协商，达成协议解决争议的活动。我国《民事诉讼法》第 9 条规定："人民法院审理民事案件，应当根据自愿和合法的原则进行调解；调解不成的，应当及时判决。"据此，法院调解原则又称为自愿、合法调解原则。

法院调解原则被确立为民事诉讼的基本原则，主要基于以下几个原因：

1. 法院调解原则是我国人民法院审理、解决民事纠纷的一种重要方式，也是长期以来我国民事审判工作的成功经验的总结。早在新民主主义革命时期，各根据地和解放区的政权组织公布的一些诉讼法规中，就把调解作为处理民事案件的重要制度明确加以规定。著名的“马锡五审判方式”就是强调深入实际，依靠群众，把法院调解和审判相结合，将调解作为审理和解决民事纠纷的主要方式[①]。新中国成立后，我国民事审判继承和发扬了根据地人民司法的优良传统，仍然把调解作为审理民事案件的基本方法，并进行了长期的探索。1982 年之前，法院执行的是“调解为主”的原则，1982 年《民事诉讼法（试行）》将其改为“着重调解”的原则。1991 年《民事诉讼法》将这一原则改为“自愿、合法调解”原则，体现了司法实践对法院调解原则的理性思考和准确定位。

2. 法院调解原则与私法自治原则、当事人处分原则的精神是相一致的。民事纠纷是当事人之间民事权利与义务的争议，法律允许当事人对自己的民事权利和诉讼权利自由处分，从而为互谅互让、调解结案提供了可能。与判决不同的是，法院调解为当事人解决纠纷营造了“友好”的氛围。双方在自愿的基础上，相互谅解，消除误会，自觉让步，从而达成解决纠纷的协议，获得双方都能够接受的结果。

3. 法院调解原则有利于提高诉讼效率，节省诉讼资源。首先，根据《民事诉讼法》的规定，调解书经双方当事人签收后立即生效，不存在上诉问题，可以提高诉讼效率；其次，调解协议是在法院主持下，当事人双方平等协商的基础上，通过充分沟通协商，自愿达成的。一般情况下，调解达成协议后，当事人都能自觉履行，不必通过法院强制执行。这在目前我国“执行难”的大环境下更具有现实意义。

法院调解原则有以下两个特点：第一，法院调解是人民法院审理民事案件的一种方式。调解与判决一样，都是法院解决民事争议的重要方法，经法院调解达成协议生效后，与生效判决具有同样的法律效力，并可据此终结诉讼。与判决相比，调解更易为双方当事人所接受并且自愿履行。因此，法院在受理案件后，在尊重当事人意愿的前提下，应尽可能多做说服劝导工作，促使当事人遵守法律，分清是非，及时解决争议。但是，调解并不是法院审理民事案件的必经程序。法院根据案件的具体情况，可不经调解，在查明事实的前提下，直接作出判决。对于法律或司法解释规定必须先行调解或根据当事人意愿进行调解的民事案件，法院不能久调不决；调解不成或调解书送达前当事人反悔的，法院应当及时作出判决。第二，法院调解与一般的诉讼外调解不同，其本质是一种诉讼活动。[②] 法院调解是在法院审判人

---

① 张希坡：《马锡五审判方式是人民司法工作的一面旗帜》，载《人民法院报》2009 年 8 月 11 日第 5 版。

② 对于调解的性质属于“私法行为”还是“诉讼上的合意”，大陆法系各国存在不同的学说。参见[日]高桥宏志：《民事诉讼法：制度与理论的深层分析》，林剑锋译，法律出版社 2003 年版，第 630 页。

员的主持下进行的，通过审判人员的说服劝导，促使当事人双方达成解决争议的协议，因而具有司法的性质，是诉讼主体共同参与的一项诉讼活动。诉讼外的调解包括人民调解委员会的民间调解以及行政机关的行政调解，由于这类调解不具有司法的性质，因而不具有强制执行效力。[①]

二、法院调解的组织与程序

（一）法院调解的组织

根据《民事诉讼法》第 94 条、第 95 条的规定，人民法院进行调解，可以由审判员一人主持，也可以由合议庭主持，并尽可能就地进行。同时，为有利于调解的进行，还可以邀请当事人所在单位及有关人员协助法院进行调解。

（二）法院调解的程序

2012 年修法时，增设先行调解的规定。《民事诉讼法》第 122 条规定："当事人起诉到人民法院的民事纠纷，适宜调解的，先行调解，但当事人拒绝调解的除外。"法院在受理案件后，可以依当事人的申请而开始调解，也可以依职权主动进行，如果经审查，认为法律关系明确、事实清楚，在征得当事人同意后，也可以径行调解。经调解达成协议的，除少数依法可以不发调解书的案件外，都必须制作调解书。调解书应当写明诉讼请求、案件的事实和调解结果，并由审判人员、书记员署名，加盖人民法院印章后，送达双方当事人。但是，如果在调解书送达前一方反悔的，视为调解不成，法院应及时作出判决。

三、法院调解遵循的原则

根据《民事诉讼法》和有关司法解释的规定，法院调解应当遵循以下原则：

（一）自愿原则

自愿原则，是指人民法院以调解方式解决纠纷时，必须在当事人自愿基础上进行，包括调解活动的进行和调解协议的达成，都必须以当事人自愿为前提。自愿原则包括两方面的含义：一是程序上的自愿，即是否以调解的方式来解决当事人之间

---

① 《中华人民共和国人民调解法》规定了人民调解协议的司法确认制度。经人民法院依法确认有效的民间调解协议，可作为人民法院强制执行的根据。

的争议，取决于当事人的意愿，人民法院不能未经当事人同意自行依职权调解或强迫当事人接受调解。二是实体上的自愿。即经过调解所达成的调解协议的内容必须是双方当事人真实的意思表示。[①]

（二）查明事实、分清是非的原则

查明事实、分清是非的原则是指人民法院进行调解时，应当在事实清楚、分清是非的基础上进行。《民事诉讼法》第 93 条对此作了规定。人民法院在调解过程中，只有在事实清楚、是非分明的基础上，才能对当事人进行有理有据的说服劝解，更好地促使其平等协商、互谅互让，自愿达成调解协议；而且，在遵循此原则基础上达成的调解协议更具有实体上的正当性，使当事人更易于接受并自觉履行。[②]

（三）合法原则

合法原则是指法院和双方当事人的调解活动以及调解协议的内容，必须符合法律的规定，包括程序上合法与实体上合法两个方面。前者是指调解活动应当依照民事诉讼法规定的程序进行；后者是指调解协议的内容不得违反法律的禁止性规定。当事人进行虚假调解，企图侵害他人合法权益的，亦属于违反合法原则的行为，《民诉法解释》第 144 条就此作出规定："人民法院审理民事案件，发现当事人之间恶意串通，企图通过和解、调解方式侵害他人合法权益的，应当依照民事诉讼法第 112 条的规定处理。"

（四）保密原则

保密原则是指除特定情形外，人民法院的调解活动不公开进行，调解协议的内容对外也不予公开。调解的进行主要是通过当事人之间的谈判协商来解决争议，在此过程中，当事人之间的妥协、让步、承认错误等行为，往往不愿意对外公开，为此有必要确立法院调解的保密原则。《民诉法解释》第 146 条规定："人民法院审理民事案件，调解过程不公开，但当事人同意公开的除外。调解协议内容不公开，但为保护国家利益、社会公共利益、他人合法权益，人民法院认为确有必要公开的除外。主持调解以及参与调解的人员，对调解过程以及调解过程中获悉的国家秘密、商业秘密、个人隐私和其他不宜公开的信息，应当保守秘密，但为保护国家利益、社

① 田平安主编：《民事诉讼法原理》，厦门大学出版社 2015 年第 6 版，第 82 页。

② 对于这一原则，学界存在不同的看法。有人认为法律上规定这一原则没有必要，主张调解时不应强调查明事实、分清是非，只要能够促使当事人达成调解协议即可。

会公共利益、他人合法权益的除外。”[①]

在引例中，如果法院查明了上述事实并以判决方式结案，那么，应当判决被告乙返还甲 107000 元才是合法的。调解结案则不同，它是以当事人处分权为基础的，其合法性较为“宽泛”，只要调解协议不违反法律的禁止规定，即属于合法。所以，本案的调解协议是合法的。

四、法院调解的效力

（一）调解协议生效的时间

法院调解生效的时间因法院调解的效力渊源的不同而有所区别。

1.调解书的生效时间。按照《民事诉讼法》第 97 条第 3 款、第 99 条和有关司法解释的规定，调解书经双方当事人签收后，即具有法律效力。调解书需经当事人签收后才发生法律效力的，应当以最后收到调解书的当事人签收的日期为调解书生效日期。调解书送达前一方当事人反悔的，调解书不发生法律效力，人民法院应当及时判决；但在《民诉法解释》第 151 条规定的情形下，当事人拒收调解书的，不影响调解协议的效力（即不影响法院调解的效力）。

2.调解笔录生效的时间。对于调解达成协议后不需要制作调解书的案件，书记员将调解协议记入笔录并由双方当事人、审判人员、书记员签名或者盖章后，即具有法律效力。下列案件在调解达成协议后，可以不制作调解书：（1）调解和好的离婚案件；（2）调解维持收养关系的案件；（3）能够即时履行的案件；（4）其他不需要制作调解书的案件。

3.调解协议生效的时间。根据《民诉法解释》第 151 条的规定，当事人各方同意在调解协议上签名或者盖章后即发生法律效力的，经法院审查确认后，由当事人、审判人员、书记员签名或者盖章后即具有法律效力。

（二）调解协议生效后的法律后果

人民法院生效的调解协议与生效的判决具有同等的法律效力，具体表现如下：

1.终结诉讼程序。这是法院调解在程序方面的法律效力。调解结案与判决结

---

① 许多国家和地区的调解立法规定了调解程序中的保密原则。例如，《美国统一调解法》第 8 条规定：“当事人约定的范围，以及在本州其他法律或规则规定的范围内，调解信息具有保密性。”参见陶南颖：《诉讼调解保密制度的域外经验述评》，载齐树洁主编：《东南司法评论》（2013 年卷），厦门大学出版社 2013 年版。

案一样，是人民法院行使审判权，终结对案件审理的方式。因此，调解协议一经生效，诉讼程序即告结束，法院不得再行审判和另行判决。

2.确认当事人的权利义务关系。这是法院调解在实体方面的法律效力。调解协议生效后，即确定了双方当事人的实体权利义务关系，当事人应各自依协议行使权利、履行义务，不得就同一诉讼标的和同一诉讼理由再行起诉。

3.不得提起上诉。调解协议是在双方当事人自愿的基础上达成的，并且在生效前允许当事人反悔，因此，法律规定对生效的调解协议，当事人不得提起上诉。

4.当事人可以申请强制执行。生效的调解协议与生效的判决同为法院的执行根据，如果一方当事人不履行调解协议所确定的义务，另一方当事人可以申请法院强制执行。

五、我国法院调解原则的建构

调解作为一种行之有效的纠纷解决方法，被广泛运用于各种民商事纠纷的解决过程。在各国民事诉讼中，调解得到普遍的运用，尽管各国在具体制度的设计上有所不同，但与我国法院调解相类似的制度一直都是各国司法制度的重要组成部分。例如，各国民事诉讼中的和解制度，尽管其主动权属于当事人及其律师，但法官经常建议当事人以和解的方式解决纠纷，为此法官往往对当事人的诉求作出评价，帮助当事人了解其有利点及不利点，促使当事人和解。自20世纪80年代以来，由于案件激增所带来的司法资源压力和对当事人自行和解的质量所产生的不安，各国的民事司法改革都将促进和解作为其重要内容之一。据统计，美国联邦法院民事诉讼的庭前和解率高达90%以上，真正进入审判程序的案件只有3%左右。[①]

在我国，由于法院一度过分偏重调解，导致了一些负面的影响，使得调解制度在我国的民事司法改革中受到了质疑，有一些学者、法官甚至提出应取消法院调解制度。我国法院的调解结案率也呈现逐年下降的趋势，一度从20世纪80年代末的70%以上急剧下降到90年代末的40%左右。[②] 在关于调解存废的论争中，主要焦点有两个：一是能否以诉讼和解取代法院调解。有学者认为应借鉴国外民事诉讼和解制度，以和解取代调解。但是，外国诉讼中的高和解率与其民众法制意识的健全、发达的律师制度及完善的审前准备程序密切相关，在我国现实的条件下，尚不具备这一前提。二是应否设立独立的调解程序。有学者建议将调解程序从诉讼

① 汤维建主编：《外国民事诉讼法学研究》，中国人民大学出版社2007年版，第295页。

② 范愉：《非诉讼纠纷解决机制研究》，中国人民大学出版社2000年版，第582页。

程序中分离出来，设立专门的调解程序，由不同的法官分别负责调解与审判事务，以纯化调解程序和审判程序，并在诉讼程序中设置和解制度，用以弥补调解制度留下的部分空缺。[①]

最高人民法院在认真借鉴各国和地区法院调解经验基础上，总结我国民事审判实践经验，结合新形势下提高司法能力、促进和谐社会之建构的新要求，探讨完善民事调解制度的途径，制定了有关法院调解的司法解释，为我国法院调解原则的进一步完善作出了贡献。通过诉讼调解制度的改革，全国法院的民事案件调解结案率有了显著的提高。2007 年全国法院民事一审案件调撤率为 56.20%，2012 年为 68.15%。[②]

2004 年 8 月 18 日，最高人民法院制定了《关于人民法院民事调解工作若干问题的规定》（自 2004 年 11 月 1 日起施行，以下简称《法院调解规定》）。《民诉法解释》对法院调解作了进一步的规范。两部司法解释在总结我国民事审判经验的基础上，借鉴外国“法院附设 ADR”制度的经验，体现了某些先进的司法理念，为我国法院调解制度的完善迈出了重要的一步。其主要内容概括如下：

（一）明确法院调解的适用范围

《法院调解规定》从两方面明确了法院调解的适用范围：一是明确规定了法院调解的诉讼阶段，二是明确规定了法院调解的案件范围。《民诉法解释》第 142 条、第 143 条则分别规定了径行调解和不得调解的案件范围。

（二）增设答辩期满前进行调解的规定

法院在案件受理后，答辩期满前能否对案件进行调解，民事诉讼法没有规定。《法院调解规定》第 1 条第 2 款对此作了明确的规定：“在征得当事人各方同意后，人民法院可以在答辩期满前进行调解。”答辩期满前的调解有两种启动方式：一是当事人申请调解的，可以立即进入调解程序；二是法院在征得各方当事人同意后进行调解。

（三）创设法院调解的新方式

针对审判力量严重不足的情况，为了提高诉讼效率，确保司法公正，最高人民法院的司法解释把一些非司法力量吸收进调解组织中，使调解组织适度地社会化。但是，在法院调解中如何发挥这些非司法力量的作用呢？为解决这一难题，《法院

① 李浩：《民事审判中的调审分离》，载《法学研究》1996 年第 4 期。

② 胡云腾：《“数说”调解》，载《人民法院报》2013 年 3 月 11 日第 5 版。

调解规定》创设了四种新的调解方式：

1. 协助调解方式。《法院调解规定》第3条第1款规定："人民法院可以邀请与当事人有特定关系或者与案件有一定联系的企业事业单位、社会团体或者其他组织和具有专门知识、特定社会经验、与当事人有特定关系并有利于促成调解的个人协助调解工作。"

2. 委托调解方式。《法院调解规定》第3条第2款规定："经各方当事人同意，人民法院可以委托前款规定的单位或者个人对案件进行调解，达成调解协议后，人民法院应当依法予以确认。"

3. 和解协调方式。《法院调解规定》第4条第2款规定："当事人在和解过程中申请人民法院对和解活动进行协调的，人民法院可以委派审判辅助人员或者邀请、委托有关单位和个人从事协调活动。"

4. 协议确认方式。《法院调解规定》第4条第1款规定："当事人在诉讼过程中自行达成和解协议的，人民法院可以根据当事人的申请依法确认和解协议制作调解书。"

（四）扩大调解内容的开放性

《法院调解规定》第9条明确规定："调解协议内容超出诉讼请求的，人民法院可以准许。"也就是说，对于这类协议，只要不违反法律、行政法规的禁止性规定，不侵害国家、社会、他人的合法权益，法院即可确认其为有效。

（五）建立调解协议主动履行的激励机制

为提高法院调解的功效，促使当事人达成调解协议，《法院调解规定》规定了协议主动履行的两种激励机制：一是当事人可以在调解协议中约定一方不履行调解协议时承担额外的民事责任，经人民法院确认后，一方当事人不履行调解协议时，另一方当事人可以直接申请人民法院强制执行。二是当事人可以为履行调解协议设定担保，一旦不履行调解协议的情况发生，另一方可以向法院申请强制执行担保人的财产或者担保物，以保证其债权得到及时的实现。

（六）加强调解合法性的审查

合法性原则是调解应遵守的基本原则之一，包括程序合法与实体合法两个方面。《法院调解规定》从这两方面加强了对调解合法性的审查：在程序方面，对调解启动、调解方式、调解组织、调解协议内容、调解协议的确认、调解协议和调解书的生效、调解书的执行作了明确的规定，使整个程序的进行有法可依，以切实保障当事人的诉讼权利能够充分行使。在实体方面，实体合法主要体现在对调解结果合

法性的审查。《法院调解规定》第 12 条规定，调解协议具有下列情形之一的，人民法院不予确认：调解协议的内容违反法律、行政法规的禁止性规定；损害案外人的合法权益；侵害国家利益、社会公共利益；违背当事人真实意思的。如不具有上述情形，法院在审查之后即对调解协议的合法性予以确认。

（七）确立调解不公开进行的规则

《法院调解规定》第 7 条规定："当事人申请不公开进行调解的，人民法院应当准许。"

（八）强化调解协议的效力

针对实践中调解协议的法律效力存在的种种问题，《法院调解规定》对协议的效力作了具体规定：

1. 协议立即生效制度。调解达成协议并经审判人员审核后，双方当事人同意该调解协议经双方签名或者盖章生效的，该调解协议自双方签名或者盖章时起生效，与签收调解书具有相同的法律效力。如果当事人请求制作调解书的，人民法院应当制作调解书，但一方当事人拒收调解书的，不影响调解协议的效力。

2. 不签名不影响效力的情形。纠纷调解过程所涉及的民事主体往往并不是单一的，此时当事人不在调解协议上签名，协议当然无效，而其他人不签名并不一定导致协议的无效。《法院调解规定》规定了两种情形：一是对调解书的内容既不享有权利又不承担义务的当事人不签收调解书的，不影响调解书的效力；二是当调解协议约定一方提供担保或案外人同意为当事人提供担保的，人民法院在送达列有担保人的调解书时，担保人不签收调解书的，也不影响调解书的生效。

3. 先行确认和协议内容部分由法官决定制度。为了强化调解协议的效力，提高法院调解的效率，对当事人就部分诉讼请求达成调解协议的，允许法官予以先行确认并制作调解书，以巩固已达成的调解成果。同时，法官也可以对部分协议内容作出决定，这主要表现在两方面：一是当事人不能对诉讼费用如何承担达成协议的，并不影响调解协议的效力，法院可以直接决定当事人承担诉讼费用的比例，并将决定记入调解书。二是如果当事人就主要诉讼请求达成协议，请求人民法院对未达成协议的诉讼请求提出处理意见并表示接受该处理结果，法院的处理意见即成为调解协议的一部分内容。

4. 协议效力大于调解书效力。实践中由于笔误等多种原因，可能导致调解协议与调解书的内容不一致。《法院调解规定》第 16 条规定："当事人以民事调解书与调解协议的原意不一致为由提出异议，人民法院审查后认为异议成立的，应当根据调解协议裁定补正民事调解书的相关内容。"

六、法院调解与诉讼和解的比较

诉讼和解，又称为诉讼中的和解、诉讼上和解，其含义有广狭之分。狭义上仅指审判程序中的当事人和解，即在诉讼过程中，当事人双方自愿平等协商、达成协议，以解决纠纷、终结诉讼的活动。广义上除包括审判程序中的和解外，还包括执行中的和解，即在执行程序中，双方当事人就如何履行生效法律文书所规定的义务达成和解协议。在民事诉讼理论和实践中，诉讼和解多就狭义而言，而执行程序中的和解，往往直接称之为“执行和解”以示区别。

对于诉讼和解问题，《民事诉讼法》的规定极为简单，仅在第 50 条作了“双方当事人可以自行和解”的原则性规定，而无具体程序上的安排。综合《民事诉讼法》和相关司法解释来看，双方当事人的诉讼上和解固然以终结诉讼为目的，但在他们达成和解协议以后，并不能直接产生终结诉讼的效果，因此，在我国的民事诉讼中，诉讼和解尚未成为一种独立的结案方式。在审判实践中，当事人达成诉讼和解后，主要采取以下两种方式予以处理：(1)以原告申请撤诉的方式结束诉讼程序。(2)由法院根据其和解协议的内容制作调解书，以调解结案的方式处理。《调解规定》明确规定，当事人达成诉讼和解协议的，可以申请法院予以确认并制作调解书。

关于达成和解协议或调解协议后，能否要求据此制作判决书的问题，《民诉法解释》第 148 条规定：“当事人自行和解或者调解达成协议后，请求人民法院按照和解协议或者调解协议的内容制作判决书的，人民法院不予准许。无民事行为能力人的离婚案件，由其法定代理人进行诉讼。法定代理人与对方达成协议要求发给判决书的，可根据协议内容制作判决书。”但应注意的是，在涉外民事诉讼中，经调解双方当事人达成协议后，法院应当制发调解书。当事人要求发给判决书的，法院可以依协议的内容制作判决书送达当事人(《民诉法解释》第 530 条)。

诉讼和解与法院调解都是以双方当事人的合意处分为基础的，但在以下几个方面存在区别：(1)性质不同。法院调解是人民法院对民事案件行使审判权的方式之一；而诉讼和解则是当事人双方行使诉讼权利的一种行为。(2)法院介入的程度不同。法院调解过程中，人民法院积极主动地对当事人进行说服、劝导，以促成调解协议的达成；而诉讼和解通常情况下是依靠当事人自行协商、达成协议，只有当事人在和解过程中申请人民法院对和解活动进行协调的情况下，人民法院才可以委派审判辅助人员或者邀请、委托有关单位和个人从事协调活动。(3)是否属于独立的结案方式不同。法院调解是一种独立的结案方式；而诉讼和解目前尚不是一种独立的结案方式，不能直接产生终结诉讼的法律效果。(4)效力不同。法院制作的调解书以及符合条件的调解笔录、调解协议具有强制执行的效力；当事人的和解

协议不具有强制执行的效力。

从比较法的角度看，我国的法院调解与德国、日本等大陆法系国家民事诉讼法中的诉讼和解并无本质的不同。两者都是通过当事人合意解决纠纷，都是法院诉讼行为和当事人诉讼行为相互作用的结果，法官在调解或促进和解中均发挥着重要的作用，调解或和解成立后均产生与生效判决同等的效力。

第四节　辩论原则

一、辩论原则的含义

辩论原则是指在人民法院主持下，当事人有权就案件事实和争议的问题各自陈述自己的主张和根据，互相进行反驳和答辩，以维护自己的合法权益。作为判决基础的诉讼请求、事实、证据，都必须经过当事人的辩论。对抗性辩论原则在某种意义上被认为是民事诉讼程序的基石。[①]《民事诉讼法》第 12 条规定："人民法院审判民事案件时，当事人有权进行辩论。"当事人通过行使辩论权，积极地参与诉讼，向法庭充分阐明自己的主张和理由，反驳对方的主张，维护自己的诉讼权利。

民事诉讼实行辩论原则，是由民事诉讼的本质决定的。辩论原则被认为是私权自治在诉讼中的体现。民事案件所要解决的争议，通常是私人之间可以自由处分的权益纠纷。尽管法院以国家的权力解决纠纷，但国家与每个案件的处理结果并没有直接的利害关系，因此，对案件作出判决时，应当充分尊重当事人的意志，以当事人辩论的范围为限。[②] 在民事诉讼中，双方当事人之间的辩论是法院作出裁判的基础，未经过法庭辩论质证的证据不得作为法院裁判的依据。因此，辩论原则具有尊重当事人意思自治，同时防止诉讼中证据突袭的双重功能。近年来，我国法院对民事审判方式进行了一系列改革，强化庭审功能，变讯问式审判方式为辩论式审判方式。正确理解与适用辩论原则，对于深化我国民事司法制度的改革，保证审判质量和保障当事人的合法权益具有重要意义。

---

① 刘学在：《民事诉讼辩论原则研究》，武汉大学出版社 2007 年版，第 25 页。

② ［日］兼子一、竹下守夫：《民事诉讼法》，白绿铉译，法律出版社 1995 年版，第 70 页。

二、辩论原则的内容

在我国，辩论原则包含以下几方面的内容：

1.当事人双方享有平等的辩论权。民事诉讼中的辩论原则与刑事诉讼中的辩护原则不同，它是建立在当事人诉讼地位完全平等的基础上。在民事诉讼中，当事人双方享有平等的辩论权。原告提出诉讼请求，应当陈述事实和理由，提供证据证明自己的主张是合法与正当的；被告有权对原告的请求和理由提出相反的证据，进行反驳与答辩，证明原告的请求是不能成立的；第三人也可就争议的问题提出自己的主张和事实根据，以维护自己的合法权益。

2.当事人辩论的内容既包括实体方面的问题，也包括程序方面的问题。前者如原告的诉讼请求和被告的答辩能否成立、有无事实上和法律上的根据；后者如当事人是否合格、受理法院是否有管辖权、代理人是否有代理权等。当事人还可以就案件适用法律的问题提出自己的见解。当事人的辩论有助于法院查明事实，明确责任，正确适用法律，及时审理案件。对当事人而言，亦可通过辩论分清是非曲直。

3.当事人辩论既可以采用口头的形式，也可以采用书面的形式。当事人可以根据诉讼的不同阶段及自身的特点选择采用口头辩论或书面辩论。例如，辩论阶段的辩论发言属于口头辩论（或称言词辩论）；原告提出起诉状，被告提出答辩状，属于书面辩论。辩论既可以由当事人本人进行，也可以由代理人代为进行。

4.辩论原则贯穿于民事诉讼的全过程。在第一审程序、第二审程序和审判监督程序中，当事人都可以进行辩论。因此，不应当把辩论仅仅理解为开庭审理过程中的辩论。开庭审理的辩论阶段是辩论原则最集中的体现，但辩论原则的适用并不仅仅限于该阶段。

5.当事人通过对案件所涉及的事实和证据进行辩论所形成的“辩论材料”，应当成为法院判断事实并最终作出判决的基础材料。任何事实和证据都必须经过当事人的辩论，才能成为定案的依据，凡是未在当事人辩论中显示的内容，都不得进入法院审查判断的范围。这实际上表明当事人的辩论权对法院审判权的行使构成了一定的制约关系。

需要注意的是，辩论是在当事人之间进行的，但这并不意味着法院在辩论中只能处于消极听辩的地位。事实上，辩论原则的贯彻实施，有赖于法院提供程序上的保障：审判人员应充分认识辩论原则对诉讼的重要意义，充分保障当事人辩论权利的行使，积极引导当事人围绕案件的关键问题展开辩论，并对当事人不正当行使辩论权的行为实施干预。审判人员应在庭审前及庭审中为当事人双方提供平等的辩论的机会，并应保持中立地位，不得发表倾向性的意见。

三、辩论原则与辩论主义

在实行当事人主义诉讼模式的国家和地区，普遍确立了“辩论主义”，并在民事诉讼法中加以规定。例如，《法国民事诉讼法》第 7 条第 1 款规定：“法官不得以在法庭辩论中未涉及的事实为裁判依据。”《日本民事诉讼法》第 246 条规定：“对当事人没有申请的事项，法院不得作出判决。”我国台湾地区“民事诉讼法”第 388 条也做了类似的规定：“除别有规定外，法院不得就当事人未声明之事项为判决。”大陆法系国家和地区对辩论主义的法律表述虽各有差异，但其含义基本包括：(1)直接决定法律效果发生或消灭的必要事实，只有在当事人的辩论中出现才能作出裁判的基础，换言之，法院不能将当事人未主张的事实作为判决的基础。(2)法院应当将双方当事人无争议的主要事实(包括自认及拟制自认)当然地作为判决的基础。(3)法院能够实施调查的证据只限于当事人提出申请的证据，即法院不得依职权调查证据。[①]

大陆法系各国民事诉讼法的辩论主义是作为法官和当事人诉讼权限分担的原则予以适用的，这一原则具有以下重要意义：(1)有利于明晰当事人与法院在诉讼中的职责权限，保证当事人在诉讼中处于主体性的地位，使得法院最终作出的裁判结果因当事人的过程参与而较容易得到接受。在以辩论原则为基础构建的诉讼构造中，由于当事人获得了充分、平等的机会表达其诉讼主张，法院对当事人的主张给予充分的尊重，判决的形成被认为是当事人通过辩论合力的结果，当事人由于其实质性的诉讼参与而更容易认同判决。(2)避免裁判突袭，保障当事人的诉讼利益。民事诉讼是以法官中立的裁判地位以及当事人双方“攻击”和“防御”的平衡结构为基础而展开的。在辩论主义体制下，当事人自主决定主张的范围和证据的提出。反之，如果允许法官不受当事人的约束，依职权认定当事人未加以主张的事实和提交的证据，势必造成对当事人的裁判突袭，当事人也会因未能充分行使辩论权而丧失胜诉的机会，从而对法院的裁判产生不满。(3)有助于保持法官中立地位，维护诉讼公正。辩论原则限制了法官权力的行使，客观上促成了法官中立地位的形成，从而保障法官居中裁判，维护诉讼公正。

普通法系国家民事诉讼中的辩论原则是与对抗制的诉讼模式紧密相连的。在对抗制的庭审方式下，法官处于中立地位，“法官虽然主持庭审过程，但只仿佛足球场上的裁判员，本身并不踢球，而是最大限度地让对立的双方竞赛，哪一方面表现

---

① ［日］高桥宏志：《民事诉讼法：制度与理论的深层分析》，林剑锋译，法律出版社 2003 年版，第 330 页；姜世明：《民事诉讼法基础论》，台湾元照出版有限公司 2013 年第 6 版，第 42～43 页。

出优势，则宣判该方获胜。"[①]可见，普通法系国家的对抗制与大陆法系的辩论主义，其要旨都是通过当事人的辩论权约束法官权力，以达到平衡当事人诉权和法官审判权的目的。

我国民事诉讼辩论原则必须完善。《民事诉讼法》第12条所规定的辩论原则，通常被认为是一种"非约束性辩论原则"。法官大多仅仅从行为层面上予以理解，即当事人享有辩论权，法院应当保障当事人行使辩论权，而对于辩论结果对法院作出裁判具有何种约束作用，却未予以重视。诚如学者所指出的，我国民事诉讼的辩论原则与大陆法系的辩论主义之间，存在着根本性的差异，这种差异使得整个辩论原则近乎失效。[②] 因此，必须对我国的辩论原则予以完善，其基本思路和要求是建立约束性的辩论原则，即当事人诉讼请求直接决定着人民法院裁判的范围，而法院的裁判必须以当事人所主张的且经由言词辩论之事实为基础，亦即与辩论主义的内涵联系起来，加以借鉴和效仿。[③]

第五节　诚实信用原则

一、诚实信用原则的含义

《民事诉讼法》第13条第1款规定："民事诉讼应当遵循诚实信用原则。"诚实信用原则的明文化、法定化，是2012年修改民事诉讼法的一个引人瞩目之处，其意义十分重大，必将对我国民事司法制度产生深远的影响。

诚实信用，简称诚信。诚，即真诚、诚实；信，即守承诺、讲信用。诚实信用原本是市民社会生活中的一种道德规范，后来上升为民法的一项基本原则。据考察，诚实信用作为法律原则起源于罗马法。罗马法有两种诚信：一种是诉讼法领域的诚信，表现为裁判官运用自己的权威解决疑难案件的"裁判诚信"的过程。另一种是适用于物权法领域的诚信，它是一种当事人确信自己未侵害他人权利的心理状态，谓之主观诚信。[④]

我国《民法通则》第4条首次对诚实信用原则作了规定。民法中诚实信用原则

① 贺卫方：《对抗制与中国法官》，载《法学研究》1995年第4期。

② 江伟主编：《民事诉讼法学》，复旦大学出版社2002年版，第100页。

③ 张光成：《论民事诉讼基本原则的重构》，载《前沿》2006年第6期。

④ 徐国栋：《诚实信用原则研究》，中国人民大学出版社2002年版，第10页。

的含义是指民事主体在民事活动中应维持双方的利益平衡，以及当事人利益和社会利益的平衡。概言之，诚信原则就是立法者实现上述三方利益平衡的要求，目的在于保持社会稳定与和谐的发展。三方利益平衡是这一原则实现的结果，当事人以诚实、善意的态度行使权利、履行义务，法官根据公平正义进行创造性的司法活动是达到这一结果的手段。① 诚实信用原则的立法目的在于排除一切非道德的、不正当的行为，维护商品经济和市民社会生活的正常秩序和安全。

长期以来，诚实信用原则被视为仅适用于实体法领域而为民法学者研究的范畴。对于该原则能否适用于民事诉讼法领域，学术界存在“肯定说”和“否定说”两种截然对立的争议。肯定说认为，法院对当事人或其代理人因欲达成诉讼目的，而命其作为或不作为，常可发生诉讼法上义务，法律上虽无直接明文规定，但从诉讼法的精神来看，应承认当事人有真实义务。② 在民事诉讼领域引入诚信原则可以平衡各方当事人利益，实现民事诉讼所追求的诉讼公正与诉讼效率价值。否定说认为，诉讼乃双方当事人的对立抗争，按民事诉讼法的规则进行即可，没有必要在此之上再去遵循一般的伦理原则。③

民事诉讼领域能否适用“诚实信用”原则的争论持续了很长的时间。直到1933年，经修改的《德国民事诉讼法》明确规定了当事人的真实义务，为诚实信用原则适用于民事诉讼领域奠定了基础。《德国民事诉讼法》第138条第1款规定：“当事人关于事实上之状况应完全真实陈述之。”受德国法的影响，大陆法系国家的民事诉讼法也相继作了类似的规定。例如，《日本民事诉讼法》第2条规定：“法院应为民事诉讼公正并迅速地进行而努力；当事人进行民事诉讼，应以诚实信用为之。”第230条第1款规定：“当事人或其代理人因故意或重大过失，违反真实，争执文书之真正者，法院得以裁定科以10万日元以下罚款。”

民事诉讼中的诚实信用原则，是指“当事人应当诚实、善意地进行诉讼，不得滥用诉讼权利；法院应当公正而迅速地审理案件，不得滥用自由裁量权。”④随着司法实践的发展和理论研究的深入，在民事诉讼领域引入诚实信用原则具有理论上的重要性和实践中的必要性，主要表现为以下几点：(1)诚实信用原则是适应权利本位思想从个人本位向个人本位与社会本位并重转变的必然产物。个人本位的权利

---

① 徐国栋：《民法基本原则解释——成文法局限性之克服》，中国政法大学出版社1996年版，第79页。

② 聂明根：《民事诉讼法上诚实信用原则研究》，载陈光中、江伟主编：《诉讼法论丛》第4卷，法律出版社2000年版。

③ [日]谷口安平：《程序的正义与诉讼》(增补本)，王亚新、刘荣军译，中国政法大学出版社2002年版，第167页。

④ 张卫平：《民事诉讼法》，中国人民大学出版社2015年第3版，第34页。

本位思想追求个人的自身价值和利益。随着社会的发展，人类在追求个人利益的同时更加注重社会的利益。诚实信用原则要求民事主体在追求自身利益的同时不损害他人和社会的利益。(2)诚实信用原则是缓解民事诉讼中的紧张关系的需要。在诉讼中，双方当事人都是自身利益的最佳判断者，为了实现其利益的最大化进行抗辩，甚至为了形成对自己有利的诉讼状态采取不当的诉讼行为。这些诉讼行为都需要通过诚信原则予以约束，从而缓解双方当事人的过度对抗的关系。(3)诚实信用原则是解决诉讼实践中现存问题的需要。诉讼实践中经常出现当事人及其他诉讼参与人不诚信的行为，但目前法律并没有规定相应的处理办法。例如，一方当事人基于利害关系考虑，拒不提交相关证据，或以威胁、利诱等不法行为影响证人出庭作证。对于此类行为虽然可依法律追究相关人员的妨害举证责任，但妨害举证的后果将造成当事人举证不能并进而影响实体的判决结果。对于此种情形，若法律规定了诚实信用原则，即可将不利后果转移给妨害举证的一方当事人。

在当今的民事诉讼制度中，诚实信用原则具有独立存在的价值。例如，诉讼权利平等原则旨在保证当事人在诉讼中的地位平等，使当事人拥有平等的“进攻”与“防御”的“武器”，从而保证诉讼程序公正地实施。在诉讼实践中，由于当事人在诸如经济实力、律师代理等多方面的差异，可能会存在实质上的不平等，这就需要通过诚实信用原则加以适当的调整，以平衡当事人双方的“攻防”力量。辩论原则和处分原则体现了当事人与法院在诉讼中的相互关系。这两项原则的主要内容是保证当事人在诉讼中的主导地位，并对法院审判权形成制约，其实质是使诉讼最大可能地按照当事人的意愿进行，法院受此约束。但是，过分注重对当事人的意愿的尊重，可能会导致当事人权利的滥用，从而造成诉讼的结果违背实质正义。因此，诚实信用原则作为法院适度干预当事人诉讼行为的调节器，有助于促进诉讼按照立法者的意图进行。辩论原则要求法院尊重当事人之间对对方提出的事实的自认，处分原则要求法院尊重当事人对各种请求权的处分。然而，法院在诉讼中不能对可查的虚假自认和不正当的处分漠然处之，必须对其进行必要的干预，否则有悖诉讼的实质公正。这种必要的干预和限制只能由诚信原则来完成，从而使民事诉讼基本原则成为一个完整、协调和整合的体系。因此，诚实信用原则是通过调整诉讼主体之间的相互关系，使诉讼在协作、诚实、善意的协同关系中进行，并以此实现诉讼的公正。[①]

我国 1999 年颁布的《海事诉讼特别程序法》关于“禁反言”的规定，充分体现了

① 田平安主编:《民事诉讼法原理》，厦门大学出版社 2015 年第 6 版，第 85 页。

诚实信用原则。[①] 可以预见，随着我国司法改革的不断深化，诉讼程序制度将更加注重对当事人意愿的尊重，体现当事人的主体地位，诚实信用原则对于保证诉讼公正的作用也将更加明显。

诚实信用原则与我国民事诉讼的基本制度并不矛盾。确立这项原则有利于规范当事人的诉讼行为和法院的审判行为，促进民事诉讼的辩论制度更加有效的运行，协调当事人之间以及当事人与法院之间的关系朝良性方向发展。该原则在诉讼法上的确立必将为我国民事诉讼理论和实践的发展提供新的制度资源。

二、诚实信用原则的适用

诚实信用原则的适用，是指其适用的主体、客体范围以及违反诚实信用原则的法律后果。诚实信用原则的初始形态是对当事人的"真实义务"的要求，也是对当事人诉讼行为的一种约束，以此作为辩论主义的一项补充条款。随着诉讼制度的不断发展，诚实信用原则的适用已不仅仅限于当事人之间的诉讼关系，而扩展到所有诉讼主体。兹分述之。

(一)诚实信用原则对当事人的适用

诚实信用原则首先表现为对当事人在诉讼中意思自治的限制，主要体现在以下几个方面：

1.禁止反悔及矛盾行为。这是指当事人在诉讼上或诉讼外为某种行为的结果，使对方当事人相信其行为将出现的一定的法律状态，因而决定其态度。这时只要从客观上来看该当事人的相信是合理的，就应受法律保护。禁止反悔及矛盾行为重在保障对方当事人的利益，在一方当事人作出陈述和行为后，另一方当事人基于充分的信任而为的行为应当受到法律的保护，不允许一方当事人事后反悔或采取矛盾的行为损害对方当事人的正当利益。

2.禁止以不正当的方法或手段获取有利于自己的诉讼状态。这是指当事人使用不正当的手段或方法使自己处于有利的诉讼地位，或形成有利于自己的诉讼状态，比如以不正当手段骗取案件的审判管辖，或以不正当的理由获得财产保全、行为保全、证据保全、先予执行等。根据诚实信用原则的要求，采取不正当手段获取的对自己有利的诉讼状态，其诉讼行为应当视为无效。

---

① 《海事诉讼特别程序法》第 85 条规定："当事人不能推翻其在《海事事故调查表》中的陈述和已经完成的举证，但有新的证据，并有充分的理由说明该证据不能在举证期间内提交的除外。"

3.禁止滥用诉讼权利的行为。当事人在诉讼中享有广泛的诉讼权利，同时也承担相应的诉讼义务，即当事人必须依法行使诉讼权利。滥用诉讼权利是指违背权利设置的目的，专门以损害对方当事人或公共利益为目的而行使权利。对于当事人在诉讼中滥用诉讼权利的行为应当予以禁止，例如，禁止滥用反诉权、回避申请权、管辖异议权等。这一方面的规定体现了诚实信用原则对当事人处分权的制约。对于滥用诉讼权利的行为，法院应当予以驳回，并可判令由滥用权利的一方承担相应的诉讼费用或予以一定数额的罚款。例如，《德国民事诉讼费用法》第 39 条规定："如当事人违背真实义务，致使诉讼程序延滞的，应负担因延滞而产生的费用。"《日本民事诉讼法》第 157 条第 1 款规定："对于当事人因故意或重大过失而提出的延误时机的攻击或防御方法，法院认为其目的是由此致使诉讼终结延迟时，根据申请或依职权，可以作出裁定驳回。"第 303 条规定："在根据前条第一款规定驳回控诉的情况下，认为控诉人提起控诉只是以拖延诉讼的终结为目的时，法院可命其缴纳作为提起控诉手续费应缴纳金额的 10 倍以下的现金。"《法国民事诉讼法》第32-1条规定："以拖延诉讼的方式，或者以滥诉的方式进行诉讼者，得科处最高 3000 欧元的民事罚款，且不影响可能对其请求的损害赔偿。"我国《民事诉讼法》从诸多方面对滥用诉讼权利的行为予以规制。例如，对于恶意逃债，第 113 条规定："被执行人与他人恶意串通，通过诉讼、仲裁、调解等方式逃避履行法律文书确定的义务的，人民法院应当根据情节轻重予以罚款、拘留；构成犯罪的，依法追究刑事责任。"又如，根据《民诉法解释》第 102 条的规定，对于当事人因故意或者重大过失逾期提供的证据，人民法院不予采纳。若该证据与案件基本事实有关的，人民法院应当采纳，但应依照《民事诉讼法》的相关规定予以训诫、罚款。

4.禁止在诉讼中作虚假陈述，影响法院对案件事实的判断。这是诚实信用原则最初的表现形态，即当事人所作虚假的陈述对法院不具有约束力。如果对于当事人所作的虚假陈述法院也予以认定，必然会违反诉讼形式上的公正以及实体上的公正。因此，在确立了诚实信用原则以后，当事人在诉讼中所作的虚假自认，对法院不产生相应的拘束力。

5.诉讼上的权利丧失。当事人一方长时间不行使诉讼上的权利时，为了保护另一方当事人基于对其不行使权利的有理由的信任而为与这一权利有关联的其他诉讼行为，可以不允许前一当事人行使该权利来妨碍对方当事人的利益。例如，故意迟延提出攻击与防御方法的行为不被允许，行为人可能因此承担不利的后果。

对于当事人违反诚实信用的诉讼行为，法院不予支持并根据其情节作出相应的处理。[①] 例如，根据《民诉法解释》第102条的规定，对于当事人因故意或者重大过失逾期提供的证据，人民法院不予采纳。若该证据与案件基本事实有关的，人民法院应当采纳，但应依照《民事诉讼法》的相关规定予以训诫、罚款。

（二）诚实信用原则对法院的适用

按照一般的观点，民事诉讼中的诚实信用原则是民事实体问题的交涉在诉讼中的延伸，诚实信用原则只是对当事人实施诉讼行为时的要求。但是在诉讼中是不是只有在当事人之间才存在诚实信用的问题？法院应不应当受诚实信用原则的拘束？对此有不同的理解。反对的观点认为：法院与当事人之间的关系是作为权力主体的法院和服从于这种权力的当事人的关系。在这种关系中，要求负有司法职权的法院和当事人之间发生以相互信赖为前提的遵守信义关系显得不自然，在当事人与作为国家机关的法院的关系上，让当事人承担具有浓厚伦理色彩的义务时应该特别慎重。[②] 赞成的观点则认为：与法院期待当事人遵守信义一样，当事人也有权期待法院遵守信义，这是一种相互关系。

可见，无论从何种角度来把握，诉讼活动都应受诚信原则的支配。为了实现诉讼的公正，不但当事人应当遵守诚实信用原则，法院的审判也应当依据诚实信用原则。法院在审理民事案件活动中应当本着诚实、善意的原则进行审判，具体表现在以下几点：

1.禁止滥用自由裁量权。由于大多数立法都具有一定的弹性与模糊性，为了将法律有效地、妥当地适用于具体实践，有必要赋予法院一定的自由裁量权。诚实信用原则要求法官在处理程序问题和实体问题时，应当以事实为根据，以法律为准绳；在需要实施自由裁量权时，应根据具体情况本着诚实、善良的心态作出决定。

2.尊重当事人的程序权利，为当事人创造平等的诉讼条件。法官在诉讼中应当诚实地对待双方当事人，与双方保持同等的“距离”，并为双方提供平等的行使诉讼权利的机会。在证据的评价方面，法院应当一视同仁，只要是真实、合法的证据

---

① 司法实践中已有不少适用诚实信用原则作出裁判的案例。例如，在一个申请再审的案件中，最高人民法院作出“驳回再审申请”的裁定，其裁判摘要指出：“民事诉讼应当遵循诚实信用原则。当事人提出诉讼请求并经人民法院作出生效判决后，又否认其据以提起诉讼请求的基本事实，并以此为由申请再审，违背诚实信用原则，人民法院不予支持。”参见《天津市滨海商贸大世界有限公司与天津市天益工贸有限公司、王锡锋财产权属纠纷案》，载《最高人民法院公报》2013年第10期。

② ［日］谷口安平：《程序的正义与诉讼》（增补本），王亚新、刘荣军译，中国政法大学出版社2002年版，第168页。

都应当加以认定。在案件事实的认定上，应当按照诚实信用原则的要求予以判断。

3.尊重当事人程序主体地位，禁止实施突袭性裁判。① 以辩论主义、处分权主义为核心原则构筑的诉讼体制，要求法院在民事诉讼中不过分介入当事人之间的纠纷，以体现对当事人主体地位的尊重。诚实信用原则要求法院在诉讼中尊重当事人的选择（违反诚实信用原则的除外），不得实施突袭性裁判行为。为避免形成突袭性裁判，法院应当保障当事人充分辩论的机会（既包括对事实问题的辩论，也包括对有关的法律问题的辩论），并适时、适当地公开心证的过程和判决的理由。

（三）诚实信用原则对其他诉讼参与人的适用

其他诉讼参与人包括诉讼代理人、证人、鉴定人、勘验人及翻译人员等。诚实信用原则要求其他诉讼参与人在诉讼中也应当本着诚实、善意原则实施诉讼行为。例如，诉讼代理人不得在诉讼中滥用代理权损害当事人的利益，不得超越代理权限实施诉讼行为，对于在代理活动中知悉的当事人的隐私、秘密，应当为当事人保密；证人不得提供虚假的证词；鉴定人不得作出与事实不符的鉴定意见；勘验人不得作出与事实不符的勘验笔录等。

第六节　处分原则

一、处分原则的含义

处分原则，是指在民事诉讼中，当事人有权按照自己的意志支配、决定自己的实体权利和诉讼权利。《民事诉讼法》第 13 条第 2 款规定："当事人有权在法律规定的范围内处分自己的民事权利和诉讼权利。"依照这一规定，处分原则是指民事诉讼的当事人对自己所享有的民事权利和诉讼权利，在法律规定的范围内有自由支配的权利。

处分原则作为民事诉讼法所特有的原则，最集中地体现了民事诉讼的特点，它贯穿民事诉讼的始终，并在很大程度上影响着诉讼的进行。将处分原则作为民事诉讼法的基本原则，是由民事法律关系的特点和民事权利的性质决定的。民事法律关系是民事主体之间财产和人身方面的权利义务关系，当事人具有平等的法律

---

① 所谓突袭性裁判，是指未能让当事人适时预测到对自己不利之审理状况，未使其有机会提出充分的资料以便适时为充分之攻击防御而作出的对当事人不利的裁判。参见邱联恭等：《突袭性裁判》，载《民事诉讼法之研讨》（一），台湾三民书局 1986 年版。

地位，自愿平等、意思自治被认为是私权领域的重要价值准则。在解决这类民事争议的诉讼中，虽然有国家公权力的介入，但民事主体有权自由处置自己的民事权利和诉讼权利。为保障和实现私权领域这些重要的法律价值，《民事诉讼法》确立了处分原则。这一原则的建立实质上是限定国家的审判权在解决民事纠纷时所能达到的范围，合理地划分属于法院和当事人的不同领域。凡是属于当事人处分权领域内的事务，法院审判权不得介入，必须给予当事人充分的尊重。例如，民事诉讼实行的不告不理原则，正是处分原则的集中体现，它也是民事诉讼与刑事诉讼的主要区别之一。

根据《民事诉讼法》的规定，能够行使处分权的只能是双方当事人，但这并不意味着只有当事人本人才能实施处分行为。除当事人本人外，当事人的法定代理人以及经特别授权的委托代理人也可以代为实施处分行为。

二、处分权的内容

根据《民事诉讼法》的规定，当事人的处分权包括以下两个方面：

1. 对实体权利的处分。具体表现如下：(1)权利主体在民事权利受到侵犯或与他人发生争议时，可以选择权利保护的方式，并确定诉讼请求的范围。如当事人可以决定请求赔偿的范围、实现权利的方式等。(2)在诉讼开始以后，原告可以变更诉讼请求，可以增加诉讼请求，也可以减少诉讼请求。(3)在诉讼中，原告可以放弃诉讼请求，撤回起诉，被告可以部分或全部承认原告的诉讼请求，当事人双方可以通过调解达成协议。(4)在裁判生效后，在判决执行完毕之前，双方当事人随时可就实体问题自行和解。

2. 对诉讼权利的处分。包括如下几点：(1)在争议发生之后，当事人可以决定是否起诉，只有在当事人起诉的情况下，诉讼程序才会发生。(2)在诉讼的过程中，原告可以随时撤回起诉，从而终结诉讼程序。被告也有权决定是否提出反诉来对抗原告的诉讼请求。(3)在一审裁判生效后，对于可以上诉的裁判，当事人有上诉或不上诉的权利。(4)在裁判生效后，权利主体有权决定是否申请强制执行。需要说明的是，在诉讼中，当事人对实体权利的处分往往是通过对诉讼权利的处分来实现的，如当事人要放弃诉讼请求就可以通过撤诉来实现。

当然，我国法律规定的当事人的处分权并不是绝对的，而是相对的、有一定限制的，即必须在法律规定的范围内处分方为有效。而何为当事人处分的“法律规定的范围”呢？马克思曾经指出：“自由就是从事一切对别人没有害处的活动的权利，每个人所进行的对别人没有害处的活动的界限是由法律规定的，正像地界是由界标确定的一样。”[1]因此，在民事诉讼中只要不损害公益、不损害他人的合法权益，当事人就可以行使处分权，处分其民事权利和诉讼权利。反之，如果当事人的处分行为有损于公益、有损于他人合法权益的，人民法院和人民检察院有权代表国家依法进行干预。

三、处分权原则与处分权主义

大陆法系各国普遍规定了处分权主义，其内容包括：(1)诉讼的开始由当事人决定。“不告不理”是处分权最突出的体现。例如《法国民事诉讼法》第1条明确规定，除另有法律规定的其他情形外，当事人起诉是民事诉讼启动的唯一途径。上诉以及再审程序同样也只能由当事人启动。“无诉即无裁判”是民事诉讼应当贯彻的原则。[2] (2)审判的范围、形态及限度由当事人决定。这是指以什么为诉讼标的、其范围的大小，由当事人决定。法院不得就当事人未提出请求的事项作出判断。《德国民事诉讼法》第308条第1款规定，法院所判不得超出当事人所请求的范围。换言之，质量上不得相异，数量上不得多于(但可少于)。[3]

可见，处分权主义与我国处分权原则相比，不仅包括当事人有权自由处分自己的民事权利和诉讼权利，而且还意味着对法院审判权的制约。任何以审判权的方式不适当地干预当事人的处分权的行为是法律所不允许的。我国现行《民事诉讼法》中仍有一些规定体现了职权主义的色彩，当事人处分权的行使常受到法官职权的干预，使得处分原则得不到真正落实。例如，某些程序的启动不够尊重当事人的意愿，对当事人在诉讼中未主张的事项法院可依职权认定，对原告撤诉的准许规定，法院对再审程序享有启动权等。这些做法在一定程度上造成法院审判权对当事人处分权的侵蚀，有悖于处分原则的本质，也不符合民事诉讼的本质要求。为此，有必要对我国的民事诉讼处分原则进行重新检讨并加以完善，以建立与现代诉讼机制要求相吻合的、能够对当事人行使其权利提供保障的处分原则。

---

① 《马克思恩格斯全集》第1卷，人民出版社1995年版，第438页。

② [日]三月章：《日本民事诉讼法》，汪一凡译，台湾五南图书出版公司1997年版，第180页。

③ [德]狄特·克罗林庚：《德国民事诉讼法律与实务》，刘汉富译，法律出版社2000年版，第17页。

第四章　民事审判的基本制度

【引　例】

甲、乙为夫妻，因感情不和，甲向法院起诉要求与乙离婚。某大学法学院的学生正在学习婚姻法课程，为做到理论联系实际，该法学院与法院联系旁听此案的庭审。当事人得知此事后，坚决不同意让学生旁听，并向法院申请不公开审理。问：法院应如何处理？

民事审判的基本制度，是指人民法院审判民事案件所必须遵循的基本操作规程。它体现了审判活动不同于其他活动的本质特征，服务于案件的公正审判，对于保证民事诉讼法基本原则和其他程序制度的贯彻执行，维护当事人的合法权益有着十分重要的意义。

民事审判的基本制度不同于民事诉讼法的基本原则。首先，基本原则具有很强的抽象性和概括性；而基本制度却是一整套系统的规范体系，有具体的内容和要求。其次，基本原则集中体现民事诉讼法的基本精神和实质，对整个民事诉讼起指导作用，是民事诉讼法全部具体规定的根据和基础，对诉讼的整个阶段具有宏观指导性；而基本制度则是根据我国《宪法》和《人民法院组织法》的规定，以民事诉讼的基本原则为指导，用以规范法院的审判行为的具体规定。最后，基本原则较为灵活，伸缩余地较大，其运用的程度往往不易把握和评价；而基本制度则属于硬性规定，比较容易把握、操作和评价。尽管民事审判的基本制度与民事诉讼法的基本原则之间存在诸多差异，但两者之间也存在一定的关联：基本制度的目的是保障人民法院公正、公开、合法行使审判权，保证基本原则及其他程序制度的贯彻实施，保护当事人的合法权益，维护司法的权威。

民事审判的基本制度也不同于民事诉讼中的一般制度，如管辖、证据、财产保全、诉讼费用等。这些一般制度与基本制度在性质、地位以及规范的对象等方面均存在很大区别。根据我国《民事诉讼法》第 10 条的规定，民事审判的基本制度包括合议制度、陪审制度、回避制度、公开审判制度和两审终审制度。

第一节 合议制度

一、合议制度的概念

合议制度(简称合议制),是指由三名以上的审判人员组成审判集体,代表人民法院行使审判权,对案件进行审理并作出裁判的制度。合议制度的组织形式为合议庭。合议制是民主集中制原则在民事审判工作中的体现和具体运用,它有利于充分发挥集体的智慧和力量,弥补审判人员个人知识上的缺陷和认识上的不足,提高办案质量;有利于体现审判民主,防止审判人员认识上的主观片面性和作风上的个人专断,保证人民法院客观、公正审理民事案件。

合议制是与独任制相对的审判组织形式。独任制,是指由一名审判员独立地对案件进行审理和裁判的制度。根据《人民法院组织法》和《民事诉讼法》中的相关规定,合议制和独任制是人民法院审理民事案件的两种审判组织形式。其中,独任制只适用于第一审人民法院审理简单的民事案件,具体来说,只有基层人民法院和它派出的法庭按简易程序审理的简单的民事案件,才能适用独任制。其他民事诉讼案件都应当适用合议制审理。在司法实践中,大量的民事案件是通过合议制进行审判的,合议制是审判民事案件最基本的组织形式,具有广泛的适用性。

二、合议制度的组织形式

根据《民事诉讼法》的规定,在不同的审级,对合议庭的组成有不同的要求。

(一)第一审合议庭

《民事诉讼法》第39条规定:"人民法院审理第一审民事案件,由审判员、陪审员共同组成合议庭或者由审判员组成合议庭。合议庭的成员人数,必须是单数。适用简易程序审理的民事案件,由审判员一人独任审理。陪审员在执行陪审职务时,与审判员有同等的权利义务。"这就表明,人民法院审理第一审民事案件,除简单民事案件适用独任制外,其余民事案件的审理适用合议制。第一审合议庭的组成有两种形式:一是由审判员和陪审员共同组成,陪审员在人民法院参加审判期间,是审判具体民事案件合议庭的组成人员。在合议庭内,陪审员执行陪审职务时与审判员享有同等的权利,但法律另有规定的除外;二是由审判员组成合议庭。

人民法院审理第一审民事案件的合议庭的组成具有以下特点：第一，可以吸收陪审员参加，也可以不吸收陪审员参加，由人民法院根据案件的具体情况决定。对于涉及较强的专业性和技术性的案件，邀请有专门知识的人民陪审员参加审理，有利于迅速查清案情，收集证据，准确认定案件事实，正确处理案件。第二，民事诉讼法对人民法院审理第一审民事案件吸收陪审员参加合议庭的人数没有作出限制性的规定，只要合议庭组成人员之一为审判员即可。

（二）第二审合议庭

《民事诉讼法》第40条第1款规定："人民法院审理第二审民事案件，由审判员组成合议庭。合议庭的成员人数，必须是单数。"第二审合议庭与第一审合议庭相比较，共同之处就是二者的人数都必须是单数，重要区别在于第一审合议庭可以吸收陪审员参加审理，第二审的合议庭不能吸收陪审员参加。第二审是上诉审，不仅要对当事人之间的争议进行审理，而且还要对下级人民法院的审判活动进行监督，既要审查一审裁判认定事实和适用法律是否正确，又要对当事人所争议的实体权利义务关系作出最终的决定。第二审法院所肩负的监督和指导下级法院工作的性质和任务决定了第二审只能由审判员组成合议庭进行审理。

（三）重审、再审的合议庭

当事人不服一审法院裁决提起上诉，第二审法院裁定撤销原裁决、发回重审的案件，原审法院应当按照第一审程序另行组成合议庭审理，原合议庭的组成人员不得参加重审案件的合议庭。

《民事诉讼法》第40条第3款规定："审理再审案件，原来是第一审的，按照第一审程序另行组成合议庭；原来是第二审的或者是上级人民法院提审的，按照第二审程序另行组成合议庭。"这就是说，再审合议庭如何组成，取决于原审程序。原来是第一审的，按照第一审程序另行组成合议庭审理；原来是第二审的或者上级法院提审的，按照第二审程序另行组成合议庭审理。

需要特别注意的是，按照第一审程序审理再审案件，不能适用独任制，必须组成合议庭进行审理；原来参加过案件审理的合议庭成员、独任审判员，不得参加再审案件的合议庭；按照第一审程序另行组成的合议庭可以改变原审合议庭成员的构成比例。

三、合议庭的活动原则和职责

实行合议制，应当正确处理合议庭的内部关系。合议庭的内部关系是指合议庭成员之间的相互关系，它体现为合议庭成员之间的权利、义务与工作关系。合议庭是一个审判集体，代表人民法院行使审判权，合议庭按照民主集中制原则进行活动。《民事诉讼法》第41条规定："合议庭的审判长由院长或者庭长指定审判员一人担任；院长或者庭长参加审判的，由院长或者庭长担任。"在审判实践中，助理审判员经院长或庭长指定，可以临时代行审判长职务。审判长的职责是主持合议庭的审判工作，指挥法庭的审判活动。

除法律另有规定外，合议庭的成员享有同等的权利。合议庭在对案件进行评议或作出决定时，必须充分发扬民主，共同协商。合议庭成员意见不一致时，按照少数服从多数的原则，以多数人的意见为合议庭的意见，少数人的意见允许保留。多数人的判断并不一定是绝对真理。选择多数人的判断作为最后的决策，只是在有限的条件下，多数人的意见被推定为最佳结论。但是，"按多数意见作出裁判"并不要求持少数意见者改变其观点。为体现对持少数意见者的尊重，在采用多数意见作出裁判的同时，应当将少数意见如实记录下来。评议时应当制作笔录，由合议庭成员签名。评议中的不同意见，必须如实记入笔录，供二审或再审时参考。

值得注意的是，实行合议制还应妥善处理合议庭的外部关系。所谓合议庭的外部关系，是指合议庭与合议庭成员以外的组织及人员之间的关系，包括合议庭与当事人及其他诉讼参与人的关系，合议庭与院长、庭长及审判委员会的关系，合议庭与人民法院以外的其他组织及社会公众的关系。其中，合议庭与院长、庭长、审判委员会的关系，实质上是合议庭在民事审判中的责任和权力，以及在多大程度上合议庭独立的问题。其基本的处理原则是既要加强组织领导，又要保持合议庭的相对独立性。审判委员会是人民法院中指导审判工作的组织，其职能之一就是讨论决定重大疑难案件。审判委员会与合议庭的关系是指导与被指导、监督与被监督的关系。一方面，应强化合议庭职责，使合议庭真正承担起人民法院的审判职能。要纠正那种审判委员会超越权限，包办代替，先定后审，"审"者不"判"，"判"者不"审"，"审""判"分离的现象。另一方面，合议庭不能拒绝审判委员会的指导和监督。对合议庭成员意见有重大分歧的疑难案件，审判长应主动提交审判委员会讨论决定。

现行审判委员会制度有待于进一步改革。《五五改革纲要》再次强调完善审判委员会制度。具体要求如下：强化审判委员会总结审判经验、统一法律适用、研究讨论审判工作重大事项的宏观指导职能，健全审判委员会讨论决定重大、疑难、复杂案件法律适用问题机制。建立拟提交审判委员会讨论案件的审核、筛选机制。深化审判委员会事务公开，建立委员履职情况和讨论事项在办公内网公开机制。完善审判委员会讨论案件的决定及其理由依法在裁判文书中公开机制。规范审判委员会组成，完善资深法官出任审判委员会委员机制。规范列席审判委员会的人

员范围和工作程序。2019 年 8 月 2 日，最高人民法院公布《关于健全完善人民法院审判委员会工作机制的意见》，明确提出“审判委员会讨论案件的决定及理由应当在裁判文书中公开”。

第二节 陪审制度

一、陪审制度的意义

陪审制是指司法机关吸收法官以外的普通人组成审判组织，参与案件裁判活动的制度，其目的在于避免法律和司法脱离社会。现代社会法律及其运作体系已经越来越专业化、技术化，成为律师、检察官和法官等职业法律人把持的专门知识。如果任其发展，司法制度和法律职业容易走向封闭，审判可能变得过于追求学术探究和理论论证而逐渐脱离社会。而法律与社会是不可分开的，脱离社会的土壤，不了解民意，法律与司法的生命力会有枯竭的危险。陪审制的优势就在于非专业化的陪审员比职业法官更接近大众生活，更具有基层工作和生活的经验，更重要的是，他们拥有社会一般人关于公平与正义的朴素观念。他们的参审使得审判更贴近社会，使法院的裁判能够与民意相沟通，更容易获得社会的支持与认同。因此，陪审制不仅是一种具体的审判制度，更是一种审判权力结构的配置制度，是一种国家制度和社会制度，它关系到司法权的正当行使，关系到纠纷解决过程中的社会利益与基本价值。

人民陪审员制度即为我国现行陪审制度。保障普通民众广泛参与司法运作过程，有助于扩大司法的社会基础，促进社会对司法的理解与认同。在这方面，陪审制的作用是不可替代的。因此，对于人民陪审员制度，不是保留或取消的问题，而是如何改革完善的问题。陪审制度的改革是司法制度改革的重要组成部分。为此，全国人大常委会于 2004 年 8 月 28 日通过了《关于完善人民陪审员制度的决定》(自 2005 年 5 月 1 日起施行)，为进一步加强和完善我国人民陪审员制度提供了法律依据，也赋予了这项古老的制度新的生命力。2015 年 4 月 24 日，十二届全国人大常委会第十四次会议通过《关于授权在部分地区开展人民陪审员制度改革试点工作的决定》，试点期限为二年，后延长一年。2018 年 4 月 27 日，十三届全国人大常委会第二次会议通过《中华人民共和国人民陪审员法》，同日公布，自公布之日起施行。

陪审制度首先是一种政治制度，其次才是一种司法制度，它最初是为了让公众参与国家管理、实现司法民主而设立的。陪审制度主要有两项功能：其一，为社会分享审判权力提供途径，并因此使公众对司法的监督作用得以充分发挥。其二，在审判组织中产生制约与配合效果。陪审员作为公众中的一员直接参与法律的执行，其行为代表了公众的意志。他在诉讼中不仅考虑法律上的明文规定，而且比法官更注意当时社会的一般行为和道德标准，从而弥补了法条的不足。不仅如此，我国所实行的人民陪审员制度，还有利于我国的民主法制建设，主要表现在以下方面：

第一，有利于弘扬司法民主。我国宪法规定公民有参与管理国家事务的权利，司法是国家事务的重要组成部分。实行人民陪审员制度的目的在于吸收普通民众参与司法活动，这是人民参与管理国家事务的一种最直接的形式，也是社会主义司法民主的一种重要体现。

第二，有利于促进司法公正。人民陪审员参与案件的审理，注重从社会道德标准等方面对案件进行分析，这就会与严格按国家法律规定来考虑案件的法官形成一个思维的互补，从而有利于调查案件的事实，正确适用法律，确保裁判公正。

第三，有利于保证司法廉洁。人民陪审员来自于人民群众，他们参与审判可以增强审判活动的透明度，促进司法公开，在合议庭内部形成一个自我约束的机制。

第四，有利于增强司法权威。没有司法公正，就没有司法权威。早在古罗马时代，就流传着这样的法谚，即“每个人都必须服从自己选择的法官所做出的决定”。人民陪审员参加审判有助于增强当事人对法院的信任，也使得当事人能够确信人民法院裁判的公正性。

二、陪审制度的具体规定

人民法院审理第一审民事案件，由法官、人民陪审员共同组成合议庭或者由法官组成合议庭。人民陪审员和法官组成合议庭审判案件，由法官担任审判长，可以组成三人合议庭，也可以由法官三人与人民陪审员四人组成七人合议庭。

公民担任人民陪审员，应当具备下列条件：(1)拥护中华人民共和国宪法；(2)年满28周岁；(3)遵纪守法、品行良好、公道正派；(4)身体健康。担任人民陪审员，一般应当具有高中以上文化程度。但是，人民代表大会常务委员会的组成人员，监察委员会、人民法院、人民检察院、公安机关、国家安全机关、司法行政机关的工作人员和执业律师等人员，不能担任人民陪审员。因犯罪受过刑事处罚的以及被开除公职的人员不得担任人民陪审员。人民陪审员人选确定后，由基层人民法院院长提请同级人民代表大会常务委员会任命。其任期为5年，一般不得连任。

依法参加审判活动是人民陪审员的权利和义务。人民陪审员依法参加审判活

动，受法律保护。人民陪审员参加三人合议庭审判案件，对事实认定、法律适用独立发表意见，行使表决权。人民陪审员参加七人合议庭审判案件，对事实认定，独立发表意见，并与法官共同表决；对法律适用，可以发表意见，但不参加表决。合议庭评议案件时，实行少数服从多数的原则。人民陪审员同合议庭其他组成人员意见分歧的，应当将其意见写入笔录，必要时，人民陪审员或者法官可以要求合议庭将案件提请院长决定是否提交审判委员会讨论决定。

人民陪审员参加审判活动，应当遵守法官履行职责的规定，保守审判秘密，注重司法礼仪，维护司法形象。人民陪审员具有回避事由时，应当回避。人民陪审员有下列情形之一，应当由基层人民法院院长提请同级人民代表大会常务委员会免除其人民陪审员职务：(1)本人因正当理由申请辞去人民陪审员职务的；(2)具有《人民陪审员法》第 6 条、第 7 条所列情形之一的；(3)无正当理由，拒绝参加审判活动，影响审判工作正常进行的；(4)违反与审判工作有关的法律及相关规定，徇私舞弊，造成错误裁判或者其他严重后果的。

2019 年 4 月 24 日，最高人民法院发布《关于适用〈中华人民共和国人民陪审员法〉若干问题的解释》(自 2019 年 5 月 1 日起施行)。

第三节　回避制度

回避制度，是指审判人员和其他有关人员遇有法律规定不宜参加案件审理的情形时，退出案件审理活动的制度。回避制度对于消除当事人的顾虑，保护当事人的民事权利和诉讼权利，保证法官的中立和司法的公正，维护人民法院的声誉，公正高效地审理案件具有十分重要的意义。

一、回避的原因

回避原因即法律规定应当回避的情形，亦称回避的法定事由。我国《民事诉讼法》第 44 条第 1 款规定了下列三种审判人员回避的原因：(1)是本案当事人或者当事人、诉讼代理人的近亲属。所谓近亲属，一般是指父母、配偶子女、兄弟姐妹、祖父母、外祖父母、孙子女、外孙子女等。(2)与本案有利害关系。所谓利害关系，是指案件的处理结果会直接或间接涉及审判人员本人的利益。(3)与本案当事人、诉讼代理人有其他关系，可能影响对案件公正审理的。所谓其他关系，是指除了上述关系以外的其他亲密社会关系或者恩怨关系。前者如同学关系、同事或朋友关系，后者如双方曾发生过纠纷，相处不和睦等。此外，根据第44条第2款的规定，审判人员接受当事人、诉讼代理人请客送礼，或者违反规定会见当事人、诉讼代理人的，当事人有权要求他们回避。

为维护司法公正，最高人民法院于2011年6月10日公布《关于审判人员在诉讼活动中执行回避制度若干问题的规定》，就审判人员执行回避制度及有关问题作了具体的规定。

审判人员具有下列情形之一的，应当自行回避，当事人及其法定代理人也有权申请其回避：(1)是本案的当事人或者与当事人有近亲属关系的；(2)本人或者其近亲属与本案有利害关系的；(3)担任过本案的证人、翻译人员、鉴定人、勘验人、诉讼代理人、辩护人的；(4)与本案的诉讼代理人、辩护人有夫妻、父母、子女或者兄弟姐妹关系的；(5)与本案当事人之间存在其他利害关系，可能影响案件公正处理的。

《民诉法解释》第43条、第44条规定，审判人员有下列情形之一的，应当自行回避，当事人有权申请其回避：(1)是本案当事人或者当事人近亲属的；(2)本人或者其近亲属与本案有利害关系的；(3)担任过本案的证人、鉴定人、辩护人、诉讼代理人、翻译人员的；(4)是本案诉讼代理人近亲属的；(5)本人或者其近亲属持有本案非上市公司当事人的股份或者股权的；(6)与本案当事人或者诉讼代理人有其他利害关系，可能影响公正审理的。当事人及其法定代理人发现审判人员违反规定，具有下列情形之一的，有权申请其回避：(1)私下会见本案一方当事人及其代理人、辩护人的；(2)为本案当事人推荐、介绍代理人、辩护人，或者为律师、其他人员介绍诉讼办理该案件的；(3)索取、接受本案当事人及其委托的人的财物、其他利益，或者要求当事人及其委托人报销费用的；(4)接受本案当事人及其受托人的宴请，或者参加由其支付费用的各项活动的；(5)向本案当事人及其受托人借款，借用交通工具、通信工具或者其他物品，或者索取、接受当事人及其受托人在购买商品、装修住房以及其他方面给予的好处的；(6)有其他不正当行为，可能影响案件公正处理的。

《民诉法解释》第45条规定："在一个审判程序中参与过本案审判工作的审判人员，不得再参与该案其他程序的审判。发回重审的案件，在一审法院作出裁判后又进入第二审程序的，原第二审程序中合议庭组成人员不受前款规定的限制。"此外，根据《法官法》第24条、第36条的规定，法官从法院离任后二年内，不得以律师身份担任诉讼代理人或者辩护人。法官从法院离任后，不得担任原任职法院办理案件的诉讼代理人或者辩护人。法官的配偶、父母、子女不得担任该法官所任职法院审理案件的诉讼代理人或者辩护人。

二、回避制度适用的对象与方式

回避制度适用的对象即应当回避人员的范围，是指法律关于回避的规定对哪些人员适用。根据《民事诉讼法》第 44 条的规定，回避制度首先适用于审判人员。审判人员包括审判员和参加案件审理的陪审员。其次，还适用于书记员、翻译人员、鉴定人、勘验人。这些人并不直接参与案件的审判，属于审判案件的协助者，但他们的协助活动也会影响案件的公正处理。因此，当他们具备应当回避的法定原因时，也应当回避。

根据法律的规定，回避的方式有两种：一是自行回避，即审判人员、书记员、翻译人员、鉴定人和勘验人遇有法定回避情形时，主动退出本案的审理、记录、翻译、鉴定和勘验工作。二是申请回避，即当事人及其诉讼代理人根据法律规定的回避条件，以口头或书面方式，申请审判人员或其他有关人员回避。无论采用何种方式申请回避，均应说明申请回避的理由。申请回避是当事人一项重要的诉讼权利，必须予以保障。《民诉法解释》第 46 条还规定了法院依职权决定回避的方式："审判人员有应当回避的情形，没有自行回避，当事人也没有申请其回避的，由院长或者审判委员会决定其回避。"

三、回避的程序

为了保证回避制度的正确适用，必须遵循一定的程序。回避程序包括申请程序、决定程序和复议程序三方面内容。

（一）回避的申请程序

1.申请回避的时间。当事人申请回避一般应在案件开始审理时提出，但回避事由在案件开始审理后知道的，也可以在法庭辩论终结前提出。所谓案件开始审理时，是指法庭调查前的法庭准备阶段。《民事诉讼法》第 137 条第 2 款规定："开庭审理时，由审判长核对当事人，宣布案由，宣布审判人员、书记员名单，告知当事人有关的诉讼权利义务，询问当事人是否提出回避申请。"当事人申请审判人员和其他人员回避的，应当在此时提出。但有时对于应当回避的事由，当事人在案件开始审理时并不知道，而是事后才知道的，在这种情况下，为了保证案件的公正处理，法律允许当事人在法庭辩论终结前行使回避申请权。至于审判人员或者其他人员自行回避应当在什么时候提出，法律未作明文规定。根据立法精神，学者认为，审判人员在接受案件后到作出判决之前，不论什么时候，只要发现自己具有应当回避的法定原因，就应当主动回避，以保证案件的公正审判。[①]

2.申请回避的法定后果。《民事诉讼法》第45条第2款规定："被申请回避的人员在人民法院作出是否回避的决定前，应当暂停参与本案的工作，但案件需要采取紧急措施的除外。"至于何谓"紧急措施"，民事诉讼立法及司法解释均没有明确规定。参照其他国家或地区的法律规定，"紧急措施"既包括采取证据保全措施，也包括采取财产保全和行为保全措施；既包括依职权所为的行为，也包括依当事人申请所为的行为。

（二）回避的决定程序

1.行使回避决定权的主体及其权限。根据《民事诉讼法》第46条的规定，回避决定权的行使主体是受理案件的人民法院，但被申请回避的人员不同，决定其回避的权限也不同：院长担任审判长时的回避，由审判委员会决定；审判人员的回避，由院长决定；其他人员的回避，由审判长决定。

2.回避决定的期限及其方式。《民事诉讼法》第47条前半段规定："人民法院对当事人提出的回避申请，应当在申请提出的三日内，以口头或者书面形式作出决定。"

（三）回避的复议程序

为了使法院能够正确行使回避决定权，维护申请人的利益，法律规定，申请人对法院驳回其申请回避的决定不服的，可以申请复议。《民事诉讼法》第47条后半段规定："申请人对决定不服的，可以在接到决定时申请复议一次。复议期间，被申请回避的人员，不停止参与本案的工作。人民法院对复议申请，应当在三日内作出复议决定，并通知复议申请人。"在理解这一规定时应注意以下几点：(1)申请人对决定不服，仅仅指申请人对法院驳回其申请回避的决定不服。(2)申请人对法院驳回其申请回避的决定不服，不能提起上诉，只能向作出决定的法院申请复议一次。(3)申请人提出复议申请，在法院作出复议决定之前，不影响被申请回避的人员参与本案的审理工作，即他们不因当事人申请复议而停止对本案的审理活动。(4)法院对申请人提出的复议申请，应当在接到申请后的3日内作出复议决定。复议决定不论是否变更原决定，均应通知复议申请人。

---

① 谭兵主编：《民事诉讼法学》，法律出版社2004年版，第120页。

四、违反回避制度的法律后果

违反回避制度，属于严重违反程序规则的行为。《民诉法解释》第 325 条将违反回避制度规定为“严重违反法定程序”的情形之一。根据《民事诉讼法》第 170 条第 1 款第 4 项、第 200 条第 1 款第 7 项的规定，违反回避制度将产生如下法律后果：

1.裁定撤销原判，发回重审。如果当事人以人民法院在第一审中违反回避制度为由提起上诉，或者在第二审审理中，二审法院发现一审法院违反回避制度的规定，可以裁定撤销原判，发回重审。

2.引起再审程序的发生。对已生效的法律文书，如果发现在审理中法院违反回避制度的规定，当事人可据此申请再审，人民法院可据此决定对案件进行再审。

第四节　公开审判制度

一、公开审判制度的概念和意义

诉讼公开是诉讼公正的基本标准和要求，没有公开就没有正义。司法公开是现代司法的基本特征。司法公正应当是“看得见的公正”。公开审判制度，是指人民法院的审判活动除合议庭评议案件外，应当向群众和社会公开。所谓向群众公开，即允许群众旁听法院对案件的审判；所谓向社会公开，是指允许新闻记者对案件审判的情况进行采访报道，将案情公之于众；允许公众查阅生效的判决书、裁定书。这里应当明确两点：一是公开审理不存在对当事人公开不公开的问题，因为即使是依法不公开审理的案件对当事人也是公开的。不论案件是否公开审理，当事人都有权出席法庭，了解诉讼资料，实施诉讼行为。当事人的这些权利不因案件是否公开审理而受到影响。二是公开审理必须是开庭审理，而开庭审理不一定都是公开审理。这是因为只有开庭审理，才可能有群众旁听，才便于新闻记者对案件的审理情况进行采访报道。但开庭审理不一定都公开进行，是否公开进行取决于法律的规定。法律规定不公开审理的案件或者法院根据当事人申请决定不公开审理的案件，仍然必须开庭审理。

公开审判是司法民主原则在民事诉讼中的重要体现，实行公开审判制度具有重要意义：首先，有利于促进和保障司法公正。公开审判将案件的审判活动置于群众的监督之下,增强了审判活动的透明度,从而有助于审判人员增强责任感,正确行使审判权,切实贯彻民事诉讼法的各项程序、制度,提高办案质量。其次,有利于促使当事人和其他诉讼参与人正确行使诉讼权利,履行诉讼义务。公开审判对案件当事人和其他诉讼参与人有一定的约束作用,可以促使他们在公众监督之下正确行使诉讼权利和履行诉讼义务,如实陈述事实和提供证言,保证庭审活动的顺利进行。最后,有利于进行法制宣传教育。公开审判可以使旁听群众受到生动、形象的法制教育,提高群众的法制观念,增强守法的自觉性,扩大办案的社会效果,从而有利于预防纠纷,减少诉讼,维护社会稳定,促进社会和谐。

二、公开审判制度的内容和要求

《民事诉讼法》对公开审判的内容作了规定。第 136 条规定:“人民法院审理民事案件,应当在开庭三日前通知当事人和其他诉讼参与人。公开审理的,应当公告当事人姓名、案由和开庭的时间、地点。”第 148 条第 1 款规定:“人民法院对公开审理或者不公开审理的案件,一律公开宣告判决。”第 152 条第 1 款规定:“判决书应当写明判决结果和作出判决的理由。”第 156 条规定:“公众可以查阅发生法律效力的判决书、裁定书,但涉及国家秘密、商业秘密和个人隐私的内容除外。”据此,公开审判制度包括如下内容:第一,开庭前公告当事人姓名、案由和开庭的时间、地点。第二,开庭时允许群众旁听和允许新闻记者采访报道。但根据 2016 年 4 月 13 日公布的《人民法院法庭规则》的规定,未成年人(经人民法院批准的除外)、拒绝接受安全检查的人、精神病人及醉酒的人,不得参与旁听。新闻记者经人民法院许可可以录音、录像、拍照或传播庭审活动。外国人和无国籍人旁听庭审活动,外国记者报送庭审活动,应当遵守上述规则。第三,公开宣告判决。将案件的处理结果向社会公开,是公开审判制度的必然要求。人民法院对公开审理的案件或者不公开审理的案件,判决结果一律公开宣告。第四,判决书应当公开说明作出判决的理由。第五,判决书、裁定书对社会公众公开。

最高人民法院 1999 年 3 月《关于严格执行公开审判制度的若干规定》对公开审判制度作了如下具体的解释:除了法律规定不公开审理的案件外,第一审案件一律公开审理,第二审案件除因违反法定程序发回重审和事实清楚依法径行判决、裁定的案件外,也都应公开审理;公开审理的案件,证据的举证、质证都必须在公开开庭时进行。应当公开审理的案件没有公开审理的,判决未生效,当事人提出上诉的,第二审法院应裁定撤销原判,发回重审;判决已生效,当事人申请再审或人民检察院提出抗诉的,法院应当再审。

三、公开审判制度的例外与限制

公开审判制度不是绝对的。有些案件如果公开审理，可能产生消极的社会影响，甚至可能对国家造成难以弥补的损失，因而有些案件不宜公开审理。根据《民事诉讼法》第 134 条的规定，不公开审理的案件有以下三种：

第一，涉及国家秘密的案件。《保守国家秘密法》第 2 条规定："国家秘密是关系国家的安全和利益，依照法定程序确定，在一定时间内只限一定范围的人员知悉的事项。"国家秘密关系国家的安全和利益，为保守国家秘密，法律规定这类案件不公开审理。

第二，涉及个人隐私的案件。个人隐私是指公民个人私生活中不愿向他人或社会公开的内容。为保护当事人的隐私权，同时也为了避免这类案件的公开审理对社会可能产生的不良影响，法律规定这类案件不应公开审理。

第三，离婚案件和涉及商业秘密的案件，当事人申请不公开审理的，也可以不公开审理。离婚案件往往涉及当事人的感情和私生活方面的情况，当事人申请不公开审理的，可以不公开审理。商业秘密主要是指技术秘密、商业情报及经营信息等。涉及商业秘密的案件事关当事人的经济利益，影响其商品生产和经营中的竞争力，因而人民法院可以根据当事人的申请，决定不公开审理。

在引例中，法院正在审理的离婚案件属于法律规定当事人可以申请不公开审理的范围。在通常情况下，对于这类案件，若当事人不提出申请，法院可以公开审理，允许旁听；但这类案件往往涉及当事人的隐私，具有特殊性，为此，当事人不愿公开审理并向法院提起申请的，法院应当不公开审理。本案中的当事人已向法院提出了不公开审理的申请，法院应当尊重当事人的程序选择，决定不公开审理。

程序公开是司法民主程度的标尺。[①] 司法实践中要注意防止出现"先定后审""暗箱操作"等有违公开审判制度的不当做法。同时，还要注意避免出现"新闻审判"现象。如何处理法院审判权与新闻采访权及公众知情权的关系，是各国立法和司法所面临的共同问题。一般而言，各国都对新闻媒介报道审判活动作了一些限制。例如，在美国，如果新闻媒介不适当地进行采访报道，干扰法院的审理工作，可能因此构成藐视法庭行为而受到处罚。新闻媒介对审判活动的报道应坚持客观的原则，在法庭对案件作出裁判之前，不应根据自己的判断对案件事实、案件性质及如何适用法律随意下结论并予以报道。

《五五改革纲要》提出，要进一步深化司法公开，不断完善审判流程公开、庭审

---

① 章武生等：《司法现代化与民事诉讼制度的建构》，法律出版社 2000 年版，第 63 页。

活动公开、裁判文书公开、执行信息公开四大平台，全面拓展司法公开的广度和深度，健全司法公开形式，畅通当事人和律师获取司法信息渠道，构建更加开放、动态、透明、便民的阳光司法制度体系。

第五节　两审终审制度

一、两审终审制度的概念和意义

审级制度是关于法院级别结构和各级法院审理上诉案件适用的程序的制度。其内容包括确定法院的纵向结构和权限划分，涉及法院组织系统、审理上诉案件的权限配置、上下级法院之间的关系以及终审判决的审级等。我国《人民法院组织法》规定了法院的级别，确定上下级法院的层级及纵向关系。案件的审级程序属于程序规则，由诉讼法规定。两审终审是指一个民事案件经过两级法院的审判，案件的审理程序即宣告终结的制度。我国法院体系从基层人民法院到最高人民法院共有四个层级，但并非每一个案件都要经过四级法院的审判。根据两审终审制度，一个民事案件经第一审人民法院审判后，当事人如果不服，有权依法向上一级人民法院提起上诉；上一级人民法院对上诉案件审理后作出的判决和裁定，是终审的判决、裁定，即发生法律效力的判决、裁定，当事人不得再提起上诉。

两审终审并不是绝对的，也有其例外，最高人民法院一审裁判的案件，人民法院依照特别程序、督促程序、公示催告程序所审理的案件，法律规定的小额诉讼案件，实行一审终审，当事人不得上诉；裁判一经作出，立即生效。

审级制度的确立与多种因素有关，诉讼的传统、发案率的高低、地域的大小、法官的素质及法院的设置等，都是确立审级制度时必须认真考虑的因素。我国的审级制度有一个发展过程。新民主主义革命时期的陕甘宁边区曾实行过三审终审制，县法院为第一审，地区法院为第二审，边区高等法院为第三审。20 世纪 50 年代初期，我国原则上实行两审终审制，但在个别特殊情况下允许对第二审裁判上诉到最高人民法院。1954 年《人民法院组织法》总结审级制度的历史经验，正式确立了两审终审制度。

两审终审制符合我国国情，便于人民群众进行诉讼，也便于人民法院在其辖区内行使管辖权。我国地域辽阔，交通比较不便，如果审级过多，容易造成当事人的讼累，也会增加法院特别是级别较高的法院的负担，不利于上级法院指导监督下级法院的审判业务。此外，实行两审终审制还可以保证审判的质量，我国的第二审既

是事实审，又是法律审，这有利于发挥上诉审应有的作用。在此基础上，我国的审判监督程序还可以弥补审级上的不足。对于人民法院作出的终审裁判，如果发现确有错误的，可以通过审判监督程序予以纠正。这就为民事案件的正确处理提供了可靠的保障。

二、审级制度的改革

审级制度的目的应当服从于民事诉讼法“公正解决纠纷”的目的，同时也是当事人提起上诉所追求的目的与国家设置上诉审程序的目的的交叉点。当事人之所以提起上诉，通常是因为他们认为法院的裁判有错误，希望通过上诉纠正错误裁判；而国家设立上诉审程序首先是为了显示对当事人的程序保障更加周到，赋予案件多次审理的机会，以吸收当事人的不满；其次是通过较高层级的法院终审案件，实现司法的统一。因此，审级制度的功能有二：纠错（吸收不满）与司法（法律适用）统一。而无论纠错还是司法的统一，均有使纠纷解决结果获得正当性的功能。这与民事诉讼“公正解决纠纷”目标是相吻合的。

为了实现上述目标，审级制度在配置上诉程序的具体功能和各级法院的上诉审理范围时，必须在满足服务于当事人上诉目的与实现国家目的之间寻找平衡点，同时考虑国家司法资源的配置情况。审级制度功能发挥的原理有两个要点：一是上下级法院数量的安排。法院的纵向分布结构呈金字塔形，初审法院数量众多，高级法院数量较少，最高法院全国只有一个。这就需要通过将案件最终的法律解释权集中在最高法院来保证法律适用的统一。二是不同审级法院功能分化，各有侧重。中层和基层法院主要承担解决纠纷、服务于当事人的诉讼目的的功能，在审判程序上更多关注争议事实等个性化的问题；高级和最高法院服务于统一法律适用等公共目的方面的功能，在审理程序上集中精力于法律解释等具有普适意义的问题。因此，各国诉讼法在审级制度设计上的一个共性，就是尽可能将事实问题交付一审程序解决，最高法院一般只审查法律问题。这样可以保障各级法院受理的案件数量由下而上递减，使上级法院有限的审判力量足以应对上诉案件的审理，并有可能对下级法院进行业务指导与监督，而最高法院也得以在保持较小规模的前提下实现维护司法统一的职能。

关于审级制度的规定，各国立法不尽相同。从西方国家关于审级制度的规定来看，在审判机关组织体系的层级划分上虽有不同，却大多实行三审终审制，如德国、日本、美国、法国等。其特点如下：(1)第三审为法律审。第三审法院只审查下级法院裁判适用法律是否正确。(2)终审法院的层级较高。实行三审终审制的国家，其终审法院通常是最高法院。(3)对第三审作一定的限制。通过当事人在一审后对一审判决认定事实不存争议可直接提起第三审上诉、双方当事人可订立不上诉协议、限定第三审上诉案件的标的价额等规定，对第三审上诉作一定的限制，减轻法院和当事人的负担。

《五五改革纲要》提出：优化四级法院职能定位。完善审级制度，充分发挥其诉讼分流、职能分层和资源配置的功能，强化上级人民法院对下监督指导、统一法律适用的职能。健全完善案件移送管辖和提级审理机制，推动将具有普遍法律适用指导意义、关乎社会公共利益的案件交由较高层级法院审理。推动完善民事、行政案件级别管辖制度。

我国实行两审终审制，少了一个法律审作为复审，终审法院又多为中级人民法院，层级较低，对统一法律适用、防止地方保护主义、提高办案质量均有一些不利影响。因此，近年来，有一些学者建议，民事诉讼原则上实行两审终审制，对某些案件可有条件地实行三审终审制，以适应市场经济发展的要求，保证诉讼公正和上诉审功能的充分发挥。[①] 这种主张有其可取之处，值得认真研究，分析其可行性并在条件成熟时进行审级制度的改革。

① 齐树洁：《构建我国三审终审制的基本思路》，载《法学家》2004 年第 3 期。

第五章 主管与管辖

【引 例】

A市甲公司与C市乙公司签订了钢材购销合同，合同履行地为A市。乙公司拖欠甲公司货款1100万元，因支付货款双方发生争议。为使案件能够在离自己住所地最近A市B区法院进行一审（按照A市法院受理第一审案件的标准，基层法院受理500万元以下的案件；中级人民法院受理500万元至3000万元的案件），甲公司向B区法院起诉时，请求支付货款的数额为400万元。B区法院依法受理了此案。但在开庭前，甲公司向法院提出了将诉讼请求数额变更为1100万元的要求。乙公司十分不满，即向法院提出管辖权异议。问：法院应如何处理？

第一节 民事诉讼主管

一、主管的概念

民事诉讼中的主管，是指人民法院依照法律规定受理一定范围内民事纠纷的权限，亦即确定人民法院与其他国家机关、社会团体之间解决民事纠纷的分工。

我国《民事诉讼法》虽然没有直接使用“主管”的概念，但是，许多具体条文中都直接或者间接地体现了主管的内容。例如，《民事诉讼法》第3条规定：“人民法院受理公民之间、法人之间、其他组织之间以及他们相互之间因财产关系和人身关系提起的民事诉讼，适用本法的规定”；第119条第1款第4项规定：“……属于人民法院受理民事诉讼的范围……”；第123条规定：“……对符合本法第一百一十九条的起诉，必须受理……”这些规定确定了人民法院的主管范围。从总体上看，民事诉讼法是以发生争议的实体法律关系是否属于民事关系为标准来划定主管范围的。

从狭义角度而言，主管所要解决的问题是审判权的问题。凡属于人民法院主管的民事纠纷，当事人起诉符合条件的，法院就应当受理，适用民事诉讼法规定的程序审理；凡不属于人民法院主管的民事纠纷，即使当事人起诉，法院也无权受理。而从广义上讲，主管是指法院与其他国家机关、社会团体之间的分工和权限。人民法院是国家的审判机关，审判民事案件、解决民事纠纷是法院的主要职能之一。

现实社会生活中的民事纠纷种类繁多，范围广泛，数量巨大，情况复杂，既可能涉及财产关系，也可能涉及人身关系，不可能也没有必要全部由人民法院通过民事诉讼程序来解决。哪些民事纠纷由人民法院处理，哪些民事纠纷由其他国家机关或社会团体处理，即属于民事诉讼主管所要解决的问题。从实践角度分析，明确民事诉讼主管具有如下几方面的意义：

1.有利于人民法院正确行使民事审判权和履行审判职责。社会矛盾与纠纷是复杂多样的，有的适合作为人民法院民事审判的对象，有的则不适合。只有从法律上明确了主管的问题，人民法院才能够正确地处理这些复杂的问题，防止在处理纠纷时因相互推诿，导致当事人投诉无门。此外，确定一定范围内的民事纠纷由人民法院通过行使民事审判权来处理，还有利于人民法院对民事案件的审查和立案，从而保证人民法院履行审判职责。

2.有利于加强人民法院和有关单位的责任感。明确了民事纠纷的主管，也就划清了人民法院和有关国家机关、社会团体处理民事纠纷的权限和职责，从而便于民事纠纷主管单位及时、有效地受理案件和解决纠纷。

3.有利于当事人正确行使诉权。当事人只有明确了人民法院的民事诉讼主管范围，才能正确判断哪些纠纷可以向人民法院提起民事诉讼，哪些纠纷应当通过其他机关或社会组织来解决。

二、人民法院主管的范围

通俗地说，人民法院主管范围就是解决哪些案件应由人民法院受理的问题。这一问题在实践中的把握经常会遇到困难。例如，某县水利局为防止夏季洪水给农田带来损失，在报经上级批准后，决定拆迁部分居民的房屋，拓宽环城河道。在拆迁过程中，居民陈某认为河道可以绕过他家的房子，不愿搬迁，并与水利局工作人员张某发生争执。陈某一怒之下，拟以水利局为被告提起民事诉讼。在该案中，陈某认为自己的民事权益受到了侵害，但是，该纠纷是因一定的行政行为引起的，认定具体行政行为是否合法或者是否应当被撤销不是民事诉讼的任务，而是行政诉讼的任务。所以，本案不属于民事诉讼，人民法院也不能按民事案件予以受理。

在确定某一具体案件是否属于人民法院主管的民事纠纷时，应当把握以下两点：(1)主体条件：即人民法院受理的是平等主体之间发生的纠纷，案件当事人之间不存在行政隶属关系。(2)内容条件：即人民法院受理的是平等主体之间因财产关系和人身关系引起的民事纠纷，而不是因其他社会关系引起的纠纷。

需要注意的是，财产关系和人身关系是由各个法律部门从不同的角度予以调整的。例如平等主体的公民之间、法人之间、公民和法人之间的财产关系和人身关系由民法调整；国家机关进行行政和财政管理活动中所发生的财产关系和人身关系由行政法调整；与劳动工资、福利、劳动合同等有关的财产关系和人身关系由劳动法调整；与婚姻家庭关系有关的财产关系和人身关系则由婚姻法调整。其中由民法、经济法、婚姻法调整的平等主体之间因财产关系和人身关系所发生的纠纷，构成民事诉讼主管的主要适用对象。具体而言有以下几大类：

1.由民法所调整的财产关系和人身关系而发生纠纷的案件。包括因物权、债权等财产权发生的纠纷；因专利权、商标专有权、发现权、发明权、著作权等知识产权发生的纠纷；因生命健康权、姓名权、名称权、肖像权、名誉权、荣誉权等人身权而发生的纠纷以及因民事侵权行为所引起的纠纷。

2.由婚姻法调整的婚姻家庭关系而发生纠纷的案件。主要包括因婚姻家庭关系而发生的离婚、赡养、抚养、扶养、分家析产、继承、收养等发生的纠纷。

3.由商法调整的商事关系而发生纠纷的案件。如保险纠纷案件、票据纠纷案件。

4.由经济法调整的某些经济关系而发生纠纷的案件。如由于不正当竞争引起的民事纠纷。

5.由劳动法调整的劳动关系而发生的劳动争议案件。在劳动法中，劳动争议的解决有四种方式：即和解、调解、仲裁与诉讼，其中和解、调解不是劳动争议的必经阶段，可由当事人自行决定。而劳动争议仲裁则是劳动争议诉讼的前置程序。当事人对仲裁裁决不服的，可以依照民事诉讼法的规定向人民法院起诉。因此，未经过劳动争议仲裁委员会裁决的劳动争议，人民法院不予受理。根据我国《劳动法》和《劳动争议调解仲裁法》的规定，发生劳动争议后，当事人可以向调解组织申请调解；不愿调解、调解不成或者达成协议后不履行的，可以向劳动争议仲裁委员会申请仲裁；对仲裁裁决不服的，除法律另有规定的外，可以向人民法院提起诉讼。劳动争议案件包括：因确认劳动关系发生的争议；因订立、履行、变更、解除和终止劳动合同发生的争议；因除名、辞退和辞职、离职发生的争议；因工作时间、休息休假、社会保险、福利、培训以及劳动保护发生的争议；因劳动报酬、工伤医疗费、经济补偿或者赔偿金等发生的争议；法律、法规规定的其他劳动争议。

6.法律明确规定依照民事诉讼程序审理的案件。例如，按特别程序、督促程序、公示催告程序审理的非民事权益争议案件。

在上述各类案件中，前五类均属于民事权益争议案件，第六类为非讼案件。当然，民事诉讼的受案范围不应仅仅限于对财产权利和人身权利的保护，其保护权利的种类有待于进一步扩张。有学者在对民事诉讼主管范围加以界定时，认为除包括由民法、商法、经济法、劳动法调整的民事争议案件以及由法律特别规定的案件外，还应包括其他具有诉的利益的民事案件。[①] 目前，争议比较大的是公司企业、事业单位及有关团体内部争议是否属于人民法院主管问题。过去一般认为，民事案件必须是平等主体之间的争议，而单位内部争议，尤其是单位与个人之间的争议，则属于非平等主体之间的争议，对于这类纠纷，人民法院不应受理。我们认为，单位内部争议不属于人民法院主管的观点是有失妥当的。近年来，我国相继颁布的一些民商事立法逐步扩大人民法院的民事主管范围。例如，《公司法》规定了有限责任公司和股份有限公司的股东诉讼制度[②]，这对健全股东合法权益和社会公共利益保护制度是十分必要的。

三、人民法院主管与其他机构、社会组织主管的关系

解决民事争议的机构除人民法院以外，还包括行政机关、仲裁机构和人民调解委员会等机构或组织。由于法律不可能对民事争议的主管范围作出面面俱到的规定，因此，各个机构对民事纠纷会出现有时争夺处理权，有时相互推诿的现象。对于人民法院与国家其他机关、社会团体主管民事纠纷关系的问题，原则上采取“司法最终解决原则”。一切其他组织所不能彻底解决的纠纷，以人民法院审判的方式作为纠纷解决的最后手段。人民法院的裁判具有最高的权威性和法律效力，对其他机关、社会团体和个人都具有约束力。

无论是在诉讼理论上还是在社会实践中，人民法院和国家其他机关、社会团体都有权主管一定范围的民事纠纷。这就必然涉及人民法院与国家其他机关、团体

---

① 江伟主编:《民事诉讼法学》，复旦大学出版社 2002 年版，第 141～142 页。

② 我国《公司法》第 22 条规定，股东会或者股东大会、董事会的会议召集程序、表决方式违反法律、行政法规或者公司章程，或者决议内容违反公司章程的，股东可以自决议作出之日起 60 日内，请求人民法院撤销。第 151 条规定，董事、高级管理人员有本法第 149 条规定的情形的，监事会、不设监事会的有限责任公司的监事，或者董事会、执行董事收到前款规定的股东书面请求后拒绝提起诉讼，或者自收到请求之日起 30 日内未提起诉讼，或者情况紧急、不立即提起诉讼将会使公司利益受到难以弥补的损害的，前款规定的股东有权为了公司的利益以自己的名义直接向人民法院提起诉讼。第 152 条规定，董事、高级管理人员违反法律、行政法规或者公司章程的规定，损害股东利益的，股东可以向人民法院提起诉讼。

之间主管民事纠纷的关系问题。因此，有必要对人民法院与其他机关、团体之间主管民事纠纷的关系加以研究。

（一）人民法院与人民调解委员会主管民事纠纷的关系

1.人民调解委员会处理民间纠纷的范围。《人民调解法》第 2 条规定："本法所称人民调解是指人民调解委员会通过说服、疏导等方式，促使当事人在平等协商基础上自愿达成调解协议，解决民间纠纷的活动。"人民调解委员会是依法由村民委员会、居民委员会和企业事业单位设立的调解民间纠纷的群众性组织，在基层人民政府和基层人民法院指导下进行工作。人民调解委员会根据当事人的申请及时调解纠纷；当事人没有申请的，人民调解委员会也可以主动调解。经人民调解委员会调解达成的、并由双方当事人签字或者盖章的调解协议，具有法律约束力。当事人应当按照约定履行自己的义务，不得擅自变更或解除协议。具有债权内容的调解协议，经公证机关依法赋予强制执行效力后，债权人可以向被执行人住所地或者被执行人的财产所在地人民法院申请强制执行。

2.人民调解不是诉讼的必经程序。《人民调解法》第 32 条规定："经人民调解委员会调解达成调解协议后，当事人之间就调解协议的履行或者调解协议的内容发生争议的，一方当事人可以向人民法院提起诉讼。"由此可见，当事人因民事权益发生纠纷，根据自愿原则可以向人民调解委员会申请调解。对调解不成或者达成调解协议后，一方当事人反悔的，仍可以向人民法院起诉。当事人也可以就该纠纷直接向人民法院起诉，人民法院应当依法受理。

3.人民调解协议的司法确认制度。《人民调解法》首次通过立法确立了人民调解协议的司法确认制度，即对经人民调解委员会调解达成的调解协议，双方当事人认为有必要的，可以自协议生效之日起 30 日内共同向人民法院申请司法确认；人民法院确认调解协议有效，一方当事人拒绝履行或者未全部履行的，对方当事人可以向人民法院申请强制执行。这是近年来人民调解的一项重要制度创新，是运用司法机制对人民调解给予支持的重要保障性措施。2011 年 3 月 23 日，最高人民法院公布《关于人民调解协议司法确认程序的若干规定》。立法机关 2012 年修改《民事诉讼法》时，增设关于确认调解协议案件的程序规定。

（二）人民法院与仲裁机构主管民事纠纷的关系

1.仲裁机构仲裁民事纠纷的范围。平等主体的公民、法人和其他组织之间发生的合同纠纷和其他财产权益纠纷，可以仲裁。人民法院的主管范围大于仲裁主管范围。婚姻、收养、监护、扶养、继承纠纷等与身份有关的纠纷不能仲裁。按照《仲裁法》的规定，仲裁委员会仲裁的范围限于平等主体的公民、法人或其他组织之间发生的合同纠纷和其他财产权益纠纷，但婚姻、收养、监护、扶养、继承不属于其主管范围。上述纠纷均属于人民法院民事诉讼管辖的范围。此外，当事人在仲裁裁决被人民法院依法撤销或裁定不予执行，又未重新达成仲裁协议的情况下向人民法院提起民事诉讼的，人民法院应当受理。

2.仲裁或审判由当事人自行选择。在民商事纠纷发生前或发生后，当事人可以选择仲裁或诉讼方式解决纠纷。《合同法》第 128 条规定："当事人可以通过和解或者调解解决合同争议。当事人不愿和解、调解或者和解、调解不成的，可以根据仲裁协议向仲裁机构申请仲裁。涉外合同的当事人可以根据仲裁协议向中国仲裁机构或者其他仲裁机构申请仲裁。当事人没有订立仲裁协议或者仲裁协议无效的，可以向人民法院起诉。"《物权法》第 32 条规定："物权受到侵害的，权利人可以通过和解、调解、仲裁、诉讼等途径解决。"

当事人采用仲裁方式解决纠纷，应当以双方自愿为前提，并达成仲裁协议。若没有仲裁协议，一方申请仲裁的，仲裁委员会不予受理。当事人达成仲裁协议，一方向人民法院起诉的，人民法院不予受理，但仲裁协议无效的除外。仲裁实行一裁终局。裁决作出后，当事人就同一纠纷再次申请仲裁或者向人民法院起诉的，仲裁委员会或者人民法院不予受理。裁决被人民法院依法裁定撤销或者不予执行的，当事人就该纠纷可以根据双方重新达成的仲裁协议申请仲裁，也可以向人民法院起诉。

（三）人民法院与其他机关主管民事纠纷的关系

依照法律或司法解释的规定，应当由其他机关处理的争议，人民法院不予受理。例如，历次政治运动遗留的属于落实政策引发的房屋纠纷、财产返还纠纷；农村划分责任田、规划宅基地引发的纠纷；单位内部公房使用权的纠纷；离婚登记效力的纠纷；对物业管理企业的选聘、解聘等内部事务，业主无法达成一致意见而发生的纠纷；业主对业主委员会的成立有不同意见的纠纷；业主因业主委员会主任、副主任、委员的选任罢免发生的纠纷；业主对业主大会、业主委员会作出的决议有不同意见发生的纠纷；违反计划生育的纠纷等，应由其他机关解决，人民法院对该类纠纷不予受理。[①]

某些争议涉及的法律关系既受民事法律的调整，又受行政法律的调整。比如

---

① 例如，最高人民法院《关于对因政府调整划转企业国有资产引起的纠纷是否受理问题的批复》（1996 年 4 月 2 日）指出："因政府及其所属主管部门在对企业国有资产调整、划转过程中引起相关国有企业之间的纠纷，应由政府或所属国有资产管理部门处理。国有企业作为当事人向人民法院提起民事诉讼的，人民法院不予受理。"

不动产纠纷,可能涉及房地产管理部门的登记是否正确的争议;再比如股权转让与变更纠纷,可能涉及相关主管部门审批是否正确的争议。此外,因行政机关工作人员在执行职务过程中实施了民事侵权行为引发的纠纷;因绿化树倒下致行人死亡、受伤引发的纠纷;因市政设施施工致人损害等纠纷,既有财产权和人身权关系,又有行政管理关系,属于复合型争议。民事行政复合型争议究竟应适用何种诉讼程序解决,关键是对争议性质的界定,同时还要看纠纷解决程序是否有独立性。一些纠纷尽管具有行政因素,但是,当事人争议的焦点是经济赔偿等民事责任问题,纠纷的解决不需要经过行政诉讼程序的,可以单独通过民事诉讼程序解决。如果纠纷的解决以行政关系争议的解决为前提,而且行政争议的处理必然影响民事纠纷的解决的,这种争议在本质上还是行政争议,应当适用行政诉讼程序解决。如果复合型争议可以分为两个独立的争议,而民事诉讼程序需要以行政诉讼程序的结果为依据的,可以先进行行政诉讼,再进行民事诉讼。如果法院在受理民事案件后才发现该情况的,应当告知当事人提起行政诉讼,同时中止本案诉讼程序,待行政诉讼程序完结后再恢复民事案件的审理。

第二节　管辖概述

一、管辖的概念和意义

管辖,是指确定同级人民法院或者上下级人民法院之间受理第一审民事案件的分工和权限。管辖与主管有着密切的关系:主管先于管辖发生,是确定管辖的前提与基础,只有首先确定某一纠纷属于民事诉讼受案范围后,才有必要通过管辖将它具体分配到某个法院。而管辖则是主管的具体落实,只有确定了管辖,由人民法院主管的民事案件才能落实到由某个具体的人民法院负责处理。

管辖权与审判权既有联系又有区别。审判权是国家赋予人民法院审理民事案件的权力;管辖权则是法院系统内某一级人民法院或某一个人民法院所具有的审理某一民事案件的权限。审判权是确定管辖权的前提,凡是不属于人民法院行使审判权范围内的事项,人民法院无权管辖;管辖权是审判权的进一步落实,审判权只能通过管辖权来行使和体现。

正确确定第一审人民法院的管辖权,不论在理论上还是在实践中都有重要意义。首先,有利于各个人民法院明确自己的管辖范围,便于正确行使审判权,合法、及时地审理民事案件,避免因管辖不明造成法院之间互相推诿或互相争夺,影响案件的及时审理。其次,有利于当事人行使诉权,及时起诉,避免因管辖不明致使当事人起诉无门,导致其合法权益得不到及时保护。最后,有利于维护国家主权。对于涉外民事案件,人民法院依照我国法律规定行使管辖权,在保护当事人合法权益的同时,也维护了国家主权。

二、确定管辖的原则

(一)便于公民、法人和其他组织进行诉讼

为了便利公民、法人和其他组织依法行使诉权和参加诉讼活动,《民事诉讼法》根据法院的辖区与当事人的隶属关系以及各类案件的特点,确定了对不同案件的管辖。规定绝大部分第一审案件由基层人民法院管辖。人民法院行使审判权解决民事纠纷,应当以有利于当事人行使诉权为出发点,采用就近诉讼的原则,为当事人起诉、应诉提供方便,避免当事人因涉及诉讼造成过重的负担,浪费人力、物力,影响正常生活和工作。

(二)便于人民法院行使审判权

为保证人民法院及时审理民事案件,提高办案效率,《民事诉讼法》根据各类民事案件的不同情况,以及各级人民法院的辖区和不同的诉讼关系,规定了不同案件的管辖,以利于人民法院行使审判权。人民法院审理民事案件,首先应当查明案件事实,分清是非责任,然后才能正确适用法律,使案件得到正确、合法的解决。在确定案件的管辖时,应从客观实际出发,充分考虑法院工作的实际情况和案件的需要,以利于人民法院顺利地完成其审判任务。

(三)有利于人民法院公正审判,保护当事人合法的民事权益

《民事诉讼法》在确定管辖时,根据各级人民法院职权范围和各类案件的具体情况不同,分别确定了不同性质的案件管辖。例如,为防止地方保护主义干扰,规定了对合同纠纷的协议管辖;为便于排除和避免某些行政干预因素,规定了管辖权的转移和指定管辖,并适当地提高了某些类别案件的初审法院的级别,以利于人民法院的公正审判。

(四)兼顾各级人民法院的职能和工作均衡负担

根据《人民法院组织法》的规定,各级人民法院的职权和分工不同。考虑到基层人民法院最接近当事人,《民事诉讼法》规定,除法律另有规定外,第一审民事案

件均由基层人民法院管辖。中级人民法院、高级人民法院不仅要审理部分第一审民事案件,而且还要审理第二审案件,并对下级人民法院的审判活动进行法律监督和业务指导,因而不宜过多地管辖第一审民事案件。最高人民法院是全国最高审判机关,其主要职能是监督和指导地方各级人民法院、专门法院的审判工作,制定有关文件和司法解释,总结和推广审判经验,保证审判质量,因此不宜直接管辖第一审民事案件。

(五)确定性与灵活性相结合

为便于当事人诉讼,便于人民法院及时、正确地行使审判权,在立法上应明确规定民事案件的管辖法院。但是,客观情况在不断地发展和变化,因此,在确定管辖时又要有一定的灵活性,以适应发展变化的审判实践的需要。

(六)有利于维护国家主权

在涉外民事诉讼中,人民法院行使的司法管辖权是国家主权的重要组成部分。因此,在确定涉外民事案件管辖时,应当着眼于依法扩大我国人民法院对涉外民事案件管辖的范围,从而有利于维护国家主权和人民的重大经济利益。

三、管辖的种类

我国《民事诉讼法》规定的诉讼管辖主要有级别管辖、地域管辖、协议管辖、移送管辖和指定管辖等。这几种管辖是依照法律规定所作的分类。此外,还可以根据不同的标准,从不同的角度在理论上对诉讼管辖进行分类。我国《民事诉讼法》规定的管辖按不同标准,可以分为以下三类:

1.法定管辖与裁定管辖。以法律规定和法院裁定为标准,可分为法定管辖和裁定管辖。法定管辖是指由法律明文规定第一审民事案件的管辖法院,法定管辖包括级别管辖和地域管辖。裁定管辖是指由人民法院用裁定、决定等方式决定案件的管辖法院,裁定管辖包括移送管辖、指定管辖、移转管辖、管辖权异议。

2.专属管辖与协议管辖。以法律强制规定和任意规定为标准,可分为专属管辖和协议管辖。专属管辖是指依照法律规定某类案件只能由某一个或几个人民法院管辖,其他法院没有管辖权,也不允许当事人协议变更的管辖。协议管辖是指依照法律规定,由双方当事人以协议的方式约定的管辖。

3.共同管辖与合并管辖。以诉讼关系为标准,可以分为共同管辖和合并管辖。共同管辖是指对于同一案件,两个以上的人民法院都享有管辖权。由于任何一个民事案件只能由一个法院审理,只能产生一个判决,即所谓“一案一判”。因此,具体案件的管辖权最终只能落实在一个法院上。对于两个以上法院都有管辖权的案件,由最先立案的法院管辖。《民诉法解释》第36条规定:“两个以上人民法院都有管辖权的诉讼,先立案的人民法院不得将案件移送给另一个有管辖权的人民法院。人民法院在立案前发现其他有管辖权的人民法院已先立案的,不得重复立案;立案后发现其他有管辖权的人民法院已先立案的,裁定将案件移送给先立案的人民法院。”合并管辖是指对某一案件有管辖权的人民法院,可以一并管辖虽无管辖权但与该案有牵连的其他案件。《民事诉讼法》第140条规定:“原告增加诉讼请求,被告提出反诉,第三人提出与本案有关的诉讼请求,可以合并审理。”

四、管辖恒定

管辖恒定,是指管辖权的确定以原告起诉时为准,此后无论据以确定管辖的因素有何变化,受诉法院的管辖权均不受影响。这一制度的主要目的在于保证案件的及时审理,避免人民法院之间互相推诿和争夺案件管辖权而造成的司法资源的浪费,减少当事人的讼累,推动诉讼迅速、便捷地进行,防止诉讼的延误,适应诉讼经济的要求。

管辖恒定的内容主要包括:(1)原告起诉时,如果依法律规定某法院对该案有管辖权,在该案审理过程中,受诉法院对该案始终具有管辖权,不因客观情形的变化而受影响。比如,在一般的地域管辖中,案件由被告住所地法院管辖。原告起诉时,被告住所地在甲地,甲地法院受理了此案。诉讼过程中,被告住所地发生变化,被告由甲地迁往乙地。依管辖恒定原则,该案的管辖权并不因此而发生转移,即该案仍由甲地法院管辖。(2)原告起诉时,依法律规定受诉法院并无管辖权,但受诉法院未发现,当事人也未提出异议,受诉法院对案件进行实体审查后,即视为受诉法院对该案有管辖权,此后就不得变更管辖法院。(3)反诉的管辖是以本诉的管辖为根据而确定的。在诉讼中,如原告撤回本诉,不影响受理本诉的法院对反诉的管辖。[①]

管辖恒定包括级别管辖恒定和地域管辖恒定两种类型。级别管辖恒定,是指级别管辖按照起诉时的标的额确定后,不因诉讼过程中标的额的增加或减少而变动,但当事人故意规避有关级别管辖等规定的除外。地域管辖恒定,是指地域管辖按起诉时的标准确定后,不因诉讼过程中据以确定管辖的因素的变动而受影响。具体地说,原告起诉后,当事人户籍所在地、经常居住地的变更以及行政区划的变更均不能引起管辖权的变化。

---

① 张卫平:《民事诉讼法》,法律出版社2013年第3版,第89页。

管辖权的确定一般是在原告起诉、法院受理之时。除因法定事由需要通过移送管辖、管辖权转移改变管辖法院外，法院对某个案件的管辖权自其受理当事人诉讼之日起即告确定。即便诉讼过程中当事人变更了诉讼请求、增加或减少了诉讼标的额或者迁移了住所地等等，均不能因此改变案件的管辖。《民诉法解释》第 37 条至第 39 条列举了几种适用管辖恒定规则的情形：(1)案件受理后，当事人住所地、经常居住地变更，受诉人民法院的管辖权不受影响；(2)有管辖权的人民法院受理案件后，不得以行政区域变更为由，将案件移送给变更后有管辖权的人民法院；(3)人民法院对管辖异议审查后确定有管辖权的，不因当事人提起反诉、增加或者变更诉讼请求等改变管辖，但违反级别管辖、专属管辖规定的除外。一审程序管辖法院确定后，二审程序、再审程序、发回重审程序的管辖法院都以此确定。判决后的上诉案件和依审判监督程序提审的案件，由原审人民法院的上级人民法院进行审判；上级人民法院指令再审、发回重审的案件，由原审人民法院再审或者重审。人民法院发回重审或者按第一审程序再审的案件，当事人提出管辖异议的，人民法院不予审查。

第三节 级别管辖

一、级别管辖的概念

级别管辖是指按照人民法院组织系统划分上下级人民法院之间受理第一审民事案件的分工和权限。根据《人民法院组织法》的规定，人民法院的设置分为四级，即基层人民法院、中级人民法院、高级人民法院、最高人民法院。目前我国共有 3571 个法院。[①] 各级人民法院都有权管辖一定范围内的第一审民事案件。民事诉讼法确定级别管辖主要考虑以下几个方面的因素：

1.案件的性质。所谓案件的性质主要是指案件的类别和有无涉外因素以及案件的属性，即一般的民事案件还是特殊类型的案件。如重大涉外案件、专利纠纷案件、著作权纠纷案件、海事、海商案件等就属于特殊类型的案件。案件的性质不同，其管辖法院的级别也就有所不同。例如，重大的涉外案件和最高人民法院确定由中级人民法院管辖的案件由中级人民法院管辖；海事、海商案件由相当于中级人民法院的海事法院管辖；专利纠纷案件由知识产权法院、最高人民法院确定的某些中

① 最高人民法院公布的统计数据，载《法制日报》2014 年 8 月 29 日第 5 版。

级人民法院和基层人民法院管辖。

2.案件影响的大小。所谓案情繁简和影响大小，是指案件自身的繁简程度和案件处理的结果对社会影响的范围。案件影响的大小主要从以下几方面考虑：一是案件的难易程度；二是案件涉及范围，包括所涉及的地区、部门、当事人等；三是案件审理结果可能对社会产生的影响。

3.诉讼标的额的大小。由于全国各地经济发展水平不平衡，各省、自治区、直辖市高级人民法院可以从本地区的实际情况出发，根据案情繁简、诉讼标的金额大小、在当地的影响等，对本辖区内一审案件的级别管辖作出规定。国外民事诉讼管辖制度也大多以争议标的额为主要标准。

二、高级人民法院和中级人民法院管辖第一审民商事案件标准

为完善全国四级法院的功能分层，理顺民商事案件的级别管辖秩序，最高人民法院于 2008 年 3 月 31 日发布了《全国各省、自治区、直辖市高级人民法院和中级人民法院管辖第一审民商事案件标准》。为适应经济社会发展和民事诉讼的需要，准确适用修改后的民事诉讼法关于级别管辖的相关规定，合理定位四级法院民商事审判职能，最高人民法院于 2015 年 4 月 30 日发出通知，调整高级人民法院和中级人民法院管辖第一审民商事案件标准。新标准自 2015 年 5 月 1 日起施行。

2019 年 4 月 30 日，为适应新时代审判工作发展要求，合理定位四级法院民事审判职能，促进矛盾纠纷化解重心下移，最高人民法院再次调整高级人民法院和中级人民法院管辖第一审民事案件标准，主要内容如下：

1.中级人民法院管辖第一审民事案件的诉讼标的额上限原则上为 50 亿元，诉讼标的额下限继续按照《最高人民法院关于调整地方各级人民法院管辖第一审知识产权民事案件标准的通知》（法发[2010]5 号）、《最高人民法院关于调整高级人民法院和中级人民法院管辖第一审民商事案件标准的通知》（法发[2015]7 号）、《最高人民法院关于明确第一审涉外民商事案件级别管辖标准以及归口办理有关问题的通知》（法[2017]359 号）、《最高人民法院关于调整部分高级人民法院和中级人民法院管辖第一审民商事案件标准的通知》（法发[2018]13 号）等文件执行。

2.高级人民法院管辖诉讼标的额 50 亿元以上（包含本数）或者其他在本辖区有重大影响的第一审民事案件。

3.海事海商案件、涉外民事案件的级别管辖标准按照本通知执行。

4.知识产权民事案件的级别管辖标准按照本通知执行，但《最高人民法院关于知识产权法庭若干问题的规定》第 2 条所涉案件类型除外。

三、各级人民法院管辖的第一审民事案件

(一)基层人民法院管辖的第一审民事案件

我国《民事诉讼法》第 17 条规定:“基层人民法院管辖第一审民事案件,但本法另有规定的除外。”依照该规定,除了《民事诉讼法》规定由中级人民法院、高级人民法院和最高人民法院管辖的第一审民事案件外,其余第一审民事案件一律由基层人民法院管辖。这是因为,基层人民法院是我国法院体系中的基层单位,其数量众多、分布广泛。案件发生地、当事人住所地或争议财产所在地,都是在一定的基层人民法院的辖区内。我国目前有 3000 多个基层法院、1 万多个人民法庭。基层法院的受案数量占整个法院系统的 80%以上。由基层人民法院作为第一审法院管辖绝大多数第一审民事案件,既便于当事人进行诉讼,便于人民法院就地办案,又能使纠纷得到及时解决。

(二)中级人民法院管辖的第一审民事案件

根据《民事诉讼法》第 18 条的规定,中级人民法院管辖下列第一审民事案件:

1.重大涉外案件。涉外案件是指具有涉外因素的民事案件,具体是指诉讼当事人一方或双方是外国人、无国籍人、外国企业和组织,或者当事人之间的民事法律关系的设立、变更、终结的法律事实发生在外国,或者诉讼标的物在外国的民事案件。一般的涉外案件由基层人民法院管辖。对于“重大涉外案件”的界定,根据《民诉法解释》第 1 条的规定,重大涉外案件包括争议标的额大的案件、案情复杂的案件,或者一方当事人人数众多等具有重大影响的案件。2002 年 3 月 1 日施行的最高人民法院《关于涉外民商事案件诉讼管辖若干问题的规定》对部分涉外民商事案件集中管辖作了规定。涉外民商事案件的主要类别如下:涉外合同和侵权纠纷案件;信用证纠纷案件;申请撤销、承认与强制执行国际仲裁裁决的案件;审查有关涉外民商事仲裁条款效力的案件;申请承认和强制执行外国法院民商事判决、裁定的案件。但不包括发生在与外国接壤的边境省份的边境贸易纠纷案件,涉外房地产案件和涉外知识产权案件。

2.在本辖区有重大影响的案件。有重大影响的案件是指案情较复杂、涉及范围较广、诉讼标的价额较大,以及案件的处理结果对社会可能会产生较大影响的案件。至于哪些案件属于有“重大影响”的案件,法律无法作出明确规定,只能由人民法院根据具体案件的难度和影响予以确定。

3.最高人民法院确定由中级人民法院管辖的案件。此类案件目前主要有以下几种：

(1)海事、海商案件。海事海商案件是指因海上船舶碰撞、因追索海难救助报酬、因海上运输合同、因船务代理合同等发生纠纷的案件。海事案件和海商案件由海事法院专门管辖。海事法院的级别相当于中级人民法院。目前我国已在广州、上海、厦门、武汉、宁波、海口、天津、大连、北海、青岛 10 个口岸城市设立了海事法院。

(2)除专利行政案件外的其他专利纠纷案件。专利民事案件主要包括专利申请公布后、专利权授予前使用发明、实用新型、外观设计的费用的纠纷案件；专利侵权的纠纷案件；转让专利申请权或者专利权的合同纠纷案件等。《民诉法解释》第 2 条规定："专利纠纷案件由知识产权法院、最高人民法院确定的中级人民法院和基层人民法院管辖。"

(3) 最高人民法院《关于审理不正当竞争民事案件应用法律若干问题的解释》(自 2007 年 2 月 1 日起施行)第 18 条规定，《反不正当竞争法》第 5 条、第 9 条、第 10 条、第 14 条规定的不正当竞争民事第一审案件，一般由中级人民法院管辖。各高级人民法院根据本辖区的实际情况，经最高人民法院批准，可以确定若干基层人民法院受理不正当竞争民事第一审案件；已经批准可以审理知识产权民事案件的基层人民法院，可以继续受理。

此外，著作权纠纷案件，商标民事案件，重大的涉港、澳、台民事案件，证券虚假陈述民事赔偿案件等类型案件也主要由中级人民法院管辖。

(三)高级人民法院管辖的第一审民事案件

《民事诉讼法》第 19 条规定："高级人民法院管辖在本辖区有重大影响的第一审民事案件。"高级人民法院属于上诉审人民法院，其主要任务是对全省、自治区、直辖市内基层人民法院和中级人民法院的民事审判工作实行监督；总结和交流民事审判工作的经验，指导所辖区内基层人民法院和中级人民法院的审判工作；审理不服中级人民法院判决、裁定依法提起上诉的案件。

高级人民法院管辖在本辖区内有重大影响的案件，是指就全省、自治区、直辖市范围而言，案情重大复杂、涉及面广、影响面大的案件。这类案件如由中级人民法院管辖，既不利于审判，也不利于判决、裁定的执行，因此应由高级人民法院作为第一审管辖法院。

(四)最高人民法院管辖的第一审民事案件

最高人民法院作为国家最高审判机关，其主要任务是对地方各级人民法院和各个专门人民法院的审判工作进行监督；审判不服高级人民法院、专门人民法院判

决和裁定的上诉案件和抗诉案件；对于在审判过程中如何具体应用法律、法规的问题进行解释。根据《民事诉讼法》第 20 条的规定，由最高人民法院管辖的第一审民事案件有两种：(1)在全国有重大影响的案件；(2)认为应当由本院审判的案件。此外，根据香港和澳门特别行政区《驻军法》的规定，驻军人员因职务行为引起的民事侵权案件由最高人民法院管辖。

依照法律规定，由最高人民法院作为第一审管辖的民事案件实行一审终审，所作的判决、裁定在送达当事人后即发生法律效力。

最高人民法院管辖在全国有重大影响的案件和认为应当由本院审理的案件，这一规定体现了我国独特的管辖制度，即每一级法院都有权受理第一审案件，每一级法院都有权审查事实和法律问题并作出判断。几十年来，最高人民法院十分谨慎地行使这一权力，至今未直接受理过第一审民事案件。

2015 年 1 月 28 日和 1 月 31 日，最高人民法院第一巡回法庭、第二巡回法庭先后在广东省深圳市、辽宁省沈阳市正式挂牌成立并开始运行。巡回法庭是最高人民法院派驻地方的常设审判机构，主要职能是办理应当由最高人民法院受理的部分案件，其作出的判决、裁定和决定为最高人民法院的判决、裁定和决定。根据最高人民法院 2015 年 1 月发布的《关于巡回法庭审理案件若干问题的规定》，巡回法庭审理或者办理巡回区内应当由最高人民法院受理的以下案件：(1)全国范围内重大、复杂的第一审行政案件；(2)在全国有重大影响的第一审民商事案件；(3)不服高级人民法院作出的第一审行政或者民商事判决、裁定提起上诉的案件；(4)对高级人民法院作出的已经发生法律效力的行政或者民商事判决、裁定、调解书申请再审的案件；(5)刑事申诉案件；(6)依法定职权提起再审的案件；(7)不服高级人民法院作出的罚款、拘留决定申请复议的案件；(8)高级人民法院因管辖权问题报请最高人民法院裁定或者决定的案件；(9)高级人民法院报请批准延长审限的案件；(10)涉港澳台民商事案件和司法协助案件；(11)最高人民法院认为应当由巡回法庭审理或者办理的其他案件。

2016 年 12 月下旬，最高人民法院第三、第四、第五、第六巡回法庭相继在江苏南京、河南郑州、重庆、陕西西安挂牌成立并开始运行。

四、关于级别管辖的几个特殊问题

1. 合同纠纷案件级别管辖的确定。在当事人双方或一方全部没有履行合同义务的情况下，发生纠纷起诉至人民法院的，如当事人在诉讼请求中明确要求全部履行合同的，应以合同总金额加上其他诉讼请求额作为总的诉讼标的额，并据以确定级别管辖；如当事人在诉讼请求中要求解除合同的，应以其合同总金额来确定诉讼标的额，并据以确定级别管辖。

2. 级别管辖中的法律规避问题。当事人在诉讼中增加诉讼请求从而加大诉讼标的额，致使诉讼标的额超过受诉法院级别管辖权限的，一般不再予以变动，但是当事人故意规避有关级别管辖等规定的除外。[①] 民事诉讼管辖中的法律规避，是指当事人通过一定的方式，使得有管辖权的法院无法受理案件，而没有管辖权的法院却得以受理案件。在级别管辖中，常见的就是利用诉讼标的额的增减来规避级别管辖。如在本地人民法院诉讼的原告起诉时故意把争议标的金额降低到低级别的法院管辖权限范围内，在诉讼过程中再增加诉讼标的的金额；在被告住所地法院诉讼的原告起诉时则故意把诉讼标的金额提高到高级别的法院管辖权限范围内，在诉讼过程中再减少标的金额。然而，司法实践中对当事人是否属于“故意规避”较难认定。

3. 级别管辖异议权问题。在司法实践中，当事人从地域管辖角度提出管辖权异议较为常见，但也有可能存在级别管辖异议。最高人民法院 2009 年公布的《关于审理民事级别管辖异议案件若干问题的规定》予以处理。

4. 级别管辖中的再次下移禁止。按照级别管辖规定应当由上级人民法院管辖的案件，上级人民法院交由下级人民法院审理的，该下级人民法院不得再交其下级人民法院审理。

五、专门法院的管辖

（一）铁路运输法院的管辖

铁路运输合同纠纷以及与铁路运输有关的侵权纠纷，由铁路运输法院管辖。铁路运输法院的管辖权是根据案件性质确定的，而不是依诉讼当事人来确定。例如，某铁路局因公路运输合同与某公司发生纠纷，该案件即不属于铁路运输法院管辖。根据中央关于铁路运输法院管理体制改革的要求，全国 17 个铁路运输中级人民法院、58 个铁路运输基层法院进行改制，于 2012 年 6 月全部移交地方管理，整体纳入国家司法体系。2012 年 7 月 17 日，最高人民法院公布《关于铁路运输法院案件管辖范围的若干规定》。

（二）海事法院的管辖

我国目前已在广州、厦门、上海等口岸城市设立了 10 个海事法院。海事法院

---

① 参见最高人民法院《关于案件级别管辖几个问题的批复》(1996 年 5 月 7 日)。

的性质为中级专门法院。1999 年 12 月 15 日，全国人大常委会通过了《海事诉讼特别程序法》。该法于 2000 年 7 月 1 日起施行。2002 年 12 月 3 日，最高人民法院制定了《关于适用〈海事诉讼特别程序法〉若干问题的解释》。海事法院的管辖根据《民事诉讼法》、《海事诉讼特别程序法》及有关司法解释予以确定。

2016 年 2 月 24 日，最高人民法院发布修订后的《关于海事法院受理案件范围的规定》和《关于海事诉讼管辖问题的规定》。

（三）军事法院的管辖

确定军事法院管辖的依据最初是 1992 年最高人民法院作出的《关于军事法院审理军内经济纠纷案件的复函》。该函指定军事法院办理双方当事人都是军队内部单位的经济纠纷事件。2001 年，最高人民法院作出《关于军事法院试行审理军内民事案件问题的复函》。《2002 年中国的国防白皮书》写道："为维护改革开放中的国防利益和军人合法权益，中国对军事司法制度进行了改革。根据中华人民共和国最高人民法院授权，军事法院开始审理军队内部包括合同、婚姻家庭、房地产、知识产权、医疗事故损害赔偿纠纷及申请军人失踪或死亡等在内的民事案件，履行军队内部民事审判职能。"

2012 年 8 月 28 日，最高人民法院发布《关于军事法院管辖民事案件若干问题的规定》。该《规定》明确如下事项：(1)军事法院对于双方当事人均为军人或者军队单位的案件、涉及重要军事机密的案件以及适用特别程序的涉军案件实行专门管辖。(2)对于军人或者军队单位执行职务过程中造成损害的侵权责任纠纷案件，当事人一方为军人或者军人单位、侵权行为发生在营区内侵权责任纠纷案件，当事人一方为军人的婚姻家庭纠纷案件，宣告军人失踪或者死亡的案件，赋予地方当事人管辖法院选择权。(3)对于当事人一方是军人或军人单位，且合同履行地或者标的物所在地在营区内的合同纠纷案件，准许当事人书面约定由军事法院管辖。该《规定》还进一步健全了管辖争议解决机制，完善了管辖异议救济制度。2015 年 2 月 4 日，最高人民法院公布《民诉法解释》。其中第 11 条明确规定："双方当事人均为军人或者军队单位的民事案件由军事法院管辖。"

（四）知识产权法院的管辖

2014 年 8 月 31 日，十二届全国人大常委会第十次会议通过《关于在北京、上海、广州设立知识产权法院的决定》。该《决定》指出，知识产权法院管辖有关专利、植物新品种、集成电路布图设计、技术秘密等专业技术性较强的第一审知识产权民事和行政案件。不服国务院行政部门裁定或者决定而提起的第一审知识产权授权确权行政案件，由北京知识产权法院管辖。

知识产权法院对前述规定的案件实行跨区域管辖。在知识产权法院设立的三年内，可以先在所在省（直辖市）实行跨区域管理。

知识产权法院所在市的基层人民法院第一审著作权、商标等知识产权民事和行政判决、裁定的上诉案件，由知识产权法院审理。知识产权法院第一审判决、裁定的上诉案件，由知识产权法院所在地的高级人民法院审理。

以上专门法院与地方人民法院一样，都必须遵守统一的审判原则和审判制度，都必须统一适用国家的法律，在审级关系上都在最高人民法院统一指导监督下进行审判工作。

第四节　地域管辖

一、地域管辖的概念

民事诉讼中的地域管辖又称地区管辖、区域管辖。它是以人民法院的辖区与案件的隶属关系确定诉讼管辖的，亦即确定同级人民法院之间在各自的区域内受理第一审民事案件的分工和权限。地域管辖所要解决的问题，就是要依据一定的标准，来划分处于同一级别但分属于不同地区的人民法院受理第一审民事案件的分工和权限。

地域管辖与级别管辖不同，级别管辖是从纵向来确定各级人民法院对案件的管辖权限，它所解决的是案件由哪一级人民法院作为第一审法院，而地域管辖则是从横向来确定第一审管辖法院。

二、确定地域管辖的依据

我国《民事诉讼法》确定地域管辖时主要考虑以下因素：(1)人民法院的辖区与行政区划相一致。在一个行政区域内发生的民事案件，一般应由该行政区域内的人民法院管辖。(2)当事人、诉讼标的与人民法院的辖区相关联。确定地域管辖，既要考虑各人民法院的辖区，又要考虑当事人或诉讼标的与法院辖区的关系。只有在本辖区的民事案件，才属于该地的人民法院管辖；当事人或诉讼标的与法院辖区存在一定联系，该地的人民法院才能对案件享有管辖权。(3)有利于人民法院公正地审理案件，排除地方保护主义的干扰。

三、地域管辖的种类

根据我国《民事诉讼法》的规定，地域管辖分为一般地域管辖、特殊地域管辖和专属管辖。根据当事人住所地确定管辖法院的，称为一般地域管辖或普通管辖；以诉讼标的所在地或者引起法律关系发生、变更、消灭的法律事实所在地为标准确定的管辖，称为特殊地域管辖。专属管辖是特殊地域管辖的一种，是指根据案件的特定性质，法律规定必须由特定地区的人民法院管辖。

（一）一般地域管辖及其例外规定

一般地域管辖，又称普通管辖，是指以被告住所地为标准来确定受诉人民法院，即"原告就被告"原则。之所以采用原告就被告的原则，主要考虑到当事人双方争议的法律关系，多数发生在被告住所地、经常居住地。实行原告就被告原则，便于传唤被告和促使被告参加诉讼；便于采取财产保全措施和判决、裁定书的执行；可以在一定程度上防止原告滥用诉权而使被告遭受损失。

1. 原则规定——被告住所地人民法院管辖

公民的住所地是指公民的户籍所在地，法人或者其他组织的住所地是指法人或者其他组织的主要办事机构所在地。法人或者其他组织的主要办事机构所在地不能确定的，法人或者其他组织的注册地或者登记地为住所地。公民的经常居住地是指公民离开住所地至起诉时已连续居住一年以上的地方，但公民住院就医的地方除外。当事人的户籍迁出后尚未落户，有经常居住地的，由该地人民法院管辖；没有经常居住地的，由其原户籍所在地人民法院管辖。双方当事人都被监禁或者被采取强制性教育措施的，由被告原住所地人民法院管辖。被告被监禁或者被采取强制性教育措施一年以上的，由被告被监禁地或者被采取强制性教育措施地人民法院管辖。《民诉法解释》针对不同情形确定被告所在地作了如下解释：(1)对没有办事机构的个人合伙、合伙型联营体提起的诉讼，由被告注册登记地人民法院管辖。没有注册登记，几个被告又不在同一辖区的，被告住所地的人民法院都有管辖权。(2)被告被注销户籍的，依照民事诉讼法第 22 条规定确定管辖；原告、被告均被注销户籍的，由被告居住地人民法院管辖。(3)夫妻双方离开住所地超过一年，一方起诉离婚的案件，由被告经常居住地人民法院管辖；没有经常居住地的，由原告起诉时被告居住地人民法院管辖。实行"原告就被告"原则主要是从平衡当事人双方的诉讼地位角度考虑的。由于诉讼是由原告主动发起的，被告是被动应诉，因此在参加诉讼的主动性、积极性方面存在明显差异。确定被告所在地法院有管辖权，要求原告到被告所在地法院起诉，一方面可以照顾被动应诉的被告的诉讼利益，另一方面也有利于法院向被告送达法律文书、调查案件事实、通知被告参加诉讼。

2.例外规定——原告住所地人民法院管辖

民事诉讼的一般地域管辖，在通常情况下按照原告就被告的原则确定案件的管辖法院。但是，对于某些特殊情况的案件，如果由被告住所地人民法院管辖，不但给原告行使诉权带来诸多不便，而且不便于受诉法院行使审判权。因此，《民事诉讼法》第22条和最高人民法院《民诉法解释》规定了例外情况，即某些诉讼由原告住所地人民法院管辖，原告的住所地与经常居住地不一致的，由经常居住地人民法院管辖。

《民事诉讼法》规定了如下四种例外情形：(1)对不在我国领域内居住的人提起的有关身份关系的诉讼；(2)对下落不明或者宣告失踪的人提起的有关身份关系的诉讼；(3)对被采取强制性教育措施的人提起的诉讼；(4)对被监禁的人提起的诉讼。

上述规定中的身份关系，是指与人的身份相关的各种关系，如婚姻关系、亲子关系、收养关系等。

《民诉法解释》对于由原告所在地法院管辖，补充规定了以下几种情形：(1)追索赡养费、抚育费、扶养费案件的几个被告住所地不在同一辖区的，可以由原告住所地人民法院管辖。(2)夫妻一方离开住所地超过一年，另一方起诉离婚的案件，可以由原告住所地人民法院管辖。(3)中国公民双方在国外但未定居，一方向人民法院起诉离婚的，应由原告或者被告原住所地人民法院管辖。

此外，《民诉法解释》对以下特殊情况确定管辖法院作出规定：(1)不服指定监护或者变更监护关系的案件，可以由被监护人住所地人民法院管辖；(2)双方当事人均为军人或者军队单位的民事案件由军事法院管辖；(3)在国内结婚并定居国外的华侨，如定居国法院以离婚诉讼须由婚姻缔结地法院管辖为由不予受理，当事人向人民法院提出离婚诉讼的，由婚姻缔结地或者一方在国内的最后居住地人民法院管辖；(4)在国外结婚并定居国外的华侨，如定居国法院以离婚诉讼须由国籍所属国法院管辖为由不予受理，当事人向人民法院提出离婚诉讼的，由一方原住所地或者在国内的最后居住地人民法院管辖；(5)中国公民一方居住在国外，一方居住在国内，不论哪一方向人民法院提起离婚诉讼，国内一方住所地人民法院都有权管辖。国外一方在居住国法院起诉，国内一方向人民法院起诉的，受诉人民法院有权管辖；(6)已经离婚的中国公民，双方均定居国外，仅就国内财产分割提起诉讼的，由主要财产所在地人民法院管辖。同一诉讼的几个被告住所地、经常居住地在两个以上人民法院辖区的，各该人民法院对该诉讼都有管辖权。

(二)特殊地域管辖

特殊地域管辖是指根据诉讼标的所在地或者引起法律关系发生、变更或消灭的法律事实所在地为标准所确定的管辖。根据《民事诉讼法》第23条至第32条的规定,特殊地域管辖有以下十种:

1.因合同纠纷提起的诉讼,由被告住所地或者合同履行地人民法院管辖

根据最高人民法院的有关司法解释,因合同纠纷提起的诉讼,合同实际履行的,由被告住所地或者合同履行地人民法院管辖;合同没有实际履行的,当事人双方住所地又都不在合同约定的履行地的,由被告住所地人民法院管辖。

合同履行地,是指合同规定履行义务和接受义务的地点,主要是指合同标的物交接的地点。合同履行地应当在合同中作出明确规定。对履行地约定不明确的合同,应当根据《合同法》第62条的规定内容来确定履行地,即履行地点不明确的,给付货币的,在接受货币一方所在地履行;交付不动产的,在不动产所在地履行;其他标的,在履行义务一方所在地履行。确定合同履行地在实践中是个相当复杂的问题,当事人之间、法院之间常常对如何确定合同履行地产生分歧,并由此引发管辖权争议。①

根据最高人民法院《关于在经济纠纷案件管辖中如何确定购销合同履行地的规定》,合同中约定的货物到达地、到站地、验收地、安装调试地等,均不应视为合同履行地;当事人在合同中明确约定了履行地点或交货地点,但在实际履行中以书面方式或双方当事人一致认可的其他方式变更约定的,以变更后的约定确定合同履行地;当事人未以上述方式变更原约定,或者变更原合同而未涉及履行地问题的,仍以原合同的约定确定履行地。

加工承揽合同,以加工行为地为合同履行地,但合同中对履行地有约定的除外。承揽合同是指承揽人按照定作人的要求完成工作,交付工作成果,定作人给付报酬的合同。承揽包括加工、定作、修理、复制、测试、检验等工作。

财产租赁合同、融资租赁合同以租赁物使用地为合同履行地,但合同中对履行地有约定的除外。融资租赁合同是指出租人根据承租人对出卖人、租赁物的选择,向出卖人购买租赁物,提供给承租人使用,承租人支付租金的合同。

补偿贸易合同,以接受投资一方主要义务履行地为合同履行地。

借款合同以贷款方所在地为合同履行地,但当事人另有约定的除外。借款合同是双务合同,标的物为货币。贷款方与借款方均应按照合同约定分别承担贷出款项与偿还贷款及利息的义务,贷款方与借款方所在地都是履行合同约定义务的

---

① 江伟、肖建国主编:《民事诉讼法》,中国人民大学出版社2015年第7版,第96页。

地点。依照借款合同的约定,贷款方应先将借款划出,从而履行了贷款方所应承担的义务。因此,除当事人另有约定外,确定贷款方所在地为合同履行地。

证券回购合同,凡在交易所内进行的证券回购业务,交易场所所在地为合同履行地,在交易场所外进行的证券回购业务,最初付款一方(返售方)所在地为合同履行地。证券回购是指证券持有人(回购方,即资金拆入方)在卖出一笔证券的同时,与买方(返售方,即资金拆出方)签订协议约定一定期限和价格,买回同一笔证券的融资活动。

名称与内容不一致的合同,即当事人签订的合同虽具有明确、规范的名称,但合同约定的权利义务内容与名称不一致的,应当以该合同约定的权利义务内容确定合同的性质,从而确定合同的履行地和法院的管辖权。合同的名称与合同约定的权利义务内容不一致,而且根据该合同约定的权利义务内容难以区分合同性质的,以及合同的名称与该合同约定的部分权利义务内容相符的,则以合同的名称确定合同的履行地和法院的管辖权。

《合同法》专门对供用电、水、气、热力合同的履行地点作了规定。根据该法第178条、第184条的规定,供用电、供用水、供用气、供用热力合同的履行地点,按照当事人约定;当事人没有约定或者约定不明确的,供电、供水、供气、供热力设施的产权分界处为履行地点。

《民诉法解释》第18条、第20条规定了以下几种合同的履行地:(1)财产租赁合同、融资租赁合同以租赁物使用地为合同履行地。合同对履行地有约定的,从其约定。(2)以信息网络方式订立的买卖合同,通过信息网络交付标的的,以买受人住所地为合同履行地;通过其他方式交付标的的,收货地为合同履行地。合同对履行地有约定的,从其约定。

2.因保险合同纠纷提起的诉讼,由被告住所地或者保险标的物所在地人民法院管辖

保险合同,是指投保人支付保险费给保险人,保险人对于投保人因自然灾害或意外事故所致的损害或责任,承担赔偿责任或支付一定金额的合同。因保险合同发生的纠纷,是指投保人或者保险受益人与保险人之间发生的争议。因保险合同纠纷提起的诉讼,被告住所地、保险标的物所在地人民法院都有管辖权。原告可以选择其中一个法院起诉。保险标的物,是投保人与保险人订立的保险合同所指向的对象,如财产、人身健康或生命等。保险标的物是运输工具或者运输中的货物的,由被告住所地或者运输工具登记注册地、运输目的地、保险事故发生地人民法院管辖。因人身保险合同纠纷提起的诉讼,可以由被保险人住所地人民法院管辖。

3.因票据纠纷提起的诉讼,由票据支付地或者被告住所地人民法院管辖

票据一般包括汇票、本票和支票三种。汇票是出票人签发的,委托付款人在见

票时或者在指定日期无条件支付确定的金额给收款人或者持票人的票据。本票是出票人签发的，承诺自己在见票时无条件支付确定的金额给收款人或者持票人的票据。支票是出票人签发的，委托办理支票存款业务的银行或者其他金融机构在见票时无条件支付确定的金额给收款人或者持票人的票据。票据纠纷诉讼是指以票据上的债务为标的的诉讼，如请求付款之诉和行使追索权之诉等。因票据纠纷提起的诉讼，原告可以向票据支付地人民法院起诉，也可以向被告住所地人民法院起诉。所谓票据支付地，是指票据上载明的付款地。票据上未载明付款地的，汇票付款人或者代理付款人的营业场所、住所或者经常居住地，本票出票人的营业场所，支票付款人或者代理付款人的营业场所所在地为票据付款地。

4.因公司设立、确认股东资格、分配利润、解散等纠纷提起的诉讼，由公司住所地人民法院管辖

这是2012年修法时新增设的规定。公司住所地是指公司主要办事机构所在地。公司办事机构所在地不明确的，由其注册地人民法院管辖。因股东名册记载、请求变更公司登记、股东知情权、公司决议、公司合并、公司分立、公司减资、公司增资等纠纷提起的诉讼，依照《民事诉讼法》第26条的规定确定管辖。

5.因铁路、公路、水上、航空运输和联合运输合同纠纷提起的诉讼，由运输始发地、目的地或者被告住所地人民法院管辖

运输合同纠纷是指货物运输或者旅客运输过程中，对托运货物、行李、包裹等物品自接受承运时起到交付时止发生的灭失、缺少、变质、污染或者损坏，或者因承运人的过错未按规定的期限将货物运送到交货地点，或者因托运人或收货人的过错造成承运人的运输工具、设备或者第三人货物损坏等引起的纠纷。因铁路、公路、水上、航空运输和联合运输合同纠纷提起的诉讼，由运输始发地、目的地或者被告住所地人民法院管辖。所谓运输始发地，是指客运或者货运合同规定的出发地；目的地，是指根据运输合同约定的客运、货运的最终到达地。海事纠纷案件、海商纠纷案件由海事法院管辖，与铁路运输有关的合同纠纷由铁路运输法院管辖。对于水上运输或水陆联合运输合同纠纷，发生在我国海事法院辖区的，由海事法院管辖，即由运输始发地、目的地或者被告住所地的海事人民法院管辖。

6.因侵权行为提起的诉讼，由侵权行为地或者被告住所地人民法院管辖

侵权行为包括侵害人身权利和财产权利的行为。因侵权行为提起的诉讼，是指受侵害的一方当事人向人民法院起诉要求赔偿损失而发生的诉讼。因侵权行为提起的诉讼，由侵权行为地或者被告住所地人民法院管辖。侵权行为地包括侵权行为实施地和侵权结果发生地。一般情况下，侵权行为地与被告住所地是一致的。如果侵权行为地和被告住所地不一致，两地人民法院都有管辖权。当事人可以选择向其中一地的人民法院起诉。因产品缺陷造成他人财产、人身损害而提起的诉

讼,被告住所地、产品制造地或产品销售地等侵权行为地的人民法院都有管辖权。在信息网络侵权纠纷案件中,侵权行为实施地包括实施被诉侵权行为的计算机等信息设备所在地;侵权结果发生地包括被侵权人住所地。

针对知识产权侵权纠纷案件的特殊性,最高人民法院《关于审理专利纠纷案件适用法律问题的若干规定》(2015 年修订)作出如下特别规定:侵权行为地包括:(1)被控侵犯发明、实用新型专利权的产品的制造、使用、许诺销售、销售、进口等行为的实施地;(2)专利方法使用行为的实施地,依照该专利方法直接获得的产品的使用、许诺销售、销售、进口等行为的实施地;(3)外观设计专利产品的制造、销售、进口等行为的实施地;(4)假冒他人专利的行为实施地;(5)上述侵权行为的侵权结果发生地。原告仅对侵权产品制造者提起诉讼,未起诉销售者,侵权产品制造地与销售地不一致的,制造地人民法院有管辖权;以制造者与销售者为共同被告起诉的,销售地人民法院有管辖权。销售者是制造者的分支机构,原告在销售地起诉侵权产品制造者制造、销售行为的,销售地人民法院有管辖权。最高人民法院《关于审理商标民事纠纷案件适用法律问题的若干规定》(2002 年发布)规定:因侵犯著作权、商标专用权提起的诉讼,由《著作权法》第 47 条、第 48 条和《商标法》第 13 条、第 52 条所规定的侵权行为实施地,侵权复制品、商品的储藏地或查封扣押地,被告住所地的法院管辖。储藏地是指大量或者经常性储存、隐匿侵权复制品、商品所在地。查封扣押地则是指海关、工商、版权等行政机关依法查封、扣押侵权复制品、商品所在地。对涉及不同侵权行为实施地的多个被告提起的共同诉讼,原告可以选择其中一个被告的侵权行为实施地人民法院管辖;仅对其中某一被告提起的诉讼,该被告侵权行为实施地的人民法院有管辖权。最高人民法院《关于审理涉及计算机网络著作权纠纷案件适用法律若干问题的解释》(2000 年发布)规定,侵犯网络著作权纠纷案件,由侵权行为地或者被告住所地法院管辖。侵权行为地包括实施被诉侵权行为的网络服务器、计算机终端等设备所在地。对难以确定侵权行为地和被告住所地的,原告发现侵权内容的计算机终端等设备的所在地可以视为侵权行为地。最高人民法院《关于审理涉及计算机网络域名民事纠纷案件适用法律若干问题的解释》(2001 年发布)规定,有关计算机网络域名的侵权纠纷案件,由侵权行为地或者被告住所地的中级人民法院管辖。对难以确定侵权行为地和被告住所地的,原告发现该域名的计算机终端等设备所在地可以视为侵权行为地。

7.因铁路、公路、水上和航空事故请求损害赔偿提起的诉讼,由事故发生地或者车辆、船舶最先到达地、航空器最先降落地或者被告住所地人民法院管辖

因铁路、公路、水上和航空事故请求损害赔偿提起的诉讼与因铁路、公路、水上、航空运输和联合运输合同纠纷提起的诉讼,是两种不同的诉讼。前者属于因特殊的侵权行为而引起的诉讼,后者则属于因运输合同而发生的诉讼。所谓"事故发

生地”可以理解为事故发生的具体地点。“车辆、船舶最先到达地”即事故发生后该车辆、船舶第一次到达的地点(如车站或港口)。所谓“航空器最先降落地”是指事故发生后航空器(包括飞机、飞艇、卫星、气球等)第一次降落的地点或因事故而坠落的地点。因铁路、公路、水上、航空事故引起的损害赔偿纠纷,事故发生地、车辆最先到达地、船舶最先到达地、航空器最先降落地、被告住所地人民法院都有权管辖。

8.因船舶碰撞或者其他海事损害事故请求损害赔偿提起的诉讼,由碰撞发生地、受碰撞船舶最先到达地、加害船舶被扣留地或者被告住所地人民法院管辖

其他海事损害事故包括船舶在航行中触礁、触岸、搁浅、浪损、失火、爆炸、沉没或者失踪等等。因船舶碰撞或者其他海损事故造成财产、人身损害,原告追索损害赔偿的诉讼,由下列各地人民法院管辖:(1)碰撞发生地,即船舶碰撞的侵权行为发生的具体地点;(2)碰撞船舶最先到达地,即船舶碰撞事故发生后,受害船舶最先到达的港口所在地;(3)加害船舶被扣留地,即加害船舶实施侵权行为后继续航行,后被有关机关扣留的具体地点;(4)被告住所地,一般是加害船舶的船籍港所在地,即该船舶进行登记,获得航行权的具体港口。

9.因海难救助费用提起的诉讼,由救助地或者被救船舶最先到达地人民法院管辖

海难救助,是指由外力对遇难的船舶及船上的人员和财产的救助,而不论此种救助发生在何水域。救助人经过努力使被救财产全部或部分脱险,被救财产所有人应当支付适当的救助报酬,称为海难救助费用。因海难救助费用发生的诉讼,由救助地或被救助船舶最先到达地人民法院管辖,便于查清实施救助的实际情况,确定报酬数额,有利于我国法院对某些救助行为地在公海的案件行使司法管辖权。

10.因共同海损提起的诉讼,由船舶最先到达地、共同海损理算地或者航程终止地的人民法院管辖

共同海损,是指在同一海上航程中,船舶、货物和其他财产遭遇共同危险,为了共同安全,有意地合理地采取措施所直接造成的特殊牺牲、支付的特殊费用。例如,为灭火而引海水入舱;为避免全船覆没而将全部或部分货物抛进大海;为进行船舶紧急修理而自动搁浅等。共同海损的牺牲和费用经过清算,由有关各方按比例分担。如果共同海损的全体受益人对共同海损的构成与否及分担比例等问题发生争议而诉诸法院,这就是共同海损诉讼。对于因共同海损提起诉讼,只要共同海损发生在我国领域或者我国管辖的其他领域,共同海损的理算是在我国进行,或者发生共同海损船舶的航程终点为我国港口的,共同海损发生地、共同海损理算地或者航程终止地人民法院均有权管辖。共同海损理算地,是处理共同海损损失,理算共同海损费用的工作机构所在地。我国共同海损理算机构是中国国际贸易促进委

员会，地点在北京，理算适用的规则是1975年1月1日公布的《中国国际贸易促进委员会海损理算暂行规则》（简称《北京理算规则》）。

因共同海损提起的诉讼，船舶最先到达地、共同海损理算地或者航程终止地人民法院都有管辖权。船舶最先到达地，是指对遇难船舶采取挽救措施，继续航行后最先到达的港口所在地。航程终止地，是指发生共同海损船舶的航程终点。

（三）专属管辖

某类民事案件，法律规定必须由一定地区的法院管辖，其他法院无权管辖，也不允许当事人协议变更管辖的，称为专属管辖。专属管辖与其他管辖的规定不同，具有排他性：第一，排除一般地域管辖和特殊地域管辖的适用。凡属专属管辖的案件，只能由法律规定的法院管辖，其他人民法院都无权管辖。第二，排除协议管辖的适用。属于专属管辖的案件，当事人不能以双方的协议变更管辖法院。第三，排除任何外国法院对诉讼的管辖权。我国《民事诉讼法》第33条规定的适用专属管辖的诉讼有以下三种：

1.因不动产纠纷提起的诉讼，由不动产所在地人民法院管辖。所谓"不动产"是指不能移动其位置的财产，或者移动其位置以后会引起性质、状态、价值改变的财产。土地、附着于土地的建筑物及其他定着物、建筑物的固定附属设施，都是不动产。"因不动产提起的诉讼"包括涉及不动产的所有权确认、买卖、抵押、典当、互易、赠与、征用拆迁、侵权损害等方面的诉讼案件。对于这类诉讼，法律之所以规定适用专属管辖，主要在于便利受诉法院进行调查、勘验、调取证据，对案件作出正确处理。通过立法将因不动产纠纷提起的诉讼规定为专属管辖，是各国的通行做法。《民诉法解释》地28条第2款规定："农村土地承包经营合同纠纷、房屋租赁合同纠纷、建设工程施工合同纠纷、政策性房屋买卖合同纠纷，按照不动产纠纷确定管辖。"不动产已登记的，以不动产登记簿记载的所在地为不动产所在地；不动产未登记的，以不动产实际所在地为不动产所在地。

2.因港口作业中发生纠纷提起的诉讼，由港口所在地人民法院管辖。港口作业中发生纠纷提起的诉讼，包括因港口装卸、搬运、理货发生纠纷提起的诉讼，以及因船舶在港口作业中违章操作损坏港口设施而提起的诉讼。这类案件发生在港口，由港口所在地法院专属管辖，有利于迅速查明案情，作出正确裁判。

3.因继承遗产纠纷提起的诉讼，由被继承人死亡时住所地或者主要遗产所在地人民法院管辖。主要遗产所在地是指遗产中有不动产的，为该项不动产所在地，不动产有多项时，为主要不动产所在地。由被继承人死亡时所在地或者主要遗产所在地的法院管辖这类案件，便于确定继承开始的时间、继承人和被继承人的关系、遗产的范围和分配问题，妥善处理继承案件。

（四）共同管辖与选择管辖

同一诉讼，依照法律规定两个以上法院都有管辖权的，称为共同管辖。从当事人来看，对两个以上人民法院都有管辖权的诉讼案件，允许原告选择其中一个法院起诉，接受起诉的人民法院就是本案件的管辖法院。所以，共同管辖是选择管辖的基础，有共同管辖才有选择管辖；而选择管辖则是对共同管辖的落实。

我国《民事诉讼法》第35条规定："两个以上人民法院都有管辖权的诉讼，原告可以向其中一个人民法院起诉；原告向两个以上有管辖权的人民法院起诉的，由最先立案的人民法院管辖。"该规定旨在防止有管辖权的两个以上的人民法院在受理民事案件时互相争夺或互相推诿，致使当事人不能及时行使诉讼权利。

根据最高人民法院的有关规定，两个以上人民法院都有管辖权的诉讼，先立案的人民法院不得将案件移送给另一个有管辖权的人民法院。人民法院在立案前发现其他有管辖权的人民法院已先立案的，不得重复立案。在立案后发现其他有管辖权的人民法院已先立案的，应将案件移送给先立案的人民法院。

共同管辖与选择管辖实际上是一个问题的两个侧面。比如就合同纠纷案件而言，从法院的角度来看这个合同纠纷，被告住所地法院与合同履行地法院就形成了两个以上法院对同一案件的共同管辖。从当事人的角度来看就是选择管辖，即由当事人在两个以上的有管辖权的法院之中选择其中一个作为本案的管辖法院。如果当事人选择了两个以上的法院，即由最先立案的法院行使管辖权。立案是法院的内部行为，而受理案件则是法院对当事人的行为。如果发生管辖权争议，应由有关法院协商解决；若协商不成，由共同上级法院指定管辖。

（五）协议管辖

协议管辖，又称合意管辖或者约定管辖，是指双方当事人在纠纷发生之前或发生之后，以协议的方式选择解决他们之间纠纷的管辖法院。该制度尊重当事人的意愿，体现了诉讼民主，适应了日益广泛和复杂的社会经济交往的需要。

从适用的范围来看，协议管辖可分为国内民事案件的协议管辖和涉外民事案件的协议管辖。前者是指国内民事争议的案件的当事人双方在纠纷发生之前或发生之后，以协议的方式选定他们之间争议的管辖法院。后者是指争议双方或一方是外国公民或法人，在他们之间的争议发生之前或发生之后，以协议的方式约定由他们共同选择的一国法院管辖。

从当事人意思表示的形式来看，协议管辖又可分为明示的协议管辖和默示的协议管辖。前者是指双方当事人在纠纷发生之前或纠纷发生之后，在合同或其他书面文件中明确表示他们同意将争议提交某一法院管辖的意思。后者是指双方当事人起诉前尽管没有明示的管辖意思表示,但相对方不主张受诉法院无管辖权,并应诉答辩,从而使受理法院取得管辖权。

1. 明示协议管辖。我国《民事诉讼法》第 34 条规定:“合同或者其他财产权益纠纷的当事人可以书面协议选择被告住所地、合同履行地、合同签订地、原告住所地、标的物所在地等与争议有实际联系的地点的人民法院管辖,但不得违反本法对级别管辖和专属管辖的规定。”据此,协议管辖须具备以下条件:(1)在审级上,协议管辖仅适用于第一审民事案件。当事人在纠纷发生前或发生后,可达成协议确定第一审管辖法院。对第二审民事案件,只能向法律规定的二审法院上诉,而不能以协议决定第二审法院。(2)在表现形式上,当事人应以书面合同的形式选择管辖法院,用口头形式约定管辖的,其约定无效。(3)在选择范围上,仅限于本案的被告住所地、合同履行地、合同签订地、原告住所地和标的物所在地等与争议有实际联系的地点的法院,而不能选择与争议没有实际联系地点的法院。如果合同的双方当事人选择管辖的协议对管辖法院约定不明确的,仍应由被告住所地或合同履行地人民法院管辖。(4)在管辖类型上,当事人只能协议变更第一审的地域管辖,而不能协议变更级别管辖和专属管辖。例如,应由基层人民法院为第一审案件管辖法院的,不能选择中级人民法院为第一审管辖法院;合同标的物是不动产的,只能由不动产所在地人民法院管辖,不允许当事人以协议方式变更管辖法院。(5)管辖协议所约定的法院必须是明确的,否则协议无效。根据《民诉法解释》第 30 条、第 32 条的规定,根据管辖协议,起诉时能够确定管辖法院的,从其约定;不能确定的,依照民事诉讼法的相关规定确定管辖。管辖协议约定两个以上与争议有实际联系的地点的人民法院管辖,原告可以向其中一个人民法院起诉。管辖协议约定由一方当事人住所地人民法院管辖,协议签订后当事人住所地变更的,由签订管辖协议时的住所地人民法院管辖,但当事人另有约定的除外。

2. 默示协议管辖。《民事诉讼法》第 127 条第 2 款规定:“当事人未提出管辖异议,并应诉答辩的,视为受诉人民法院有管辖权,但违反级别管辖和专属管辖规定的除外。”此即默示协议管辖规定。该项规定包含以下内容:(1)本条所指的“人民法院”,可以是对案件有管辖权的人民法院,也可以是对案件没有管辖权的人民法院。(2)所谓“未提出异议”,是指被告在答辩期内没有就受案法院对案件的管辖提出反对意见。(3)只在被告既“未提出异议”,又“应诉答辩”时,才能发生默示协议管辖的效力。还应说明的是,“应诉答辩”是指被告对案件实体问题的答辩。如

果被告仅对程序问题答辩，不构成默示协议管辖。[①]《民诉法解释》第 223 条第 2 款规定："当事人未提出管辖异议，就案件实体内容进行答辩、陈述或者反诉的，可以认定为民事诉讼法第一百二十七条第二款规定的应诉答辩。"

第五节　裁定管辖

根据人民法院的裁定确定管辖法院的情形，称为裁定管辖。裁定管辖是法定管辖的必要补充。我国《民事诉讼法》规定的指定管辖、移送管辖和管辖权的移转均属于裁定管辖。

一、移送管辖

移送管辖是指某一个人民法院受理民事案件后，发现自己对该案件没有管辖权，将案件移送给有管辖权的人民法院受理。它是无管辖权的人民法院在受理了不属于其管辖的案件的情况下所采取的一种纠正措施，其实质是人民法院之间案件的移送，并非管辖权的转移。

根据《民事诉讼法》第 36 条的规定，移送管辖须具备以下三个条件：(1)移送的案件必须是已经受理的案件；(2)移送的人民法院对案件没有管辖权；(3)受移送的人民法院对该案件有管辖权。移送人民法院的决定对受移送的人民法院具有法律约束力，受移送的人民法院应当及时受理和审判，不得再自行移送给其他人民法院。如果受移送的人民法院认为移送来的案件本院无管辖权，不能将该案退回原移送的人民法院，也不能再移送给其他人民法院，而只能依照有关规定报请上级人民法院指定管辖。

移送管辖是受理案件法院的一种自我判断，即只要受理案件法院认为自己无管辖权，就可以将该案件移送给自己认为有管辖权的法院。因此，移送管辖需要注意两点：(1)移送的次数。为尽快解决管辖问题，移送管辖只能进行一次。因此，受移送的法院应当受理。受移送的人民法院即使认为对移送来的案件无管辖权，也不得自行将案件再移送到其他法院或者将案件退回移送的法院，只能报请上级人

① 许多国家规定了"特别出庭"(special appearance)制度，即被告出庭的目的不是就案件实体问题进行辩论，而是对管辖权表示异议或要求解除扣押物，这种出庭不能作为法院行使管辖权的根据。参见江伟主编：《民事诉讼法专论》，中国人民大学出版社 2005 年版，第 461 页。

民法院指定管辖。这里的上级法院是指自己的上级法院。(2)管辖恒定。人民法院的管辖权以受理案件时有无管辖权为标准。受理案件时有管辖权的法院受理后,根据管辖恒定的原则,其管辖权不受当事人住所地、经常居住地变更的影响;同时,也不得以行政区划变更为理由,将案件移送给变更后有管辖权的人民法院。可见,有管辖权的法院受理案件后,不论发生何种情况变化,都有权继续审理案件,直至作出裁判。

二、指定管辖

指定管辖是指上级人民法院用裁定的方式将某一案件交由某一个下级人民法院管辖。《民事诉讼法》第 37 条规定:"有管辖权的人民法院由于特殊原因,不能行使管辖权的,由上级人民法院指定管辖。人民法院之间因管辖权发生争议,由争议双方协商解决;协商解决不了的,报请它们的共同上级人民法院指定管辖。"依照此条文,下列两种情况需要由上级人民法院指定管辖:

(一)由于特殊原因,有管辖权的人民法院不能行使管辖权

所谓特殊原因既包括法律方面的原因,也包括事实方面的原因。法律方面的原因主要指法律规定的情形,比如有管辖权的法院的全体审判人员与本案有利害关系,被当事人申请回避或自行回避,因而不能执行职务。事实方面的原因主要表现为:有管辖权的法院所在地发生了严重的自然灾害,致使该法院无法办案;或者由于交通中断,当事人或者其他诉讼参与人无法进行诉讼活动等。如果遇有上述情况,就需要由上级法院指定管辖,无管辖权的人民法院由于上级法院的指定而取得了管辖权。

(二)管辖权发生争议,争议双方协商不成

所谓管辖权争议,是指两个或两个以上的人民法院对同一案件互相推诿或互相争夺而发生的纠纷。管辖权争议的原因,一是由于对管辖的规定有不同理解引起的,二是因行政区划变动或不明确引起的。管辖权发生争议时,首先由争议的人民法院协商解决,若协商解决不了的,再报它们的共同上一级人民法院指定管辖。例如,A 省甲市中级人民法院与 A 省乙市中级人民法院之间的管辖权争议,应由该省高级法院指定管辖;而 A 省甲县法院与 B 省乙县法院之间发生的管辖权争议,其共同上级法院为最高人民法院。但是,甲县法院与乙县法院发生争议协商解决不了时,不能直接报请最高人民法院管辖。《民诉法解释》第 40 条第 2 款规定,报请上级法院指定管辖时,应当逐级进行,也就是说,甲县法院与乙县法院协商不

成时，应各自报请中级人民法院；中级人民法院也协商不成时，应再各自报请高级法院；高级法院协商不成的，报请最高人民法院指定管辖。

三、管辖权的转移

由上级法院将某个案件的管辖权转移给下级法院，或者下级法院将某个案件的管辖权经上级法院同意后转移给上级人民法院的情形，称为管辖权的转移。管辖权的转移是对级别管辖的一种变通措施。在审判实践中，可能出现一方当事人是受诉法院或其工作人员，或者案情重大复杂、政策性强、涉及面广，受诉法院审理确有困难的情况。为了解决此类问题，《民事诉讼法》规定了管辖权的转移，赋予法院灵活应用的权力，以调节上下级法院的管辖权限，更好地解决审判实践中遇到的管辖问题。

管辖权的转移与移送管辖不同。首先，前者是指有管辖权的法院将案件的管辖权转移给原来没有管辖权的法院，所转移的是案件的管辖权；而后者是指无管辖权的法院将不属于自己管辖的案件移送给它认为有管辖权的法院，所移送的是案件而不是管辖权。其次，前者是在上下级法院之间进行的，是补充级别管辖的一种规定；而后者除涉及级别管辖的情况外，一般仅在同级法院之间进行，是落实地域管辖的一种规定。最后，依管辖权转移的规定，当上级法院将案件交由下级法院审理时，下级法院必须遵从，这是审级制度和权限所决定的；[①]而下级法院报请上级人民法院审理的案件，须经上级法院准许，下级法院没有决定权。移送管辖一般是在同级法院之间进行的，不需要经过上级法院批准。《民诉法解释》第 42 条第 1 款规定："下列第一审民事案件，人民法院依照民事诉讼法第三十八条第一款规定，可以在开庭前交下级人民法院审理：(一)破产程序中有关债务人的诉讼案件；(二)当事人人数众多且不方便诉讼的案件；(三)最高人民法院确定的其他类型案件。"为了规范管辖权转移的程序，防止法院为地方保护而滥用管辖权转移制度，该条第 2 款还规定："人民法院交下级人民法院审理前，应当报请其上级人民法院批准。上级人民法院批准后，人民法院应当裁定将案件交下级人民法院审理。"

最高人民法院《关于规范上下级人民法院审判业务关系的若干意见》(2010 年 12 月 28 日印发)第 3 条规定："基层人民法院和中级人民法院对于已经受理的下列第一审案件，必要时可以根据相关法律规定，书面报请上一级人民法院审理：(1)重大疑难、复杂案件；(2)新类型案件；(3)具有普遍法律适用意义的案件；(4)有

---

① 根据《民事诉讼法》第 38 条的规定，上级法院确有必要将本院管辖的第一审民事案件交下级法院审理的，应当报请其上级人民法院批准。

管辖权的人民法院不宜行使审判权的案件。"第 5 条规定:"上级人民法院认为下级人民法院管辖的第一审案件,属于本意见第 3 条所列类型,有必要由自己审理的,可以决定提级管辖。"

第六节 管辖权异议

一、管辖权异议的概念

所谓管辖权异议,是指当事人认为受诉人民法院对该案无管辖权,而向受诉人民法院提出的不服该法院管辖的意见或主张。由于确定管辖的因素比较复杂,当事人对管辖权的归属理解不一定准确。一方面,法院仅仅根据原告单方面提供的材料审查立案,可能会受理了自己本无管辖权的案件。因此,赋予对方当事人管辖异议权是具有现实意义的。另一方面,允许被告提出管辖权异议也有利于实现双方当事人诉讼权利的平等。被告是被动应诉的一方,在选择管辖法院方面处于被动状态。赋予被告管辖异议权,就是赋予被告抗衡原告的力量,对抗原告滥用诉讼权利的行为。在我国,由于司法地方保护主义问题,赋予被告管辖异议权,在一定程度上也有助于缓解地方保护主义给当事人造成的对法院的不信任。

《民事诉讼法》第 127 条第 1 款规定:"人民法院受理案件后,当事人对管辖权有异议的,应当在提交答辩状期间提出。人民法院对当事人提出的异议,应当审查。异议成立的,裁定将案件移送有管辖权的人民法院;异议不成立的,裁定驳回。"《民诉法解释》第 223 条第 1 款规定:"当事人在提交答辩状期间提出管辖异议,又针对起诉状的内容进行答辩的,人民法院应当依照民事诉讼法第一百二十七条第一款的规定,对管辖异议进行审查。"据此,提出管辖权异议须具备以下条件:(1)必须是本案的当事人。这里的当事人主要是指被告,也可能是原告。例如,原告向某地法院起诉后,由于移送管辖、指定管辖或管辖权转移等原因,本案的审理法院变为另一法院。此时,对原告而言,可能同意由另一法院受理,也可能不同意。因此,应当赋予原告对管辖权提出异议的权利。(2)当事人对管辖权的异议,应当在提交答辩状期间提出。人民法院受理的一审民事纠纷案件,当事人对管辖权有异议的,必须在法定的答辩期限内提出,逾期提出的,人民法院不予审查。(3)人民法院已经受理案件,但尚未进入实体审理。这是提出管辖权异议的程序性条件。对于法院尚未受理的案件,当事人是否起诉及法院是否受理均无法确定,因而不得提出管辖权异议。此外,受诉法院对本案虽无管辖权,但法院本身既未发现,当事

人又未提出异议，从而使案件进入实体审理，根据管辖恒定原则，受诉法院即被视为有管辖权的法院，以保证对案件的正常审理。

二、对管辖权异议的处理

当事人提出的管辖权异议符合上述三个条件的，人民法院应当进行审查。经过审查，当事人对管辖权的异议成立的，受诉法院应当作出裁定，将案件移送有管辖权的人民法院。异议不成立的，裁定予以驳回。裁定应当送达双方当事人。当事人对受诉法院的裁定不服的，在 10 日内有权向上一级人民法院提起上诉。第二审法院确定该案的管辖权后，当事人即应按法院通知参加诉讼。

为了正确审理民事级别管辖异议案件，依法维护诉讼程序和当事人的合法权益，最高人民法院于 2009 年 11 月 12 日公布了《关于审理民事级别管辖异议案件若干问题的规定》。根据这一司法解释文件，被告在提交答辩状期间提出管辖权异议，认为受诉法院违反级别管辖规定，案件应当由上级法院或者下级法院管辖的，受诉法院应当审查，并在受理异议之日起 15 日内作出裁定：(1)异议不成立的，裁定驳回；(2)异议成立的，裁定移送有管辖权的法院。提交答辩状期间届满后，原告增加诉讼请求金额致使案件标的额超过受诉法院级别管辖标准，被告提出管辖权异议，请求由上级法院管辖的，法院应当按照上述规定审查并作出裁定。

在引例中，原告甲公司在起诉时，为了获得有利于自己的诉讼管辖，故意降低请求的数额，在获得其所期待的案件管辖后，在诉讼中又通过增加诉讼请求数额来实现自己利益的最大化。甲公司的行为是一种典型的以不正当手段获取有利于自己诉讼状态的表现。对此，被告有权提出管辖权异议，法院审查核实后，应当排除当事人的不当行为。

第六章　当事人与诉讼代理人

【引　例】

2010年8月6日，某钢铁厂司机郭平川受工厂指派，为客户运送货物，途中不慎撞倒在路边行走的村民李青山。李青山受伤后经抢救而脱险，但卧床不起。其妻张艳珍要求工厂赔偿，遭到厂长何东升的拒绝。张艳珍遂向法院提起诉讼。请分析本案的诉讼参加人并说明理由。

第一节　当事人概述

一、当事人的界定

(一)当事人的概念

民事诉讼当事人，是指以自己的名义请求法院行使审判权解决民事纠纷或者保护民事权益的人及其相对方。简言之，凡是以自己的名义起诉或应诉的人，即为当事人。起诉的人为原告；原告的相对方即应诉的人，为被告。

民事诉讼当事人概念是诉讼法上的概念。一般认为，诉讼当事人概念的构成要件主要有三点：(1)必须以自己的名义起诉或者应诉，实施诉讼行为。当事人必须以自己的名义进行诉讼，直接享有诉讼权利或者承担诉讼义务。(2)必须是请求法院解决民事纠纷或者保护民事权益的人及其相对方。(3)必须是在诉状内明确表示为原告和被告的人。至于是否确实为争议的民事实体法律关系的主体，则在所不问。

(二)当事人概念界定的演变

我国民事诉讼理论对当事人概念的界定,经历了一个发展演变的过程。

1.实体利害关系当事人概念

我国民事诉讼传统理论认为,民事诉讼当事人是指因民事的权利和义务关系发生争议,以自己的名义进行诉讼,并受人民法院裁判拘束的直接利害关系人。依据传统的当事人理论,当事人有三个特征:一是以自己的名义进行诉讼;二是与案件有直接的利害关系;三是受人民法院裁判的拘束。

依据实体利害关系当事人概念,当事人必须与案件有"直接利害关系",直接利害关系以外的人不能成为当事人。换言之,只有争讼的实体法上权利人和义务人才能成为诉讼当事人。然而,争讼的双方之间是否确实存在民事实体法律关系,在起诉时并不明确,必须等待法庭辩论终结、实体法律关系明确之时才能确定。在法庭辩论终结之前,诉讼当事人将处于不确定的状态。与此相关的一系列诉讼问题,如案件的管辖、回避、诉讼同一性、诉讼能力等,将无法得到及时的解决,诉讼程序将无法顺利进行。如果采实体利害关系当事人概念,也无法合理解释诉讼担当现象。所谓诉讼担当,即争讼实体法律关系主体以外的第三人,以自己的名义,为保护他人的利益,而以当事人的地位进行诉讼,但法院判决的效力及于原来的权利主体。非争讼的实体法律关系主体以外的第三人,即诉讼担当人;原来的权利主体,即被担当人。

此外,如果采用实体利害关系当事人概念,将对司法实践造成严重的负面影响。为了确定起诉者和被诉者是否为案件的直接利害关系人,法院必须在起诉时进行严格的实质审查。但若如此,必将阻碍民众获得及时的权利救济,甚至将起诉者拒之门外,使之得不到司法保护。

2.权利保护当事人概念

为了适应民事权利救济的需要,一些学者通过对利害关系扩大化解释的方法,对实体利害关系当事人概念进行了修正,提出了如下权利保护当事人概念:民事诉讼当事人是指因民事权利义务发生纠纷,为保护民事权益,以自己的名义诉讼,引起民事诉讼程序发生、变更或者消灭的人。

依此界定,当事人不仅包括那些为保护自己的民事权益而进行诉讼的人,而且包括那些为保护他人的民事权益而进行诉讼的人,直接承认了诉讼担当,拓宽了民事诉讼当事人的范围,有助于民众积极利用诉讼程序获得司法救济。

不过,权利保护当事人概念对传统的实体利害关系当事人概念的修正是有限的,仍然未能克服"实体利害关系当事人"学说的不足。

3.程序当事人概念

以上两种当事人概念均将当事人作为实体法上的当事人予以界定。然而，在现实诉讼中，起诉者或被诉者是否为实体法上的当事人，只能在诉讼过程中逐渐查明，甚至到诉讼程序结束之时才能确认，因而无助于利用当事人概念来解决诉讼一开始后就须确定的案件管辖、回避、诉讼同一性、诉讼能力等诉讼问题。事实上，在确定起诉者或被诉者是否为实体法上的当事人之前，就已经承认其作为当事人的诉讼地位了。有鉴于此，学界逐渐认识到，当事人概念应当界定为"以自己的名义请求法院行使审判权解决民事纠纷或者保护民事权益的人及其相对方"。

依据此概念，确定当事人的根据不在于该人是否为争议的实体法律关系的主体，或该人是否在客观上享有实体权利或承担实体义务，而是从形式上考察：形式上以自己名义请求法院行使审判权的人，即为原告，而原告主观上认为的相对人，即为被告。简单地说，以自己的名义实际起诉或应诉的人，即为当事人。当事人的地位与是否为实体法律关系的主体无关，因而称为程序当事人。

将当事人界定为程序当事人，具有重要意义：一是有利于保障当事人充分行使诉权。诉权是宪法上的基本权利，任何权利主体都可以通过行使诉权，成为民事诉讼当事人。民事主体在起诉应诉时，诉讼法即确认其当事人地位，避免起诉时法院即对案件进行实体审查。二是有利于扩大司法救济的空间。在现代社会，当事人的权利和利益越来越受到重视。尽管实体法越来越完善，但仍不可能尽善尽美，新型纠纷无法纳入现行法所承认的权利体制或框架之中的情形不断涌现。民事诉讼应当具有创制和促进民事实体法发展的功能。基于诉的利益，在传统理论上不能成为当事人的人，可以依据程序当事人概念，寻求司法救济，从而扩大了司法救济的空间。

我国《民事诉讼法》第 119 条规定："原告是与本案有直接利害关系的公民、法人和其他组织"；第 56 条第 2 款规定："人民法院判决承担民事责任的第三人，有当事人的诉讼权利义务"。这些规定采取的是实体利害关系当事人的概念。不过，我国诉讼实务中也承认诉讼担当，《民事诉讼法》第 53 条以及其他法律和司法解释并非一律采纳实体利害关系人概念。

（三）当事人的确定与称谓

1.当事人的确定

所谓当事人的确定，是指在具体的诉讼案件中，应确定何人为当事人，应以何标准确定当事人。当事人概念的界定方式不同，当事人的确定标准亦有所差异。在实体利害关系当事人的定义下，当事人的确定以实体法为标准，是否成为当事人须待法庭辩论终结、实体法律关系明确之时。从程序当事人概念出发，当事人在诉讼开始之时就可确定，依据诉状即可确定具体案件的当事人。

2.当事人的称谓

在我国，当事人有广义和狭义之分。狭义的当事人仅指原告和被告。广义的当事人除原告、被告之外，还包括共同诉讼人、诉讼代表人和有独立请求权的第三人。有学者认为，由于共同诉讼人、诉讼代表人或者为原告或者为被告，有独立请求权的第三人实质上是参加之诉的原告，因此，广义的当事人与狭义的当事人并没有本质上的不同，共同诉讼人、诉讼代表人和有独立请求权的第三人实际上是原告或被告的特殊表现形式。[①] 我们认为，共同诉讼、代表人诉讼和第三人制度具有各自的特殊性，有单独研究的必要。因此，本章采狭义的当事人概念，将原告和被告作为当事人，而将共同诉讼人、诉讼代表人和有独立请求权的第三人作为狭义当事人概念基础之上的广义当事人。

在我国，由于审级和程序的不同，当事人在诉讼中的称谓有所不同：在第一审程序中，称为原告、被告；在本诉和反诉的程序中，称为本诉原告和本诉被告、反诉原告和反诉被告；在第二审程序中，称为上诉人、被上诉人；在再审程序中，如适用第一审程序，称为原审原告、原审被告，如适用第二审程序，称为原审上诉人、原审被上诉人；在特别程序中，称为申请人、债务人等；在执行程序中，称为申请人、被申请人（或被执行人）。

二、诉讼权利能力与诉讼行为能力

（一）诉讼权利能力

当事人的诉讼权利能力又称当事人能力，是指能够以自己的名义作为民事诉讼当事人的能力或资格。诉讼权利能力是一种抽象意义上的能力或资格，不以具体的案件为前提。换言之，具有诉讼权利能力的人，并不必然成为具体案件的当事人，要现实地成为具体案件的当事人，还需在具体案件中通过起诉或被诉来实现。

一般而言，诉讼权利能力与民事权利能力具有一致性，有民事权利能力者同时具有诉讼权利能力。例如，通常情况下，自然人的诉讼权利能力与民事权利能力是一致的，均始于出生而终于死亡；法人有民事权利能力，当然也有诉讼权利能力。但是，诉讼权利能力毕竟是诉讼法上的概念，诉讼权利能力的有无决定的是能否作为当事人的问题，而民事权利能力为实体法上的概念，民事权利能力的有无决定的则是能否作为民事主体的问题，二者不能等同。在一些情况下，诉讼权利能力与民事权利能力也存在不一致的情形。兹对其主要情形具体分析如下：

---

① 王锡三：《民事诉讼法研究》，重庆大学出版社1996年版，第112页。

1.胎儿

依据传统的民法理论，自然人的民事权利能力始于出生、终于死亡。但是，我国《继承法》规定，遗产分割时，应当保留胎儿的继承份额；胎儿出生时是死体的，保留的份额按法定继承办理。由此可见，我国《继承法》承认尚未出生的胎儿具有有限的民事权利能力。《民法总则》第16条规定："涉及遗产继承、接受赠与等胎儿利益保护的，胎儿视为具有民事权利能力。"

我国有学者认为，为了强化对胎儿的保护，顺乎人情及民法进步的潮流，对于胎儿的保护，应当采取总括的保护主义，即在需要保护胎儿利益的情形中，将胎儿视为出生。① 在总括的保护主义下，凡是基于胎儿利益保护需要的，就应当承认胎儿具有民事诉讼权利能力。一般认为，诉讼权利能力是不受限制的，具有普遍性，只要胎儿被赋予了一定的实体权利，就具有了普遍的诉讼权利能力。因此，胎儿具有的民事权利能力是有限的，但其民事诉讼权利能力却是完全的。

2.死者

传统民法理论认为，自然人的民事权利能力终于死亡，故死者不具有民事权利能力。而现代民法理论认为，自然人死亡之后，仍继续存在着某些与该自然人作为民事主体存续期间已经取得或享有的与其人身权相联系的利益，如姓名权、肖像权、名誉权、著作人身权等。由此可见，在某种意义上，死者具有一定的民事权利能力。在死者的这些权利或利益受到损害时，死者的近亲属可以作为诉讼当事人请求法院予以保护。因此，可以说，死者虽具有民事权利能力，但不具有诉讼权利能力，不能成为诉讼当事人。

3.法人

法人的诉讼权利能力与民事权利能力均始于法人的成立而终于法人的撤销或解散。不过，法人的诉讼权利能力与民事权利能力存在分离的情形。与自然人相比，法人的民事权利能力受到其性质的限制，不得享有自然人所固有的民事权益，如法人不享有姓名权、肖像权等；此外还受到特别法的限制，如依《公司法》的规定，公司不得作为其他公司的无限责任股东等。

在法人民事权利能力受到一定限制的同时，法人必须以自己的名义和财产对外承担民事责任，具有诉讼权利能力。而诉讼权利能力仅发生"有或无"的问题，不存在是否受限制的问题，所以法人的诉讼权利能力没有任何限制，每一个法人均具有诉讼权利能力。

4.其他组织（非法人团体）

根据我国1986年制定的《民法通则》的规定，其他组织不具有民事权利能力，

① 梁慧星：《民法总论》，法律出版社2001年版，第109～111页。

不能独立享有民事权利承担民事义务。1999 年制定的《合同法》对此有所突破，其第 2 条第 1 款规定，“本法所称合同是平等主体的自然人、法人、其他组织之间设立、变更、终止民事权利义务关系的协议。”据此，可以认为，在我国《合同法》中，其他组织具有民事权利能力。

无论民法上的规定如何，根据我国《民事诉讼法》第 48 条的规定，其他组织可以作为民事诉讼的当事人，具有诉讼权利能力。根据《民诉法解释》第 52 条的规定，其他组织具有诉讼权利能力，必须具备四项条件：一是合法成立，二是有一定的组织机构，三是有自己的财产，四是不具备法人资格。不具备此四项条件的其他组织，不具有诉讼权利能力。根据该规定，具有诉讼权利能力的其他组织主要包括下列类型：(1)依法登记领取营业执照的个人独资企业；(2)依法登记领取营业执照的合伙企业；(3)依法登记领取我国营业执照的中外合作经营企业、外资企业；(4)依法成立的社会团体的分支机构、代表机构；(5)依法设立并领取营业执照的法人的分支机构；(6)依法设立并领取营业执照的商业银行、政策性银行和非银行金融机构的分支机构；(7)经依法登记领取营业执照的乡镇企业、街道企业；(8)其他符合本条规定条件的组织。例如，根据最高人民法院 2009 年 5 月 15 日公布的《关于审理物业服务纠纷案件具体应用法律若干问题的解释》，业主委员会具有作为民事诉讼当事人的资格。法人非依法设立的分支机构，或者虽依法设立，但没有领取营业执照的分支机构，以设立该分支机构的法人为当事人。

(二)诉讼行为能力

诉讼行为能力又称诉讼能力，是指以自己的行为行使诉讼权利和履行诉讼义务的能力。既具有诉讼权利能力又具有诉讼行为能力的人，才能亲自实施诉讼行为，行使诉讼权利、履行诉讼义务；仅有诉讼权利能力而无诉讼行为能力的人，不可亲为诉讼行为，需由其法定代理人代为诉讼。

当事人的诉讼行为能力分为有诉讼行为能力与无诉讼行为能力两种，但无限制诉讼行为能力之说。具有完全民事行为能力人当然具有诉讼行为能力；限制民事行为能力人和无民事行为能力人则不具有诉讼行为能力。可见，当事人的诉讼行为能力与民事行为能力并不完全对应。通常情况下，有诉讼行为能力人往往也有诉讼权利能力，但有诉讼权利能力人并非必然有诉讼行为能力，例如，限制民事行为能力人和无民事行为能力人有诉讼权利能力，但并无诉讼行为能力。

法人和其他组织的诉讼行为能力自其合法成立时始、至其撤销或解散时止。不过，与自然人的诉讼行为能力相比，法人和其他组织的诉讼行为能力具有特殊性：法人由其法定代表人进行诉讼，其他组织由其主要负责人进行诉讼。法人的法定代表人以依法登记的为准，但法律另有规定的除外。依法不需要办理登记的法人，以其正职负责人为法定代表人；没有正职负责人的，以其主持工作的副职负责人为法定代表人。法定代表人已经变更，但未完成登记，变更后的法定代表人要求代表法人参加诉讼的，人民法院可以准许。在诉讼中，法人的法定代表人变更的，由新的法定代表人继续进行诉讼，并应向人民法院提交新的法定代表人身份证明书。原法定代表人进行的诉讼行为有效。

在引例中，李青山身体受到伤害，是本案的直接利害关系人，有权作为原告起诉。虽然他因受伤而卧床不起，但并未丧失诉讼行为能力。其妻张艳珍向法院起诉，必须经过李青山的特别授权，并在法院受理案件后，以特别授权代理人的身份参加诉讼。郭平川在执行工厂指派的任务中发生交通事故，造成人身伤害，其性质属于执行职务过程中的侵权行为。《民法通则》第 43 条规定："企业法人对它的法定代表人和其他工作人员的经营活动，承担民事责任。"据此，本案被告应为某钢铁厂。厂长何东升作为被告的法定代表人，应当参加诉讼或委托他人代为诉讼。

在外国民事诉讼理论中，除当事人能力、诉讼能力外，还有"辩论能力"的概念。它是指"参与法院的诉讼程序并为诉讼行为所必要的资格"。[①] 如果当事人、诉讼代理人没有辩论能力，就不能实施诉讼行为，尤其不能实施出庭辩论行为。

三、当事人的诉讼权利与诉讼义务

（一）程序基本权

民事诉讼程序是实现正义、发现正义和完善正义的程序。为了实现程序正义，应当赋予和保障当事人的充分的程序基本权。各国学者一般认为，宪法和民事诉讼法规定的程序基本权大致可分为下列几个方面[②]：

1.程序主张权

所谓程序主张权，是指在程序开始之后，当事人享有充分的机会和权利，就涉及实体法和程序法问题的事实和法律事项，阐述自己意见的权利。在诉讼程序中，当事人提出主张、抗辩、举证、证明等行为，都是程序主张权的表现。程序主张权的主要内容包括：(1)法院审判对象以及据以判断的事实及证据，由当事人主张并限定；(2)法院必须保障当事人行使主张权的机会；(3)法院的裁判必须就当事人主张的具体事实、依据特定的法律进行；(4)禁止诉讼突袭。可见，程序主张权不仅仅强调当事人享有主张的机会，而且还注重保障当事人能够在裁判形成过程的各个程

① 肖建华主编：《民事诉讼法学》，厦门大学出版社 2011 年版，第 147 页。

② 刘荣军：《程序保障的理论视角》，法律出版社 1999 年版，第 97～101 页。

序阶段，都能陈述自己的意见。

2.程序平等权

当事人诉讼权利平等。当事人之间的平等性是民事诉讼得以进行的法律基础和社会基础。在诉讼制度的具体设计上，国家应当保障当事人在民事诉讼中的地位平等。在审理过程中，无论是在双方当事人的主张、举证、证明、陈述、上诉等方面，还是在其他程序事项上，法院都应当保证当事人双方享有均等的权利，以便其展开攻击和防御。

3.获得及时裁判权

当事人获得及时裁判权，是指当事人有权要求法院在法律规定的期间内及时地审结案件的权利。获得及时裁判权的主要内容包括：(1)当事人有权知悉审判的期限，有权在法律规定的期间、期日实施诉讼行为，法院有义务为当事人提供方便；(2)如果诉讼拖延，当事人有权询问原因，求得合理的答案以及适当的解决办法；(3)因对方当事人的原因造成诉讼迟延，由此造成的损失，有权要求对方当事人赔偿；因法院的原因造成诉讼迟延，有权要求法院及时审理、终结诉讼。

4.公正程序请求权

公正程序请求权，是指当事人要求独立的法院和法官在法律规定的范围内就当事人的请求公正审理的权利。程序公正的内容主要包括：(1)当事人的程序参与、程序的公开以及程序机会的保障；(2)法官的独立与中立，司法公正，法官对程序的指挥适当、合法；(3)法院适用法律的统一。

此外，我国有学者还主张，程序选择权也应纳入程序基本权的范畴。所谓程序选择权，是指在法律规定的范围之内，当事人有选择诉讼程序及其他程序事项的权利。在民事诉讼中，当事人的程序选择权具体体现在如下方面：(1)有关诉讼程序事项的处分权，如依自己的意愿决定是否行使起诉权、答辩权、反诉权、上诉权、申请再审权，是否提出证据保全等；(2)具体程序选择适用权，如普通程序与简易程序的选择适用权、特别程序与诉讼程序的选择适用权等；(3)审判方式选择权，即选择书面审理或言词审理的权利；(4)法庭审理形式选择权，即公开审理或不公开审理；(5)协议选择管辖法院、协议撤诉、协议变更执行方法等权利；(6)责问权，即对于法院或一方当事人违背程序规范的诉讼行为，依法主张该行为无效的权利。①

(二)我国《民事诉讼法》规定的当事人的诉讼权利与诉讼义务

当事人的诉讼权利和诉讼义务是保障当事人权益、促进诉讼顺畅进行的前提。我国《民事诉讼法》规定当事人享有广泛的诉讼权利，同时也要求当事人必须履行

---

①　江伟主编：《民事诉讼法学》，复旦大学出版社 2002 年版，第 175 页。

一定的诉讼义务。法院应当依法保障当事人平等地行使诉讼权利，督促当事人履行诉讼义务。

1. 当事人的诉讼权利

根据我国《民事诉讼法》第 49 条第 1 款和第 2 款、第 50 条及第 51 条等条文的规定，当事人在民事诉讼中享有的诉讼权利大体可归为三类：

(1)保障当事人进行诉讼的权利。具体包括：请求司法保护、申请回避、委托诉讼代理人、使用本民族语言文字进行诉讼的权利等。

(2)维护当事人民事权益的权利。具体包括：收集和提供证据、陈述、质证和辩论、申请财产保全或先予执行、查阅、复制本案有关材料和法律文书等权利。

(3)处分实体权利的权利。具体包括：选择调解、自行和解、放弃或变更诉讼请求、承认对方诉讼请求、提起上诉、申请再审、申请执行等权利。

2.当事人的诉讼义务

在赋予当事人诉讼权利的同时，《民事诉讼法》规定了当事人应当承担的诉讼义务。根据我国《民事诉讼法》第 49 条第 3 款的规定，当事人在民事诉讼中的诉讼义务主要有以下 3 项：(1)依法行使诉讼权利。当事人不得滥用诉讼权利，不得损害他人的合法权益。(2)遵守诉讼秩序。在民事诉讼过程中，当事人应当服从法院的指挥，遵守法庭秩序，保障诉讼程序正常进行。(3)履行生效的裁判书和调解书。法院的裁判书和调解书对当事人具有法律拘束力，负有义务的当事人应当自觉履行裁判书和调解书确定的义务，否则，法院可以依法强制执行。

四、正当当事人

我国《民事诉讼法》没有使用“正当当事人”这一概念，但是，任何一个具体的特定的诉讼，都存在一个问题，即争议应当在什么人之间予以解决才是适当的。此即当事人是否正当的确定。只有与案件实体争议有关的当事人(正当当事人)起诉、应诉，诉讼才具有实质意义，通过诉讼解决纠纷、保护民事权益的目的才能达到。因此，正当当事人是民事诉讼中一个重要的理论和实践问题。

(一)正当当事人的含义

正当当事人，是指对于特定的诉讼，可以自己的名义成为原告或者被告，因而受本案判决拘束的当事人，亦称当事人适格。只有正当当事人所进行的诉讼，该诉讼才具有实质意义。在具体的特定诉讼中，正当当事人以自己的名义作为原告或者被告进行诉讼的权能，称为诉讼实施权或诉讼遂行权。具有诉讼实施权的原告，称为正当原告；具有诉讼实施权的被告，称为正当被告。

正当当事人不同于程序当事人。为了充分保障民众的诉权，允许纠纷主体寻求司法救济，应当确立程序当事人的概念，只要是诉状载明的原告、被告，就是程序当事人。此外，为了避免当事人滥用诉权、无端缠讼，还应当确立正当当事人的概念，侧重考察诉讼当事人与案件所涉实体法律关系之间的实际联系，从而剔除非正当当事人，使诉讼具有实质意义。

正当当事人不同于当事人能力。当事人能力是一种抽象的能力或资格，它不以具体的特定诉讼的存在为前提。而正当当事人以具体的特定诉讼的存在为前提，没有具体的特定诉讼，就谈不上正当当事人的问题。当事人能力是抽象的作为诉讼当事人的资格，它与具体的诉讼无关。当事人能力的有无，取决于民事权利能力之有无。当事人适格系针对具体诉讼而言，它所要解决的问题是特定的人在特定的诉讼中能否作为本案的当事人。正当当事人也不同于诉讼能力。诉讼能力涉及的是当事人能否亲自实施诉讼，诉讼能力的确定标准是人的认知能力和表达能力。而正当当事人概念涉及的是当事人在特定诉讼中是否享有诉讼实施权，而不考虑当事人本人能否亲自实施诉讼。正当当事人可能具有诉讼能力，也可能不具有诉讼能力。不具有诉讼能力的正当当事人依然可以进行诉讼，只不过须由法定代理人代为实施诉讼行为。反过来，有诉讼能力的人则未必是特定诉讼中的正当当事人。

一般认为，正当当事人可分为两种：一是实质的正当当事人（实体的诉讼权能），即争讼的实体权利义务主体作为诉讼当事人；二是形式的正当当事人（程序的诉讼权能），即非争讼的实体权利义务主体作为诉讼当事人，此种正当当事人主要出现在诉讼担当的场合。

（二）正当当事人的确定

一般认为，在具体诉讼中，确定当事人是否为正当当事人的一般标准，是诉讼实施权。有诉讼实施权的人，才可以成为具体案件的正当当事人。

正当当事人的确定以诉讼实施权为标准，但诉讼实施权的基础是什么呢？传统的正当当事人理论认为，诉讼实施权以管理权为基础。近年来，越来越多的学者主张以诉的利益为诉讼实施权的基础。

1.管理权

传统正当当事人理论从实体法的角度去考虑诉讼实施权的基础，把诉讼实施权的基础归结为实体法上的管理权或处分权。该学说认为，私法上的权利主体或法律关系的主体，对于特定的诉讼有管理权（或处分权），就属于当事人的适格。凡实体法上的权利主体，就诉讼标的所涉及的权利或法律关系具有管理权，都可以成为本案的正当当事人。此外，破产管理人、代位债权人、遗嘱执行人、遗产管理人、失踪人的财产代管人等，都是法律上对于他人的权利或法律关系有管理权（或处分权）的第三人，就该权利或法律关系有代为诉讼的权能，因而也是有关案件的正当当事人。[①]

不过，对于管理权和处分权的含义的理解，传统理论也存在争议：(1)主张广义的管理权，认为管理权包括处分权；(2)主张狭义的管理权，认为管理权不包括处分权，只有管理权才能作为诉讼实施权的基础；(3)认为管理权与处分权是同一语。通说认为，管理权应为广义的管理权，管理权涵盖处分权。其理由在于，诉讼中当事人对诉讼标的有关的实体权利行使处分权时，必然连同实体法的财产管理权一并处分。

管理权作为诉讼实施权的基础，是在诉讼类型主要为给付之诉——并且是财产类型的给付之诉的历史环境下形成的。就给付之诉而言，实体法上的给付权利人和给付义务人较为明确，因此，以管理权为基础确定正当当事人，较为容易。但是，以管理权为基础来确定形成之诉和确认之诉中的正当当事人，则存在一定的问题。

就形成之诉而言，由于形成判决具有对世效力，其形成力不仅及于当事人双方而且及于第三人，所以，只有在法律特别明文规定的情形，形成之诉才可以提起。一般认为，在形成之诉中，应当根据法律规定乃至立法的精神来决定当事人是否为正当当事人。如果法律未有明文规定，有形成权的人或者对形成权有管理权的人是正当原告，与形成权有利害关系的对方为正当被告。

就确认之诉而言，确认之诉旨在通过法院确认某项法律关系存在或者不存在，使当事人之间的法律关系确定化，从而给不确定的法律关系主体带来利益。凡具有确认利益的人，均可成为确认之诉的正当当事人。换言之，确认之诉的当事人有无诉讼实施权，是根据有无确认利益来确定的，与有无管理权无关。

2. 诉的利益

将管理权作为诉讼实施权的基础，具有很大的局限性，不能普遍适用于各类诉讼。随着时代的发展，将诉的利益作为诉讼实施权基础的观点日益兴盛。

诉的利益，是指当民事权益受到侵害或者与他人发生民事纠纷时，需要运用民事诉讼予以救济的必要性和实效性。诉的利益与成为诉讼对象的实体权益不同，“它是原告所主张的利益（原告认为这种利益存在而作出主张）面临危险和不安时，为了去除这些危险和不安而诉之于法的手段即诉讼，从而谋求判决的利益及必要，

① 肖建华：《民事诉讼当事人研究》，中国政法大学出版社2002年版，第93、96页。

这种利益由于原告主张的实体权益现实地陷入危险和不安时才得以产生”。[①]

诉的利益与管理权学说的不同之处在于：当事人对请求法院承认和保护的权利没有管理权或处分权，但只要有诉的利益，也仍然被认为是正当当事人，可以进行实体权利生成的事实举证和抗辩。[②] 可见，以诉的利益作为判断标准，大大扩张了当事人适格的基础。

以诉的利益为基础来确定正当当事人，不仅可摆脱管理权说在阐释形成之诉、确认之诉中正当当事人的困境，而且可以扩及于所有的诉讼。但如何认定诉的利益呢？一般地说，认定诉的利益的一般标准，是“需要诉讼救济的必要性”。这一标准过于抽象，并无多大实用性。因此，学者们认为，确定诉的利益的标准应当具体化。

诉可分为三类：给付之诉、确认之诉和形成之诉。诉的类型不同，其诉的利益有所差异。[③]

(1)给付之诉的诉的利益

现在给付之诉是指给付已届清偿期之诉。原则上，清偿期届满时，当事人即具备诉的利益。至于在起诉前，原告是否催告被告履行、原被告之间有无给付请求权或履行给付义务发生争执等，均不影响诉的利益。在给付之诉中，需注意研究的是不作为给付之诉、将来给付之诉的诉的利益如何确定。

关于不作为给付之诉，传统理论认为，原告提起不作为之诉，必须是被告正在实施侵害行为，或者被告将来仍有继续侵害的可能性(重复的危险)。仅仅以被告过去的侵害行为而提起不作为之诉，无诉的利益。[④] 在现代法律中，侵害行为作广义理解，不仅包括已经造成实际侵害结果的侵害行为，而且还包括没有产生实际侵害结果的“威胁”或“危险”，在很大程度上，提起不作为之诉不再以“正在侵犯”或“重复的危险”为先决条件。因此，对于不作为给付之诉，只要存在广义的侵害行为，就具有了诉的利益。

至于将来给付之诉的诉的利益，德国、日本等国均作了规定。以日本为例，依《日本民事诉讼法》第 135 条的规定，将来给付之诉的提起，以“有预先提出请求必要”为限。在“有预先提出请求必要”的情况下，提起此类诉讼的人才具有诉的利

① [日]山木户克己：《诉的利益之法构造——诉的利益备忘录》，转引自[日]谷口安平：《程序的正义与诉讼》，王亚新、刘荣军译，中国政法大学出版社 1996 年版，第 159 页。

② 肖建华：《民事诉讼当事人研究》，中国政法大学出版社 2002 年版，第 105 页。

③ 关于诉的利益的具体确定标准，参见邵明：《民事诉讼法理研究》，中国人民大学出版社 2004 年版，第 218～221 页。

④ [日]三月章：《日本民事诉讼法》，汪一凡译，台湾五南图书出版公司 1997 年版，第 68 页；陈荣宗、林庆苗：《民事诉讼法》(上)，台湾三民书局 2009 年第 6 版，第 333 页。

益。所谓“有预先提出请求必要”，是指“原告主张履行期即使届满也没有立即履行的指望，或者从义务的性质来看，不马上履行则原告会蒙受显著损失”的情况。①

(2)确认之诉的诉的利益

确认之诉的诉的利益即确认利益。在确认之诉中，有确认利益的人，即为正当当事人。

确认利益的产生，往往是因被告的行为使原告的实体权利或者原被告之间的法律关系发生不安全。例外情况下，法律规定对于特定法律事实发生争议的，当事人就该争议具有确认利益的，可提起确认之诉。

传统理论认为，只能对“现在的法律关系”提起确认之诉，过去或者将来的法律关系不得要求确认。其理由是，过去的法律关系可能已经发生了变动，没有必要再对过去的法律关系作出确认判决；与此同理，对将来的法律关系作出确认判决后，也可能在将来发生变动。不过，越来越多的学者认为，对于过去和将来的法律关系，当事人也可能有确认利益。例如，日本学者三月章认为，某个法律关系是否可被法院确定，并不取决于其是现在的还是过去的或未来的，而取决于是否具有以现在确认之诉来加以解决的必要性，如果有其必要，即使是过去的或未来的法律关系或事项也可由法院确认。②

(3)形成之诉的诉的利益

与给付之诉、确认之诉相比，形成之诉具有两大特点：一是法定性。只有在实体法特别明文规定的情形，才可提起形成之诉。一般情况下，法律对形成之诉的当事人也作出明确规定。二是现实性。只能对现存的法律关系提起形成之诉。

例外情形：在形成之诉进行中由于情事发生了变化，以至于没有继续进行诉讼的必要，此时，诉的利益即告消失。所谓“没有继续进行诉讼的必要”，主要是指两种情形：其一，即使取得形成判决，也没有实际意义，如请求撤销某公司的决议，但在判决之前该公司已经注销；其二，形成判决作出之前，法律关系已经发生了与当事人形成请求相同的变化，如离婚诉讼过程中，当事人双方在诉讼外协议离婚。

(三)司法解释关于正当当事人的特别规定

《民诉法解释》对以下几类案件的正当当事人作出了专门规定：

(1)法人或者其他组织的工作人员执行工作任务造成他人损害的，该法人或者其他组织为当事人。

(2)提供劳务一方因劳务造成他人损害，受害人提起诉讼的，以接受劳务一方

---

① [日]兼子一、竹下守夫：《民事诉讼法》，白绿铉译，法律出版社1995年版，第52页。

② [日]三月章：《日本民事诉讼法》，汪一凡译，台湾五南图书出版公司1997年版，第70页。

为被告。

(3)在劳务派遣期间,被派遣的工作人员因执行工作任务造成他人损害的,以接受劳务派遣的用工单位为当事人。当事人主张劳务派遣单位承担责任的,该劳务派遣单位为共同被告。

(4)在诉讼中,个体工商户以营业执照上登记的经营者为当事人。有字号的,以营业执照上登记的字号为当事人,但应同时注明该字号经营者的基本信息。

(5) 当事人之间的纠纷经人民调解委员会调解达成协议后,一方当事人不履行调解协议,另一方当事人向人民法院提起诉讼的,应以对方当事人为被告。

(6)法人或者其他组织应登记而未登记,行为人即以该法人或者其他组织名义进行民事活动的,行为人没有代理权、超越代理权或者代理权终止后以被代理人名义进行民事活动的(但相对人有理由相信行为人有代理权的除外),法人或者其他组织依法终止后,行为人仍以其名义进行民事活动的,以行为人为当事人。

(7)企业法人合并的,因合并前的民事活动发生的纠纷,以合并后的企业为当事人;企业法人分立的,因分立前的民事活动发生的纠纷,以分立后的企业为共同诉讼人。

(8) 企业法人解散的,依法清算并注销前,以该企业法人为当事人;未依法清算即被注销的,以该企业法人的股东、发起人或者出资人为当事人。

(9)无民事行为能力人、限制民事行为能力人造成他人损害的,无民事行为能力人、限制民事行为能力人和其监护人为共同被告。

(10) 村民委员会或者村民小组与他人发生民事纠纷的,村民委员会或者有独立财产的村民小组为当事人。

(四)诉讼担当

诉讼担当,是指实体法上的权利主体或者法律关系以外的第三人,以自己的名义,为了他人的利益或者代表他人的利益,就因该实体权利或者法律关系所产生的纠纷而提起诉讼,所受判决的效力及于原来的权利主体的情形。此时,实体法上的权利主体或者法律关系以外的第三人即为诉讼担当人,原来的权利主体即为被担当人。诉讼担当是争讼的实体权利或法律关系主体以外的第三人对该主体在法律关系中的利益享有诉讼实施权的情形,可分为如下两类:

1.法定的诉讼担当

法定的诉讼担当,是指法律明确规定第三人为他人的利益而以自己的名义进行诉讼。法定的诉讼担当又可分为两类:一类是对他人的实体权利义务或者财产享有管理权或处分权的人,如代位债权人、遗嘱执行人、破产管理人等。另一类是对他人的实体权利义务或者财产不享有管理权或处分权,而是为维护国家利益或者社会公益而被法律确定为正当当事人的人。此类诉讼担当人主要包括职务上或公益上的当事人。

在我国,民事审判实践承认在下列几种情形下成立法定的诉讼担当:(1)公民死亡后,仍享有人格权,其继承人有诉讼实施权;(2)公民死亡后,其著作权等知识产权受到侵犯,其继承人有诉讼实施权;(3)侵犯胎儿继承权的,胎儿的母亲有诉讼实施权;(4)侵权致人死亡的,死亡公民的继承人有诉讼实施权;(5)宣告失踪、宣告死亡案件,认定公民无民事行为能力和限制民事行为能力案件,民事诉讼法授权有关的利害关系人提出申请;(6)破产案件中,破产管理人对财产有管理权和诉讼实施权。

2.任意的诉讼担当

任意的诉讼担当,是指实体权利人将诉讼实施权明确授予第三人,使该第三人成为正当当事人。日本的选定当事人制度、美国的集团诉讼等群体诉讼制度,均属于任意的诉讼担当的典型形式。

我国《民事诉讼法》没有明确承认任意的诉讼担当。《信托法》第 11 条明文规定,专以诉讼或讨债为目的设立的信托无效。但是,在我国的代表人诉讼制度中,诉讼代表人由群体成员“推选”或与法院共同“商定”产生,其中体现了群体成员的意志,实质上包含了任意的诉讼担当的成分。

五、当事人的更换与诉讼承担

(一)当事人的更换

当事人的更换,即任意的当事人变更,是指在诉讼进行中,将非正当当事人更换成正当当事人。换言之,当事人的更换是非正当当事人的被更换。所谓非正当当事人,是与正当当事人相对而言的,即欠缺诉讼实施权的当事人。

我国 1982 年《民事诉讼法(试行)》第 90 条曾就当事人的更换作出明确规定:“起诉或应诉的人不符合当事人条件的,人民法院应当通知符合条件的当事人参加诉讼,更换不符合条件的当事人。”根据最高人民法院《关于贯彻〈中华人民共和国民事诉讼法〉(试行)若干问题的意见》第 12 条的规定,通知更换后,不符合条件的原告不愿意退出诉讼的,以裁定驳回起诉;符合条件的原告全部不愿参加诉讼的,可以终结案件的审理。被告不符合条件,原告不同意更换的,裁定驳回起诉。

我国 1991 年《民事诉讼法》取消了更换当事人的规定。不过,部分诉讼法学者仍然坚持当事人更换的理论,司法实务中仍有更换当事人的做法。

目前,绝大多数学者认为,在司法解决纠纷的功能不断扩大的今天,继续采用

更换当事人的做法具有积极意义:更换非正当当事人,可以彻底解决纠纷,保障当事人的合法权益,有利于体现我国民事诉讼程序简明、力求在一个诉讼中解决相关纠纷的特点,维护程序的安定性。

(二)诉讼承担

诉讼承担,又称法定的当事人变更、诉讼承受、诉讼承当、诉讼权利的承担或者诉讼权利和义务的承担,是指在诉讼进行中,由于法定事由的出现,一方当事人将其诉讼权利义务转移给他人,由他人承担原当事人已经开始的诉讼。诉讼承担发生后,承担诉讼的新当事人续行原当事人已经开始的诉讼,诉讼程序继续进行(而非重新进行);原当事人所为的一切诉讼行为,对新当事人均发生效力。

诉讼承担的成立有四个前提条件:一是原当事人属于传统意义上的正当当事人,二是诉讼正在进行中,三是出现了法定事由,四是承担者之间与被承担者存在某种特定关系。

产生诉讼承担的法定事由主要是诉讼中实体权利义务发生了转移。在我国,当事人诉讼承担的主要情形有如下几种:(1)当事人死亡的,由其继承人或者遗产管理人承担诉讼;(2)法人和其他组织合并、分立的,由合并者、分立者承担诉讼;(3)法人终止的,由其财产或实体权利义务的继受人承担诉讼;(4)当事人在诉讼中转移其实体权利义务的,实体权利义务的继受人可以申请承担诉讼。

对于当事人在诉讼中转移其实体权利义务的情形,各国有两种处理方式:一是诉讼承继主义,即由实体权利义务继受人代替原当事人(出让人)而成为适格当事人,继续原来的诉讼程序,判决的既判力及于继受人和出让人。二是当事人恒定主义,即出让人在诉讼系属中,仍是适格的当事人,在形式上不发生当事人的变更,判决的既判力也及于继受人。通常以当事人恒定为原则,以诉讼权利承担为例外。我国司法解释采取了折中的做法。《民诉法解释》第249条规定:"在诉讼中,争议的民事权利义务转移的,不影响当事人的诉讼主体资格和诉讼地位。人民法院作出的发生法律效力的判决、裁定对受让人具有拘束力。受让人申请以无独立请求权的第三人身份参加诉讼的,人民法院可予准许。受让人申请替代当事人承担诉讼的,人民法院可以根据案件的具体情况决定是否准许;不予准许的,可以追加其为无独立请求权的第三人。"

第二节　共同诉讼人

一、共同诉讼概述

（一）共同诉讼的含义

共同诉讼，是指同一诉讼程序中当事人一方或者双方为二人或者二人以上共同进行诉讼的一种诉的合并形态。共同诉讼中，原告一方为二人以上的，称为积极的共同诉讼；被告一方为二人以上的，称为消极的共同诉讼；原告和被告双方均为二人以上的，称为混合的共同诉讼。

我国《民事诉讼法》第 52 条规定："当事人一方或者双方为二人以上，其诉讼标的是共同的，或者诉讼标的是同一种类、人民法院认为可以合并审理并经当事人同意的，为共同诉讼。"据此，共同诉讼可分为必要共同诉讼和普通共同诉讼两种。

（二）共同诉讼的特点

1.共同诉讼是一种诉的合并形态。根据民事诉讼理论，诉的合并通常分为诉的主观（主体）合并和诉的客观（客体）合并两种形态。诉的主观合并即诉讼当事人的合并。诉的客观合并通常是指诉讼标的的合并。此外，还存在着基于这两种基本形态之上的诉的主客观合并的混合情形。共同诉讼着重强调作为诉讼主体的当事人的合并，既包括纯粹的诉的主观合并，又包括诉的主客观混合合并的情形。

2.共同诉讼属于多数人诉讼的范畴。诉讼基本形态是"一对一"（仅有一个原告、一个被告）的、诉讼标的单一的单独诉讼。但是，随着群体性社会交往的日益频繁，民事纠纷形态日趋复杂，纠纷主体之间的关系更趋复杂，致使诉讼立法承认当事人一方或者双方为多数人的诉讼形态。在共同诉讼中，当事人一方或者双方在二人或者二人以上，相对于"一对一"的单独诉讼而言，属多数人诉讼。

3.共同诉讼人是独立的当事人。首先，作为当事人，共同诉讼人以自己的名义参加诉讼，并具有当事人的权利和义务，这一点明显区别于诉讼代理人。其次，共同诉讼人作为当事人，必须是具有独立地位的当事人，他或者享有和承担原告的一切诉讼权利和义务，或者享有和承担被告的一切诉讼权利和义务。这一点则区别于作为辅助参加人的第三人。

4.共同诉讼人共同进行诉讼。所谓共同进行诉讼，是指共同诉讼人都参加诉

讼程序(包括亲自参加或者由其诉讼代理人代为参加),而不是由处于相同诉讼地位的其他当事人代表自己参加诉讼程序。这一特征使共同诉讼与群体诉讼得以区分开来。

(三)共同诉讼的意义

在早期的民事诉讼中,"一对一"的双方当事人对抗为讼争的常态,因而并不承认共同诉讼形态。随着社会经济生活的发展,共同诉讼才逐渐确立起来,与单独诉讼共同成为解决纠纷、实现法的秩序不可或缺的形式。现代各国民事诉讼法都承认,在利害关系人与诉讼中的一方当事人之间存在某种法律或者事实上的联系的情况下,允许其作为共同诉讼人参加诉讼。各国法律确立共同诉讼制度,具有如下重要的意义:

1.有助于促进诉讼效率。共同诉讼利用多个当事人合在一起成为一个诉讼的机会,一次查清所有相关的案件事实,以求多个纠纷的一次解决,从而扩大了民事诉讼制度解决纠纷的功能。同时,也便利法院及当事人诉讼的进行,节省法院和当事人的时间、人力、物力和财力。

2.有助于防止裁判矛盾。对于涉及多数当事人之间相关联或者相类似的诉讼,若分别诉讼,可能出现不同的裁判结果,若采取共同诉讼的方式,由法官统一予以审理,则可有效防止矛盾裁判的产生。

3.有助于实现实体法,保护实体权益。在某些情况下,实体法上的权利义务争议涉及多数主体,根据其性质必须通过共同诉讼方式同时裁判才能解决,如第三人提起宣告婚姻无效之诉的情形。此外,在某些案件中,也必须通过共同诉讼的方式,才能使当事人的实体权益得到切实的保护和实现。

二、必要共同诉讼

(一)必要共同诉讼的概念与要件

根据我国《民事诉讼法》第 52 条的规定,当事人一方或者双方为二人以上,其诉讼标的是共同的,即为必要共同诉讼。

必要共同诉讼有两个构成条件:一是当事人一方或者双方为二人或二人以上,二是诉讼标的是共同的。所谓"诉讼标的是共同的",是指共同诉讼人与对方当事人之间争议的是共同的实体法律关系,即共同享有权利或者共同承担义务。

根据最高人民法院的相关司法解释,诉讼标的共同的情形大致有两种:(1)根据实体法,共同诉讼人对诉讼标的本来就有共同的权利或共同的义务。例如,因合伙事务发生纠纷而提起的诉讼中，所有合伙人（具备其他组织条件的除外）即为共同诉讼人；共同共有人对于共有物享有共同的权利并承担共同的义务，共同共有人因共有物与他人发生纠纷，在诉讼中则为共同原告或者共同被告等。(2)对诉讼标的本来没有共同的权利或共同的义务，但基于同一事实上和法律上的原因，使共同诉讼人之间有了共同的权利或共同的义务。例如，在共同侵权中，数人共同致他人损害，在受害人提起的损害赔偿诉讼中，数个加害人为共同被告；企业分立后因对分立前发生的债务的分担而被共同起诉等。《民诉法解释》第 60 条规定："在诉讼中，未依法登记领取营业执照的个人合伙的全体合伙人为共同诉讼人。个人合伙有依法核准登记的字号的，应在法律文书中注明登记的字号。全体合伙人可以推选代表人；被推选的代表人，应由全体合伙人出具推选书。"第 66 条规定："因保证合同纠纷提起的诉讼，债权人向保证人和被保证人一并主张权利的，人民法院应当将保证人和被保证人列为共同被告。保证合同约定为一般保证，债权人仅起诉保证人的，人民法院应当通知被保证人作为共同被告参加诉讼；债权人仅起诉被保证人的，可以只列被保证人为被告。"第 70 条规定："在继承遗产的诉讼中，部分继承人起诉的，人民法院应通知其他继承人作为共同原告参加诉讼；被通知的继承人不愿意参加诉讼又未明确表示放弃实体权利的，人民法院仍应将其列为共同原告。"第 71 条规定："原告起诉被代理人和代理人，要求承担连带责任的，被代理人和代理人为共同被告。"第 72 条规定："共有财产权受到他人侵害，部分共有权人起诉的，其他共有权人为共同诉讼人。"在我国，必要共同诉讼是不可分之诉，对于必要共同诉讼的案件，当事人必须一同起诉或者应诉，法院必须合并审理，一并作出合一裁判，当事人不能要求退出诉讼或要求法院另案处理，法院也不能依职权决定将其分开处理。根据法律规定，必须共同进行诉讼的当事人没有参加诉讼的，法院应当通知其参加诉讼；当事人也可以主动向法院申请追加。被追加的当事人，既可能是原告，也可能是被告。其中，被追加的原告不愿参加诉讼却又不明确放弃权利的，仍应将其作为共同原告对待，其不参加诉讼，不影响法院对案件的审理和依法作出判决。

（二）必要共同诉讼的分类

1.大陆法系必要共同诉讼的分类

德国、日本和我国台湾地区的民事诉讼理论将必要共同诉讼分为固有必要共同诉讼与类似必要共同诉讼两种类型。[①]

---

① 在德国，固有必要共同诉讼和类似必要共同诉讼分别称为实体法上的必要共同诉讼与程序性的必要共同诉讼。

(1)固有必要共同诉讼

所谓固有必要共同诉讼,即所有的有关利害关系人必须全体一同起诉或者应诉,当事人方为适格的诉讼。在固有必要共同诉讼中,诉讼实施权以及实体权利仅仅为所有的人共同享有,因而裁判也只能对所有的人合一作出。

德国、日本及我国台湾地区的判例学说认为,固有必要共同诉讼可分为两种类型:一是以使他人间权利关系发生变动为目的的形成诉讼,其为诉讼标的的形成权行使时,必须由数人全体或对数人全体行使,始为合法的情形;二是为诉讼标的的法律关系,其权利须由数人共同行使始为合法,个人无法单独行使的情形。

(2)类似必要共同诉讼

类似必要共同诉讼,是指数人就为诉讼标的的法律关系,虽然不必一同起诉或者一同被诉,而有选择单独诉讼或共同诉讼的自由,但若数人中一人选择单独诉讼,该一人所受判决的既判力及于未诉讼的其他人;若数人共同诉讼,则其法律关系对于共同诉讼人全体,必须合一确定,法院不得为相异判决。此类诉讼称为类似必要共同诉讼。①

类似必要共同诉讼中允许提起单独诉讼,因而它并不是本来意义上数人必须共同进行诉讼的情形,只是在实际存在共同诉讼关系时才发生必要共同诉讼的问题。不过,一旦存在共同诉讼关系,则法院必须统一作出实体裁判,但也仅限于此。例如,股份有限公司的多数股东为共同原告请求宣告股东会决议无效之诉,数人共同提起确认婚姻无效之诉、撤销婚姻之诉或确认婚姻成立或不成立之诉,即为类似必要共同诉讼。

2.我国借鉴大陆法系必要共同诉讼分类方法的意义

我国现行《民事诉讼法》没有就必要共同诉讼作出任何分类,所有必要共同诉讼都被作为不可分的共同诉讼,共同诉讼人必须一并参加诉讼,必须共同进行诉讼的当事人没有参加诉讼的,人民法院应当通知其参加诉讼。从这一点来看,我国的必要共同诉讼更接近于大陆法系的固有必要共同诉讼。

我国必要共同诉讼的这种立法有违实体法的规定,否定了当事人的程序选择权。例如,就共有关系而言,根据按份共有的原理,各个共有人依据其份额享有权利并承担义务。据此,如仅针对共有人应有份额的单独诉讼,以应有份额为由单独对第三人提起的排除妨害的诉讼,因属各应有份额权的裁判上的主张,故其既判力不及于拥有其他份额权的共有人,因此,此时各共有人完全没有必要作为共同原告起诉或作为共同被告被诉。然而,根据我国现行《民事诉讼法》的规定,共有关系的诉讼,全体共有人必须成为共同诉讼人。据此,本来在实体法上当事人可以行使处

① 陈荣宗、林庆苗:《民事诉讼法》(上),台湾三民书局2009年第6版,第198页。

分权、可以分别诉讼的案件，在诉讼法上却不得自由处分，一律按不可分之诉处理，其合理性显然值得怀疑。

借鉴大陆法系的分类方法，将我国必要共同诉讼分为固有必要共同诉讼与类似必要共同诉讼，已成为我国理论界大多数学者的共识。这样的分类不仅有利于弥补现行立法的上述不足，还具有其他重要意义：有助于实现实体法，与作为基础的民事实体法律关系相一致；充分尊重当事人的主体地位，保障当事人的程序选择权，维护其程序利益；减少法院随意依职权追加共同诉讼人的情形，淡化民事诉讼的职权主义色彩；促进必要共同诉讼制度的进一步发展。

（三）必要共同诉讼人间的关系

1.我国现行法对必要共同诉讼人间关系的规定

我国《民事诉讼法》第 52 条第 2 款规定："共同诉讼的一方当事人对诉讼标的有共同权利义务的，其中一人的诉讼行为经其他共同诉讼人承认，对其他共同诉讼人发生效力"。通过"经其他共同诉讼人承认"这一要件，使必要共同诉讼人中一人行为的效力及于全体。我国学术界通常把处理必要共同诉讼人内部关系的此规则简称为"协商一致"原则。此种立法存在如下严重缺陷：

(1)协商一致原则不能适用于所有场合

在必要共同诉讼中，存在两方面的法律关系：一是共同诉讼人与对方当事人之间的法律关系，这是必要共同诉讼人的外部关系；二是共同诉讼人之间的法律关系，这是必要共同诉讼人的内部关系。协商一致原则仅适用于内部关系。

(2)协商一致原则本身有其局限性

从司法实践来看，各共同诉讼人与诉讼的利害关系有所差异，在许多情况下，各自的主张不可能协商一致。例如，请求给付赡养费的案件中，几个子女因未尽赡养义务而成为共同被告，各被告的意思表示往往不一致，甚至有矛盾冲突，不大可能甚至根本不可能协商一致。如果共同诉讼人之间协商不成或者协商的时间过长，则诉讼程序无法继续进行或者导致诉讼时间的延误，不利于纠纷的解决。此外，如果部分共同诉讼人不出庭，如何进行协商，本身也是一个难题。

2.必要共同诉讼人间的牵连性与独立性

大陆法系各国和地区的学者大多认为，必要共同诉讼人之间具有牵连性和独立性。

(1)牵连性

必要共同诉讼为必须合一确定的诉讼，法院必须对各共同诉讼人作出内容不得歧义的判决。为此，所有共同诉讼人必须统一地推进诉讼程序以及统一地收集

诉讼资料。[①] 大陆法系国家的立法特别强调必要共同诉讼人之间的牵连性。例如,日本民事诉讼法规定,必要共同诉讼人中一人的行为,有利于共同诉讼人全体的,其效力及于全体;不利于共同诉讼人全体的,对全体不发生效力。至于必要共同诉讼人中一人的行为是否有利于全体共同诉讼人,由法官从形式上予以判断,而不是在判决或者当事人作出行为之后再来决定是否有利于全体。

(2)独立性

必要共同诉讼人间的独立性主要体现在以下两个方面:其一,诉的有效性审查,分别进行。在必要共同诉讼中,对各共同诉讼人是否具备诉讼成立要件,以及当事人是否适格,法院应就每一个必要共同诉讼人分别审查。其二,对于与本案无直接关系的事项,各共同诉讼人可以单独地实施诉讼行为并独立地承受其效力。例如,各共同诉讼人可以各自委托诉讼代理人代为诉讼,每一个必要共同诉讼人均可就诉讼法律关系作出自己的意思表示,如表示否认、提出证据或对某个事实不予争议等。

三、普通共同诉讼

(一)普通共同诉讼的概念与要件

根据我国《民事诉讼法》第 52 条第 1 款的规定,诉讼标的为同一种类,人民法院认为可以合并审理并经当事人同意的共同诉讼,为普通共同诉讼。

普通共同诉讼是原本独立的可能之诉的合并,因而是可分之诉。在起诉时,原告既可单独起诉又可以共同起诉,原告具有选择的自由;在诉讼过程中,一旦法院认为共同诉讼的进行难以实现诉讼经济等合并审理的价值因素,甚至还可能适得其反时,可以将普通共同诉讼拆开审理;法院对于各普通共同诉讼人的裁判,既可合并为之,又可分别为之,判决在各共同诉讼人间无须合一确定。

通常认为,普通共同诉讼的构成要件可分为实质要件(又称主观要件)和程序要件(又称客观要件)。

1. 实质要件

根据我国《民事诉讼法》第 52 条第 1 款的规定,普通共同诉讼的实质要件有三项:其一,诉讼标的是同一种类。所谓诉讼标的是同一种类,是指各个共同诉讼人与对方当事人争议的法律关系的性质相同,即他们各自享有的权利或者承担的义务属于同一类型。其二,人民法院认为可以合并审理。若未经人民法院许可,当事

① [日]中村英郎:《新民事诉讼法讲义》,陈刚等译,法律出版社 2001 年版,第 79 页。

人自行合并提起诉讼的,并不能形成共同诉讼。其三,当事人同意合并审理。这里的当事人同意,包括原告一方和被告一方,即当事人双方都同意。

2. 程序要件

普通共同诉讼是独立之诉的合并形态,其合并须具备下列程序要件:其一,受诉法院就该数诉须有管辖权;其二,该数诉须可适用同种诉讼程序;其三,法律对该数诉无禁止合并的规定。

(二)普通共同诉讼人间的关系

普通共同诉讼是独立之诉的合并,各共同诉讼人之间没有共同的权利或义务关系,法院既可以将其作为共同诉讼合并审理,又可以将其作为各自独立的诉讼分别审理。即使合并审理,有关实体权利义务的判决,法院也可分别作出。各共同诉讼人各自独立地与对方当事人实施诉讼,相互之间并不形成协助或者限制的关系。[①] 此即普通共同诉讼人独立原则。

我国《民事诉讼法》第 52 条第 2 款规定:"对诉讼标的没有共同权利义务的,其中一人的诉讼行为对其他共同诉讼人不发生效力。"这在一定程度上明确了普通共同诉讼人独立的原则。

应当指出的是,普通共同诉讼虽仅是数诉的合并,各诉之间的关联性很弱,但既然能够将数诉以共同诉讼方式处理,适用同一个诉讼程序,普通共同诉讼人之间也存在牵连关系。尽管普通共同诉讼人中各共同诉讼人之间的牵连性比起必要共同诉讼人间的牵连性要弱很多,但他们之间的牵连性也是客观存在的。正是这种牵连性使得普通共同诉讼追求的诉讼效率、防止裁判冲突的目的成为可能。大陆法系国家和地区的学者认为,普通共同诉讼人之间的牵连性最主要的体现,即为主张共通原则、证据共通原则的运用。主张共通原则,即共同诉讼人中一人的主张,在不抵触其他共同诉讼人的行为时,当他的主张对其他共同诉讼人有利时,效力及于其他共同诉讼人。证据共通原则,即共同诉讼人中一人所提出的证据,可以作为认定其他共同诉讼人所主张事实的资料,即该证据可成为共同诉讼人共通的证据资料。[②] 我国《民事诉讼法》仅仅明确承认普通共同诉讼人独立原则,并没有任何关于普通共同诉讼人牵连性的规定,明显存在不足之处。

---

① [日]三月章:《日本民事诉讼法》,汪一凡译,台湾五南图书出版公司 1997 年版,第 251 页。

② 卢正敏:《共同诉讼研究》,法律出版社 2011 年版,第 115~122 页。

第三节　诉讼代表人

一、群体诉讼概述

随着社会的发展，社会主体之间交往的高频率和主体行为影响的不断扩大，社会冲突也日益频繁，因同一或者同因的违法事实所引起的多数人受害的群体性纠纷大量出现，如环境权诉讼、消费者诉讼等。为了解决这类群体性纠纷，各国大多建立了群体诉讼制度。

从其他国家民事诉讼制度来看，在诸多群体诉讼制度中，具有典型性的制度主要有三种：

1. 英、美的集团诉讼制度。英美法系国家的集团诉讼制度是将人数不确定但具有共同的事实问题或者法律问题的权利主体拟制为一个利益集团，成为一方当事人，集团中的一人或者数人提起诉讼（无须经全体成员同意）视为代表整个集团所提起。在集团诉讼中，法院判决的效力具有扩张性，不仅对参加诉讼的代表人有拘束力，而且对那些没有参加诉讼的集团成员也具有拘束力。

2. 德国的团体诉讼制度。在德国，具有共同利益的众多权利主体提起诉讼的权利被"信托"给特定的公益团体和合格组织；这些公益团体及合格组织有权依照法律的规定，就他人违反特定禁止或者无效的行为，向法院请求命令他人终止或者撤回其行为。例如，消费者协会提起的要求某商家停止销售不合格产品的诉讼。团体诉讼判决效力的扩张具有片面性：团体诉讼原告的胜诉判决，团体各成员可以引用，据以主张判决对其有拘束力；如果团体诉讼原告败诉的，则因其成员未受程序保障，因而不受判决的拘束，被告不得在判决确定后就同一诉讼另行对各团体成员分别起诉。

3. 日本的选定当事人制度。根据《日本民事诉讼法》的规定，当因与某一事件有牵连而具有共同利益的当事人为多数时，该全体人员可以从中选定一人或数人作为当事人实施诉讼。其中，作出选定行为的人称为选定人，而被选定者称为选定当事人。选定行为既可以在起诉前也可以在诉讼系属后实施。若在诉讼系属后进行选定，选定人随着选定的完成而退出诉讼，选定当事人代表全体成员实施诉讼，判决在名义上是对选定当事人作出的，但其效力却及于所有选定人。此即选定当事人制度。

二、我国的代表人诉讼制度

由于历史条件的限制，我国1982年《民事诉讼法(试行)》并没有规定群体诉讼问题。随着商品经济的发展，涉及多数人利益的群体性纠纷大量涌现。在没有法律明确规定的情况下，司法实践按照民事诉讼法的原则大胆探索，寻求群体纠纷的解决途径。全国各地法院陆续审理了一些群体诉讼案。在总结司法实践经验、借鉴美国集团诉讼和日本选定当事人制度立法经验的基础之上，1991年颁布实施的《民事诉讼法》确立了代表人诉讼制度。

(一)代表人诉讼的概念与种类

代表人诉讼，是指当事人一方或者双方人数众多，由其中的一人或者数人代表群体起诉或者应诉，法院的裁判对该群体所有成员均有约束力的诉讼。代表群体进行诉讼的当事人，称为诉讼代表人。

根据我国《民事诉讼法》第53条、第54条的规定，我国的代表人诉讼制度分为两类：一类是起诉时当事人人数就可以确定的代表人诉讼，称为“人数确定的代表人诉讼”；另一类是起诉时当事人人数不能确定，由在法院登记权利的人中推选出代表来进行诉讼，称为“人数不确定的代表人诉讼”。这两类代表人诉讼在诉讼标的、代表人的确定、诉讼程序等方面都存在差异。

(二)代表人诉讼的要件

我国的代表人诉讼应具备以下要件：

1.当事人人数众多。当事人一方人数众多是代表人诉讼成立的前提。《民诉法解释》第75条规定，民事诉讼法所规定的人数众多，一般指10人以上。该人数没有上限，人数越多，越能发挥代表人诉讼的功能。

2.众多当事人一方诉讼标的相同或属于同一种类。起诉时当事人人数众多且人数确定的，其内部关系可能是必要共同诉讼人的关系，也可能是普通共同诉讼人的关系；当事人人数众多且起诉时人数不确定的，其内部关系一般为普通共同诉讼关系。

3.诉讼代表人合格。诉讼代表人应当公平和充分地维护群体成员的利益。合格的诉讼代表人应当具备以下条件：其一，本身是该群体的成员，与其他成员有着共同的利益；其二，其请求或防御方法是群体成员的典型的请求或防御方法；其三，能够善意地维护其他集团成员的合法利益，并为其他成员所信赖；其四，必须具有

相应的智力水平和文化、法律知识以及诉讼能力。[①]

（三）代表人诉讼的特殊程序

1.受理

法院受理代表人诉讼，不仅要审查是否具备一般的起诉要件，而且要审查是否具备代表人诉讼的要件。对于不具备代表人诉讼要件的，裁定不予受理代表人诉讼。法院裁定不予受理，并不排斥多数人分别行使诉权，当事人可以单独提起诉讼。

2.公告和登记

人数确定的代表人诉讼无须公告程序。对于人数不确定的代表人诉讼，法院可以发布公告，说明案件情况和诉讼请求，通知利害关系人在一定期间向法院登记。公告期根据具体案件的情况确定，但最少不得少于 30 日。

3.诉讼代表人的产生、变更及其权限

（1）产生。人数确定的代表人诉讼，可以由全体当事人推选代表人，也可以由部分当事人推选自己的代表人；推选不出代表人的当事人，在必要的共同诉讼中可由自己参加诉讼，在普通的共同诉讼中可以另行起诉。起诉时人数不确定的代表人诉讼，由当事人推选代表人；当事人推选不出的，可以由法院提出人选与当事人协商；协商不成的，也可以由法院在起诉的当事人中指定代表人。代表人为 2～5 人，每位代表人可以委托 1～2 人作为诉讼代理人。

（2）变更。诉讼中如出现诉讼代表人死亡、丧失诉讼行为能力或者不能尽代表职责等情况，可以更换代表人。更换后的代表人继续履行原代表人职责；原代表人的诉讼行为，对新更换的代表人具有法律效力。

（3）权限。按法定程序推选或商定代表人后，由代表人代表群体成员进行诉讼，代表人的诉讼行为对其所代表的当事人发生效力，但是，代表人变更、放弃诉讼请求或者承认对方当事人的诉讼请求，进行和解，必须经被代表的当事人同意。

（四）代表人诉讼判决的效力

代表人诉讼的判决效力及于代表人和被代表的群体成员。但是，在起诉时人数不确定的代表人诉讼中，判决效力原则上只及于参加登记的权利人，而不直接及于未登记的权利人。未登记的权利人在诉讼时效期间内向法院起诉，法院认定其请求成立的，裁定适用代表人诉讼的判决、裁定。

---

① 江伟主编：《民事诉讼法学》，复旦大学出版社 2002 年版，第 190 页。

三、代表人诉讼与外国群体诉讼的比较

一些学者认为,我国人数确定的代表人诉讼和人数不确定的代表人诉讼与日本的选定当事人制度和美国的集团诉讼制度有对应关系。人数确定的代表人诉讼制度类似于日本的选定当事人制度,人数不确定的代表人诉讼则类似于美国的集团诉讼。我们认为,我国代表人诉讼制度在确立时吸收借鉴了日本选定当事人制度和美国集团诉讼制度的立法经验,兼容并蓄了选定当事人制度和集团诉讼制度的优点,但是,该制度在具体内容上与外国相关制度有所不同,因而不可简单地相提并论。

1.代表人诉讼与选定当事人制度

代表人诉讼与选定当事人制度的相似之处:二者都是共同诉讼制度的延伸,都要求众多当事人一方存在共同利益才能合并审理;确定代表人的方法类似,且性质上都属于诉讼担当;选定代表人的当事人对代表人的行为都具有监督权等。

代表人诉讼与选定当事人制度的区别,主要体现在两点:(1)在代表人诉讼中,诉讼代表人可以由众多当事人一方全体选定,也可以与法院共同商定,甚至可以由法院指定;而选定当事人制度要求由所有共同利益的多数人选定当事人。(2)在我国代表人诉讼中,代表人尽管自产生时起取得诉讼实施权,代表群体成员进行诉讼,但这并不意味着其他人当然不能参加诉讼,如果属于必要共同诉讼的,其他人有权参加诉讼;在选定当事人制度中,选定当事人自选定时起,取得作为原告或被告实施诉讼的权能,其他当事人则当然退出诉讼。

2.代表人诉讼与集团诉讼

我国代表人诉讼与集团诉讼具有某些相似之处,主要体现在两点:(1)以集团名义起诉的许可性。对于人数不确定的代表人诉讼,尽管诉讼开始之后才进行公告登记并推选代表人,起诉人不一定是诉讼代表人,但在司法实务中,起诉行为的实施者往往被推选为诉讼代表人。而美国集团诉讼的代表人提起诉讼后,其集团成员无异议即默示认可。(2)无论是代表人诉讼判决还是集团诉讼判决,其效力都具有扩张性。

代表人诉讼与集团诉讼也存在显著区别,表现在以下几点:(1)诉讼代表人的产生方式不同。我国代表人诉讼的代表人是由其他当事人明确授权产生或由法院与其商定或指定;而集团诉讼则是以默示方法消极认可诉讼代表人的地位,不要求诉讼代表人必须在全体利害关系人的特别授权下才能进行诉讼。(2)对公告期内未登记人员的处理不同。在人数不确定的代表人诉讼中,通过公告和权利登记程序,人数不确定转为人数确定。对于公告期内未参加登记的,不作为群体成员。与

之相反，在集团诉讼中，在法院公告期内没有明确申请排除于集团之外的，视为参加诉讼。(3)对"共同利益"的要求不同。在代表人诉讼中，要求人数众多的一方当事人的诉讼标的相同或属于同一种类；而集团诉讼中，只要求集团成员存在共同的法律问题或者事实问题即可，适用范围更广。(4)诉讼代表人的权限不同。在代表人诉讼中，代表人变更、放弃诉讼请求或者承认对方当事人的诉讼请求，进行和解，必须经被代表的当事人同意。而集团诉讼不要求代表人必须经全体利害关系人特别授权才能处分实体权利。为了防止诉讼代表人滥用代表权，美国《联邦民事诉讼规则》第 23 条规定，诉讼代表人在与对方进行和解、变更诉讼请求、放弃诉讼请求时，应受到法院的监督。(5)判决的扩张方式不同。我国代表人诉讼的判决原则上仅直接及于参加权利登记的已确定的权利人；对于未参加登记的权利人在诉讼时效期间起诉的，裁定适用法院已作出的裁判。对于未参加登记的权利人，代表人诉讼的判决效力只有间接扩张性。而在集团诉讼中，判决的效力具有扩张性，直接及于所有集团成员。

第四节　公益诉讼主体

一、公益诉讼的概念和特点

2012 年修改后的《民事诉讼法》第 55 条规定："对污染环境、侵害众多消费者合法权益等损害社会公共利益的行为，法律规定的机关和有关组织可以向人民法院提起诉讼。"根据这一规定，社会普遍关注、学界呼吁多年的公益诉讼制度终于从理念成为立法，并已经付诸司法实践，成为"行动中的法律"。这是我国近年民事司法改革的一项重要成就。

公益诉讼相对于私益诉讼而言。凡是为保护公共利益的诉讼，即为公益诉讼。但仔细分析就会发现，无论在理论上还是在实践中，公益诉讼迄今为止都是一个不确定的概念。我国法学界、司法界以及媒体在使用"公益诉讼"一词时，主要有三种理解：第一，"公共利益＋诉讼"。即凡含有"公共利益"内容的诉讼都被称为公益诉讼。按此定义，检察机关提起的刑事公诉、德国行政法上的公益代表人制度、日本行政法上的民众诉讼等都属于公益诉讼。第二，诉讼法上的公益诉讼。即原告起诉并非由于自己的权利受到某种直接的侵害，而是为了客观的法律秩序或抽象的公共利益，从诉讼法的技术层面，特别是从原告与案件之间的利益关系层面出发而指称的某种新的诉讼类型。在这类案件中，原告与案件利益关系的特殊性，导致原告起诉资格之障碍，并进而产生一些诉讼法技术上的问题，如诉讼中的处分权、法院裁判之拘束力等问题。据此理解，如果案件没有起诉资格之障碍而可以利用现有的制度加以解决的诉讼，即使涉及公共利益，也不被视为公益诉讼。第三，民权运动意义上的公益诉讼。从这个角度理解的公益诉讼，关注社会转型时期之利益多元化背景下尚未被主流意识关注的问题，强调案件对于社会的影响，基本理念是公共利益、人权保护与社会变革，其重点在于关注社会弱势群体的权益保护。

根据对救济对象范围的不同认识，公益诉讼的概念还存在“救济对象广义说”和“救济对象狭义说”的分歧。前者认为公益诉讼是指特定的国家机关、组织和个人，根据法律的授权，对违反法律法规，侵犯国家利益、社会利益或不特定的他人利益的行为，向法院起诉，由法院依法追究法律责任的活动。后者认为公益诉讼仅指特定的国家机关、组织和个人，根据法律的授权，对违反法律法规，侵犯国家利益和社会利益的行为，向法院起诉，由法院依法追究法律责任的活动，不包括仅侵犯他人利益的案件。

公益诉讼除具有民事诉讼的一般特征外，还具有如下特征：(1)原告是无直接利害关系的不特定主体。公益诉讼的原告不以直接利害关系为基础，可以是与侵害后果无直接利害关系的公民、公益组织或法定的国家机关(如检察院)。只要有社会公众的民事权利受到某种侵害，原告就有权利向法院主张司法救济。(2)原告起诉具有公益性。原告起诉是为了维护社会公共利益，而非一己私利。(3)诉讼中国家干预较强。由于公益诉讼的目的是维护国家利益和社会公众的民事权利，因此，诉讼中当事人自由处分权受到较多的国家干预的限制。如公益诉讼原告不得随意撤诉、与对方当事人任意和解等。(4)判决效力具有扩张性。权利受害人并不一定直接参加诉讼，而是由国家机关或公益组织等代表民事公益受害人进行诉讼，这种代表资格是由法律规定的，无须征得被害人同意。法院的裁判不仅对参加诉讼的当事人有拘束力，对社会公众、特定的国家机关、公益组织均有拘束力，均产生法律效力。

公益诉讼具有如下三大功能：(1)弥补国家作为公共利益代表在维护公益过程中存在的弊端和缺漏。国家的组成和运作必须维护公共利益，制止、纠正和惩罚损害公共利益的行为，但是，国家公共事务繁杂，国家代表公共利益的行为不可避免地存在漏洞和偏差，而且由于国家机关及其组成人员具有部门利益和个人利益，有可能为牟取部门利益或个人利益而损害公共利益。公益诉讼作为一种公共利益的补充代表机制，有助于维护遭受损害的公共利益。(2)及时制止损害公共利益的违法行为。公益诉讼的提起不以实际发生损害为前提，也不以直接利害关系的存在为提起要件，因而能够及时制止违法行为，有效防范损害后果的发生或者进一步扩大。这是传统事后救济方式所不具备的预防性功能。(3)保障民众的诉权，扩大司

法解决纠纷的功能。从这个意义上说，公益诉讼制度的设立标志着诉权的社会化。

二、公益诉讼的适用范围

关于公益诉讼的适用范围，即哪些案件应当属于公益诉讼，一直是国内外学者争执的话题，迄今尚未有定论。理论上，凡是“损害公共利益”的案件均可纳入公益诉讼的适用范围。但是，何谓“公共利益”，仍是一个模糊不清的概念。随着社会的不断发展进步，社会利益呈多元化趋势发展，在公共利益的界定上出现了“众口难调”的局面。公共利益在外延上具有不确定性，与个人利益在边缘上呈交织状态。

在美国，适用公益诉讼审理的案件范围非常宽泛。除常见的环境保护诉讼、消费者权益保护诉讼、反垄断等案件属公益诉讼外，诸如关于某州立法机关的选举区组成是否符合宪法，宗教祈祷文是否可以在公立学校里公开诵读，一州能否禁止妇女堕胎，请求取消国立学校的种族隔离，清理大型有毒场所以及涉及公共健康问题的多种类案件，也被视为公益诉讼案件。其他国家的公益诉讼范围虽然没有如美国这样宽泛，但其制定法或者判例均呈现了一种鼓励公益诉讼的宽松态度。如日本于 20 世纪 90 年代初兴起的纳税人要求公开交际费开支的诉讼，90 年代中期针对政府机关招待费、接待费的诉讼，都被视为公益诉讼而得到法院支持。

在我国，学理上经常被提及的民事公益纠纷主要包括以下几类：(1)因破坏环境导致环境污染引发的纠纷；(2)侵害众多消费者权益所引发的纠纷；(3)国有资产流失所引发的纠纷；(4)其他侵害公共利益所引发的纠纷，例如违法、违规收费，对学校周边环境造成精神污染的行为引发的纠纷，不正当竞争、不当政府采购等行为引起的纠纷等。

根据《民事诉讼法》第 55 条的规定，因环境污染以及侵害消费者利益所发生的纠纷属于公益纠纷。这两类纠纷是我国当前实践中出现的数量最大的公益纠纷。至于其他纠纷是否应纳入公益纠纷的范畴，法律没有明确规定。不过，该条文使用了“等损害社会公共利益的行为”这样的文字表达，属于兜底条款，这就为以后立法和司法的扩大解释留下了空间。

三、公益诉讼的适格主体

在理论上，关于哪些主体可以作为原告提起公益诉讼，有很大争议。概括言之，大体涉及三大类主体：一是检察机关和法定行政机关。检察机关和法定行政机关代表国家利益和社会公共利益提起公益诉讼，不仅具有法律地位的保障，而且相较于社会团体和公民个人，更具有提起公益诉讼的人财物等方面的优势。二是社会团体。相对于被告而言，公益纠纷中的普通受害者无论在起诉的专业知识还是在物质保障上通常都处在弱势地位，难以与被告进行诉讼抗衡；而社会团体在我国处在不断发展的状态之中，其参与社会管理的能力和积极性与日俱增。社会团体在其性质和职能范围内，应有权提起公益诉讼。三是公民个人。赋予公民以公益诉权可以有效地补充公共执法所存在的不足，同时对公共执法状况进行监督。不过，为了避免公民个人滥用公益诉权，对公民个人提起公益诉讼应当加以适当限制，并设置相应的前置程序，对于滥用公益诉权的行为规定相应的法律责任。

《民事诉讼法》第55条确定了两类公益诉讼主体，即"法律规定的机关和有关组织"。至于哪些机关和组织可以提起公益诉讼，需要具体的法律加以规定。通常认为，检察机关作为国家的法律监督机关，通过公益诉讼维护国家利益和社会公共利益是其职责使然，当然享有公益诉讼的原告资格。[①] 其他机关是否可作为适格主体，则有待法律进一步作出规定。此外，民事诉讼立法之所以认可"有关组织"的公益诉讼原告资格，而未采纳"有关社会团体"的用语，根据立法者的解释，是因为各界对"社会团体"的范围有不同的认识。但是，并非所有的"有关组织"都适宜作为原告提起公益诉讼。对此，立法机关负责人解释说，合理框定适宜提起公益诉讼的组织的范围，今后将依赖两条路径。其一，在未来制定相关法律时予以进一步明确。[②] 其二，在司法实践中逐步探索。例如进一步细化社会组织的管理规范，对社会组织的规模、经费等条件进行限定，等等。无论采取哪一种方式，分散式立法或实践探索的周期性都决定了未来一段时期内，对于社会组织主体资格的审查只能依赖于法官的自由裁量权。

作为一种特殊的诉讼类型，公益诉讼与传统民事诉讼相比有其明显的特殊性，因此，公益诉讼应有一些特殊的程序规则。除了提起主体以外，其他诸如管辖、证据、诉讼费用、权利处分、防止滥诉等方面也应有特殊的规则。我国《民事诉讼法》

---

① 2015年7月1日，十二届全国人大常委会第十五次会议通过《关于授权最高人民检察院在部分地区开展公益诉讼试点工作的决定》。据2016年11月7日《法制日报》的报道，截至2016年9月，各试点地区检察机关在履行职责过程中共发现公益案件线索2982件，办理公益诉讼案件1710件。

② 2013年10月25日修改后的《中华人民共和国消费者权益保护法》增设公益诉讼的规定。新法第47条规定："对侵害众多消费者合法权益的行为，中国消费者协会以及在各省、自治区、直辖市设立的消费者协会，可以向人民法院提起诉讼。"2014年4月24日修改后的《中华人民共和国环境保护法》增设公益诉讼的规定。新法第58条规定："对污染环境、破坏生态，损害社会公共利益的行为，符合下列条件的社会组织可以向人民法院提起诉讼：(一)依法在设区的市级以上人民政府民政部门登记；(二)专门从事环境保护公益活动连续五年以上且无违法记录。符合前款规定的社会组织向人民法院提起诉讼，人民法院应当依法受理。提起诉讼的社会组织不得通过诉讼牟取经济利益。"

虽确立了公益诉讼制度，但其程序规则尚不完善，有待于今后通过立法或修法予以补充。2015年1月6日，最高人民法院举行新闻发布会，公布《关于审理环境民事公益诉讼案件适用法律若干问题的解释》（以下简称《环境公益诉讼解释》）。该司法解释文件自2015年1月7日起施行。2016年4月24日，最高人民法院发布《关于审理消费民事公益诉讼案件适用法律若干问题的解释》。该司法解释文件自2016年5月1日起施行。

2017年6月27日，十二届全国人大常委会第二十八次会议决定修改《中华人民共和国民事诉讼法》。此次修法增设如下规定，作为《民事诉讼法》第55条第2款："人民检察院在履行职责中发现破坏生态环境和资源保护、食品药品安全领域侵害众多消费者合法权益等损害社会公共利益的行为，在没有前款规定的机关和组织或者前款规定的机关和组织不提起诉讼的情况下，可以向人民法院提起诉讼。前款规定的机关或者组织提起诉讼的，人民检察院可以支持起诉。"新规定自2017年7月1日起施行。

检察机关提起公益诉讼，有利于发挥法律监督职能作用，健全对国家利益和社会公共利益保护的法律制度。2018年3月1日，最高人民法院、最高人民检察院公布《关于检察公益诉讼案件适用法律若干问题的解释》。该司法解释文件自2018年3月2日起施行。

四、公益诉讼的具体程序规则

公益诉讼作为一种特殊的诉讼类型，与传统民事诉讼相比有其明显的特殊性，因此，公益诉讼应有一些特殊的程序规则。我国《民事诉讼法》虽确立了公益诉讼制度，但并未规定具体的程序规则。《环境公益诉讼解释》和《民诉法解释》就公益诉讼的程序规则作出了一些具体规定。主要内容如下：

1. 起诉条件。法律规定的机关和有关组织对污染环境、侵害众多消费者合法权益等损害社会公共利益的行为，依法提起公益诉讼，符合下列条件的，人民法院应当受理：(1)有明确的被告；(2)有具体的诉讼请求；(3)有社会公共利益受到损害的初步证据；(4)属于人民法院受理民事诉讼的范围和受诉人民法院管辖。

2. 管辖。公益诉讼案件由侵权行为地或者被告住所地中级人民法院管辖，但法律、司法解释另有规定的除外。因污染海洋环境提起的公益诉讼，由污染发生地、损害结果地或者采取预防污染措施地海事法院管辖。对同一侵权行为分别向两个以上人民法院提起公益诉讼的，由最先立案的人民法院管辖，必要时由它们的共同上级人民法院指定管辖。环境民事公益诉讼案件由污染环境、破坏生态行为发生地、损害结果发生地或者被告住所地的中级以上人民法院管辖。中级人民法院认为确有必要的，可以在报请高级人民法院批准后，裁定将本院管辖的第一审环境民事公益诉讼案件交由基层人民法院审理。

3.其他特殊程序规则。(1)关于公益诉讼程序与社会公共利益的行政保护程序的衔接。人民法院受理公益诉讼案件后，应当在10日内书面告知相关行政管理部门。(2)关于其他依法具有起诉资格的机关和有关组织参加公益诉讼。人民法院受理公益诉讼案件后，依法可以提起诉讼的其他机关和有关组织，可以在开庭前向人民法院申请参加诉讼。人民法院准许参加诉讼的，列为共同原告。(3)关于公益诉讼与私益诉讼关系。人民法院受理公益诉讼案件，不影响同一侵权行为的受害者根据《民事诉讼法》第119条的规定提起诉讼。(4)关于公益诉讼的和解、调解。对于公益诉讼案件，当事人可以和解，人民法院可以调解。当事人达成和解或者调解协议后，人民法院应当将和解或者调解协议进行公告。公告期间不得少于30日。公告期满后，人民法院经审查，和解或者调解协议不违反社会公共利益的，应当出具调解书；和解或者调解协议违反社会公共利益的，不予出具调解书，继续对案件进行审理并依法作出裁判。(5)关于公益诉讼的撤诉。公益诉讼案件的原告在法庭辩论终结后申请撤诉的，人民法院不予准许。(6)关于公益诉讼的裁判效力。公益诉讼案件的裁判发生法律效力后，其他依法具有原告资格的机关和有关组织就同一侵权行为另行提起公益诉讼的，人民法院裁定不予受理，但法律、司法解释另有规定的除外。

此外，《环境公益诉讼解释》还确立了一些特殊规则，例如：(1)法院依职权调查收集证据。对于审理环境民事公益诉讼案件需要的证据，人民法院认为必要的，应当调查收集。对于应当由原告承担举证责任且为维护社会公共利益所必要的专门性问题，人民法院可以委托具备资格的鉴定人进行鉴定。(2)禁止反诉。环境民事公益诉讼案件审理过程中，被告以反诉方式提出诉讼请求的，人民法院不予受理。(3)公益诉讼裁判效力的例外情形。若前案原告的起诉被裁定驳回的或者前案原告申请撤诉被裁定准许的(但因负有环境保护监督管理职责的部门依法履行监管职责而是原告诉讼请求全部实现而原告申请撤诉的情形除外)，在环境民事公益诉讼案件的裁判生效后，有权提起诉讼的其他机关和社会组织就同一污染环境、破坏生态行为另行起诉，人民法院应予受理。此外，环境民事公益诉讼案件的裁判生效后，有证据证明存在前案审理时未发现的损害，有权提起诉讼的机关和社会组织另行起诉的，人民法院应予受理。(4)公益诉讼生效裁判认定的事实的效力。已为环境民事公益诉讼生效裁判认定的事实，因同一污染环境、破坏生态行为依据《民事诉讼法》第119条规定提起诉讼的原告、被告均无需举证证明，但原告对该事实有异议并有相反证据足以推翻的除外。对于环境民事公益诉讼生效裁判就被告是否存在法律规定的不承担责任或者减轻责任的情形、行为与损害之间是否存在因果

关系、被告承担责任的大小等所作的认定，因同一污染环境、破坏生态行为依据《民事诉讼法》第119条规定提起诉讼的原告主张适用的，人民法院应予支持，但被告有相反证据足以推翻的除外。被告主张直接适用对其有利的认定的，人民法院不予支持，被告仍应举证证明。(5)社会组织滥用公益诉讼的处理。社会组织有通过诉讼违法收受财物等牟取经济利益行为的，人民法院可以根据情节轻重依法收缴其非法所得、予以罚款；涉嫌犯罪的，依法移送有关机关处理。社会组织通过诉讼牟取经济利益的，人民法院应当向登记管理机关或者有关机关发送司法建议，由其依法处理。

根据《人民陪审员法》的规定，人民法院审判民事公益诉讼第一审案件，由法官和人民陪审员组成7人合议庭进行，包括法官3人和人民陪审员4人。人民陪审员参加7人合议庭审判案件，对事实认定问题独立发表意见，并与法官共同表决；对法律适用问题可以发表意见，但不参加表决。

根据《关于检察公益诉讼案件适用法律若干问题的解释》的规定，人民检察院以公益诉讼起诉人身份提起公益诉讼，依照民事诉讼法、行政诉讼法享有相应的诉讼权利，履行相应的诉讼义务，但法律、司法解释另有规定的除外。人民检察院在履行职责中发现破坏生态环境和资源保护、食品药品安全领域侵害众多消费者合法权益等损害社会公共利益的行为，拟提起公益诉讼的，应当依法公告，公告期间为三十日。公告期满，法律规定的机关和有关组织不提起诉讼的，人民检察院可以向人民法院提起诉讼。人民检察院提起的民事公益诉讼案件中，被告以反诉方式提出诉讼请求的，人民法院不予受理。民事公益诉讼案件审理过程中，人民检察院诉讼请求全部实现而撤回起诉的，人民法院应予准许。人民检察院不服人民法院第一审判决、裁定的，可以向上一级人民法院提起上诉。

五、公益诉讼当事人适格扩张的意义

此次民事诉讼法修改对公益诉讼制度的规定，是对传统的当事人适格理论和制度的重大突破。根据新法的规定，法律规定的非实体利害关系人具有为公共利益提起民事诉讼的主体资格。由此表明我国已经从立法上承认公益诉讼当事人适格的扩张，其意义十分重大。

（一）法制意义

在诉讼法领域长期存在一种认识，即认为只有自身合法权益受到违法侵害的人才具有原告资格。一般来讲，一个人必须指出他自己的哪些合法权利受到了侵犯或哪些财产受到了损害，如果他仅是成百或成千的受害者之一，他就没有足够的资格来法院起诉。这其中暗含着对起诉当事人资格进行实体审查的要求。这种理念过于突出对诉讼资格的限制,忽略了公共利益的存在,关闭了对这些权利的救济之门。如果按照上述的程序和条件来处理某些新型案件,由于实体适格受害者的缺位,或者众多受害人一并参加诉讼而在法庭上提供证据进行辩论的不可能性,诉讼活动便难以进行,而且也难以实现《民事诉讼法》规定的"保护公民合法权益、维护社会秩序、经济秩序"的任务。

(二)法治意义

1.保障当事人的诉权。如何确定民事诉讼当事人,事关权利救济和民事诉讼目的的实现。中外法制史告诉我们,权益侵害能否获得及时救济的原因,不仅在于审判程序本身是否公正和完善,更在于受害人接近法院以获得司法救助的途径是否多样和畅通。随着程序独立价值的日益体现,程序正义的呼声日益高涨,在新型诉讼不断出现,而实体法的滞后性又无法满足其要求的情况下,从程序上保障当事人诉的利益,扩大适格主体的范围,将能够弥补实体法的缺陷,在保障受害人接受法院裁判这一基本权利的同时,也扩充了实体法的内容。

2.促进诉讼观念的改变。公益诉讼强调的是对公共利益的保护。长期以来,民事诉讼注重的是对私人权利的保护,强调私人利益。而随着20世纪中期以来公民权运动的不断发展,各种涉及公共利益的社会问题愈来愈受到人们的重视。公益诉讼中的原告不仅主张自己的利益,而且还试图排除对与原告处于同一立场的利益阶层的扩散性利益的侵害。这种诉讼模式不是以私人权益为中心,而是针对某种公共现象的存在方式。扩大当事人适格的范围,让更多的人参与对社会某一普遍不正义的控诉中,将促进诉讼观念从私益向公益的改变。

3.有助于"民治"观念的提升。民治政治所根据的原则,就是使社会治理完善成为人人有份的事。每一个人无论贫、富、智、愚,都应该依照他的权利的分量履行选民、代表、管理或陪审官的天职。人们所期望的民治政治的实力,即赖于这个社会所有的一切大公无私的活动和智慧的集中。与此相适应,民治政治要求建立一套有安全保障、具有可操作性的、低耗费并有经济上的奖励和资助的公民参与制度。而公益诉讼是迄今为止能够寻找到的最理想的民治方式,它为人民参加国家事务的管理提供了一条有效的新途径。公益诉讼不仅将历来比较含糊而不确定的人民主权转换成为明确而清晰的现实权利,并且通过强化公民对司法的参与,激发公民参与国家管理的积极性。

4.符合诉讼政策的形成需求。现代的诉讼政策不是把民事诉讼目的完全局限于争议的相对解决或个别解决,而是应当顾及争议的整体解决。因为"个别解决"仅仅是争议的"相对解决",而争议在整体上并未得到彻底解决,以致造成司法资源

的浪费，增加诉讼成本。因此，通过放宽当事人适格要件，可以形成诉讼政策，使得判决效力最终得到扩张。其形成政策的效果首先表现为在同类事件裁判上形成先例，使那些没有参加诉讼的人的权益也受到维护，将当事人未来为判决的纷争事项视为在该诉讼上一并存在，从而兼顾潜在的纷争而作出判决，节约诉讼成本；其次是在法律滞后的情况下，公益诉讼案件的判决能形成对某种社会价值的肯定，该正义性一旦获得公认，将对全社会发生影响并形成某种压力，进而促成立法机关或行政机关调整公共政策。

第五节　诉讼第三人

一、诉讼第三人概述

（一）诉讼第三人的概念

诉讼第三人，是指为保护自己的实体权益，参加他人之间业已开始的诉讼程序中的第三人。有第三人参加的诉讼，称为第三人诉讼。

通常情况下，民事诉讼是在原被告双方当事人之间进行的，但由于民事关系的复杂性，原被告之间业已开始的诉讼，有时会影响或者涉及第三人的权益。为此，各国民事诉讼法设立了第三人诉讼制度，为第三人提供了参加诉讼的机制，以维护第三人的合法权益。第三人诉讼制度有助于多数人纠纷的一次性解决，扩大诉讼解决纠纷的功能，同时也有助于防止法院对相互关联的案件作出相互矛盾的裁判。

根据《民事诉讼法》第56条的规定，诉讼第三人，是指对于他人之间的诉讼标的认为有独立的请求权，或者虽没有独立的请求权，但案件的处理结果与其有法律上的利害关系，而参加到正在进行的诉讼中的人。据此，我国的诉讼第三人包括有独立请求权的第三人和无独立请求权的第三人两种类型。前者相当于德国、日本民事诉讼法中的“主参加”制度，后者相当于德国、日本民事诉讼法中的“从参加”制度。

（二）诉讼第三人的特征

根据我国《民事诉讼法》的有关规定，第三人属于广义上的当事人，因而具有当事人的一般特征（如以自己的名义诉讼等），同时，诉讼第三人也具有自己的独特性。民事诉讼中的第三人具有以下特征：

1.实体方面：第三人参加诉讼，是为了维护自己的民事权益。第三人或者有自己的独立的诉讼请求，或者没有独立的诉讼请求，但案件的处理结果与其有法律上的利害关系。

2.程序方面：第三人是参加到他人之间正在进行的诉讼程序之中。他人之间已经存在一个诉讼，这是第三人参加诉讼的前提；而且，第三人必须是在他人的诉讼已经开始、法院作出裁判之前参加诉讼。他人之间的诉讼尚未开始或者已经作出裁判而结束，都不可能形成第三人诉讼。

二、有独立请求权的第三人

（一）有独立请求权的第三人的概念

有独立请求权的第三人，是指对当事人双方争议的诉讼标的有独立请求权而参加诉讼的人。所谓"有独立请求权"，既包括有全部独立请求权的情形，也包括有部分独立请求权的情形。

我国民事诉讼传统理论一般认为，有独立请求权的第三人在诉讼中的地位相当于原告，形成以本诉的原告、被告为被告的二面诉讼结构。在此情形下，原来的原被告之间的诉讼为本诉，第三人对原被告提起的诉讼为参加之诉。法院对待有独立请求权的第三人参加的诉讼，实际上就是把这两个诉讼合并在一个诉讼程序中加以审理。

有独立请求权的第三人提起参加之诉，既可能反对原告的主张，也可能反对被告的主张，此时，第三人与原被告双方的利益都是对立的，这种对立无法改变本诉中原被告的对立，本诉的原被告即使都反对第三人的主张，也不存在利益上的根本一致性。因此，以诉的合并观点来解释有独立请求权第三人与本诉原、被告当事人之间的当事人结构，有其局限性。[①] 鉴于二面诉讼结构说的不足，近年来，我国有些学者用三面诉讼来解释有独立请求权第三人参加诉讼后形成的诉讼结构。他们认为，有独立请求权的第三人参加诉讼后，在原、被告的相互对抗中又增加了原、被告（分别）与第三人的对抗，形成所谓的三方诉讼。[②]

（二）有独立请求权的第三人参加诉讼的根据

根据我国《民事诉讼法》第56条的规定，有独立请求权的第三人参加诉讼的根

① 江伟主编：《民事诉讼法专论》，中国人民大学出版社2005年版，第205～206页。

② 杨荣馨主编：《民事诉讼法学》，中国政法大学出版社1997年版，第172页；刘家兴主编：《新中国民事程序理论与适用》，中国检察出版社1997年版，第172页。

据，是第三人对本诉原告和被告之间的诉讼标的享有独立的请求权。对于本诉原被告争议的实体权益，该第三人既不同意本诉原告的诉讼请求，也不同意被告的主张，无论是本诉原告胜诉还是本诉被告胜诉，都将损害该第三人的实体权益。因此，该第三人享有诉的利益，可以参加到本诉程序之中。

此外，不少学者认为，有独立请求权的第三人参加诉讼的根据，还应当包括因本诉的诉讼结果将侵害其合法权益的情形。对此，第三人可依法提起独立之诉。[①]

（三）有独立请求权的第三人参加诉讼的程序问题

1.参加的方式。《民事诉讼法》第 56 条第 1 款规定，对当事人双方争议的诉讼标的，第三人认为有独立请求权的，有权提起诉讼。据此，有独立请求权的第三人应以起诉的方式参加诉讼，即在参加诉讼时，应当具备起诉的一般要件和一般的诉讼要件。起诉时，必须以本诉的原告和被告为被告，不得仅以其中之一为被告。

2.参加的时间。有独立请求权的第三人应当在本诉开始后、审理终结之前参加诉讼。参加诉讼的时间，原则上在一审。第一审程序中未参加诉讼的第三人，申请参加第二审程序的，人民法院可以准许。

3.关于撤诉。根据最高人民法院的相关司法解释，有独立请求权的第三人参加诉讼后，原告申请撤诉，法院在准许原告撤诉后，有独立请求权的第三人作为另案原告，原案原告、被告作为另案被告，诉讼另行进行。

有独立请求权的第三人可以申请撤诉。有独立请求权的第三人参加诉讼后，经法院传票传唤，无正当理由拒不到庭的，或者未经法庭许可中途退庭的，可以按撤诉处理。

三、无独立请求权的第三人

（一）无独立请求权的第三人的概念

无独立请求权的第三人，是指对当事人双方的诉讼标的虽没有独立的请求权，但案件的处理结果与他有法律上的利害关系，因而参加到诉讼中来的人。

在我国民事诉讼中，无独立请求权的第三人的诉讼地位极为特殊。因案件的处理结果与其有法律上的利害关系，为了维护自己的权益，无独立请求权的第三人参加到诉讼的一方当事人之中，通过辅助该方当事人以维护自己的权益。无独立请求权的第三人没有向法院提出独立的诉讼请求，因此，无论该第三人是参加原告

① 田平安主编：《民事诉讼法原理》，厦门大学出版社 2012 年第 5 版，第 87 页。

一方诉讼，还是参加被告一方诉讼，都不具有与当事人完全相同的诉讼地位。一方面，由于该第三人并非独立的当事人，而仅仅辅助一方当事人进行诉讼，因此，不得实施与参加目的相悖的诉讼行为，如不得放弃、变更他人的诉讼请求，不得申请撤诉，不得提出反诉，不得承认对方的诉讼请求，不得在被参加一方当事人反对的情况下申请调解，也不得提出管辖权异议。另一方面，无独立请求权的第三人作为广义的当事人，也享有一些独立的诉讼权利，如有权委托诉讼代理人、提供事实和证据、进行法庭辩论等。

根据我国现行法的规定，法院可以判决无独立请求权的第三人承担民事责任。此时，该第三人有权提起上诉。但同时，立法也明确规定，即使在这种情况下，该第三人在一审中仍无权对案件的管辖权提出异议，无权放弃、变更诉讼请求或者申请撤诉。可见，第三人在诉讼过程中并没有得到当事人应当享有的程序保障，但却要承担民事责任，这有悖程序保障的原理。

从其他国家和地区来看，从诉讼参加人仅仅是辅助当事人一方进行诉讼，若被辅助的当事人败诉的，法院不得判决从诉讼参加人承担民事责任，判决对从诉讼参加人仅有参加效力。参加效力是指被辅助的当事人败诉的，从诉讼参加人和被辅助的当事人彼此不得主张如果更充分地进行诉讼，就不会产生如此不当的判决。[①]这种做法可为我国借鉴。

（二）无独立请求权的第三人参加诉讼的根据

根据我国《民事诉讼法》的规定，无独立请求权的第三人参加诉讼的根据是对他人之间的诉讼标的虽无独立的请求权，但案件的处理结果与其有法律上的利害关系。所谓“法律上的利害关系”，是指第三人与本诉当事人一方之间存在的法律关系与本诉讼的法律关系有牵连，第三人的权利义务将受到本诉讼案件处理结果的影响。从诉讼实践来看，法律上的利害关系通常表现为第三人与本诉讼被告之间存在牵连性的法律关系，当本诉讼被告败诉时，第三人可能要承担民事责任、加重民事义务或减少民事权益。当然，也可能存在第三人与本诉讼原告之间存在牵连性的法律关系的情形。

根据我国《合同法》第 73 条、第 74 条和最高人民法院《关于适用〈合同法〉若干问题的解释（一）》第 16 条、第 24 条、第 27 条、第 28 条、第 29 条的规定，对于下列几类合同案件，可适用无独立请求权的第三人制度：

1. 代位权诉讼。债权人以次债务人为被告向法院提起代位权诉讼，未将债务人列为第三人的，法院可以追加债务人为第三人。

---

① 邵明：《民事诉讼法学》，中国人民大学出版社 2007 年版，第 178 页。

2. 撤销权诉讼。债权人提起撤销权诉讼时只以债务人为被告，未将受益人或者受让人列为第三人的，法院可以追加该受益人或者受让人为第三人。

3. 合同转让案件。债权人转让合同权利后，债务人与受让人之间因履行合同发生纠纷诉至人民法院，债务人对债权人的权利提出抗辩的，可以将债权人列为第三人；经债权人同意，债务人转移合同义务后，受让人与债权人之间因履行合同发生纠纷诉至人民法院，受让人就债务人对债权人的权利提出抗辩的，可以将债务人列为第三人；合同当事人一方经对方同意将其在合同中的权利义务一并转让给受让人，对方与受让人因履行合同发生纠纷诉至人民法院，对方就合同权利义务提出抗辩的，可以将出让方列为第三人。

（三）无独立请求权的第三人参加诉讼的程序问题

1.参加方式。根据《民事诉讼法》第 56 条的规定，无独立请求权的第三人参加诉讼的方式有两种：一是第三人向审理他人之诉的法院申请参加诉讼，二是由法院通知第三人参加诉讼。问题在于：对于法院通知无独立请求权的第三人参加诉讼，无独立请求权的第三人是否必须参加？有学者认为，法院通知参加诉讼的，无独立请求权的第三人必须参加诉讼，这是国家干预的体现。① 也有学者认为，如果法院通知参加诉讼，而被通知人拒绝参加时，法院应尊重其处分权，不能强制其参加；无独立请求权的第三人并非必须参加，可以在与其有关的当事人败诉之后另行提起诉讼。②

2.参加的时间。无独立请求权第三人原则上应在本诉已经开始而尚未终结之前参加。第一审程序中未参加诉讼的第三人，申请参加第二审程序的，人民法院可以准许。

3.关于上诉。通常情况下，无独立请求权的第三人在诉讼中无独立的请求权，对诉讼的结果也无权上诉。但是，法院判决无独立请求权的第三人承担民事责任的，则该第三人有权提起上诉。《民诉法解释》第 82 条规定："在一审诉讼中，无独立请求权的第三人无权提出管辖异议，无权放弃、变更诉讼请求或者申请撤诉，被判决承担民事责任的，有权提起上诉。"

---

① 邵明：《民事诉讼法理研究》，中国人民大学出版社 2004 年版，第 187 页。

② 江伟主编：《民事诉讼法》，高等教育出版社 2004 年版，第 127 页。

四、第三人撤销之诉

(一)第三人撤销之诉的概念

第三人撤销之诉,是指未参加他人之间诉讼而又与该诉讼结果有利害关系的第三人为维护自己的合法权益,向法院提起要求撤销他人之间诉讼判决的诉讼程序。第三人撤销之诉是遭受生效裁判侵害的第三人维护其合法权益的一种重要的救济制度。

对于权益受到生效裁判损害的案外人,采用何种方式予以救济,主要有三种立法模式:(1)以德国为代表的另行起诉制度。该模式建立在严格的"判决效力相对性"原则之上。判决效力具有相对性,第三人未实际参与诉讼程序,不受该诉讼判决的拘束,完全可以基于其固有地位另行诉讼,在后诉中对前诉判决确定的内容加以争执或否认,因而自无对前诉他人之间确定判决申请再审或起诉撤销的必要。(2)以法国为代表的第三人撤销之诉制度。即由第三人起诉请求撤销生效裁判中与其权益相关的部分获得救济。第三人撤销之诉并非一定要撤销他人之间的判决,而是当判决的内容构成对第三人合法权益侵害时,法院经过审理后作出变更判决,仅仅撤销判决中不利于第三人的内容,原判决其他部分依然有效。(3)以日本为代表的第三人再审之诉制度。即通过扩大再审原告适格主体的方式,允许受生效裁判侵害的第三人在特定情况下向法院申请再审。按日本通说,当判决效力涉及第三人时,第三人就撤销该判决具有固有的利益,第三人可依据独立当事人参加制度提起再审要求。

我国最高人民法院 2008 年 11 月 25 日公布的《关于适用〈中华人民共和国民事诉讼法〉审判监督程序若干问题的解释》创设了案外人申请再审制度。其第 5 条规定:"案外人对原判决、裁定、调解书确定的执行标的物主张权利,且无法提起新的诉讼解决争议的,可以在判决、裁定、调解书发生法律效力后二年内,或者自知道或应当知道利益被损害之日起三个月内,向作出原判决、裁定、调解书的人民法院的上一级人民法院申请再审。在执行过程中,案外人对执行标的提出书面异议的,按照民事诉讼法第二百零四条[①]的规定处理。"由于该规定过于简略,存在严重的立法不足,难以适应司法实践的需要,不少学界和实务界人士认为再审制度无法解决现有的问题,建议借鉴法国和我国台湾地区的做法,增设第三人撤销之诉。2012 年修法时,立法机关在总结实践经验的基础上,在《民事诉讼法》第 56 条中增加一

① 2012 年修法后,原第 204 条的序号改为第 227 条。

款，正式确立第三人撤销之诉制度。

（二）第三人撤销之诉的要件

《民事诉讼法》第 56 条第 3 款规定："前两款规定的第三人，因不能归责于本人的事由未参加诉讼，但有证据证明发生法律效力的判决、裁定、调解书的部分或者全部内容错误，损害其民事权益的，可以自知道或者应当知道其民事权益受到损害之日起六个月内，向作出该判决、裁定、调解书的人民法院提起诉讼。人民法院经审理，诉讼请求成立的，应当改变或者撤销原判决、裁定、调解书；诉讼请求不成立的，驳回诉讼请求。"根据该规定，提起第三人撤销之诉应具备以下要件：

第一，提起的主体。有独立请求权的第三人和无独立请求权的第三人，可提起第三人撤销之诉。

第二，提起的事由。第三人系因他人之间的前诉判决、裁定或调解书内容错误而致使其民事权益受到侵害，方可提起第三人撤销之诉。所谓前诉判决、裁定或调解书的"内容错误"，是指判决、裁定的主文错误，或者调解书中处理当事人民事权利义务的结果错误。对于下列情形，不得提起第三人撤销之诉：(1)适用特别程序、督促程序、公示催告程序、破产程序等非讼程序处理的案件；(2)婚姻无效、撤销或者解除婚姻关系等判决、裁定、调解书中涉及身份关系的内容；(3)《民事诉讼法》第 54 条规定的未参加登记的权利人对代表人诉讼案件的生效裁判；(4)《民事诉讼法》第 55 条规定的损害社会公共利益行为的受害人对公益诉讼案件的生效裁判。

第三，提起的限制。第三人因不能归责于本人的事由而未参加诉讼，方可提起撤销之诉。如果该第三人本可以参加他人之间诉讼，通过行使诉讼权利维护自己的合法权益，但故意不参加的，不得在前诉判决、裁定或调解书生效后提起撤销之诉。所谓第三人"因不能归责于本人的事由未参加诉讼"，是指没有别列为生效判决、裁定、调解书当事人，且无过错或者无明显过错的情形。包括：(1)不知道诉讼而未参加的；(2)申请参加未获准许的；(3)知道诉讼，但因客观原因无法参加的；(4)因其他不能归责于本人的事由未参加诉讼的。

第四，提起的时间。第三人提起撤销之诉，必须在其知道或者应当知道其民事权益受到损害之日起 6 个月内提出。

第五，管辖的法院。第三人撤销之诉由作出该判决、裁定、调解书的人民法院管辖。[①]

---

① 2012 年修法后，理论界对于第三人撤销之诉的适用有较大的争议。参见刘君博：《第三人撤销之诉原告适格问题研究——现行规范真的无法适用吗？》，载《中外法学》2014 年第 1 期。

（三）第三人撤销之诉的特殊程序规则

1.起诉与审查。人民法院应当在收到起诉状和证据材料之日起5日内送交对方当事人，对方当事人可以自收到起诉状之日起10日内提出书面意见。人民法院应当对第三人提交的起诉状、证据材料以及对方当事人的书面意见进行审查。必要时，可以询问双方当事人。经审查，符合起诉条件的，人民法院应当在收到起诉状之日起30日内立案。不符合起诉条件的，应当在收到起诉状之日起30日内裁定不予受理。

2.当事人。第三人提起撤销之诉，人民法院应当将该第三人列为原告，生效判决、裁定、调解书的当事人列为被告，但生效判决、裁定、调解书中没有承担责任的无独立请求权的第三人列为第三人。

3.审判组织。人民法院对第三人撤销之诉案件，应当组成合议庭开庭审理。

4.中止执行。受理第三人撤销之诉案件后，原告提供相应担保，请求中止执行的，人民法院可以准许。

5.裁判。对第三人撤销或者部分撤销发生法律效力的判决、裁定、调解书内容的请求，人民法院经审理，按下列情形分别处理：(1)请求成立且确认其民事权利的主张全部或部分成立的，改变原判决、裁定、调解书内容的错误部分；(2)请求成立，但确认其全部或部分民事权利的主张不成立，或者未提出确认其民事权利请求的，撤销原判决、裁定、调解书内容的错误部分；(3)请求不成立的，驳回诉讼请求。对裁判结果不服的，当事人可以上诉。原判决、裁定、调解书的内容未改变或者未撤销的部分继续有效。

6.与再审程序的关系。第三人撤销之诉案件审理期间，人民法院对生效判决、裁定、调解书裁定再审的，受理第三人撤销之诉的人民法院应当裁定将第三人的诉讼请求并入再审程序。但有证据证明原审当事人之间恶意串通损害第三人合法权益的，人民法院应当先行审理第三人撤销之诉案件，裁定中止再审诉讼。第三人诉讼请求并入再审程序审理的，按照下列情形分别处理：(1)按照第一审程序审理的，人民法院应当对第三人的诉讼请求一并审理，所作的判决可以上诉；(2)按照第二审程序审理的，人民法院可以调解，调解达不成协议的，应当裁定撤销原判决、裁定、调解书，发回一审法院重审，重审时应当列明第三人。

7.与案外人执行异议程序的关系。第三人提起撤销之诉后，未中止生效判决、裁定、调解书执行的，执行法院对第三人依照《民事诉讼法》第227条规定提出的执行异议，应予审查。第三人不服驳回执行异议裁定，申请对原判决、裁定、调解书再审的，人民法院不予受理。案外人对人民法院驳回其执行异议裁定不服，认为原判决、裁定、调解书内容错误损害其合法权益的，应当根据《民事诉讼法》第227条规

定申请再审，提起第三人撤销之诉的，人民法院不予受理。

第六节　诉讼代理人

一、诉讼代理人概述

（一）诉讼代理人的概念与特征

诉讼代理人，是指根据法律的规定或者当事人的授权，以当事人的名义，在一定权限范围内，为当事人的利益进行诉讼活动的人。诉讼代理人代理当事人进行诉讼活动的权限，称为诉讼代理权；被代理人的当事人，称为被代理人。诉讼代理人具有下列特征：

1.诉讼代理人必须具有诉讼行为能力。诉讼代理人是代替当事人进行诉讼活动，以维护被代理人的合法权益，因此，必须具有诉讼行为能力。这是诉讼代理人履行代理职责的一个基本前提。在整个诉讼代理期间，诉讼代理人必须自始至终具有诉讼行为能力，一旦诉讼代理人丧失了诉讼行为能力，其作为诉讼代理人的资格即随之丧失。

2.诉讼代理人必须以被代理人的名义进行诉讼活动。诉讼代理人只是代理当事人进行诉讼活动，其参加诉讼的目的，在于维护被代理人的合法权益。诉讼代理人并非案件的一方当事人，与案件没有直接或间接的利害关系。因此，诉讼代理人必须以被代理人的名义进行诉讼活动。

3.诉讼代理人必须在代理权限范围内实施诉讼行为。代理权是诉讼代理人进行代理活动的依据。为了防止诉讼代理人滥用代理权从而损害被代理人的利益，诉讼代理权有一定的范围限制。诉讼代理人超出代理权限范围而实施的诉讼行为，属无代理权的诉讼行为，除非经被代理人或者有权代理人事后追认，不产生诉讼代理的法律后果。[①]

4.诉讼代理的法律后果归属于被代理人。诉讼代理人以被代理人的名义进行诉讼，其诉讼行为所产生的实体法效果和诉讼法效果当然应归属于被代理人。不过，诉讼代理的法律后果归属于被代理人，有一个前提，即诉讼代理人所实施的诉

---

① 在民法上，为了保护善意的对方当事人，立法确立了表见代理制度，但是诉讼法上没有这一制度。

讼行为必须在代理权限范围内，或者经被代理人或者有权代理人的追认。

5.同一案件中，诉讼代理人只能代理一方当事人。当事人的利益相互对立，为了维护被代理人的合法权益，法律规定同一诉讼代理人在同一案件中只能代理一方当事人，而不能同时代理对立的双方当事人。

（二）诉讼代理人的种类

在我国1982年《民事诉讼法（试行）》中，曾将诉讼代理人分为法定代理人、指定代理人和委托代理人三种，并规定“没有法定代理人的，由人民法院指定代理人”。据此，指定代理人只适用于当事人没有法定代理人的情况。

我国1991年《民事诉讼法》以诉讼代理权发生的根据为标准，将诉讼代理人分为法定代理人和委托代理人两种，未规定指定代理人。对此，有学者认为，目前我国已不存在当事人无法定代理人而需要指定诉讼代理人的情况。《民事诉讼法》明确规定，法定诉讼代理人由监护人担任。而根据《民法通则》的规定，监护人的范围十分广泛，几乎不存在未成年人或精神病人没有监护人的情况。也就是说，未成年人和精神病人在民事诉讼中都有法定代理人代为诉讼。这说明原先“没有法定代理人的，由人民法院指定代理人”的规定已经失去了存在的基础和必要。因此，现行《民事诉讼法》中不再规定指定代理人，而只规定了法定代理人和委托代理人两种。[①] 也有学者认为，现行《民事诉讼法》未对指定代理人作出规定，并不意味着指定代理人制度在实践中已无存在的必要。诉讼实践纷繁复杂，需要在法定代理人之外为无诉讼行为能力的当事人指定诉讼代理人的情形时有发生，因此，为适应保护无诉讼行为能力人进行诉讼的特殊需要，不应将指定代理人排除在诉讼代理人的范围之外。[②]

现行《民事诉讼法》将诉讼代理人分为法定代理人和委托代理人两种，其划分标准是诉讼代理权发生的根据。而所谓的指定代理人，仅仅是在由谁担任法定代理人处于未决或者争执状态时，通过法院的指定使法定代理人得以明确。指定代理人只不过是确定法定代理人的一种方式而已，并不意味着其诉讼代理权的发生根据异于法定代理人。据此，指定代理人可纳入法定代理人制度的范畴。

无诉讼行为能力人的法定代理人与法人的法定代表人有某些共通之处。例如，二者的代理权或代表权都是依据法律规定而产生的；二者都以被代理人或被代表的当事人的名义参加诉讼，而非以自己的名义诉讼；代理行为或代表行为的法律后果都归属于被代理或被代表的当事人。但是，法定代理人与法定代表人又存在

---

① 谭兵主编：《民事诉讼法学》，法律出版社2004年版，第203页。

② 江伟主编：《民事诉讼法》，中国人民大学出版社2000年版，第138页。

本质的区别：法定代理人的代理权产生于亲权和监护权，而法定代表人的代表权产生于职务上的职责；法定代理人只能是无诉讼行为能力的自然人的代理人，而法定代表人代表法人，法人本身具有诉讼行为能力；法定代理人与被代理人是相互独立的主体，二者之间存在代理与被代理的关系，而法定代表人与被代表的法人并非两个独立的主体，他们之间不存在代理关系，法人的权利能力只能通过法定代表人来实现，法定代表人参加诉讼的行为，应视为当事人(法人)自身的行为。因此，不宜将法定代表人归入诉讼代理人的范畴。

二、法定代理人

(一)法定代理人的概念与特征

法定代理人，是指根据法律的规定，代理无诉讼行为能力的当事人进行诉讼的人。法定代理人是为无诉讼行为能力的人在法律上设立的一种代理制度。法定代理人具有以下几个特征：

1.代理权产生的基础。法定代理权的取得，是基于法律的明确规定，不是基于当事人本人的委托，也不是基于代理人的意志。这是法定代理人最基本的特征。法定代理权产生的根据是民事实体法规定的亲权和监护权。通常情况下，法定代理权产生于亲权，法定代理人与被代理人之间存在着一定的身份关系。

2.代理的对象。法定代理人代理的对象仅限于无诉讼行为能力的人。法定代理制度设置的目的，在于为无诉讼行为能力人提供法律救济，维护无诉讼行为能力人的合法权益，因此，法定代理人只能代理无诉讼行为能力的人进行诉讼。对于有诉讼行为能力的当事人，由于其可以自己表达自己的意志，可以根据自己的意志亲自进行诉讼或者委托他人代为诉讼，而无需法定代理人代理诉讼。

3.代理人的范围。法定代理权产生的根据是民事实体法规定的亲权和监护权，相应的，法定代理人的范围仅限于对被代理人享有亲权和监护权的人。我国《民法通则》明确规定了亲权人和监护人的范围，超出此范围的其他人，不能担任法定代理人。

4.代理权的性质。法定代理人为无诉讼行为能力的当事人代为诉讼，这不仅是法律赋予他们的一项权利，而且也是他们应尽的一项义务。一方面，当无诉讼行为能力人涉讼时，其亲权人或者监护人有权依法以法定代理人的身份参加到诉讼中来，以维护无诉讼行为能力人的合法权益。从这个意义而言，代理权是法定代理人享有的一项权利。另一方面，为了维护无诉讼行为能力人的合法权益，在无诉讼行为能力人涉讼的情况下，法律要求其亲权人或者监护人必须代为诉讼，因此，这也是法定代理人对社会应尽的一项义务。

(二)法定代理人的指定

我国《民事诉讼法》第57条规定:"无诉讼行为能力人由他的监护人作为法定代理人代为诉讼。"在民事实体法上享有监护权的人,即为当然的法定代理人。我国《民法总则》第27条、第28条分别对未成年人和精神病人的监护人的顺序和范围作出了明确规定。[①] 因此,通常情况下,法定代理人无须法院专门指定即已确定。

但是,在诉讼实践中,某些情况下,也存在法定代理人并不十分明确的情形。在这种情况下,为了维护无诉讼行为能力的当事人的合法权益,需要法院指定法定代理人。根据《民事诉讼法》第57条及《民诉法解释》第83条的规定,法院指定法定代理人的情形主要有以下两种:

1.法定代理人之间互相推诿代理责任的情形。若无诉讼行为能力的当事人有两个或者两个以上的法定代理人,但这些法定代理人之间相互推诿代理责任,不能确定由谁代为诉讼时,由法院在几个法定代理人中确定诉讼代理人。

2.无诉讼行为能力的当事人事先没有确定监护人的情形。在诉讼实践中,有些无诉讼行为能力人事先没有确定监护人,这自然就存在着法定代理人无法当然产生的问题。在这种情况下,需要通过法院在具有监护资格的人之中指定一人作为法定代理人。根据最高人民法院的规定,在这种情况下,其解决的办法如下:其一,由有监护资格的人协商确定,协商不成的,由人民法院在他们之中指定法定代理人;其二,当事人没有法定资格监护人的,由人民法院指定有关组织担任诉讼期间的法定代理人。

(三)法定代理人的代理权限与诉讼地位

1.法定代理人的代理权限

我国《民事诉讼法》未对法定代理人的代理权限作出明确规定。但是,由于法定代理人所代理的对象是无诉讼行为能力的当事人,他们不能亲自进行诉讼,需要完全借助于法定代理人以维护自己的合法权益,这决定了法定代理是一种全权代

---

① 值得注意的是,2012年12月28日修订的《中华人民共和国老年人权益保障法》增设老年人监护制度。该法第26条规定:"具备完全民事行为能力的老年人,可以在近亲属或者其他与自己关系密切、愿意承担监护责任的个人、组织中协商确定自己的监护人。监护人在老年人丧失或者部分丧失民事行为能力时,依法承担监护责任。老年人未事先确定监护人的,其丧失或者部分丧失民事行为能力时,依照有关法律的规定确定监护人。"

理。法定代理人有权按照自己的意志行使被代理人享有的一切诉讼权利，有权处分被代理人的诉讼权利和实体权利，而无须得到被代理人的特别授权。例如，法定代理人有权起诉、反诉、提供证据、进行辩论、申请撤诉、进行和解、调解、放弃、变更或者承认诉讼请求、提起上诉、申请再审以及申请强制执行等。法定代理人的一切诉讼行为，视为被代理人本人所为。与此同时，法定代理人也应代为履行被代理人承担的一切诉讼义务。

应当注意的是，法定代理人毕竟不是被代理人本人，在某些情况下也会出现法定代理人损害被代理人利益的情况，此时应承担相应的责任。因此，所谓全权代理，并不意味着绝对的不受任何限制，法定代理人所实施的诉讼行为，必须以不损害当事人的合法权益为前提。

2.法定代理人的诉讼地位

法定代理是一种全权代理，因此，法定代理人的诉讼地位类似于被代理的当事人。换言之，与被代理的当事人的诉讼地位基本相同。然而，法定代理人毕竟不是被代理的当事人，法定代理人与被代理的当事人仍有区别：首先，法定代理人是以被代理的当事人的名义而非以自己的名义进行诉讼；其次，法定代理人所实施的诉讼行为的法律后果直接归属于被代理的当事人；最后，诉讼过程中，如果法定代理人死亡或者不能行使代理权，只能导致诉讼中止，而不能终结诉讼。因此，尽管法定代理人的代理是一种全权代理，但其仍然处于诉讼代理人的地位。

（四）法定代理权的取得与消灭

法定代理权源于民事实体法上的亲权或监护权，无诉讼行为能力人的监护人即为法定代理人，因此，法定代理权的取得，依赖于监护权的取得。代理权的存在是诉讼要件之一，应由法院依职权予以调查。

法定代理权的取得基础是监护权，因此，当监护权消灭时，法定代理权必然受其影响。法定代理权的消灭基于监护权的丧失。在诉讼持续期间，法定代理人的监护权丧失必然导致法定代理权的消灭。具体而言，法定代理权消灭的原因有以下几种：(1)无诉讼行为能力的被代理人具有或恢复了诉讼行为能力，如被监护人年龄达到 18 周岁或精神病痊愈。(2)法定代理人本人丧失了诉讼行为能力。(3)法定代理人丧失了对当事人的亲权或监护权，如基于收养或婚姻关系而发生的监护权，因收养或婚姻关系被解除而使法定诉讼代理权消灭。(4)法定代理人或被代理人死亡。(5)其他导致法定代理权消失的情况。

三、委托代理人

(一)委托代理人的概念与特征

委托代理人是指根据委托人的授权委托,代为进行诉讼的人。委托代理人的产生及代理权限源于委托人的授权,取决于委托人的意志,因此,委托代理人又称为授权代理人、意定代理人。与法定代理人相比较,委托诉讼代理人主要具有以下特征:

1.诉讼代理权基于委托人的授权而产生。诉讼代理权不是根据法律的规定,而是基于委托人的授权而产生的。一方面,委托人有授权的意思表示,另一方面,委托人的授权须为诉讼代理人所接受。委托人出具的授权委托书是诉讼代理人取得代理权的依据。这里的"委托人",根据《民事诉讼法》第58条第1款的规定,仅限于当事人(包括原告、被告、第三人、诉讼代表人)和法定代理人,其他人无权委托诉讼代理人。

2.诉讼代理事项和代理权限,一般由委托人决定。在委托诉讼代理中,诉讼代理人代理哪些事项、在什么权限范围内代理这些事项,一般取决于委托人的意志,由委托人决定。不过,在某些特殊情况下,法律作出了适当限制,如离婚案件中,离婚与否的意见只能由当事人本人向法院表明,不得由诉讼代理人代为表达。

3.诉讼代理人与委托人均有诉讼行为能力。委托诉讼代理建立在委托人的授权委托基础之上,委托人必须具有诉讼行为能力,否则,委托人就无法选任诉讼代理人,无法确定代理事项和代理权限,也就不存在委托诉讼代理。

(二)委托诉讼代理人的范围

关于哪些人可以担任委托代理人,各国立法并不一致。有的国家采取强制律师诉讼主义,规定实行合议制审判的案件,必须以律师为诉讼代理人。有的国家采任意诉讼主义,律师和非律师均可代理诉讼。我国采取后一种做法。

根据《民事诉讼法》第58条第2款的规定,以下人士可以担任委托代理人:(1)律师、基层法律服务工作者。[①] 接受当事人的委托,代理民事诉讼,是律师和基

---

① 基层法律服务工作者是指符合司法部发布的《基层法律服务工作者管理办法》规定的执业条件,在基层法律服务所执业,为社会提供法律服务的人员。截至2011年,全国共有基层法律服务所1.9万个,基层法律服务工作者7.3万人。参见江伟、肖建国主编:《民事诉讼法》,中国人民大学出版社2015年第7版,第126页。

层法律服务工作者的一项主要业务。(2)当事人的近亲属或者工作人员。这里的“当事人的近亲属”,包括与当事人有夫妻、直系血亲、三代以内旁系血亲、近姻亲关系以及其他有抚养、赡养关系的亲属;“当事人的工作人员”,是指与当事人有合法劳动人事关系的职工。(3)当事人所在社区、单位以及有关社会团体推荐的公民。有关社会团体推荐公民担任诉讼代理人的,应当符合下列条件:(1)社会团体属于依法登记设立或者依法免予登记设立的非营利性法人组织;(2)被代理人属于该社会团体的成员,或者当事人一方住所地位于该社会团体的活动地域;(3)代理事务属于该社会团体章程载明的业务范围;(4)被推荐的公民是该社会团体的负责人或者与该社会团体有合法劳动人事关系的工作人员。此外,专利代理人经中华全国专利代理人协会推荐,可以在专利纠纷案件中担任诉讼代理人。根据《民诉法解释》第 84 条的规定,无民事行为能力人、限制民事行为能力人以及其他依法不能作为诉讼代理人的,不能作为诉讼代理人。我国《民事诉讼法》对当事人委托代理人的人数作出了限制。根据该法第 58 条第 1 款的规定,当事人、法定代理人可以委托一至二人作为诉讼代理人。若委托的诉讼代理人为二人时,此二人如何行使诉讼代理权,法律对此无明确规定。为了避免诉讼代理人之间因意见不一致而影响代理活动的顺利进行,一般认为,在这种情况下,当事人应当在授权委托书中明确各诉讼代理人的代理事项和代理权限。

(三)委托代理人的代理权限与诉讼地位

1.委托代理人的代理权限

委托代理人必须在委托人授权的范围内进行代理活动。委托代理人超越其代理权限所为的诉讼行为,除非事后得到委托人的追认,否则不产生代理的效果。

根据委托人授权的范围,委托代理人的代理权限可分为一般授权和特别授权两种。在一般授权的情况下,诉讼代理人只能行使不具有处分实体权利性质的诉讼权利,即只能代为一般的诉讼行为,如申请回避、提出管辖权异议、调查收集证据、质证和辩论等,而无权处分委托人的实体权利。如果诉讼代理人代为实施具有处分实体权利性质的诉讼权利,必须有委托人的特别授权。根据《民事诉讼法》第 59 条的规定,诉讼代理人代为承认、放弃、变更诉讼请求,进行和解,提起反诉或者上诉,必须有委托人的特别授权。根据《民诉法解释》第 89 条的规定,授权委托书仅写明“全权代理”而无具体授权的,仍视为一般授权,诉讼代理人无权代为承认、放弃、变更诉讼请求,进行和解,提出反诉或者提起上诉。通常情况下,当事人委托诉讼代理人后,本人可以出庭参加诉讼,也可以不出庭,但《民事诉讼法》第 62 条对离婚案件的诉讼代理作出了特别规定:“离婚案件有诉讼代理人的,本人除不能表达意思的以外,仍应出庭;确因特殊情况无法出庭的,必须向人民法院提交书面意见。”

2.委托代理人的诉讼地位

委托代理人基于被代理人的授权委托而产生，必须在被代理人的授权范围内以被代理人的名义、按照被代理人的意愿进行诉讼活动，其代理行为的法律后果直接归属于被代理人。在诉讼中，如果诉讼代理人与被代理人的陈述不一致，只能以被代理人的陈述为准。因此，委托代理人在诉讼过程中并无独立的诉讼地位，不属于诉讼主体，而仅是诉讼参加人。

但是，委托代理人并不依附于被代理人，在诉讼过程中具有相对独立性，其表现如下：(1)在授权范围内如何代为诉讼行为，由诉讼代理人自主决定；(2)对于委托人的无理要求，诉讼代理人有权拒绝，必要时甚至可终止诉讼代理关系；(3)除享有委托人授予的权利之外，诉讼代理人还享有法律赋予的固有权利，例如《民事诉讼法》第 61 条规定，诉讼代理人有权调查收集证据，可以查阅本案有关材料；(4)在诉讼过程中，法院必须向诉讼代理人实施某些诉讼行为，如向诉讼代理人送达开庭通知等，不能仅向被代理人送达。

(四)委托代理权的取得、变更和消灭

1.委托代理权的取得

委托代理权的取得，必须经委托人的书面授权。根据《民事诉讼法》第 59 条的规定，委托他人代为诉讼，必须向人民法院提交由委托人签名或者盖章的授权委托书。授权委托书经法院审查认可，受托人即取得诉讼代理权。根据《民诉法解释》第 89 条的规定，适用简易程序审理的案件，双方当事人同时到庭并径行开庭审理的，可以当场口头委托诉讼代理人，由人民法院记入笔录。

侨居在国外的我国公民从国外寄交或者托交的授权委托书，必须经我国驻该国的使领馆证明；没有使领馆的，由与我国有外交关系的第三国驻该国的使领馆证明，再转由我国驻该第三国使领馆证明，或者由当地的爱国华侨团体证明。

港澳居民从香港、澳门提交人民法院的授权委托书，须按以下规定办理证明手续，方为有效：(1)内地驻港澳的机构(包括新华社香港分社、澳门分社等单位)的工作人员，由他们所在机构出具证明；(2)香港工会联合会、澳门工会联合会等社会团体的成员，由他们所在的团体出具证明；(3)其他港澳居民可由我国司法部委托的香港律师或澳门律师办理证明。自 1981 年至 2012 年，已有 10 批共计 427 名香港律师获得司法部授权，取得委托公证人资格。2006 年 2 月 8 日，林秀云等 5 名澳门律师成为司法部在澳门委托的第一批公证人。

台湾居民从台湾地区提交人民法院的授权委托书，如有台湾公证机关的证明，人民法院承认其效力。如果没有这方面的证明，可由他们在大陆的亲友辨认笔迹，

经人民法院审查无误后，确认其效力。

2.委托代理权的变更

委托代理权取得之后，在诉讼过程中有可能发生变更，如委托人扩大或缩小代理权范围、增减代理事项、延长或缩短代理时间等。根据《民事诉讼法》第60条的规定，诉讼代理人的权限如果变更或者解除，当事人应当书面通知法院，并由法院通知对方当事人。否则，诉讼代理权的变更或者解除对法院和对方当事人不产生效力。在此之前的代理行为仍然有效。

3.委托代理权的消灭

委托代理权可以因一定的原因而消灭。导致委托代理权消灭的原因有以下几种：(1)代理的诉讼终结或者代理人完成代理任务；(2)代理人辞去委托或者委托期限届满；(3)被代理人解除委托代理关系；(4)代理人死亡或者丧失诉讼行为能力。

(五)民事诉讼法律援助

民事诉讼法律援助，是指民事诉讼中法律援助机构为因经济困难而没有委托诉讼代理人的当事人提供法律服务并免收代理费的法律保障制度。民事诉讼法律援助制度，有利于保障公民在民事诉讼中获得平等的法律帮助，促进“公民在法律面前一律平等”的宪法原则的实现。

根据2003年《法律援助条例》和最高人民法院、司法部于2005年联合颁发的《关于民事诉讼法律援助工作的规定》，申请民事诉讼代理的法律援助，应当符合四个条件：(1)申请人必须是公民(自然人)。(2)因经济困难没有委托代理人。至于公民经济困难的标准，按案件受理地所在的省、自治区、直辖市人民政府的规定执行。(3)公民只能就特定民事权益事项请求诉讼代理，即请求给付赡养费、抚养费、扶养费，请求支付劳动报酬，主张因见义勇为行为产生的民事权益等事项。(4)有诉讼代理的必要。

符合上述法律援助条件的，公民可以向有关的法律援助机构申请法律援助。根据《法律援助条例》，请求给付赡养费、抚养费、扶养费的，向给付赡养费、抚养费、扶养费的义务人住所地的法律援助机构提出申请；请求支付劳动报酬的，向支付劳动报酬的义务人住所地的法律援助机构提出申请；主张因见义勇为行为产生的民事权益的，向被请求人住所地的法律援助机构提出申请。法律援助机构受理法律援助申请后，应当依照有关规定及时审查并作出决定。对符合法律援助条件的，决定提供法律援助；对不符合法律援助条件的，作出不予援助的决定。申请人对法律援助机构不予援助的决定有异议的，可以向有关司法行政部门提出。司法行政部门应当在收到异议之日起5个工作日内进行审查，经审查认为申请人符合法律援助条件的，应当以书面形式责令法律援助机构及时对该申请人提供法律援助，同时通知申请人。认为申请人不符合法律援助条件的，应当维持法律援助机构不予援助的决定，并将维持决定的理由书面告知申请人。

实施法律援助的民事诉讼案件，若出现下列情形之一，法律援助机构应当终止法律援助：(1)受援人的经济收入状况发生变化，不再符合法律援助条件的；(2)案件终止审理或者已被撤销的；(3)受援人又自行委托律师或者其他代理人的；(4)受援人要求终止法律援助的。

第七章　诉讼保障制度

【引　例】

某法院受理王某诉乙公司给付劳动报酬一案，2005 年 9 月 8 日经审理后当庭作出判决，被告乙公司应在判决生效之日起 15 日内支付其拖欠王某的工资。9 月 13 日法院将判决书送达王某签收；9 月 16 日法院将判决书送达乙公司签收。乙公司认为法院在认定事实方面存在错误，准备提起上诉，并指定办公室主任朱某办理上诉事宜。由于工作繁忙，朱某未能及时将上诉状递交法院。在国庆长假后的第一天，即 10 月 8 日上午，朱某才将上诉状交到法院。问：乙公司的上诉是否成立？

第一节　保　全

一、保全的概念

保全是指人民法院在诉讼开始前或诉讼过程中，为使利害关系人的合法权益免受难以弥补的损害或使将来的生效判决得以顺利执行，依申请或依职权对有关财产采取保护性措施，责令有关当事人作出一定行为或者禁止其作出一定行为。我国民事诉讼中的保全制度可分为财产保全和行为保全。1991 年《民事诉讼法》仅规定财产保全制度。2012 年修法时增设行为保全制度。[①] 2015 年 12 月 27 日，十二届全国人大常委会第十八次会议通过《中华人民共和国反家庭暴力法》(自 2016 年 3 月 1 日起施行)。该法第 23 条第 1 款规定："当事人因遭受家庭暴力或

---

① 在 2012 年修法前，我国一些单行法律在其适用范围内已对行为保全制度作了规定。例如，《专利法》第 66 条、《商标法》第 57 条、《著作权法》第 50 条、《海事诉讼特别程序法》第 51 条等。

者面临家庭暴力的现实危险，向人民法院申请人身安全保护令的，人民法院应当受理。”第 29 条规定：“人身安全保护令可以包括下列措施：(一)禁止被申请人实施家庭暴力；(二)禁止被申请人骚扰、跟踪、接触申请人及其相关近亲属；(三)责令被申请人迁出申请人住所；(四)保护申请人人身安全的其他措施。”上述与人身安全有关的措施即属于行为保全。财产保全，是指法院对当事人的财产或争议标的物采取限制其处分或转移的强制性保护措施。对于完成行为的给付请求，因被申请人的行为或其他原因，可能导致申请人的合法权益遭受难以弥补的损害，或使判决不能执行或难以执行的，申请人可以向法院申请制止某种行为或者要求作出某种行为的保全，即行为保全。[①]

两种保全的不同之处在于：(1)提出保全案件的类型不同。财产保全的对象是双方争议的标的物，或者与争议有关的财物，提出财产保全的案件必须是给付之诉，或者包含给付之诉的诉讼。而无论在给付之诉，还是确认之诉、形成之诉中，当事人都可以申请行为保全。(2)申请目的不同。申请财产保全的主要目的在于保证将来的生效判决能够得以执行，顺利实现债权，为此有必要立即制止债务人正在实施或者准备实施的转移、隐匿财产等行为。申请行为保全的目的主要在于避免债权人遭受其他不可弥补的损害，为此有必要立即制止债务人正在实施的侵权行为，或者要求债务人实施一定行为进行补救。(3)执行内容不同。保全裁定具有执行性，且需立即执行。财产保全的核心是防止债务人处分财产，最常见的执行措施是查封、扣押、冻结。行为保全的核心是限制债务人的行为，裁定债务人必须为一定行为或者不为一定行为。财产保全作为一种诉讼执行保障措施，其设立的目的在于保护当事人或者利害关系人的合法权益，保证将来的生效裁判能够切实执行，以维护法院生效判决的权威性和法律的尊严。德国、日本等国民事诉讼法都设立了类似于我国保全制度的执行保障措施——假扣押和假处分制度[②]，只是因不同的法律传统，它们所使用的名称，保全的对象、方法、条件有所不同而已。

2016 年 11 月 7 日，最高人民法院发布《关于人民法院办理财产保全案件若干问题的规定》，该《规定》自 2016 年 12 月 1 日起施行。

2018 年 12 月 12 日，最高人民法院发布《关于审查知识产权纠纷行为保全案

---

① 江伟、肖建国主编：《民事诉讼法》，中国人民大学出版社 2015 年第 7 版，第 238 页。

② 所谓“假扣押”，是指债权人的诉讼请求为金钱给付时，为防止法院判决后债务人不履行给付义务，债权人可向法院申请对债务人的财产或者权利暂时予以扣押的制度。所谓“假处分”，是指债权人在金钱给付以外的诉讼请求中，为防止债务人不履行法院判决的应履行的义务，债权人可向法院申请对争议标的物采取强制处分的制度。可见假扣押、假处分制度和我国的保全制度一样，都是为了保证将来的生效判决得以切实执行，二者不同的是根据申请人的请求内容为标准划分，假扣押适用于金钱的请求，假处分适用于金钱以外的请求。

件适用法律若干问题的规定》，该《规定》自2019年1月1日起施行。

二、保全的种类

根据《民事诉讼法》第100条、第101条的规定，可将保全分为诉前保全和诉讼中保全两种。

（一）诉前保全

诉前保全，是指利害关系人在起诉前或申请仲裁前向法院申请采取保全措施的制度。该制度属于应急性的保全措施，其目的是保护利害关系人不致遭受无法弥补的损失。例如，双方当事人签订购销合同，需方按约定给付供方150万元的预付款，事后发现供方有欺诈行为，根本没有能力履行合同，而且所付货款有被转移的可能，如不及时采取保全措施加以控制，必将产生难以弥补的损失。由于从债权人起诉到法院受理需要一段时间，法律有必要赋予利害关系人在情况紧急时，请求法院及时保全可能被转移的财产的权利。根据《民事诉讼法》第101条的规定，诉前保全应当具备以下几个条件：

1.申请人将来提起案件的诉讼请求具有财产或行为给付内容。

2.情况紧急，不立即采取保全将会使申请人的合法权益受到难以弥补的损害。"情况紧急"，一般是指债务人有可能马上要转移、处分财产，或由于某种客观原因使有关财产可能发生毁损、灭失。如果出现这些情形，申请人的合法权益就会遭受难以弥补的损失，将来即使起诉、胜诉，其财产权利也难以得到实现。

3.必须由利害关系人提出申请。人民法院不得依职权主动采取诉前保全的措施。"利害关系人"是指对某项财产权益发生争议的人。诉前保全的申请只能由利害关系人提出。

4.诉前保全应当向财产所在地、被申请人住所地或者对案件有管辖权的人民法院提出申请。在人民法院采取诉前保全措施后，申请人起诉的，应当向有管辖权的人民法院提起。采取诉前保全的人民法院对该案有管辖权的，应当依法受理；没有管辖权的，应当及时将采取诉前保全的全部材料移送有管辖权的受诉人民法院。

5.申请人必须提供担保，否则，法院可驳回其申请。申请诉前财产保全的，应当提供相当于请求保全数额的担保；情况特殊的，人民法院可以酌情处理。申请诉前行为保全的，担保的数额由人民法院根据案件的具体情况决定。

在人民法院采取保全措施后30日内，申请人应当向人民法院起诉；超过30日不起诉的，人民法院应当解除诉前财产保全。

(二)诉讼中保全

诉讼中保全,是指人民法院在受理案件之后、作出生效判决前所采取的保全措施。

民事案件从人民法院受理到作出生效判决需要经过几个月甚至更长的时间。法院判决生效后,如果债务人不履行义务,债权人申请强制执行又需要一段时间。在这一过程中,如果债务人隐匿、转移或者挥霍争议中的财产或者以后用于执行的财产而得不到制止,不仅会激化当事人双方的矛盾,而且可能会使生效的判决不能得到执行。有些争议的标的物,如水果、水产品等,容易腐烂变质,必须及时处理,保存价款,以减少当事人的损失。此外,在某些情形下,有必要责令一方当事人作出一定行为或禁止其作出一定行为。

采取诉讼中保全应当具备如下条件:

1.采取诉讼中保全的案件标的必须具有财产或行为给付内容。即该案的诉讼请求具有给付财物或完成行为的内容,有判决生效后不能或难以给付(执行)的可能,才有保全的必要。

2.确有采取保全的必要。在司法实践中,并非所有的案件都适于采取保全,只有在"可能因当事人一方的行为或者其他原因,使判决不能执行或者难以执行"的情况下才能实施保全。例如,当事人有转移、毁损、隐匿财物的行为或者可能实施这种行为,如果不及时采取保全措施将会使以后的判决不能执行或者难以执行。

3.诉讼中保全发生在民事案件受理后、法院作出的判决尚未生效前。[①] 在一审或二审程序中,如果案件尚未审结,当事人可以申请保全。如果法院的判决已经生效,当事人可以申请强制执行,但是不得申请保全。

4.诉讼中保全既可以依当事人申请而开始,也可以在人民法院认为必要时主动依职权作出裁定。在实践中,人民法院一般很少依职权裁定保全。根据《国家赔偿法》的规定,人民法院依职权采取保全或者先予执行发生错误的,应当依法承担赔偿责任。

5.人民法院可以责令当事人提供担保。人民法院依据申请人的申请,在采取诉讼中保全措施前,可以责令申请人提供担保。提供担保的数额应当相当于请求保全的数额。申请人不提供担保的,人民法院可以驳回其申请。在发生诉讼中保

① 应当注意的是,根据《民诉法解释》第161条的规定,对当事人不服一审判决提出上诉的案件,在第二审人民法院接到报送的案件之前,当事人有转移、隐藏、出卖或者毁损财产等行为,必须采取财产保全措施的,由第一审人民法院依当事人申请或依职权采取。由此可见,在例外情况下,诉讼中的保全也可以在一审判决作出后、生效前适用。

全错误给被申请人造成损失的情况下，被申请人可以直接从申请人提供担保的财产中得到赔偿。

三、保全的适用条件和范围

（一）保全的适用条件

保全制度的适用须具备基本的条件，即确有实施保全的必要。根据我国《民事诉讼法》的规定，人民法院对于可能因当事人一方的行为或者其他原因，使判决难以执行或造成当事人其他损害的案件，可以根据对方当事人的申请，作出保全的裁定。可见，保全措施的适用条件，是案件可能因当事人一方的行为或者其他原因，使判决不能执行或者难以执行。所谓“当事人一方的行为”，是指实际占有、支配控制争议标的物的当事人转移、变卖、挥霍、隐匿、毁损该争议财产或与本案有关的财产的行为。例如房屋占有人改建房屋以处分的行为。所谓“其他原因”是指当事人上述行为以外的各种人为或自然的原因，例如风吹日晒、诉讼标的物长期保存会发生腐烂变质等情形。因此，只要案件在客观上发生有可能使将来的生效判决不能执行或难以执行的情况，就能够适用保全措施。

（二）保全的适用范围

我国《民事诉讼法》第 102 条规定：“保全限于请求的范围，或者与本案有关的财物。”

“限于请求的范围”是指法院保全的数额应当与利害关系人请求的数额或与当事人起诉的诉讼请求数额大体相当。但是，任何原则都有例外，法院决定保全的范围也不是绝对不能超出申请人请求的范围。在被申请人没有其他财产可供保全，而可供保全的财产价值较大又不能分割或者分割了会损害其功能和价值时，法院超额保全整个财产则是允许的。比如，申请人申请法院保全，扣押被申请人 5 万元的财产，而被申请人除了一颗价值 20 万元的红宝石外，没有别的可供保全的财产，此时法院将该红宝石予以扣押的措施即不属于保全范围不当。

“与本案有关的财物”，是指被保全的财产应限于当事人争执的财产，或者被告的财产，对案外人的财产不得采取财产保全措施。对案外人善意取得的与案件有关的财产，一般也不得采取保全措施。例如，请求返还木材价款之诉，被告已将木材加工为家具，家具就是与本案有关的财物。

四、保全的程序

(一)保全程序的启动

诉前保全只能由利害关系人申请开始,法院不得依职权进行诉前保全;诉讼中的保全既可以依当事人申请开始,必要时,也可以由法院依职权开始。

(二)保全的管辖

诉前保全由利害关系人向被保全财产所在地、被申请人住所地或者对案件有管辖权的人民法院申请。诉前保全的管辖与当事人起诉的案件的诉讼管辖有可能发生竞合。如果当事人向采取诉前保全措施以外的其他有管辖权的人民法院起诉,采取诉前保全措施的人民法院应当将保全手续移送受理案件的人民法院。诉前保全的裁定视为受移送人民法院作出的裁定。诉讼中的保全由受诉法院管辖。在国内民事诉讼中,采取保全措施的法院如果对案件没有管辖权,不能因为采取了保全措施而取得管辖权;但在涉外民事诉讼中,根据《民事诉讼法》第 265 条关于"可供扣押财产所在地"的规定,采取保全措施的法院可因为扣押了与案件相关的财产而取得该案的管辖权。

(三) 保全的担保

诉前保全必须提供担保。诉讼中的保全,如果法院责令申请人提供担保,申请人也必须提供担保。申请人不提供担保的,法院驳回申请。

(四)保全的裁定

法院接到当事人诉前保全的申请后,应在 48 小时内作出裁定。诉讼中的保全,情况紧急的也必须在 48 小时内作出裁定。裁定采取保全措施的,应立即执行。

保全裁定一经作出即生效,当事人或者利害关系人可以申请复议一次。复议期间,人民法院不停止保全裁定的执行。

(五)执行

人民法院裁定采取保全措施的,应当立即开始执行;可由承办案件的法官执行,也可以由执行员执行。有关单位有义务协助人民法院执行。

(六)保全的解除

根据《民事诉讼法》和有关司法解释的规定,人民法院裁定采取保全措施后,除作出保全裁定的人民法院自行解除或其上级人民法院决定解除外,在保全期限内,任何单位都不得解除保全措施。在诉讼过程中,需要解除保全措施的,人民法院应及时作出裁定,解除保全措施。在通常情况下,保全因下列原因解除:(1)申请人在人民法院采取诉前保全措施后30日内不起诉的;(2)被申请人提供担保的;(3)申请人在保全期间请求撤回申请并经人民法院同意的;(4)保全裁定经被申请人申请复议后被依法撤销的;(5)被申请人已自动履行了生效判决所确定的义务。

(七)保全错误的赔偿

人民法院根据利害关系人或者当事人的申请而采取保全措施的,如果由于申请人的错误而导致被申请人因保全而遭受损失的,应当由申请人负责赔偿。对于因人民法院依职权采取保全措施错误造成损失的,由人民法院依据《国家赔偿法》予以赔偿。

五、财产保全的措施

《民事诉讼法》第103条规定:"财产保全采取查封、扣押、冻结或者法律规定的其他方法。人民法院保全财产后,应当立即通知被保全财产的人。财产已被查封、冻结的,不得重复查封、冻结。"

1.查封。查封是指法院将需要保全的财物清点后,加贴封条,就地或者易地封存的一种措施。查封的本意是检查核实之后,贴上封条,禁止动用。法院对财产实施查封后,当事人、负责保管的有关单位和个人以及法院都不得动用该项财产。

2.扣押。扣押是指法院将需要保全的财物转移到一定场所予以扣留,使被申请人在一定期限内不得占有和动用的一种措施。在特殊情况下,扣押也可就地进行,例如对船舶、飞机予以就地扣留。对不动产和特定的动产(如车辆、船舶等)可以采取扣押有关财产权证照并通知有关产权登记部门不予办理该项财产的转移手续,以达到财产保全的目的。

3.冻结。冻结是指法院通知银行和非银行金融机构,对被申请人的存款或其他款项阻止流动、变动的一种措施。法院裁定冻结款项的,应当立即通知被冻结款项的权利人。冻结单位存款的期限不得超过6个月,逾期不办理继续冻结手续的,视为撤销冻结。

4.法律规定的其他方法,包括保存、提存财物或价款,禁止第三人对被申请人清偿到期债务，扣留、提取被申请人收入，禁止被申请人为或不为一定行为。在审判实践中，法院对季节性商品，鲜活、易腐烂变质以及其他不宜长期保存的物品，可以责令当事人及时处理，由法院保存价款；必要时，法院可予以变卖，保存价款。法院对债务人到期应得的收益，可以采取财产保全措施，限制其支取，通知有关单位协助执行。债务人的财产不能满足保全请求，但对第三人有到期债权的，法院可以依债权人的申请裁定该第三人不得对本案债务人清偿。该第三人要求偿付的，由法院提存财物或价款。人民法院在财产保全中采取查封、扣押财产措施时，应当妥善保管被查封、扣押的财产。为发挥财产的效用，根据《民诉法解释》第155条的规定，由被保全人保管的财产，如果继续使用对该财产的价值无重大影响，可以允许被保全人继续使用。但是，由人民法院保管或者委托申请保全人或其他人保管的财产，保管人不得使用。人民法院冻结财产后，应当立即通知被冻结财产的人；财产已被查封、冻结的，不得重复查封、冻结。在保全程序方面，《民诉法解释》第156条规定，财产保全的程序比照执行程序相关规定办理，即人民法院可以采取执行程序规定的执行措施和方法处理保全事宜。

第二节　先予执行

一、先予执行概述

先予执行是指人民法院在诉讼过程中，为解决权利人在生活或生产上的急需，裁定义务人预先履行将来生效判决中所确定之义务的一种措施。

先予执行制度本质上属于“未决而先执行”，其着眼点是满足权利人的迫切需要。例如，王某因高度危险作业而遭受严重的身体伤害，急需住院治疗，但其本人无力负担医疗费用，而与负有承担医疗费用义务的某公司经协商不能解决，王某诉至人民法院，请求法院判决。由于民事案件从起诉到作出生效判决，需要经过较长的时间，如不先予执行，必然使王某的治疗耽误时间，造成严重后果。在这样的案件中，如等待人民法院作出生效判决后再由义务人履行义务，就会使权利人不能得到及时救济。人民法院依法裁定先予执行，有助于解决这个问题。

在德、日、法等国的民事诉讼法中，有一种类似于我国先予执行的制度——“假执行”制度。所谓“假执行”，是指法院准许未生效确定判决可先予执行的一项法律制度。这些国家实行的审级制度通常是三审终审制，而败诉的当事人往往利用上诉拖延诉讼期间，以隐匿、转移或处分财产。法院为了保护胜诉当事人的利益，在必要的情况下对于未确定判决也赋予其执行的效力，以避免败诉的当事人借上述

方法规避法律，逃避执行，这是假执行制度设立的基本目的。[①] 而我国的先予执行制度是为了解决一方当事人的现实困难而裁定另一方先予给付措施，与“假执行”制度存在根本区别，主要体现在以下四个方面：

1.假执行是民事执行程序中的具体制度，在案件执行过程中适用；而先予执行是民事诉讼中的基本制度，在案件审理过程中进行。

2.假执行是以防止一审败诉当事人利用上诉等来拖延诉讼为目的而进行的；先予执行则因法定情形、法定事由而进行，是为了保障当事人一方的生活或生产、经营的急需。

3.假执行是在一审作出判决后、判决尚未生效前，根据法院作出的判决宣告进行的；而先予执行则是在一审作出判决前根据一方当事人申请作出的裁定。

4.假执行的适用范围较宽，其对象为普通的民事案件；而先予执行的适用范围相对较小，为追索赡养费、扶养费、抚育费、抚恤金、医疗费用，追索劳动报酬等情况紧急的案件。

二、先予执行的适用范围

先予执行只适用于某些特定类型的案件。根据我国《民事诉讼法》第 106 条的规定，法院对下列案件，根据当事人的申请可以裁定先予执行：

1.追索赡养费、扶养费、抚育费、抚恤金、医疗费用以及劳动报酬的案件。这些案件的主体多为社会的弱势群体成员，经济生活困难，将这类案件纳入先予执行的范围，有利于防止当事人因生活困难而影响其诉讼能力，保障他们的合法权益。

2.其他因情况紧急需要先予执行的案件。主要包括：(1)需要立即停止侵害、排除妨碍的；(2)需要立即制止某项行为的；(3)需要立即返还用于购置生产原料、生产工具货款的；(4)追索恢复生产、经营急需的保险理赔费的。

三、先予执行的适用条件

对于上述范围的案件，当事人提出先予执行的申请后，受诉法院还应当审查是否符合法定条件。根据我国《民事诉讼法》第 107 条的规定，法院裁定先予执行的，应当符合下列条件：

1.当事人之间争议之诉必须是给付之诉。给付之诉的一个特点是具有可执行性，如果申请人提起的诉讼没有给付内容，法院将来的判决也不会包含给付内容，

---

① 田平安主编：《民事诉讼法原理》，厦门大学出版社 2015 年第 6 版，第 188 页。

也就不具可执行性。确认之诉、形成之诉不具有执行性，因而不能适用先予执行制度。

2.当事人之间权利义务关系明确。先予执行的案件，双方当事人之间各自应享有什么样的权利，承担什么样的义务都十分清楚。例如，原告与被告为父子关系，原告因无生活来源，请求法院判令被告给付赡养费，该案件的权利义务关系很明确。法院可以根据原告的申请，在诉讼请求的限度内，裁定被告预先给付原告一定数额的金钱，以解决原告生活的急需。

3.不先予执行将严重影响申请人的生活或生产经营。

4.被申请人有履行能力。先予执行本质上是责令被申请人先予给付以解决申请人的生产和生活急需，如果被申请人完全没有履行能力，那么法院的裁定就没有任何意义。

四、先予执行的程序

1.先予执行的申请。诉讼中需要先予执行的，应由当事人向受诉人民法院提出申请。人民法院可以责令申请人提供担保，申请人不提供担保的，驳回申请。

2.先予执行的裁定及执行。当事人先予执行申请符合法律规定条件的，人民法院应当及时作出裁定并采取先予执行的措施。先予执行限于当事人诉讼请求的范围。先予执行的裁定一经作出立即生效，当事人不服的，可以向作出裁定的人民法院申请复议一次，但复议期间不停止原裁定的执行。

3.先予执行在诉讼结束后的处理。申请人胜诉的，先予执行的财产应在胜诉部分中抵扣，并在判决书中写明。申请人败诉的，先予执行的部分应当返还给被申请人，拒不返还的，由法院强制执行(执行回转)；被申请人因先予执行而遭受财产损失的，申请人应当赔偿。

第三节　对妨害民事诉讼的强制措施

一、对妨害民事诉讼的强制措施的概念和特点

妨害民事诉讼的强制措施，是指在民事诉讼中，对实施妨害民事诉讼秩序行为的人采用的一种强制手段。

民事诉讼是法院行使国家审判权依照法定的程序、方式，解决民事纠纷的活

动。它要求法院、当事人和诉讼参与人以及案外人正确行使诉讼权利，自觉履行诉讼义务，保障诉讼活动的顺利进行。任何人不得违反法律的规定，实施妨害民事诉讼的行为。否则，法院有权对其采取强制措施。

对妨害民事诉讼的行为人采取强制措施，有利于法院正常行使审判权，保证民事诉讼程序正常进行；有利于当事人和其他诉讼参与人充分行使诉讼权利和保障他们的合法权益；有利于教育公民自觉遵守法律，维护法律的权威和尊严。这种强制措施具有以下特点：

1.强制措施适用于民事诉讼的整个过程中，包括审判阶段和执行阶段。而在民事诉讼尚未开始前或者民事诉讼程序结束后，法院不能适用这种措施。

2.民事诉讼强制措施的适用对象广泛，不论是当事人、其他诉讼参与人还是案外人，只要其行为妨害了民事诉讼，法院即可适用相应的强制性措施。

3.对妨害民事诉讼的行为适用强制措施时，根据该行为的情节轻重，既可以单独适用，也可以将几种强制措施合并适用。

二、对妨害民事诉讼的强制措施的性质

设立对妨害民事诉讼的强制措施，目的是为了保障民事诉讼活动的正常进行。就其性质而言，它是一种排除妨害的强制性措施，是一种教育手段，而不是惩罚手段，不同于刑事制裁、民事制裁和行政制裁方法。对妨害民事诉讼的强制措施也不同于刑事诉讼中的强制措施，二者之间的区别主要体现在以下几方面：

1.适用的主体不同。对妨害民事诉讼的强制措施只能由人民法院适用；而刑事诉讼中强制措施适用的主体还包括公安机关、国家安全机关和人民检察院。

2.适用的对象不同。对妨害民事诉讼的强制措施适用于一切具有妨害民事诉讼行为的人，包括本案的当事人、诉讼参与人或者案外人；而刑事诉讼中强制措施的适用对象仅适用于本案的犯罪嫌疑人或被告人。

3.适用的目的不同。对妨害民事诉讼的强制措施属于排除性措施，其适用的目的在于排除已经实施了的妨害民事诉讼程序正常进行的行为；而刑事诉讼中强制措施则多为预防性措施，适用目的在于防止适用对象逃跑、自杀、毁灭证据、串供或继续犯罪。

4.适用的阶段不同。对妨害民事诉讼的强制措施适用于民事诉讼的审判和执行阶段；而刑事诉讼中强制措施适用于案件的侦查、起诉和审判阶段。

5.达到的效果不同。对妨害民事诉讼的强制措施是对行为人在诉讼过程中的违反程序法行为的一种强制手段，无论何种强制措施的适用，都不与判决结果发生任何关系；刑事诉讼中的强制措施，对于行为人今后可能受到的刑罚有直接的关

系，例如，依法判处有期徒刑的人被逮捕、拘留的时间应从其刑期中做相应折抵。

三、妨害民事诉讼行为的构成和种类

（一）妨害民事诉讼行为的构成

妨害民事诉讼的行为，是指行为主体故意破坏和扰乱正常诉讼秩序，妨碍诉讼活动正常进行的行为。该行为的构成要件如下：

1.妨害民事诉讼的行为主体，既可以是当事人，也可以是其他诉讼参与人，还可以是案外人。

2.必须实施了妨害民事诉讼的行为，而且在客观上形成了民事诉讼秩序的混乱。这是认定构成妨害民事诉讼行为的客观要件。

3.妨害民事诉讼的行为发生在民事诉讼过程中。该要件是指妨害行为应是发生在民事诉讼开始后到判决执行终结前的时间段，包括审判程序和执行程序。

根据最高人民法院的相关司法解释，在人民法院执行完毕后，被执行人或者其他人对已经执行的标的有妨害行为的，法院应当采取措施，排除妨害，并可以依据《民事诉讼法》第 111 条的规定进行处理。因妨害行为给申请执行人或者其他人造成损失的，受害人可以另行起诉。

4.行为人实施妨害行为出于主观故意。行为人实施妨害行为出于主观故意，是构成妨害民事诉讼行为的主观要件。

（二）妨害民事诉讼行为的种类

根据《民事诉讼法》和《民诉法解释》的有关规定，妨害民事诉讼的行为主要表现为下列几种：

1.必须到庭的被告，经两次传票传唤，无正当理由拒不到庭。所谓无正当理由，通常是指客观上并不存在不可抗力、意外事件等使前述被告无法到庭的特殊情况。此外，如果必须到庭的被告是给国家、集体或他人造成损害的未成年人，则其法定代理人经两次传票传唤，无正当理由拒不到庭的，也同样构成妨害民事诉讼的行为。

2.违反法庭规则，扰乱法庭秩序的行为。如未经许可在庭审时录音、录像，未经准许以移动通信等方式现场转播审判活动；不公开审理时强行进入法庭旁听等；哄闹、冲击法庭，侮辱、威胁、殴打审判人员等行为。如果违反法庭规则，情节严重，已经触犯刑法构成了犯罪，则不仅应当适用强制措施加以排除，而且应依法追究刑事责任。

3.伪造、毁灭重要证据，妨碍人民法院审理案件。伪造证据，指行为人为掩盖事实本来面目而故意以弄虚作假的方式制造根本就不存在的证据；毁灭重要证据，是指行为人将现有的能够证明案件事实的证据销毁。所谓重要证据是指对案件事实具有重要证明作用的证据，是证明案件事实不可缺少的证据。

4.以暴力、威胁、贿买方法阻止证人作证，或者指使、贿买、胁迫他人作证。这里包括两方面的行为：一是以武力、殴打、拘禁、恐吓、金钱引诱等方式阻止本案证人向法庭提供证言；二是以强迫、逼使、金钱引诱、要挟等方式使不是本案的证人作证，或让本案证人作虚假证明。

5.隐藏、转移、变卖、毁损已被查封、扣押的财产或者已被清点并责令其保管的财产，转移已被冻结的财产。这种行为是针对已由人民法院采取财产保全或其他限制处分权的执行措施的财产所为的，它将对生效裁判的执行构成妨碍。

6.对司法工作人员、诉讼参加人、证人、翻译人员、鉴定人、勘验人、协助执行人进行侮辱、诽谤、诬陷、殴打或者打击报复。这些行为直接指向正在执行职务的司法工作人员及有关人员，阻碍司法工作人员执行职务和诉讼参与人行使诉讼权利，干扰和破坏了诉讼程序，使审判和执行活动无法进行。

7.以暴力、威胁或者其他方法阻碍司法工作人员执行职务。司法工作人员，是指审判人员、执行人员、书记员、司法警察以及法院内的法医工作人员等。此外，在由人民检察院按照审判监督程序提出抗诉并派员出席法庭的再审案件中，出庭的检察人员也属于司法人员。《民诉法解释》第187条列举了以下几种阻碍司法工作人员执行职务构成妨害诉讼的行为：(1)在人民法院哄闹、滞留，不听从司法工作人员劝阻的；(2)故意毁损、抢夺人民法院法律文书、查封标志的；(3)哄闹、冲击执行公务现场，围困、扣押执行或者协助执行公务人员的；(4)毁损、抢夺、扣留案件材料、执行公务车辆、其他执行公务器械、执行公务人员服装和执行公务证件的；(5)以暴力、威胁或者其他方法阻碍司法工作人员查询、查封、扣押、冻结、划拨、拍卖、变卖财产的；(6)以暴力、威胁或者其他方法阻碍司法工作人员执行职务的其他行为。

8.拒不履行人民法院已经发生法律效力的判决、裁定行为。这是在执行程序中发生的妨害民事诉讼的行为。人民法院制作的生效法律文书，对当事人具有强制性，当事人应当履行。对生效判决、裁定有能力履行而故意拒不履行的行为就是妨害民事诉讼的行为。《民诉法解释》第188条规定了几种典型的拒不履行人民法院已经发生法律效力的判决、裁定的行为：(1)在法律文书发生法律效力后隐藏、转移、变卖、毁损财产或者无偿转让财产、以明显不合理的价格交易财产、放弃到期债权、无偿为他人提供担保等，致使人民法院无法执行的；(2)隐藏、转移、毁损或者未经人民法院允许处分已向人民法院提供担保的财产的；(3)违反人民法院限制高消费令进行消费的;(4)有履行能力而拒不按照人民法院执行通知履行生效法律文书确定的义务的;(5)有义务协助执行的个人接到人民法院协助执行通知书后,拒不协助执行的。

9.有义务协助调查、执行的单位和个人拒不履行协助义务。这些行为包括:(1)有关单位拒绝或者妨害人民法院调查取证。依法调查取证是人民法院一项重要的诉讼活动,有关单位有义务给予配合,不得拒绝,更不得人为设置障碍,否则便构成妨害民事诉讼行为。(2)有关单位接到人民法院协助执行通知书后,拒不协助查询、扣押、冻结、划拨、变价财产。(3)有关单位接到人民法院协助执行通知书后,拒不协助扣留被执行人的收入,办理有关财产权证照转移手续,转交有关票证、证照或其他财产。例如,房管部门拒不办理私房产权过户手续,交通管理部门拒不转交驾驶证,等等。(4)其他拒绝协助执行的行为。例如,擅自转移已被人民法院冻结的存款,或擅自解冻的;以暴力、威胁或者其他方法阻碍司法工作人员查询、冻结、划拨银行存款的;接到人民法院协助执行通知后,给当事人通风报信,协助其转移、隐匿财产的。《民诉法解释》第192条认定以下行为构成民事诉讼法第114条规定的"其他拒绝协助执行"的行为:(1)允许被执行人高消费的;(2)允许被执行人出境的;(3)拒不停止办理有关财产权证照转移手续、权属变更登记、规划审批等手续的;(4)以需要内部请示、内部审批,有内部规定等为由拖延办理的。

10.采取非法拘禁他人或者非法私自扣押他人财产方式追索债务。债务人逾期不偿还债务,人民法院可以依法采取强制执行措施。除人民法院外的其他任何单位和个人,如果为追索债务,绑架、扣押人质,私自扣押债务人的财产,均构成妨害民事诉讼的行为。

11.执行工作中的妨害行为。妨害执行的行为主要有以下种类:(1)隐藏、转移、变卖、毁损向人民法院提供执行担保的财产的;(2)案外人与被执行人恶意串通转移被执行人的财产的;(3)故意撕毁人民法院执行公告、封条的;(4)伪造、隐藏、毁灭有关被执行人履行能力的重要证据,妨碍人民法院查明被执行人财产状况的;(5)指使、贿买、胁迫他人对被执行人的财产状况和履行能力问题作伪证的;(6)妨碍人民法院依法搜查的;(7)以暴力、胁迫或其他方法妨碍或抗拒执行的;(8)哄闹、冲击执行现场的;(9)对人民法院工作人员或协助执行人员进行侮辱、诽谤、诬陷、围攻、威胁、殴打或者打击报复的;(10)毁损、抢夺执行案件材料、执行公务车辆、其他执行器械、执行人员服装和执行公务证件的。

12.当事人之间恶意串通,企图通过诉讼、调解方式侵害他人合法权益的行为。这针对的是当事人双方恶意串通,利用诉讼谋取不正当利益或损害他人合法权益的行为。

13.被执行人与他人恶意串通,通过诉讼、仲裁、调解等方式逃避履行法律文书

确定的义务的行为。这是 2012 年修法时新增的规定，旨在制裁恶意诉讼行为。

14.诉讼参与人或者其他人妨害诉讼的行为。《民诉法解释》第 189 条列举了一些诉讼参与人、协助执行人、案外人构成妨害诉讼的行为：(1)冒充他人提起诉讼或者参加诉讼的；(2)证人签署保证书后作虚假证言，妨碍人民法院审理案件的；(3)伪造、隐藏、毁灭或者拒绝交出有关被执行人履行能力的重要证据，妨碍人民法院查明被执行人财产状况的；(4)擅自解冻已被人民法院冻结的财产的；(5)接到人民法院协助执行通知书后，给当事人通风报信，协助其转移、隐匿财产的；(6)未经准许进行录音、录像、摄影，或者未经准许以移动通信等方式现场转播审判活动，扰乱法庭秩序，妨害审判活动进行的。《民诉法解释》第 176 条规定，有前款规定情形的，人民法院可以暂扣诉讼参与人或者其他人进行录音、录像、摄影、传播审判活动的器材，并责令其删除有关内容；拒不删除的，人民法院可以采取必要手段强制删除。

四、对妨害民事诉讼的强制措施的种类及其适用

对妨害民事诉讼的强制措施有以下五种：拘传、训诫、责令退出法庭、罚款、拘留。

(一)拘传及其适用

根据《民事诉讼法》第 109 条的规定，拘传，是对于必须到庭的被告，经人民法院两次传票传唤，无正当理由拒不到庭的，人民法院派出司法警察，强制被传唤人到庭参加诉讼活动的一种措施。据此，采取拘传应具备三个条件：一是拘传的对象限于必须到庭的被告。所谓必须到庭的被告，是指根据《民诉法解释》第 174 条第 1 款的规定，负有赡养、抚育、扶养义务和不到庭就无法查清案情的被告。此外，给国家、集体或者他人造成损害的未成年人的法定代理人，如必须到庭，经两次传票传唤无正当理由拒不到庭的，也可以适用拘传。值得注意的是，在特殊情况下，拘传的对象也可以是原告。《民诉法解释》第 174 条第 2 款规定："人民法院对必须到庭才能查清案件基本事实的原告，经两次传票传唤，无正当理由拒不到庭的，可以拘传。"二是必须经过两次传票传唤。三是无正当理由拒不到庭。适用拘传措施，应当由本案合议庭或者独任审判员提出意见，报经院长批准，然后填写拘传票，交司法警察直接送达给被拘传人，令其随票到庭。如果被拘传人拒绝随票到庭的，司法警察可以使用戒具强制其到庭。

（二）训诫及其适用

训诫是人民法院对妨害民事诉讼秩序行为较轻的人，以口头方式予以严肃的批评教育，并指出其行为的违法性和危害性，责令其以后不得再犯的一种强制措施。适用训诫措施，由合议庭或者独任制审判员决定，以口头方式指出行为人的错误事实、性质及危害后果，并当庭责令妨害者立即改正。训诫的内容应当记入庭审笔录。

（三）责令退出法庭及其适用

责令退出法庭是指人民法院对于违反法庭规则的人，强制其离开法庭的措施。在开庭过程中，对违反法庭规则的诉讼参与人或其他旁听人员，经批评教育后仍不悔改的，由合议庭或者独任审判员决定，由审判长或者独任审判员口头宣布，责令行为人退出法庭。作出责令退出法庭的决定后，行为人应当主动退出法庭，否则，司法警察可以令其退出法庭。

（四）罚款及其适用

罚款是人民法院对实施妨害民事诉讼行为情节比较严重的人，责令其在规定的时间内，交纳一定数额的金钱。适用罚款的强制措施，必须由合议庭或独任审判员作出决定，报请人民法院院长批准后才能执行。根据《民事诉讼法》第 115 条的规定，对个人的罚款金额，为人民币 10 万元以下；对单位的罚款金额，为人民币 5 万元以上 100 万元以下。被罚款人对决定不服的，可以向上一级人民法院申请复议一次。但是，复议期间不停止决定的执行。

（五）拘留及其适用

拘留是人民法院对实施妨害民事诉讼行为情节严重的人，将其留置在特定的场所，在一定期限内限制其人身自由的强制措施。拘留期限为 15 日以下。拘留属于最严厉的强制措施。采取拘留措施，应由合议庭或独任审判员提出，并报人民法院院长批准。确因哄闹、冲击法庭，使用暴力、威胁等方法抗拒执行公务等紧急情况，必须立即采取拘留措施的，可在拘留后立即报告院长并补办批准手续。院长认为拘留不当的，应当立即解除拘留。被拘留的人由人民法院交公安机关看管。对决定不服的，可以向上一级人民法院申请复议一次。复议期间不停止决定的执行。《民诉法解释》第 181 条规定："因哄闹、冲击法庭，用暴力、威胁等方法抗拒执行公务等紧急情况，必须立即采取拘留措施的，可在拘留后，立即报告院长补办批准手续。院长认为拘留不当的，应当解除拘留。"对住所地不在本辖区内的人采取拘留

措施的。应当委托被拘留人所在地人民法院协助执行。《民诉法解释》第 179 条规定:“被拘留人不在本辖区的,作出拘留决定的人民法院应当派员到被拘留人所在地的人民法院,请该院协助执行,受委托的人民法院应当及时派员协助执行。被拘留人申请复议或者在拘留期间承认并改正错误,需要提前解除拘留的,受委托人民法院应当向委托人民法院转达或者提出建议,由委托人民法院审查决定。”在执行拘留时,执行人员应向被拘留人出示并当场宣读拘留决定书。被拘留人对决定不服的,可以向上一级人民法院申请复议一次。复议期间不停止执行。为保障被拘留人的人权,《民诉法解释》第 180 条还规定:“人民法院对被拘留人采取拘留措施后,应当在二十四小时内通知其家属;确实无法按时通知或者通知不到的,应当记录在案。”对于上述 5 种强制措施,法院根据实施妨害民事诉讼行为的危害程度和情节的轻重,可以单独适用,也可以合并适用。

第四节　期间、送达

一、期间

民事诉讼中的期间,是指人民法院、当事人及其他诉讼参与人各自实施或完成某种诉讼行为的期限。也就是说,只有在期限内进行的诉讼行为才能够发生法律效力,如果超过诉讼期间,诉讼行为的权利就因此丧失,并不产生民事诉讼法上的法律效果。期间是民事诉讼法对各诉讼法律关系主体实施诉讼行为的时间上的要求,其设立的目的在于保障诉讼法律关系主体及时地行使诉讼权利和履行诉讼义务,迅速解决纠纷以保证民事诉讼活动程序的顺利进行,保护当事人及其他诉讼参与人的合法权益。

(一)期间的种类

根据我国《民事诉讼法》第 82 条第 1 款的规定,以由法律直接规定还是由法院指定为标准,可将期间分为法定期间和指定期间。

1.法定期间。法定期间,是指由法律直接明确规定的期间。如立案期间、答辩期间、上诉期间、公告期间等等。法律具有权威性,法定期间由法律明文规定,具有不可变更性,除法律另有规定外,任何单位和个人无权改变,因此又称为不变期间。只有在法定期间内,人民法院、当事人及其他诉讼参与人实施或完成的诉讼行为才能够发生法律效力。

2.指定期间。指定期间，是指人民法院根据案件的具体情况，依职权指定的期间。如指定当事人补正起诉状的期限；指定当事人提供证据的期限；在判决、裁定中指定搬迁房屋，交付财物的期限等。它是相对于法定期间而言的，可以说是法定期间的一种补充。这种期间是根据案件的具体情况来决定的，它不但可以根据实际情况延长或者缩短，而且可以取消原来指定的期限而另行指定。它在法律上虽然没有直接地规定期限，但审判实践中运用非常广泛。指定期间的特点是，法院可以确定期间的长短及延展，同时法院也可以变更，所以，指定期间都是可变期间。期间一经法院指定，原则上应保持不变，但出现特殊情况时，法院可对原来的指定期间予以变更。

指定期间是法律赋予人民法院的一项权力，该项权力的行使既不能超越法律允许的期间范围，也不能与法定期间相冲突。同时，指定期间应明确而具体，指定期间的长短应与实施行为的难易程度相适应，既不能过长，也不能太短。期间一经指定，即不得轻易变动，否则当事人或者其他诉讼参与人将无所适从。

（二）期间的计算

1.计算期间的单位：根据我国《民事诉讼法》第 82 条第 2 款的规定，期间以时、日、月、年计算。

2.计算期间的方法：(1)期间开始的时和日不计算在内。无论是法定期间还是指定期间，期间开始的时和日，不计算在期间内，而从下一个小时或者从次日起算。例如，《民事诉讼法》规定，人民法院采取诉讼中财产保全措施，在接受当事人的申请后，情况紧急的，应当在 48 小时内作出裁定，并开始执行。如果当事人提出申请是在某日的 10 时，那么计算这一期间时，就应当从该日的 11 时开始起算。又如，上诉期间从当事人收到判决书或裁定书的次日起算。具体地说，如果当事人在 2002 年 1 月 1 日收到判决书，上诉期间从 1 月 2 日起算，在 15 日内，可以提起上诉。如果超过上诉期间，上诉权因此而丧失，即无权提起上诉。(2)期间以月计算的，不分大月、小月；以年计算的，不分平年、闰年。以月计算的，期间届满的日期，应当是届满那个月对应于开始月份的那一天；没有对应于开始月份的那一天的，应当为届满之月的最后一天。例如，在一起宣告失踪的案件中，人民法院于 2009 年 11 月 30 日公告寻找下落不明人，公告期间为 3 个月，公告期届满日期为 2010 年 2 月 28 日。在该日期下落不明人还未出现的，人民法院就可以判决宣告该下落不明人为失踪人。(3)期间届满的最后一日是节假日的，以节假日后的第一日为期间届满的日期。例如，当事人不服判决的上诉期为 15 日，若第 15 日正好是星期日，那么就应当以星期日的次日为期间届满的日期。期间届满的最后一日虽然是节假日，但节假日有变通规定的，应当以实际休假日的次日为期间届满的最后一日。

(4)期间不包括在途时间,诉讼文书在期满前交邮的,不算过期。所谓在途时间,是指人民法院通过邮寄送达的诉讼文书,或者是当事人通过邮寄递交的诉讼文书,在途中所用去的时间。确定期满前是否交邮,应当以邮局的邮戳为准,只要邮戳上的时间证明在期间届满前,当事人或者人民法院已将有关的诉讼文书交付邮局,就不算过期。

在引例中,法院于 9 月 8 日宣告判决,9 月 16 日向乙公司送达判决书。根据《民事诉讼法》第 164 条的规定,当事人不服第一审判决的,应当在第一审判决书送达之日起 15 日内向上一级法院提起上诉。据此,被告乙公司的上诉应当从 9 月 17 日开始计算,上诉期间届满日为 10 月 1 日。由于 10 月 1 日至 7 日是国庆节假期,根据《民事诉讼法》第 82 条的规定,期间届满的最后一日是节假日的,以节假日后的第一日为期间届满的日期。因此,本案中乙公司上诉的届满日应当是 10 月 8 日,乙公司的上诉成立。

(三)期间的耽误及其补救

期间的耽误,是指当事人因特定事由在法定期间或法院指定的期间内未能实施或完成某种诉讼行为。例如,当事人因故未能在一审判决书送达后 15 日的期间内提起上诉,就是对上诉期间的耽误。由于耽误有不同的原因,法律对基于不可抗拒的客观原因引起的耽误,设立了补救的办法。根据我国《民事诉讼法》第 83 条的规定,当事人对期间的耽误,可以申请顺延期限,但必须符合一定的条件:

1.耽误期间是由于不可抗拒或者有其他正当理由。所谓“不可抗拒”,是指当事人在主观上无法预见、无法避免也无法克服的客观情况,如发生地震、水灾、火灾、战争等。其他正当理由是指不可归责于当事人的正当理由,如当事人病重住院,因交通事故身受重伤等,其认定由人民法院根据具体情况自由裁量。

2.当事人必须在造成期间耽误的障碍消除后,在 10 日内向法院提出顺延期限的申请。10 日为法定期间,如当事人逾期,不得再申请顺延。

二、期日

期日,是指法院与当事人、其他诉讼参与人会合在一起进行诉讼行为的日期。

期日表示的是一个时间点。例如,法院通知双方当事人 2008 年 7 月 21 日上午 9 时开庭,该时间即为开庭期日。又如人民法院证据调查期日、调解期日、宣判期日等。期日的特点在于:人民法院根据案件的具体情况指定日期,由人民法院、当事人和其他诉讼参与人会合在一起共同完成某项诉讼行为。我国《民事诉讼法》仅对期限作了专门的规定,而对期日则由法院在审理具体案件过程中予以确定。

期间和期日有着明显的区别：第一，期日是一个时间点，通常只规定开始的时间，不规定终止的时间；而期间有始期和终期，是一段时间。第二，期日被确定后，人民法院和当事人及其他诉讼参与人必须在该期日会合在一起进行某种诉讼行为；而期间自始至终由各诉讼主体单独进行诉讼行为。第三，期日都是由人民法院指定的；而期间有的由法律规定，有的由人民法院指定。第四，期日因特殊情况的发生，可以变更；而期间有的可以变更，有的不能变更。

三、送达

（一）送达的概念

送达，是指人民法院依照法律规定的程序和方式，将诉讼文书送交当事人或者其他诉讼参与人的行为。送达是人民法院单方实施的诉讼行为。

送达具有如下特点：(1)送达的主体是法院。当事人或者其他诉讼参与人向人民法院递交诉讼文书，不能称为送达。(2)送达的对象是当事人或者其他诉讼参与人。当事人和其他诉讼参与人之间、法院之间相互递送材料以及法院对其他单位或者个人发送材料，都不属于送达。(3)送达的内容是各种诉讼文书，如起诉状副本、答辩状副本、开庭通知书、调解书、判决书、裁定书等。这些文书有的是由法院制作的，也有的是由诉讼参与人制作的。(4)送达必须按法定的程序和方式进行。违反法律规定的送达不能产生预期的法律效果。

送达的意义不仅在于将诉讼文书交给收件人（受送达人），使他们了解诉讼文书的内容，以利于审判工作顺利进行，更重要的是送达行为本身包含了一定的法律后果，对诉讼当事人的诉讼权利与诉讼义务有重大的影响。例如，传票一经合法送达，受传唤人就有到庭的义务，如果是必须到庭的被告经两次合法送达传票，无正当理由拒不到庭，就可以强制拘传到庭。再如，一审法院判决送达当事人后，当事人有权在收到判决书后 15 日内提起上诉；调解书送达双方当事人签收后，即具有与生效判决同等的法律效力，一方当事人如不自动履行，对方当事人有权申请执行。

（二）送达的证明

根据《民事诉讼法》第 84 条的规定，送达诉讼文书，必须有送达回证，由受送达人在送达回证上记明收到日期，签名或者盖章。受送达人在送达回证上签收的日期为送达日期。例如，送达回证记载一审判决书的送达日期为 2007 年 9 月 2 日，当事人的上诉期即为 2007 年 9 月 3 日至 2007 年 9 月 17 日。

(三)送达的方式

根据《民事诉讼法》第 85 条至第 92 条的规定,送达诉讼文书的方式有以下七种:

1.直接送达。直接送达,是指将应该送达的诉讼文书交付应受送达人或代收人。受送达人是公民的,本人不在时,可交他的同住成年家属签收;受送达人是法人或其他组织时,交法人的法定代表人、该组织的主要负责人或法人及组织的负责收件人签收;受送达人有诉讼代理人的,可以送交其诉讼代理人签收;受送达人已向人民法院指定代收人的,送交代收人签收。上述人士在送达回执上签收的日期,即为送达日期。

调解书应当直接送达当事人本人,本人因故不能签收时,可由其指定的代收人签收。《民诉法解释》第 131 条规定,人民法院可以通知当事人到人民法院领取诉讼文书。当事人到达人民法院,拒绝签署送达回证的,视为送达。审判人员、书记员应当在送达回证上注明送达情况并签名。人民法院可以在当事人住所地以外向当事人直接送达诉讼文书。当事人拒绝签署送达回证的,采用拍照、录像等方式记录送达过程即视为送达。审判人员、书记员应当在送达回证上注明送达情况并签名。该司法解释第 141 条规定:“人民法院在定期宣判时,当事人拒不签收判决书、裁定书的,应视为送达,并在宣判笔录中记明。”根据我国《民事诉讼法》的规定,送达应以直接送达为原则,凡是能够用直接送达方法送达的,都应当尽可能用直接送达的方法。不能直接送达的,可采用其他送达方式。

2.留置送达。留置送达是指受送达人拒绝签收诉讼文书时,送达人将诉讼文书留放在受送达人的住处,即视为送达。受送达人拒绝接收诉讼文书时,送达人可以邀请有关的基层组织或所在单位的代表到场,说明情况,在送达回证上记明拒收的事由和日期,由送达人、见证人签名或者盖章。把诉讼文书留在受送达人的住处,即视为送达,这种送达方法与直接送达产生同样的效力。送达人也可以把诉讼文书留在受送达人的住所,并采用拍照、录像等方式记录送达过程,即视为送达。留置送达适用于下列三种情况:(1)受送达人或者其同住的成年家属拒绝接收诉讼文书的。(2)法人的法定代表人、其他组织的主要负责人或者办公室、收发室、值班室等负责收件的人拒绝签收或者盖章的。《民诉法解释》第 130 条规定:“向法人或者其他组织送达诉讼文书,应当由法人的法定代表人、该组织的主要负责人或者办公室、收发室、值班室等负责收件的人签收或者盖章,拒绝签收或者盖章的,适用留置送达。”《民事诉讼法》第 86 条规定的“有关基层组织和所在单位的代表”,可以是受送达人住所地的居民委员会、村民委员会的工作人员以及受送达人所在单位的工作人员。(3)受送达人指定代收人或有诉讼代理人的,该代收人或诉讼代理人拒绝接收送达的诉讼文书的。必须指出的是，调解书不适用留置送达。因为当事人拒绝接收调解书就意味着对调解协议的反悔。根据民事诉讼法第97条的规定，调解书经双方当事人签收后才发生法律效力。该法第99条还规定，调解书送达前一方反悔的，人民法院应当及时判决。因此，《民诉法解释》第133条规定："调解书应当直接送达当事人本人，不适用留置送达。"当事人本人因故不能签收的，可由其指定的代收人签收。

3.传真、电子邮件送达。经受送达人同意，人民法院可以采用传真、电子邮件等能够确认其收悉的方式送达诉讼文书，但判决书、裁定书、调解书除外。采用这种送达方式时，以传真、电子文件等到达受送达人特定系统的日期为送达日期。《民诉法解释》第135条规定，电子送达还可以采用移动通信（如微信、微博等）即时收悉系统媒介进行送达。

4.委托送达。委托送达，是指人民法院直接送达诉讼文书有困难时，委托其他人民法院代为送达。我国《民事诉讼法》以直接送达为原则，因此，委托送达只是一种补充的送达方式。负责审理该民事案件的人民法院称为委托法院，接受送达任务的法院称为受托法院。委托送达应当出具委托函，并附相关的诉讼文书和送达回证。从实际情况看，采取委托送达一般是由于受送达人不在受诉法院的辖区内，直接送达有困难，因此需要委托其他人民法院代为送达。

5.邮寄送达。邮寄送达是指人民法院直接送达有困难的，通过将诉讼文书交邮局挂号寄给受送达人。邮寄送达应当附有送达回证。挂号信回执上注明的收件日期与送达回证上注明的收件日期不一致的，或者送达回证没有寄回的，以挂号信回执上注明的收件日期为送达日期。用邮寄方式送达的，在计算期间时，应扣除邮件的在途期间。邮寄送达方式简便易行，但这种送达方式应在上述几种送达方式不能实施的情况下，才能采用。

6.转交送达。转交送达，是指人民法院将诉讼文书送交受送达人所在单位代收，由其转交给受送达人的送达方式。转交送达有三种情况：(1)受送达人是军人的，通过其所在部队团以上单位的政治机关转交；(2)受送达人被监禁的，通过其所在监所转交；(3)受送达人被采取强制性教育措施的，通过其所在强制性教育机构转交。代为转交的机关、单位收到诉讼文书后，必须立即交受送达人签收，以受送达人在送达回证上的签收日期为送达日期。

7.公告送达。人民法院用张贴公告、登报等方法，通知受送达人在一定时期内受领送达文书的，为公告送达。根据《民事诉讼法》第92条的规定，公告送达，自发出公告后60日，即视为送达。这种送达不需要送达回证，但应当在案卷中记明原因和经过。采取公告送达，可以在法院的公告栏或受送达人原住所地张贴公告，也可以在有关报纸上刊登公告；对公告送达方式有特殊要求的，应按特殊要求办理。

《民诉法解释》第137条规定："人民法院在受送达人住所地张贴公告的，应当采取拍照、录像等方式记录张贴过程。"采用公告方式送达必须具备两个条件：(1)受送达人下落不明；(2)采用其他六种方式无法送达。若不符合上述条件，不得采取公告送达的方式。适用简易程序的案件，不适用公告送达。

(四)送达的效力

送达的效力是指人民法院将诉讼文书送达后所产生的必然法律后果，主要表现在以下两个方面：第一，实体上的效力，即产生实体权利义务方面的法律后果。如具有执行内容的判决书、调解书送达后，义务人即应在法律文书规定的期限内履行义务，逾期不履行义务的，权利人有权依法申请强制执行。第二，程序上的效力，即产生诉讼法律关系上的效力。如起诉状副本送达后，被告即应向法院提交答辩状；传唤当事人出庭的传票送达后，当事人有义务出庭进行诉讼活动。

第五节　诉讼费用

一、诉讼费用的概念

诉讼费用，是指当事人为进行民事诉讼而依法应向人民法院交纳和支付的费用。对民事诉讼征收诉讼费用是当今世界各国普遍实行的一项重要制度。诉讼费用有广义与狭义之分。广义上的诉讼费用仅指当事人因进行诉讼所支出的一切费用，包括裁判费用和当事人费用两部分，前者如起诉费、上诉费、申请执行费等，后者如律师费、用于诉讼的差旅费等。狭义上的诉讼费用，又称为裁判费用或审判费用，是指当事人进行民事诉讼依法应当向法院交纳和支付的费用。我国《民事诉讼法》规定的诉讼费用仅指狭义的诉讼费用。

诉讼费用制度是我国民事诉讼法的一项重要制度。在民事诉讼中，法院向当事人征收诉讼费用，具有以下重要意义：

1.教育当事人自觉遵守法律，履行民事义务。由于诉讼费用负担的基本原则是由败诉一方当事人承担，而败诉方通常是违反法律或合同约定，不自觉履行民事义务的当事人，因此，法律规定由败诉方承担诉讼费用，实质上带有对民事违法行为进行制裁的色彩，有利于增强民众的守法观念。

2.减少国家开支，减轻群众负担。民事案件是少数公民、法人之间因财产关系和人身关系方面的权益争议引起的，法院为了解决这些纠纷必须支付一定的费用，而这部分费用实际上是由整个社会为诉讼负担开支。法院依法向当事人收取适当的费用，有利于减少国家的财政开支，减轻群众的负担。

3.防止当事人滥用诉权，加强社会成员的法治观念。在司法实践中，有少数人为了一些生活琐事动辄诉诸法院，甚至无理取闹，从而造成了不必要的司法资源浪费。通过诉讼费用的征收，给当事人设定诉讼成本，促使当事人慎重地行使诉讼权利，以减轻人民法院的负担。

4.有利于维护国家的主权和经济利益。我国公民、法人和其他组织在外国进行民事诉讼，要交纳诉讼费用，若我国不收取相应的诉讼费用，不符合国际交往的平等互利原则和对等原则，必然影响我国的主权尊严和经济利益。

二、诉讼费用的种类

根据2006年12月8日国务院第159次常务会议通过的《诉讼费用交纳办法》(以下简称新办法)，当事人应当向人民法院交纳的诉讼费用包括：案件受理费；申请费；证人、鉴定人、翻译人员、理算人员在人民法院指定日期出庭发生的交通费、住宿费、生活费和误工补贴。

(一)案件受理费及交纳标准

案件受理费，是指人民法院在受理民事案件时，依法向当事人收取的费用。根据案件情况不同可分为财产案件受理费和非财产案件受理费。

1.财产案件受理费。财产案件是指当事人因财产关系发生争议而提起诉讼的案件，如债务纠纷案件、赔偿纠纷案件、继承纠纷案件等，其征收标准是按争议标的物的价额或争议的金额，实行依率递减的原则予以计征。其具体交纳标准如下：(1)不满1万元的，每件交50元；(2)超过1万元至10万元的部分，按照2.5%交纳；(3)超过10万元至20万元的部分，按照2%交纳；(4)超过20万元至50万元的部分，按照1.5%交纳；(5)超过50万元至100万元的部分，按照1%交纳；(6)超过100万元至200万元的部分，按照0.9%交纳；(7)超过200万元至500万元的部分，按照0.8%交纳；(8)超过500万元至1000万元的部分，按照0.7%交纳；(9)超过1000万元至2000万元的部分，按照0.6%交纳；(10)超过2000万元的部分，按照0.5%交纳。

财产案件受理费的计算方法是按照上述规定，对争议的价额或金额实行分段计算，而后相加，所得总数即为应收额。如争议金额为420万元，计算公式如下：

50＋(10万－1万)×2.5%＋(20万－10万)×2%＋(50万－20万)×1.5%＋(100万－50万)×1%＋(200万－100万)×0.9%＋(420万－200万)×0.8%＝40400

2.非财产案件受理费。非财产案件，是指当事人因人身关系或人身非财产关系发生争议而提起诉讼的案件，如离婚案件、解除收养关系案件、侵害肖像权、荣誉权案件等。其具体征收标准原则上按件计征，涉及财产的部分再依一定比例另计。

(1)离婚案件每件交纳 50 元至 300 元。涉及财产分割，财产总额不超过 20 万元的，不另行交纳；超过 20 万元的部分，按照 0.5%交纳。

(2)侵害姓名权、名称权、肖像权、名誉权、荣誉权以及其他人格权的案件，每件交纳 100 元至 500 元。涉及损害赔偿，赔偿金额不超过 5 万元的，不另行交纳；超过 5 万元至 10 万元的部分，按照 1%交纳；超过 10 万元的部分，按照 0.5%交纳。

(3)其他非财产案件每件交纳 50 元至 100 元。

3.其他案件受理费

(1)知识产权民事案件，没有争议金额或者价额的，每件交纳 500 元至 1000 元；有争议金额或者价额的，按照财产案件的标准交纳。

(2)劳动争议案件每件交纳 10 元。

(3)当事人提出案件管辖权异议，异议不成立的，每件交纳 50 元至 100 元。

4.案件受理费交纳的特别规定

依新办法的规定，下列案件减半交纳案件受理费：(1)以调解方式结案或者当事人申请撤诉的，减半交纳案件受理费；(2)适用简易程序审理的案件减半交纳案件受理费；(3)对财产案件提起上诉的，按照不服一审判决部分的上诉请求数额交纳案件受理费；(4)被告提起反诉、有独立请求权的第三人提出与本案有关的诉讼请求，人民法院决定合并审理的，分别减半交纳案件受理费；(5)依照新办法第 9 条规定需要交纳案件受理费的再审案件，按照不服原判决部分的再审请求数额交纳案件受理费。

依新办法的规定，下列案件不交纳案件受理费：(1)依照民事诉讼法规定的特别程序审理的案件；(2)裁定不予受理、驳回起诉、驳回上诉的案件；(3)对不予受理、驳回起诉和管辖权异议裁定不服，提起上诉的案件；(4)根据民事诉讼法规定的审判监督程序审理的案件，当事人不交纳案件受理费，但是，下列情形除外：①当事人有新的证据，足以推翻原判决、裁定，向人民法院申请再审，人民法院经审查决定再审的案件；②当事人对人民法院第一审判决或者裁定未提出上诉，第一审判决、裁定或者调解书发生法律效力后又申请再审，人民法院经审查决定再审的案件。《民诉法解释》第 194 条规定，诉讼标的是同一种类、当事人一方人数众多在起诉时人数尚未确定的案件，当事人在起诉时不预交案件受理费，结案后按照诉讼标的额由败诉方交纳。

（二）申请费及交纳标准

1.依法向人民法院申请执行人民法院发生法律效力的判决、裁定、调解书，仲裁机构依法作出的裁决和调解书，公证机关依法赋予强制执行效力的债权文书，申请承认和执行外国法院判决、裁定以及国外仲裁机构裁决的，按照下列标准交纳：(1)没有执行金额或者价额的，每件交纳 50 元至 500 元；(2)执行金额或者价额不超过 1 万元的，每件交纳 50 元；超过 1 万元至 50 万元的部分，按照 1.5%交纳；超过 50 万元至 500 万元的部分，按照 1%交纳；超过 500 万元至 1000 万元的部分，按照 0.5%交纳；超过 1000 万元的部分，按照 0.1%交纳；(3)符合《民事诉讼法》第 54 条第 4 款规定，未参加登记的权利人向人民法院提起诉讼的，按照本项规定的标准交纳申请费，不再交纳案件受理费。

2.申请保全措施的，根据实际保全的财产数额按照下列标准交纳：财产数额不超过 1000 元或者不涉及财产数额的，每件交纳 30 元；超过 1000 元至 10 万元的部分，按照 1%交纳；超过 10 万元的部分，按照 0.5%交纳。但是，当事人申请保全措施交纳的费用最多不超过 5000 元。

3.依法申请支付令的，比照财产案件受理费标准的 1/3 交纳。

4.依法申请公示催告的，每件交纳 100 元。

5.申请撤销仲裁裁决或者认定仲裁协议效力的，每件交纳 400 元。

6.破产案件依据破产财产总额计算，按照财产案件受理费标准减半交纳，但是，最高不超过 30 万元。

7.海事案件的申请费按照下列标准交纳：(1)申请设立海事赔偿责任限制基金的，每件交纳 1000 元至 1 万元；(2)申请海事强制令的，每件交纳 1000 元至 5000 元；(3)申请船舶优先权催告的，每件交纳 1000 元至 5000 元；(4)申请海事债权登记的，每件交纳 1000 元；(5)申请共同海损理算的，每件交纳 1000 元。

（三）其他诉讼费用及收费标准

1.证人、鉴定人、翻译人员、理算人员在人民法院指定日期出庭发生的交通费、住宿费、生活费和误工补贴，由人民法院按照国家规定标准代为收取。

2.当事人复制案件卷宗材料和法律文书应当按实际成本向人民法院交纳工本费。

3.诉讼过程中因鉴定、公告、勘验、翻译、评估、拍卖、变卖、仓储、保管、运输、船舶监管等发生的依法应当由当事人负担的费用，人民法院根据谁主张、谁负担的原则，决定由当事人直接支付给有关机构或者单位，人民法院不得代收代付。

4.人民法院依照《民事诉讼法》第 11 条第 3 款规定提供当地民族通用语言、文

字翻译的，不收取费用。

三、诉讼费用的预交和负担

（一）诉讼费用的预交

为了预防当事人滥用诉权以及可操作性的考虑，我国民事诉讼费用制度采取起诉人或申请人预先负担的原则。即案件受理费、申请费由起诉人、申请人预先向人民法院缴纳；在案件审结或者执行完毕后，依照法律规定最终确定负担多少、由谁负担。

1.案件受理费的预交。案件受理费由原告、有独立请求权的第三人、上诉人预交。被告提起反诉，依照新规定需要交纳案件受理费的，由被告预交。

原告自接到人民法院交纳诉讼费用通知次日起 7 日内交纳案件受理费；反诉案件由提起反诉的当事人自提起反诉次日起 7 日内交纳案件受理费。

上诉案件的案件受理费由上诉人向人民法院提交上诉状时预交。双方当事人都提起上诉的，分别预交。上诉人在上诉期内未预交诉讼费用的，人民法院应当通知其在 7 日内预交。

新办法第 9 条规定需要交纳案件受理费的再审案件，由申请再审的当事人预交。双方当事人都申请再审的，分别预交。

对于当事人逾期不交纳案件受理费又未提出司法救助申请，或者申请司法救助未获批准，在人民法院指定期限内仍未交纳案件受理费的，由人民法院依照有关规定处理。

2.申请费的预交。申请费由申请人预交。申请费由申请人在提出申请时或者在人民法院指定的期限内预交。对于当事人逾期不交纳申请费又未提出司法救助申请，或者申请司法救助未获批准，在人民法院指定期限内仍未交纳申请费的，按自动撤回申请处理。

3.其他诉讼费用的交纳。其他诉讼费用，待实际发生后交纳。

4.不预交诉讼费用的案件。不预交诉讼费用是指原告提起诉讼或申请人提出申请时，可以不向人民法院预交应当交纳的诉讼费用，待案件审结时，再依法定方式确定给付。不预交诉讼费用的案件有下列三种：(1)追索劳动报酬的案件，原告可以不预交案件受理费，案件审结时，由败诉方负担；(2)执行申请费，申请人不预交申请费，执行后由被执行方交纳；(3)申请破产还债的，申请人不预交申请费，破产申请费在清算后从破产财产中拨付。

5.对预交诉讼费用后特殊情况的处理：(1)当事人在诉讼中变更诉讼请求数

额,案件受理费依照下列规定处理:①当事人增加诉讼请求数额的,按照增加后的诉讼请求数额计算补交;②当事人在法庭调查终结前提出减少诉讼请求数额的,按照减少后的诉讼请求数额计算退还。(2)依照《民事诉讼法》第36条至第38条规定移送、移交的案件,原受理人民法院应当将当事人预交的诉讼费用随案移交接收案件的人民法院。(3)人民法院审理民事案件过程中发现涉嫌刑事犯罪并将案件移送有关部门处理的,当事人交纳的案件受理费予以退还;移送后民事案件需要继续审理的,当事人已交纳的案件受理费不予退还。(4)中止诉讼、中止执行的案件,已交纳的案件受理费、申请费不予退还;中止诉讼、中止执行的原因消除,恢复诉讼、执行的,不再交纳案件受理费、申请费。(5)第二审人民法院决定将案件发回重审的,应当退还上诉人已交纳的第二审案件受理费。(6)第一审人民法院裁定不予受理或者驳回起诉的,应当退还当事人已交纳的案件受理费;当事人对第一审人民法院不予受理、驳回起诉的裁定提起上诉,第二审人民法院维持第一审人民法院作出的裁定的,第一审人民法院应当退还当事人已交纳的案件受理费。(7)依照《民事诉讼法》第151条规定终结诉讼的案件,已交纳的案件受理费不予退还。

(二)诉讼费用的负担

1.一审案件诉讼费用的负担

根据新办法规定,一审案件的诉讼费用按下列原则负担:

(1)败诉人负担。败诉人负担诉讼费用,是世界各国民事诉讼法普遍采用的一项原则。由于诉讼的发生往往是由败诉的一方当事人不履行法定义务或实施了侵权行为所造成的,由此而支出的诉讼费用理应由败诉人负担。当然,胜诉方自愿承担的除外。《民诉法解释》第203条规定:"承担连带责任的当事人败诉的,应当共同负担诉讼费用。"

(2)按比例负担。当事人部分胜诉、部分败诉的,人民法院根据案件的具体情况决定当事人各自负担的诉讼费用数额。共同诉讼当事人败诉的,人民法院根据其对诉讼标的的利害关系,决定当事人各自负担的诉讼费用数额。

(3)协商负担。这一原则适用于离婚案件和经人民法院调解达成协议案件诉讼费用的负担。新办法第31条和第33条规定,经人民法院调解达成协议的案件和离婚案件诉讼费用的负担由双方当事人协商解决;协商不成的,由人民法院决定。新办法第15条还规定,以调解方式结案的,减半交纳案件受理费。

(4)原告负担。依新办法第15条、第34条规定,原告申请撤诉的案件,人民法院裁定准许的,案件受理费由原告负担,减半交纳。这主要是由于撤诉本身就说明原告曾经提起的诉讼没有必要进行下去,同时又考虑到撤诉有利于息讼,因此,不论原告出自何种动因撤诉,案件受理费均由原告负担,但减半交纳。

(5)自行负担。新办法第35条规定，当事人在法庭调查终结后提出减少诉讼请求数额的，减少请求数额部分的案件受理费由变更诉讼请求的当事人负担。

(6)申请人负担。这一原则适用于四种情况：第一，在督促程序中，督促程序因债务人异议而终结的，申请费由申请人负担，债务人未提出异议的，申请费由债务人负担；申请人另行起诉的，可以将申请费列入诉讼请求。第二，公示催告的申请费由申请人负担。第三，申请保全措施的，申请费由申请人负担，申请人提起诉讼的，可以将该申请费列入诉讼请求。第四，依照特别程序审理案件的公告费，由起诉人或者申请人负担。

(7)海事案件中的有关诉讼费用依照下列规定负担：①诉前申请海事请求保全、海事强制令的，申请费由申请人负担；申请人就有关海事请求提起诉讼的，可将上述费用列入诉讼请求。②诉前申请海事证据保全的，申请费由申请人负担。③诉讼中拍卖、变卖被扣押船舶、船载货物、船用燃油、船用物料发生的合理费用，由申请人预付，从拍卖、变卖价款中先行扣除，退还申请人。④申请设立海事赔偿责任限制基金、申请债权登记与受偿、申请船舶优先权催告案件的申请费，由申请人负担。⑤设立海事赔偿责任限制基金、船舶优先权催告程序中的公告费用由申请人负担。

《民诉法解释》第206条规定，人民法院决定减半收取案件受理费的，只能减半一次。第207条规定，判决生效后，胜诉方预交但不应负担的诉讼费用，人民法院应当退还，由败诉方向人民法院交纳，但胜诉方自愿承担或者同意败诉方直接向其支付的除外。

2.二审案件诉讼费用的负担

第二审人民法院审理上诉案件，应当按第一审案件收取诉讼费用的范围和标准，要求当事人负担上诉案件的诉讼费用。根据第二审人民法院审理上诉案件的不同结果，上诉案件诉讼费用的负担有下列几种情况：

(1)当事人一方不服原判，提起上诉后，第二审人民法院判决驳回上诉，维持原判的，说明上诉人在第二审程序中败诉，因此，第二审的诉讼费用由上诉人负担。

(2)双方当事人均不服原判提起上诉的，第二审人民法院审理后，判决驳回上诉、维持原判的，诉讼费用由双方当事人分担。

(3)第二审人民法院改变第一审人民法院作出的判决、裁定的，除应确定当事人对第二审诉讼费用的负担外，还应当相应地变更第一审人民法院对诉讼费用负担的决定。

(4)第二审人民法院审理上诉案件，经过调解达成协议的，在调解书送达后，原审人民法院的判决即视为撤销，其中关于诉讼费用的负担部分当然也应视为撤销。因此，对第一审和第二审的全部诉讼费用，由双方当事人一并协商解决负担问题；

协商不成的,由第二审人民法院一并作出决定。

(5)民事案件的上诉人申请撤诉,人民法院裁定准许的,案件受理费由上诉人负担,但应减半交纳。

(6)当事人因自身原因未能在举证期限内举证,在二审期间提出新的证据致使诉讼费用增加的,增加的诉讼费用由该当事人负担。

3.再审案件诉讼费用的负担

(1)依照新办法规定应当交纳案件受理费的再审案件,由申请再审的当事人按照不服原判决部分的再审请求数额交纳案件受理费;双方当事人都申请再审的,诉讼费用依照新办法第 29 条的规定,由败诉方负担,胜诉方自愿承担的除外。原审诉讼费用的负担由人民法院根据诉讼费用负担原则重新确定。

(2)当事人因自身原因未能在举证期限内举证,在再审期间提出新的证据致使诉讼费用增加的,增加的诉讼费用由该当事人负担。

4.执行案件诉讼费用的负担

申请执行的费用由被执行人负担。执行中当事人达成和解协议的,申请费的负担由双方当事人协商解决;协商不成的,由人民法院决定。

当事人不得单独对人民法院关于诉讼费用的决定提起上诉。当事人单独对人民法院关于诉讼费用的决定有异议的,可以向作出决定的人民法院院长申请复核。复核决定应当自收到当事人申请之日起 15 日内作出。当事人对人民法院决定诉讼费用的计算有异议的,可以向作出决定的人民法院请求复核。计算确有错误的,作出决定的人民法院应当予以更正。

律师费不属于诉讼费用,因而不适用败诉方负担的原则,但应注意的是,最高人民法院的司法解释对侵犯著作权、商标专用权民事纠纷案件的律师费用作了特别规定。根据最高人民法院《关于审理著作权民事纠纷案件适用法律若干问题的解释》第 26 条、《关于审理商标民事纠纷案件适用法律若干问题的解释》第 17 条、《关于审理利用信息网络侵害人身权益民事纠纷案件适用法律若干问题的规定》第 18 条的规定,制止侵权行为所支付的合理开支,包括权利人或者委托代理人对侵权行为进行调查、取证的合理费用。人民法院根据当事人的诉讼请求和具体案情,可以将符合国家有关部门规定的律师费用计算在赔偿范围内。

四、司法救助

(一)司法救助的概念

司法救助,亦称诉讼救助,是指法院对于民事案件中有充分理由证明自己的合法权

益受到侵害但经济确有困难的当事人，实行诉讼费用的缓交、减交或免交的制度。进行民事诉讼的当事人交纳诉讼费用确有困难的，可以依照新办法向人民法院申请缓交、减交或者免交诉讼费用的司法救助。诉讼费用的免交只适用于自然人。司法救助制度有利于保障民众请求司法救济的权利，使当事人不致因经济上的困难而影响诉讼权利的行使，体现了司法制度的公平性和公正性。

（二）司法救助的情形

1.免交诉讼费用的情形

根据新办法第 45 条的规定，当事人具有下列情形之一的，可以向人民法院申请司法救助：(1)残疾人无固定生活来源的；(2)追索赡养费、扶养费、抚育费、抚恤金的；(3)最低生活保障对象、农村特困定期救济对象、农村五保供养对象或者领取失业保险金人员，无其他收入的；(4)因见义勇为或者为保护社会公共利益致使自身合法权益受到损害，本人或者其近亲属请求赔偿或者补偿的；(5)确实需要免交的其他情形。

2.减交诉讼费用的情形

根据新办法第 46 条的规定，当事人申请司法救助，符合下列情形之一的，人民法院应当准予减交诉讼费用：(1)因自然灾害等不可抗力造成生活困难，正在接受社会救济，或者家庭生产经营难以为继的；(2)属于国家规定的优抚、安置对象的；(3)社会福利机构和救助管理站；(4)确实需要减交的其他情形。人民法院准予减交诉讼费用的，减交比例不得低于 30％。

3.缓交诉讼费用的情形

根据新办法第 47 条的规定，当事人申请司法救助，符合下列情形之一的，人民法院应当准予缓交诉讼费用：(1)追索社会保险金、经济补偿金的；(2)海上事故、交通事故、医疗事故、工伤事故、产品质量事故或者其他人身伤害事故的受害人请求赔偿的；(3)正在接受有关部门法律援助的；(4)确实需要缓交的其他情形。

（三）司法救助的程序

司法救助应当依照一定的程序进行，主要体现在以下方面：

1.当事人向人民法院申请司法救助的，应当在起诉或者上诉时提交书面申请、足以证明其确有经济困难的证明材料以及其他相关证明材料。因生活困难或者追索基本生活费用申请免交、减交诉讼费用的，还应当提供本人及其家庭经济状况符合当地民政、劳动保障等部门规定的公民经济困难标准的证明。

2.人民法院对当事人司法救助的请求，由负责受理该案的审判人员提出意见，经庭长审核同意后，报主管副院长审批。数额较大的，报院长审批。

3.人民法院审查同意当事人司法救助的请求，应当按照法定诉讼程序开始对案件进行审理；人民法院对当事人的司法救助申请不予批准的，应当向当事人书面说明理由。

4.人民法院对一方当事人提供司法救助，对方当事人败诉的，诉讼费用由对方当事人负担；对方当事人胜诉的，可以视申请司法救助的当事人的经济状况决定其减交、免交诉讼费用。

5.人民法院对一方当事人提供司法救助，对方当事人败诉的，诉讼费用由对方当事人交纳；拒不交纳的，人民法院可以强制执行。

6.人民法院准予当事人减交、免交诉讼费用的，应当在法律文书中载明。

第八章　民事诉讼证据

【引　例】

甲诉乙拖欠5万元借款。由于没有书面合同、借据等直接证据，而乙又予以否认，甲向法院提出了如下证据材料：(1)乙曾经向丙表示从甲处借了5万元钱，丙提供了证言；(2)在甲主张被告借款的日期，乙的银行账户收到5万元的汇款，是从甲的银行账户汇出的；(3)乙曾经向甲发过一条手机短信息，称如果再借给他5万元，他可以做成一笔大生意。问：甲向法院提供的这些信息属于何种性质的证据材料？

第一节　民事诉讼证据概述

一、民事诉讼证据的概念

证据，顾名思义，就是证明未知事实或已知事实的真相的根据。在日常生活、工作和科学研究中，人们也经常广泛地运用证据来证明某一行为或某一事实的存在与否。但这只是一般意义上的证据，法律上的证据通常指的是诉讼证据。①

民事诉讼证据是指在民事诉讼中用以查明和认定案件事实的根据。证据制度是民事诉讼制度的核心，也是诉讼实务中最关键的问题。在民事诉讼中，具体案件的法律适用必须以案件事实得到证明为前提，而纠纷当事人却往往对案件事实各执一词，所以，法院必须借助于各种证据对当事人有争议的事实进行认定，并在此基础上作出正确的裁判。对法院而言，证据是查明案件事实作出正确裁判的根据；

① 证据法规范的对象不仅指诉讼证据，也包括非诉讼证据，如仲裁中使用的证据、调解中使用的证据、公诉中使用的证据、行政执法中使用的证据等。

对当事人而言,证据是主张有利于己的事实、反驳不利于己的事实,维护其合法权益的方法和手段。因此,在一定意义上可以说"打官司就是打证据","以事实为根据"就是"以证据为根据"。[①] 这种利用证据来判断诉讼中所涉及的纠纷事实的制度,在理论上称之为"证据裁判主义。"

二、民事诉讼证据的特征

民事诉讼证据的特征是民事诉讼证据区别于其他证据的表征。一般认为,民事诉讼证据具有以下三个特征:客观性、关联性、合法性。这三个特征必须同时具备,缺一不可。

(一)客观性

证据的客观性(或称真实性),是指诉讼证据必须是客观存在的事物。诉讼证据的客观性表明,诉讼证据是不以人的主观意志为转移的,是客观的、真实的,而不是想象的、虚构的、捏造的。证据的客观性包括两个方面:一是证据内容的客观性,即证据必须是对客观事物的反映。虽然这种反映可能会有错误和偏差,但是它必须以客观事物为基础。二是证据形式的客观性,即证据是人们可以某种方式感知的东西。无论是书证、物证,还是证人证言,都必须有其客观的外在表现形式。[②] 正是因为诉讼证据具有客观性,才使得不同的裁判者可以借助司法途径对同一案件事实的认识有大体相同的结论,公正地作出裁判。

(二)关联性

证据的关联性(或称相关性)是指证据与需要证明的案件事实或其他争议事实具有的某种内在的联系。这种内在的联系表现为,证据应当能证明案件事实的全部或一部。与待证事实缺乏关联性的事实材料,无法承担证明的功能,因此也就不能成为证据。美国《联邦证据规则》第 401 条从立法层面对"相关性证据"作出如下定义:"相关性证据是指证据具有这样一种倾向,使得任何一项对诉讼裁判有影响的事实的存在,若有此证据将比没有该证据时更有可能或更无可能。"[③]确定某一

---

① 李浩主编:《民事诉讼法学》,高等教育出版社 2007 年版,第 178 页。

② 何家弘主编:《简明证据法学》,中国人民大学出版社 2007 年版,第 31 页。

③ *Federal Rules of Evidence*, Rule 401: "Relevant Evidence" means evidence having any tendency to make the existence of any fact that is of consequence to the determination of the action more probable or less probable than it would be without the evidence.

证据与案件事实是否有关联性，往往取决于人们有关的生活经验和科学技术的发展水平。例如，根据DNA技术进行亲子关系鉴定，这是以前所不能想象的，正是科学技术的发展提高了人们认识案件事实的能力。证据与案件事实之间必须存在关联性，在收集、判断证据和查明案件事实真相的过程中，必须紧紧把握住证据的关联性，才能有效地查明案情。

（三）合法性

合法性是指证据必须符合法律的要求，不为法律所禁止。概括起来，合法性包括以下三方面内容：

1.收集证据的主体合法。《民事诉讼法》第64条第2款规定："当事人及其诉讼代理人因客观原因不能自行收集的证据，或者人民法院认为审理案件需要的证据，人民法院应当调查收集。"根据《民事诉讼法》第61条和《律师法》第35条的规定，律师及其他诉讼代理人也有权调查取证。可见，人民法院及其工作人员、当事人、代理诉讼的律师及其他诉讼代理人，是收集证据的法定主体，其他任何人都不是民事诉讼证据的合法收集主体。

2.证据的形式合法。如《合同法》规定建设工程合同、技术开发合同必须采用书面形式，在涉讼时当事人为证明合同的有效存在，就应当提交书面合同。根据《民事证据规定》第10条的规定，当事人向人民法院提供证据，应当提供原件或者原物，若提供原件或者原物有困难的，可以提供经人民法院核对无异的复制件或者复制品。

3.证据的调查、收集、审查、认定必须符合法定程序。一方面，当事人、诉讼代理人和法院在调查、收集证据时应符合法律的要求，不得违反法律的规定。例如，当事人不得以违反法律禁止性规定的方法收集证据（《民诉法解释》第106条）；法院收集调查证据，应由两人以上共同进行，不得由一名审判员或书记员前去调查（《民诉法解释》第97条）。另一方面，法院对证据的审查、认定，也必须符合法律的要求。例如，证据材料要被最终认定为定案证据，必须经过法律规定的质证程序；未经质证，无论是当事人提供的证据材料，还是法院调查收集的证据材料，都不得作为法院认定事实的依据（《民事诉讼法》第68条、《民诉法解释》第103条）。

近年来，民事诉讼非法证据排除规则引起学界的关注。但对于如何界定非法证据，以何种方式排除非法证据，在理论上和实践中都存在很大的争议。

三、证据能力

证据能力，又称为证据资格或证据的适格性，是指一定的事实材料作为诉讼证据的法律资格，或者说，是指证据材料能够被法院采信，作为认定案件事实的依据所应具备的法律资格。

证据能力对于诉讼证明具有重要意义。从证明的过程看，证据能力的有无是法院认定证据时首先需要解决的问题。因为从逻辑上说，事实材料只有具备证据能力，才有资格进入诉讼并发挥证明作用，才需要进一步判断其证明力的大小。

有关证据能力的规则，从规定方式来看，可以分为积极规定和消极规定两种。前者是指积极地规定证据的资格要件，即规定什么样的证据材料能够作为定案根据。后者是指消极地规定证据材料的排除，即规定不符合法定标准的事实材料不能作为定案根据。其中，排除规则是重点，一些国家的法律往往对此作了比较细致的规定，例如非法证据排除规则和传闻证据排除规则等。从各国的立法和实践来看，对于证据能力问题，法律上很少作积极的规定，而主要是就无证据能力或其能力受限制的情形加以规定。而就消极规定而言，英美法系国家较之大陆法系国家规定得更为详细、严格。

对于证据能力方面的规则，我国现行法律的规定更接近于大陆法系，而与英美法系相去甚远。就大多数与案件事实有关的事实材料来说，获得证据能力一般不存在问题，不能取得证据能力的，仅在少数情况下才会发生。在诉讼实务中，重要的问题不是哪些事实材料有证据能力，而是哪些事实材料无证据能力，也就是说，哪些事实材料不符合法律的要求而不得作为证据提出或必须予以排除。

四、证据的证明力

证据的证明力，又称为证据价值、证据力、证据的分量，是指证据对于案件事实的证明作用的大小(强弱)。只要某证据具有客观性并与案件待证事实之间具有关联性，就具有一定的证明力，但不同的证据，其证明力的大小却存在区别。

证据能力与证明力是两个相互联系又相互区别的概念。证据能力是指证据是否具有证明案件事实的资格，而证明力是指证据在多大程度上对案件事实起到证明作用。二者的联系主要表现在：作为认定案件事实的依据，证据必须既具有证据能力，又具有证明力。其实质性的区别在于：证明力强调的是证据的自然属性，取决于证据与待证事实之间的逻辑联系；证据能力强调的是证据的法律属性，取决于证据是否被法律许可用来作为证明待证事实的依据。因而证据能力的有无往往由法律事先加以规定，而证明力的大小主要由法官在诉讼中自由地作出判断。

对证据证明力大小的判断，离不开法律的规定和法官的认识活动。以证据的证明力是由法律统一作出规定还是委诸法官内心的判断为标准，在诉讼理论上可以把证据制度分为法定证据制度和自由心证证据制度。法定证据制度的重要特点

在于，法律预先规定证据证明力的大小以及如何对它们进行取舍、运用，不允许法官自由地加以判断和取舍。该制度是建立在对法官不信任的基础上的，在诉讼制度发展史上，它对于约束法官、防止审判权的滥用、保证认定事实的统一性和适用法律的平等性起到了一定的积极作用，但这种机械的做法忽视了个案证明的特殊性，窒息了法官对案件的理性判断，使其难以根据案件的具体情况合理地运用证据来认定案件事实。自由心证证据制度的重要特点在于，对证据证明力的大小及其取舍和运用，法律不预先作出规定，而是允许法官根据“良心”和“理性”自由地加以判断，在内心形成确信，从而对案件事实作出认定。自由心证证据制度的进步意义在于，它使法官摆脱了形式主义的束缚，能够根据诉讼证明活动的具体情况去自由地审查和判断证据，对案件事实作出符合客观实际的认定。法官自由判断证据证明力的制度，遵循了诉讼证明的规律，顺应了诉讼证据本身的复杂性，已成为现代世界各国普遍实行的证据制度。但现代自由心证证据制度并不是对法定证据制度的全盘否定，而是吸收了其中的合理成分，形成了以自由心证为主、以法定证据为辅的审查判断证据证明力的制度。

对于证据证明力的审查判断，我国《民事诉讼法》没有明确规定实行自由心证制度，但在司法实践中，实际上是由法官基于审理活动获得的证据和法庭调查与辩论的全部情况，依照有关规定，形成对案件事实的确信，并据此去认定案件事实。因此可以说，我国民事审判中实际上也是贯彻自由心证制度的。这一点在《民诉法解释》第105条得到了体现，即“人民法院应当按照法定程序，全面、客观地审核证据，依照法律规定，运用逻辑推理和日常生活经验法则，对证据有无证明力和证明力大小进行判断，并公开判断的理由和结果。”

第二节　民事诉讼证据的分类

一、民事诉讼证据在理论上的分类

诉讼证据的理论分类是指在学理上从不同的角度、按照不同的标准将诉讼证据划分为不同的类别。其目的在于揭示不同证据的特征，研究不同类别证据证明力的大小及运用规则，以便指导司法实践。根据不同的标准，学理上可以对民事诉讼证据作如下分类：

（一）原始证据与传来证据

按照民事诉讼证据的来源，可以将证据分为原始证据和传来证据。原始证据直接来源于案件事实，也称为“第一手证据”。例如，证人、当事人关于案件事实的亲自所为、亲身感受、亲眼所见的陈述，物证、书证、视听资料、勘验笔录的原件等都是原始证据。凡是间接来源于案件事实的证据，即经过转述、传抄、复制的第二手的证据，是传来证据，也称为“派生证据”。如证人转述从他人处得知案件事实的证言、书证的副本、音像资料的复制品等。

原始证据的证明力一般优于传来证据。这主要是由于受技术设备、人的领会传述能力等因素的影响，经转述、传抄、复制的内容容易发生差错造成的。实践证明，传来证据经过转述、传抄、复制的次数越多，误差率越高，可靠程度越低。① 不过，尽管传来证据证明力弱于原始证据，但不能因此而否定传来证据的作用，只要传来证据与案件的某部分待证事实有关联，结合其他证据材料进行分析判断查证属实后，就可以用来证明案件事实。

区分原始证据和传来证据的意义在于：(1)二者的可靠性和证明力是有差别的。一般来说，原始证据比传来证据更为可靠，具有更高的证明力。(2)使用传来证据认定案件事实时，应当格外慎重。因为，传来证据在经过中间环节时可能出现信息失真，其经过的中间环节越多，误差率越高，可靠程度越低。(3)可运用传来证据去发现原始证据、佐证原始证据。

（二）直接证据与间接证据

按照民事诉讼证据与案件事实的关系，可以将证据分为直接证据与间接证据。直接证据是指能够单独、直接地证明案件待证事实的证据。直接证据与待证事实之间存在着内在的联系，能够直接得出待证事实存在与否的结论，具有较强的证明力。例如，甲请求乙给付买卖价金，乙否认有买卖事实发生，甲为此提出合同为证，直接证明买卖事实的存在，该买卖合同即为直接证据。间接证据是指不能单独、直接证明待证事实，而必须与其他证据结合才能证明待证事实的证据，其最大特点是证明力的或然性。任何一个单独的间接证据都不可能就待证事实作出可靠的结论，必须根据多个有内在联系的证据事实的结合，才能得出结论。当没有直接证据能够证明特证事实时，只得运用间接证据证明间接事实，通过多项相关的间接事实形成一个逻辑链，从而推导或证明直接事实的存在。例如，没有证据直接证明 B 曾向 A 借过款的事实，可以由 A 多次催促 B 还钱的事实和 B 没有拒绝的事实（间

---

① 江伟、肖建国主编：《民事诉讼法》，中国人民大学出版社 2015 年第 7 版，第 172 页。

接事实)，推导出B曾向A借钱的事实(直接事实)。

根据《民事证据规定》第77条第4项的规定，直接证据的证明力一般大于间接证据。这主要是由于直接证据与案件待证事实的关联更近，所以，直接证据的证明价值高于间接证据的证明价值。这就要求在司法实践中，应注重对直接证据的收集和运用。但必须明确的是，在无法获得直接证据的情况下，应尽可能多地收集间接证据，使其形成一个完整的证据链，以确认案件待证事实。[①]

区分直接证据与间接证据的意义在于：(1)便于诉讼主体认识二者与案件事实的不同联系及其证明力的大小。(2)在无法获得直接证据而必须借助间接证据认定案件事实时，应当基于间接证据的特点，遵守有关的证明规则。(3)在既有直接证据又有间接证据时，可以运用间接证据进一步印证直接证据，加强其证明力。

在引例中，这些证据材料对于甲主张的借款事实来说，就属于间接证据。在没有直接证据时，法院可以根据这些相互印证的间接证据认定借款事实的存在。

(三)本证与反证

按照证据与当事人主张的事实的关系，可以将证据分为本证与反证。负有举证责任的一方当事人提出的用于证明待证事实的证据，称为本证。本证是一种肯定性的证据，它可以使当事人一方所主张的事实的真实性得以确认。凡是能够证明对方当事人主张的事实不存在的证据，就是反证。由此可见，本证是用以肯定自己主张的事实存在的证据，而反证则是用以否定对方主张的事实存在的证据。在民事诉讼中，原告、被告都可以提出本证和反证，双方当事人均可以提出支持各自事实主张的本证，也可以提出反驳对方事实主张的反证。例如，原告主张被告借款未还，以借据为凭，该借据属于本证。如果被告提出证据证明该借贷关系不成立，该证据就是反证。

通常情况下，本证由主张事实一方提出，反证由否定事实一方提出，但是不能认为原告提出的证据都是本证，而被告提出的证据都是反证。区分本证与反证的关键在于提出的证据是用来支持己方所主张的事实，还是反驳对方所主张的事实，支持己方所主张的事实的证据为本证，反驳对方所主张的事实的证据则为反证。

---

① 在刑事诉讼中，司法机关经常运用间接证据认定某些案件事实，积累了丰富的经验。2010年6月，最高人民法院、最高人民检察院、公安部、国家安全部和司法部联合发布的《关于办理死刑案件审查判断证据若干问题的规定》第33条规定："没有直接证据证明犯罪行为系被告人实施，但同时符合下列条件的可以认定被告人有罪：(一)据以定案的间接证据已经查证属实；(二)据以定案的间接证据之间相互印证，不存在无法排除的矛盾和无法解释的疑问；(三)据以定案的间接证据已经形成完整的证明体系；(四)依据间接证据认定的案件事实，结论是唯一的，足以排除一切合理怀疑；(五)运用间接证据进行的推理符合逻辑和经验判断。"

区分本证与反证的意义在于:(1)二者对案件事实进行证明时所要达到的证明标准不同。(2)有助于法院在衡量本证与反证的证明力大小的基础上,判断和认定有关的案件事实。(3)可以明确调查证据的顺序,即在本证与反证都已提出的情况下,法官应先调查本证,如果本证的证明力很弱,明显达不到证明标准,就没有必要对反证进行调查。

二、民事诉讼证据在立法上的分类

民事诉讼证据在立法上的分类是指《民事诉讼法》关于证据种类的划分,是立法者根据证据的存在形式和表现形式对证据所作的划分。根据《民事诉讼法》的规定,民事诉讼的证据种类有书证、物证、视听资料、证人证言、当事人陈述、鉴定意见、勘验笔录、电子数据等八种形式。

(一)书证

书证是指以文字、符号、图形等所记载的内容或表达的思想来证明案件事实的证据。这种物品之所以称为书证,不仅因为它的外观呈书面形式,更重要的是因为它记载或表示的内容能够证明案件事实。从司法实践来看,书证的种类多种多样:从书证的表达方式上来看,有书写的、打印的,也有刻制的;从书证的载体上来看,有纸张、竹木、布料以及石块等。在具体的表现形式上,常见的有合同、文书、票据、商标图案等。

书证是民事诉讼中普遍应用的一种证据,其类型不同,证明力也有所不同。根据法律规定和司法实践,大致可对书证作以下分类:

1. 以书证是否依国家职权制作,可以分为公文书证与私文书证。公文书证是国家机关或公共职能机构、社会团体在法定的权限范围内所制作的文书。如民政机关制作的结婚证书、离婚证书,公安机关制作的身份证件、户籍证明,房管机关制作的房屋所有权证书,法院制作的判决书、调解书等。私文书证是指公文书证之外的书证,是公民、企业单位等非公共职能主体在社会生活和交往中制作的各种文书,以及国家机关或公共职能机构、社会团体不依职权或不依法定程序制作的文书。《民诉法解释》第 114 条规定:“国家机关或者其他依法具有社会管理职能的组织,在其职权范围内制作的文书所记载的事项推定为真实,但有相反证据足以推翻的除外。必要时,人民法院可以要求制作文书的机关或者组织对文书的真实性予以说明。”

2. 以书证内容所产生的法律效果不同,可以分为处分性书证与报道性书证。处分性书证是记载一定意思表示或行为而能设定、变更或消灭某一特定法律关系

的书证,如委托书、遗嘱、契约、合同等。报道性书证,是指只是报道具有法律意义的事实,不以引起民事法律关系发生为目的的书证,如日记、信件等。依据该标准进行的划分意义在于,处分性书证能够直接证明有争议的民事权利义务关系,因而具有较强的证明力。报道性书证一般不具有直接的证明作用。

3. 以书证制作是否须符合法律专门规定的要求,可以分为普通书证与特别书证。凡是法律没有就其形式、规格、制作程序等要件作出专门规定的书证,就是普通书证,如个人之间的借据、已领取某物的收条等。特别书证是指文书制作时,必须按照法律规定的形式、格式和程序制作,如法院制作的判决书、民政机关颁发的结婚证书等。一般来讲,特别书证的证明力大于普通书证。

4. 以书证的制作方式和内容来源不同,可将书证分为原本、副本、复印件和节录本。原本(或原件)是指文件制作人最初制作的文件;照原本全文抄录、印刷而具有原本效力的文件,称为副本;复印件是指用复印机复制的材料;节录本是指仅摘抄原本或正本文件部分内容的文件。《民事诉讼法》第70条规定,书证应当提交原件,提交原件有困难的,可以提交复制品、照片、副本、节录本。《民事证据规定》第20条规定:“调查人员调查收集的书证,可以是原件,也可以是经核对无误的副本或复制件。是副本或者复制件的,应当在调查笔录中说明来源和取证情况。”

(二)物证

物证是指以其存在的形状、质量、规格、特征等来证明案件事实的证据。物证是通过其外部特征和自身所体现的属性来证明案件的真实情况,它不受人们主观因素的影响和制约。例如,请求侵权赔偿的诉讼,被侵权行为造成损害的财物和侵权人所用的侵权工具等就是物证;建筑工程质量的诉讼,已经完工的建筑物就是物证。物证的特点是以其客观存在和物理属性证明待证事实。现代科技的发展使得物证的种类不断增多。传统物证所不包括的气味、声音和光电等,现在已被纳入物证的范畴。其原因就在于随着科技的发展,诸如气味识别技术和声纹鉴定技术及其设备的产生,使人们能够通过识别气味和鉴定声纹查明案情。

物证与书证之间有着明显的区别,其主要区别在于:(1)物证以其存在、外形等外部特征和物质属性证明案件真实情况;书证则以文书或物品所记载的内容证明案件事实。(2)法律对物证无特殊的形式上的要求,只要能以其存在、外形、特征证明案件事实,就可以作为物证;对书证则不同,法律有时规定必须具备特定形式或履行了特定的程序后,才具有证据效力。(3)物证是一种客观实在,不反映人的主观意志;而书证是由一定主体制作的,反映了人的主观意志。

由于物证是通过物品的外部特征来证明案件中待证事实的,因此,当事人在用物证来证明案件中的待证事实时,应当提供原物。如果当事人提交原物确有困难,经法院核对无误后，可以提交复制品。

(三)视听资料

视听资料，是指利用录音、录像、电子计算机储存的资料和数据等来证明案件事实的一种证据，包括录像带、录音片、传真资料、电影胶卷、微型胶卷、电话录音、雷达扫描资料、电脑储存的数据和资料等。外国民事诉讼法一般不将视听资料作为一种独立的证据类型对待，而将其归入书证或物证中。

视听资料具有形象生动的特点，能够比较直观地反映案件事实，具有较大的真实性和可靠性，但也有容易被人裁剪或伪造的缺点。因此，法院在案件审理中，如果发现某一视听资料存在疑点时，应通过鉴定或者勘验等方式确定其是否被裁剪或者伪造，以决定是否作为认定案件事实的依据。

(四)证人证言

证人是指知晓案件事实并应当事人的要求和法院的传唤到法庭作证的人。证人就案件事实向法院所作的陈述称为证人证言。证人在作证过程中，对事实的陈述和对事实的判断往往混在一起。为求得证言的客观性，通常要求证人根据自己所了解的事实提供证言，并不要求对这些事实在主观上作出评价。我国《民事诉讼法》第 72 条第 1 款规定："凡是知道案件情况的单位和个人，都有义务出庭作证。有关单位的负责人应当支持证人作证。"应当注意的是，我国《民事诉讼法》将"单位"也列入证人的范围，这一规定是否科学，值得研究。从理论上说，证人只能限于自然人，因为证人的权利义务只有落实到自然人才有意义，如证人出庭、对证人交叉询问、承担相应的法律后果等。而"单位"是不能感知案件事实和进行陈述的，其既不能出庭，也不能接受双方当事人的质证和法官的询问，从这个意义上说，单位作为证人是不合适的。《民诉法解释》第 115 条规定："单位向人民法院提出的证明材料，应当由单位负责人及制作证明材料的人员签名或者盖章，并加盖单位印章。人民法院就单位出具的证明材料，可以向单位及制作证明材料的人员进行调查核实。必要时，可以要求制作证明材料的人员出庭作证。单位及制作证明材料的人员拒绝人民法院调查核实，或者制作证明材料的人员无正当理由拒绝出庭作证的，该证明材料不得作为认定案件事实的根据。"根据我国《民事诉讼法》的规定与司法实践，下列人员不能充当证人：

1. 不能正确表达意思的人，不能作为证人。《民事诉讼法》第 72 条第 2 款规定："不能正确表达意思的人，不能作证。"这一条是关于证人的能力方面的规定。据此，自然人作为证人，除必须了解案件的事实外，还须能够正确表达自己的意思。《民事证据规定》第 53 条第 2 款对此作了进一步的规定："待证事实与其年龄、智力

状况或者精神健康状况相适应的无民事行为能力和限制民事行为能力人，可以作为证人。”

2. 诉讼代理人在同一案件中不得作为证人。如果诉讼代理人对正确查明事实有重要作用，可在终止与被代理人的委托代理关系后，获得证人资格。

3. 办理本案的审判人员、书记员、鉴定人、勘验人、翻译人员和检察人员，不能同时是本案的证人。

证人就所了解的案件事实向法院所作的陈述，有口头形式和书面形式两种。口头形式是证人作证的基本形式。在审判实践中，证人大多是以口头形式向法院陈述的，证人作证以到庭接受口头询问为主，主要是便于当庭质证和确认。如果证人确有困难不能出庭作证，经人民法院许可，可以提交书面证言。证人向法院陈述的证言，由于受到主观和客观各种因素的制约和限制，可能有真有假。审判人员应尽可能地结合其他证据对证人证言进行印证。审核无误后，才可以将其作为认定案件事实的根据。

2012 年修法时，就证人作证问题增设两条新规定。《民事诉讼法》第 73 条规定：“经人民法院通知，证人应当出庭作证。有下列情形之一的，经人民法院许可，可以通过书面证言、视听传输技术或者视听资料等方式作证：(一)因健康原因不能出庭的；(二)因路途遥远，交通不便不能出庭的；(三)因自然灾害等不可抗力不能出庭的；(四)其他有正当理由不能出庭的。”第 74 条规定：“证人因履行出庭作证义务而支出的交通、住宿、就餐等必要费用以及误工损失，由败诉一方当事人负担。当事人申请证人作证的，由该当事人先行垫付；当事人没有申请，人民法院通知证人作证的，由人民法院先行垫付。”

证人享有如下权利：(1)使用本民族语言文字作证的权利。(2)审阅证言和要求对其补充、更正的权利。(3)费用补偿权。即证人因出庭作证而支出的交通费、住宿费、就餐费等合理费用，有权要求获得补偿，并有权要求获得误工补贴。上述费用由败诉一方当事人负担。上述交通、住宿、就餐等必要费用，按照机关事业单位工作人员差旅费用和补贴标准计算；误工损失按照国家上年度职工日平均工资标准计算。(4)获得保护权。证人因为作证而使自己的人身、财产安全受到威胁或损害的，有权要求法院予以保护。

证人负有如下义务：(1)出庭作证的义务。证人只有出席法庭，接受双方当事人的质证和法院的询问，才便于审查证人证言的真实性、可靠性和证明力，因此各国民事诉讼法都将出庭作证规定为证人的义务。在诉讼中，当事人申请证人出庭作证的，应当在举证期限届满前提出；符合《民诉法解释》第 96 条第 1 款规定情形的，人民法院可以依职权通知证人出庭作证；未经人民法院通知，证人不得出庭作证，但双方当事人同意并经人民法院准许的除外。应当注意的是，根据《民事诉讼法》和司法解释的规定，证人的出庭义务有下列例外：其一，证人具有法律规定的情形之一的，经人民法院许可，可以通过书面证言、视听传输技术或者视听资料等方式作证；其二，证人在人民法院组织双方当事人交换证据时出席陈述证言的，可视为出庭作证。除了上述情形之外，证人未出庭所提供的证言，其证明力将受到一定的影响；无正当理由未出庭作证的证人证言，不能单独作为认定案件事实的依据。(2)如实作证的义务。证人无论是出庭作证还是提交书面证言或视听资料或者通过双向视听传输技术手段作证，都负有如实作证的义务。人民法院在证人出庭作证前，应当告知其如实作证的义务以及作伪证的法律后果，并责令其签署保证书，但无民事行为能力人和限制民事行为能力人除外；保证书应当载明据实陈述、如有虚假陈述愿意接受处罚等内容。证人拒绝签署保证书的，不得作证，并自行承担相关费用。(3)遵守法庭纪律和诉讼秩序的义务。

与证人的出庭义务相联系的一个问题是，在证人不愿意出庭或拒绝出庭的情况下，能否强制其出庭作证？能否对其予以一定的制裁？《民事诉讼法》对此未作规定。在理论探讨上，有人主张立法上应当增设强制证人出庭作证的规定，但也有持反对意见的，认为不宜规定强制证人出庭。

如果立法上作出强制证人出庭作证的规定，则有必要同时规定证人豁免权。证人豁免权，又称为证人特权、作证豁免权、拒绝作证特权，是指在某些情况下，证人享有拒绝提供证言的权利。其目的在于保护证人的合法权益以及保护某些重要的社会关系，不致为查明本案事实而使证人的合法权益及相关的社会关系受到损害。从有关国家的规定来看，证人有权拒绝作证的情形包括以下几种：(1)因与当事人有某种亲属关系；(2)因某种财产上的利益；(3)因陈述的内容而有可能使其受到刑事追究；(4)因职务上或业务上的要求。

(五)当事人陈述

当事人陈述是指当事人在诉讼中，就与本案有关的事实向法院所作的陈述。当事人就案件有关事实向法院陈述，有两种情况：一是对案件事实的陈述。即当事人就争议的民事法律关系发生、变更或者消灭的事实的说明。当事人为了胜诉，一般都会尽力陈述对自己有利的事实，而对对方当事人陈述的不利于自己的事实，则提出不同的事实根据进行反驳。二是对案件事实的承认。后者即当事人自认，是指一方当事人对另一方当事人所主张的事实加以肯定或者认可。当事人的承认又可以分为审判上的承认和审判外的承认两种。审判上的承认，是指在案件审理过程中，当事人向法院所作的承认。一方当事人对对方当事人所作的关于案件事实的陈述表示同意，可免除对方当事人的举证责任。审判外的承认，是指当事人在法院外对某些事实所作的承认。这种承认不能作为免除举证责任的根据，因其没有

法院的参与，对法庭不存在任何拘束力。承认的主体除当事人外，还包括法定代理人、法定代表人、多数人诉讼的代表人和经当事人特别授权的代理人等。

根据《民事证据规定》第 8 条的规定，诉讼过程中，一方当事人对另一方当事人陈述的案件事实明确表示承认的，另一方当事人无需举证，但涉及身份关系的案件除外。当事人委托代理人参加诉讼的，代理人的承认视为当事人的承认，但未经特别授权的代理人对事实的承认直接导致承认对方诉讼请求的除外。当事人在场但对其代理人的承认不作否认表示的，视为当事人的承认。当事人在法庭辩论终结前撤回承认并经对方当事人同意，或者有充分证据证明其承认行为是在受胁迫或者重大误解情况下作出且与事实不符的，不能免除对方当事人的举证责任。《民诉法解释》第 92 条规定："一方当事人在法庭审理中，或者在起诉状、答辩状、代理词等书面材料中，对于己不利的事实明确表示承认的，另一方当事人无需举证证明。对于涉及身份关系、国家利益、社会公共利益等应当由人民法院依职权调查的事实，不适用前款自认的规定。自认的事实与查明的事实不符的，人民法院不予确认。"

当事人是民事诉讼法律关系的主体，与诉讼结果有直接的利害关系。为了追求胜诉的结果，有些当事人可能只作有利于自己的陈述，甚至可能故意隐瞒事实真相，夸大或缩小事实，作虚假的陈述。为此，审判人员对于当事人陈述，应注意结合本案的其他证据，审查确定能否作为认定事实的根据。

(六)鉴定意见

2005 年 2 月 28 日，十届全国人大常委会第十四次会议通过《关于司法鉴定管理问题的决定》，确立了对鉴定人和鉴定机构的管理制度。立法机关 2012 年修改《民事诉讼法》时，将原先的"鉴定结论"改为"鉴定意见"，并对民事诉讼中有关鉴定的程序制度作了较大的修改补充。

鉴定意见是指接受当事人委托或法院指定的鉴定人，运用其专业知识、专门技术，对案件中的专门性问题进行分析、鉴别和判断后所得出的结论性意见。鉴定意见对于人民法院查明案件事实中的一些专门性问题具有重要作用。在审判实践中，经常采用的鉴定有如下几种：医学鉴定、文书鉴定、痕迹鉴定、事故鉴定、产品质量鉴定、会计鉴定、行为能力鉴定等。①具备下列条件之一的人员，可以申请登记从事司法鉴定业务：(1)具有与所申请从事的司法鉴定业务相关的高级专业技术职称；(2)具有与所申请从事的司法鉴定业务相关的专业执业资格或相关专业本科以上学历，从事相关工作 5 年以上；(3)具有与所申请从事的司法鉴定业务相关工作

① 李祖军、蔡维力主编：《民事诉讼法》，重庆大学出版社 2003 年版，第 292 页。

10年以上经历，具有较强的专业技能。因故意犯罪或者职务过失犯罪受过刑事处罚的，受过开除公职处分的，以及被撤销鉴定人登记的人员，不得从事司法鉴定业务。

法人或者其他组织申请从事司法鉴定业务的，应当具备下列条件：(1)有明确的业务范围；(2)有在业务范围内进行司法鉴定所必需的仪器、设备；(3)有在业务范围内进行司法鉴定所必需的依法通过计量认证或者实验室认可的检测实验室；(4)每项司法鉴定业务有3名以上鉴定人。

鉴定人享有下列权利：(1)了解、查阅与鉴定事项有关的情况和资料；(2)要求委托人无偿提供鉴定所需要的鉴材、样本；(3)拒绝接受不合法、不具备鉴定条件或者超出登记的执业类别的鉴定委托；(4)拒绝解决、回答与鉴定无关的问题；(5)鉴定意见不一致时，保留不同意见；(6)获得合法报酬。

鉴定人应当履行下列义务：(1)受所在司法鉴定机构指派按照规定时限独立完成鉴定工作，并出具鉴定意见；(2)对鉴定意见负责；(3)依法回避；(4)妥善保管送鉴的鉴材、样本和资料；(5)保守在执业活动中知悉的国家秘密、商业秘密和个人隐私；(6)依法出庭作证，回答与鉴定有关的询问。《民事诉讼法》第78条规定："当事人对鉴定意见有异议或者人民法院认为鉴定人有必要出庭的，鉴定人应当出庭作证。经人民法院通知，鉴定人拒不出庭作证的，鉴定意见不得作为认定事实的根据；支付鉴定费用的当事人可以要求返还鉴定费用。"

鉴定人应当科学、客观、独立、公正地从事司法鉴定活动，遵守法律、法规的规定，遵守职业道德和职业纪律，遵守司法鉴定管理规范。鉴定人执业实行回避、保密、时限和错鉴责任追究制度。

当事人申请鉴定，通常应在举证期限内提出，经人民法院同意后，由双方当事人协商选择具备资格的鉴定人。当事人协商不成的，由人民法院指定。申请鉴定的事项与待证无关联，或者对于证明待证事实无意义的，人民法院不予准许。对需要鉴定的事项负有举证责任的当事人，在人民法院指定的期限内无正当理由不提出鉴定申请或者不预交鉴定费用或者拒不提供相关材料，致使对案件争议的事实无法通过鉴定意见予以认定的，应当对该事实承担举证不能的法律后果。

鉴定人应就案件中专门性问题作出的结论性意见以鉴定书形式表现出来。根据《民事证据规定》第29条的规定，鉴定人出具的鉴定书包括的内容包括：(1)委托人姓名或者名称、委托鉴定的内容；(2)委托鉴定的材料；(3)鉴定的依据及使用的科学技术手段；(4)对鉴定过程的说明；(5)明确的鉴定意见；(6)对鉴定人鉴定资格的说明；(7)鉴定人员及鉴定机构签名盖章。对人民法院委托的鉴定部门作出的鉴定意见，当事人有异议并申请重新鉴定的，如理由充足，人民法院应当准许重新鉴定。但对有缺陷的鉴定意见，如果可以通过补充鉴定、重新质证或者补充质证等方

法解决的，就不允许重新鉴定。此外，一方当事人自行委托的部门作出的鉴定意见，另一方当事人有证据足以反驳并申请重新鉴定的，人民法院应予准许。

鉴定人不同于专家辅助人。专家辅助人，是指由当事人聘请，帮助当事人向审判人员说明案件事实中的专门性问题，并协助当事人对案件中的专门性问题进行质证的人。《民事证据规定》第61条就专家辅助人制度作了规定。该制度在审判实务中取得了良好效果。在总结实践经验的基础上，2012年修改的《民事诉讼法》从立法层面正式确立了这一制度。该法第79条规定："当事人可以申请人民法院通知有专门知识的人出庭，就鉴定人作出的鉴定意见或者专业问题提出意见。"《民诉法解释》第122条、第123条进一步规定："当事人可以依照《民事诉讼法》第79条的规定，在举证期限届满前申请一至二名具有专门知识的人出庭，代表当事人对鉴定意见进行质证，或者对案件事实所涉及的专业问题提出意见。具有专门知识的人在法庭上就专业问题提出的意见，视为当事人的陈述。人民法院准许当事人申请的，相关费用由提出申请的当事人负担。""人民法院可以对出庭的具有专门知识的人进行询问。经法庭准许，当事人可以对出庭的具有专门知识的人进行询问，当事人各自申请的具有专门知识的人可以就案件中的有关问题进行对质。具有专门知识的人不得参与专业问题之外的法庭审理活动。"

有学者认为，专家辅助人制度具有以下价值功能：(1)弥补现行鉴定制度的不足，保障当事人履行举证责任；(2)解决庭审时的质证虚化，发挥质证的实质功效；(3)帮助法官解决专门性问题，为认定证据奠定基础；(4)充实当事人的诉讼权利，均衡双方的诉讼力量。此外，专家辅助人还有助于消除当事人对鉴定意见或其他专家意见的疑虑，并能对个案形成监督。[①] 有学者指出，鉴定人和专家辅助人并存的专家证据制度是我国民事审判实践经验的总结，也是对两大法系专家证据制度借鉴的结果。这种制度既能保持鉴定人制度的优势，又能对鉴定人的行为形成有效的制约。[②]

（七）勘验笔录

勘验笔录是指法院为查明案件事实对案件现场和有关物品进行勘验检查后所制成的笔录。在民事诉讼中，有时由于案件审理的需要，为了查清事实真相，审判人员必须到现场进行勘验，以便对现场情况有清楚的了解。勘验人员将勘验的结果制作成笔录，便形成了一种独立的证据。

---

① 李学军、朱梦妮：《专家辅助人制度研析》，载《法学家》2015年第1期。

② 奚晓明主编：《〈中华人民共和国民事诉讼法〉修改条文理解与适用》，人民法院出版社2012年版，第202页。

制作勘验笔录有两种情形：一是人民法院应当事人的申请而制作。对于当事人的申请，人民法院如果认为确有必要，应当及时进行勘验。二是人民法院在认为有必要时依职权而制作。根据《民事诉讼法》第80条的规定，人民法院在对现场或物品进行勘验时，应当按照法定程序进行。在勘验物证或者现场时，勘验人员必须出示人民法院的证件，邀请当地基层组织或者当事人所在单位派人参加。当事人或者他们的成年家属应当到场；拒不到场的，不影响勘验的进行。有关单位和个人根据人民法院的通知，有义务保护现场，协助勘验工作的进行。人民法院勘验物证或者现场，应当制作笔录记录勘验的时间、地点、勘验人、在场人、勘验的经过、结果，由勘验人、在场人签名或者盖章。对于绘制的现场图应当注明绘制的时间、方位、测绘人姓名、身份等内容。勘验笔录应如实记录物证或现场上一切与案件有关的客观情况。在开庭审理时，审判人员应当庭宣读或出示勘验笔录和照片、绘制的图表，使当事人了解勘验的有关情况，并听取他们的意见。当事人要求重新勘验的，可以重新勘验。

（八）电子数据

电子数据作为一种证据形式，是指以电子形式存在的、用作证据使用的一切材料及其派生物，即借助于电子技术或者电子设备而形成的一切证据材料。[①] 1996年联合国《电子商务示范法》第2条规定："数据电文是指经由电子手段、光学手段或类似手段生成、传递、接收或储存的信息。"近年来，随着电子商务的异军突起，计算机和网络的日益普及，各种数据电文在现实生活中被大量使用，涉及电子证据的民事诉讼案件也越来越多。常见的电子证据包括：保存在磁性介质、光盘或者计算机及类似设备中的电子数据；电子邮件；电子数据交换中的信息；数字化图像、录像或者音频文件；语音邮件等形式的数据。

我国1991年《民事诉讼法》没有专门对电子数据作出规定，因此关于电子数据的定位问题，无论理论界还是司法实践中均存在较大的分歧，先后产生了"视听资料说""书证说""物证说""鉴定结论说""混合证据说"和"独立证据说"等多种观点。[②] 1999年《合同法》第11条规定："书面形式是指合同书、信件和数据电文（包括电报、电传、传真、电子数据交换和电子邮件）等可以有形地表现所载内容的形式。"2004年《电子签名法》第7条规定："数据电文不得仅因为其是以电子、光学、磁或者类似手段生成、发送、接收或者存储的而被拒绝作为证据使用。"该规定首次从立法上确认了电子数据的法律效力。

---

① 何家弘主编：《电子证据法研究》，法律出版社2002年版，第5页。

② 常怡、王健：《论电子证据的独立性》，载《法学》2004年第3期。

针对电子数据的某些特征,《电子签名法》作了如下特别规定:能够有形地表现所载内容,并可以随时调取查用的数据电文,视为符合法律、法规要求的书面形式(第4条)。符合下列条件的数据电文,视为满足法律、法规规定的原件形式要求:(1)能够有效地表现所载内容并可供随时调取查用;(2)能够可靠地保证自最终形成时起,内容保持完整、未被更改。但是,在数据电文上增加背书以及数据交换、存储和显示过程中发生的形式变化不影响数据电文的完整性(第5条)。符合下列条件的数据电文,视为满足法律、法规规定的文件保存要求:(1)能够有效地表现所载内容并可供随时调取查用;(2)数据电文的格式与其生成、发送或者接收时的格式相同,或者格式不同但是能够准确表现原来生成、发送或者接收的内容;(3)能够识别数据电文的发件人、收件人以及发送、接收的时间(第6条)。

2012年修法时,立法机关借鉴外国证据立法,总结我国司法实践经验,在《民事诉讼法》中将电子数据作为一种独立的证据形式加以明确规定。值得注意的是,随着现代科技的发展,录音资料和影像资料往往可能存储在电子介质中,从而产生此类证据应当界定为视听资料证据还是电子数据证据的疑问,为解决这一问题,《民诉法解释》第116条第3款规定:“存储在电子介质中的录音资料和影像资料,适用电子数据的规定。”

第三节　民事诉讼证据规则

一、民事诉讼证据规则的概念和特征

民事诉讼证据规则是指在民事诉讼活动中,有关证据收集、运用和判断的法律准则。民事诉讼活动以认定案件事实,适用法律为基本内容。其中,认定案件事实是适用法律的基础。在现代诉讼中,基于证据裁判主义的要求,对案件事实的认定必须依靠证据。为了防止主观臆断,法官对于证据的取舍与运用必须受某些规则的制约。证据规则实际上是法律约束法官广泛裁量权的最后防线。它从属于证据制度,是证据制度的组成部分和具体内容。

证据规则的许多内容规定在《民事诉讼法》中,本身就是《民事诉讼法》的规范。但证据规则又具有其特殊性,是一个相对独立的规范体系。具体来说,民事诉讼证据规则具有以下法律特征:

1.强制性。证据规则是法官、当事人、诉讼代理人和其他诉讼参与人证明案件事实的行为规范,具有较强的约束效力。证据规则应当被遵守,违法的证明活动不

能产生预期的法律效果。

2.指导性。证据规则是具体的操作规程，司法人员、当事人及其他诉讼参与人可以直接从证据规则中了解自己应当做什么，可以做什么和不能做什么，并预见相应的行为后果。

3.程序性。证据规则作为民事诉讼制度一个相对独立的组成部分，与民事实体法之间存在着密切的联系。一方面，证据规则是实现民事实体法的手段，其着眼点在于案件事实的证明过程，主要任务是为适用民事实体法提供必要的事实要件；另一方面，民事实体法规定是形成或者确立民事诉讼证据规则的根据之一，在证明对象和举证责任的分配等方面，实体法的规定起决定性的作用。尽管许多民事诉讼证据规则规定在民事实体法中，但民事诉讼证据规则本质上是程序法。①

二、民事诉讼证据规则的种类

根据不同的标准，可以对证据规则进行不同的分类：

1.根据证据规则的表现形式不同，可以分为成文法证据规则、判例法证据规则和习惯法证据规则。成文法证据规则是以制定法为表现形式的证据规则，如关于如何取证、举证等规则。判例法证据规则是指法院通过判决所逐步创制和发展起来的规则。习惯法证据规则是指在长期的司法实践中逐步发展起来的证据规则。在我国，民事诉讼中只存在成文法证据规则。

2.根据证据规则性质不同，可以分为实体性证据规则和程序性证据规则。实体性证据规则包括实体法中规定的规则和具有实体法性质的规则。前者如推定规则，后者如程序法中的证据能力规则。程序性证据规则是指程序法规定的规则和具有程序法性质的规则。如诉讼阶段中的取证规则、举证规则、质证规则、认证规则等。

3.根据证据规则调整的对象不同，可以分为证据能力规则和证明行为规则。前者是有关确认证据范围的规则。证据范围是指什么样的事实材料是证据，什么样的事实材料不是证据或者不能作为证据使用，以及有关的划分标准。后者是指有关证据的制作、调查收集、审查判断和举证、质证的行为规范，如证明责任规则、鉴定责任规则、勘验规则等。

4.根据证据规则在诉讼证明活动中作用的阶段不同，可以分为取证规则、举证规则、质证规则、认证规则。取证规则是关于主体调查收集证据的活动规则，如强制取证规则。举证规则是指规范当事人举证活动的规则。诉讼中的举证主要指诉

① 樊崇义主编：《证据法学》，法律出版社2005年版，第88页。

讼双方在审判或者证据交换过程中向法庭提供证据证明其主张之案件事实的活动，如庭前证据交换规则、最佳证据规则等。质证规则是指诉讼当事人及其代理人在审判过程中针对对方提出的证据进行质疑或质问活动的规则，如交叉询问规则、宣誓作证规则等。认证规则是指审判人员对各种证据材料进行审查判断，确定其证据能力和证明力，从而对案件事实作出结论的活动规则，如可采性规则、关联性规则、非法证据排除规则等。

5.根据证据规则逻辑层次的不同，可以分为基础性规则、排除性规则及排除性规则的例外规则三种。基础性规则以肯定的形式规定了何种证据具有证据资格，如相关性规则；排除性规则从否定的角度排除了具体证据材料作为证明之证据的资格，如非法证据排除规则；排除性规则的例外规则从被排除的证据种类中又有选择地赋予部分材料以证据资格，如传闻证据排除规则例外情况的规定。

三、民事诉讼证据规则的意义

1.证据规则可为民事证明活动提供具体的指导规范。没有规矩，不成方圆。任何证明活动都必须遵循一定的规则，否则便不能保障证明结果的正确性。司法证明活动直接关系诉讼的结果，影响人们的人身财产权利，更要遵循一定的规则。诉讼过程中的取证、举证、质证、认证活动都需要证据规则的规范和指导。

2.确定证据规则，有助于审判方式改革的实现。我国的审判制度改革推行庭审中心主义，将法院认定案件事实的活动集中在庭审，使定案的所有证据只能来自于公开的法庭上提出的证据材料。为此，应当遵循证据规则，以规范证据能力、证明程序等事项，真正发挥庭审的作用，防止庭审流于形式。

3.确定证据规则，对于形成正确的诉讼理念，保护公民的合法权益具有重大作用。长期以来，我国偏重于社会整体利益的保护，而忽视对个人权利的保护。近年来，我国签订和参加了许多国际人权公约，个人权利必须得到承认和尊重的理念逐步深入人心。我国民事诉讼实践中所确立的非法证据排除规则即体现了对公民个人权利的尊重。

4.证据规则能够规范司法审判行为。我国《民事诉讼法》未就证据的证明力如何判断作出具体规定，也就是说证据材料的证明力是由裁判者自由判断的。然而实践证明，赋予司法机关主观自由判断权，既不能防止法官的专横，也不能保证查明案件的真实情况。为了保护更为重要的一些价值或者利益，司法机关的自由判断权应当受到一定的限制。证据规则有利于从事实方面控制司法机关裁量权过大的问题，通过明确规定取证、举证、质证、认证活动的程序和方法，可以使审判人员的司法证明活动置于法律的约束和当事人的监督之下。

四、我国民事诉讼证据规则

证据规则是我国民事诉讼理论研究中的薄弱环节，长期以来未能形成一个相对完整严密的规范体系，直到最近几年才开始有所改观。2001 年最高人民法院《民事证据规定》颁行后，诉讼法学理论界和司法实务界越来越重视对这一问题的研究。依据我国现行立法和司法解释，我国民事诉讼证据规则主要有以下几种：

（一）非法证据排除规则

非法证据排除规则，又称合法性规则，是指收集证据必须依法进行，违法取得的证据不得作为定案根据。因此，该规则属于规范证据能力的规则。我国《民事诉讼法》中并无关于非法证据排除的规定。在审判实务中，一般而言，只要证据对案件事实具有证明力，便可以被采信，而对采证的形式则无特别的限制。非法证据排除规则是从否定的角度对合法性规则所作的界定，是指除了法定例外情形，法官不得将非法证据作为认定案件事实的依据，应当将其予以排除。从广义上说，非法证据的情形主要有以下几种：(1)不符合法定证据形式；(2)不符合法定来源；(3)取证的程序和手段违法。

我国民事诉讼中的非法证据概念源于 1995 年最高人民法院《关于未经对方当事人同意私自录制其谈话取得的资料不能作为证据使用的批复》。该批复指出："未经对方当事人同意私自录制其谈话，系不合法行为，以这种手段取得的录音资料，不能作为证据使用。"这一规定确认证据的取得应当合法，是对证据合法性属性的充分肯定，也从操作层面上揭示了证据合法性的内涵。但是，该批复在适用的过程中也引起了较大的争议，并带来了一定的负面效应。由于它未能较周全地考虑我国的具体国情以及保护合法权益与当事人取证能力薄弱的平衡问题，对证据的取得方式作了过分严苛的限制，使得实践中难以对口头合同等案件事实加以必要的救济，并给违背诚信原则之人以可乘之机。针对该批复对非法证据判断标准过于苛刻和严厉的不足，《民事证据规定》第 68 条将其修正如下："以侵害他人合法权益或者违反法律禁止性规定的方法取得的证据，不能作为认定案件事实的依据。"该规定并没有就某一具体取证方式是否合法予以明示，而是为法官在民事诉讼中排除非法证据提供了两种尺度：一种尺度即以是否违反法律禁止性规定为标准，这种规定属于一种客观标准，是一种硬性标准；另一种尺度是授予法官根据具体案情的裁量权，即按照个案的情形来确定是否已实际构成非法侵犯他人合法权益。后一种尺度属于一种相对主观的标准，是一种弹性标准，这就有赖于实践中法官司法能动性的发挥。法官必须根据当事人的举证能力，并权衡不同诉讼利益的冲突作

出合理的裁量。[1] 不过，这一条款在适用中存在一些问题，特别是“以侵害他人合法权益”的方法取得的证据都应当予以排除，而不考虑其“侵害他人合法权益”的程度大小，这显然不利于充分保障当事人的证明权，因此，《民诉法解释》第 106 条将该规则修改为“对以严重侵害他人合法权益、违反法律禁止性规定或者严重违背公序良俗的方法形成或者获取的证据，不得作为认定案件事实的根据”。尽管如此，由于民事诉讼中非法证据的认定和排除是一个非常复杂的问题，因而如何准确地理解和适用这一规则，需要在理论上进一步探讨，并在实践中积累审判经验，形成具有指导性的案例。

（二）最佳证据规则

最佳证据规则，即原始证据应优先于派生证据被提供和被采用。相对于派生证据，原始证据的真实性较高，证明力较大，正是在此种意义上，原始证据被称为最佳证据。根据该规则，当事人应当提供原始证据，法官应当采用原始证据来认定事实。不过，有如下理由之一的，可以提供和采用派生证据：(1)原始证据灭失或丢失，不能或难以找到的；(2)原始证据被对方当事人或第三人所掌控，当事人无法提供的；(3)原始证据不能移动或体大笨重，不能或不易提交到法庭上的。

我国法律和司法解释中也有关于最佳证据规则的规定。如《民事诉讼法》第 70 条第 1 款规定：“书证应当提交原件。物证应当提交原物。提交原件或者原物确有困难的，可以提交复制品、照片、副本、节录本。”根据《民诉法解释》第 111 条的规定，“提交书证原件确有困难”包括以下情形：(1)书证原件遗失、灭失或者毁损的；(2)原件在对方当事人控制之下，经合法通知提交而拒不提交的；(3)原件在他人控制之下，而其有权不提交的；(4)原件因篇幅或者体积过大而不便提交的；(5)承担举证证明责任的当事人通过申请人民法院调查收集或者其他方式无法获得书证原件的。《民事证据规定》第 20 条规定：“调查人员调查收集的书证，可以是原件，也可以是经核对无误的副本或者复制件。是副本或者复制件的，应当在调查笔录中说明来源和取证情况。”第 21 条规定：“调查人员调查收集的物证应当是原物。被调查人提供原物确有困难的，可以提供复制品或者照片。提供复制品或者照片的，应当在调查笔录中说明取证情况。”第 22 条规定：“调查人员调查收集计算机数据或者录音、录像等视听资料的，应当要求被调查人提供有关资料的原始载体。提供原始载体确有困难的，可以提供复制件。提供复制件的，调查人员应当在调查笔录中说明其来源和制作经过。”据此，当事人应当以提交原物或原件为原则，提交复制品或复印件为例外。我国的最佳证据规则适用范围不仅限于书证，还适

---

① 江伟主编：《民事诉讼法学关键问题》，中国人民大学出版社 2010 年版，第 205 页。

用于其他证据，这与英美法系证据法的最佳证据规则仅适用于书证有所不同。

（三）补强证据规则

补强证据规则，是指某一证据不能单独作为认定案件事实的根据，只有在其他证据予以佐证补充的情况下，才能作为定案根据。设置补强证据规则的立法意图在于，对那些在质量上缺乏应有的证明价值的单一证据，需要从数量上加以补强，从而与被补强的证据材料相结合，共同证明案件事实，防止对案件事实的错误认定。该规则适用于以下几种情形：(1)证人证言的补强。比如，未成年人所作的与其年龄和智力状况不相当的证言、与一方当事人或其代理人有利害关系的证人出具的证言等。(2)存有疑点的视听资料的补强。难以识别是否被删改的视听资料，不能单独作为定案的根据。(3)无法与原始证据核对的派生证据的补强。(4)无正当理由未出庭作证的证人证言的补强。

补强证据规则不仅可以适用于言词证据，还可以适用于视听资料、书证、物证等。《民事诉讼法》第 71 条规定："人民法院对视听资料，应当辨别真伪，并结合本案的其他证据，审查确定能否作为认定事实的根据。"《民事证据规定》第 69 条规定："下列证据不能单独作为认定案件事实的依据：(一)未成年人所作的与其年龄和智力状况不相当的证言；(二)与一方当事人或者其代理人有利害关系的证人出具的证言；(三)存在疑点的视听资料；(四)无法与原件、原物核对的复印件、复制品；(五)无正当理由未出庭作证的证人证言。"很显然，补强证据规则针对的都是一些证明力明显比较弱的证据，这些证据的证明力均需其他证据补充。这一规则的设置有助于防止法官依据证明力有缺陷的证据认定案件事实而导致裁判的错误。

（四）举证妨碍规则

举证妨碍规则，是指不负举证责任的当事人，故意或过失地以作为或不作为的方式，将证据灭失、隐匿或妨碍其利用，使负举证责任的当事人因无法利用该证据而无法尽其举证责任时，法院可根据案件审理情况，在事实认定上，作出对负举证责任的当事人有利的认定。《民事证据规定》第 75 条的规定即体现了举证妨碍规则的要求："有证据证明一方当事人持有证据无正当理由拒不提供，如果对方当事人主张该证据的内容不利于证据持有人，可以推定该主张成立。"《民诉法解释》第 112 条第 2 款的规定（书证持有人不遵从文书提出命令时，法院可认定申请人所主张的书证内容为真实），也是举证妨碍规则的体现。持有书证的当事人以妨碍对方当事人使用为目的，毁灭有关书证或者实施其他致使书证不能使用行为的，人民法院可以依法对其予以罚款、拘留之规定（《民诉法解释》第 113 条），则是对举证妨碍行为人的一种处罚措施。

(五)庭前证据交换规则

庭前证据交换,是指开庭审理前人民法院组织当事人相互就支持自己主张的证据材料出示给对方,并就对方的证据材料发表意见和看法的活动。通过庭前交换证据,便于法官在开庭审理前了解案情,确定双方当事人争议的重要问题,为开庭审理做好前期准备。因此,庭前证据交换的功能在于为当事人提供充分平等的诉讼机会的前提下,整理案件的争议焦点,使法庭审判制度能发挥最大的功效。以庭前证据交换规则为代表的审前准备程序,由证据开示制度演变而来,是一种审判前的程序和机制。

根据《民事诉讼法》第 133 条的规定,如果案件需要开庭审理的,法院应通过要求当事人交换证据等方式,明确争议焦点。《民诉法解释》第 225 条规定,法院可通过召集庭前会议的方式,组织当事人交换证据。《民事证据规定》第 37 条至第 40 条对庭前证据交换规则作了具体的规定:经当事人申请,人民法院可以组织当事人在开庭审理前交换证据;人民法院对于证据较多或者复杂疑难的案件,应当组织当事人在答辩期届满后、开庭审理前交换证据。交换证据的时间可以由当事人协商一致并经人民法院许可,也可以由人民法院指定。证据交换应当在审判人员的主持下进行。当事人收到对方交换的证据后提出反驳并提出新证据的,人民法院应当通知当事人在指定的时间进行交换。证据交换一般不超两次,但重大、疑难和案情特别复杂的案件,人民法院认为确有必要再次进行交换的除外。

(六)公开查证规则

公开查证规则,是指除涉及国家机密、商业秘密和个人隐私等应当保密的证据外,作为定案根据的证据必须当庭出示,在公开审理的法庭上经双方当事人辨认、质证。未经当庭查证的证据,即便具有证明力,也不得径直作为定案根据。公开查证规则是审判公开原则的具体化,是司法民主性的具体表现。

公开查证规则在我国法律中有明确的规定。《民事诉讼法》第 68 条规定:“证据应当在法庭上出示,并由当事人互相质证。”《民诉法解释》第 103 条规定:“证据应当在法庭上出示,由当事人互相质证。未经当事人质证的证据,不得作为认定案件事实的根据。当事人在审理前的准备阶段认可的证据,经审判人员在庭审中说明后,视为质证过的证据。涉及国家秘密、商业秘密、个人隐私或者法律规定应当保密的证据,不得公开质证。”公开查证规则包括以下内容:(1)证据应当在公开审理的法庭上出示;(2)当庭出示的证据,应当由诉讼双方当事人辨认、质证;(3)未经当庭出示、质证的证据,不得作为定案的根据。

(七)交叉询问规则

交叉询问规则,是指由当事人或其律师在法庭上对证人进行的盘诘性询问。在通常的民事诉讼程序中,只要有证人出庭,诉讼双方主体都有权对证人进行交叉询问。交叉询问是一种专业性很强的法庭技术,对证人的交叉询问一般由双方律师进行。交叉询问首先由申请提出该证人(也称为"己方证人")的当事人或其律师对该证人进行询问,称之为"主询问";然后由对方当事人或其律师对该证人进行询问,称为"反询问";最初询问证人的当事人或律师还可以对证人进行再询问,称为"再主询问";再主询问之后,允许实施反询问的当事人或其律师实施再反询问。交叉询问规则是质证制度的重要体现。

在交叉询问中,双方当事人及律师对相同的证据从不同的角度进行辩论和质证,有助于观察问题的深刻性和全面性。从程序的正当性原理方面来看,交叉询问构筑了正当程序的重要层面。为使通过审判程序而达到的判决本身获得正当性,作为判决基础的诉讼证据材料必须在公开、对席、直接、口头等程序保障的原则支配下取得。交叉询问是兼听的方式,是充分认识事实的基础。"查证属实"其实就是通过交叉询问的方式,排除合理怀疑,确立法官内心的确信。

由此可见,交叉询问是揭示案件事实的有效途径之一,它较好地体现了庭审活动中质证的宗旨和要求。为此,《民事证据规定》第 55 条第 1 款规定:"证人应当出庭作证,接受当事人的质询。"①

① 有关交叉询问的论述,参见张卫平:《交叉询问制:魅力与异境的尴尬》,载《中外法学》2001 年第 3 期;齐树洁主编:《美国民事司法制度》,厦门大学出版社 2011 年版,第十章"交叉询问"。

第九章　民事诉讼证明

【引　例】

高某与白某早先合伙经营石材生意，后双方发生矛盾，高某要求退股，白某便给高某打了一张3万余元的欠条，约定2004年5月还钱。还款期限届满时，高某拿着欠条找白某要账。白某仍对双方的矛盾耿耿于怀，本来就不情愿还钱，当他拿到欠条一看，意外地发现欠条上的还款日期写的竟是"20004年5月"。白某于是借口还款期未到，拒绝还钱。高某无奈，只得将白某诉至法院。法院经审理后认为，"20004年"的写法是当事人的一时笔误，还款期限要等上18000年显然不合情理，遂判决白某必须在一定期限内偿还全部欠款。问：法院的判决是否正确？

第一节　民事诉讼证明概述

一、民事诉讼证明的含义

民事诉讼中的证明，是指法院和当事人依法运用一定的方式，确定当事人的主张是否成立的活动。诉讼证明涉及证明主体、证明对象、证明责任、证明标准等证据法学的基本范畴，"甚至可以毫不夸张地说，诉讼证明的概念不但能够提纲挈领地勾画出某种证据制度的总体框架，而且可以折射出该种证据制度所体现的深层次的价值理念"。① 但是，长期以来，我国证据学研究对于诉讼证明问题重视不够，学者们大多是从证据的角度而不是从证明的角度来分析和理解诉讼过程，未能意

① 卞建林等：《证明责任：一个亟待重塑的概念》，载何家弘主编：《证据学论坛》（第三卷），中国检察出版社2001年版。

识到诉讼证明概念中所蕴含的证据理论精髓及其对整个证据制度的影响。这种状况直至最近几年才逐渐有所改变。

当事人在证明过程中需要一定的证据作为证明材料，但是，证据不同于证明。证据是指能够证明案件真实情况的一切材料。实践表明，证据不能自动证明案件。证据能否反映案件真实情况以及反映的程度，中间有一个重要环节——证明。[①] 证据是为证明服务的，没有证明就不需要证据。

证明在整个诉讼中占有十分重要的地位并贯穿于诉讼的每一阶段。在起诉阶段，人民法院对起诉的审查，也就意味着当事人必须证明自己的起诉符合起诉的法定要件。在法庭调查阶段，当事人需要对自己的主张及其所依据的事实和理由进行陈述，并需要证明自己主张的合理性、合法性。在辩论阶段，双方当事人及其诉讼代理人就有争议的事实和法律问题进行辩论，以证明自身主张的合法性。法院作出裁判的过程也是证明的过程。法官需要借助一定的证据对有争议的问题逐一进行审查与核实，以查明案件的真实情况，在此基础上明确责任，正确适用法律，确保裁判的公正。

二、证明的要素

证明的要素是指构成完整的一个证明活动应具备的基本因素。一般说来，诉讼证明由证明主体、证明对象、证明方法、证明责任、证明标准和证明程序等要素构成。

1.证明主体。证明主体是指负责完成证明活动的人。在民事诉讼中，当事人和法官是证明活动的从事者和接受者，当事人是证明的主体，而法官是接受证明的主体。只有在少数例外情形下，法官才会充当证明的主体。

2.证明对象。证明对象又称为证明的客体、要证事实、待证事实，是指有必要提供证据加以证明的事实。

3.证明方法。证明方法又称为证明手段，是指用什么来对案件事实进行证明。根据证据裁判主义，证实案件事实的主要方法或手段就是证据。

4.证明责任。当事人负有责任提供证据对特定的案件事实进行证明，并且在经过一定的证明活动后，如果该事实仍然处于真伪不明时，则需要承担不利的法律后果，此即证明责任问题。证明责任为当事人进行证明活动施加了内在的压力，同时也为其举出证据证明案件事实提供了实质性的动力。

5.证明标准。证明标准是指证明所应达到的程度。对待证事实的证明达到证

① 田平安:《民事诉讼证据初论》，中国检察出版社 2002 年版，第 88 页。

明标准时，法院才能对该事实予以认定。

6.证明程序。证明程序又称为证明的环节、证明的阶段，是指运用证据完成证明活动的过程。一般来说，证明程序包括证据的收集程序、提供和展示程序、审核与认定程序等。其中，证据的审核与认定程序对于诉讼证明的结果具有决定性的意义。

三、民事诉讼证明的分类

在民事诉讼理论上，按照不同的标准，可将民事诉讼证明分为不同种类。理论上的分类有助于揭示各类诉讼证明的特点，运用各种证据认定案件事实，作出公正的裁判。

（一）严格证明和自由证明

以是否利用法定的证据方法并且是否经过法定的正式的证据调查程序为标准，将诉讼证明分为严格证明和自由证明。

所谓严格证明，是指对于讼争实体法事实，必须根据法定的证据方法及其法定程序，提出证据进行的证明。严格证明强调以慎重的程序来保障证明结论的真实性。

自由证明，是指其证据方法或举证的手段，并不严格依照法律的明文规定进行证明。与严格证明相比，自由证明的事项主要是诉讼程序事项。依德国民事诉讼理论上的通说，法官依职权调查的事实、无须言词辩论的程序事实（如申请回避的事由）、官署报告书，均得为自由证明。[①]

一般来说，严格证明是针对实体法事实的证明，它的完成需要较高的证明标准。自由证明是针对程序法事实的证明，它仅需较低的证明标准便可告完成。

（二）证明和释明

以是否需要使法官心证达到确信为标准，可将诉讼证明分为证明和释明。德国、日本及中国台湾地区的民事证明理论中，均有这种分类。证明与释明都是证实行为，但是两者影响法官心证形成的程度有所不同，各自的证明要求（或程度）有所差异。[②]

---

① 邵明：《民事诉讼法理研究》，中国人民大学出版社 2004 年版，第 237 页。

② 王亚新：《对抗与判定——日本民事诉讼的基本结构》，清华大学出版社 2002 年版，第 214 页。

所谓证明，是指当事人提出证据并使法官对其主张的事实形成高度确信的过程。在诉讼中，如果当事人提出的证据，让法官对相关案件事实达到确信状态时，则该事实就被证明。释明，是指当事人提出证据使法官对其主张的事实形成低度的确信，认为大概如此。就是说，当事人对自己所主张的事实的证明虽未达到让法官确信的程度，但已提出了使法官推测大体真实程度的证据。当事人在诉讼上主张的事实通常需要证明，但在需要迅速简易判决的情况下，法律往往要求仅须释明即可。

可见，"证明"与"释明"均指向证明的结果，"证明"标准高于"释明"标准。通常对于诉讼程序上的特定事实，可以适用释明。对于实体法事实，必须进行狭义的证明。释明原因事实时，当事人叙明其证明方法即已足够，毋庸提出证据；而狭义的证明，不仅应指出其证明方法，还要提出证据。必须交代的是，这里所说的证明标准虽然包括"证明"标准和"释明"标准，但是多数情况下是指"证明"的标准。

（三）自向证明和他向证明

以是向自己证明还是向他人证明为标准，可以把证明分为自向证明和他向证明。[①] 在民事诉讼活动中，自向证明和他向证明都是存在的。

所谓自向证明，就是向自己证明。一般来说，证明者首先提出一个假设的结论，然后去寻找证据，并按照一定规则运用证据去证明该结论是正确或可以成立的。在诉讼活动中，自向证明一般都属于主体的职权行为，目的是满足自己行使某种职权的需要，例如，法官的自向证明就是其行使司法裁判的需要。由此可见，自向证明是以司法职权为中心的。

他向证明，就是向他人证明。证明者在证明时已经知道或者认为自己已经知道了证明的结论，但是他人不知道或不相信，所以要用证据向他人证明。他向证明一般属于主体的义务行为，目的是满足他人的某种认知需要，例如，案件当事人的他向证明就是要满足法官认定案件事实的需要。虽然当事人的他向证明最终是为自己的诉讼目的或主张服务的，但就审判活动而言，他向证明表现为一定的义务，即作为诉讼主体必须履行的责任。因此，他向证明的主体要在诉讼中承担相应的证明责任。可见，他向证明是以诉讼当事人的活动为中心的。

在不同的诉讼制度下，自向证明和他向证明的地位和作用有所不同。在职权主义的诉讼制度下，当事人的他向证明虽然不可缺少，但是司法官员的自向证明显然发挥着特别重要的作用；而在当事人主义的诉讼制度下，自向证明虽依然存在，但相当弱化，他向证明则成为整个诉讼证明的基本内容。

---

① 何家弘、刘品新：《证据法学》，法律出版社 2004 年版，第 194 页。

（四）实质证明和形式证明

按照证明的性质不同，可以将证明分为实质证明和形式证明。形式证明是与形式真实主义相联系的证明。英美法系国家的诉讼制度实行当事人主义模式，侧重于保障人权和正当程序，程序优先于实体，所追求的是形式真实主义，这种证明被称之为“形式证明”。实质证明则是大陆法系国家的诉讼制度追求实质真实主义的结果；法官在职权主义思想的支配下，追求客观真实，要求达到完全真实的程度。如果程序和实体相矛盾，法官往往牺牲程序而服从实体。

第二节　证明对象

一、民事诉讼证明对象

证明对象，又称待证事实、要证事实、证明客体、证明标的，是指在民事诉讼中，需要证明主体运用证据加以证明的案件事实。证明对象的确定是证明过程的第一个环节，是整个证明活动的起点。明确界定证明对象，有利于审判人员和当事人有目的地收集和提供证据，也有利于人民法院及时查明案件事实，正确解决民事纠纷。但是，并非所有的案件事实都能成为证明对象，能够成为证明对象的事实必须具备以下特征：

首先，能够成为证明对象的事实必须是与审理的案件有关联的事实。只有与案件有关联的事实，才是对于当事人和法院具有重要意义的事实，即对于认定案件事实具有法律上的意义。如果某一事实与案件无关联或对认定事实无法律上的意义，就不能成为证明对象。

其次，作为证明对象的事实处于真伪不明的状态。也就是说，该事实存在与否必须由证明主体进行证明，以消除真伪不明这一状态。可见，证明对象与证明责任的关系十分紧密。

最后，作为证明对象的事实对正确处理案件有法律上的意义。在诉讼中，并不是所有的社会历史事实对案件都有意义，只有蕴涵于实体法、程序法规范中的要件事实，才能获得相应的法律效果，成为诉讼证明对象。

二、民事诉讼证明对象的范围

民事诉讼中的证明对象一般包括以下几个方面：

（一）民事实体法律事实

民事实体法律事实是指当事人主张的为民事实体法所规定的法律事实，是民事诉讼证明对象的主要部分。这类事实主要有以下几类：(1)当事人之间产生权利义务关系的法律事实，如结婚登记、签订合同、立遗嘱、造成损害等。(2)当事人之间变更权利义务关系的法律事实，如合同变更。(3)当事人之间消灭权利义务关系的法律事实，如合同解除、债的清偿、离婚登记、收养关系的解除。(4)妨碍当事人权利行使、义务履行的法律事实，如权利主体或义务主体丧失行为能力、发生不可抗力等。以上法律事实可能是原告提出诉讼请求的根据，也可能是被告、第三人进行答辩而提出的依据，或者是人民法院认为必须查清才能解决争议的事实，这些事实都是民事诉讼的证明对象。

作为证明对象的实体法律事实，一般可分为以下三个层次：(1)主要事实。主要事实是指关于法规构成要件的事实，即由民事实体法规范规定的作为形成特定民事权利义务关系基本要素的事实，故又称为要件事实。例如，基于侵权行为而请求损害赔偿时，关于被告实施了侵权行为、给原告造成损害后果、侵权行为与损害后果之间具有因果关系等事实，就是该侵权损害赔偿请求的主要事实。又例如，基于买卖合同主张付款请求权时，关于标的物的所有权已转移给买受人、买受人负有付款义务等事实，就是该请求权得以成立的主要事实。(2)间接事实。间接事实是指借助于经验法则、理论原理能够推断主要事实存在与否的事实。在诉讼实践中，有时很难获得足够的证据来直接证明主要事实是否存在，而需要通过证据证实与该主要事实有关的另一些事实，并根据这些事实来推断主要事实。这些据以推断主要事实存在与否的事实，就属于间接事实。(3)辅助事实。辅助事实又称补助事实，是指对证据能力和证据的可信性有影响的事实。例如，能证明证人是否一贯撒谎或者证明证人是当事人的朋友、配偶的事实等。

（二）程序法律事实

程序法律事实是由民事诉讼法律规范所规定，能够引起民事诉讼法律关系发生、变更或消灭的法律事实。这类事实虽然不直接涉及实体问题，但在具体案件中，如不加以证明，就会影响诉讼活动的顺利进行，影响实体问题的正确解决，因而也属于证明对象。比如，关于当事人是否适格的事实，关系到当事人能否参加诉

讼;关于法院是否有管辖权的事实,关系到受诉法院能否对该案件进行审判;关于某一审判人员是否具有回避情形的事实,关系到该审判人员是否能参加该案件的审理;关于当事人耽误上诉期间理由是否正当的事实,关系到当事人的上诉权是否能够继续行使等等。

（三）外国法、地方性法规和习惯

基于“法官知法”的原则,一般情况下,案件所适用的法律是否存在及其内容,并不需要当事人加以证明。但对外国现行法、地方性法规、习惯规则,由于其种类和内容繁多,法官未必了解。在我国,法官依职责所应知悉的法律,仅限于本国现行法律法规,包括:我国参加或缔结的并已对我国生效的国际条约、全国人大及其常委会制定的法律、国务院制定的行政法规、国务院各部委制定的部门规章。地方法院法官还应知悉本省人大及其常委会制定的地方性法规、本自治区的自治条例和单行条例等。对于其他地方性法规、习惯以及外国现行法,不属于法官依职责所应知悉的范围。如果在裁判中必须适用或参考这些地方性法规、习惯以及外国现行法,就需要当事人对此加以证明。

（四）经验法则

经验法则是指人们从日常生活中归纳总结出来的有关事实因果关系和性质状态的一般性认识。经验法则有的属于常识,有的则属于专门知识,如科学、艺术、经济方面的知识。目前人们对经验法则是否需要证明,有两种不同的看法:一种看法认为经验法则如同法律法规一样,是作为推理的大前提存在的,因此法官应当依职权调查经验法则,当事人不需要证明;另一种看法认为应当对经验法则进行分类,属于常识性的经验法则,因为人们都知道,所以不需要证明,但对于某些专门的经验法则,由于只是特定领域内的经验法则,一般人可能并不知道,因此仍然需要证明。从目前我国的司法实践来看,后一种看法处于主导地位。

三、无须证明的事实

无须证明的事实又称免证事实。这类事实无须证明,就能断定它的真实性。根据《民诉法解释》第 92 条、第 93 条及《民事证据规定》第 8 条的规定,下列事实,当事人无须举证证明:

（一）自认的事实

诉讼上的自认包括自认的要件、类型、效力、撤回等内容。所谓自认,是指一方当事人对另一方当事人主张的案件事实予以承认。当事人所承认的事实就是自认的事实。在诉讼过程中,一方当事人对另一方当事人陈述的案件事实明确表示承认的,另一方当事人无须举证,但涉及身份关系的案件除外。这是因为自认制度的基础是当事人的处分权,而涉及身份关系的案件由于涉及社会秩序和家庭关系,当事人的处分权是受限制的。因此在涉及身份关系的案件中,一方当事人对另一方当事人涉及身份关系的事实主张予以承认的,并不能免除对方当事人的证明责任。诉讼中的自认,既可以是明示的,也可以是默示的。默示自认主要体现为一方当事人对另一方当事人所主张的事实,既未表示承认也未否认,经审判人员充分说明并询问后,其仍不明确表示肯定或者否定的,视为对该项事实的承认。默示自认实际上是基于法律对自认的拟制,因此也被称为拟制自认。例如,在诉讼中,原告主张被告在一年前向他借款 10 万元,若被告对此既没有明确承认该事实,也没有明确否认该事实,法院可据此认定被告承认了一年前他曾向原告借款 10 万元的事实。在诉讼中,当事人不仅可以作出完全自认,而且也可以作出部分自认。例如,被告虽然承认一年前他向原告借款的事实,但却只承认借过 8 万元而不承认借过 10 万元。自认一旦作出,就对当事人、法院产生约束力,在通常情况下是不能撤回的。但如果当事人有正当理由,可以撤回自认。根据《民事证据规定》第 8 条的规定,在以下三种情况下当事人可以撤回自认:(1)当事人在法庭辩论终结前撤回,并经对方当事人同意的;(2)有充分证据证明其自认行为是在受胁迫情况下作出的,并且与事实不符;(3)有充分证据证明其自认行为是在重大误解情况下作出的,并且与事实不符。

关于作为自认对象的案件事实,是仅限于主要事实(要件事实),还是既包括主要事实也包括间接事实和辅助事实的问题,司法解释并未予以明确。《民诉法解释》第 92 条第 1 款仅作如下规定:“一方当事人在法庭审理中,或者在起诉状、答辩状、代理词等书面材料中,对于己不利的事实明确表示承认的,另一方当事人无需举证证明”。对于这一问题,大陆法系民事诉讼法学的主流观点认为,自认的对象应仅限于主要事实,对于间接事实或辅助事实的承认,不发生自认的效力。

(二)众所周知的事实和自然规律及定理

众所周知的事实是指一定区域内一般人都知道的事实,包括众所周知的自然现象、常识、一般性经验、习俗以及政治、经济、文化方面的重大事件等。众所周知的事实不必证明,是因为该事实为当地的人普遍知晓,审理案件的法官作为当地社区的成员,也知道这一事实。既然是众所周知的事实,也就无须加以证明。在案件审理中,是否属于众所周知的事实,应由审理案件的法官判断。在诉讼中,允许对方当事人提出相反的证据证明当事人所主张的众所周知事实不真实。所谓自然规

律，是指客观事物在特定条件下内在的、本质的联系。所谓定理，是指在科学上通过特定条件已被反复证明其发生变化过程的某种必然规律，被人们普遍采用作为原则性命题或公式，如几何定理。自然规律和定理已经为人们所认识并反复验证，所以无须加以证明。

（三）推定的事实

推定的事实，是指根据法律的规定或者经验法则，从已知事实中所推断出的另一事实。其中，作为推论前提的已知事实，一般称为"基础事实"或"前提事实"；依据推定所得出的结果事实，一般称为"结论事实"或"推定事实"；作为沟通基础事实与结论事实之桥梁的推论关系，既可以是法律规则也可以是经验规则。

1.推定的分类

（1）法律上的推定。法律上的推定，是指法律明确规定，应当基于某一已知事实的存在而认定另一事实的存在。例如《民法总则》第 46 条关于失踪人死亡的推定，《著作权法》第 11 条关于作者的推定等。

（2）事实上的推定。事实上的推定，是指法院根据已知的客观事实和经验法则，推断出另一事实的存在。例如，虽然主张存在契约关系的当事人不能证明契约缔结的事实，但依据契约履行的事实，法院足以推定契约关系的存在。此时，不允许另一方当事人随意否认契约关系的存在。法院根据已知的事实推断出另一事实的真伪，主要有下列情形：其一，两事实之间有因果关系；其二，两事实之间有主从关系；其三，两事实之间互不相容。[①]

2.推定的效力

推定具有免除主张推定事实的当事人举证责任的法律效力。在理解这一效力时应当注意：第一，当作为推定事实的前提事实处于不明状态时，主张推定事实的当事人虽然不必证明推定事实，但需要对前提事实的存在进行证明。第二，推定事实并非都是不可争议的事实。无论是法律上的推定还是事实上的推定，都允许当事人提出相反的证据反驳推定事实。当事人提出相反的证据足以反驳推定事实时，推定事实将重新成为证明的对象。

从证明对象的角度来看，推定的事实可以作为无须证明的事实，但从事实认定的角度看，推定实际上是一种重要的事实认定方法，同时也是一项涉及证明责任分配的重要规则。例如，法律上的推定，实际上是将证明不存在推定事实的证明责任分配给对方当事人，该当事人如果不能证明不存在推定事实，就要承担不利的法律后果。

---

① 陈荣宗、林庆苗：《民事诉讼法》，台湾三民书局 2009 年第 6 版，第 485 页。

3.推定与拟制的区别

推定不同于拟制。拟制是指立法者根据客观需要，将甲事实等同于乙事实，并赋予其与乙事实相同的法律效果。在立法上，拟制通常借助“视为”这一术语来表达。例如，《合同法》第45条第2款规定：“当事人为自己的利益不正当地阻止条件成就的，视为条件已成就；不正当地促成条件成就的，视为条件不成就。”拟制与推定的区别在于：(1)两者属于不同的立法技术。拟制是一种法律上的等价技术，即将甲事实等同于乙事实，使二者具有相同的法律效果；而推定是一种由甲事实推断出乙事实的推论关系，根据这种推论关系，尽管两种彼此不同的事实可以产生相同的法律效果，但这两种事实却并不因此具有等同的性质。(2)两者的法律效力不同。拟制确立的是一种法律上的等价关系，法律所拟制的事实，不允许通过相反的证据加以反驳、推翻；而在推定的情形下，允许以相反的证据将推定的事实予以反驳、推翻。(3)两者对证明责任的影响不同。拟制不影响证明责任的分配；而推定则与证明责任的分配有着密切的联系。

(四)已为人民法院发生法律效力的裁判所确认的事实

已为人民法院生效裁判所确定的事实在诉讼法上又称为预决的事实，是指人民法院先前做出的生效判决、裁定和调解书中所认定的事实，对正在进行的民事诉讼有预决的意义，不必加以证明。预决事实可视为经过法定程序审查属实的事实。为提高办案效率，对预决事实没有必要再加以证明。比如，人民法院所作的确认判决和变更判决，判决中肯定、否定或变更的民事法律关系事实，对于与此判决有联系的给付之诉案件事实有预决的作用，无须再作证明即可认定该案件事实。但是，对于正在进行的民事诉讼，如果本案诉讼的当事人有相反的证据足以推翻已为生效判决所认定事实的，对方当事人仍需就该裁判确认的事实承担举证责任。

(五)已为仲裁机构的生效裁决所确认的事实

仲裁是一种诉讼外纠纷解决方式，实行一裁终局。仲裁机构的生效裁决与法院生效裁判具有同样的法律效力，因此，已为仲裁机构的生效裁决确认的事实对诉讼中的事实具有预决效力。与上述第4项的情况相同，如果在本案诉讼中当事人有相反的证据足以推翻该认定的事实时，主张该事实的当事人仍然要负证明责任。

(六)已为有效公证书所证明的事实

公证文书是公证机关依照法定程序对有关法律行为、法律事实以及文书加以证明的法律文书。《民事诉讼法》第69条规定：“经过法定程序公证证明的法律事实和文书，人民法院应当作为认定事实的根据，但有相反证据足以推翻公证证明的

除外。”

对于上述六类无须证明的事实，除了自然规律及定理外，均允许以相反证据予以推翻。

第三节　证明责任

一、证明责任概述

（一）证明责任的含义

在民事诉讼中，法官作出裁判之际，必须先对作为裁判基础的案件事实加以确认，然后才能适用法律以判定民事纠纷当事人是否享有权利或承担义务。如果当事人所主张的事实经过法院审理，最后能够确定争议事实的存在或不存在，法官将适用相应的实体法进行裁判。但在有些情况下，由于缺乏必要的证据，法官无法对待证事实的真伪状态作出明确的判断。在这种情况下，法官又不得以待证事实处于真伪不明为理由，拒绝对该案件作出裁判，于是就产生了以下一系列问题：法官应当基于何种理由作出裁判？何人应就何种待证事实进行举证？当待证事实处于真伪不明时，应当由哪一方当事人承担败诉的结果？这些问题就需要通过民事诉讼法上的证明责任及其分配制度来解决。

证明责任又称举证责任，是指当事人对自己提出的主张，负有向法院提供证据并加以证明的责任。关于举证责任的法律性质，诉讼法学界存在争论，主要有权利说、义务说和危险负担说三种观点。权利说认为，证明责任是当事人的诉讼权利；义务说认为，证明责任是当事人的诉讼义务；危险负担说认为，证明责任既不是权利亦非义务，而是一种败诉的危险负担，即不履行证明责任者就可能承担不利于己的诉讼结果。目前，危险负担说在我国处于通说地位，我国的立法也采取此立场。在诉讼中，双方当事人都有可能会对特定的法律要件事实承担证明责任，因此，证明责任是双方当事人都可能承担的一种败诉风险，而不仅仅是由原告或者被告一方承担的责任。

（二）理解证明责任应当注意的问题

1.真伪不明是证明责任发生的前提。如果作为裁判基础的事实是确定的，就不会发生承担证明责任的后果。真伪不明是一种状态，是指因为当事人没有证据或者虽有证据但不足以使法官能够确信该待证事实存在与否的状态。法官在无法确定作为裁判基础的事实存在与否的时候，就要考虑根据法律规定应当由谁来承担因为该事实不明所带来的不利后果。因此，证明责任的重要作用之一，就在于当案件事实真伪不明时指导法官如何作出裁判。

2.真伪不明的事实是指作为裁判依据的主要事实。如果法官能够对主要事实的存在与否作出认定，就可以依据相应的实体法规则作出裁判。

3.证明责任只能由一方当事人承担，法院不是承担证明责任的主体。在民事诉讼中，法官作为案件事实的认定者，仅对当事人证明活动是否达到法律规定的标准进行审查、判断，在当事人的证明活动无法使法官确定案件事实的真伪时，法院并无必然的义务辅助当事人澄清真相。证明责任也不能由双方当事人分担，而只能由其中的一方当事人承担。

4.证明责任不同于主张责任。主张责任是由于当事人没有向法官提出有利于自己的事实主张而承担的不利后果。当事人承担主张责任的原因是由于法官不知道该事实的存在，无法以该事实为根据作出裁判，而不是因为该事实无法证明需要承担相应的不利后果。

5.证明责任一般情况下由法律预先规定，不能由法官在诉讼过程中进行自由裁量。证明责任由法律在纠纷发生之前，根据某一类法律关系纠纷的特点预先作出规定，在诉讼进程中法官无权根据当事人的证明状况确定证明责任的负担。例如，在请求返还借贷的诉讼中，关于借贷关系成立的事实的证明责任始终都在请求还贷人一方。

（三）证明责任的作用

证明责任在证据法中乃至整个诉讼法领域都具有重要的地位，因此有学者将其称之为民事诉讼的脊梁。证明责任的作用主要体现在以下两个方面：

1.有利于法官及时裁判。法官应依据审查核实的证据作为认定案件事实的基础，并据以作出适当的判决，但有些案件的事实无论怎么审理也无法确定其是否存在。如果不能作出判决，就无法解决当事人之间的纠纷。当发生特定法律效果所必要的待证事实存在与否无法认定时，只能根据客观的证明责任之分配，由负有证明责任的一方当事人承担败诉的风险。

2.有利于调动诉讼当事人举证的积极性，便于法院查明案件事实。由于证明责任制度把举证责任与诉讼结果紧密联系在一起，当一方当事人的诉讼主张未能被有效、充分的证据证实时，在诉讼结果上就会处于不利的地位，承担败诉的风险。双方当事人为追求胜诉、避免败诉，都会积极地去调查、收集并主动提供证据，这对法院查明案件事实显然是大有裨益的。

二、证明责任的分配

(一)证明责任分配的含义

证明责任的分配,是指按照一定的标准将事实真伪不明时承受不利裁判后果的风险在当事人双方之间进行划分。按照什么样的标准分配证明责任以及在具体分配证明责任时如何体现公平、正义原则,是证明责任分配的核心问题。

目前,对于证明责任分配问题的认识,有两种不同的观点:一种观点以英美法系国家学者为代表,认为由于证明责任分配的情况很复杂,很难有一个统一的标准,因此主张根据个案来具体判断由哪一方当事人承担证明责任。法官在具体分配证明责任时,应当综合考虑各种相关因素,如政策、盖然性、谁持有证据等因素。另一种观点以大陆法系国家的学者为代表,认为尽管证明责任分配的情况很复杂,但仍然可以找到一个统一的标准。这种观点又可以进一步分为规范说和反规范说两类。[①]

(二)我国《民事诉讼法》和司法解释规定的证明责任分配

对于证明责任的分配问题,《民法通则》《合同法》《著作权法》《侵权责任法》等实体法中的有关条款以及有关的司法解释就特定情形下应如何进行分配作了明确规定。但是,实体法中明文规定证明责任分配的毕竟是少数,在多数情况下仍然需要运用一定的分配标准,去确定应当由哪一方当事人对特定的案件事实负证明责任。为便于公平、合理地分配案件事实的证明责任,《民事诉讼法》及有关司法解释对证明责任分配的原则或者说一般标准进行了界定,并明确规定了一些特别的分配规则。

1.证明责任分配的一般规定

《民事诉讼法》第 64 条第 1 款规定:“当事人对自己提出的主张,有责任提供证据。”在相当长的一段时间里,这一规定被认为是我国民事诉讼证明责任分配的原则,实践中常将其简称为“谁主张,谁举证”原则。依此观点,民事诉讼证明责任分

① 规范说又称为法律要件分类说,包含多种不同的学说,其中以罗森贝克的学说最具有代表性。该学说认为,民事实体法立法时,本身已考虑并决定证明责任的分配规范。当事人如果主张根据某实体法的规定会产生一定的法律效果,那么他就应当对符合该实体法规定的要件事实承担证明责任。反规范说主要是针对规范说而言的。它不同于规范说的证明责任分配方式,是其被称为反规范说的主要原因。反规范说中影响较大的有三种学说,即危险领域说、盖然说和损害归属说。

配的标准是：原告、被告、第三人对于自己提出的主张，应当举证证明。

但是，进一步的理论研究表明，“谁主张，谁举证”原则并不能很好地解决我国民事诉讼证明责任的分配问题。这是因为：第一，这一标准只是确立了行为意义上的证明责任，并未确立结果意义上的证明责任，没有解决要件事实真伪不明时法官如何作出裁判、由谁承受不利裁判后果的问题。第二，这一标准过于笼统，在实践中往往难以操作。特别是对于同一个需要证明的问题，一方主张了一些肯定性的事实，另一方主张了一些否定性的事实，此时究竟应当由哪一方承担证明责任呢？依照“谁主张，谁举证”原则，可能难以作出准确的判断。

由于法律要件分类说较之其他证明责任分配的学说更具合理性和可操作性，所以将法律要件分类说作为我国民事诉讼证明责任分配的一般标准，并在某些特别情形下参照其他学说对证明责任的分配予以局部的修正或调整，已经成为我国民事诉讼法学界的主流观点。有鉴于此，《民诉法解释》以这一理论为基础确定证明责任的分配。该司法解释第 90 条规定：“当事人对自己提出的诉讼请求所依据的事实或者反驳对方诉讼请求所依据的事实，应当提供证据加以证明，但法律另有规定的除外。在作出判决前，当事人未能提供证据或者证据不足以证明其事实主张的，由负有举证证明责任的当事人承担不利的后果。”第 91 条规定：“人民法院应当依照下列原则确定举证证明责任的承担，但法律另有规定的除外：（一）主张法律关系存在的当事人，应当对产生该法律关系的基本事实承担举证证明责任；（二）主张法律关系变更、消灭或者权利受到妨害的当事人，应当对该法律关系变更、消灭或者权利受到妨害的基本事实承担举证证明责任。”其中，所谓“主张法律关系存在”，也就是主张应当适用产生该法律关系的实体法规范，通常表现为产生实体权利的规范，这是民法中的基本规范，主张者应当对适用该规范所必须具备的基本事实（也即要件事实）负责举证；主张法律关系变更、消灭或者权利受到妨害的，即是主张应当适用可以使法律关系变更、消灭或者权利受到妨害的实体法规范，相应的，主张者应当对这类实体法规范适用时必须具备的基本事实负责举证。

此外，《民事证据规定》第 5 条关于合同纠纷案件的证明责任的分配规则，也体现了法律要件分类说的基本原理。该条规定：“在合同纠纷案件中，主张合同关系成立并生效的一方当事人对合同订立和生效的事实承担举证责任；主张合同关系变更、解除、终止、撤销的一方当事人对引起合同关系变动的事实承担举证责任。对合同是否履行发生争议的，由负有履行义务的当事人承担举证责任。对代理权

发生争议的，由主张有代理权一方当事人承担举证责任。”①

2.某些侵权案件证明责任分配的特别规定

对于某些侵权案件中特定事实的证明责任分配问题，《民事证据规定》第 4 条和《侵权责任法》等法律的相关条款作了特别规定，主要有：

(1)因新产品制造方法发明专利引起的专利侵权诉讼，由制造同样产品的单位或者个人对其产品制造方法不同于专利方法承担举证责任。

(2)高度危险作业致人损害的侵权诉讼，由加害人就受害人故意造成损害的事实承担举证责任。对此，《侵权责任法》第 70～73 条、第 75 条、第 76 条针对不同情形作出具体规定：①民用核设施发生核事故造成他人损害的，由民用核设施的经营者对损害是因战争等情形或者受害人故意造成的事实承担举证责任。②民用航空器造成他人损害的，由民用航空器的经营者就损害是因受害人故意造成的事实承担举证责任。③占有或者使用易燃、易爆、剧毒、放射性等高度危险物造成他人损害的，由占有人或者使用人就损害是因受害人故意或者不可抗力造成的事实以及被侵权人对损害的发生有重大过失的事实承担举证责任。④从事高空、高压、地下挖掘活动或者使用高速轨道运输工具造成他人损害的，由经营者就损害是因受害人故意或者不可抗力造成的事实以及被侵权人对损害的发生有过失的事实承担举证责任。⑤非法占有高度危险物造成他人损害的，由非法占有人承担侵权责任。所有人、管理人应当对防止他人非法占有尽到高度注意义务的事实承担举证责任，否则与非法占有人承担连带责任。⑥未经许可进入高度危险活动区域或者高度危险物存放区域受到损害的，由管理人就其已经采取安全措施并尽到警示义务的事实承担举证责任。

(3)因环境污染引起的损害赔偿诉讼，由加害人就法律规定的免责事由及其行为与损害结果之间不存在因果关系承担举证责任。

(4)建筑物或者其他设施以及建筑物上的搁置物、悬挂物发生倒塌、脱落、坠落致人损害的侵权诉讼，由所有人或者管理人对其无过错承担举证责任。《侵权责任法》则规定应当针对以下不同情形进行处理：①建筑物、构筑物或者其他设施及其搁置物、悬挂物发生脱落、坠落造成他人损害的诉讼，由所有人、管理人或者使用人就其无过错承担举证责任。②建筑物、构筑物或者其他设施倒塌造成他人损害的，

---

① 有学者指出，规范说以实体法规范为前提，证明责任规范建构在实体法构成要件事实上，人民依此建立行为准则，有可预测性与安定性，为其优点，但该学说因缺少弹性而不符合个案正义要求。因此，在采纳规范说的同时，仍须个别考虑当事人的利害关系，就各要件事实证明分配为实质评价并予以调整。其调整除本于立法原意、诚信原则外，与具体个案有关之证据距离、证明容易度及经验法则之盖然性、个案之公平正义，均同为须考虑之因素。参见魏大喨：《民事诉讼法》，台湾三民书局 2015 年版，第 273～274 页。

由建设单位与施工单位承担连带责任。此种情形实行的是严格责任即无过错责任,受害人只需证明倒塌事实、损害事实、因果关系即可。③从建筑物中抛掷物品或者从建筑物上坠落的物品造成他人损害,难以确定具体侵权人的,由可能加害的建筑物使用人就自己不是侵权人承担举证责任。④堆放物倒塌造成他人损害的诉讼,由堆放人就自己无过错承担举证责任。⑤因林木折断造成他人损害的诉讼,由林木的所有人或者管理人就自己无过错承担举证责任。⑥因窨井等地下设施造成他人损害而提起的诉讼,由管理人就其已尽到管理职责的事实承担举证责任。

(5)饲养动物致人损害的侵权诉讼,由动物饲养人或者管理人就受害人有过错或者第三人有过错承担举证责任。

(6)因缺陷产品致人损害的侵权诉讼,由产品的生产者就法律规定的免责事由承担举证责任。

(7)因共同危险行为致人损害的侵权诉讼,由实施危险行为的人就其行为与损害结果之间不存在因果关系承担举证责任。按照《侵权责任法》第 10 条的规定,危险行为人之一即使能够证明自己的行为与损害后果之间不存在因果关系,也不足以免责,只有举证证明是谁的行为造成了实际损害,才可以免责。

(8)因医疗行为引起的侵权诉讼,由医疗机构就医疗行为与损害结果之间不存在因果关系及不存在医疗过错承担举证责任。

在理解上述侵权案件证明责任的分配规则时,需要了解和注意证据理论中的一个重要概念,即"证明责任的倒置"问题。所谓证明责任的倒置,是指对于依照法律要件分类说本来应当由主张权利的一方当事人负责举证的法律要件事实,改由否认权利的另一方当事人就该事实的不存在负证明责任。因此,证明责任的倒置是针对法律要件分类说而言的,没有法律要件分类说,也就不存在证明责任倒置这一概念。证明责任的倒置主要发生于某些特殊类型的侵权诉讼中,例如上述第 1、3、4、7、8 类案件中,对于某些事实的证明责任实行倒置,主要是针对因果关系、过错这两个要件事实。

3.劳动争议案件证明责任分配的特别规定

《民事证据规定》第 6 条规定:"在劳动争议纠纷案件中,因用人单位作出开除、除名、辞退、解除劳动合同、减少劳动报酬、计算劳动者工作年限等决定而发生劳动争议的,由用人单位负举证责任。"之所以作出这样的规定,是因为在劳动者与用人单位之间的劳动法律关系中,一般认为,劳动者处于弱者、被管理者的地位,其权利容易受到侵犯,最需要得到法律保护;而且,用人单位在作出上述涉及劳动者权益的决定时,本来就应当有法律根据和事实根据。基于这一认识,对于上述案件,要求用人单位负证明责任。

第四节　证明标准

一、证明标准概述

证明标准，又称为证明程度或证明要求，是指运用证据证明案件事实所需要达到的程度。在诉讼中，证明标准实际上是判断承担证明责任的当事人所提供的证据是不是已经达到证明待证事实程度的准则。在待证事实的证明标准被确立以后，如果承担证明责任的当事人所提供的证据已经达到了该证明标准，法官即可判定该待证事实的真伪，并据此适用法律，作出裁判。

证明标准与当事人行使诉讼权利、法院行使审判权以及证明责任问题之间有密切的关系。当有争议的待证事实一旦确定由某一方当事人承担证明责任后，紧接着的问题就是，证明应当达到怎样的程度才不至于使待证事实处于真伪不明的状态。如果证明未能达到这一状态，相关当事人即应承担相应的不利后果。从当事人的角度看，证明标准是指承担证明责任一方当事人运用证据来证明待证事实所应达到的程度；从法官的角度看，证明标准是指法官认定案件事实所需达到的证明程度。民事诉讼的证明标准是由法律规定的，具有法定性。

证明标准对于诉讼证明活动具有重要意义，主要表现在两方面：(1)对当事人来说，证明标准可以帮助其正确地进行利益衡量，决定是否提起诉讼或反诉以及是否将诉讼进行下去。(2)对法院来说，证明标准是审判人员决定具体事实能否认定的行为准则，即如果当事人提供的证据对待证事实的证明达到了证明标准，则对该事实予以认定，反之则不予以认定。

二、证明标准的确定

(一)民事诉讼证明标准

民事诉讼证明标准在英美法系国家和大陆法系国家有所不同。英美法系国家的民事诉讼实行“盖然性占优势”证明标准，即审理案件事实的陪审团或者法官对双方当事人提供的证据进行比较后，根据说服力较强一方当事人提供的证据来认定案件事实是否存在。“盖然性占优势”的具体内容主要有以下三点：其一，证明的说服力只能以证明的可靠性和对案件事实的证实程度来确定，而不能根据证据数量来确定；其二，负证明责任的当事人所提供的证据比反对其主张的当事人提供的证据更有说服力；其三，当负证明责任的当事人所提供的证据与反对其主张的当事人提供的证据相比更有说服力时，陪审团或者法官就可以裁定该待证事实成立，否则该待证事实不成立。[①] 当然，在英美法系国家民事诉讼中，并不是对任何民事案件都采用“盖然性占优势”的证明标准，对于涉及限制公民人身权、口头信托、口头遗嘱等特殊类型的民事案件一般采用较高的证明标准。[②]

大陆法系国家民事诉讼中普遍采用的是“高度盖然性”的证明标准。“高度盖然性”是指法官通过对证据的审查判断后，在内心有相当大的把握相信该事实已经发生，并且已经发生的可能性大于没有发生的可能性。大陆法系的证明标准与法官的自由心证联系密切，即法官通过对证据的审查判断形成“心证”，当这种“心证”达至深信不疑的程度，便形成确信。[③] 通常认为，“高度盖然性”标准高于英美法系国家的“盖然性占优势”标准。根据“高度盖然性”标准，为使法官认定待证事实为真实，承担证明责任一方当事人所提供的证据不仅需要比对方当事人所提供的证据更有说服力，而且还需要使法官相信该事实确实发生。

（二）证明标准在民事诉讼与刑事诉讼中的差异

世界各国对民事诉讼和刑事诉讼大都奉行二元制证明标准。民事诉讼的证明标准是高度盖然性，刑事诉讼的证明标准一般要求为证明需达到一种使法官确信的状态或者能够排除一切合理怀疑。显然，刑事诉讼的证明标准要高于民事诉讼。这是由两种诉讼不同的性质决定的。在民事诉讼中，证据一般由当事人自己收集，如果民事诉讼也要求很高的证明标准，将会使民事权利很难得以维护和实现；且民事诉讼涉及的一般是民事财产权和人身权争议，不同于涉及人身自由甚至剥夺人生命的刑事诉讼。

三、我国民事诉讼中的证明标准

我国在过去相当长的时期内实行一元化的证明标准，即三大诉讼法中实行的证明标准都是“案件事实清楚，证据确实、充分”。在理论上，一般将其称为“客观真实”标准。这种一元化的“客观真实”证明标准，要求将所有案件的结论都建立在经

---

① 冷根源：《论英美证据法上的民事证明标准——兼论我国民事证明标准之革新》，载《政治与法律》2000 年第 5 期。

② 关于英国民事诉讼证明标准的具体分析，可参见齐树洁主编：《英国证据法》，厦门大学出版社 2002 年版，第六章“证明标准”。

③ 张卫平：《民事诉讼：关键词展开》，中国人民大学出版社 2005 年版，第 281 页。

确实、充分的证据证明和还原的“客观真实”基础之上，其出发点无疑是好的，也是任何诉讼制度应当追求的最高理想。但是将“客观真实”这一诉讼证明的最高理想作为民事诉讼的证明标准却未必合适，而且，不考虑民事诉讼与刑事诉讼的区别，规定二者都适用同样的证明标准也未必科学和合理。近年来学者们对此进行了广泛的探讨，提出了诸多批评和建议。

在进行理论探讨和总结审判经验的基础上，《民诉法解释》第 108 条、第 109 条针对不同情形分别规定了其证明标准，从而建立了以“高度盖然性”为主、由多个证明标准构成的证明标准体系。

（一）“高度盖然性”的证明标准

根据《民诉法解释》的规定，普通民事案件实行“高度盖然性”的证明标准。所谓“高度盖然性”的证明标准，是指法院基于对证明待证事实的证据的审查判断之结果，并结合其他相关事实，认为待证事实的存在具有高度可能性的，即应当依法对该事实予以认定。《民诉法解释》第 108 条第 1 款明确规定了这一证明标准：“对负有举证证明责任的当事人提供的证据，人民法院经审查并结合相关事实，确信待证事实的存在具有高度可能性的，应当认定该事实存在。”这一证明标准，是在现有证据对待证事实的证明无法达到完全还原“客观真实”的情况下，基于对事物发展的盖然性规律的科学认识所确立的认定案件事实的证明规则。它要求人民法院只有确信待证事实的存在具有“高度可能性”，才能认定该事实存在，在达不到“高度可能性”的确信程度时，则应当认定该事实不存在，这一规定有助于尽量减少案件事实认定错误的可能性。《民诉法解释》第 108 条第 2 款关于待证事实真伪不明时的处理原则，亦体现了这一证明标准的适用：“对一方当事人为反驳负有举证证明责任的当事人所主张事实而提供的证据，人民法院经审查并结合相关事实，认为待证事实真伪不明的，应当认定该事实不存在。”上述证明标准并不要求人民法院对待证事实达到绝对确信的程度，从而有利于权利人更容易获得司法救济，并可提高诉讼效率。

在理解和适用上述“高度盖然性”证明标准时，需要注意的是：第一，“高度盖然性”证明标准是最低限度的证明标准，是对法官内心确信上的最低限度的要求。法官不能以此为借口，放弃对其他证据的认真审查和判断，从而达到更强的内心确信，尽可能地接近客观真实。第二，“高度盖然性”证明标准是适用于普通类型的案件事实的证明标准，而不适用于所有的案件。为维护人类基本伦理价值和维护社会公益，对于涉及人的身份关系的案件等，应当适用更高的证明标准，表现在，这类案件中不适用自认规则，法院对当事人自认的事实仍可以要求当事人举证证明。第三，无论对方是否提出反证，均应适用“高度盖然性”证明标准。也就是说，在对方提出了反证时，人民法院固然需要考量双方提出的证据，并依照“高度盖然性”标准对负证明责任的一方当事人所主张的事实进行认定；在对方并未提出任何相反证据时，人民法院也不能直接认定负证明责任的一方当事人所主张的事实(对方自认时除外)，仍然应当审核其所提出的证据并结合其他相关事实，按“高度盖然性”证明标准对待证事实进行认定。第四，适用该证明标准认定证据和案件事实时，法官应当公开心证的理由和结果，特别是应当在裁判文书中充分阐述和说明采纳证据和认定事实的理由。

(二)“排除合理怀疑”的证明标准

《民诉法解释》第 109 条针对某些特殊案件规定了较之“高度盖然性”证明标准更为严格的“排除合理怀疑”证明标准。该条规定：“当事人对欺诈、胁迫、恶意串通事实的证明，以及对口头遗嘱或者赠与事实的证明，人民法院确信该待证事实存在的可能性能够排除合理怀疑的，应当认定该事实存在。”据此，负证明责任的当事人对于本条所规定的事实的证明，应当使法官确信该事实存在的可能性能够排除合理怀疑。

(三)其他证明标准

除了上述两类证明标准外，《民诉法解释》第 108 条第 3 款规定：“法律对于待证事实所应达到的证明标准另有规定的，从其规定。”据此，在司法实践中，人民法院在认定某些特定的待证事实时，可能还需要适用其他证明标准。

第五节　证据的收集和保全

一、证据的收集

证据的收集是指当事人或者人民法院依照法定的程序发现、提取证据的活动。除法律规定的无须证明的情形以外，当事人或者法院收集、提供证据是证明案件事实的前提和基础。对于当事人而言，收集、提供证据是其履行主观上的举证责任的重要方式；对于法院来讲，收集证据是其行使调查证据职权的方法。依照证据收集的主体不同，可以将证据的收集分为两种形式。

(一)当事人收集、提供证据

1.当事人收集、提供证据的适用范围

《民事诉讼法》第64条规定,当事人对自己提出的主张,有责任提供证据。这就是法律所规定的当事人收集并提出证据的义务。但在传统的民事诉讼模式中,当事人收集、提供证据的义务并未受到重视,法院享有广泛的调查收集证据的权力,这种状况曾被称为"当事人动动嘴,法官跑断腿",并由此造成了法院的负荷过重,审判资源的短缺与案件数量不断增长之间的矛盾进一步加剧。在这样的背景下,法院系统开展了弱化法院职权、强化当事人举证责任为核心的审判方式改革。1991年的《民事诉讼法》贯彻"谁主张、谁举证"的精神,明确规定提供证据的责任主要应当由当事人承担,不再要求人民法院全面地收集、调查证据,并规定法院在诉讼证明中的主要任务是全面地、客观地审查核实证据。只有在当事人及其诉讼代理人因客观原因不能自行收集证据或者人民法院出于审理案件的需要认为有必要调查取证时,人民法院才予以调查收集。《民事证据规定》、《民诉法解释》等司法解释对当事人收集、提供证据与法院调查收集证据的关系进一步作出了界定。

2.当事人收集、提供证据的时间

当事人收集、提供证据的时间,又称为举证时限,是指负有举证责任的当事人,应在法律规定的期限或者人民法院指定的期限或约定的期限内,向人民法院提交证明其主张的相应证据材料,超过该期限即可能丧失提出证据的权利,应承担不利法律后果。法律规定举证时限的目的在于促使当事人积极举证,便于法院在开庭审理前整理双方当事人的争议点和固定证据,避免开庭审理时因为当事人随时提出证据而给对方当事人造成证据上的突然袭击。

在举证时限问题上,西方各国大体经历了从法定顺序主义到证据随时提出主义再到证据适时提出主义三个发展阶段。① 法定顺序主义和证据随时提出主义由于过于偏激,都已不能适应审判实践的需要。现代的市场经济形势和社会环境需要一个兼顾公正与效率的诉讼制度。为此,20世纪后半期,西方各国纷纷从证据随时提出主义转向证据适时提出主义,美、法、德、日等国家的民事诉讼立法都对当事人的举证期间作了限制。

① 所谓法定顺序主义,是指当事人的诉讼行为必须依据法律规定的顺序为之,不依法律规定的顺序提出者,不生效力;随时提出主义又称自由顺序主义,是指对当事人的诉讼行为,不设一定顺序,允许当事人于言词辩论终结前随时主张事实,提出证据,没有时间限制,无论何时均可提出攻击或防御方法;证据适时提出主义,是指综合起诉和答辩,设定一定阶段的举证期限,期限届满即原则上禁止提出证据,除特殊情形外,在举证期限届满后即产生证据失权的后果。

长期以来，我国民事诉讼在证据的提出方面坚持证据随时提出主义，当事人不仅在一审诉讼的任何阶段可以提出证据，而且在二审或再审程序中也可以提出证据。这种状况不仅可能造成一方当事人对另一方当事人的诉讼突袭，有违程序正义的基本要求，同时也严重损害了法院裁判的安定性，影响了法院的司法权威。《民事证据规定》在总结历史经验与教训的基础上，将以往的证据随时提出主义改为证据适时提出主义，确立了民事诉讼的举证时限制度。2012 年修法时，立法机关总结司法实践经验，在《民事诉讼法》第 65 条中对举证时限制度作出如下规定："当事人对自己提出的主张应当及时提供证据。人民法院根据当事人的主张和案件审理情况，确定当事人应当提供的证据及其期限。当事人在该期限内提供证据确有困难的，可以向人民法院申请延长期限，人民法院根据当事人的申请适当延长。当事人逾期提供证据的，人民法院应当责令其说明理由；拒不说明理由或者理由不成立的，人民法院根据不同情形可以不予采纳该证据，或者采纳该证据但予以训诫、罚款。"

在民事诉讼中，当事人是收集和提供证据的主要主体，绝大多数证据都应当由其负责收集并向法院提供。收集证据时，应当遵守法定程序，不得以侵犯他人合法权益、违反法律禁止性规定或者违反公序良俗的方法收集证据。当事人向人民法院提供证据时，应当提供原件或者原物。如需自己保存证据原件、原物或者提供原件、原物确有困难的，可以提供经人民法院核对无异的复制件或者复制品。如果当事人向人民法院提供的证据系在我国领域外形成的，该证据应当经所在国公证机关予以证明，并经我国驻该国使领馆予以认证，或者履行我国与该所在国订立的有关条约中规定的证明手续。当事人向人民法院提供的证据是在我国香港、澳门、台湾地区形成的，应当履行相关的证明手续。当事人向人民法院提供外文书证或者外文说明资料的，应当附有中文译本。在向法院提交证据时，当事人应当对其提交的证据材料逐一分类编号，对证据材料的来源、证明对象和内容作简要说明，签名盖章，注明提交日期，并依照对方当事人的人数提出副本。人民法院收到当事人提交的证据材料，应当出具收据，注明证据的名称、份数和页数以及收到的时间，由经办人签名或者盖章。

（二）法院收集证据

民事诉讼实行处分原则和辩论原则，因此，作为裁判依据的证据应当由当事人提出。但在特殊情况下，则由法院调查收集证据。人民法院调查收集证据包括两种情形：一种是依职权主动调查收集证据，另一种是根据当事人的申请调查收集证据。

1.法院调查收集证据的方式和范围

(1)法院主动调查收集证据。《民事诉讼法》第 64 条规定，人民法院认为审理

案件需要的证据,人民法院应当调查收集。作为裁判依据的证据原则上应当由当事人提出,当事人收集确有困难的可向法院提出申请。在一般情况下,法院不宜依职权主动收集证据。法院如主动收集证据将违背当事人平等原则、处分原则和辩论原则,因而有必要对法院依职权调查事项的范围加以限制。根据《民诉法解释》第 96 条的规定,这类证据包括:①涉及可能损害国家利益、社会公共利益的;②涉及身份关系的;③涉及民事诉讼法第 55 条规定诉讼的;④当事人有恶意串通损害他人合法权益可能的;⑤涉及依职权追加当事人、中止诉讼、终结诉讼、回避等程序性事项的。上述证据,人民法院应当依职权调查收集。对于上述证据之外的其他情形,人民法院调查收集证据,应当依照当事人的申请进行。

(2)法院根据当事人的申请调查收集证据。《民事诉讼法》第 64 条规定,当事人及其诉讼代理人因客观原因不能自行收集的证据,人民法院应当调查收集。当事人申请法院调查证据,既是当事人的一项诉讼权利,也是当事人举证的一种方式。根据《民诉法解释》第 94 条的规定,这类证据包括:①证据由国家有关部门保存,当事人及其诉讼代理人无权查阅调取的;②涉及国家秘密、商业秘密或者个人隐私的;③当事人及其诉讼代理人因客观原因不能自行收集的其他证据。可见,在上述当事人难以自行调查收集证据的情形下,其享有申请法院调查收集证据的权利。人民法院依照当事人申请调查收集的证据,作为提出申请的一方当事人提供的证据。上述证据材料经人民法院调查,未能收集到的,仍由负有举证责任的当事人承担举证不能的后果。

对于上述证据,当事人及其诉讼代理人可以在举证期限届满前书面申请人民法院调查收集。申请书应当载明被调查人的姓名或者单位名称、住所地等基本情况、所要调查收集的证据的内容、需要由人民法院调查收集证据的原因及其要证明的事实。当事人申请调查收集的证据,与待证事实无关联、对证明待证事实无意义或者其他无调查收集必要的,人民法院不予准许。人民法院对当事人及其诉讼代理人的申请不予准许的,应当向当事人或其诉讼代理人送达通知书。当事人及其诉讼代理人可以在收到通知书的次日起 3 日内向受理申请的人民法院书面申请复议一次。人民法院应当在收到复议申请之日起 5 日内作出答复。

2.法院调查收集证据的程序

法院调查收集证据有直接调查和委托调查两种情形。直接调查是案件的承办人员根据案件的具体情况到与案件事实有关的地点进行调查和收集证据。委托调查是指受诉人民法院在必要的时候,委托其他法院对案件的某些事项进行调查。人民法院调查收集证据,应当由 2 人以上共同进行。调查材料应由调查人、被调查人、记录人签名、捺印或者盖章。对当事人及有关单位和个人提交的证据,法院应当出具收据。调查人员调查收集的书证,可以是原件,也可以是经核对无误的副本或者复制件;物证应当是原物,但被调查人提供原物确有困难的,可以提供复制品或者照片;计算机数据或者录音、录像等视听资料,应当是原始载体,但被调查人提供原始载体确有困难的,可以提供复制件。提供书证的副本或复制件、物证的复制品或照片、视听资料的复制件的,调查人员应当在调查笔录中说明来源和取证情况。

(三)文书提出命令

文书提出命令,是指当有关书证(也称为"文书")由对方当事人或者第三人持有时,负有举证责任的一方当事人可以申请法院向持有人发布命令,责令其提交该书证的制度。在民事诉讼中,书证所具有的证明力极为重要,因此对于不愿意提出该书证的对方当事人或者第三人,法院可以通过文书提出命令使其提出所持有的书证。文书提出命令制度是当事人收集证据的重要手段,故各国民事诉讼法一般对此制度均予以明确规定。从大陆法系国家和地区的立法例来看,负有文书提出义务的当事人不遵从法院发出的文书提出命令时,那么不仅法院可以将对方当事人(提出命令的申请人)所主张的文书记载内容视为真实,而且当对方当事人(提出命令的申请人)就该文书的记载提出了具体的主张且显然难以通过其他证据来证明该文书内容应证明的事实时,法院可以将对方当事人提出的有关该事实的主张本身拟制为真实。负有文书提出义务的第三人不遵从法院发出的文书提出命令时,法院可以对其处以罚款等制裁。①

我国《民事诉讼法》对文书提出命令制度没有明确规定,《民诉法解释》第112条确立了这一制度。该条第1款规定当事人可以申请法院向对方当事人发出文书提出命令,即"书证在对方当事人控制之下的,承担举证证明责任的当事人可以在举证期限届满前书面申请人民法院责令对方当事人提交"。第2款则规定了其法律后果,即"申请理由成立的,人民法院应当责令对方当事人提交,因提交书证所产生的费用,由申请人负担。对方当事人无正当理由拒不提交的,人民法院可以认定申请人所主张的书证内容为真实"。这一制度的确立对于提升当事人收集证据的能力,保护其合法权益,以及保证人民法院准确认定案件事实、及时审理民事案件,具有非常重要的意义。

---

① 杨建华原著、郑杰夫增订:《民事诉讼法要论》,北京大学出版社2013年版,第279～283页。

二、举证时限

举证时限，是指民事诉讼当事人向法院提交证据的时间限制。关于当事人向法院提交证据是否有时间限制的问题，存在“证据随时提出主义”和“证据适时提出主义”的区别。举证时限作为贯彻“证据适时提出主义”的一项重要制度，要求当事人在法院指定或者当事人协商确定的期限内提交证据，如逾期提出证据，则可能承担对其不利的法律后果。

（一）举证时限的确定方式

根据《民事诉讼法》第 65 条的规定，当事人对自己提出的主张应当及时提供证据。人民法院根据当事人的主张和案件审理情况，确定当事人应当提供的证据及其期限。但是，对于举证时限的具体确定方式，该条文并未予以明确规定，而依照《民诉法解释》第 99 条的规定，举证时限的确定方式有如下两种：(1)法院指定，即人民法院根据当事人的主张和案件审理情况，指定当事人向法院提交证据的期限。(2)当事人协商确定，即举证期限可以由当事人协商一致，并经人民法院准许。允许双方当事人协商确定举证期限，充分尊重了当事人的意愿，是当事人程序选择权的重要体现。人民法院一般应准许当事人商定的举证期限，除非该期限太长而可能导致诉讼迟延。无论是法院指定还是当事人协商确定，人民法院均应当在审理前的准备阶段确定当事人的举证期限。

（二）各类程序中举证时限的确定

1.适用普通程序审理案件的举证期限。对于适用第一审普通程序审理的案件，根据《民诉法解释》第 99 条第 2 款的规定，人民法院确定举证期限，不得少于 15 日。举证期限届满后，当事人对已经提供的证据，申请提供反驳证据或者对证据来源、形式等方面的瑕疵进行补正的，人民法院可以酌情再次确定举证期限，该期限不受上述“不得少于 15 日”的限制。

2.适用简易程序审理案件的举证期限。根据《民诉法解释》第 266 条的规定，适用简易程序审理的案件，举证期限由人民法院确定，也可以由当事人协商一致并经人民法院准许，但不得超过 15 日。人民法院应当将举证期限和开庭日期告知双方当事人，并向当事人说明逾期举证以及拒不到庭的法律后果，由双方当事人在笔录和开庭传票的送达回证上签名或者捺印。当事人双方均表示不需要举证期限的，人民法院可以立即开庭审理或者确定开庭日期。

3.审理小额诉讼案件的举证期限。根据《民诉法解释》第 277 条的规定，小额诉讼案件的举证期限由人民法院确定,也可以由当事人协商一致并经人民法院准许,但一般不超过7日。当事人到庭后表示不需要举证期限的,人民法院可立即开庭审理。

4.二审程序中新的证据的举证期限。根据《民诉法解释》第99条第2款的规定,第二审程序中当事人申请提供新的证据的,人民法院确定举证期限,不得少于10日。举证期限届满后,当事人对已经提供的证据,申请提供反驳证据或者对证据来源、形式等方面的瑕疵进行补正的,人民法院可以酌情再次确定举证期限,该期限不受上述“不得少于10日”的限制。

(三)举证时限的延长

当事人在举证期限内提供证据确有困难的,可以向人民法院申请延长期限,人民法院根据当事人的申请,可适当延长该期限(《民事诉讼法》第65条)。当事人申请延长举证期限的,应当在举证期限届满前向人民法院提出书面申请。申请理由成立的,人民法院应当准许,适当延长举证期限,并通知其他当事人。延长的举证期限适用于其他当事人。申请理由不成立的,人民法院不予准许,并通知申请人(《民诉法解释》第100条)。

(四)逾期举证的法律后果

举证时限确定后,当事人应当在该期限内举证,否则将承担相应的法律后果。对于逾期举证的法律后果,《民事证据规定》第34条曾经作了较为严苛的规定,即当事人在举证期限内不提交证据材料的,视为放弃举证权利;对于当事人逾期提交的证据材料,人民法院审理时不组织质证,但对方当事人同意质证的除外。由于未经质证的证据,不能作为认定案件事实的依据(《民事证据规定》第47条),所以对于当事人逾期提交的证据材料,除非对方当事人同意质证,将不能作为证据使用。此种后果,学界称之为逾期举证时的“证据失权”效果,其对于提高诉讼效率而言虽然有一定的合理性,但它对发现案件真实带来了一定的负面作用,可能不利于实体公正的实现。有鉴于此,2012年修改后的《民事诉讼法》第65条缓和了逾期举证的法律后果,不再简单地对逾期提供的证据予以排除,而是规定“当事人逾期提供证据的,人民法院应当责令其说明理由;拒不说明理由或者理由不成立的,人民法院根据不同情形可以不予采纳该证据,或者采纳该证据但予以训诫、罚款”。

《民诉法解释》第101条、第102条则针对不同情形,对这一规则作了如下细化规定:(1)当事人逾期提供证据的,人民法院应当责令其说明理由,必要时可以要求其提供相应的证据。(2)当事人因客观原因逾期提供证据,或者对方当事人对逾期提供证据未提出异议的,视为未逾期。此种情形下,人民法院对当事人逾期提供的

证据应当予以采纳，且不应当对该当事人予以训诫、罚款。(3)当事人因故意或者重大过失逾期提供的证据，人民法院不予采纳。但该证据与案件基本事实有关的，人民法院应当采纳，并依照《民事诉讼法》第 65 条、第 115 条第 1 款的规定予以训诫、罚款。(4)当事人非因故意或者重大过失逾期提供的证据，人民法院应当采纳，并对当事人予以训诫。(5)当事人一方要求另一方赔偿因逾期提供证据致使其增加的交通、住宿、就餐、误工、证人出庭作证等必要费用的，人民法院可予以支持。

此外，根据《民事诉讼法》第 65 条第 2 款的规定，还存在如下情形：人民法院责令当事人说明逾期提供证据的理由而当事人拒不说明的，人民法院根据不同情形可以不予采纳该证据，或者采纳该证据但予以训诫、罚款。当事人以《民事诉讼法》第 200 条第 1 项规定的“有新的证据，足以推翻原判决、裁定”的事由申请再审时，人民法院应当责令再审申请人说明其逾期提供该证据的理由；拒不说明理由或者理由不成立的，依照《民事诉讼法》第 65 条第 2 款和《民诉法解释》第 102 条的规定处理(《民诉法解释》第 387 条)。总之，当事人逾期提供证据的，人民法院在处理时，应当根据案件的具体情况，充分考虑该证据在案件中的作用、当事人主观上是否有过错、逾期提供证据造成的损害等因素分别作出处理。

(五)关于“新的证据”

《民事诉讼法》第 139 条第 1 款规定：“当事人在法庭上可以提出新的证据。”对于这一条款中的“新的证据”的含义，《民事证据规定》第 41 条曾经作了限制性解释，即属于该条所界定的“新的证据”范围的，允许当事人在举证时限届满后提出并作为定案依据的证据使用；不属于该范围的，则不允许再提供，从而发生证据失权的效果。由于修改后的《民事诉讼法》第 65 条已经缓和了逾期举证的法律后果，《民事证据规定》第 34 条和第 43 条第 1 款关于逾期举证之证据失权的规定已不再适用。

根据《民事诉讼法》第 200 条第 1 项规定，当事人可基于“有新的证据，足以推翻原判决、裁定”的事由申请再审。此项再审事由是指再审申请人提供的新的证据，能够证明原判决、裁定认定基本事实或者裁判结果错误。依据《民诉法解释》第 388 条的规定，该项再审事由中的“新的证据”，是指以下情形：(1)在原审庭审结束前已经存在，因客观原因于庭审结束后才发现的；(2)在原审庭审结束前已经发现，但因客观原因无法取得或者在规定的期限内不能提供的；(3)在原审庭审结束后形成，无法据此另行提起诉讼的；(4)再审申请人提交的证据在原审中已经提供，原审人民法院未组织质证且未作为裁判根据的(但原审人民法院依照《民事诉讼法》第 65 条规定不予采纳的除外)。

三、证据的保全

(一)证据保全的概念和条件

1.证据保全的概念

证据保全,是指在证据有可能毁损、灭失或以后难以取得的情况下,人民法院根据申请人的申请或依职权,对证据进行固定和保护的制度。

民事纠纷以及解决纠纷的诉讼活动是一个不断变化的过程。从案件的发生到当事人起诉,再到法院审理案件,要经过一段时间。在这个时间段内,由于客观原因或当事人自身的原因,证据材料有可能发生重大的变化,有些证据材料等到开庭审理时再行收集,已不可能或十分困难。一旦发生这种情况,当事人主张的事实就难以查清,其实体权益将无法获得保护,或导致当事人为收集该项证据必须付出极大的代价,给当事人带来程序上的不利益。证据保全制度的目的在于防止因证据灭失或难以取得给当事人举证、质证和法庭调查带来困难。

证据保全有两种方式:一种是诉前证据保全,它是指在证据可能灭失或者以后难以取得的情况下,利害关系人在起诉前向人民法院申请对证据进行保全的行为;另一种是诉讼证据保全,就是在民事诉讼中,在证据有可能毁损、灭失或以后难以取得的情况下,人民法院根据申请人的申请或依职权,对证据进行固定和保护的制度。1991 年《民事诉讼法》仅确立了诉讼证据保全,没有规定诉前证据保全制度①,但《海事诉讼特别程序法》《著作权法》《商标法》以及最高人民法院《关于对诉前停止侵犯专利权行为适用法律问题的若干规定》等对几类特定案件的诉前证据保全作了规定。2012 年修法时,增设诉前证据保全制度。《民事诉讼法》第 81 条规定:"在证据可能灭失或者以后难以取得的情况下,当事人可以在诉讼过程中向人民法院申请保全证据,人民法院也可以主动采取保全措施。因情况紧急,在证据可能灭失或者以后难以取得的情况下,利害关系人可以在提起诉讼或者申请仲裁前向证据所在地、被申请人住所地或者对案件有管辖权的人民法院申请保全证据。证据保全的其他程序,参照适用本法第九章保全的有关规定。"

2.证据保全的条件

根据《民事诉讼法》第 81 条的规定,在民事诉讼中,当事人申请证据保全或者人民法院依职权采取证据保全必须同时具备下列条件:

(1)证据可能灭失或以后难以取得。这是法院决定采取证据保全措施的原因。

---

① 根据我国《公证法》第 11 条的规定,证据保全属于公证业务范围的事项。

所谓“证据可能灭失”，是指证人可能因病死亡，物证因自然原因有可能变质、腐烂或者被销毁等；所谓证据“以后难以取得”，是指虽然证据不至于灭失，但如果不及时采取保全措施，可能导致以后取得该证据的成本过高或者难度很大，如证人出国定居或留学。

（2）需要保全的证据必须与本案的证明对象具有关联性。即该证据能够证明本案的待证事实。

（3）诉讼证据保全不得迟于举证时限届满前的 7 日。《民事证据规定》第 23 条规定，当事人依据《民事诉讼法》的规定向人民法院申请诉保全证据不得迟于举证时限届满前 7 日。依此精神，人民法院依职权保全证据也应当坚持这一时间要求。司法解释之所以规定证据保全应当在举证时限届满前的 7 日，是因为举证时限届满时，审判人员将主持双方当事人进行证据交换。在证据交换过程中，双方当事人可以将证据材料交给对方，还可以对证据材料发表自己的意见。

（二）证据保全的程序和方法

1.证据保全的程序

（1）证据保全申请。证据保全一般因诉讼参加人或申请人提出申请而启动。人民法院认为有必要采取证据保全措施的，也可以依职权主动进行。当事人依法向人民法院申请诉讼证据保全的，不得迟于举证期限届满前 7 日。当事人或诉讼代理人向人民法院提出证据保全的，通常应提出书面申请。

（2）证据保全的审查决定。当事人申请保全证据的，由人民法院审查决定是否准许证据保全。如果人民法院接受了当事人关于证据保全的申请，就应作出准许保全的裁定，并在裁定中指明应保全哪种证据，以及在什么时间、什么地点、用什么方法实施保全。如果经审查认为当事人的申请不符合证据保全的条件，即可作出驳回申请的裁定。当事人申请保全证据的，人民法院可以要求其提供相应的担保。当事人不提供的，可以驳回其申请。

2.证据保全的方法

《民事证据规定》第 24 条规定：“人民法院进行证据保全，可以根据具体情况，采取查封、扣押、拍照、录音、录像、复制、鉴定、勘验、制作笔录等方法。”据此，保全证据的方法，可根据证据的不同形式而采取不同的措施。例如，对书证，可以复制拍照；对物证，可以录像、拍照、制作勘验笔录；对证人证言，可以预先询问、制作笔录、录音、录像等。不管采取何种方法，均应客观、真实地反映证据情况。人民法院在进行证据保全时，可以要求当事人或者其诉讼代理人到场。

第六节 证据的审查与认定

一、法官依法独立审查判断证据的原则

对于证据的审查判断，现代各国既强调法官的自由判断，也强调应遵循法律的规定。《民诉法解释》第105条在借鉴其他国家的有益经验的基础上，确立了人民法院依法独立审查判断证据的原则，即“人民法院应当按照法定程序，全面、客观地审核证据，依照法律规定，运用逻辑推理和日常生活经验法则，对证据有无证明力和证明力大小进行判断，并公开判断的理由和结果。”这一规定包括以下几个要点：

1.法官审查判断证据应当依法进行。在审查判断证据时，法官既要遵守法定的程序，也要遵循法律规定的各种证据规则。

2.遵循法官职业道德。法官具有良好的职业道德，对于确保司法公正、维护国家法治尊严至关重要。为此，最高人民法院于2001年10月18日发布了《法官职业道德基本准则》(2010年12月6日修订)，对法官的职业道德标准作出了规定。在证据的审查判断过程中，同样要求法官应遵循职业道德的要求。

3.运用逻辑推理和日常生活经验。法官应当通晓法律思维逻辑的一般规律，熟知日常生活经验，只有如此才能肩负准确判断证据、认定事实和适用法律的使命。

4.独立(即自由)地进行证据判断。法官应当依法独立审查判断证据，但法官行使该项审判权限时，要受到法律所规定的一系列条件的制约。

5.判断证据的理由和结果应予公开。只有如此才便于当事人了解法官是如何判断证据和认定事实的，其判断证据的结果才能获得当事人的信任。也只有将法官审查判断证据的心证公开，才能真正树立司法的权威。法官判断和认定证据的心证公开，最重要的方式是通过判决书公开判决的理由。

二、对民事诉讼证据的审查

审查民事诉讼证据，是人民法院对当事人的举证以及对自行收集的证据材料，认定其真实性的诉讼行为。审查证据是审理民事案件的重要环节，是全面判断证据，认定案件事实的前提。人民法院对各种证据材料，应当依照法定程序，全面、客观地进行审核。

根据《民事诉讼法》及有关司法解释的要求，审查证据时应注意下列几点：

1.逐个审查。《民事证据规定》第 65 条规定，对单一证据可以从下列方面进行审核：(1)证据是否为原件、原物，复印件、复制品与原件、原物是否相符；(2)证据与本案事实是否相关；(3)证据的形式、来源是否符合法律规定；(4)证据的内容是否真实；(5)证人或者提供证据的人与当事人有无利害关系。

2. 综合审查。《民事证据规定》第 66 条规定："审判人员对案件的全部证据，应当从各证据与案件事实的关联程度、各证据之间的联系等方面进行综合审查判断。"一个案件往往有多个证据，其相互之间可能相互印证，也可能相互矛盾。法官应当在当事人庭审质证的基础上，结合全案证据，对所有证据之间存在的客观联系进行分析、研究和判断，排除证据之间的疑问和矛盾，确定各个证据有无证据能力以及证明力的大小。

三、对民事诉讼证据的认定

认定民事诉讼证据，是指审判人员在审查证据的基础上，对个别证据和全部证据证明力进行分析并得出结论的一种诉讼行为。人民法院解决民事案件是以认定的客观事实为依据的。认定证据与审查核实证据是密不可分的诉讼活动，只有经过审查核实的证据，才能作为人民法院认定事实的根据。《民事诉讼法》第 68 条规定："证据应当在法庭上出示，并由当事人互相质证。对涉及国家秘密、商业秘密和个人隐私的证据应当保密，需要在法庭出示的，不得在公开开庭时出示。"法院对证据的审查判断应以庭审质证为中心，对于与案件有关的每一项证据都必须在法庭调查时出示，并允许当事人对证据进行辩驳和质证。未经过庭审质证的证据材料，不得作为定案的依据。

根据《民事诉讼法》及有关司法解释的要求，认定证据时应注意下列几点：

1. 法官依法独立认定证据。审判人员应当依据法律的规定，遵循法官职业道德，运用逻辑推理和日常生活经验，对证据有无证明力和证明力大小独立进行判断，并公开判断的理由和结果。

在引例中，法官对于欠条这一证据材料的审核认定，实际上运用了逻辑推理和日常生活经验。双方约定债务人 20004 年还债，让债权人等 18000 年，显然不合常理，与日常生活经验相悖。

2. 一方当事人提出的下列证据，对方当事人提出异议但没有足以反驳的相反证据的，人民法院应当确认其证明力：(1)书证原件或者与书证原件核对无误的复印件、照片、副本、节录本；(2)物证原物或者与物证原物核对无误的复制件、照片、录像资料等；(3)有其他证据佐证并以合法手段取得的、无疑点的视听资料或者与视听资料核对无误的复制件;(4)一方当事人申请人民法院依照法定程序制作的对物证或者现场的勘验笔录。此外,当事人对人民法院委托鉴定部门作出的鉴定结论没有足以反驳的相反证据和理由的,也可以认定其证明力。

3. 一方当事人提出的证据,另一方当事人认可或者提出的相反证据不足以反驳的,人民法院可以确认其证明力;一方当事人提出的证据,另一方当事人有异议并提出反驳证据,对方当事人对反驳证据认可的,可以确认反驳证据的证明力。

4. 双方当事人对同一事实分别举出相反的证据,但都没有足够的依据否定对方证据的,人民法院应当结合案件情况,判断一方提供证据的证明力是否明显大于另一方提供证据的证明力,并对证明力较大的证据予以确认。因证据证明力无法判断,导致争议事实难以认定的,人民法院应当依据举证责任分配的规则作出裁判。

5. 诉讼过程中,当事人在起诉状、答辩状、陈述及其委托代理人的代理词中承认的对己方不利的事实和认可的证据,人民法院应当予以确认,但当事人反悔并有相反证据足以推翻的除外。当事人对自己的主张,只有本人陈述而不能提出其他相关证据的,其主张不予支持,但对方当事人认可的除外。有证据证明一方当事人持有证据无正当理由拒不提供,如果对方当事人主张该证据的内容不利于证据持有人,可以推定该主张成立。

6. 人民法院就数个证据对同一事实的证明力可以依照下列原则认定:(1)国家机关、社会团体依职权制作的公文书证的证明力一般大于其他书证;(2)物证、档案、鉴定结论、勘验笔录或者经过公证、登记的书证,其证明力一般大于其他书证、视听资料和证人证言;(3)原始证据的证明力一般大于传来证据;(4)直接证据的证明力一般大于间接证据;(5)证人提供的对与其有亲属或者其他密切关系的当事人有利的证言,其证明力一般小于其他证人证言。

7. 下列证据不能单独作为认定案件事实的依据:(1)未成年人所作的与其年龄和智力状况不相当的证言;(2)与一方当事人或者其代理人有利害关系的证人出具的证言;(3)存有疑点的视听资料、电子数据;(4)无法与原件、原物核对的复印件、复制品;(5)无正当理由未出庭作证的证人证言。

8. 下列情况下的证据不能予以认定:(1)在诉讼中,当事人为达成调解协议或者和解的目的作出妥协所涉及的对案件事实的认可,不得在其后的诉讼中作为对其不利的证据;(2)以侵害他人合法权益或者违反法律禁止性规定的方法取得的证据,不能作为认定案件事实的依据。

第十章 第一审程序

【引 例】

刘某与杨某是多年的朋友,关系密切。后来刘某与杨某在生意中发生纠纷,刘某起诉至法院,要求杨某给付货款8万元。法院受理案件后,杨某提出"反诉",其理由是刘某的弟弟曾向被告借款10万元,至今未还。杨某要求用这笔款项抵债,并要求刘某偿还其余的2万元。问:法院应如何处理?

第一节 普通程序概述

一、普通程序的概念

第一审程序又称为初审程序,是指法院对民事案件进行初次审理所适用的程序。普通程序是指法院审理第一审民事案件通常适用的审判程序。根据我国《民事诉讼法》的规定,审判程序有诉讼程序与非讼程序之分。诉讼程序包括第一审程序、第二审程序和审判监督程序。法院审理第一审民事案件的诉讼程序有三种:一是普通程序,二是简易程序,三是小额程序。在我国,普通程序是人民法院审理第一审民事案件通常适用的程序,简易程序是人民法院审理简单的第一审民事案件所适用的程序。小额诉讼则是2012年《民事诉讼法》修改时新设的制度,目前规定在"简易程序"章中,用于审理小额纠纷案件,其性质属于简易程序的特别规定。

二、普通程序的特点

在民事诉讼法中规定系统、完备的普通程序已成为各国的通例。一般而言,普通程序具有以下特点:

1.程序的完整性。普通程序是第一审程序中最基本的程序,也是民事审判程序中最为完整的诉讼程序。从案件的起诉和受理,到案件的裁判,包括在审理过程中可能出现的特殊情况,如撤诉、延期审理、诉讼中止等,《民事诉讼法》都作了具体而明确的规定。相对于其他诉讼程序来说,民事诉讼法的基本原则和基本制度在普通程序中的体现最为充分。

2.相对的独立性。法院适用普通程序审理民事案件时,除贯彻民事诉讼法总则部分的基本原则、基本制度外,不需要适用其他诉讼程序的规定,不依赖于简易程序、第二审程序、审判监督程序或特别程序的规定。

3.适用的广泛性。普通程序是法院审判民事案件必须遵循的最主要的操作规程。民事诉讼中其他诉讼程序都是建立在普通程序的基础上。例如,简易程序是普通程序的简化;第二审程序和再审程序中,法律没有特别规定的事项应参照普通程序规则进行审理。可以说,普通程序是整个民事审判程序的基础,实际上起着各种诉讼程序通则的作用。

在我国的民事诉讼中,普通程序具有极其重要的地位,也是最经常被适用的程序,但是随着我国法院受理的案件数量的不断增加,一审中适用普通程序审理的案件比例已逐步减少,而适用简易程序审理的案件比例则有大幅度的提高。根据最高人民法院的统计,适用简易程序审理的民事案件占基层人民法院受理的民事案件总数的71%,在个别沿海地区基层法院已达到90%。[①] 这种状况实际上改变了普通程序作为一审民事案件通常审理程序的法律规定。造成这种状况的一个很重要的原因,在于我国约有90%的一审案件由基层人民法院审理,[②]如果依普通程序审理,在审判组织上必须采用合议制,由于司法资源的稀缺,当法院无法调集足够的法官组成合议庭时,为了适用独任制就不得不扩大适用简易程序。将普通程序与合议制相对应,是我国特有的制度。事实上,合议庭的功能不仅仅是运用权力制约机制和集体智慧来确保公正,更重要的是,当司法需要承担确定政策、创制规则、维护秩序或司法审查职能时,参与决策的法官人数增加意味着代表不同群体利益或不同意见的人数可能增多,因而决策的结果可能更具有普遍性和正当性。而基层法院并不承担这样的职能,其主要职能在于解决纠纷,实行合议制的意义不大。因此,有学者建议,应当根据案件的情况来决定是否在普通程序中采用合议制,一般而言,基层法院适用普通程序审理一审案件时可以采用独任制,中级以上法院适用普通程序审理一审案件时应采用合议制。[③]

---

① 《方便当事人诉讼,快捷解决纠纷》,载《人民法院报》2003年9月19日。

② 蔡彦敏:《中国民事司法案件管理机制透析》,载《中国法学》2013年第1期。

③ 江伟主编:《民事诉讼法专论》,中国人民大学出版社2005年版,第365～366页。

第二节　起诉与受理

一、起诉

起诉，是指公民、法人或者其他组织在民事权益受到侵害或者发生民事争议时，向法院提起诉讼，请求法院给予司法保护的诉讼行为。起诉是当事人获得司法救济权利的具体体现，当事人行使起诉权的目的在于引起诉讼程序的开始，使自己获得公正的程序保障，以平衡保护自己的实体利益和程序利益。[①] 民事诉讼实行“不告不理”，起诉是引起民事诉讼发生的条件之一。当事人起诉与法院受理的结合，即引起第一审程序的开始。

(一)起诉的条件

根据《民事诉讼法》第119条的规定，起诉必须具备以下四个条件：

1.原告是与本案有直接利害关系的公民、法人和其他组织。该条件是对当事人提起诉讼时的资格要求，即原告要求人民法院保护的是属于自己的权益或受其管理和支配的权益，否则，他就没有起诉的资格。然而，原告是否确实与案件有直接利害关系，并不是每一个案件都能一目了然的。如果当事人能够提供初步的证据证明其与案件有利害关系，应当认为符合起诉的该项条件，法院应予受理。在立案后，法院经查证确认原告无诉权，可裁定驳回起诉。

2.有明确的被告。民事诉讼是因双方当事人之间民事争议而发生的，因此，原告在起诉时应指明侵犯他的权益或与他发生争议的对方当事人。否则，法院就无从裁判案件。至于被告是否如原告所称侵犯了原告的民事权益，在起诉时是无法确定的，必须待案件审理后，方能查明。至于“明确”，是指人民法院可以根据原告的起诉将被告特定化、唯一化。根据《民诉法解释》第209条的规定，原告提供被告的姓名或者名称、住所等信息具体明确，足以使被告与他人相区别的，可以认定为“有明确的被告”。司法实践中，被告如果是自然人，需明确的内容应当包括被告姓名、性别、年龄、民族、职业、工作单位和住所；如果被告是法人、其他组织的，需明确的内容包括其名称、住所和法定代表人或者主要负责人的姓名、职务。起诉状列写被告信息不足以认定明确的被告的，人民法院可以告知原告补正。原告补正后仍

① 邱联恭：《程序制度机能论》，台湾三民书局1996年版，第158页。

不能确定明确的被告的，裁定不予受理。

3.有具体的诉讼请求和事实、理由。诉讼请求是原告在诉讼上对被告提出的实体权利请求。它是起诉人要求法院保护的内容，也是法院借以确定诉的性质、明确争执事项和裁判范围的依据。因此，原告在起诉时应明确其诉讼请求，并对每一项诉讼请求所依据的事实和理由作出说明。根据《民事证据规定》第1条的规定，原告向法院起诉或者被告反诉，应当附有符合起诉条件的相应的证据材料。

4.属于人民法院受理民事诉讼的范围和受诉人民法院管辖。该条件是指原告起诉的案件必须属于法院主管的范围和受诉法院管辖的范围。如果争议不属于法院主管的范围，而属于其他机关处理职权范围的，法院无权管辖。同样，如果争议不属受诉法院管辖范围的，受诉法院也无权对案件行使审判权。

以上四个条件，起诉时必须同时具备，若缺少其中任何一个条件，人民法院就不能受理。

(二)起诉的方式与起诉状的内容

《民事诉讼法》第120条规定："起诉应当向人民法院递交起诉状，并按照被告人数提出副本。书写起诉状有困难的，可以口头起诉，由人民法院记入笔录，并告知对方当事人。"可见，民事起诉的方式，以书面起诉为原则，以口头起诉为例外。

关于起诉状的内容，根据《民事诉讼法》第121条的规定，应包括以下内容：(1)原告的姓名、性别、年龄、民族、职业、工作单位、住所、联系方式，法人或者其他组织的名称、住所和法定代表人或者主要负责人的姓名、职务、联系方式。(2)被告的姓名、性别、工作单位、住所等信息，法人或者其他组织的名称、住所等信息。(3)诉讼请求和所根据的事实与理由。(4)证据和证据来源，证人姓名和住所。当事人在起诉状中应指出起诉所依据的主要证据，并予列明，对于不在自己掌握之中的证据应提供其线索。需要证人作证的，应注明证人的姓名和住所。对于因客观原因无法提供的证据，原告应向人民法院提供证据的来源，同时也可以申请人民法院调查收集。此外，起诉状还应当写明受诉法院的全称、起诉的具体日期，并由原告签名或者盖章。

(三)起诉的效力

原告的起诉经法院受理，即为起诉成立，由此产生法律上的效力。起诉成立后，产生以下效力：

1.引起第一审程序的发生。民事诉讼因当事人的起诉而发生，当事人起诉成立后，即启动第一审程序，法院也因此取得了对具体案件的审理权。

2.当事人不得以同一诉讼请求向其他法院起诉。这是民事诉讼"一事不再理"

原则的要求，其目的在于避免一事两诉、重复审理。《民诉法解释》第 247 条规定："当事人就已经提起诉讼的事项在诉讼过程中或者裁判生效后再次起诉，同时符合下列条件的，构成重复起诉：(1)后诉与前诉的当事人相同；(2)后诉与前诉的诉讼标的相同；(3)后诉与前诉的诉讼请求相同，或者后诉的诉讼请求实质上否定前诉裁判结果。当事人重复起诉的，裁定不予受理；已经受理的，裁定驳回起诉，但法律、司法解释另有规定的除外。"

3.诉讼时效中断。起诉成立后，诉讼时效即行中断，这是起诉在实体法上产生的法律后果。人民法院受理当事人起诉的，诉讼时效重新计算；人民法院裁定不予受理的，从不予受理的裁定生效之日起，诉讼时效连续计算，但从当事人起诉到人民法院不予受理的裁定生效之间的时间应从诉讼时效期间扣除。

此外，起诉成立还产生管辖恒定、当事人恒定、诉讼标的恒定、准许被告反诉等效力。

（四）被告的反诉

反诉，是指在诉讼中，本诉的被告以本诉的原告为被告，向人民法院所提起的与本诉的诉讼标的或诉讼理由有牵连的独立的诉讼请求。这是《民事诉讼法》为了保护被告的合法权益而设立的一项诉讼制度，体现了民事诉讼中原被告诉讼地位平等的原则。《民事诉讼法》第 140 条规定，法院可将反诉与本诉合并审理，并作出同一判决。

被告提出的反诉除必须符合上述起诉的一般条件外，还必须具备以下特别条件：

1.反诉必须是本诉的被告对本诉的原告所提出的。这是反诉的最基本的特征。本诉的被告对其他人或是其他人对本诉的原告提起的诉讼，均不能称为反诉。

2.反诉必须向受理本诉的人民法院提起。只有向同一法院提起，才能达到合并审理的目的。如果反诉与本诉分属不同的法院管辖，是否可以构成反诉？《民事诉讼法》对此并无具体的规定。在实践中，只要不违反专属管辖的规定，且无审理和执行上的障碍，就应允许被告提出反诉，法院可将反诉与本诉合并审理。

3.反诉必须与本诉的诉讼标的或诉讼理由有一定的牵连。反诉的目的是为了抵销或吞并本诉的诉讼请求，因此，反诉与本诉的诉讼标的或诉讼理由应有一定的联系，否则，就无法达到反诉的目的。

4.反诉一般应在法院受理本诉之后、判决之前提出。反诉是相对于原告的起诉而言的，它一般应在法院受理起诉之后、一审判决之前提出，以便于法院合并审理，保护双方当事人的合法权益。

在引例中，本诉的原告是刘某，被告是杨某；而在杨某提起的诉讼中，原告是杨某，而被告是刘某的弟弟而非原告刘某。因此，本案中杨某的诉讼请求不能构成反诉。

在第二审程序中能否提出反诉？对此有不同的观点。否定的观点认为，一审法院是根据一审程序开庭审理中法庭调查阶段查明的证据来认定事实，并适用相应的法律作出裁判。只要一审法院根据一审开庭中的证据认定事实正确，适用法律没有错误，其作出的裁判就是正确的裁判。如果允许在二审程序中提出反诉，二审法院对本诉、反诉一并处理，其结果就否定了一审法院正确的裁判，从而造成审判程序的混乱，不利于调动一审法院的积极性，且一审被告极易利用二审程序中的反诉拖延诉讼。而肯定的观点认为，反诉与起诉具有同样重要的作用，在二审中允许原审被告提出反诉，有利于保护被告的合法权益，也有利于人民法院全面、彻底地解决民事纠纷。二审法院可将反诉视为当事人在二审中提出的新事实、新情况，由二审法院审理并直接作出判决。法国、德国、日本等国家的民事诉讼法都允许在一定条件下(例如，当事人同意或法院认为适当)，被告在第二审程序中提出反诉。[①] 在我国，根据最高人民法院的司法解释，当事人可以在二审中提出反诉，《民诉法解释》第 328 条规定，在第二审程序中，原审原告增加独立的诉讼请求或者原审被告提出反诉的，第二审人民法院可以根据当事人自愿的原则就新增加的诉讼请求或者反诉进行调解；调解不成的，告知当事人另行起诉。双方当事人同意由第二审人民法院一并审理的，第二审人民法院可以一并裁判。

人民法院受理反诉后，应当将反诉与本诉合并审理。在审理中，法院应当分别审查本诉和反诉的请求和事实根据，并在判决中予以分别确认。反诉成立后，本诉原告撤诉，只能终结本诉的诉讼程序，并不能因此自动地终结反诉的程序。

二、受理

受理，是指法院通过对原告起诉的审查，认为原告的起诉符合法定条件，决定立案审理的行为。诉讼虽然由原告提起，但原告的起诉行为并不必然引起诉讼程序的开始，起诉还需经法院受理后，诉讼程序才会真正发生。受理是人民法院对当事人起诉的接受，是诉讼程序开始的标志。人民法院的受理行为对于当事人利益的保护及诉讼程序的开始具有决定性意义。

(一)对起诉的审查及处理

人民法院应当保障当事人依照法律规定享有的起诉权利。在收到当事人的起

---

① 江伟主编：《民事诉讼法学》，复旦大学出版社 2002 年版，第 329 页。

诉状或口头起诉后，法院应对起诉进行审查，经审查，认为符合《民事诉讼法》第 119 条规定的起诉条件的，应当在 7 日内立案，并通知当事人；认为不符合起诉条件的，应当在 7 日内作出裁定书，不予受理；原告对裁定不服的，可以提起上诉。

法院对原告起诉的审查，主要包括以下两个方面：(1)原告的起诉是否符合《民事诉讼法》第 119 条规定的起诉的四个法定条件。(2)原告提交的起诉状是否具备《民事诉讼法》第 121 条规定的内容，如内容有欠缺，应当通知原告，限期补正。

一般而言，由于在起诉阶段，案件尚未进入实质审理，证据的提交也不充分，因此，当事人是否与案件具有直接的利害关系、被告是否正当、案件是否属于法院主管范围及受诉法院管辖的范围均不可能在立案审查时就得出准确判断。立案审查一般应是一种形式上的审查，而管辖权异议制度、移送管辖制度、驳回起诉制度、当事人追加与更换制度等的设置便是诉讼程序开始后的补救机制。只要原告的起诉与《民事诉讼法》规定的起诉条件在形式上基本符合，法院就可以受理。

许多国家的民事诉讼法规定，起诉只需符合形式要件便可受理，法律一般只对诉状的基本格式及交纳诉讼费用作出要求。例如，在日本，诉状由原告直接向法院的事务窗口提交，值日的法院书记官将诉状交给按事先规定的案件分配方式确定的法官，法官接到诉状后，仅仅对诉状是否符合法律规定的要求进行审查，而不会对诸如当事人适格、是否属于法院主管、是否属于一事再理、是否具有诉的利益等属于实体判决要件的问题进行审查。如果诉状的记载有所欠缺，法官可以要求原告予以补正。如果原告拒绝补正的，法院可以“命令”的形式驳回诉状，对该命令不服，原告可以向高等法院“即时抗告”(一种简易上诉形式)。[①] 在德国，起诉应采用书状的形式进行送达，诉讼案件起诉之后即发生诉讼系属的效力，法院只对起诉书状进行形式审查。[②]

在我国，法院根据《民事诉讼法》第 119 条的规定审查起诉时大多作实质性的审查，这就使得相当多的案件在立案审查时即被排除在司法救济的门外。法院有时甚至对当事人的起诉既不受理，也不作出裁定，或者仅仅以口头的方式告知当事人不受理，使当事人陷于求告无门的境地。从另一个角度来看，法院审查起诉的行为属于单方面的审判行为，在没有当事人参与、未给予当事人陈述辩论机会等程序保障的情况下，单方作出当事人是否享有诉权的决定，不但背离了民事诉讼中诉权制约审判权的基本法理，而且有违国家设立司法救济制度的基本宗旨。[③] 长期以来，我国的立案审查制度带有较浓厚的职权主义色彩，这种审查方式不利于对当事

① 张卫平：《起诉条件与实体判决要件》，载《法学研究》2004 年第 6 期。

② 廖中洪：《中国民事诉讼程序制度研究》，中国检察出版社 2004 年版，第 316 页。

③ 傅郁林：《再论民事诉讼立案程序的功能与结构》，载《上海大学学报》2014 年第 1 期。

人诉权的保障。我们认为，法院对原告的起诉应当仅仅进行形式审查，对符合形式要求的起诉应予受理，并按照某种既定规则分往各业务庭。至于起诉是否符合实质性要件，如证据材料是否充分、当事人是否适格等等，应在当事人参与听审、举证证明后由审判庭作出裁判。

为了解决长期以来人民群众反映强烈的"立案难"问题，2012 年修改《民事诉讼法》时，立法机关特别强调对当事人诉权的保障。《民事诉讼法》第 123 条规定："人民法院应当保障当事人依照法律规定享有的起诉权利。对符合本法第一百一十九条的起诉，必须受理。符合起诉条件的，应当在七日内立案，并通知当事人；不符合起诉条件的，应当在七日内作出裁定书，不予受理；原告对裁定不服的，可以提起上诉。"随着我国社会经济的发展，民事主体对于通过诉讼解决纠纷的要求日益高涨，现行《民事诉讼法》中规定的起诉条件的"高阶化"已经难以适应解决民事纠纷的实际需要。为充分发挥人民法院化解社会矛盾的作用，《民诉法解释》对实行立案登记制作了原则性的规定。《民诉法解释》第 208 条规定："人民法院接到当事人提交的民事起诉状时，对符合民事诉讼法第一百一十九条的规定，且不属于第一百二十四条规定情形的，应当登记立案；对当场不能判定是否符合起诉条件的，应当接收起诉材料，并出具注明收到日期的书面凭证。需要补充必要相关材料的，人民法院应当及时告知当事人。在补齐相关材料后，应当在七日内决定是否立案。立案后发现不符合起诉条件或者属于民事诉讼法第一百二十四条规定情形的，裁定驳回起诉。"①

（二）对特殊情况的处理

根据《民事诉讼法》第 124 条及《民诉法解释》的规定，人民法院在审查起诉时，如遇到规定的特殊情况，应分别予以处理。

1.依法应当不予受理的特殊情形

（1）依照行政诉讼法的规定，属于行政诉讼受案范围的，告知原告提起行政诉讼。因行政管理相对人不服行政机关所作出的具体行政行为而对行政机关提起的诉讼，不属于民事诉讼的受案范围，应告知原告依照行政诉讼法提起行政诉讼。

（2）依照法律规定，双方当事人达成书面仲裁协议向仲裁机构申请仲裁、不得向法院起诉的，告知原告向仲裁机构申请仲裁。当事人双方的仲裁协议排除法院

---

① 2015 年 4 月 15 日，最高人民法院公布《关于人民法院登记立案若干问题的规定》。2015 年 5 月 1 日，我国开始施行立案登记制，该举措对促进我国法治发展和人权保障具有里程碑的意义。参见最高人民法院立案登记制课题组：《立案登记改革问题研究》，载《人民司法·应用》2015 年第 9 期。

对相关案件的管辖。仲裁协议订立后，一旦发生争议，当事人只能申请仲裁，而不得向法院起诉，法院也不能受理当事人的起诉。

(3)依照法律规定，应当由其他机关处理的争议，告知原告向有关机关申请解决。例如，根据《劳动争议调解仲裁法》的规定，用人单位与劳动者发生的劳动争议，如调解不成，应当先向劳动争议仲裁委员会申请仲裁。

(4)对不属于本院管辖的案件，告知原告向有管辖权的法院起诉。

(5)对判决、裁定已经发生法律效力的案件，当事人又起诉的，告知原告申请再审，但法院准许撤诉的裁定除外。裁判生效后，除法律规定的情况外，当事人不得就同一诉讼请求再行起诉，但如符合申请再审的条件，可以向法院申请再审。

(6)依照法律规定，在一定期限内不得起诉的案件，在不得起诉的期限内起诉的，不予受理。该条适用于法律有特别规定的案件。例如，我国《婚姻法》第 34 条规定："女方在怀孕期间、分娩后一年内或终止妊娠后六个月内，男方不得提出离婚。女方提出离婚的，或人民法院认为确有必要受理男方离婚请求的，不在此限。"

(7)判决不准离婚和调解和好的离婚案件，判决、调解维持收养关系的案件，没有新情况、新理由，原告在 6 个月内又起诉的，不予受理。上述案件与一般的案件不同，法律允许当事人在裁判生效后再行起诉，但规定了一定时间的限制。《民诉法解释》第 214 条第 2 款规定，原告撤诉或者按照撤诉处理的离婚案件，没有新情况、新理由，6 个月内又起诉的，可以比照本项的规定不予受理。

2.依法应当受理的特殊情形

(1)裁定不予受理、驳回起诉的案件，原告再次起诉的，如果符合起诉条件，法院应予受理。

(2)病员及其家属对医疗事故技术鉴定委员会作出的医疗事故结论没有意见，仅要求医疗单位就医疗事故赔偿经济损失向人民法院提起诉讼的，应予受理。

(3)夫妻一方下落不明，另一方诉至法院，只要求离婚，不申请宣告下落不明人失踪或死亡的案件，法院应当受理，对下落不明人用公告送达诉讼文书。

(4)赡养费、抚养费、抚育费案件，裁判发生法律效力后，因新情况、新理由，一方当事人再行起诉要求增加或减少费用的，法院应作为新案受理。

(5)当事人超过诉讼时效期间起诉的，法院应予受理；受理后查明无中止、中断、延长事由的，判决驳回诉讼请求。根据最高人民法院 2008 年 8 月 21 日公布的《关于审理民事案件适用诉讼时效制度若干问题的规定》，当事人未提出诉讼时效抗辩，法院不应对诉讼时效问题进行释明及主动适用诉讼时效的规定进行裁判。

第三节　审理前的准备

一、审理前准备的概念和意义

审理前的准备，是指人民法院在案件受理之后，开庭审理之前，为保障开庭审理的顺利进行和案件及时公正的审理，所作的一系列的准备工作。

审理前的准备是第一审普通程序中的重要组成部分，对于保护当事人充分行使诉讼权利，及时化解纠纷，以及保证法院更好地发挥庭审功能，提高诉讼效率，保障诉讼公正，均具有十分重要的意义。一般而言英美法系国家都规定了较为完善的审前准备程序，而德国和日本等国都曾采用"一步到庭"的审理方式，即将确定争点和整理证据的诉讼机制与法院开庭审判的诉讼机制合为一体。这种方式导致常常需要开庭五、六次才能弄清争点，而一旦当事人提出新的攻击和防御方法，又要重新开始辩论，诉讼效率十分低下。因此，德国、日本在修改民事诉讼法时进行了改革，将争点与证据整理的准备阶段分离出来，并改证据随时提出主义为适时提出主义，扩充和完善收集证据的手段和程序，引进美国民事诉讼审前发现程序中当事人之间进行质问的质问书制度，以提高诉讼效率，更好地保障当事人双方的合法权益。同样，美国民事诉讼中高达95%的庭前和解率也与其完备的审前准备程序密切相关。[①]

审前准备程序的功能主要包括以下几点：(1)明确争点。即双方当事人在庭前形成、明确并固定争执的焦点，以保障庭审围绕争点进行。(2)交换并固定证据。其目的在于保证双方当事人开庭审理时的攻击、防御能够建立在公平对抗的基础上，并保证法庭能够最大限度地发现真实。(3)促进当事人和解。[②] 近年来，随着我国民事司法改革的不断深入，审前准备程序也越来越受到重视，正在逐步完善。2012年修法时，在总结审判实践经验的基础上，对审前准备程序作了补充和完善。第133条规定："人民法院对受理的案件，分别情形，予以处理：(一)当事人没有争议，符合督促程序规定条件的，可以转入督促程序；(二)开庭前可以调解的，采取调解方式及时解决纠纷；(三)根据案件情况，确定适用简易程序或者普通程序；(四)需要开庭审理的，通过要求当事人交换证据等方式，明确争议焦点。"

---

① 白绿铉：《美国民事诉讼法》，经济日报出版社1996年版，第86页。

② 江必新主编：《新民事诉讼法专题讲座》，法律出版社2012年版，第108～109页。

二、审前准备的主要内容

根据我国《民事诉讼法》第 125 条至第 133 条的规定及有关司法解释的规定，审前准备内容主要包括下列几项：

（一）在法定期间内送达诉讼文书

人民法院在决定受理案件后，必须向原告送达案件受理通知书，向被告送达应诉通知书。同时，法院应向当事人送达举证通知书。举证通知书应当载明举证责任的分配原则与要求、可以向法院申请调查取证的情形、法院根据案件情况指定的举证期限以及逾期提供证据的法律后果。

人民法院必须在立案之日起 5 日内，将起诉状副本发送被告，被告应当在收到之日起 15 日内提出答辩状，并按原告人数提供副本。依据现行法律的规定，提交答辩状是被告的诉讼权利，被告不提出答辩状的，不影响人民法院的审理。但应当注意的是，根据《民事证据规定》第 32 条的规定，被告应当在答辩期届满前提出书面答辩，阐明其对原告诉讼请求所依据的事实和理由的意见。被告向人民法院提交答辩状的，人民法院必须在收到之日起的 5 日内，将答辩状副本发送原告。

目前我国所建立的被告答辩制度尚不属于强制答辩制度。在审判实践中，有许多案件的被告在答辩期内不提出答辩状而到开庭时才进行口头答辩。这种状况不利于庭前争点的形成，也有碍当事人双方的平等对抗。我们建议，今后修改《民事诉讼法》时，建立强制答辩制度，规定被告如不在法定期限内进行答辩，即视为被告对原告起诉事实的认可，法院可以根据原告的申请和原告主张的事实，径行作出被告败诉的判决。事实上，我国举证时限制度也需要强制答辩制度的配套才能够确保当事人双方的攻防平等，并在庭前固定证据和争点。

法院受理案件后，对于适于调解的案件，应当通过调解，促使当事人及时解决纠纷。若当事人没有争议，符合督促程序规定条件的，可以转入督促程序。

（二）告知当事人诉讼权利和诉讼义务

当事人作为民事诉讼中重要的诉讼主体，在诉讼中享有广泛的诉讼权利，也应承担相应的诉讼义务，但许多当事人并不了解自己所享有的诉讼权利和应承担的诉讼义务。因此，《民事诉讼法》第 126 条规定，人民法院对决定受理的案件，应当在受理通知书和应诉通知书中向当事人告知有关的诉讼权利义务，也可通过口头告知，以便于当事人了解有关的诉讼权利义务，依法行使诉讼权利，履行诉讼义务。

(三)组成合议庭,并告知当事人合议庭的组成人员

根据《民事诉讼法》第128条的规定,按照普通程序审理的案件,人民法院在案件受理后,应依法组成合议庭,合议庭组成人员确定后,必须在3日内告知当事人。按照简易程序审理的案件也必须在独任审判员确定后即告知当事人。

(四)审核诉讼材料,调查收集必要的证据

人民法院在受理案件后,必须认真审阅当事人双方所提交的诉讼材料,了解双方当事人争议的焦点和应当适用的有关法律以及有关专业知识。对于应当由法院调查收集或当事人申请法院调查收集而获准的证据,人民法院应派出人员进行调查。在调查时,应当向被调查人出示证件,调查时应作调查笔录,并由调查人、被调查人签名或盖章。受诉法院对于案件的某些事实或证据,如果不能在本法院辖区内调查或取得,可依照《民事诉讼法》第131条的规定,委托外地法院调查。委托法院必须提出明确的项目和要求,受委托法院可以主动补充调查。受委托法院在收到委托书后,应当在30日内完成调查,因故不能完成的,应当在上述期限内函告委托法院。

(五)专门性问题需要鉴定的,交由有关部门鉴定

当事人申请鉴定经法院同意后,由双方当事人协商确定有鉴定资格的鉴定机构、鉴定人员,协商不成的,由法院指定。

当事人对法院委托的鉴定部门作出的鉴定意见有异议申请重新鉴定,提出证据证明存在下列情形之一的,法院应予准许:(1)鉴定机构或者鉴定人员不具备相关的鉴定资格的;(2)鉴定程序严重违法的;(3)鉴定意见明显依据不足的;(4)经过质证认定不能作为证据使用的其他情形。对有缺陷的鉴定意见,可以通过补充鉴定、重新质证或者补充质证等方法解决的,不予重新鉴定。

(六)确定举证期限

举证期限属于指定期限,由法院根据案件审理的具体情况依职权确定。法院指定举证期限,应当充分考虑案件的复杂程度、当事人调查收集证据的能力、所需时间、当事人的具体情况以及法院的工作安排。

1.举证期限的确定

根据《民诉法解释》第99条的规定,人民法院应当在审理前的准备阶段确定当事人的举证期限。举证期限可以由当事人协商,并经人民法院准许。第一审普通程序案件不得少于15日。

举证期限届满后，当事人对已经提供的证据，申请提供反驳证据或者对证据来源、形式等方面的瑕疵进行补正的，人民法院可以酌情再次确定举证期限，该期限不受前款规定的限制。

2.申请延长举证期限

根据《民诉法解释》第100条的规定，当事人申请延长举证期限的，应当在举证期限届满前向人民法院提出书面申请。申请理由成立的，人民法院应当准许，适当延长举证期限，并通知其他当事人。延长的举证期限适用于其他当事人。申请理由不成立的，人民法院不予准许，并通知申请人。

（七）组织当事人交换证据

根据《民事证据规定》第37条的规定，经当事人申请，人民法院可以组织当事人在开庭审理前交换证据。法院对于证据较多或者复杂疑难的案件，应当组织当事人在答辩期届满后、开庭审理前交换证据。在证据交换的过程中，审判人员对当事人无异议的事实、证据应当记录在卷；对有异议的证据，按照需要证明的事实分类记录在卷，并记载异议的理由。通过证据交换，确定双方当事人争议的主要问题。

当事人收到对方交换的证据后提出反驳并提出新证据的，法院应当通知当事人在指定的时间进行交换。证据交换一般不超过两次，但重大、疑难和案情特别复杂的案件，法院认为确有必要再次进行证据交换的除外。

庭前交换证据是各国民事诉讼审前准备的重要内容，其作用主要有以下几点：(1)可以使各方都了解对方的主张和所拥有的证据，从而对诉讼的结果形成合理的预期。当　方认为证据明显对自己不利，有可能败诉时，他可以在庭前要求调解，或与对方达成和解，以减少诉讼成本。(2)有助于避免诉讼中的证据突袭，使双方当事人处于公平论战的地位。通过诉讼突袭方式而获得胜诉，不符合现代民事诉讼理念，也违背了诚实信用的原则。通过庭前交换证据的方式固定证据，可以有效地阻止诉讼突袭。(3)有利于明确双方当事人的争议焦点，确保公开审判的顺利进行。

（八）追加当事人

在审理前的准备阶段，人民法院如果发现必须共同进行诉讼的当事人没有参加诉讼，应当依当事人申请或依职权通知其参加诉讼，将其追加为当事人。

（九）召集庭前会议

根据《民诉法解释》第224条的规定，人民法院可以在答辩期满后、开庭前召集双方当事人等举行庭前会议，以为开庭做好较为周全的准备。第225条规定："根据案件具体情况，庭前会议可以包括下列内容：(1)明确原告的诉讼请求和被告的答辩意见；(2)审查处理当事人增加、变更诉讼请求的申请和提出的反诉，以及第三人提出的与本案有关的诉讼请求；(3)根据当事人的申请决定调查收集证据，委托鉴定，要求当事人提供证据，进行勘验，进行证据保全；(4)组织交换证据；(5)归纳争议焦点；(6)进行调解。"第226条规定："人民法院应当根据当事人的诉讼请求、答辩意见以及证据交换的情况，归纳争议焦点，并就归纳的争议焦点征求当事人的意见。"庭前会议制度的确立对于改变我国长期以来庭前程序过于简略、庭审准备不足以及促进当事人和解具有重要的意义。

第四节 开庭审理

开庭审理又称言词辩论，是指法院在当事人及其他诉讼参与人的参加下，依照法定程序，对案件进行实体审理的诉讼活动。开庭审理是民事诉讼的中心环节，也是法院审判活动最集中的体现，其任务在于审查证据，查明事实，分清是非，正确适用法律，确定当事人的实体权利义务关系。因此，法院的审判活动都是围绕着开庭审理进行的，随着审判制度改革的不断深入，开庭审理的作用还将进一步得到强化。

根据《民事诉讼法》和司法解释的有关规定，人民法院审理第一审民事案件，除开庭前经调解达成调解协议而结案的外，原则上应当开庭审理。开庭审理必须按照法定的形式和程序进行，同时，应当贯彻言词原则，保障当事人的辩论权利。

一、开庭审理的阶段

(一)预备阶段

根据《民事诉讼法》的规定，法院在开庭审理的预备阶段，应做好以下几项工作：

1.在开庭三日前，通知当事人和其他诉讼参与人。

2.公开审理的案件，应当公告当事人姓名、案由和开庭的时间、地点。

3.开庭审理时，书记员应当查明当事人和其他诉讼参与人是否到庭，并向当事人和其他诉讼参与人以及旁听群众宣布法庭纪律。

4.审判长宣布开庭并按顺序进行以下诉讼事项：(1)核对当事人。主要核对当

事人的姓名、性别、年龄、住所和职业；法定代表人的身份证明；委托代理人的身份及权限。(2)宣布案由。(3)宣布审判人员、书记员名单。(4)告知当事人有关的诉讼权利义务。(5)询问当事人是否申请回避。如当事人申请回避的，应依照《民事诉讼法》中关于回避的规定处理。

(二)法庭调查阶段

法庭调查，是指在法庭上审查核实各种诉讼证据，对案件事实进行全面的调查。其主要任务是在听取当事人充分陈述、证人提供证言、出示各种证据的基础上，全面揭示案情，并对所有证据一一进行核实。法庭调查按下列顺序进行：

1.由原告口头陈述事实或者宣读起诉状，讲明具体诉讼请求和理由。

2.由被告口头陈述事实或者宣读答辩状，对原告诉讼请求提出异议或者反诉的，讲明具体请求和理由。

3.第三人陈述或者答辩：有独立请求权的第三人陈述诉讼请求和理由；无独立请求权的第三人针对原、被告的陈述提出承认或者否认的答辩意见。

4.原告或被告对第三人的陈述进行答辩。

5.审判长或独任审判员归纳本案争议焦点或者法庭调查重点，并征求当事人的意见。

6.原告出示证据，被告质证；被告出示证据，原告质证。

7.原、被告对第三人出示的证据质证，第三人对原告或者被告出示的证据质证。

8.审判人员出示法院调查收集的证据，原告、被告和第三人质证。经审判长许可，当事人可以向证人发问，当事人也可以互相发问。

在法庭调查中还应注意把握以下问题：(1)经过庭审质证的证据能够当即认定的，应当当即认定；当即不能认定的，可以休庭合议后再予以认定；合议之后认为需要继续举证或者进行鉴定、勘验等工作的，可以在下次开庭质证后认定。(2)一方当事人要求补充证据或者申请重新鉴定、勘验，法院认为有必要的可以准许。补充的证据或者重新进行鉴定、勘验的结论，必须再次开庭质证。(3)法庭决定再次开庭的，审判长或者独任审判员对本次开庭情况应当进行小结，指出庭审已经确认的证据，并指明下次开庭调查的重点。(4)法庭调查结束前，审判长或者独任审判员应当就法庭调查认定的事实和当事人争议的问题进行总结归纳。

(三)法庭辩论阶段

法庭辩论，是指双方当事人及其代理人在法庭上就争议的事实和法律问题进行辩驳和论证。法庭辩论是在法庭调查的基础上展开的，在辩论中，当事人应依据在调查阶段查证的事实和证据，对证据的证明力、事实的认定及法律的适用向法庭提出自己的看法。

根据《民事诉讼法》第141条的规定，法庭辩论按下列顺序进行：(1)原告及其诉讼代理人发言；(2)被告及其诉讼代理人答辩；(3)第三人及其诉讼代理人发言或答辩；(4)各方互相进行辩论。法庭辩论终结后，由审判长按原告、被告、第三人的顺序征询各方最后意见。

同时，《民诉法解释》第230条规定，人民法院根据案件具体情况并征得当事人同意，可以将法庭调查和法庭辩论合并进行。第232条规定，在案件受理后，法庭辩论结束前，原告增加诉讼请求，被告提出反诉，第三人提出与本案有关的诉讼请求，可以合并审理的，人民法院应当合并审理。

法庭辩论应注意以下几点：(1)审判人员应当引导当事人围绕争议焦点进行辩论。当事人及其诉讼代理人的发言与本案无关或者重复未被法庭认定的事实，审判人员应当予以制止。(2)法庭辩论由各方当事人依次发言。一轮辩论结束后当事人要求继续辩论的，可以进行下一轮辩论。下一轮辩论不得重复第一轮辩论的内容。(3)法庭辩论中，审判人员不得对案件性质、是非责任发表意见，不得与当事人辩论。

应当注意的是，《民事证据规定》第35条规定："诉讼过程中，当事人主张的法律关系的性质或者民事行为的效力与人民法院根据案件事实作出的认定不一致的，不受本规定第34条规定的限制，人民法院应当告知当事人可以变更诉讼请求。当事人变更诉讼请求的，人民法院应当重新指定举证期限。"此即关于民事诉讼中法官释明权的规定。[①]

法庭辩论终结后，法院应当依法作出判决。在判决前如果案件能够调解的，法院还可以进行调解；调解不成的，应当及时判决。

(四)评议宣判阶段

评议宣判是开庭审理的最后阶段。其主要任务是由合议庭对案件进行评议，确定案件事实，分清是非，明确责任，正确适用法律，确认民事权利义务关系，对案件作出判决并宣告判决。评议宣判阶段主要有以下两项工作：

1.合议庭评议。法庭辩论结束后，人民法院可以根据自愿合法的原则进行调解，经调解不能达成协议或当事人拒绝调解的，合议庭成员退庭对案件进行评议。合议庭成员在评议案件时，享有平等的权利，如有不同的意见，实行少数服从多数的原则，按多数的意见作出判决。对评议中的不同意见应如实记入笔录。评议笔

---

① 蔡虹：《释明权：基础透视与制度构建》，载《法学评论》2005年第1期。

录由合议庭成员签名。

2.宣告判决。合议庭评议完毕，应制作判决书。根据《民事诉讼法》第 148 条的规定，开庭审理无论是否公开，宣告判决一律公开进行。当庭宣判的，应当在 10 日内发送判决书；定期宣判的，宣判后立即发给判决书。宣告判决时，必须告知当事人上诉权利、上诉期限和上诉法院。宣告离婚判决，必须告知当事人在判决发生法律效力前不得另行结婚。法庭审理完毕，由审判长宣布闭庭。

书记员应当将法庭审理的全部活动记入笔录，准确反映民事案件审理的过程和具体的诉讼活动。案件审结时，书记员应当当庭宣读法庭笔录，也可以告知当事人和其他诉讼参与人当庭或在 5 日内阅读，当事人和其他诉讼参与人认为笔录中对自己的陈述记录有遗漏或者差错的，有权申请补正；如果合议庭或书记员认为不应补正的，应当将该申请记录在案。法庭笔录应由当事人和其他诉讼参与人签名或盖章，拒绝签名盖章的，记明情况附卷。

人民法院适用普通程序审理的案件，应当在立案之日起 6 个月内审结。有特殊情况需要延长的，由本院院长批准，可以延长 6 个月；还需要延长的，报请上级人民法院批准。

二、对案件审理中特殊情况的处理

（一）延期审理

延期审理，是指人民法院在决定开庭审理后，由于发生某种特殊情形，使开庭审理无法进行，从而推迟审理的时间。《民事诉讼法》第 146 条规定，有下列法定情形之一的，人民法院可以延期审理：

1. 必须到庭的当事人和其他诉讼参与人有正当理由没有到庭。至于何为正当理由，应由审判人员根据具体情况予以认定。

2. 当事人临时提出回避申请的。当事人在庭审中提出回避申请，合议庭一时无法确定被申请回避的审判人员或其他人员是否应回避，在法院作出决定前，应当延期审理。

3. 需要通知新的证人到庭，调取新的证据，重新鉴定、勘验，或者需要补充调查的。

4. 其他应当延期的情形。虽不属上述情况，但审判长认为需要延期的，可以根据案件的具体情况作出决定。

法院决定延期审理后，应当作出决定，并当庭宣布。延期审理的决定一经宣布，立即发生法律效力。

(二)撤诉

撤诉,是指原告在起诉以后、人民法院判决之前,依照法律规定的程序,向法院撤回起诉的诉讼行为。申请撤诉,是当事人的一项诉讼权利,是当事人行使处分权的具体体现。原告在起诉后,法院判决之前,随时可以向人民法院申请撤回起诉。《民事诉讼法》所规定的撤诉除当事人申请撤诉外,还包括人民法院对某些情况按撤诉处理。

1. 原告申请撤诉

这是指原告主动向人民法院申请撤回起诉。根据《民事诉讼法》第145条及相关法理,当事人申请撤诉必须符合以下条件:

(1)申请撤诉必须由当事人向受诉法院提出撤诉申请。申请撤诉是当事人享有的一项重要的诉讼权利,如果没有当事人的申请,法院不得依职权作出撤诉的裁定。

(2)申请撤诉必须出于当事人的自愿,即申请撤诉是自己真实的意思表示,而不是受他人威胁、欺骗的结果。申请撤诉的行为必须由当事人本人或其法定代理人以及经过特别授权的委托代理人实施。

(3)撤诉的申请应当在法院受理案件以后,判决宣告以前提出。

(4)撤诉的目的必须正当,即不得损害国家、集体或他人的合法权益,不得规避法律,否则法院将对其进行必要的干预。《民诉法解释》第238条规定:“当事人申请撤诉或者依法可以按撤诉处理的案件,如果当事人有违反法律的行为需要依法处理的,人民法院可以不准许撤诉或者不按撤诉处理。法庭辩论终结后原告申请撤诉,被告不同意的,人民法院可以不予准许。”

对于当事人的撤诉申请,人民法院应当从以上四个方面进行审查并作出决定,认为符合条件的,裁定准许撤诉;不符合条件的,裁定驳回申请,诉讼继续进行。

《民诉法解释》第238条规定体现了对被告处分权的尊重。许多国家的民事诉讼法规定,在被告作出答辩后,撤诉需经被告的同意。这既是民事诉讼当事人诉讼权利平等原则的体现,也是民事诉讼处分原则的要求。其理由在于,被告也享有参加诉讼并追求胜诉的权利。原告起诉后,被告为反驳原告的诉讼请求而参加诉讼也会付出诉讼成本,并对诉讼结果具有期待利益。假如原告为避免败诉而撤诉无须经过被告的同意,则被告的诉讼损失就无法弥补,其诉讼利益亦无法得到有效的保护,而且可能因原告的再次起诉而付出更多的诉讼成本。

在第二审程序中,原告能否申请撤回起诉?对这一问题,学界和司法界向来存有争议。最高人民法院在起草新民事诉讼法司法解释时,采用了肯定说。《民诉法解释》第338条规定:“在第二审程序中,原审原告申请撤回起诉,经其他当事人同

意，且不损害国家利益、社会公共利益、他人合法权益的，人民法院可以准许。准许撤诉的，应当一并裁定撤销一审裁判。原审原告在第二审程序中撤回起诉后重复起诉的，人民法院不予受理。”

2. 人民法院按撤诉处理

根据《民事诉讼法》以及《民诉法解释》第 235 条、第 236 条的规定，下列情况可以按撤诉处理：(1)原告经传票传唤，无正当理由拒不到庭，或者未经法庭许可中途退庭的；(2)无诉讼行为能力原告的法定代理人，经传票传唤，无正当理由拒不到庭的；(3)有独立请求权的第三人经传票传唤，无正当理由拒不到庭，或者未经法庭许可中途退庭的；(4)原告应当预交案件受理费而未预交，经人民法院通知后，仍不预交或者申请减、缓、免未获法院批准而仍不预交的。

原告撤诉或法院按撤诉处理后，终结诉讼程序，但不影响当事人以同一诉讼请求再次起诉。这是因为原告的撤诉仅仅处分了自身的程序权利，人民法院对当事人之间的实体权利义务并未作出权威的判断。撤诉后，当事人的实体权利义务仍然存在，当事人可以在诉讼时效期间内就同一诉讼标的、同一事实及理由，再次提起诉讼，人民法院应当予以受理。

3.撤诉的法律效果

撤诉的法律效果包括以下三个方面：

(1)导致诉讼程序终结。对当事人来说，不能再请求法院按原诉讼程序继续审理此案；对法院来说，也无须再对案件进行审理并作出裁判。撤诉是法院结案的方式之一。原告撤诉的情况下，反诉程序不受影响，继续进行。人民法院准许本诉原告撤诉的，应当对反诉继续审理；被告申请撤回反诉的，人民法院应予准许。有独立请求权的第三人参加诉讼后，原告申请撤诉，人民法院在准许原告撤诉后，有独立请求权的第三人作为另案原告，原案原告、被告作为另案被告，诉讼继续进行(《民诉法解释》第 237 条)。

(2)撤诉后视为当事人没有起诉。撤诉被法院准许后，诉讼就视为自始没有发生，诉讼系属发生了溯及性的消灭。《民诉法解释》第 214 条规定，原告撤诉或者人民法院按撤诉处理后，原告以同一诉讼请求再次起诉的，人民法院应予受理。原告撤诉或法院按撤诉处理后，之所以原告还可以起诉，是因为原告的撤诉只表明其处分了自己的诉讼权利，并未处分其实体权利，法院也没有对有关的实体权利义务关系予以认定。因此，原则上原告撤诉后可以另行提起诉讼，但不排除例外情况下禁止原告再行起诉。

(3)诉讼时效期间重新开始。原告撤诉被法院准许后，自法院裁定准许撤诉之日起，诉讼时效重新起算。

（三）缺席判决

缺席判决(judgment by default)，是对席判决的对称，是指人民法院在一方当事人拒不参加法庭审理的情况下作出判决。

根据《民事诉讼法》第144条、第145条及《民诉法解释》第235条的规定，在下列情形下，法院可以作出缺席判决：(1)被告经传票传唤，无正当理由拒不到庭，或者未经法庭许可中途退庭；(2)无诉讼行为能力被告的法定代理人，经传票传唤，无正当理由拒不到庭；(3)法院裁定不准撤诉后，原告经传票传唤，无正当理由拒不到庭。《民诉法解释》第241条规定："被告经传票传唤无正当理由拒不到庭，或者未经法庭许可中途退庭的，人民法院应当按期开庭或者继续开庭审理，对到庭的当事人诉讼请求、双方的诉辩理由以及已经提交的证据及其他诉讼材料进行审理后，可以依法缺席判决。"

在民事诉讼中，当事人为了维护自己的利益而避免由于缺席所遭受的不利后果，通常都会出庭参加诉讼，但也有可能发生当事人缺席的情形。尽管我国《民事诉讼法》中规定了缺席判决的条件，但在实务中，法官往往不敢果断下判，而是仍反复传唤当事人，或动员原告一方撤诉。① 之所以造成这种情况，与我国缺席审判制度建立在职权主义诉讼模式上密切相关。

外国民事诉讼立法对缺席判决的规定有两种模式，一种称为缺席判决主义，另一种称为一方辩论判决主义。依据缺席判决主义，在被告缺席的情况下，法院可以依原告的请求作出支持其请求的判决，但对该判决，缺席一方得在合理期限内提出异议。自异议提出之日，该判决视为未作出，诉讼恢复到作出判决之前的状态。一方辩论判决主义则是在一方当事人缺席的情况下，法院综合到庭一方当事人的陈述、证据以及缺席一方提供的材料，依申请作出判决。当事人对于该判决不得提出异议。有学者认为，完备的缺席审判制度应实现三方面的功能：鼓励当事人积极参加诉讼并完成包括出庭辩论等各种诉讼行为，有效地控制缺席情形的发生；在相对意义上尽可能地实现客观真实；最大限度地保护当事人的诉讼权利，充分赋予当事人攻击防御的手段和机会。我国应兼采一方辩论判决主义和缺席判决主义，以前者为基本原则，而在特殊情形下，采用缺席判决主义来重构我国的缺席判决制度。②

---

① 张弓：《我国缺席判决制度之检讨与重构》，载《人民司法》2001年第6期。

② 陈桂明：《程序理念与程序规则》，中国法制出版社1999年版，第175～176页。

（四）诉讼中止

诉讼中止，是指在诉讼进行中，因发生某些特殊情况，人民法院裁定暂时停止诉讼程序。《民事诉讼法》第150条规定，有下列情形之一的，中止诉讼：

1. 一方当事人死亡，需要等待继承人表明是否参加诉讼的。一方当事人死亡，人民法院应通知其继承人承担诉讼，继承人能够立即表明参加诉讼的，无须中止诉讼，继承人不能及时表明的，应先中止诉讼。

2. 一方当事人丧失诉讼行为能力，尚未确定法定代理人的。在诉讼中，如果一方当事人丧失诉讼行为能力，应由其法定代理人代理诉讼，法定代理人不能立即确定的，应先中止诉讼。

3. 作为一方当事人的法人或者其他组织终止，尚未确定权利义务承受人的。

4. 一方当事人因不可抗拒的事由，不能参加诉讼的。不可抗拒的事由是指不能预见、不能避免、不能克服的客观情况，如天灾、车祸等。

5. 本案必须以另一案的审理结果为依据，而另一案尚未审结的。

6. 其他应当中止诉讼的情况。例如，一方当事人依法服兵役；又如，实用新型、外观设计专利权纠纷案件的被告在答辩期间内请求宣告该项专利权无效。

中止诉讼的原因消除后，当事人可申请恢复诉讼程序，人民法院也可以依职权恢复诉讼程序。恢复之后，诉讼程序继续进行。

（五）诉讼终结

诉讼终结，是指在诉讼进行中，因某种情况的发生，使得诉讼程序无法继续进行或没有必要继续进行，从而结束诉讼程序。

《民事诉讼法》第151条规定，在下列情况下，终结诉讼：(1)原告死亡，没有继承人，或者继承人放弃诉讼权利的。(2)被告死亡，没有遗产，也没有应当承担义务的人。(3)离婚案件一方当事人死亡的。(4)追索赡养费、扶养费、抚育费以及解除收养关系案件的一方当事人死亡的。

诉讼终结与正常的诉讼结束不同。正常的诉讼结束，是指在经过全部诉讼程序，并且事实认定清楚，是非责任明确的基础上，依法判决而结束诉讼程序。诉讼终结则是指在诉讼程序尚未进行完毕前，由于出现某种特殊原因，而非正常地结束诉讼程序。在终结诉讼时，人民法院对当事人争讼的实体权利义务关系并不加以评判。

第五节　法院裁判

一、民事判决

(一)民事判决的概念和特点

民事判决(judgment),是指法院在对民事案件审理终结后,根据查明的案件事实和有关法律,对当事人之间争议的民事权利义务关系作出的具有法律约束力的判定。[①]

民事判决是法院行使国家审判权的意思表示,是国家意志的体现,因而具有极大的权威性,一经作出,非经法定程序不得改变。民事判决具有以下几个特点:

1.民事判决适用于解决案件中的实体问题。在案件经过实体审理后,必须以判决方式对当事人之间的实体权利义务作出决定。如果不涉及实体问题,仅针对诉讼中的程序问题,则使用裁定即可。

2.民事判决的法律依据既包括民事实体法,也包括民事诉讼法。人民法院审理民事案件,必须依照民事诉讼法规定的程序;而对当事人实体权利的确定则必须以民事实体法为标准。

3.民事判决必须采用书面的形式。民事判决是人民法院审理民事案件的结果,在法律上具有重要的意义,因而必须以书面的形式作出。

(二)民事判决的种类

根据我国民事诉讼立法和审判实践,民事判决可作如下分类:

1.根据判决所处理的民事案件是否具有争议性,可以分为诉讼判决与非讼判决。诉讼判决处理的是诉讼案件,解决的是双方当事人之间的民事权益争议。适用一审程序、二审程序和审判监督程序审理案件所作出的判决,均为诉讼判决。非讼判决,处理的是不具有争议性的非讼案件,通常是对申请人要求确认的法律事实作出是否存在的判决。适用民事诉讼法特别程序审理后作出的判决,即为非讼

---

① 美国《布莱克法律词典》对 judgment(民事判决)一词的解释如下:The final decision of the court resolving the dispute and determining the rights and obligations of the parties. See *Black's Law Dictionary*, Fifth Edition, West Publishing Co., 1979, p.755.

判决。

2.根据判决的性质和内容,可以分为给付判决、确认判决和变更判决。给付判决是判令负有义务的当事人履行一定义务的判决;确认判决是确认当事人之间是否存在某种法律关系的判决;变更判决是变更或消灭当事人之间原有的民事法律关系的判决。

3.根据作出判决的法院的审级,可以分为一审判决和二审判决。一审判决是地方各级法院审理第一审民事案件后所作的判决,它是未生效的判决,当事人不服的,可以在法定的期限内,向上一级法院提出上诉。二审判决是中级以上法院审理第二审案件后所作的判决,是终审的判决,一经宣判或送达,立即发生法律效力。

4.根据判决解决争议的范围,可以分为全部判决和部分判决。全部判决是指法院在案件审理终结后,依据事实和法律对全案所作的判决。部分判决是指法院就已经查清的部分事实和请求所作的判决。《民事诉讼法》第 153 条规定:“人民法院审理案件,其中一部分事实已经清楚,可以就该部分先行判决。”部分判决是司法实践中常见的现象,但《民事诉讼法》的规定还比较原则、笼统,实践中存在的如部分判决界限的认定、剩余部分程序上应如何处理、部分判决的上诉及既判力的客观范围等问题尚不够清晰,还有待于立法的完善。[①]

5.按照双方当事人是否都到庭参加诉讼,可以分为对席判决和缺席判决。对席判决是法院在双方当事人都出庭参加诉讼的情况下所作的判决;缺席判决是法院在一方当事人未到庭的情况下所作的判决。

我国的法院判决均属于终局性的判决,而在有些国家,还存在一种中间判决的制度,即在诉讼审理还未达到终局判决的阶段,法院为准备作出终局判决,而预先就当事人之间有关本案或诉讼程序的某一争点作出判决。大陆法系各国大多有关于中间判决的规定,例如,《德国民事诉讼法》第 303 条规定:“中间争点达到可以裁判的时候,可以以中间判决作出裁判。”《日本民事诉讼法》第 245 条规定:“对于独立的攻击或防御方法或者其他中间的争执,如作出裁判已成熟时,法院可以作出中间判决。”但是,中间判决的作用,仅在于解决诉讼进行中所发生的程序上或者实体上之争点,为终局判决做准备,并不是对案件的诉讼请求作出判决,也不以终结诉讼程序为目的,因此,中间判决原则上不发生既判力。在我国的民事诉讼中,诉讼过程中的程序问题是用裁定的方式来处理的。但是,在民事诉讼实践中,有时需要在诉讼程序中对某些实体问题作出中间判决以便为最终解决案件的实体问题作准备。例如,在当事人已经就法律关系的性质进行辩论后,法院可以就该法律关系的性质作出认定,以便当事人根据法院的这一判决进一步组织诉讼的攻击和防御。

① 杜睿哲:《论民事诉讼中的部分判决》,载《甘肃政法学院学报》2006 年第 5 期。

有些案件如果待到全案审理终结后才作出判决，就可能使当事人因在诉讼中某些前提性事实的不确定性，而无法选择进一步的诉讼策略和方法。鉴于中间判决制度有助于在错综复杂的案件中正确地作出终结性判决，我国有必要设立这一制度。[①]

（三）民事判决的内容

根据《民事诉讼法》第152条的规定，判决书应写明判决结果和作出该判决的理由，包括以下内容：（1）案由、诉讼请求、争议的事实和理由；[②]（2）判决认定的事实和理由、适用的法律和理由；（3）判决结果和诉讼费用的负担；（4）上诉期间和上诉的法院。判决书由审判人员、书记员署名，并加盖人民法院印章。

判决书是法院审结民事案件的重要法律文书，应当准确无误。在某些情况下，可能出现法院漏判诉讼请求的情形，即判决脱漏。对于判决脱漏的情形，法院应当根据当事人的申请或者依职权作出补充判决。如果制作的判决书存有误写、误算或者类似的显然的技术上或者形式上的错误，法院应当予以更正。《民事诉讼法》第154条规定，对于判决书中的笔误，可以通过裁定予以补正。应当注意的是，判决的更正不得改变判决的实质内容，不得改变当事人和诉讼标的的同一性。

裁判文书是司法公正的最终载体形式。作为具有司法权威性之文本，既是一扇向社会公众展示司法文明的窗口，也是司法理念向社会渗透的重要教育渠道。[③]随着我国司法改革步伐的加快，法学界人士对我国法院的司法判决书提出了很多批评，大多认为由于我国法官素质问题导致我国的判决书公式化、判决理由过于简单，缺少甚至没有法律论证和推理。[④] 但也有学者提出不同看法，认为判决书的质量与整个司法制度具有密切的关系。以同样严格遵循法律的英美法系国家和大陆法系国家为例：英美法系因采遵循先例的原则，使其法官更多考虑判决对未来司法的意义而对判决书展示了更多的技能和热情；大陆法系国家法官的主要任务是依据成文法作出恰当判决，法官对说理的论证也就不那么重要。这种制度上的差别反映出判决书的功能在不同国家是相当不同的。[⑤] 我们认为，判决书是否应有详

---

① 邓辉辉：《既判力理论研究》，中国政法大学出版社2005年版，第82～83页。

② 案由是指案件的性质，例如离婚纠纷、买卖合同纠纷等。最高人民法院制定的《民事案件案由规定》（2007年10月29日制定，2011年2月18日修订）将民事案件案由扩充为十大部分43类424种。诉讼请求既包括原告的诉讼请求，也包括被告的反诉请求和有独立请求权第三人提出的诉讼请求。争议的事实和理由，是指双方当事人各自对案件所认识的争议事实和理由。

③ 罗筱琦：《民事判决研究：根据与对策》，人民法院出版社2006年版，第1页。

④ 傅郁林：《民事裁判文书的功能与风格》，载《中国社会科学》2000年第4期。

⑤ 苏力：《判决书的背后》，载《法学研究》2001年第3期。

细的论证与推理应根据具体案件的情况进行处理，当案情复杂、涉及新的法律问题、当事人争议较大或法官行使了自由裁量权时，法官在判决书中详细而充分的论证便是必不可少的，它可以为法官的裁判提供正当性基础，也可以为当事人是否通过诉权（上诉权等）制约法官审判权提供合理的判断标准。如果案情简单，法官可直接引用法律条文作出判决，则不必做过多的论证与推理。

（四）民事判决的效力

1. 民事判决生效的时间。包括以下两种情况：(1)宣判或送达即生效。包括最高人民法院的一审判决、中级以上人民法院的二审判决。(2)双方当事人在上诉期间内没有上诉，上诉期间届满即生效。地方各级人民法院所作的一审判决，当事人在上诉期间内没有上诉，上诉期间届满时判决即发生法律效力。

2. 生效判决的效力。生效判决在法律上具有如下效力：

(1)拘束力。判决一经宣告或送达，即对作出该判决的法院产生拘束力。未经法定程序，法院不得自行撤销或变更已经宣告或送达的判决。

(2)确定力。包括形式上的确定力与实质上的确定力。前者是指判决生效后，当事人不得再以上诉的方法请求上级法院撤销或变更该判决。后者又称既判力，[①]是指作为诉讼标的之法律关系，经生效判决确认后，即最终确定了当事人之间的民事权利义务关系。当事人不得就该法律关系另行起诉，也不得就判决所确定的内容提出相反的主张。法院在处理后诉时受前诉生效判决的拘束，即应以前诉生效判决中对诉讼标的之判断来处理后诉，不得作出相异的判决。

(3)形成力。又称为判决的创设力，是指判决具有使原实体法律关系变更或者使新的实体法律关系产生的效力。判决的形成力发生于判决确定之时，并且，只有形成判决才具有形成力。

(4)执行力。指生效判决具有作为执行根据，得据以强制执行的效力。具有给付内容的判决生效后，负有义务的当事人应当自觉履行；如果义务人拒不履行，权利人可依据生效判决向法院申请强制执行。有关单位和个人负有协助法院执行的义务。

---

① 关于既判力的基本原理，可参见常怡主编：《比较民事诉讼法》，中国政法大学出版社2002年版，第九章“既判力”。

二、民事裁定

（一）民事裁定的概念

民事裁定，是指人民法院在民事案件的审理和执行过程中，就诉讼程序上的有关事项所作的判定。

民事裁定与民事判决一样，都是人民法院行使审判权所作出的法律文书，并且都是依照法定程序制作的，具有法律约束力。两者的主要区别如下：(1)适用范围不同。民事判决适用于解决诉讼中的实体问题，而民事裁定适用于解决诉讼中的程序问题。(2)法律根据不同。民事判决所依据的是民事实体法和民事诉讼法，而民事裁定只能依据民事诉讼法。(3)形式不同。民事判决必须采用书面的形式；而民事裁定既可以采用书面的形式，也可以采用口头的形式。(4)制作的时间不同。民事判决只能在案件审理终结时作出，而民事裁定可以在诉讼的任何阶段作出。(5)上诉的期限不同。民事判决的上诉期限为 15 日，民事裁定的上诉期限为 10 日。

（二）民事裁定的适用范围

根据《民事诉讼法》第 154 条的规定，民事裁定适用于下列事项：(1)不予受理；(2)对管辖权的异议；(3)驳回起诉；(4)保全和先予执行；(5)准许或不准许撤诉；(6)中止或终结诉讼；(7)补正判决书中的笔误；(8)中止或终结执行；(9)撤销或不予执行仲裁裁决；(10)不予执行公证机关赋予强制执行效力的债权文书；(11)其他需要裁定解决的事项。例如，裁定确认诉讼外调解协议的效力；裁定拍卖、变卖担保财产。

民事裁定作出后，由审判人员、书记员署名，并加盖人民法院印章；口头裁定由书记员记入笔录。对于不予受理、对管辖权有异议及驳回起诉的裁定，当事人不服的，可以上诉。其他裁定一经送达，即为生效。对于保全和先予执行的裁定，当事人不服的，可以申请复议一次，但复议期间不停止裁定的执行。

生效的裁定与生效的判决具有同样的法律效力，对当事人、人民法院及有关单位和个人都有法律上的约束力；非依法定程序，任何机关和个人无权改变。

三、民事决定

（一）民事决定的概念

民事决定，是指人民法院为保证民事诉讼活动的顺利进行，对诉讼程序中发生的特殊事项所作的判定。民事决定不同于民事判决和民事裁定，它既不解决诉讼中的实体问题，也不解决诉讼中的程序问题，只适用于解决诉讼中遇到的一些特殊事项，如回避问题、妨害民事诉讼问题等。对于这些事项，如不及时处理，将会直接影响诉讼的正常进行。

（二）民事决定的适用范围

根据我国《民事诉讼法》的规定，民事决定适用于以下情况：(1)对妨害民事诉讼行为采取强制措施；(2)对当事人申请回避问题的处理；(3)对当事人申请顺延诉讼期间是否准许的处理；(4)对缓、减、免交诉讼费用申请的处理；(5)对案件是否再审的处理。

民事决定既可以采用书面的形式，也可以采用口头的形式。法律规定必须采用书面形式的，应制作决定书，如罚款、拘留的决定；法律未有形式要求的，可以采用书面的形式，也可以采用口头的形式，但应记入笔录。

民事决定一经作出或送达，立即发生法律效力，必须立即执行。当事人不服的，不能上诉，但对回避决定、罚款决定及拘留决定不服的，当事人可以申请复议一次。复议期间，不停止决定的执行。

第六节　简易程序

一、简易程序的概念和意义

简易程序(summary procedure)，是指基层人民法院及其派出法庭审理简单民事案件所适用的一种简便易行的诉讼程序。

简易程序是第一审程序中与普通程序并列的一个独立的诉讼程序。它与普通程序既有区别，又有联系。二者的区别表现如下：简易程序简化了普通程序审理上的某些步骤和环节(例如起诉、受理、审理等)，因而有利于迅速地解决纠纷，节约当事人和法院的诉讼成本;而普通程序则相对完整、系统,对程序的要求比较严格。简易程序适用于基层法院及其派出法庭审理简单的民事案件,普通程序则适用于除简单民事案件以外的一切民事案件,是各级法院审理第一审民事案件所适用的审判程序。二者的联系表现如下:普通程序是简易程序的基础,而简易程序则是普通程序的简化。法院适用简易程序审理案件时,对简易程序中未规定的事项,应当适用普通程序的规定。但是应当注意,简易程序不是附属于普通程序而存在的,它与普通程序一样,是一种独立的诉讼程序。适用简易程序审理案件与适用普通程序审理案件,法院的裁判具有同等的法律效力。

简易程序是一种便民的诉讼程序。许多国家的民事诉讼法都规定了这一程序,其目的在于实现案件的繁简分流,"依案件规模的不同相应地在某种程度上谋求裁判机制和程序构造的多元化",以简便的诉讼程序适应解决简单民事案件的客观需要。[①] 例如,日本《民事诉讼法》第七章"关于简易法院诉讼程序的特则"规定:"在简易法院,应根据简易的程序迅速地解决纠纷",并作出了具体的简化程序的规定,如:"诉讼,可以以口头提起";"提起诉讼以明确纠纷的要点代替请求的原因即可";"当事人双方可以随意到法院出庭,就诉讼进行口头辩论。在此种情况下,提起诉讼以口头陈述进行"等等。[②] 又如,法国第一审诉讼程序分为大审法院诉讼程序和小审法院诉讼程序。小审法院诉讼程序一般分为三种:普通程序、支付命令程序、消费者破产程序。从小审法院普通程序的特点来看,它实际上是一种简易程序。小审法院普通程序有如下特点:第一,适用独任制;第二,不适用强制律师制;第三,不规定当事人有提出准备书状的义务,原则上采用口头方式整理争点;第四,强调和解。[③]

从各国民事诉讼程序的发展来看,有一个从简到繁、又从繁到简的历史过程。[④] 随着立法技术的进步,特别是出于保护当事人利益,规范法院自由裁量行为的需要,诉讼程序逐渐系统和完整,但也不可避免地带来了程序上烦琐的问题。19世纪中叶,一些国家开始简化民事诉讼程序。20世纪60年代以来,诉讼的数量和新的诉讼类型与日俱增,传统的司法审判制度无法满足新的社会要求。各国为适应社会的发展变化,都积极地进行司法改革,把简易、便利、快捷、低廉作为改革民事诉讼程序的基本目标,简易程序因而受到各国的普遍重视。在审判实践中,民事

---

① [日]小岛武司:《诉讼制度改革的法理与实证》,陈刚等译,法律出版社2001年版,第101页。

② 白绿铉编译:《日本新民事诉讼法》,中国法制出版社2000年版,第99页。

③ 张卫平、陈刚:《法国民事诉讼法导论》,中国政法大学出版社1997年版,第242~243页。

④ 《中国大百科全书·法学》,中国大百科全书出版社1984年版,第314页。

案件种类繁多。根据案件的繁简程度及影响程度的不同，可以将它们大致区分为简单的民事案件和重大、复杂的民事案件两类。对于简单的民事案件来说，适用普通程序审理在法律上并无不当，但是，却浪费了司法资源，导致诉讼成本过高。因此，应当将案件根据难易程度进行繁简分流，为不同的纠纷配置不同的程序加以解决。而且，在现代社会，公正和效益是民事诉讼追求的两大基本价值目标。设置简易程序，正是"兼顾诉讼公正与诉讼效益的正确思路，也是各国在强大的案件压力下寻求程序保障的一条共同的途径。"[①]此外，通过简化诉讼程序，可以减少当事人人力、物力和时间的投入，因而有利于保障每一个普通公民都能利用司法制度维护自己的权利。

但是，在我国民事审判制度改革前期，在注重与强调审判制度的规范化的同时，对于简易程序的健全以及小额诉讼机制的建立问题重视不够。事实上，如果没有大量简易、小额民事案件的快速审理和司法资源的节约，要实现对比较复杂民事案件慎重裁判的程序保障，也是不可能的。[②] 我国 1991 年《民事诉讼法》中关于简易程序的规定过于原则，已经不能适应社会发展和审判实践的需要。为平衡我国社会发展对诉讼需求的扩张性与司法资源有限性之间的矛盾，2003 年 7 月 4 日，最高人民法院制定了《关于适用简易程序审理民事案件的若干规定》(自 2003 年 12 月 1 日起施行，以下简称《简易程序规定》)，为完善我国民事简易程序迈出了重要的一步。2012 年修法时，立法机关对简易程序作了若干修正和补充。2015 年的《民诉法解释》对简易程序作了进一步的规范。

二、简易程序的适用范围

《民事诉讼法》第 157 条规定，基层人民法院和它的派出法庭审理事实清楚、权利义务关系明确、争议不大的简单的民事案件，适用简易程序。据此，简易程序的适用范围，包括以下两个方面的内容：

(一)适用简易程序的法院

适用简易程序的法院，仅限于基层法院和它的派出法庭。中级以上的法院审理第一审民事案件，只能适用普通程序。

基层法院的派出法庭是指基层法院根据地区、人口和案件情况，在区、乡、镇常设的人民法庭，以及为审理具体案件而临时派出的审判组织。人民法庭是基层法

① 江伟、傅郁林：《民事审判制度中亟待解决的问题》，载《法学杂志》1999 年第 6 期。

② 章武生：《民事简易程序研究》，中国人民大学出版社 2002 年版，第 3 页。

院的组成部分，其审判活动以及所作出的判决、裁定与基层法院的审判活动及其作出的判决、裁定具有同等效力。

（二）适用简易程序的案件

根据《民事诉讼法》第157条的规定，适用简易程序审理的案件，一般限于事实清楚、权利义务关系明确、争议不大的简单民事案件，这是适用简易程序的案件的标准。根据《民诉法解释》第256条的规定，简单民事案件中的事实清楚，是指当事人对争议的事实陈述基本一致，并能提供相应的证据，无须人民法院调查收集证据即可查明事实；权利义务关系明确是指能明确区分谁是责任的承担者，谁是权利的享有者；争议不大是指当事人对案件的是非、责任承担以及诉讼标的争执无原则分歧。上述三项标准相互联系，不可分割，必须同时具备，才能构成简单的民事案件，适用简易程序进行审理。同时，民事诉讼法赋予当事人合意选择适用简易程序的权利，即对基层人民法院和它的派出法庭审理的简单民事案件以外的案件，当事人双方可以约定适用简易程序。此外，《民诉法解释》第257条对不得适用简易程序审理的案件作了明确规定，包括：(1)起诉时被告下落不明的；(2)发回重审的；(3)当事人一方人数众多的；(4)适用审判监督程序的；(5)涉及国家利益、社会公共利益的；(6)第三人起诉请求改变或者撤销生效判决、裁定、调解书的；(7)其他不宜适用简易程序的案件。

人民法院在适用简易程序审理案件的过程中，如果发现案情复杂不宜适用简易程序审理的，可以根据《民事诉讼法》第163条的规定，裁定转为普通程序。同时，根据《民诉法解释》第258条第2款的规定，人民法院发现案情复杂，需要转为普通程序审理的，应当在审理期限届满前作出裁定并将合议庭组成人员及相关事项书面通知双方当事人。

就目前我国对简易程序适用范围的规定来看，尚存在一定的不足，主要在于以“事实清楚、权利义务关系明确、争议不大”作为适用范围的标准，过于原则和抽象，不便于实际操作，导致了实践中各地基层人民法院适用简易程序审理简单民事案件时随意性过大。[①]

相对而言，我国台湾地区“民事诉讼法”对简易程序适用范围的规定具有借鉴意义。该法主要通过明确划定适用简易程序案件的诉讼标的额、依诉讼标的之法律关系确定具体适用简易程序的案件类型、当事人的合意三个方面来确定简易程

① 赵钢：《民事诉讼法学专题研究》，中国政法大学出版社2006年版，第361页。

序的适用范围，从而有助于避免因法官的自由裁量权而可能导致的滥用。[①]

三、简易程序的具体规定

《民事诉讼法》及司法解释对简易程序作了一些简便易行的规定，包括以下几个方面：

（一）起诉方式

简易程序的起诉方式简便。《民事诉讼法》第158条第1款规定，对简单的民事案件，原告可以口头起诉。法院应当将原告起诉的内容记录在案，通知被告，被告可以口头答辩。口头起诉的方式便于原告（特别是欠缺法律知识的原告）及时行使诉权，保护自己的合法权益。《民诉法解释》第265条规定，原告口头起诉的，人民法院应当将当事人的姓名、性别、工作单位、住所、联系方式等基本信息，诉讼请求，事实及理由等准确记入笔录，由原告核对无误后签名或者捺印。对当事人提交的证据材料，应当出具收据。

（二）受理案件的程序

简易程序受理案件的程序简便。《民事诉讼法》第158条第2款规定，适用简易程序审理的案件，当事人双方可以同时到基层法院或者派出法庭请求解决纠纷。基层法院和它的派出法庭可以当即审理，也可以另定日期审理。

（三）传唤与送达的方式

简易程序传唤当事人和证人、送达诉讼文书的方式简便。《民事诉讼法》第159条规定，审理简单的民事案件，可以用简便的方式传唤当事人和证人、送达诉讼文书。《民诉法解释》第261条规定，适用简易程序审理案件，人民法院可以采取捎口信、电话、短信、传真、电子邮件等简便方式传唤双方当事人、通知证人和送达裁判文书以外的诉讼文书。但以简便方式送达的开庭通知，未经当事人确认或者没有其他证据证明当事人已经收到的，人民法院不得缺席判决。

（四）审判组织

简易程序实行独任制。《民事诉讼法》第160条规定，按照简易程序审理的民

---

① 杨建华原著、郑杰夫增订：《民事诉讼法要论》，北京大学出版社2013年版，第348～350。

事案件，由审判员一人独任审判。但是，为了保证办案质量，必须由书记员担任记录工作，而不能由审判员自审自记。

（五）开庭审理的程序与方式

简易程序开庭审理的程序简便。《民事诉讼法》第160条规定，适用简易程序审理案件，在开庭审理时，不受《民事诉讼法》第136条、第138条、第141条的限制。也就是说，在开庭审理前，无须在开庭3日前通知当事人和其他诉讼参与人；公开审理的，也无须公告当事人姓名、案由和开庭的时间、地点。在开庭审理时，不严格区分法庭调查和法庭辩论两大步骤，也不受法庭调查、法庭辩论先后次序的限制，法官可以根据案件审理的需要灵活掌握，可以合并进行，也可以穿插进行。同时，根据《民诉法解释》第259条的规定，适用简易程序时，当事人双方可就开庭方式向人民法院提出申请，由人民法院决定是否准许。经当事人双方同意，可以采用视听传输技术等方式开庭。当事人对案件事实无争议的，审判人员可以在听取当事人就适用法律方面的辩论意见后径行裁判；适用简易程序的民事案件以一次开庭审结为原则，一般应当庭宣判。2012年修改后的《民事诉讼法》规定，对于适用简易程序的案件，法院可以采用简便方式进行审理，这就为今后基层人民法院在司法实践中的积极探索提供了法律依据。

（六）裁判文书

适用简易程序审理的案件，在裁判文书的制作上亦可简化。根据《民诉法解释》第279条的规定，适用简易程序审理的案件，有下列情形之一的，人民法院在制作判决书、裁定书、调解书时，对认定事实或者裁判理由部分可以适当简化：(1)当事人达成调解协议并需要制作民事调解书的；(2)一方当事人明确表示承认对方全部或者部分诉讼请求的；(3)涉及商业秘密、个人隐私的案件，当事人一方要求简化裁判文书中的相关内容，人民法院认为理由正当的；(4)当事人双方同意简化的。

（七）审理期限

简易程序案件的审理期限较短。《民事诉讼法》第161条规定，人民法院适用简易程序审理案件，应当在立案之日起3个月内审结。同时，根据《民诉法解释》第258条的规定，适用简易程序审理的案件，审理期限到期后，双方当事人同意继续适用简易程序的，由本院院长批准，可以延长审理期限。延长后的审理期限累计不得超过6个月。

四、简易程序的程序保障

民事案件繁简分流的目的在于以合乎理性的规范缓解司法资源与诉讼需求的冲突，从而使不同的案件获得不同程度的程序保障。提高审判效率、降低诉讼成本都必须建立在保障当事人各项诉讼权利的基础上。人民法院适用简易程序审理民事案件，应当保障当事人主张权利、提供证据和进行辩论的权利，在充分听取双方当事人意见的基础上，根据案件的事实作出判断。为此，法院应当注重审理的规范化，杜绝程序的随意性，防止以牺牲公正换取效率的不当做法。

（一）尊重当事人的处分权和意思自治

程序选择权是当事人在民事诉讼中就程序性事项达成合意后共同处分自己诉讼权利的一种权能。它以双方当事人形成的诉讼契约为基础，以处分自己依法享有的诉讼权利为内容。根据司法解释的规定，普通程序中的当事人在自愿一致的基础上可选择适用简易程序。当事人双方均表示不需要举证期限、答辩期间的，人民法院可以立即开庭审理或者确定开庭日期。当事人双方一致同意简化裁判文书的，法院在制作裁判文书时对认定事实或判决理由部分可以适当简化。适用简易程序审理的案件，审理期限到期后，双方当事人同意继续适用简易程序的，由法院批准后，可以延长审理期限。当事人双方可就开庭方式向人民法院提出申请，由人民法院决定是否准许。经当事人双方同意，可以采用视听传输技术等方式开庭。

（二）简易程序向普通程序的转化

人民法院发现案情复杂，需要转为普通程序审理的，应当在审理期限届满前作出裁定并将合议庭组成人员及相关事项书面通知双方当事人。当事人就案件适用简易程序提出异议，人民法院经审查，异议成立的，裁定转为普通程序；异议不成立的，口头告知当事人，并记入笔录。转为普通程序的，人民法院应当将合议庭组成人员及相关事项以书面形式通知双方当事人。转为普通程序前，双方当事人已确认的事实，可以不再进行举证、质证。案件转为普通程序审理的，审理期限自人民法院立案之日计算。

（三）调解的强化

对于婚姻家庭纠纷和继承纠纷、劳务合同纠纷、交通事故和工伤事故引起的权利义务关系较为明确的损害赔偿纠纷、宅基地和相邻关系纠纷、合伙协议纠纷、诉讼标的额较小的纠纷等案件，法院在开庭审理时应当先行调解，但是根据案件的性质和当事人的实际情况不能调解或者显然没有调解必要的除外。调解达成协议并经审判人员审核后，双方当事人同意该调解协议经双方签名或者捺印生效的，该调解协议自双方签名或者捺印之日起发生法律效力，调解协议生效后法院还应制作调解书以作为执行依据。

（四）证据规则的变通

适用简易程序案件的举证期限由人民法院确定，也可以由当事人协商一致并经人民法院准许，但不得超过 15 日。被告要求书面答辩的，人民法院可在征得其同意的基础上，合理确定答辩期间。人民法院应当将举证期限和开庭日期告知双方当事人，并向当事人说明逾期举证以及拒不到庭的法律后果，由双方当事人在笔录和开庭传票的送达回证上签名或者捺印。当事人双方均表示不需要举证期限、答辩期间的，人民法院可以立即开庭审理或者确定开庭日期。

（五）庭审记录的规范

根据《简易程序规定》第 24 条的规定，书记员应当将适用简易程序审理民事案件的全部活动记入笔录。对于下列事项，还应当详细记载：审判人员关于当事人诉讼权利义务的告知、争议焦点的概括、证据的认定和裁判的宣告等重大事项；当事人申请回避、自认、撤诉、和解等重大事项；当事人当庭陈述的与其诉讼权利直接相关的其他事项。

（六）法官诉讼指挥权与释明义务的明确

简易程序的简便并不意味着当事人权利的减损，在必要时法官应通过释明等方式指引当事人进行诉讼。《民诉法解释》第 268 条规定，对没有委托律师、基层法律服务工作者代理诉讼的当事人，人民法院在庭审过程中可以对回避、自认、举证证明责任等相关内容向其作必要的解释或者说明，并在庭审过程中适当提示当事人正确行使诉讼权利、履行诉讼义务。应当强调的是，审判人员既要提示和指导当事人进行正常的诉讼活动，又要保证其提示和指导的适当性。《民诉法解释》中关于法官指挥诉讼和行使释明权的规定符合非讼化审理的要求，也与民事诉讼制度改革的潮流相吻合。

第七节　小额程序

一、小额程序的概念及意义

在许多国家和地区的第一审民事诉讼程序中，除了普通程序和简易程序以外，还设有一种小额程序。所谓小额程序（small claims procedure），是指基层法院的小额法庭或专门的小额法院审理数额较小的案件所适用的专门程序。

在现实生活中，除了一般的简单民事案件以外，还存在着大量争议标的额较小的民事纠纷，小额程序就是专门为这类纠纷而设立的。小额程序作为一种新型的程序，它所追求的是不需要法律技巧的简易和效率，而且比简易程序更为简便、快捷、灵活，能够更迅速地审结案件，节约当事人和法院的诉讼成本。小额程序还有利于实现司法的大众化，使小额纠纷的当事人能够“接近正义”（access to justice），获得法律救济。近年来，在巨大的案件压力下，各国传统的诉讼机制已经显得力不从心。因此，许多国家设立了小额程序，以方便当事人进行诉讼，提高审判效率，节省司法资源。我国 2012 年修改《民事诉讼法》时，顺应世界诉讼制度改革的潮流，适应审判实践的需要，增设小额诉讼程序。

二、各国和地区关于小额程序的规定

从立法体例上看，大多数国家和地区分别规定小额程序与简易程序，或制定专门的小额裁判法。有的国家虽然没有制定专门的小额裁判法，但在简易程序中对小额案件作出了更为简易的特别规定。

在美国，“小额诉讼请求程序是一种用以允许普通公民提出法律规定最低数额金钱诉讼请求的诉讼程序。这种诉讼程序由州初审法院执行，有时是在具有有限金额管辖权的法院分庭”。[①] 各州小额法庭受理的案件类型及讼争金额虽有所不同，但大多受理 5000 美元以下的损害赔偿、债务、租赁等案件。在 20 世纪 70 年代后，为了减轻当事人的负担，美国在建立小额审判制度方面进行了多种改革，例如在晚间或休息日开庭，把小额法庭设在社区内，开展免费法律咨询，地方法院的法

① [美]杰弗里·C.哈泽德、朱歇尔·塔鲁伊：《美国民事诉讼法导论》，张茂译，中国政法大学出版社 1998 年版，第 173 页。

官轮流到小额法庭担任法官，采用简易程序，只收取10美元至20美元的费用，当庭解决纠纷。美国通过小额诉讼法庭的简易审判，大幅度降低了当事人的诉讼成本，为当事人提供了及时和有效的司法救济，同时也通过基层司法的积极活动，有力地维护了整个司法系统的地位和权威。①

日本于1996年完成了《民事诉讼法》的全面修改，其中最引人注目的内容是增加了小额裁判制度，专编规定了小额诉讼程序。根据其规定，在简易裁判所，诉讼标的金额在60万日元以下的争议，经当事人申请可采用小额诉讼程序。法律通过禁止反诉、一次审理结案、简化证据调查及证人询问、禁止上诉等措施，使金额较小的纠纷也能及时得到司法救济，而不致使当事人因成本和效率方面的因素感到得不偿失。②

根据德国《法院组织法》的规定，地方法院（又译初级法院）属于最低一级的法院（全德国共有718个），作为小额法庭处理涉讼金额1万马克（现改为5000欧元）以下的民事争议案件。地方法院由1名独任法官审理此类案件，当事人不必聘请律师（在地方法院的上一级法院和更高级的法院，律师代理诉讼是强制性的规定），涉讼金额在1500马克（现改为600欧元）以下的一般不允许上诉。由于地方法院的数量很多，因而当事人很容易接近法院，并且能够简单迅速地解决争议。③

我国台湾地区没有专门的简易法院，而采用在地方法院内分设普通庭和简易庭的方式，由简易庭专门负责审理简易的民事案件。台湾地区"民事诉讼法"专章规定小额诉讼程序。对于请求给付金钱或其他代替物或有价证券的诉讼，其标的金额或价额在新台币10万元以下者，适用小额程序。

上述国家和地区关于小额诉讼的规定有着以下共同的特点：

1.以低成本和高效率为价值取向。小额程序以追求效率为根本原则，是在平衡诉讼的两大基本价值，即公平和效率之后，选择效率优先的结果。例如，美国的小额诉讼程序只收取极少的诉讼费。而且，纠纷一般可以通过一次十几分钟到数小时的审理，一劳永逸地得到解决。法院在处理小额纠纷时，也尽量将诉讼成本降低到最低限度。例如，台湾地区"民事诉讼法"第436条之十四规定，"调查证据所需时间、费用与当事人之请求显不相当者"，"法院得不调查证据，而审酌一切情况，认定事实，为公平之裁判"。

2.一般都设有专门的小额法庭。例如美国的小额法庭、日本的简易裁判所、德

① 范愉：《非诉讼纠纷解决机制》，中国人民大学出版社2000年版，第144页。

② 白绿铉编译：《日本新民事诉讼法》，中国法制出版社2000年版，第23～24页。

③ 宋冰编：《读本：美国与德国的司法制度及司法程序》，中国政法大学出版社1998年版，第125页、第290页。

国的地方法院等，接近当事人，便于当事人提出诉求，有利于当事人及时利用司法资源。

3.对讼争金额都作了明确的规定。例如英国规定1万英镑以下（德国规定5000欧元以下，日本规定60万日元以下，法国规定4000欧元以下，美国佛罗里达州规定5000美元以下，我国香港特别行政区规定5万元港币以下）的纠纷为小额纠纷，这就使得这部分数量较大且不涉及重大社会利益和复杂法律关系的案件，从法院通常程序中分离出来，节约了司法资源；而明确的争议金额规定可以使民众有的放矢，法院及时处理，不至于到了法院还要区分是否属于小额诉讼。同时，有些国家和地区还作出了限制起诉的规定。例如，日本民事诉讼法规定，当事人在一年内向同一简易法院申请小额诉讼不得超过10次。香港《小额钱债审裁处条例》[①]规定，当事人不得为使其纠纷在该审裁处解决，而将大笔的请求额分割为若干小笔的请求额。这是为了防止小额程序变为一些向一般市民发放贷款、贩卖货物的金融企业或商业公司催讨债务的工具。

4.程序简便，易于操作。小额诉讼程序所追寻的理想是不需要法律技巧的简易和效率。在美国的小额诉讼中，程序的简便表现在诉讼过程的每一个环节：起诉和答辩可以采用法院印制好的表格，也可以口头进行；当事人不必聘请律师；可以在休息日及晚间开庭；不进行证据开示；也不设陪审团；调解与审判一体化；判决也只是宣布结果，而不必说明理由。完全没有法律常识的民众也能运用该诉讼机制。此外各国还通过限制小额诉讼当事人的反诉权、上诉权等来达到及时解决纠纷、提高诉讼效率的目的。[②]

5.法官享有较大的职权。程序的简易化程度总是与法官的职权行使程度成正比的。为了提高效率，法官必定要运用职权使程序相对灵活，以加快诉讼的进程。因此，小额程序与普通程序和简易程序相比，法官往往更为主动地介入诉讼，而当事人双方的对抗则受到一定的限制，例如，鼓励当事人本人进行诉讼甚至禁止律师代理小额诉讼案件，不适用严格的证据规定，限制交叉询问，法官积极促进当事人和解等等，以缩短诉讼周期，节约人力、物力和时间。[③]

---

① 小额钱债审裁处(Small Claims Tribunal)是香港专门审理小额案件的法庭。参见齐树洁主编：《台港澳民事诉讼制度》，厦门大学出版社2014年第2版，第338页。

② 范愉：《小额诉讼程序研究》，载《中国社会科学》2001年第3期。

③ 例如，英国《民事诉讼规则》第27.8条规定：对于小额程序，不适用严格的证据规则(the strict rules of evidence do not apply)；法院可限制交叉询问(the court may limit cross-examination)。

三、我国小额诉讼的程序规则

从各国和地区小额诉讼制度的形式和性质上看，小额程序仍属于一种民事诉讼程序，原则上由职业法官主持审判，因而与各种非诉讼程序(ADR)存在明确的区别。小额诉讼是法院诉讼活动的组成部分，其目的在于为民众提供一种低成本的简便的司法救济。

在我国近年的审判实践中，某些法院的简易程序改革措施已经呈现出小额诉讼的特点。《人民法院第二个五年改革纲要(2004—2008)》提出，要探索建立小额诉讼制度，提高诉讼效率。然而，小额诉讼要求更为灵活的审判方式和一审终审的审判制度，这与我国法律的规定不相吻合。因此，建立小额诉讼程序必须以民事诉讼法的修改为条件。2011 年 3 月，为配合民事诉讼法的修改，最高人民法院部署在 90 个基层法院开展小额速裁试点工作并取得了有益的经验。

在总结审判经验的基础上，2012 年修改后的《民事诉讼法》第 162 条规定："基层人民法院和它派出的法庭审理符合本法第一百五十七条第一款规定的简单的民事案件，标的额为各省、自治区、直辖市上年度就业人员年平均工资百分之三十以下的，实行一审终审。"从条文结构上看，立法者将小额程序规定在简易程序中，予以特别规定，小额程序并非一种独立于简易程序的诉讼程序。《民诉法解释》对小额诉讼的程序规则作了如下规定：

1.适用小额程序的案件范围。适用小额程序审理的案件应当是简单的民事案件，即权利义务关系明确、身份关系清楚、责任明确、损失金额确定的案件。对此，《民诉法解释》第 274 条规定：下列金钱给付的案件，适用小额诉讼程序审理：(1)买卖合同、借款合同、租赁合同纠纷；(2)身份关系清楚，仅在给付的数额、时间、方式上存在争议的赡养费、抚育费、扶养费纠纷；(3)责任明确，仅在给付的数额、时间、方式上存在争议的交通事故损害赔偿和其他人身损害赔偿纠纷；(4)供用水、电、气、热力合同纠纷；(5)银行卡纠纷；(6)劳动关系清楚，仅在劳动报酬、工伤医疗费、经济补偿金或者赔偿金给付数额、时间、方式上存在争议的劳动合同纠纷；(7)劳务关系清楚，仅在劳务报酬给付数额、时间、方式上存在争议的劳务合同纠纷；(8)物业、电信等服务合同纠纷；(9)其他金钱给付纠纷。同时，《民诉法解释》也对不适用小额程序的案件作了明确规定。第 275 条规定，下列案件，不适用小额诉讼程序审理：(1)人身关系、财产确权纠纷；(2)涉外民事纠纷；(3)知识产权纠纷；(4)需要评估、鉴定或者对诉前评估、鉴定结果有异议的纠纷；(5)其他不宜适用一审终审的纠纷。

2.小额程序适用的案件标的金额。根据《民事诉讼法》的规定，适用小额程序

审理的案件标的额为各省、自治区、直辖市上年度就业人员年平均工资百分之三十以下。根据国家统计局的公布的数据，2011 年全国城镇单位就业人员平均工资为 41799 元，30％约为 12500 元；2012 年全国城镇单位就业人员平均工资为 46769 元，30％约为 14000 元；2013 年全国城镇单位就业人员平均工资为 51474 元，30％约为 15442 元，2014 年全国城镇单位就业人员平均工资为 56339 元，30％约为 16902 元。《民诉法解释》第 272 条规定，“各省、自治区、直辖市上年度就业人员年平均工资”，是指已经公布的各省、自治区、直辖市上一年度就业人员年平均工资。在上一年度就业人员年平均工资公布前，以已经公布的最近年度就业人员年平均工资为准。

3. 法院对小额诉讼的释明义务及当事人的异议权。人民法院受理小额诉讼案件，应当向当事人告知该类案件的审判组织、一审终审、审理期限、诉讼费用交纳标准等相关事项。当事人对小额诉讼案件提出管辖异议的，人民法院应当作出裁定。裁定一经作出即生效。当事人对按照小额诉讼案件审理有异议的，应当在开庭前提出。人民法院经审查，异议成立的，适用简易程序的其他规定审理；异议不成立的，告知当事人，并记入笔录。

4.举证期限和答辩期限的特别规定。小额诉讼案件的举证期限由人民法院确定，也可以由当事人协商一致并经人民法院准许，但一般不超过 7 日。被告要求书面答辩的，人民法院可以在征得其同意的基础上合理确定答辩期间，但最长不得超过 15 日。当事人到庭后表示不需要举证期限和答辩期间的，人民法院可立即开庭审理。

5.诉的变更、追加、反诉的限制。小额程序事件诉讼标的额较小，事件内容单纯，需要简便快速地进行诉讼。在小额程序中，当事人为诉的变更、追加或提起反诉，会导致诉的复杂化，从而使小额诉讼的适用条件丧失。为此，应当对当事人的诉的变更、追加及提起反诉的权利进行限制。由于我国尚未设立独立的小额诉讼程序，因此，《民诉法解释》第 280 条规定：“因当事人申请增加或者变更诉讼请求、提出反诉、追加当事人等，致使案件不符合小额诉讼案件条件的，应当适用简易程序的其他规定审理。前款规定案件，应当适用普通程序审理的，裁定转为普通程序。适用简易程序的其他规定或者普通程序审理前，双方当事人已确认的事实，可以不再进行举证、质证。”

6.判决书的简化。在简易程序规定判决书简化的基础上，小额诉讼程序中，判决书应当进一步简化。小额诉讼的判决书原则上仅仅记载判决的主文，无须记载事实及理由，法院也无须口头对当事人说明裁判的事实与理由。《民诉法解释》第 282 条规定：“小额诉讼案件的裁判文书可以简化，主要记载当事人基本信息、诉讼请求、裁判主文等内容。”

7.提供适当的救济途径。在坚持一审终审的前提下，适用小额诉讼程序审结的民事案件，如有《民事诉讼法》第200条规定的情形的，当事人可以申请再审。[①]《民诉法解释》第426条规定："对小额诉讼案件的判决、裁定，当事人以民事诉讼法第二百条规定的事由向原审人民法院申请再审的，人民法院应当受理。申请再审事由成立的，应当裁定再审，组成合议庭进行审理。作出的再审判决、裁定，当事人不得上诉。当事人以不应按小额诉讼案件审理为由向原审人民法院申请再审的，人民法院应当受理。理由成立的，应当裁定再审，组成合议庭审理。作出的再审判决、裁定，当事人可以上诉。"

在充分肯定小额程序的价值的同时，还应当认识到，小额程序的构建作为我国司法改革的一个环节，带有一定程度的"以解决问题为导向"的色彩。该制度在法律上的确立仅仅是第一步，能否实现其积极意义，还有待于未来司法实践的检验。

① 全国人大常委会法制工作委员会民法室编：《中华人民共和国民事诉讼法条文说明、立法理由及相关规定》，北京大学出版社2012年第2版，第269页。

第十一章　第二审程序

【引　例】

某建筑公司与某饮料厂签订一份合同，由建筑公司为饮料厂建造厂房，双方约定工程造价 800 万元。2009 年 4 月工程竣工，经检验工程质量合格，饮料厂予以接受，并向建筑公司支付了 700 万元，剩余 100 万元未付。建筑公司为追索饮料厂拖欠的 100 万元工程款，于 2010 年 8 月诉至法院。一审法院判决被告败诉。饮料厂不服，提起上诉，并在上诉过程中提出反诉，称建筑公司在施工过程中曾向饮料厂借用了 40 万块砖用于建筑公司的其他工程，要求建筑公司返还 40 万块砖或相应的款项。问：二审法院应如何处理？

第一节　第二审程序概述

一、第二审程序的概念

我国民事诉讼实行两审终审制。当事人不服第一审法院作出的未生效裁判，有权提起上诉，从而引起第二审程序的发生。因此，第二审程序既是上诉审程序，又是终审程序。第二审法院所作的判决、裁定为终审判决、裁定，一经宣判或送达，即发生法律效力，当事人不得再提起上诉。第二审程序是指民事诉讼当事人不服地方各级法院未生效的第一审裁判，在法定期限内向上一级法院提起上诉，上一级法院对案件进行审理所适用的程序。

上诉作为一种司法上的救济方法，具有以下几个特点：(1)上诉是当事人的一种诉讼行为，其目的在于引起上诉审程序的发生。(2)上诉的对象是未生效(或曰未确定)的民事裁判。(3)上诉的内容是请求上级法院审查下级法院的裁判，并撤销或变更该裁判。(4)相对于起诉和初审而言，法律对上诉行为和上诉审程序有一些特别的限制。(5)在实行三审终审制的国家和地区,上诉可分为第一次上诉(又称第二审上诉)和第二次上诉(又称第三审上诉),分别适用不同的规则。一般而言,当事人提起第三审上诉应当提出申请,在获得许可后方可进行;第三审法院通常只审查法律问题,而不审查事实问题。

第二审程序与第一审程序同属于审判程序。从某种意义上说,第一审程序是第二审程序的前提与基础,第二审程序是第一审程序的继续与发展。二者的主要区别在于:(1)程序发生的原因不同。第一审程序的发生,是基于当事人的起诉权和法院的管辖权;第二审程序的发生,是基于当事人的上诉权和法院审判上的监督权。(2)审理对象不同。第一审程序以原告的起诉状和被告的答辩状为基点,展开对案件事实的审理;第二审程序则以第一审裁判为基点,对上诉请求的有关事实和适用法律进行审查。(3)审判任务不同。第一审程序的任务主要是通过对案件的审理,查明事实,确认当事人之间的民事权利义务关系;第二审程序不仅要确认当事人之间的民事权利义务关系,而且还担负监督检查下级法院审判工作的任务。

关于第二审程序的性质,有以下三种不同的学说:

一是复审制说。该学说认为,第二审是对案件的重新审理,它与第一审无关,第一审中的一切诉讼资料于第二审无效;第二审法院应重新收集、调查诉讼资料,并在此基础上作出裁判。

二是续审制说。该学说认为,第二审是第一审的继续和发展,当事人在第一审中提出的诉讼资料,于第二审仍然有效;当事人在第一审没有提出,或虽然提出但未经审理的诉讼资料,可以在第二审中提出。

三是事后审制说。该学说认为,第二审只能以当事人在第一审中提出的诉讼资料为依据,不允许当事人在第二审中提出新的诉讼资料;第二审只能就第一审适用法律是否恰当进行审查,而不审查第一审法院所认定的事实。

目前世界上大多数国家的第二审程序采用续审制,但对当事人在第二审程序中提出的新证据是否加以限制则有不同的规定。多数大陆法系国家原则上允许当事人向上诉法院提出新证据,少数大陆法系国家则对向上诉法院提出新证据加以限制,如德国、意大利。德国 2002 年 1 月 1 日起施行的新《民事诉讼法》,对于当事人在第二审中提出新证据予以更加严格的限制。修正前的《民事诉讼法》原则上允许当事人在第二审中提出新的攻击或防御方法(包括事实与证据),只要法官依自由心证,认为不致拖延诉讼的终结,或者当事人非因过失而逾期时,即准其提出(第 528 条)。根据修正后的《民事诉讼法》第 531 条,因当事人过失而未于第一审提出的攻击或防御方法,当事人在第二审中不得提出。据此,新法对第二审中提出新证据的限制比旧法更为严格,只要当事人因过失未于第一审提出即已失权,不必考虑

是否有延滞诉讼的可能性。[1]

英国判例法对于在上诉审中提出新的证据(fresh evidence)逐渐予以限制,其中最具代表性是通过1954年的Ladd v. Marshall案所形成的"Ladd v. Marshall规则"。根据该规则,在上诉审中,只有当新证据符合下列情形时才可以被接受:(a)在下级法院的听审中虽经合理的努力仍难以获得;(b)将很有可能对案件结果产生重大的影响;(c)具有明显的可信性。[2] 这样做的目的主要是督促当事人在一审中尽可能地提出全部证据,防止当事人有意将争点留到上诉审,以期获得证据突袭的效果。在美国,上诉法院不会考虑新的证据,当事人在上诉中不会提出新的证据,不会传召证人作证。上诉法院通常遵循一审法院作出的事实认定。[3] 美国《联邦民事诉讼规则》第52条第1款规定:"对法院的事实认定,无论基于口头或书面证据,除非有明显错误,都不应被撤销,应当重视给予初审法院判定证人可信度的机会。"

在我国,《民事诉讼法》对当事人在二审中提出新证据并没有任何限制。[4] 最高人民法院在总结审判实践经验的基础上,对此作了一定的限制。《民事证据规定》第41条第2项规定,二审程序中的"新的证据"包括:一审庭审结束后新发现的证据;当事人在一审举证期限届满前申请人民法院调查取证未获准许,二审法院经审查认为应当准许当事人申请调取的证据。第42条第2款规定了二审中当事人的举证时限:"当事人在二审程序中提供新的证据的,应当在二审开庭前或者开庭审理时提出;二审不需要开庭审理的,应当在人民法院指定的期限内提出。"应当肯定,《民事证据规定》对二审中当事人提出新证据范围和时限的明文限制,与一审中的举证时限制度相衔接,对于提高二审程序的效率,防止当事人利用上诉制度进行诉讼投机具有积极的意义。

---

① 姜炳俊:《2002年德国民事诉讼法改革——上诉制度》,载台湾《月旦法学教室》2002年创刊号。

② See Charles Plant(ed.), *Blackstone's Civil Practice*, Blackstone Press Limited, 2001, p.786.

③ 汤维建主编:《美国民事诉讼规则》,中国检察出版社2003年版,第359页。

④ 我国《民事诉讼法》第十二章(第一审普通程序)第139条第1款规定:"当事人在法庭上可以提出新的证据。"在第二审程序中虽无类似的明文规定,但由于第二审程序准用第一审程序的规定(见第174条),当事人在第二审的法庭上仍然可以提出新的证据。据此,学界普遍认为,2012年修正前的《民事诉讼法》采取的是"证据随时提出主义"。

二、第二审程序的意义

作为一种对错误判决的救济途径，上诉制度古已有之，历史悠久。据史料记载，我国在西周时期就建立了上诉制度。[①] 在现代社会，上诉制度是司法制度的重要构成部分，担负着多样化的司法功能。[②] 一般认为，上诉制度的功能包括吸收不满、纠正事实错误、促进法律适用的统一以及巩固司法体系的合法性等，并且需要在不同的价值目标之间进行平衡与取舍。[③] 在我国两审终审的司法体制下，第二审程序具有纠正错误裁判、保障司法公正等方面的功能。

1.有利于保护当事人的合法权益。通过第二审程序，当事人对第一审裁判认定事实及适用法律的错误提出意见，并可再次向人民法院陈述自己的请求，要求人民法院对第一审裁判是否正确进行审查，以维护自己的合法权益。

2.有利于上级人民法院监督和检查下级人民法院的审判工作。上级人民法院通过对上诉案件的审理和对第一审裁判的审查，可以发现下级人民法院审判工作中的瑕疵或错误，加强审判监督，保证人民法院正确地行使审判权。

3.有利于维护国家法律的统一适用。上级人民法院通过第二审程序，维持正确的第一审裁判，纠正错误的第一审裁判，有助于严肃执法，维护司法权威和国家法律的统一适用，并可在一定程度上促进法律的发展。

三、外国三审终审制的借鉴意义

当代各国的诉讼制度受其历史传统影响，在审级结构上存在诸多差异，大体上可分为以英、美为代表的“上诉制”，以法、意为代表的“撤销制”和以德、奥为代表的“更审制”三种类型。这些模式源头各异，却最终都形成了三级审判的司法结构。这种殊途同归的演进过程蕴含了审级制度建构的一些共同原理。当代典型的司法结构是由三个审级构成的司法金字塔。塔底很宽，由数量众多的一审法院组成，对初审案件进行全面的事实审查并在此基础上适用法律；相对宽阔的塔腰由多个中级上诉法院构成，以审查事实问题和法律问题的方式监督一审司法权，同时受终审

---

① 李交发：《中国诉讼法史》，中国检察出版社2002年版，第184页。

② [美]罗杰·科特威尔：《法律社会学导论》，张文显等译，华夏出版社1989年版，第269～271页。

③ 根据英国学者Stuart Sime的解释，这种矛盾是在鼓励判决的终局性与纠正判决的错误之间求得平衡(balance between encouraging finality and correcting mistakes)。See Stuart Sime, *A Practical Approach to Civil Procedure*, Blackstone Press Limited, 2000, p.489.

法院的监督;位于金字塔顶部的是独一无二的最高法院,对部分上诉案件中的法律事项行使许可上诉管辖权,以此实现制约下级司法权并维护法律适用的统一的功能。[①]

我国在20世纪50年代初曾实行过有条件的三审终审制。1954年公布的《人民法院组织法》确立了四级两审终审制,此后沿用至今。60多年来的司法实践表明,现行两审终审制在便利人民诉讼、便利法院审判的同时,也存在如下一些不足:由于少了一个复审程序,上诉审的功能难以充分发挥;终审法院的级别较低,对于保证审判质量和统一法律适用均有不利的影响;对上诉的不加限制和二审程序构造的不明确,造成了诸多弊端。最高人民法院的调研报告指出,从法院的系统设置、审判管理、职能分工等多方面看,两审终审制不利于充分发挥四级法院的整体功能,实现四级法院各自不同的价值目标。其主要缺陷如下:(1)上诉条件过于宽泛导致诉讼资源的不必要浪费。(2)终审法院级别过低,难以保证司法的统一性。(3)两审终审使上诉审的纠错功能明显降低。(4)民事诉讼管辖原则导致地方保护主义干扰严重。(5)民事诉讼审理对象缺少专门的法律审查程序。(6)以审判监督制度弥补两审终审的不足,导致"终审不终"。[②] 近年来,不少学者主张,我国应借鉴外国民事上诉制度,以两审终审制为基础,以有条件的一审终审和三审终审为必要的补充,通过对诉讼金额和审理对象的限制进行合理控制,使审级制度能够适应民事诉讼多层次的需要。[③]

第二节 上诉的提起与受理

一、上诉的概念

上诉是指当事人不服第一审法院所作的尚未生效的裁判,在法定期限内声明不服,要求上级法院撤销或变更该裁判的诉讼行为。上诉作为当事人的重要诉讼权利之一,是对于一审错误裁判的一种救济手段。当事人不服第一审法院所作的

---

① 江伟主编:《中国民事审判改革研究》,中国政法大学出版社2003年版,第305页。

② 最高人民法院民事诉讼法调研小组编:《民事诉讼程序改革报告》,法律出版社2003年版,第175~179页。

③ 齐树洁:《论我国民事上诉制度的改革与完善》,载《法学评论》2004年第4期;章武生:《民事司法现代化的探索》,中国人民公安大学出版社2005年版,第470页。

裁判，除法律另有规定的以外，均可在法定期限内向上一级法院提起上诉。

上诉与起诉都是当事人请求法院通过审理和裁判，保护自己民事权益的诉讼行为，其区别在于：(1)起诉的发生是因为当事人之间存在民事权利义务关系的争议，一方当事人请求法院予以司法保护；上诉的发生是因为当事人(一方或双方)不服第一审法院所作出的未生效的民事裁判，请求上级法院予以审查，撤销或变更该裁判。(2)起诉应遵守诉讼时效；上诉应遵守上诉期限。(3)起诉应当向有管辖权的法院提出；上诉应当向作出第一审裁判的法院的上一级法院提出。(4)起诉如符合法定条件，即引起第一审程序的发生；上诉如符合法定条件，即引起第二审程序的发生。

由于实行三审终审制以及不同的法律传统等原因，西方国家对上诉有不同的分类。例如，德国、日本的民事诉讼法将上诉分为两类：(1)对判决的上诉。包括为重新审查案件事实和法律适用而提起的上诉，即控诉；以及只就法律适用问题提起的上诉，即上告。所谓控诉，亦称首次上诉，是指上诉人请求第二审法院对下级法院的终局判决认定事实和适用法律两个方面重新审查的诉讼行为。所谓上告，亦称二次上诉，是指上告人请求第三审法院对控诉审法院的终局判决中适用法律的错误进行审查的诉讼行为。(2)对裁定的上诉。对裁定的上诉称为抗告，并设立专门的抗告程序。美国法将"上诉"分为"基于权利的上诉"(appeal by right，通常指第一次上诉)和"基于申请的上诉"(appeal by application，通常指第二次上诉，即向最高法院的上诉)。前者在提起前无须取得许可，后者在提起前必须获得上诉审法院的许可。

二、提起上诉的条件

根据我国《民事诉讼法》的规定，提起上诉应具备以下条件：

1.提起上诉的主体必须合格。根据《民事诉讼法》的规定及最高人民法院的司法解释，第一审程序中的原告、被告、共同诉讼人、有独立请求权的第三人，由于对诉讼标的具有实体上的权利或义务而享有上诉权，可以作为上诉人。经第一审法院判决承担民事责任的无独立请求权的第三人因对诉讼标的负有义务而享有上诉权。双方当事人和第三人都提出上诉的，均为上诉人。无民事行为能力、限制民事行为能力人的法定代理人，可以代理当事人提起上诉。委托代理人代为提起上诉，必须经过当事人的特别授权。

被上诉人一般是上诉人在第一审程序中的对方当事人。必要共同诉讼人中的一人或部分人提出上诉的，按下列情况分别处理：(1)该上诉是对与对方当事人之间的权利义务分担有意见，不涉及其他共同诉讼人利益的，对方当事人为被上诉

人，未上诉的同一方当事人依原审诉讼地位列明；(2)该上诉仅对共同诉讼人之间的权利义务分担有意见，不涉及对方当事人利益的，未上诉的同一方当事人为被上诉人，对方当事人依原审诉讼地位列明；(3)该上诉对双方当事人之间以及共同诉讼人之间权利义务承担有意见的，未提出上诉的其他当事人均为被上诉人。

2.提起上诉的客体必须是依法允许上诉的裁判。即必须是未生效的一审裁判，包括地方各级人民法院的第一审民事判决，不予受理、驳回起诉和对管辖权异议的裁定，地方各级人民法院对上一级人民法院发回重审的案件进行审理后所作的判决和驳回起诉的裁定，地方各级人民法院按照第一审程序再审所作的判决和驳回起诉的裁定。

对于下列民事裁判，当事人不得提出上诉：最高人民法院的判决和裁定；第二审人民法院的判决和裁定；人民法院按照第二审程序进行再审所作的判决和裁定；基层人民法院按照特别程序、督促程序、公示催告程序、小额诉讼程序审理案件所作的判决和裁定。

3.必须在法定的期限内上诉。当事人提起上诉，必须在法律规定的期限内进行，超过上诉期限的，当事人就丧失上诉权。《民事诉讼法》第164条规定：“当事人不服地方人民法院第一审判决的，有权在判决书送达之日起十五日内向上一级人民法院提起上诉。当事人不服地方人民法院第一审裁定的，有权在裁定书送达之日起十日内向上一级人民法院提起上诉。”上诉期届满，当事人没有提出上诉的，第一审裁判即发生法律效力。[①]

4.必须提交上诉状。上诉不能采用口头方式，必须向人民法院提交上诉状。上诉状是上诉人表示不服第一审法院的裁判，要求第二审法院撤销或变更第一审裁判的诉讼文书。在一审宣判时，当事人虽口头表示上诉，但在上诉期内未提交上诉状的，视为未提出上诉。上诉状应写明当事人的姓名、原审人民法院名称、案件的编号和案由、上诉的请求和理由。

提起上诉只有同时具备以上四个条件，上诉才能成立，才能引起第二审程序的发生。此外，当事人还应依法交纳上诉案件诉讼费用。当事人虽然递交了上诉状，但是未在指定的期限内交纳上诉费的，按自动撤回上诉处理。

我国《民事诉讼法》未将上诉利益作为上诉的要件之一。有学者指出，当事人

---

① 许多国家的民事诉讼法规定了“舍弃上诉权”的制度。例如，在德国，当事人舍弃上诉权后即不得再提起上诉；在双方当事人都舍弃的情况下，判决即发生形式既判力。参见[德]奥特马·尧厄尼希：《民事诉讼法》，周翠译，法律出版社2003年版，第371页。我国《民事诉讼法》未有“舍弃上诉权”的制度，因此，当事人在一审法院宣判时表明“不上诉”的，仍然可以在上诉期限内提起上诉；即使双方当事人都表示“不上诉”，也必须等待上诉期限届满、双方当事人均未提起上诉时，一审判决才发生法律效力。

不服判决而提起上诉，必须以该判决对于当事人是不利益的作为理由。这种不利益是指判决主文（即法院对于诉讼标的或诉讼请求的判断）的不利益，当事人有通过上诉除去此种不利益的必要，即上诉人对于上诉存有利益。①

上诉成立后，产生如下效力：(1)阻碍第一审裁判的生效；(2)将案件由第一审法院移至第二审法院。对裁判之一部的上诉，其效力及于该裁判之全部。

三、上诉的受理

根据《民事诉讼法》第 166 条、第 167 条的规定，上诉的受理程序如下：

1.通过原审法院提交上诉状。当事人提起上诉，原则上应通过原审法院提出上诉状，并按照对方当事人的人数提出上诉状副本。这样的要求既便于当事人提出上诉，又便于原审法院进行审查，如有不符之处，可以及时给当事人指出，通知其补正。但如果当事人不愿意通过原审法院提交上诉状，而直接向第二审法院上诉的，第二审法院应当接受，并应当在 5 日内将上诉状移交原审法院。

2.原审法院在收到上诉状后，应当在 5 日内将上诉状副本送达对方当事人，并告知其在 15 日内提出答辩状。法院收到答辩状后，应在 5 日内将答辩状副本送达上诉人。被上诉人在法定期限内不提出答辩状，不影响第二审法院的审理。

3.原审法院收到上诉状、答辩状后，应当在 5 日内连同全部案卷和证据材料，报送第二审法院。第二审法院开始对上诉案件进行审理。

四、上诉的撤回

上诉的撤回，是指上诉人在上诉之后、第二审判决宣告前，向第二审人民法院申请撤回其上诉的诉讼行为。

撤回上诉与撤回起诉一样，是当事人的一项诉讼权利，当事人可以依法行使。《民事诉讼法》第 173 条规定："第二审人民法院判决宣告前，上诉人申请撤回上诉的，是否准许，由第二审人民法院裁定。"《民诉法解释》第 337 条规定："在第二审程序中，当事人申请撤回上诉，人民法院经审查认为一审判决确有错误，或者当事人之间恶意串通损害国家利益、社会公共利益、他人合法权益的，不应准许。"第二审人民法院裁定准许上诉人撤回上诉后，第二审程序即告终结，但与撤回起诉不同，第二审人民法院作出的准予撤回上诉的裁定，是终审裁定，因此，上诉人撤回上诉后，即使其上诉期间尚未届满，也不得再行上诉。

---

① 邵明：《民事诉讼法理研究》，中国人民大学出版社 2004 年版，第 327～329 页。

《民诉法解释》增设第二审中当事人撤回起诉制度（第 338 条）。据此，当事人撤回起诉可能发生在第一审程序中，也可能发生在第二审程序中。撤回上诉与撤回起诉不仅名称有别，在实质上亦有所不同：其一，主体不同。撤回上诉的主体为在法定期限内提起上诉的上诉人，可为原审原告，亦可为原审被告，而狭义的撤回起诉在第一审程序中只能由诉讼发起者原告提起，在第二审程序中只能由原审原告提起。其二，撤回后产生的法律效果不同。撤回起诉使诉讼系属整体发生消灭，将导致诉讼程序的终结，即便在第二审程序中撤回起诉，第一审裁判也将因此失效。而撤回上诉则仅仅导致第二审的系属溯及性地发生消灭，即第二审程序终结，原审裁判生效。其三，当事人的权利处分有所不同。撤回起诉仅表明当事人处分其自身的诉讼权利，而并非放弃其实体权利，因此，原告撤回起诉后通常被视为自始未起诉（诉讼系属视为自始不存在），他仍有权再次提起诉讼。但在第二审程序中，出于诉讼效益原则的考虑，司法解释作出了"撤回起诉后禁止再诉"的规定。而上诉人撤回上诉后，通说认为该上诉人即丧失了上诉权，即使其上诉期间尚未届满，亦不得再行上诉。①

第三节　上诉案件的审理

《民事诉讼法》第 174 条规定："第二审人民法院审理上诉案件，除依照本章规定外，适用第一审普通程序。"据此，第二审法院审理上诉案件，法律对第二审程序有规定的，优先适用该规定；第二审程序未作规定的事项，适用第一审普通程序。

一、上诉案件的审理范围

《民事诉讼法》第 168 条规定："第二审人民法院应当对上诉请求的有关事实和适用法律进行审查。"按照"不告不理"的原则，第二审人民法院对上诉案件的审理范围限于当事人上诉请求的有关事实，以及与当事人上诉请求有关的法律适用情况。因此，对在一审中已作出认定的事实和裁判的事项，如果当事人双方未提出异议，没有要求二审法院审查与处理的，二审法院对非上诉部分不再审理。《民诉法解释》第 323 条规定："第二审人民法院应当围绕当事人的上诉请求进行审理。当

① 沈德咏主编：《最高人民法院民事诉讼法司法解释理解与适用》（下），人民法院出版社 2015 年版，第 895 页。

事人没有提出请求的，不予审理，但一审判决违反法律禁止性规定，或者损害国家利益、社会公共利益、他人合法权益的除外。”

二、上诉案件的审理方式

《民事诉讼法》第169条规定：“第二审人民法院对上诉案件，应当组成合议庭，开庭审理。经过阅卷、调查和询问当事人，对没有提出新的事实、证据或者理由，合议庭认为不需要开庭审理的，可以不开庭审理。”

根据上述规定，第二审人民法院应当依法组成合议庭，需要对原证据重新审查或者当事人提出新的事实、证据或理由的，应当开庭审理。对事实清楚、适用法律正确和事实清楚、只是定性错误或者适用法律错误的案件，经过阅卷和调查，询问当事人，可以径行裁判。所谓径行裁判，是指合议庭通过阅卷、调查、询问当事人，在全部事实核对清楚后，认为不需要开庭审理的，可以直接作出裁判。

《民诉法解释》第333条规定：第二审人民法院对下列上诉案件，可以不开庭审理：(1)不服不予受理、管辖权异议和驳回起诉裁定的；(2)当事人提出的上诉请求明显不能成立的；(3)原判决、裁定认定事实清楚，但适用法律错误的；(4)原判决严重违反法定程序，需要发回重审的。值得注意的是，我国《民事诉讼法》规定的“不开庭审理”同一些西方国家民事诉讼法规定的“书面审理”是不相同的。所谓“书面审理”，是指不开庭，不调查，不询问当事人、证人，只通过审查一审案卷材料即作出裁判的审理方式。而不开庭审理的案件，审判人员必须与当事人见面，亲自听取当事人陈述，并询问当事人。第二审人民法院审理上诉案件，既可以在本院进行，也可以在案件发生地或者原审人民法院所在地进行。

有学者认为，开庭审理和口头辩论有利于体现程序的复杂性，使当事人形成案件经过慎重考虑的感觉并因此信服裁判结果，还能够为当事人提供进一步声明主张和宣泄不满的机会，从而强化程序的公正性。因此，第二审程序原则上实行开庭审理是非常必要的。①

当事人在第一审程序中实施的诉讼行为，在第二审程序中对该当事人仍具有拘束力。当事人推翻其在第一审程序中实施的诉讼行为时，人民法院应当责令其说明理由；理由不成立的，不予支持。此即“禁反言”规则在第二审程序中的体现。

① 杨荣馨主编：《民事诉讼原理》，法律出版社2003年版，第465～466页。

三、上诉案件的调解

《民事诉讼法》第172条规定："第二审人民法院审理上诉案件，可以进行调解。调解达成协议，应当制作调解书，由审判人员、书记员署名，加盖人民法院印章。调解书送达后，原审人民法院的判决即视为撤销。"

调解贯穿于民事审判的全过程，第一审人民法院审理一审案件可以进行调解，第二审人民法院审理上诉案件也可以进行调解。但应注意的是，第二审法院不能在调解书上写明"撤销一审判决"。《民诉法解释》第339条规定："当事人在第二审程序中达成和解协议的，人民法院可以根据当事人的请求，对双方达成的和解协议进行审查并制作调解书送达当事人；因和解而申请撤诉，经审查符合撤诉条件的，人民法院应予准许。"民事案件二审期间，双方当事人达成和解协议，人民法院准许撤回上诉的，该和解协议未经人民法院依法制作调解书，属于诉讼外达成的协议。一方当事人不履行和解协议，另一方当事人申请执行一审判决的，人民法院应予以支持。[①]

四、上诉案件的审理期限

为保证上诉案件的及时审理，《民事诉讼法》对上诉案件的审理期限作了明确的规定。《民事诉讼法》第176条规定："人民法院审理对判决的上诉案件，应当在第二审立案之日起三个月内审结。有特殊情况需要延长的，由本院院长批准。人民法院审理对裁定的上诉案件，应当在第二审立案之日起三十日内作出终审裁定。"

第四节　上诉案件的裁判

第二审人民法院对上诉案件进行审理后，应当分别不同情况，作出如下裁判：

① 《吴梅诉四川省眉山西城纸业有限公司买卖合同纠纷案》，载《最高人民法院公报》2012年第2期。

一、驳回上诉，维持原裁判

第二审人民法院对上诉案件经过审理，认为原判决、裁定认定事实清楚，适用法律正确的，应依法判决或裁定驳回上诉，维持原判决、裁定。即确认一审法院的判决、裁定是正确合法的，当事人上诉的请求和理由不能成立，依法不予支持。《民诉法解释》第334条规定："原判决、裁定认定事实或者适用法律虽有瑕疵，但裁判结果正确的，第二审人民法院可以在判决、裁定中纠正瑕疵后，依照民事诉讼法第一百七十条第一款第一项规定予以维持。"

二、依法改判

第二审人民法院对上诉案件经过审理，对以下两种情形，可依法予以改判：(1)原判决、裁定认定事实错误或者适用法律错误的，以判决、裁定方式依法改判、撤销或者变更；(2)原判决认定基本事实不清的，查清事实后改判。

三、撤销原判，发回重审

第二审人民法院对上诉案件经过审理，对于以下情形应依法裁定撤销原判，发回重审：

1.原判决认定基本事实不清的。根据《民诉法解释》第335条的规定，"基本事实"是指用以确定当事人主体资格、案件性质、民事权利义务等对原判决、裁定的结果有实质性影响的事实。对于此种情形，既可由二审法院查清事实后予以改判，也可以撤销原判，发回重审。至于其具体标准应如何划分，法律则无明确规定。从审判实践看，该项规定较难把握，而且由于对"发回"没有次数的限制，容易造成混乱，也使得一些案件的审理大大超过法定的审限。我们认为，可以考虑将此种情况统一归入依法改判的范畴，这样既符合二审的审判职能，也使上诉案件的裁判标准更为明确。最高人民法院2002年7月31日公布的《关于人民法院对民事案件发回重审和指令再审有关问题的规定》明确指出："第二审人民法院根据民事诉讼法第153条(注：现为第170条)第1款第3项的规定将案件发回原审人民法院重审的，对同一案件，只能发回重审一次。第一审人民法院重审后，第二审人民法院认为原判决认定事实仍有错误，或者原判决认定事实不清、证据不足的，应当查清事实后依法改判。"《民事诉讼法》第170条第2款规定：原审人民法院对发回重审的案件作出判决后，当事人提起上诉的，第二审人民法院不得再次发回重审。

2.原判决遗漏当事人或者违法缺席判决等严重违反法定程序的。根据《民诉法解释》第 325 条的规定,下列情形,可以认定为《民事诉讼法》第 170 条第 1 款第 4 项规定的严重违反法定程序:(1)审判组织的组成不合法的;(2)应当回避的审判人员未回避的;(3)无诉讼行为能力人未经法定代理人代为诉讼的;(4)违法剥夺当事人辩论权利的。

3.对当事人在一审中已经提出的诉讼请求,原审法院未作审理、判决,经二审法院调解不能达成协议的。

4.必须参加诉讼的当事人在一审中未参加诉讼,在二审中参加诉讼,经二审法院调解,不能达成协议的。

5.一审判决不准离婚的案件,上诉后,第二审人民法院认为应当判决离婚的,经二审法院调解,不能达成调解协议的。《民诉法解释》第 329 条规定:"一审判决不准离婚的案件,上诉后,第二审人民法院认为应当判决离婚的,可以根据当事人自愿的原则,与子女抚养、财产问题一并调解;调解不成的,发回重审。双方当事人同意由第二审人民法院一并审理的,第二审人民法院可以一并裁判。"

第二审人民法院作出发回重审裁定时,应当在裁定书中详细阐明发回重审的理由和法律依据。对发回重审的案件,原审法院应当按照第一审程序另行组成合议庭。原审法院对发回重审案件所作的判决,属于第一审判决;当事人对该判决不服的,有权提起上诉。《民诉法解释》第 328 条规定:"在第二审程序中,原审原告增加独立的诉讼请求或者原审被告提出反诉的,第二审人民法院可以根据当事人自愿的原则就新增加的诉讼请求或者反诉进行调解;调解不成的,告知当事人另行起诉。双方当事人同意由第二审人民法院一并审理的,第二审人民法院可以一并裁判。"人民法院依照第二审程序审理的案件,经审查认为依法不应由法院受理的,可以由第二审法院直接裁定撤销原判,驳回起诉。人民法院依照第二审程序审理案件,认为第一审人民法院受理案件违反专属管辖规定的,应当裁定撤销原裁判并移送有管辖权的人民法院。

在引例中,由于原审被告在二审中提出了反诉,依据最高人民法院的司法解释,二审法院可以根据当事人自愿的原则就反诉进行调解,调解不成的,告知当事人另行起诉。若双方当事人同意由第二审人民法院一并审理的,第二审人民法院可以一并裁判。

四、对不服裁定上诉的处理

《民事诉讼法》第 171 条规定:"第二审人民法院对不服第一审人民法院裁定的上诉案件的处理,一律使用裁定。"第二审法院对不服第一审法院裁定的上诉,经过审查，认为原裁定认定事实清楚，适用法律正确的，可以裁定驳回上诉，维持原裁定。第二审人民法院查明第一审人民法院作出的不予受理裁定有错误的，应当在撤销原裁定的同时，指令第一审人民法院立案受理；查明第一审人民法院作出的驳回起诉裁定有错误的，应当在撤销原裁定的同时，指令第一审人民法院审理。此外，对第一审法院所作的对管辖权有异议的裁定，如认为有错误，第二审法院应当在撤销原裁定的终审裁定中写明有管辖权的法院，并根据不同情况作出处理：指令第一审法院审理，或指令其将案件移送有管辖权的法院，或将案件提归本院审理。《民诉法解释》第341条规定："人民法院审理对裁定的上诉案件，应当在第二审立案之日起三十日内作出终审裁定。有特殊情况需要延长审限的，由本院院长批准。"

第十二章　再审程序

【引　例】

甲诉乙财产所有权纠纷一案，经A县人民法院一审和B市中级人民法院二审的审理，判决财产归甲所有。二审判决生效后，乙发现可以证明该项财产的所有权属于自己的新证据，据此向该省高级人民法院申请再审。该省高级人民法院认为当事人的申请符合法律规定，决定再审。在审理中，法院发现原审遗漏了必须参加诉讼的当事人丙。问：法院应如何处理？

第一节　再审程序概述

一、再审程序的概念

再审程序，是指人民法院对已经发生法律效力的民事裁判、调解书发现确有错误，依法再次进行审理所适用的程序。再审程序并不是法院审理民事案件所必经的程序，而是对于确有错误的生效裁判所采取的一种特殊的救济途径。

在通常情况下，裁判一旦生效，就必须维护其稳定性和权威性，当事人不得再对该裁判确认的实体法律关系进行争议，法院也不得随意撤销或者变更该裁判。但是，即使法官十分谨慎地进行审理和判决，也难以避免在认定事实和适用法律方面发生某些错误，这就使得某些裁判已经发生法律效力的案件有必要再次进入诉讼程序。再审制度的设立正是在裁判的稳定性、权威性与裁判的正确性、公正性之间寻求平衡的结果。它的确立，体现了法治社会既要维护司法权威，又要追求裁判公正的价值取向。正如日本学者兼子一、竹下守夫所言："判决被确定后，如仅仅因为判断不当或发现新的证据就承认当事人的不服声明，则诉讼是无止境的；但另一方面，从作出正确、公正的裁判的理想来说，不管有什么样的瑕疵一律不准撤销已确定的判决，也是不合理的。”[①]因此，再审程序是民事诉讼程序不可缺少的一个组成部分。

世界各国对再审程序都作了规定，不过其称谓不一，实施与获取补救的途径和程序也有所区别。多数国家的民事诉讼法将纠正生效裁判的程序称为“再审程序”，其发生以当事人的诉权为基础。社会主义国家的民事诉讼法多将纠正生效裁判的程序称为“审判监督程序”，并以审判监督权为基础，由法定机关、组织和人员提起再审或由法定机关、组织和人员及当事人共同提起再审。我国 1982 年的《民事诉讼法(试行)》规定，只有人民法院有权按照审判监督程序提起再审，1991 年的《民事诉讼法》增设了检察机关抗诉提起再审及当事人申请再审，但《民事诉讼法》第十六章的章名仍是“审判监督程序”，而不是“再审程序”，因此，对审判监督程序与再审程序是否相同，学界存在不同的看法。有学者认为，二者是同一程序的不同称谓，“审判监督程序，是指人民法院对已经发生法律效力的判决、裁定，依照法律规定由法定机关提起，对案件进行再审的程序。它又称为再审程序。”[②]也有学者认为两者不同，“审判监督程序只是再审程序的一个子程序，即启动再审程序的程序”。[③] 尽管理论上存在争议，在司法实践中，两者被当作相同含义的术语使用，而从《民事诉讼法》的具体规定来看，立法上对二者也没有严格区分。其原因主要在于，我国的再审程序的发动必须依靠法定机关，即人民法院和人民检察院的监督权，即使是当事人申请再审，也不必然导致再审程序发动，而只是作为法院发现错误，行使监督权的一个信息来源，因此，在现行体制下，两个术语没有体现出实质性的差别。但是，一旦我国借鉴大陆法系国家的先进经验，设立完善的再审之诉制度，使审判监督权不再成为再审程序发动的主要途径，将该章章名改为再审程序显然更为恰当。

为了保障当事人申请再审的权利，规范审判监督程序，维护各方当事人的合法权益，最高人民法院于 2008 年 11 月 25 日公布了《关于适用〈中华人民共和国民事诉讼法〉审判监督程序若干问题的解释》(以下简称《再审解释》)。据统计，2008 年 4 月至 2010 年 11 月，全国各级人民法院共新收民事申请再审案件 158845 件，审结 135618 件，结案率为 85.4%。[④]

---

① [日]兼子一、竹下守夫：《民事诉讼法》，白绿铉译，法律出版社 1995 年版，第 249 页。

② 常怡主编：《民事诉讼法学》，中国政法大学出版社 2003 年版，第 332 页。

③ 谭兵主编：《民事诉讼法学》，法律出版社 2004 年版，第 371 页。

④ 王斗斗：《当事人申请再审难问题基本解决》，载《法制日报》2011 年 1 月 8 日第 5 版。

二、再审与上诉审、重审的区别

就目的而言，再审的设立与上诉审、重审有共同之处，三者都是为了纠正裁判的错误，保证裁判的正确性和公正性而设立的，但也存在根本的区别：

（一）再审与上诉审的区别

1.性质不同。上诉审和再审虽然都是纠错程序，但上诉审属于两审终审的审级结构内的纠错程序，而再审是审级结构之外独立的纠错程序。

2.审理对象不同。上诉审的审理对象是地方各级法院未生效的一审判决、裁定；再审的审理对象是生效的判决、裁定和调解书。

3.提起主体不同。上诉审的提起主体是不服第一审裁判的当事人，包括原被告、共同诉讼人、有独立请求权第三人和被确定需承担实体责任的无独立请求权第三人；再审的提起主体不仅包括当事人，还包括人民法院和人民检察院。

（二）再审与重审的区别

重审，是对案件的重新审理。当事人不服第一审裁判（包括按第一审程序再审后作出的裁判），提起上诉后，第二审人民法院经过审理，认为一审裁判确实有错误，又不宜直接改判的，可以裁定撤销原裁判，发回一审人民法院，由一审人民法院按照一审程序另行组成合议庭，对案件进行重新审理。这是利用第一审程序纠正裁判错误的机制，属于正常审级结构内的程序；而再审是对案件的再次审理，即对裁判和调解书已经生效的案件，利用新的程序再次审理，以纠正裁判错误的机制，属于正常审级结构外的程序。

从一定意义上说，再审程序与上诉审程序设立的目的有某些相同之处，二者都具有消除和纠正已形成的裁判中错误的积极作用。再审程序的特殊价值在于：第一，它是为纠正生效裁判的错误而设立的特殊程序，体现了法院审理民事案件的负责精神，也是对合法民事权益的更完善的保护。第二，它为发现并纠正生效裁判的错误提供了多种手段和途径，不仅当事人可以申请再审，而且各级人民法院对本院或下级法院的生效裁判，认为有错误的，都可以提出再审，人民检察院也可通过行使法律监督权，对有关法院所作的有错误的生效裁判提出抗诉，从而引起再审的发生。第三，再审程序的设立是对两审终审制的一种必要的补充。许多国家对民事案件的审理实行三审终审制，相对而言，三审终审制较之两审终审制有更多的纠错机遇。我国实行两审终审制，且终审法院的层级偏低，设立再审程序用以救济生效裁判的错误是必要的。

但是,“实事求是、有错必纠”这一原则在民事诉讼领域中的适用,受制于以下几个因素:(1)民事纠纷解决的时限性。民事诉讼活动是对已经经过的事件进行证明并作出判断的一个过程。严格依照法定程序彻底完整地重现案件“原貌”固然是一种最为理想的状态,但是,诉讼要受到一定的时间、空间、证明方法、主体的认识能力、解决成本等多方面因素的限制,不可能无止境地去探求某一具体案件的“客观真实”,否则民事权利义务关系会长久地处于一种不确定的状态,进而严重地危及整个社会的稳定与发展。(2)法院的民事判决是基于在一定的时间内、一定的场合里所形成的诉讼资料的基础上所作的判断。这种作为法官对案件作出最终判断基础的诉讼资料的形成,应具有程序(过程)的约束力,除非存在重大瑕疵否则不能随意动摇。(3)对于诉讼成本的考虑。在诉讼中,不但当事人要投入相当的人力、物力,法院(国家)也会有大量的投入。由于受制于证明手段、主体认识能力等多方面因素的影响,法院对案件事实的认定具有一定的相对性。若按照“实事求是、有错必纠”原则的要求来探求案件的“客观真实”,必将会造成已经进行过的诉讼程序被重复多次地进行,使得法院、当事人以及其他诉讼参与人已经实施的诉讼行为和经过的诉讼程序,可能会因此而毫无意义。因此,基于对诉讼时限、诉讼成本、认识手段及主体认识能力的考虑,民事诉讼再审程序的指导原则应当从“有错必纠”转变为“依法纠错”。

第二节　再审程序的启动

根据《民事诉讼法》的规定,我国民事再审程序的启动有三种途径,即当事人申请再审、人民法院依职权发动再审和人民检察院通过提起民事抗诉发动再审。

一、当事人申请再审

(一)当事人申请再审的概念

当事人申请再审,是指当事人认为人民法院作出的已经发生法律效力的判决、裁定有错误,或者有证据证明人民法院作出的已经发生法律效力的调解书在调解时违反自愿原则或者调解协议的内容违反法律规定,依照法定程序提出申请,请求人民法院对已经审结的民事案件进行再次审理和重新裁判的诉讼行为。申请再审

是当事人享有的一项重要的诉讼权利，也是引起再审程序的重要途径之一。当事人是法院判决、裁定或者调解书确认的实体权利的享有者和实体义务的承担者，如果法院判决、裁定或者调解书存在错误，必然对当事人的实体权利义务产生直接影响。赋予当事人申请再审的权利，对于维护当事人的合法权益具有重要的意义。

在司法实践中，申请再审往往被等同于申诉，其实，两者存在巨大差别：首先，申请再审是民事诉讼法赋予的诉讼权利，申诉是宪法赋予的民主权利；其次，申请再审的主体只能是生效裁判文书所涉及的当事人及其法定代理人，申诉的主体可以是本案当事人，也可以是其他公民；第三，申请再审只能向人民法院提出，申诉则没有针对机关的限制，既可以向人民法院申诉，也可以向人民检察院、人大、政府信访部门等其他机关申诉。[①]

（二）当事人申请再审的条件

根据《民事诉讼法》的规定，当事人申请再审必须符合下列条件：

1.申请再审的主体必须是原审案件的当事人

《民诉法解释》第 375 条规定："当事人死亡或者终止的，其权利义务承继者可以根据民事诉讼法第一百九十九条、第二百零一条的规定申请再审。判决、调解书生效后，当事人将判决、调解书确认的债权转让，债权受让人对该判决、调解书不服申请再审的，人民法院不予受理。"最高人民法院"法释[2011]2 号"批复指出："判决生效后当事人将判决确认的债权转让，债权受让人对该判决不服提出再审申请的，因其不具有再审申请人主体资格，人民法院应依法不予受理。"该批复的主要目的在于维护生效裁判的既判力，保护原审诉讼中对方当事人的诉讼信赖利益。

根据《民诉法解释》第 422 条的规定，必须共同进行诉讼的当事人因不能归责于本人或者其诉讼代理人的事由未参加诉讼的，可以根据《民事诉讼法》第 200 条第 8 项的规定，自知道或者应当知道之日起 6 个月内申请再审，但符合《民诉法解释》第 423 条规定情形的除外。人民法院因前款规定的当事人申请而裁定再审，按照第一审程序再审的，应当追加其为当事人，作出新的判决、裁定；按照第二审程序再审，经调解不能达成协议的，应当撤销原判决、裁定，发回重审，重审时应追加其为当事人。

根据《民事诉讼法》第 427 条的规定，案外人对驳回其执行异议的裁定不服，认为原判决、裁定、调解书内容错误损害其民事权益的，可以自执行异议裁定送达之日起 6 个月内，向作出原判决、裁定、调解书的人民法院申请再审。

2.认为人民法院已经发生法律效力的判决、裁定、调解书有错误

---

① 宋朝武主编：《民事诉讼法学》，厦门大学出版社 2015 年第 4 版，第 431～432 页。

当事人只能对法院判决、裁定或者调解书已经生效的案件申请再审。对于判决、裁定尚未生效的案件，当事人可以通过上诉的方式声明不服，引起第二审程序，寻求权利的进一步救济；对于调解书尚未发生法律效力的案件，当事人认为调解的程序违反自愿原则，或者调解协议的内容违反法律规定，或者在签收前反悔的，可以拒绝签收调解书，使调解书不能生效。因此，对于判决、裁定或者调解书尚未生效的案件，当事人就没有必要通过申请再审的方式寻求权利的救济。已经发生法律效力的判决、裁定、调解书，既包括已经生效的第一审判决、裁定和调解书，也包括第二审判决、裁定和调解书。

3.具有申请再审的法定事由

当事人申请再审的法定事由，也称为再审理由。根据《民事诉讼法》的规定，当事人申请再审的事由因案件是以判决和裁定方式结案还是以调解方式结案而有所不同：

根据《民事诉讼法》第 200 条的规定，当事人对以判决和裁定方式结案的案件申请再审必须具备以下的法定事由：(1)有新的证据足以推翻原判决、裁定的；(2)原判决、裁定认定的基本事实缺乏证据证明的；(3)原判决、裁定认定事实的主要证据是伪造的；(4)原判决、裁定认定事实的主要证据未经质证的；(5)对审理案件需要的主要证据，当事人因客观原因不能自行收集，书面申请人民法院调查收集，人民法院未调查收集的；(6)原判决、裁定适用法律确有错误的；(7)审判组织的组成不合法或者依法应当回避的审判人员没有回避的；(8)无诉讼行为能力人未经法定代理人代为诉讼或者应当参加诉讼的当事人，因不能归责于本人或者其诉讼代理人的事由，未参加诉讼的；(9)违反法律规定，剥夺当事人辩论权利的；(10)未经传票传唤，缺席判决的；(11)原判决、裁定遗漏或者超出诉讼请求的；(12)据以作出原判决、裁定的法律文书被撤销或者变更的；(13)审判人员在审理该案件时有贪污受贿、徇私舞弊、枉法裁判行为的。《民诉法解释》对《民事诉讼法》第 200 条再审事由的理解与适用作了具体的阐释。

《民诉法解释》第 387 条规定："再审申请人提供的新的证据，能够证明原判决、裁定认定基本事实或者裁判结果错误的，应当认定为民事诉讼法第二百条第一项规定的情形。对于符合前款规定的证据，人民法院应当责令再审申请人说明其逾期提供该证据的理由；拒不说明理由或者理由不成立的，依照民事诉讼法第六十五条第二款和本解释第一百零二条的规定处理。"第 388 条规定："再审申请人证明其提交的新的证据符合下列情形之一的，可以认定逾期提供证据的理由成立：(一)在原审庭审结束前已经存在，因客观原因于庭审结束后才发现的；(二)在原审庭审结束前已经发现，但因客观原因无法取得或者在规定的期限内不能提供的；(三)在原审庭审结束后形成，无法据此另行提起诉讼的。再审申请人提交的证据在原审中

已经提供，原审人民法院未组织质证且未作为裁判根据的，视为逾期提供证据的理由成立，但原审人民法院依照民事诉讼法第六十五条规定不予采纳的除外。"

《民诉法解释》第389条规定："当事人对原判决、裁定认定事实的主要证据在原审中拒绝发表质证意见或者质证中未对证据发表质证意见的，不属于民事诉讼法第二百条第四项规定的未经质证的情形。"

《民诉法解释》第390条规定："有下列情形之一，导致判决、裁定结果错误的，应当认定为民事诉讼法第二百条第六项规定的原判决、裁定适用法律确有错误：(一)适用的法律与案件性质明显不符的；(二)确定民事责任明显违背当事人约定或者法律规定的；(三)适用已经失效或者尚未施行的法律的；(四)违反法律溯及力规定的；(五)违反法律适用规则的；(六)明显违背立法原意的。"

《民诉法解释》第391条规定："原审开庭过程中有下列情形之一的，应当认定为民事诉讼法第二百条第九项规定的剥夺当事人辩论权利：(一)不允许当事人发表辩论意见的；(二)应当开庭审理而未开庭审理的；(三)违反法律规定送达起诉状副本或者上诉状副本，致使当事人无法行使辩论权利的；(四)违法剥夺当事人辩论权利的其他情形。"

《民诉法解释》第392条规定："民事诉讼法第二百条第十一项规定的诉讼请求，包括一审诉讼请求、二审上诉请求，但当事人未对一审判决、裁定遗漏或者超出诉讼请求提起上诉的除外。"

《民诉法解释》第393条规定："民事诉讼法第二百条第十二项规定的法律文书包括：(一)发生法律效力的判决书、裁定书、调解书；(二)发生法律效力的仲裁裁决书；(三)具有强制执行效力的公证债权文书。"

《民诉法解释》第394条规定："民事诉讼法第二百条第十三项规定的审判人员审理该案件时有贪污受贿、徇私舞弊、枉法裁判行为，是指已经由生效刑事法律文书或者纪律处分决定所确认的行为。"

《民事诉讼法》第201条规定了当事人对以调解方式结案的民事案件申请再审的事由：第一，有证据证明调解违反自愿原则的。自愿是法院调解的基本原则，违反自愿原则的调解不但违反了法院调解最基本的要求，而且是对当事人处分权的侵害。因此，当事人有证据证明调解违反自愿原则的，可以申请人民法院对案件进行再审。第二，有证据证明调解协议的内容违反法律规定的。法院调解不但要自愿，还必须依法进行，调解协议的内容不得违反法律的禁止性规定。当事人在诉讼过程中达成的调解协议发生法律效力后，如有证据证明该协议的内容违反了法律的禁止性规定，可据此申请人民法院对案件进行再审。

4.必须在法定期限内提出申请

根据《民事诉讼法》第205条的规定，当事人申请再审，应当在判决、裁定、调解书发生法律效力后6个月内提出。有第200条第1项、第3项、第12项、第13项规定情形的，应当自知道或者应当知道之日起6个月内提出再审申请。这是对当事人申请再审的时间限制，其目的在于促使当事人及时行使申请再审的权利，维护民事法律关系的稳定性。《再审解释》第2条规定："申请再审期间不适用中止、中断和延长的规定。"

5.必须向有管辖权的人民法院提出申请

根据《民事诉讼法》第199条的规定，当事人申请再审，可以向上一级人民法院提出。当事人一方人数众多或者当事人双方为公民的案件，也可以向原审人民法院申请再审。明确规定申请再审的管辖法院，一方面有利于当事人行使再审申请权，另一方面有利于明确人民法院的职责，防止法院之间互相推诿而损害当事人的合法权益。

6.该案件不属于不得申请再审的案件

根据《民事诉讼法》第202条及最高人民法院《民诉法解释》的相关规定，对于下列案件，当事人不得申请再审：

(1)判决、调解解除婚姻关系的案件

人民法院作出的解除婚姻关系的判决或调解书一旦发生法律效力，男女双方之间基于婚姻关系而形成的人身关系就消灭了，双方均可以与他人建立婚姻关系。此后，当事人不得再就是否应当解除婚姻关系申请再审。这是因为，如果一方或者双方已经依法与他人结婚，一旦进行再审并对案件予以改判，就会危及后一个合法的婚姻，形成无法解决的矛盾。当然，在这种案件中，当事人不得申请再审的事项仅限于解除婚姻关系部分，当事人就离婚案件中的财产分割问题申请再审的，如果涉及判决中已经分割的财产，人民法院对于符合条件的申请，应当立案审理；如果涉及判决中未作处理的夫妻共同财产，应当告知当事人另行起诉。

(2)按照特别程序、督促程序、公示催告程序、破产程序等非讼程序审理的案件

对于按照特别程序审理的案件，如果判决生效后出现了新情况，当事人或利害关系人可以依照特别程序的规定申请作出新判决，撤销原判决；如果当事人认为判决、裁定有错误的，可以依据《民诉法解释》第374条的规定，向作出该判决、裁定的人民法院提出异议。督促程序、公示催告程序、破产程序的性质均为非讼程序，其程序功能并非解决民事权益争议，而再审程序的性质属于民事争讼程序。因此，对这些案件没有必要进行再审。

(3)人民法院依照审判监督程序审理的案件

对人民法院依照审判监督程序审理的案件(包括驳回再审申请、再审后维持原判或再审改判等情形)，当事人不得申请再审。如果允许当事人对已经依照审判监督程序审理的案件无限制地申请再审，将导致人民法院的裁判长期处于一种不稳

定状态，从而影响社会关系的稳定，浪费司法资源，损害司法权威。因此，对此类案件不允许当事人申请再审。

《民诉法解释》第 383 条规定："当事人申请再审，有下列情形之一的，人民法院不予受理：(一)再审申请被驳回后再次提出申请的；(二)对再审判决、裁定提出申请的；(三)在人民检察院对当事人的申请作出不予提出再审检察建议或者抗诉决定后又提出申请的。前款第一项、第二项规定情形，人民法院应当告知当事人可以向人民检察院申请再审检察建议或者抗诉，但因人民检察院提出再审检察建议或者抗诉而再审作出的判决、裁定除外。"

(三)当事人申请再审的提出与受理

根据《民诉法解释》第 377 条的规定，当事人申请再审的，应当提交以下材料：(1)再审申请书，并按照被申请人和原审其他当事人的人数提交副本；(2)再审申请人是自然人的，应当提交身份证明；再审申请人是法人或者其他组织的，应当提交营业执照、组织机构代码证书、法定代表人或者主要负责人身份证明书。委托他人代为申请的，应当提交授权委托书和代理人身份证明；(3)原审判决书、裁定书、调解书；(4)反映案件基本事实的主要证据及其他材料。其中第 2 项、第 3 项、第 4 项规定的材料可以是与原件核对无异的复印件。

最高人民法院《关于受理审查民事申请再审案件的若干意见》(2009 年 4 月 27 日印发)第 10 条规定："人民法院受理申请再审案件后，应当组成合议庭进行审查。"第 11 条规定："人民法院审查申请再审案件，应当围绕申请再审事由是否成立进行，申请再审人未主张的事由不予审查。"第 13 条规定，人民法院采取审阅当事人提交的书面材料、审阅原审卷宗、询问当事人，组织当事人听证的方式，审查申请再审案件。《民诉法解释》第 397 条规定："人民法院根据审查案件的需要决定是否询问当事人。新的证据可能推翻原判决、裁定的，人民法院应当询问当事人。"第 399 条规定："审查再审申请期间，再审申请人申请人民法院委托鉴定、勘验的，人民法院不予准许。"

当事人向人民法院提交再审申请并不必然导致再审程序的开始，它只是人民法院发现错案的一种途径。法院收到当事人的再审申请后，应当依法在 3 个月内审查完毕。如果认为申请符合再审条件，申请的材料齐备，且属于本院管辖的，应作为再审案件立案，并裁定中止原判决、裁定或调解书的执行；认为申请材料欠缺的，可以要求申请人补充材料，然后根据补充后的材料决定是否受理；认为申请不属于本院管辖的，告知当事人向有管辖权的法院提出申请；认为申请不符合法定申请再审条件或超过法定期限的，依法裁定驳回申请。有特殊情况需要延长的，由本院院长批准。根据《民诉法解释》第 400 条的规定，审查再审申请期间，再审申请人撤回再审申请的，是否准许，由人民法院裁定。再审申请人经传票传唤，无正当理由拒不接受询问的，可以按撤回再审申请处理。人民法院准许撤回再审申请或者按撤回再审申请处理后，再审申请人再次申请再审的，不予受理，但有《民事诉讼法》第 200 条第 1 项、第 3 项、第 12 项、第 13 项规定的情形，自知道或者应当知道之日起 6 个月内提出的除外。

在审查过程中，再审申请人、被申请人及原审其他当事人自愿达成和解协议，当事人申请人民法院出具调解书并且能够确定申请再审事由成立的，人民法院应当裁定再审并制作调解书。

再审申请审查期间，有下列情形之一的，人民法院裁定终结审查：(1)再审申请人死亡或者终止，无权利义务承继者或者权利义务承继者声明放弃再审申请的；(2)在给付之诉中，负有给付义务的被申请人死亡或者终止，无可供执行的财产，也没有应当承担义务的人的；(3)当事人达成和解协议且已履行完毕的，但当事人在和解协议中声明不放弃申请再审权利的除外；(4)他人未经授权以当事人名义申请再审的；(5)原审或者上一级人民法院已经裁定再审的。(6)有《民诉法解释》第 383 条第 1 款规定情形的。

根据《民事诉讼法》第 204 条第 2 款的规定，因当事人申请裁定再审的案件由中级人民法院以上的人民法院审理，但当事人依照《民事诉讼法》第 199 条的规定选择向基层人民法院申请再审的除外。最高人民法院、高级人民法院裁定再审的案件，由本院再审或者交其他人民法院再审，也可以交原审人民法院再审。

二、人民法院决定再审

(一)人民法院决定再审的概念和条件

人民法院决定再审，是指人民法院发现本院或下级人民法院已经发生法律效力的判决、裁定、调解书确有错误，根据法律规定，决定对案件进行再审的诉讼行为。人民法院决定再审是其行使审判监督权的职权行为，因此，也被称为人民法院依职权提起再审。人民法院决定再审的条件包括两个方面：第一，裁定、判决、调解书已经发生法律效力；第二，判决、裁定、调解书确有错误。

(二)人民法院提起再审的方式

根据《民事诉讼法》第 198 条的规定，人民法院决定再审可分为本法院决定再审、最高人民法院提审或者指令再审、上级人民法院提审或者指令再审三种方式。

1.本院决定再审

各级人民法院院长对本院已经发生法律效力的判决、裁定、调解书，发现确有错误，认为需要再审的，应当提交审判委员会讨论决定。院长无权自行决定是否进行再审，而应当由审判委员会讨论决定，这一点与当事人申请再审的处理不同，后者不一定要经过审判委员会的讨论。审判委员会讨论案件采用民主集中制原则，只有认为确有错误、需要再审，且经审判委员会多数人表决同意的，才能决定再审。

2.最高人民法院提审或者指令再审

最高人民法院是我国最高审判机关，也是地方各级人民法院、专门人民法院的最高审判监督机关。最高人民法院对地方各级人民法院、专门人民法院已经发生法律效力的判决、裁定、调解书，发现确有错误的，有权提审或者指令再审。提审，就是将地方各级人民法院、专门人民法院作出生效裁判、调解书的案件的卷宗调到最高人民法院，由最高人民法院审理。指令再审，就是指令下级人民法院对裁判、调解书已经生效的案件进行再审。下级人民法院接到指令后，应当依法再审，并将审判结果上报最高人民法院。

3.上级人民法院提审或者指令再审

上级人民法院对下级人民法院具有审判监督权。对于下级人民法院已经发生法律效力的判决、裁定、调解书，发现确有错误的，上级人民法院有权调取卷宗自行审理，或者指令下级人民法院再审，具体程序与最高人民法院提审或指令再审的程序相同。

三、检察院民事抗诉及再审检察建议引起再审

2012年修法涉及诸多方面，其中一项重要内容即加强人民检察院对民事诉讼及民事执行的法律监督，具体表现在扩大了监督范围，增加了监督方式，强化了监督手段。

（一）民事抗诉的概念

人民检察院的民事抗诉，是指人民检察院对人民法院已经发生法律效力的民事判决、裁定，发现确有错误，或者发现调解书损害国家利益、社会公共利益的，依照法定程序要求人民法院对案件进行再次审理的诉讼行为。人民检察院是国家的法律监督机关，依法对民事诉讼活动享有法律监督权，抗诉正是人民检察院基于其法律监督权而进行的职权行为。从民事审判实践来看，人民检察院对民事审判活动的法律监督，过去主要是通过对生效的法院裁判提出抗诉的方式进行的。近年来，民事诉讼监督逐渐从以往偏重对生效裁判的一元化监督格局转变为对生效裁判监督和对审判人员违法行为监督、执行活动监督全面发展的多元化监督格局。

据统计，2014年1月至11月，全国检察机关对民事行政生效裁判提出抗诉3469件，抗诉案件再审改变率为73.7%；提出再审检察建议4099件，采纳率为59.3%；对审判程序中的违法行为提出检察建议15122件，采纳率为83.1%；对执行活动中的违法情形提出检察建议22700件，采纳率为83.9%。[①]

（二）民事抗诉的条件

1.判决、裁定、调解书已经发生法律效力。民事诉讼中的检察监督是一种事后监督，对于尚未生效的民事判决、裁定、调解书，人民检察院不能提出抗诉。

2.具备法定的事由。为了确保人民法院依法独立行使审判权，维护人民法院司法裁判的权威性，人民检察院抗诉必须有一定范围的限制。《民事诉讼法》第208条第1款、第2款规定："最高人民检察院对各级人民法院已经发生法律效力的判决、裁定，上级人民检察院对下级人民法院已经发生法律效力的判决、裁定，发现有本法第二百条规定情形之一的，或者发现调解书损害国家利益、社会公共利益的，应当提出抗诉。地方各级人民检察院对同级人民法院已经发生法律效力的判决、裁定，发现有本法第二百条规定情形之一的，或者发现调解书损害国家利益、社会公共利益的，可以向同级人民法院提出检察建议，并报上级人民检察院备案；也可以提请上级人民检察院向同级人民法院提出抗诉。"

（三）民事抗诉的类型

人民检察院民事抗诉有两种类型，即最高人民检察院提起民事抗诉和上级人民检察院提起民事抗诉。

1.最高人民检察院对各级人民法院的判决、裁定、调解书提起民事抗诉。最高人民检察院是行使法律监督权的最高机关，有权对包括最高人民法院在内的各级人民法院、专门人民法院行使法律监督权。所以，最高人民检察院对各级人民法院已经发生法律效力的判决、裁定、调解书，发现具有法定情形的，应当按照审判监督程序提出民事抗诉。

2.上级人民检察院对下级人民法院的判决、裁定、调解书抗诉。上级人民检察院对下级人民法院享有法律监督权，对于下级人民法院已经发生法律效力的判决、裁定、调解书，发现具有法定抗诉事由的，应当按审判监督程序提出抗诉，从而引起再审程序。从现行《民事诉讼法》的规定来看，地方各级人民检察院不能对同级人民法院生效的民事判决、裁定、调解书提出抗诉。如果地方各级人民检察院发现同级人民法院已经发生法律效力的判决、裁定、调解书具有法定应当提出抗诉的情形

① 颜良伟：《从一元到多元：民行检察呈现新格局》，载《检察日报》2015年2月8日第1版。

的，可以建议同级人民法院依职权再审，或提请上一级人民检察院按照审判监督程序提出抗诉。

与当事人申请再审不同，对于人民检察院依法提起抗诉的案件，人民法院应在30日内裁定再审，不存在驳回的情况。该规定充分体现了人民检察院作为法律监督机关对人民法院的制约作用。

（四）民事抗诉案件的提出与审理

人民检察院主要通过以下几种途径发现人民法院裁判、调解书的错误：第一，当事人或者其他利害关系人申请监督；[①]第二，国家权力机关或者其他机关转办；第三，上级人民检察院交办；第四，人民检察院依职权发现。对于以上来源的民事案件，由有抗诉权或者有提请抗诉权的人民检察院立案，审查并确定是否提出抗诉。根据《人民检察院民事诉讼监督规则》（2013年11月19日发布）的规定，人民检察院经过审查，认为案件符合法律规定的抗诉条件的，向人民法院提出抗诉；不符合抗诉条件的，作出不抗诉决定；符合检察建议条件且确有必要的，向人民法院或者有关单位提出检察建议。其中，对于下级人民法院已经发生法律效力的判决、裁定，经审查符合抗诉条件的，应当由检察长批准或者由检察委员会决定，向同级人民法院提出抗诉。地方各级人民检察院对同级人民法院已经发生法律效力的判决、裁定，经审查认为符合抗诉条件的，应当提请上一级人民检察院抗诉。

为了理顺检察监督与当事人申请再审的关系，《民事诉讼法》第209条规定："有下列情形之一的，当事人可以向人民检察院申请检察建议或者抗诉：（一）人民法院驳回再审申请的；（二）人民法院逾期未对再审申请作出裁定的；（三）再审判决、裁定有明显错误的。人民检察院对当事人的申请应当在三个月内进行审查，作出提出或者不予提出检察建议或者抗诉的决定。当事人不得再次向人民检察院申请检察建议或者抗诉。"

为了保障人民检察院依法行使法律监督权，《民事诉讼法》第210条规定："人民检察院因履行法律监督职责提出检察建议或者抗诉的需要，可以向当事人或者案外人调查核实有关情况。"最高人民检察院对各级人民法院的生效民事裁判、调解书，上级人民检察院对下级人民法院的生效民事裁判、调解书有权提出抗诉，抗

---

① 当事人在一审裁判后未提出上诉，申请抗诉时应当说明未提出上诉的正当理由；没有正当理由的，人民检察院不予受理。参见江必新等：《新民事诉讼法审判监督程序讲座》，法律出版社2012年版，第144页。《人民检察院民事诉讼监督规则》第32条对此种情形的处理作了具体规定。2018年9月15日，最高人民检察院发出通知，停止执行《人民检察院民事诉讼监督规则》第32条。

诉应当由有抗诉权的人民检察院向同级人民法院提出。例如，对于某市中级人民法院作出的某项生效民事判决，人民检察院发现具有法定抗诉事由的，应当由省人民检察院或者最高人民检察院提出抗诉。其中，省人民检察院应当向省高级人民法院提出抗诉，而不能向作出生效判决的某市中级人民法院提出抗诉，也不能向最高人民法院提出抗诉；最高人民检察院应当向最高人民法院提出抗诉，而不能向高级人民法院或者某市中级人民法院提出抗诉。

人民检察院发现本院抗诉不当的，应当由检察长或者检察委员会决定撤回抗诉；上级人民检察院发现下级人民检察院抗诉不当的，有权撤销下级人民检察院的抗诉决定。人民检察院决定撤回抗诉，应当制作"撤回抗诉决定书"，送达同级人民法院，通知当事人，并报送上一级人民检察院；下级人民检察院接到上级人民检察院的"撤销抗诉决定书"，应当制作"撤回抗诉决定书"，送达同级人民法院，通知当事人，并报送上一级人民检察院。

对于人民检察院提出抗诉的案件，接受抗诉的人民法院应当自收到抗诉书之日起 30 日内作出再审的裁定。如果该案件具有《民事诉讼法》第 200 条第 1 款第 1 项至第 5 项规定情形之一的，可以交下一级人民法院再审，但经该下一级人民法院再审的除外。人民法院审理抗诉案件时，应当通知人民检察院派员出庭。人民检察院接到出庭通知后，应当按照通知的时间、地点派员出庭支持抗诉。检察人员出庭的任务是宣读抗诉书、参加法庭调查、说明抗诉的根据和理由、对法庭审判活动是否合法实行监督。

（五）再审检察建议

根据《民事诉讼法》第 208 条第 2 款的规定，地方各级人民检察院有权向同级人民法院提出再审检察建议。《民诉法解释》第 416 条规定："地方各级人民检察院依当事人的申请对生效判决、裁定向同级人民法院提出再审检察建议，符合下列条件的，应予受理：（一）再审检察建议书和原审当事人申请书及相关证据材料已经提交；（二）建议再审的对象为依照民事诉讼法和本解释规定可以进行再审的判决、裁定；（三）再审检察建议书列明该判决、裁定有民事诉讼法第二百零八条第二款规定情形；（四）符合民事诉讼法第二百零九条第一款第一项、第二项规定情形；（五）再审检察建议经该人民检察院检察委员会讨论决定。不符合前款规定的，人民法院可以建议人民检察院予以补正或者撤回；不予补正或者撤回的，应当函告人民检察院不予受理。"人民法院收到再审检察建议后，应当组成合议庭，在 3 个月内进行审查，发现原判决、裁定、调解书确有错误，需要再审的，依照《民事诉讼法》第 198 条规定裁定再审，并通知当事人；经审查，决定不予再审的，应当书面回复人民检察院。

第三节　再审案件的审理

一、裁定中止原判决的执行

根据《民事诉讼法》第206条的规定，按照审判监督程序决定再审的案件，裁定中止原判决、裁定、调解书的执行，但追索赡养费、扶养费、抚育费、抚恤金、医疗费用、劳动报酬等案件，可以不中止执行。人民法院决定对案件进行再审之后，之所以要裁定中止原判决的执行，主要是为了防止继续执行有错误的判决，给国家、集体、社会公共利益或者他人的合法权益造成更大的损害。为了及时救济弱势群体，对于某些特定类型的案件可不中止执行。裁定中止原裁判或者调解书的执行，只是暂时中断原裁判或者调解书的执行力，并导致原裁判或者调解书的执行程序暂时停止，而不是撤销原裁判、裁定或者调解书。这是因为，无论以何种方式启动再审程序，均只是主观上认为原判决、裁定或者调解书确有错误，并非客观上认定其"确有错误"。原判决、裁定或者调解书客观上是否"确有错误"，只有经过实体审理才能作出判断；在再审法院作出的撤销原判决、裁定或者调解书的新裁判生效前，原判决、裁定或者调解书仍然具有法律效力。

二、另行组成合议庭

根据《民事诉讼法》第207条第2款的规定，人民法院审理再审案件，应当另行组成合议庭。再审程序的任务是发现和纠正生效判决、裁定或者调解书的错误，因此，要防止审判人员先入为主，避免偏见及其他原因可能对再审造成的不良影响。首先，再审案件的审理必须组成合议庭，不能由一名审判员独任审判。一旦启动再审程序，就表明该案生效判决、裁定或者调解书的正确性、合法性受到了怀疑。因此，为了对原审判决、裁定或者调解书的正确性、合法性进行慎重的审查，确保案件的公正处理，再审案件必须由合议庭进行审理。即使人民法院按照第一审程序对再审案件进行审理，也不能由一名审判员独任审判。其次，无论是按照第一审程序还是按照第二审程序对再审案件进行审理，原来参加过本案审理的合议庭成员或者独任审判员不得参加再审合议庭。

三、分别适用第一、第二审程序审理

再审不是一个独立的审级，因此再审案件没有专门的审判程序。根据《民事诉讼法》的规定，人民法院应当依据不同情况，分别适用第一审程序或者第二审程序对再审案件进行审理。具体来说，发生法律效力的判决、裁定是由第一审法院作出的，按照第一审程序审理，所作的判决、裁定，当事人可以上诉；发生法律效力的判决、裁定是由第二审法院作出的，按照第二审程序审理，所作的判决、裁定，是终审的判决、裁定，不得上诉；最高人民法院或上级人民法院提审的案件，按照第二审程序审理，所作的判决、裁定是终审的判决、裁定，不得上诉。

《民诉法解释》第403条规定："人民法院审理再审案件应当组成合议庭开庭审理，但按照第二审程序审理，有特殊情况或者双方当事人已经通过其他方式充分表达意见，且书面同意不开庭审理的除外。符合缺席判决条件的，可以缺席判决。"

一审原告在再审审理程序中申请撤回起诉，经其他当事人同意，且不损害国家利益、社会公共利益、他人合法权益的，人民法院可以准许。裁定准许撤诉的，应当一并撤销原判决。一审原告在再审审理程序中撤回起诉后重复起诉的，人民法院不予受理。

当事人提交新的证据致使再审改判，因再审申请人或者申请检察监督当事人的过错未能在原审程序中及时举证，被申请人等当事人请求补偿其增加的交通、住宿、就餐、误工等必要费用的，人民法院应予以支持。

部分当事人到庭并达成调解协议，其他当事人未作出书面表示的，人民法院应当在判决中对该事实作出表述；调解协议内容不违反法律规定，且不损害其他当事人合法权益的，可以在判决主文中予以确认。

人民法院开庭审理再审案件，应当按照下列情形分别进行：(1)因当事人申请再审的，先由再审申请人陈述再审请求及理由，后由被申请人答辩、其他原审当事人发表意见；(2)因抗诉再审的，先由抗诉机关宣读抗诉书，再由申请抗诉的当事人陈述，后由被申请人答辩、其他原审当事人发表意见；(3)人民法院依职权再审，有申诉人的，先由申诉人陈述再审请求及理由，后由被申诉人答辩、其他原审当事人发表意见；(4)人民法院依职权再审，没有申诉人的，先由原审原告或者原审上诉人陈述，后由原审其他当事人发表意见。对上述第1项至第3项情形，人民法院应当要求当事人明确其再审请求。

法院决定再审或提审的案件，审结后，在新的判决、裁定中应确定是否撤销、改变或者维持原判决、裁定；再审时可以进行调解，经调解达成协议的，调解书送达后，原判决、裁定即视为撤销。

《民事诉讼法》对二审的审理范围作了规定，但对再审的审理范围没有规定。应当如何确定再审的审理范围呢？《民诉法解释》第405条规定："人民法院审理再审案件应当围绕再审请求进行。当事人的再审请求超出原审诉讼请求的，不予审理；符合另案诉讼条件的，告知当事人可以另行起诉。被申请人及原审其他当事人在庭审辩论结束前提出的再审请求，符合民事诉讼法第二百零五条规定的，人民法院应当一并审理。人民法院经再审，发现已经发生法律效力的判决、裁定损害国家利益、社会公共利益、他人合法权益的，应当一并审理。"我们认为，人民法院决定再审与人民检察院抗诉引起再审是基于审判监督权而发生的，为此应全面审查原审裁判在认定事实与适用法律上是否有错误，在审理范围上也就不应受到限制。而当事人申请再审是基于当事人依法行使其诉讼权利，法院应尊重当事人的处分权，即可以按《民诉法解释》第405条的规定，除损害国家利益、社会公共利益、他人合法权益的之外，只对再审请求的有关事实和适用法律进行审查。

再审审理期间，有下列情形之一的，人民法院可以裁定终结再审程序：(1)再审申请人在再审期间撤回再审请求，人民法院准许的；(2)再审申请人经传票传唤，无正当理由拒不到庭的，或者未经法庭许可中途退庭，按撤回再审请求处理的；(3)人民检察院撤回抗诉的；(4)有《民诉法解释》第402条第1项至第4项规定情形的。因人民检察院提出抗诉裁定再审的案件，申请抗诉的当事人有前款规定的情形，且不损害国家利益、社会公共利益或者他人合法权益的，人民法院应当裁定终结再审程序。再审程序终结后，人民法院裁定中止执行的原生效判决自动恢复执行。

按照第二审程序再审的案件，人民法院经审理认为不符合《民事诉讼法》规定的起诉条件或者符合《民事诉讼法》第124条规定不予受理情形的，应当裁定撤销一、二审判决，驳回起诉。

四、再审案件的裁判

通过对再审案件的审理，再审法院根据查明的事实，正确适用法律，对当事人之间权利义务关系作出裁断，并对原判决、裁定或者调解书在认定事实、适用法律、审理程序等方面是否正确作出评价。从内容上看，再审案件的裁判既要对当事人之间的实体权利义务关系作出裁断，又要对原判决、裁定或者调解书作出评价，与第一审或者第二审裁判存在重大区别。再审的裁判可以分为以下几种：

1.维持原判决、裁定。经过再审，认为原判决、裁定认定事实清楚，适用法律正确，审判程序合法的，再审法院应当作出维持原判决、裁定的判决、裁定。原判决、裁定认定事实、适用法律虽有瑕疵，但裁判结果正确的，应当在再审判决、裁定中纠正瑕疵后予以维持。

2.依法改判。经过再审，认为原判决、裁定在认定事实、适用法律或者审判程序方面存在错误的，再审法院可以根据不同情况，全部或者部分撤销原判决、裁定，并依据认定的事实，正确适用法律，对案件作出新的判决、裁定。

《再审解释》第39条规定："新的证据证明原判决、裁定确有错误的，人民法院应予改判。申请再审人或者申请抗诉的当事人提出新的证据致使再审改判，被申请人等当事人因申请再审人或者申请抗诉的当事人的过错未能在原审程序中及时举证，请求补偿其增加的差旅、误工等诉讼费用的，人民法院应当支持；请求赔偿其由此扩大的直接损失，可以另行提起诉讼解决。"

3.撤销原一、二审判决，驳回起诉。人民法院提审或者按照第二审程序审理的再审案件，在审理中认为该案不符合民事诉讼法规定的受理条件的，应当裁定撤销一、二审判决，驳回起诉。

4.发回重审。这种裁定主要适用于以下两种情况：第一，人民法院提审或者按第二审程序审理的再审案件，在审理中发现原一、二审违反法定程序，可能影响公正裁判的，应当裁定撤销原一、二审判决，发回原审人民法院重审；第二，人民法院在再审中发现原一、二审判决遗漏了应当参加诉讼的当事人，可以根据自愿的原则予以调解，调解不成的，裁定撤销原一、二审判决，发回原审人民法院重审。

在引例中，第一审、第二审人民法院在审理时均遗漏了必须参加诉讼的当事人丙，从诉讼经济的角度来看，再审法院应当允许丙直接参加再审程序。由于当事人丙并未参加该案的第一审程序，为保障当事人的审级利益，再审法院可以在当事人自愿的情况下，就该案进行调解，若调解不成，不能作出判决，而应当裁定撤销原一、二审判决，发回原审法院重审，并由原审法院追加丙为当事人。

5.人民法院对调解书裁定再审后，按照下列情形分别处理：(1)当事人提出的调解违反自愿原则的事由不成立，且调解书的内容不违反法律强制性规定的，裁定驳回再审申请；(2)人民检察院抗诉或者再审检察建议所主张的损害国家利益、社会公共利益的理由不成立的，裁定终结再审程序。

五、再审案件的调解

在再审程序中，人民法院可以根据自愿、合法的原则进行调解。无论是适用第一审程序还是适用第二审程序对民事案件进行再审，经调解达成协议的，人民法院都应当制作调解书，并送达双方当事人。双方当事人签收后，调解书发生法律效力，原判决、裁定、调解书视为撤销。《民诉法解释》第412条规定："部分当事人到庭并达成调解协议，其他当事人未作出书面表示的，人民法院应当在判决中对该事实作出表述；调解协议内容不违反法律规定，且不损害其他当事人合法权益的，可

以在判决主文中予以确认。”

六、再审案件的审理次数及审限

如果再审可以无期限、无次数限制地发动，势必影响生效裁判的稳定性，因此，最高人民法院《关于人民法院对民事案件发回重审和指令再审有关问题的规定》（2002 年 7 月 31 日发布）作出如下限制：

1.各级人民法院依照《民事诉讼法》第 177 条（现为第 198 条）第 1 款的规定进行再审的，只能再审一次。

2.上级人民法院根据民事诉讼法第 177 条（现为第 198 条）第 2 款的规定指令下级法院进行再审的，只能指令再审一次；上级人民法院认为下级人民法院作出的发生法律效力的再审判决、裁定需要再次进行再审的，上级人民法院应当依法提审。但上级人民法院因下级人民法院违反法定程序而指令再审的，不受该限制。

3.同一级人民法院根据《民事诉讼法》第 178 条（现为第 199 条）的规定，对同一案件只能依照审判监督程序审理一次，但不包括人民法院对当事人的再审申请审查后用通知书驳回的情形。

再审案件按照第一审程序或第二审程序审理的，应当分别适用第一审程序或第二审程序的审限，审限自决定再审的次日起计算。最高人民法院或上级人民法院决定提审的，审限自裁定提审的次日起计算，指令再审的，自下级法院接到指令再审的裁定的次日起计算。

第十三章　特别程序

【引　例】

王某从事个体经营，2000 年 3 月外出经商未归。同年 5 月，张某出示王某外出前的 10 万元借款收据，要求王某的亲属归还借款及利息。王某的亲属以王某不在家为由予以拒绝。此后张某多次索要借款，均遭其亲属拒绝。2001 年 3 月，张某以王某的长子为被告向法院起诉，请求法院判令被告偿还借款，法院不予受理。2002 年 4 月，张某又一次向法院起诉，请求法院判令被告还债，保护其合法权益。问：对张某的第一次起诉，法院的裁定是否正确？对于张某的第二次起诉，法院应如何处理？

第一节　特别程序概述

一、特别程序的概念

特别程序，是指人民法院审理某些非民事权益纠纷案件所适用的特殊程序，与之相对应的概念是通常诉讼程序（包括普通程序和简易程序）。1982 年的《民事诉讼法（试行）》将特别程序单章列出，作为统一的“第一审程序”的一部分而存在，而在现行《民事诉讼法》中，特别程序与第一审普通程序、简易程序、第二审程序和审判监督程序相并列，统一于“审判程序”之下。从立法的前后对比可以看出，立法观念上对特别程序的定位的变化。就现行立法和现代的诉讼观念而言，特别程序应定位为审判程序的下位概念，与通常诉讼程序并列，而不是作为第一审普通程序的一种例外而存在。①

① 宋朝武主编：《民事诉讼法学》，厦门大学出版社 2015 年第 4 版，第 446 页。

从世界各国的民事诉讼立法来看，一般都设有特别程序(或称为非讼事件程序)，但在适用范围方面存在较大的差异。特别程序普遍适用的范围包括宣告公民失踪和宣告公民死亡、认定公民民事行为能力受限或无民事行为能力(禁治产宣告或监护宣告)、认定财产无主的案件。此外，有些国家还将丢失不记名凭证的复权(公示催告程序)、对遗嘱文件的验证、对死者或无行为能力人财产的管理、婚姻亲子关系案件等也纳入特别程序的适用范围。在我国，特别程序适用于非民事权益争议案件，包括两类：其一，非民事案件，如选民资格案件，虽然存在权益争议，但其所争议的是宪法权利，而不是民事权益；其二，不存在民事权益纠纷的民事案件，也就是通常所说的非讼案件，例如宣告公民失踪、宣告公民死亡案件、认定公民无民事行为能力或限制民事行为能力案件、认定财产无主案件、督促程序以及公示催告程序等。此外，根据《民法总则》《婚姻法》《物权法》和有关司法解释的规定，指定和撤销监护案件、宣告婚姻无效案件、实现担保物权案件，不涉及民事权益争议，也应适用特别程序审理。

应当注意的是，从性质上说，督促程序和公示催告程序也属于解决非民事权益争议的特别程序，但现行《民事诉讼法》第十五章、第十七章、第十八章标题分别是"特别程序""督促程序""公示催告程序"，将三者并列。因此，可以将这三章的内容统称为广义的特别程序，将第十五章所规定的程序称为狭义的特别程序。本章仅论述狭义的特别程序。

2012年修改《民事诉讼法》时，在第十五章中增设两节：第六节"确认调解协议案件"、第七节"实现担保物权案件"。

二、特别程序的特点

相对于通常诉讼程序而言，特别程序具有以下特点：

1.特别程序只是确认某种法律事实或权利是否存在。依据普通程序、简易程序等通常诉讼程序审理案件，其目的是依法解决民事权益争议，确认民事权利义务关系，制裁民事违法行为。依据特别程序审理案件，并不解决民事权利义务关系争议，而只是确认某种法律事实存在与否，确认某种权利的实际状况。

2.主体具有特殊性。通常诉讼程序只能依原告的起诉而启动，而且必须有明确的被告，呈现两造对立的结构。特别程序的发动，除了选民资格案件由起诉人起诉外，其他案件均由申请人提出申请而开始。申请人或者起诉人不一定与本案有直接的利害关系，而且没有对方当事人，因此，依据特别程序审理的案件没有利害关系相冲突的原告与被告。

3.实行一审终审。依据通常诉讼程序审理的案件，除最高人民法院作为第一审人民法院的以外，均实行两审终审，当事人不服第一审裁判的，有权依法提起上诉。依据特别程序审理的案件，实行一审终审，判决书一经送达即发生法律效力，申请人或者起诉人不得对之提出上诉。

4.审判组织具有特殊性。通常诉讼程序只有简易程序才实行独任审理，普通程序必须由审判员或者由审判员与陪审员组成合议庭进行审理。特别程序的审判组织除选民资格案件或者重大、疑难的非讼案件由审判员组成合议庭审理外，均由审判员一人独任审理，选民资格案件的合议庭也不适用陪审制，只能由审判员组成。

5.不适用审判监督程序。依据通常诉讼程序审理的案件，裁判生效后，不经审判监督程序，任何机关和个人均无权撤销生效裁判。依据特别程序审理的案件，裁判生效后，不适用审判监督程序对案件进行再审。对选民资格案件来说，即使发现生效判决存在错误，也因选举期已过而没有必要再审；对非讼案件来说，发现生效判决在认定事实或者适用法律上确有错误，或者出现了新情况、新事实，人民法院可以根据有关人员的申请，查证属实之后按特别程序的规定作出新判决，撤销或改变原判决(《民诉法解释》第 374 条)，也没有必要再审。

6.案件审理期限较短。依据通常诉讼程序审理的案件，如果按普通程序审理的，应当在立案之日起 6 个月内审结，有特殊情况需要延长的，由本院院长批准，可以延长 6 个月，还需要延长的，报请上级法院批准；按简易程序审理的案件，应当在立案之日起 3 个月内审结，不得延长，在审理过程中发现案情复杂而转为普通程序审理的，审理期限从立案的次日起计算，适用普通程序的有关审限的规定。依据特别程序审理的案件，审理期限一般较短，且没有统一规定。根据《民事诉讼法》第 180 条和 182 条的规定，选民资格案件必须在选举日前审结；非讼案件必须在立案之日起 30 日内或者公告期满 30 日内审结，特殊情况需要延长的，由本院院长批准①。

7.免交案件受理费。依据特别程序审理案件，申请人或者起诉人免交案件受理费，只需交纳实际支出的费用；而依据通常诉讼程序审理的案件，无论是财产案件或非财产案件，当事人都应当依法交纳案件受理费。

8.不适用通常诉讼程序的一些原则和制度。依据特别程序审理的案件，由于不存在利益相对立的双方当事人，对抗性不强，因此，通常诉讼程序中基于当事人对抗而规定的一些具体制度和原则大都没有适用的必要，如辩论原则、调解原则、反诉制度、答辩制度等。

---

① 根据最高人民法院《关于严格执行案件审理期限制度的若干规定》(2000 年 9 月 22 日发布)第 2 条的规定，适用特别程序审理的案件经本院院长批准，可以延长 30 日。

从理论上讲，由于诉讼案件与非讼案件的性质及特点不同，法院审理这两类案件的目的、原则、程序和方式也应当有所不同。在大陆法系国家的民事诉讼理论中，鉴于诉讼案件与非讼案件的区分，形成了诉讼法理与非讼法理的二元分离适用论和交错适用论等学说。在立法上，大陆法系国家的非讼程序也有一些共同的原则和规则，如实行职权探知原则、职权进行原则、不公开审理原则等。这方面的制度和实践值得我们研究和借鉴。

第二节　选民资格案件

一、选民资格案件的概念

选民资格案件，是指公民对选举委员会公布的选民资格名单有不同意见，向选举委员会申诉后，对选举委员会就其申诉所作的决定仍然不服，而向人民法院提起诉讼的案件。

选举权和被选举权是宪法赋予公民的一项基本政治权利，是公民参与国家事务管理的重要基础。根据我国《宪法》和《全国人民代表大会和地方各级人民代表大会选举法》(2010 年 3 月 14 日修正，以下简称《选举法》)的相关规定，年满 18 周岁的公民除依法被剥夺政治权利的人外，都有选举权和被选举权。精神病人虽然有选举权，但对不能行使这一权利的精神病人，经选举委员会确认，不列入选民名单。为了确保公民享有选举权和被选举权，根据《选举法》第 26 条、第 27 条的规定，在选举开始前，选举委员会应当将具有选举资格的公民进行登记，并制作选民名单，在选举日的 20 日以前公布，以接受群众的监督。只有列入选民名单的公民才能参加选举，实际行使选举权和被选举权。选民登记是一项相当复杂的工作，由于人口流动、年龄变化、政治权利是否被剥夺的状况改变等原因，选民名单可能发生错误，导致有选举权的公民没有被列入选民名单，或者没有选举权的公民被列入选民名单。选民资格案件特别程序就是为纠正选民名单的错误，保障公民合法的政治权利而设立的。

《选举法》第 28 条规定："对于公布的选民名单有不同意见的，可以在选民名单公布之日起五日内向选举委员会提出申诉。选举委员会对申诉意见，应在三日内作出处理决定。申诉人如果对处理决定不服，可以在选举日的五日以前向人民法院起诉，人民法院应在选举日以前作出判决。人民法院的判决为最后决定。"选民资格案件不是民事案件，但由于我国司法体制中没有专门的宪法法院和相应的审判程序来解决政治权利问题，如果为选民资格案件专门制定一部法律，又显得过于单薄。因此，立法者将这类案件纳入民事特别程序。

二、选民资格案件的审理

（一）起诉

因选民资格问题提起诉讼，必须符合以下程序：

1.起诉人为具有诉讼行为能力的公民。也就是说，任何有诉讼行为能力的公民，只要他认为公布的选民名单有错误，都有权起诉，他可能是与选民名单有直接利害关系的公民，也可能是其他公民，但不包括法人和其他组织。与其他民事诉讼案件要求起诉人具有"直接利害关系"相比较，此类案件扩大了起诉人的范围，主要是为了更好地监督选民资格认定的工作。

2.起诉前必须先向选举委员会申诉。选民资格案件实行申诉前置，即对选民名单有不同意见的公民，应当先向选举委员会提出申诉，要求更改。对于公民的申诉，选举委员会应当在 3 日内作出处理决定。申诉人对处理决定[①]不服的，才可以向人民法院提起诉讼。

3.诉讼必须在选举日的 5 日前提出。选民资格案件关系到公民能否行使选举权和被选举权，而选举是有时间性的，人民法院只有在选举日前作出最终的裁判，才具有现实的意义。因此，《民事诉讼法》对起诉人起诉的时间作出了明确的规定。根据规定，公民不服选举委员会对选民资格的申诉所作的处理决定，可以在选举日的 5 日前向人民法院起诉，以便给法院留下必要的审理时间，这一期间属于法定的不变期间。

4.由选区所在地基层人民法院管辖。选民资格案件由选区所在地的基层人民法院行使管辖权，主要是因为选区所在地基层人民法院与选民的空间距离最近，便于起诉人、与选民名单有关的公民以及选举委员会代表参加诉讼活动，也便于人民法院查清具体情况并在此基础上作出正确的裁判。

（二）审理

由于涉及公民重大的政治权利，因此，选民资格案件必须由审判员组成合议庭进行审理与裁判，不能实行独任制和陪审制。人民法院在确定开庭审理日期后，应通知相关人员参加庭审。如果起诉人是因为自己的选民资格而起诉的，只需通知

① 包括选举委员会未在规定时间内作出决定的情况。

起诉人和选举委员会参加诉讼。如果起诉人是因为其他公民的选民资格而起诉的，就需要通知起诉人、选举委员会和涉及其选民资格的有关公民参加诉讼。人民法院在审理选民资格案件时，应充分听取起诉人、选举委员会的代表和有关公民的意见，并允许他们进行辩论。

(三)判决

人民法院查明事实后，应当在选举日前作出判决。如果人民法院认为选民名单没有错误，以及选举委员会对申诉的处理是正确的，应当维持选举委员会的处理决定，驳回诉讼请求；如果人民法院认为选民名单和选举委员会的处理决定是错误的，应当直接以判决的方式纠正错误，而不是责令选举委员会重新处理，以保证效率。人民法院应当在选举日前将判决书送达起诉人和选举委员会，并将判决的内容通知有关公民。判决书是对选民资格问题的最终决定，一经送达即发生法律效力，不得上诉。

第三节　宣告公民失踪、宣告公民死亡案件

一、宣告公民失踪案件

(一)宣告公民失踪案件的概念和意义

宣告失踪案件，是指公民离开自己的住所下落不明，经过法律规定的期限仍杳无音讯，人民法院经利害关系人申请，判决宣告该公民失踪，并为其指定财产代管人的案件。

我国早期对公民失踪的处理方式是由公安机关按照行政程序予以解决，此种方式未能解决与失踪公民相关的民事关系和权利归属问题。公民长期下落不明，与其相关的各种民事法律关系必然处于不稳定状态。在这种情形下，下落不明人的合法权益极易受到损害，其利害关系人的合法权益也无法保障与实现，如他所抚养、赡养的人会因失去照料而生活困难，他的债权人的债权无法获得清偿，从而对整个社会生活的稳定与发展带来不利影响。因此，《民事诉讼法》通过宣告失踪的法定程序宣告下落不明的公民为失踪人，并以此为基础，通过为失踪人的财产指定

财产代管人，使失踪人的财产免受毁损、流失及不法侵害，从而保护失踪人的合法权益。财产代管人可从失踪人的财产中为失踪人支付所欠税款、债务以及应付的其他费用，避免利害关系人因公民下落不明而遭受损害，从而保护利害关系人的合法权益。

（二）宣告公民失踪案件的审理和判决

1.申请

根据我国《民事诉讼法》第 183 条的规定，申请宣告公民失踪必须具备以下条件：

(1)公民下落不明满 2 年。所谓下落不明，是指公民最后离开自己的住所地或者最后居住地以后，去向不明，与任何人都没有联系，杳无音讯。认定公民下落不明的起算时间，应当从公民离开自己的住所地或者最后居住地之次日起，连续计算满 2 年，其间不能有间断，如有间断，应当自音讯最后消失之次日起重新计算满 2 年。战争期间下落不明的，下落不明的时间从战争结束之次日起计算；因意外事故下落不明的，从事故发生之次日起算；登报寻找失踪人的，从登报之次日起算。

(2)由利害关系人向人民法院提出申请。利害关系人，是指与下落不明的公民有人身关系或者民事权利义务关系的人，包括下落不明人的配偶、父母、子女、兄弟姐妹、祖父母、外祖父母、孙子女、外孙子女以及其他与之有民事权利义务关系(如债权债务关系)的人。

(3)申请必须采用书面形式。宣告失踪，将直接影响被宣告失踪人的实体权利，因此，申请宣告失踪必须采取书面形式，不得口头申请。申请书应当载明失踪的事实、时间和申请人的请求，并附公安机关或者其他有关机关关于该公民下落不明的书面证明。

《民诉法解释》第 346 条规定："符合法律规定的多个利害关系人提出宣告失踪、宣告死亡申请的，列为共同申请人。"

2.管辖

宣告失踪案件，由下落不明人住所地的基层人民法院管辖，住所地与居住地不一致的，由最后居住地的基层人民法院管辖。这样便于法院就近调查被申请人下落不明的事实。

3.公告

利害关系人申请宣告失踪，只是其主观认为并经公安机关或其他有关机关初步证明该公民下落不明、不知去向、杳无音讯。由于宣告失踪将给被宣告失踪的公民带来重大影响，因此，该公民是否确实失踪，必须经过法定的调查和审理程序才能确定。通过人民法院发出公告的方式寻找下落不明之人，是确定该公民是否确

实失踪的必不可少的程序。公告的方式包括张贴、广播、登报等。宣告失踪案件的公告期间为3个月。公告应当载明申请人的姓名、住所，下落不明之人的姓名、年龄、性别、职业、面貌特征，该公民失去音讯的最后时间，公告期间以及公告期满的后果。《民诉法解释》第347条规定："寻找下落不明人的公告应当记载下列内容：(一)被申请人应当在规定期间内向受理法院申报其具体地址及其联系方式。否则，被申请人将被宣告失踪、宣告死亡；(二)凡知悉被申请人生存现状的人，应当在公告期间内将其所知道情况向受理法院报告。"

4.判决

受理案件的人民法院可以根据申请人的请求，清理下落不明人的财产，并指定案件审理期间的财产代管人。公告期满，该公民仍然下落不明的，人民法院应当确认该公民失踪的事实存在，并依法作出宣告该公民为失踪人的判决。判决一经送达，即发生法律效力。如果在公告期内，被申请宣告失踪的公民出现或者已知其下落的，受理案件的人民法院应当作出驳回申请的判决。

(三)宣告失踪的法律后果

受理案件的人民法院在作出宣告公民失踪的判决的同时，应当依法为失踪人指定财产代管人。根据《民诉法解释》第344条的规定，失踪人的财产代管人经人民法院指定后，代管人申请变更代管的，比照民事特别程序的有关规定进行审理。申请理由成立的，裁定撤销申请人的代管人身份，同时另行指定财产代管人；申请理由不成立的，裁定驳回申请。失踪人的其他利害关系人申请变更代管的，人民法院应当告知其以原指定的代管人为被告起诉，并按普通程序进行审理。

在引例中，法院对张某的第一次起诉不予受理是正确的，因为张某与王某的长子没有直接的利害关系，王某的长子不符合当事人的条件。张某与王某具有民事上的权利义务关系。至2002年4月，王某下落不明已满两年，此时张某可以作为利害关系人向法院申请宣告王某失踪。王某失踪的事实经法定程序得到确认后，法院应依法作出宣告其失踪的判决，并为其指定财产代管人。法院指定财产代管人后，张某可以向财产代管人主张权利，要求索回借款及利息。如果财产代管人不予偿还的，张某可以以财产代管人为被告，向法院提起追讨欠款的民事诉讼。

代管人的职责是管理和保护失踪人的财产。因此，宣告失踪后，代管人可以以失踪人的财产清偿失踪人所欠税款、债务和应付的其他费用，如赡养费、扶养费、抚育费和因代管财产所需的管理费等必要的费用。代管人拒绝支付的，债权人可以以代管人为被告向人民法院提起民事诉讼。此外，代管人有权要求失踪人的债务人清偿到期债务，债务人拒绝偿还的，代管人可以以原告身份向人民法院提起诉讼，要求偿还债务；失踪人的财产受到侵害时，代管人可以以原告身份向人民法院提起诉讼，请求停止侵害，造成损失的，还可以请求赔偿损失。除有法律规定外，代管人不得处分失踪人的财产。代管人不履行职责或侵犯失踪人合法的财产权益的，失踪人的其他利害关系人可以向法院请求代管人承担相应责任。

公民被宣告为失踪人后，其民事权利能力并不因宣告失踪而消灭。具有民事行为能力的公民在被宣告失踪期间实施的民事法律行为有效，与失踪人人身相关的民事法律关系，如婚姻关系、收养关系、继承关系等，也不发生变化。

（四）宣告失踪判决的撤销

人民法院判决宣告公民失踪，只是根据法律规定的条件认定该公民不知去向、杳无音讯的事实，该公民完全有可能重新回到原居住地或者与利害关系人取得联系，也就是有可能重新出现。根据法律规定，被宣告失踪的公民重新出现或者确知其下落的，本人或者利害关系人有权向原审人民法院提出申请，请求撤销宣告失踪的判决，以恢复其正常的权利义务状态。原审人民法院审查属实的，应当作出新判决，撤销原判决。宣告失踪的判决撤销后，财产代管人的职责终止，无权继续代管财产，并应负责对原代管的财产进行清理，返还原财产及其收益。为管理和保护失踪人财产所支出的必要费用，财产代管人有权要求偿付。

二、宣告公民死亡案件

（一）宣告公民死亡案件的概念和意义

宣告公民死亡案件，是指公民下落不明满法定期限，或者因意外事故下落不明经有关机关证明该公民不可能生存，人民法院根据利害关系人的申请，依法判决宣告该公民死亡的案件。

宣告死亡是法律上推定死亡的形式。公民因各种原因长期下落不明的，尽管可以通过宣告失踪程序为其指定财产代管人，维护失踪人和利害关系人的合法权益，但是，财产代管只是一种临时措施，与失踪人相关的一些民事权利义务关系仍处于不稳定状态。为了结束因公民长期下落不明而带来的某些法律关系的不稳定状态，保护利害关系人的合法权益，维护正常的社会经济与生活秩序，《民法总则》和《民事诉讼法》分别从实体和程序方面规定了宣告死亡制度。

（二）宣告公民死亡案件的成立条件

1.必须有公民下落不明持续一定期限的事实存在。主要有如下四种情况：(1)在通常情况下，公民下落不明的状况持续满 4 年，从该公民最后离开自己的住

所地之次日起算;(2)因战争下落不明的,从战争结束之次日起算满 4 年;(3)公民因意外事故下落不明,从意外事故发生之次日起,已经连续 2 年没有音讯;(4)因意外事故下落不明,经有关机关证明该公民不可能生存的,不受“4 年”或者“2 年”法定期限的限制。

根据《民诉法解释》第 345 条的规定,人民法院判决宣告公民失踪后,利害关系人申请宣告失踪人死亡的,从失踪的次日起满 4 年的,人民法院应当受理,宣告失踪的判决即是该公民失踪的证明,审理中仍应依照《民事诉讼法》第 185 条的规定进行公告。

2.由利害关系人向人民法院提出申请。利害关系人的申请应当采取书面形式,不得口头申请宣告死亡。申请书应当写明下落不明的事实、时间和请求,并附有公安机关或者其他有关机关关于该公民下落不明的书面证明。如果被申请人已经被人民法院宣告为失踪人,申请时应附上人民法院的判决书。

(三)宣告公民死亡案件的审理和判决

1.申请

根据最高人民法院的有关司法解释,申请宣告死亡的利害关系人包括:(1)配偶;(2)父母、子女;(3)兄弟姐妹、祖父母、外祖父母、孙子女、外孙子女;(4)其他有民事权利义务关系的人。失踪人的工作单位不得为解决单位内部管理问题而作为利害关系人提出宣告死亡申请。[①] 申请宣告死亡的利害关系人按照上述的顺序排列,主要是考虑利害关系人与被申请人的远近亲疏的关系,即顺序在前的人的情感利益一般大于顺序在后的人。之所以规定申请宣告死亡的先后顺序,主要是照顾顺序在前的利害关系人的情感利益。如果顺序在前的利害关系人不同意申请宣告死亡的,顺序在后的人不得提出申请。同一顺序的利害关系人,有的申请宣告死亡,有的不同意的,人民法院应当受理宣告死亡申请。符合法律规定的多个利害关系人提出宣告死亡申请的,列为共同申请人。另外,宣告失踪不是宣告死亡的必经程序,只要符合宣告死亡的条件,利害关系人可以直接申请宣告死亡。

2.管辖

根据《民事诉讼法》第 184 条的规定,宣告死亡案件,由下落不明人住所地的基层人民法院管辖。这样规定便于人民法院调查案件事实,寻找失踪人。

3.公告

根据《民事诉讼法》第 185 条的规定,人民法院受理宣告死亡案件后,应当发出

---

① 最高人民法院《关于失踪人的工作单位能否向人民法院申请宣告失踪人死亡问题的批复》(1986 年 2 月 18 日)。

寻找下落不明人的公告，公告期间为 1 年。因意外事故下落不明，经有关机关证明该公民不可能生存的，公告期间为 3 个月。

4.判决

在寻找下落不明人的公告期间，被申请宣告死亡的公民出现，或者确知其下落的，人民法院应当作出驳回申请的判决，终结案件的审理。公告期间届满，下落不明人仍未出现，宣告死亡的事实得到确认的，人民法院应当作出宣告该公民死亡的判决。判决书除应当送达申请人外，还应当在被宣告死亡公民的住所地和人民法院所在地公告。判决一经宣告，即发生法律效力。判决宣告之日期，为该公民的死亡之日。

（四）宣告死亡的法律后果

公民被宣告死亡与其自然死亡的后果基本相同，表现为该公民的民事权利能力因宣告死亡而终止，其与配偶的婚姻关系自宣告死亡之日起消灭，继承因宣告死亡而开始。总之，宣告死亡结束了被宣告死亡人以自己的住所地或者经常居住地为活动中心所发生的民事法律关系，与被宣告死亡的公民的人身有关的民事权利义务关系随之终结。但是，宣告死亡毕竟只是法律上的推定死亡，如果该公民在异地生存，其仍然具有民事权利能力，具有民事行为能力的公民在被宣告死亡期间实施的民事法律行为有效。此外，被宣告死亡和自然死亡的时间不一致的，被宣告死亡所引起的法律后果仍然有效，但自然死亡前实施的民事法律行为（如订立遗嘱）与被宣告死亡引起的法律后果相抵触的，则以其实施的民事法律行为为准。

（五）宣告死亡判决的撤销

宣告死亡只是推定死亡，被宣告死亡的公民完全有可能重新出现或者确知其没有死亡。被宣告死亡的公民重新出现或者确知其没有死亡的，经本人或者利害关系人申请，人民法院应当作出新判决，撤销原判决。

人民法院作出新判决后，该公民因被宣告死亡而消灭的人身关系可以有条件地恢复：(1)死亡宣告被撤销后，该公民的配偶尚未再婚的，夫妻关系从撤销死亡宣告之日起自行恢复；如果其配偶已再婚，或者再婚后又离婚，或者再婚后配偶又死亡的，则不得认定夫妻关系自行恢复。这样规定主要是为了避免伤害后组建的家庭。(2)在被宣告死亡期间，子女被他人收养，死亡宣告被撤销后，被撤销死亡宣告的公民仅以未经本人同意而主张收养关系无效的，一般不应当准许，但收养人和被收养人同意的除外，这同样是为了避免伤害养父母和养子女之间的亲情关系。

被宣告死亡人的财产，如果在宣告死亡期间被他人取得，在宣告死亡判决被撤销后，有权请求返还财产。根据继承法取得原物的公民或组织，应当返还原物；如

果无法返还原物，应给予适当补偿。但如果原物已被第三人合法取得的，第三人可以不予返还。此外，如果利害关系人隐瞒真实情况使他人被宣告死亡而取得其财产的，除应当返还原物及孳息外，还应当对造成的损失予以赔偿。

第四节　认定公民无民事行为能力或限制民事行为能力案件

一、认定公民无民事行为能力或限制民事行为能力案件的概念和意义

认定公民无民事行为能力、限制民事行为能力案件，是指人民法院根据利害关系人的申请，对不能辨认或者不能完全辨认自己行为的精神病人，按照法定程序，认定并宣告该公民为无民事行为能力人或者限制民事行为能力人的案件。

公民的民事行为能力，是指公民通过自己的行为行使民事权利、承担民事义务的资格。根据《民法总则》的规定，18周岁以上的公民是成年人，具有完全民事行为能力，可以独立进行民事活动，是完全民事行为能力人；16周岁以上不满18周岁的公民，以自己的劳动收入为主要生活来源的，视为完全民事行为能力人；8周岁以上的未成年人、不能完全辨认自己行为的精神病人是限制民事行为能力人，只能进行与其年龄、智力或者精神健康状况相适应的民事活动，其他民事活动由其法定代理人代理，或者征得其法定代理人同意；不满8周岁的未成年人、不能辨认自己行为的精神病人，是无民事行为能力人，由其法定代理人代理民事活动。对于智力健全、精神状况正常的人来说，其是否具有民事行为能力完全取决于其年龄是否达到法定标准，其他人通过审核其年龄即可作出正确判断。但是，对于智力、精神状况不正常的人来说，其民事行为能力不是以年龄而是以其精神健康状况为标准的，一般人难以判断。这就需要建立一种程序或者制度对那些精神健康状况与其年龄不相称的人作出明确的标记，以便于民事活动的对方当事人作出正确的判断。

认定公民无民事行为能力或者限制民事行为能力程序，是认定已经达到完全民事行为能力或者限制民事行为能力的年龄标准，但智力不健全、精神不正常的精神病人的实际民事行为能力状况的非讼程序。通过这种非讼程序，从法律上认定和宣告那些因患精神病或者其他病症丧失了全部或者部分民事行为能力的公民的民事行为能力状况，并为其指定监护人，这不仅有利于维护该公民的合法权益，而且有利于维护其利害关系人、民事活动对方当事人的合法权益。因此，认定公民无民事行为能力或者限制民事行为能力程序对于确保民事流转安全以及维护正常的社会、经济秩序具有重要的意义。

对于民事行为能力的宣告制度，各国立法大致有两种体例：一是设立禁治产宣告制度。例如，《德国民法典》第 6 条规定，有下列情况之一者，得宣告为禁治产人：(1)因精神病或精神耗弱致不能处理自己事务者；(2)因挥霍浪费致自己或其家属有陷于贫困的危险者；(3)因酗酒成癖或吸毒致不能处理自己事务，或致自己或其家属有贫困的危险，或危害他人安全者。《日本民法》则将此分为禁治产和准禁治产两种情况。该法第 7 条规定，对于心神丧失常态之人，家庭法院因本人、配偶、四等亲内家属、监护人、保护人或检察官之请求，可实行禁治产宣告。第 11 条规定，对于心神耗弱及浪费人，得作为准禁治产人而设置保护人。二是设立民事行为能力认定或宣告制度。由法院根据近亲属或其他利害关系人的申请认定或宣告患有精神病的公民为无民事行为能力人或限制民事行为能力人。我国即采用此种立法体例。

二、认定公民无民事行为能力或限制民事行为能力案件的审理和判决

(一)申请与受理

人民法院审理认定公民无民事行为能力或者限制民事行为能力案件，应当尊重利害关系人的意愿，只有经利害关系人提出申请，人民法院才能启动该程序。未经利害关系人申请，人民法院不能依职权作出认定。因此，利害关系人提出申请，是人民法院审理认定公民无民事行为能力或者限制民事行为能力案件的第一阶段。根据《民法总则》及《民事诉讼法》的规定，此类案件的申请必须符合下列条件：

1.必须由利害关系人提出申请。利害关系人有两类：一是该公民的近亲属，包括配偶、父母、子女、兄弟姐妹、祖父母、外祖父母、孙子女、外孙子女等；二是其他利害关系人，主要是指经该公民所在单位或者住所地居民委员会、村民委员会同意，与该公民有密切关系且愿意承担监护责任的其他亲属、朋友，以及该公民所在单位或者住所地的居民委员会、村民委员会或者民政部门。

2.利害关系人的申请必须采取书面形式。申请书应当载明以下内容：申请人的姓名、性别、年龄、住所，与被申请人的关系，被申请人的姓名、性别、年龄、住所，该公民无民事行为能力或者限制民事行为能力的事实和根据。有医院出具的诊断证明或者鉴定结论的，也应当一并提交人民法院。申请认定公民为无民事行为能力人或者限制民事行为能力人，对被申请认定的公民的民事行为能力将产生重大影响，因此必须采取书面形式，以体现其严肃性。利害关系人以口头形式提出申请的，申请无效。

3.受申请人民法院对案件有管辖权。根据《民事诉讼法》的规定，认定公民无

民事行为能力或者限制民事行为能力案件，由该公民住所地的基层人民法院管辖。这样便于人民法院就近了解该公民的实际情况，查清事实，作出正确的认定和判决，从而保护该公民及利害关系人的合法权益。

在司法实践中，有可能出现这样一种情况，即在依照通常诉讼程序审理案件过程中，当事人的利害关系人提出该当事人患有精神病，要求宣告该当事人无民事行为能力或者限制民事行为能力。根据《民诉法解释》第 349 条的规定，对于此种情形，应当由利害关系人向受诉人民法院提出申请(即使受诉法院不是被申请人住所地的基层法院)。受诉人民法院应当中止原诉讼，按照特别程序立案审理。应当注意的是，如果在通常诉讼程序审理中发生需要适用特别程序确认当事人行为能力的问题，不是通常诉讼程序中包含特别程序，也不是同一个案件适用两种程序，而是两个独立的案件，分别适用不同的程序。被中止的原诉讼必须等到特别程序对被申请人作出是否具备行为能力的判断后，才能继续进行。

(二)鉴定

根据《民事诉讼法》第 188 条的规定，人民法院受理申请后，必要时应当对被申请认定为无民事行为能力或者限制民事行为能力的公民进行鉴定，因为对公民的精神状态的认定通常需要通过科学的手段来实现。申请人已提供鉴定意见的，应当对鉴定意见进行审查，如果对鉴定意见有怀疑的，可以重新鉴定。鉴定不是审理此类案件的必经程序，在司法实践中，人民法院可以根据司法精神病学鉴定方法去认定该公民的行为能力，没有司法鉴定的，参照医院的诊断、鉴定加以认定。在确实不具备鉴定或诊断条件的情况下，可以参照群众对该公民精神状况的公认的程度去认定，但应当以利害关系人没有异议为限。

(三)审理

对于利害关系人提出的申请，人民法院应当进行审查，并以此作为判决的基础。根据《民事诉讼法》第 189 条第 1 款的规定，人民法院审理认定公民无民事行为能力或者限制民事行为能力案件，应当由该公民的近亲属为代理人，但申请人除外。这是因为申请人的利益很可能与被申请人的利益相悖。近亲属互相推诿的，由人民法院指定其中一人为代理人。在审理中，如果该公民健康状况许可的，还应当询问本人意见，本人不能到庭的，审判人员应当就地询问，将申请书的内容告知本人，征询本人的意见。为被申请认定为无民事行为能力或者限制民事行为能力的公民确定代理人，并由代理人实施诉讼行为，有利于人民法院查明事实，作出正确的判决，维护公民的合法权益。

（四）判决

根据《民事诉讼法》第 189 条第 2 款的规定，人民法院经过审理，如果认为申请人的申请符合法律规定，申请成立的，应当作出判决，认定该公民无民事行为能力或者限制民事行为能力，并为其指定监护人；如果认为申请人的申请没有根据或者根据不足，应当作出判决，驳回申请人的申请。

根据《民法总则》第 28 条的规定，由下列有监护能力的人按顺序担任监护人：配偶；父母、子女；其他近亲属；其他愿意担任监护人的个人或者组织，但是须经被监护人住所地的居民委员会、村民委员会或者民政部门同意。没有上述监护人的，由民政部门或者被监护人住所地的居民委员会、村民委员会担任监护人。上述规定，既是有资格担任监护人的范围，又是承担监护责任的顺序，应当按此顺序行使监护权，承担监护职责。监护人可以是一人，也可以是同一顺序中的数人。有监护资格的人员之间就该公民由谁承担监护责任达成协议，确定监护人的，应当由协议确定的监护人进行监护。

对监护人的确定有争议的，由被监护人住所地的居民委员会、村民委员会或者民政部门指定监护人，有关当事人对指定不服的，可以向人民法院申请指定监护人；有关当事人也可以直接向人民法院申请指定监护人。

居民委员会、村民委员会、民政部门或者人民法院应当尊重被监护人的真实意愿，按照最有利于被监护人的原则在依法具有监护资格的人中指定监护人。监护人应当履行监护职责，如果不履行职责或侵害被监护人合法权益的，应当承担责任；给被监护人造成财产损失的，应当赔偿损失。其他有监护资格的人或者单位向人民法院起诉，要求监护人履行监护职责或变更监护关系的，按照特别程序审理；请求监护人承担民事责任的，按照通常诉讼程序审理；既要求监护人承担民事责任，又请求变更监护关系的，应当分别审理，即请求承担民事责任部分按通常程序审理，请求变更监护关系部分按特别程序审理。

（五）认定公民无民事行为能力或限制民事行为能力判决的撤销

公民被认定为无民事行为能力人或者限制民事行为能力人以后，经过治疗病情痊愈，精神恢复正常，能够正确辨认自己的行为，清醒地处理自己的事务的，表明造成其为无民事行为能力人或者限制民事行为能力人的原因已经消除。此时，如果继续将其作为无民事行为能力人或者限制民事行为能力人看待，显然与事实不符，既损害了该公民的合法权益，也不利于其参加社会生活。因此，我国法律规定，被认定为无民事行为能力人或者限制民事行为能力人的公民恢复正常的理智、能够正确辨认自己的行为后，该公民本人或者其监护人，可以向人民法院提出撤销原

判决的申请。人民法院根据该公民本人或者其监护人的申请，经查证属实，证实造成该公民无民事行为能力或者限制民事行为能力的原因已经消除的，应当作出新判决，撤销原判决。判决一经宣告，立即发生法律效力，该公民恢复民事行为能力，被监护状态也就自动解除了。同样，原被认定为无民事行为能力的公民，经治疗已经部分恢复，可以部分辨认自己行为的，该公民的利害关系人可以申请认定其为限制民事行为能力人。人民法院经过审理，认为其申请有理由的，应当作出新判决，撤销原判决，认定该公民为限制民事行为能力人。

第五节　认定财产无主案件

一、认定财产无主案件的概念

认定财产无主案件，是指人民法院根据公民、法人或者其他组织的申请，按照法定程序通过判决将某项归属不明或者失去所有权人的财产认定为无主财产，并将其收归国家或者集体所有的案件。人民法院审理认定财产无主案件的程序，称为认定财产无主程序。

任何财产都是社会财富的一部分，财产所有人在依法占有、使用、收益、处分其财产的同时，也应当合理使用财产，发挥财产的经济效益，为社会扩大财富。然而，在社会财富不断积累与变化的过程中，由于各种原因，某些财产出现了所有权归属不明甚至已经失去所有权人的情况。如果不能对这些财产的归属加以认定，使之处于无人管理的状态，必然造成毁损、灭失或者被非法侵占，不仅导致社会财富的减损，还可能引发社会纷争。为了妥善处置这些财产，我国《民事诉讼法》设立了认定财产无主的特别程序，通过非讼的方式将归属不明或者失去所有权人的财产认定为无主财产并将其收归国家或集体所有，从而结束财产权属关系的不稳定状态，使之物尽其用，减少社会财富的损失，维护社会公共利益。

二、申请认定财产无主的条件

根据《民事诉讼法》的规定，申请认定财产无主必须具备以下条件：

1.申请认定的财产必须是有形财产，而非无形财产或者精神财富。

2.财产的权利主体不明。包括以下几种：没有所有人或者所有人不明的财产；所有人不明的埋藏物和隐藏物；拾得的遗失物、漂流物、失散的饲养动物，无人认领的；经公安机关或者有关单位公告招领满 1 年无人认领的财产，包括遗失物、赃款、赃物等；无人继承的财产等。

3.财产没有所有人或者所有人不明的持续状态已满一定期间。不满法定期间的，即使财产所有人已经消失或者一时无法明确，也不能认定为无主财产，但我国《民事诉讼法》对此没有明确规定。

4.必须有书面申请。申请书应当写明申请人的姓名或名称、住所，财产的种类、数量、目前占有状况或者存放位置，要求认定财产无主的根据等。

5.必须向有管辖权的人民法院提出申请。认定财产无主的案件，由财产所在地基层人民法院管辖。这样规定有利于人民法院调查核实财产的状况和相关事实，对财产采取临时性措施，以维护财产所有权人的合法权益。

三、认定财产无主案件的审理

（一）申请和受理

认定财产无主案件的审理程序，应当由申请人向财产所在地基层人民法院提出书面申请而启动。若无人提出申请，人民法院不得依职权启动认定财产无主程序。可以申请认定财产无主的申请人范围很广，凡是知道财产无主情况的有关机关、团体、企业事业单位及公民个人，都有权提出申请。对于符合条件的申请，人民法院应当受理，并立案审理；对于不符合条件且不能补正的申请，人民法院应当裁定不予受理。

（二）公告

人民法院受理认定财产无主申请后，经审查核实，如果认为该财产不属于无主财产，应当判决驳回申请；如果认为情况属实，应当发出财产认领公告，寻找该财产的所有权人。申请人申请认定为无主财产的财产，尽管经过初步审查认定其所有权人不明，但是该财产是否确实没有所有权人或者已经失去所有权人，还必须在一定范围内进行公示才能确认。人民法院发出公告的目的在于通过公示的方式寻找财产的所有权人，防止作出错误的认定。认领财产的公告期间为 1 年。在公告期间，财产属于无主状态，人民法院可根据该财产的具体情况，指定专人看管或委托有关单位代为保管。

《民诉法解释》第 350 条规定："认定财产无主案件，公告期间有人对财产提出请求的，人民法院应当裁定终结特别程序，告知申请人另行起诉，适用普通程序审理。"

（三）判决

公告期届满，无人认领财产的，人民法院应当作出判决，认定该财产为无主财产，并将其收归国家或者集体所有。判决书送达后立即发生法律效力，交付执行。如果该财产由他人非法占有的，执行机构应当责令非法占有人交出财产，拒绝交出的，强制执行。如果公告期间有人对财产提出认领申请的，说明申请人与原申请人就该项财产的所有权发生了争议，双方当事人之间的民事权益争议只能适用普通程序审理。但由于争议是在特别程序立案后出现的，所以人民法院应当裁定终结特别程序，告知申请人另行起诉，适用普通程序进行审理。当然，申请认领财产的人应当提供相应的证明材料，只有这些证明材料能够初步证明其主张有理由的，人民法院才能裁定终结认定财产无主程序。对于显然不能成立的财产认领申请，人民法院应当裁定驳回。

四、认定财产无主判决的撤销

人民法院作出的认定财产无主的判决，实质上是通过法定的程序，根据一定的事实，从法律上对财产无主的状况作出的一种推定，因而可能与客观情况并不相符。在实践中，财产所有人没有看到公告或者不知道自己的财产被申请认定为无主财产的情况是大量存在的。所以，判决生效后，财产的所有权人或者所有权人的继承人出现的情况可能发生。为此，《民事诉讼法》规定，认定财产无主的判决作出后，财产的原所有人或者继承人有权在《民法总则》规定的诉讼时效期间内对财产提出权利主张，请求恢复所有权。也就是从其知道或应当知道人民法院判决认定财产无主的次日起 2 年内提出请求。人民法院查证属实后，应当作出新判决，撤销原判决。原判决撤销后，已被国家或者集体取得的财产，应当返还给原所有权人或者原所有权人的继承人。原财产尚存在的，应当返还原财产，原财产不存在的，可以返还同类财产，或者按照原财产的实际价值折价返还。

第六节　确认调解协议案件

一、确认调解协议案件的概念和意义

调解协议的司法确认，是指基于当事人的申请，人民法院对人民调解委员会等

调解组织主持下所达成调解协议的效力进行审查确认，并决定是否赋予该调解协议强制执行力的民事诉讼特别程序。《民事诉讼法》设立这一制度，是完善多元化纠纷解决机制的重要举措，有以下几方面的意义。

1. 减轻当事人的讼累

未经司法确认的人民调解协议仅具有民事合同的性质，不具有强制执行力。在实践中，达成协议后一方当事人反悔的情形屡见不鲜。与原先的调解协议司法审查机制相比较，司法确认新机制有其明显优势。在司法审查机制下，当调解协议不能正常履行时，当事人需向法院提起诉讼才能获得救济。法院审理后，既可能维持调解协议，又可能重新调解、变更乃至推翻原调解协议。在司法确认机制下，当事人只要达成调解协议即可提起确认申请，申请时间前移，审查期限缩短，程序更为便捷，无须交纳任何费用。实践证明，司法确认机制能够有效地减轻当事人的讼累。

2. 防止民事纷争的扩大

通过司法确认，使得调解协议的效力状态从不确定变为确定，可防止当事人反悔背信，迅速定分止争；与此同时，还可以使大量的民事纠纷在矛盾的萌芽阶段得到有效化解，防止矛盾的扩大和激化。

3. 实现诉讼与非诉讼机制的紧密对接

在原先的调解协议的司法审查机制下，经过非诉讼调解后，仍然有大量矛盾纠纷不得不进入诉讼阶段，由此导致多元化纠纷解决机制的功能无法真正有效地实现。新设立的调解协议司法确认机制增强了调解协议的确定性，节约了司法资源，有助于维护调解组织的权威，促进诉讼与非诉讼机制的有效衔接。

有学者指出，对调解协议效力的过分强调，实际上是我国法律界和社会的一个误区，体现了对国家权力和强制的依赖。调解协议的约束力重在维护私法自治，强调当事人诚信和自动履行。为此，应尽量减少调解协议进入强制执行的比例，减少对司法资源的浪费。①

二、确认调解协议案件的审理

关于调解协议的司法确认，《民事诉讼法》仅在第 194 条和第 195 条作了原则性规定，具体的程序规则可参照《民诉法解释》和《关于人民调解协议司法确认程序的若干规定》的相关规定。

1.管辖

根据《民诉法解释》的规定，申请司法确认调解协议的，双方当事人应当本人或

① 范愉：《〈中华人民共和国人民调解法〉评析》，载《法学家》2011 年第 2 期。

者由符合《民事诉讼法》第58条规定的代理人向调解组织所在地基层人民法院或者人民法庭提出申请。两个以上调解组织参与调解的，各调解组织所在地基层人民法院均有管辖权。双方当事人可以共同向其中一个调解组织所在地基层人民法院提出申请；双方当事人共同向两个以上调解组织所在地基层人民法院提出申请的，由最先立案的人民法院管辖。

2. 申请方式

申请司法确认调解协议，由双方当事人依照《人民调解法》等法律的规定，自调解协议生效之日起30日内，共同向调解组织所在地基层人民法院提出。当事人申请司法确认调解协议，可以采用书面形式或者口头形式。当事人口头申请的，人民法院应当记入笔录，并由当事人签名、捺印或者盖章。当事人申请时，应当向人民法院提交调解协议、调解组织主持调解的证明，以及与调解协议相关的财产权利证明等材料，并提供双方当事人的身份、住所、联系方式等基本信息。当事人未提交上述材料的，人民法院应当要求当事人限期补交。

3.受理

法院收到当事人司法确认申请后，应当在3日内决定是否受理；如果决定受理，应当编立“调确字”案号，并及时向当事人送达受理通知书。双方当事人同时到法院申请司法确认的，人民法院可以当即受理并作出是否确认的决定。根据《民诉法解释》第357条的规定，有下列情形之一的，人民法院裁定不予受理：(1)不属于人民法院受理范围的；(2)不属于收到申请的人民法院管辖的；(3)申请确认婚姻关系、亲子关系、收养关系等身份关系无效、有效或者解除的；(4)涉及适用其他特别程序、公示催告程序、破产程序审理的；(5)调解协议内容涉及物权、知识产权确权的。人民法院受理申请后，发现有上述不予受理情形的，应当裁定驳回当事人的申请。为鼓励当事人就调解协议进行司法确认，人民法院办理人民调解协议司法确认案件，不收取费用。

4.审理

人民法院受理司法确认申请后，应当指定一名审判人员对调解协议进行审查，自受理司法确认申请之日起15日内作出是否确认的决定。因特殊情况需要延长的，经本院院长批准，可以延长10日。人民法院审查相关情况时，应当通知双方当事人共同到场对案件进行核实。人民法院经审查，认为当事人的陈述或者提供的证明材料不充分、不完备或者有疑义的，可以要求当事人限期补充陈述或者补充证明材料。必要时，人民法院可以向调解组织核实有关情况。当事人无正当理由未按时补充或者拒不接受询问的，可以按撤回司法确认申请处理。

人民法院审理申请确认调解协议案件时，重点应当包括如下三方面内容：(1)对签订协议过程合法性的程序审查；(2)对协议内容合法性的实体审查；(3)对双方当事人是否充分全面理解协议内容和责任的审查。司法确认程序属于非讼程序，在审理过程中虽可参照适用简易程序，但不应设置答辩、辩论、调解等环节，如此方不偏离非讼程序的宗旨。

5.裁判

人民法院受理申请后，经审查，符合法律规定的，裁定调解协议有效，一方当事人拒绝履行或者未全部履行的，对方当事人可以向人民法院申请执行；不符合法律规定的，裁定驳回申请，当事人可以通过调解方式变更原调解协议或者达成新的调解协议，也可以向人民法院提起诉讼。根据《民诉法解释》第 360 条的规定，调解协议有下列情形之一的，人民法院应当裁定驳回申请：(1)违反法律强制性规定的；(2)损害国家利益、社会公共利益、他人合法权益的；(3)违背公序良俗的；(4)违反自愿原则的；(5)内容不明确的；(6)其他不能进行司法确认的情形。确认调解协议的裁定作出前，当事人撤回申请的，人民法院可以裁定准许。当事人无正当理由未在限期内补充陈述、补充证明材料或者拒不接受询问的，人民法院可以按撤回申请处理。

第七节　实现担保物权案件

一、实现担保物权案件的概念和意义

2007 年颁布的我国《物权法》第 195 条第 2 款赋予抵押权人可以不经诉讼直接请求法院拍卖、变卖抵押财产的权利[①]，但 1991 年颁布、2007 年修改的《民事诉讼法》对于该权利的实现并无相应的程序规则。对于当事人是否可以直接向法院申请强制执行抵押财产的问题，理论界和实务界都存在很大的困惑。为使程序法与实体法协调一致，相辅相成，2012 年修改《民事诉讼法》时，在“特别程序”中专设一节，规定“实现担保物权案件”的程序。实现担保物权案件，是指对内容真实、合法，不具有实质性争议的担保物权，经担保物权人申请，人民法院以非讼程序进行审查，裁定拍卖、变卖担保财产直接实现担保物权人权利。《民事诉讼法》增设这类案件的程序规则，具有如下意义：

① 《物权法》第 195 条第 2 款规定：“抵押权人与抵押人未就抵押权实现方式达成协议的，抵押权人可以请求人民法院拍卖、变卖抵押财产。”该法第 220 条、第 237 条也有关于请求人民法院拍卖、变卖质押财产、留置财产的规定。

1.有助于减轻当事人的讼累

根据我国《担保法》第 53 条第 1 款的规定[①]，在协商不成的情况下，抵押权人只能通过诉讼程序来实现抵押权。通过诉讼程序实现抵押权往往既费时又费力。诉讼有一套既定的程序，包括起诉、答辩、举证、质证、辩论、裁判，如果败诉一方不服提起上诉，还要进入第二审程序，有些债权人要花费一两年的时间才能实现其抵押权。而这类案件，由于双方当事人在抵押合同中对有关事项已作出明确的约定，在诉讼中往往并不存在实质性的争议，如果通过诉讼来实现抵押权，既不利于对债权人的保护，也浪费了宝贵的司法资源。[②]

2.有助于降低当事人的诉讼成本

在传统的担保物权诉讼解决模式中，担保物权人须先向人民法院起诉，待人民法院依法判决后，债务人不履行法院判决时，担保物权人方可向人民法院申请强制执行。在强制执行程序中，法院还需聘请评估机构对担保物进行评估，聘请拍卖公司拍卖担保物。担保物权的实现必须交纳诉讼费、评估费、拍卖费和申请执行费，实现担保物权的成本大大超过无担保债权。《民事诉讼法》修订后，在今后的担保物权特别程序解决模式中，当事人不再需要支付昂贵的诉讼费用。

3.有助于发挥担保制度的功能

在担保物权事实清楚的情况下，只需经法院的形式审查就可实现担保物权。此种方式既能节省时间和资源，又能保证审查的严格性，有利于担保制度功能的充分发挥。

二、实现担保物权案件的审理

1.管辖

《民事诉讼法》第 196 条规定："申请实现担保物权，由担保物权人以及其他有权请求实现担保物权的人依照物权法等法律，向担保财产所在地或者担保物权登记地基层人民法院提出。"根据《民诉法解释》第 362 条至第 364 条的规定，实现票据、仓单、提单等有权利凭证的权利质权案件，可以由权利凭证持有人住所地人民法院管辖；无权利凭证的权利质权，由出质登记地人民法院管辖。实现担保物权案件属于海事法院等专门人民法院管辖的，由专门人民法院管辖。同一债权的担保

---

① 《担保法》第 53 条第 1 款规定："债务履行期届满抵押权人未受清偿的，可以与抵押人协议以抵押物折价或者以拍卖、变卖该抵押物所得的价款受偿；协议不成的，抵押权人可以向人民法院提起诉讼。"

② 李浩：《非诉讼权利实现机制的发展与完善》，载《检察日报》2012 年 9 月 12 日第 3 版。

物有多个且所在地不同，申请人分别向有管辖权的人民法院申请实现担保物权的，人民法院应当依法受理。

2.申请

《物权法》规定了不经诉讼即可实现抵押权的实体法路径，但其对质权和留置权部分的规定则沿袭了《担保法》的做法，未有突破。修正后的《民事诉讼法》赋予所有担保物权主体以非讼的方式实现权利的程序法路径。根据《民诉法解释》第361条的规定，有权提出申请的担保物权人包括抵押权人、质权人、留置权人；其他有权请求实现担保物权的人，包括抵押人、出质人、财产被留置的债务人或者所有权人等。

根据《物权法》第176条的规定，被担保的债权既有物的担保又有人的担保，当事人对实现担保物权的顺序有约定，实现担保物权的申请违反该约定的，人民法院裁定不予受理；没有约定或者约定不明的，人民法院应当受理。同一财产上设立多个担保物权，登记在先的担保物权尚未实现的，不影响后顺位的担保物权人向人民法院申请实现担保物权。

申请实现担保物权，应当提交下列材料：(1)申请书。申请书应当记明申请人、被申请人的姓名或者名称、联系方式等基本信息，具体的请求和事实、理由；(2)证明担保物权存在的材料，包括主合同、担保合同、抵押登记证明或者他项权利证书，权利质权的权利凭证或者质权出质登记证明等；(3)证明实现担保物权条件成就的材料；(4)担保财产现状的说明；(5)人民法院认为需要提交的其他材料。

3.审查

实现担保物权案件可以由审判员一人独任审查。担保财产标的额超过基层人民法院管辖范围的，应当组成合议庭进行审查。人民法院审查实现担保物权案件，可以询问申请人、被申请人、利害关系人，必要时可以依职权调查相关事实。审查内容包括主合同的效力、期限、履行情况，担保物权是否有效设立、担保财产的范围、被担保的债权范围、被担保的债权是否已届清偿期等担保物权实现的条件，以及是否损害他人合法权益等内容进行审查。被申请人或者利害关系人提出异议的，人民法院应当一并审查。

4.裁定

根据《民事诉讼法》第197条以及《民诉法解释》第372条的规定，人民法院审查后，按下列情形分别处理：(1)当事人对实现担保物权无实质性争议且实现担保物权条件成就的，裁定准许拍卖、变卖担保财产；(2)当事人对实现担保物权有部分实质性争议的，可以就无争议部分裁定准许拍卖、变卖担保财产；(3)当事人对实现担保物权有实质性争议的，裁定驳回申请，并告知申请人向人民法院提起诉讼。

人民法院受理申请后，申请人对担保财产提出保全申请的，可以按照《民事诉讼法》关于诉讼保全的规定办理。

第十四章　督促程序

【引　例】

某机电厂向某医院出售一批电柜，成交后医院提出产品不合格，要求退货。经双方协商达成协议：医院对电柜自行检修，货款减半支付。后机电厂多次向医院追讨此笔货款，均遭医院拒绝，便向法院申请发出支付令。法院受理后审查了双方订立的付款协议，发出支付令。医院收到该支付令后，当即向法院书面表示如下意见：这批电柜根本无法检修使用，只能退货，无法按原约定付款。问：法院应如何处理？

第一节　督促程序概述

一、督促程序的概念

督促程序，是指人民法院根据债权人提出的给付金钱或者有价证券的申请，不经过开庭就直接向债务人发出支付令，如果债务人不在法定期间内提出异议，该支付令即具有强制执行力的程序。

督促程序是督促债务人向债权人偿还债务的一种程序。对于债权债务关系明确，双方均无争议而债务人因为各种原因长期没有还债的案件而言，适用督促程序进行审理，不仅可以简化诉讼程序，方便当事人诉讼和法院审理案件，而且还可以加速纠纷的解决。为此，我国 1991 年修订《民事诉讼法》时，借鉴外国经验，专章规定了督促程序。最高人民法院 2001 年《关于适用督促程序若干问题的规定》(以下简称《督促程序规定》)对督促程序作了具体规定。2012 年修法时，立法机关对督促程序作了修正。《民诉法解释》对督促程序的具体适用作了进一步完善。

从国外的立法实践来看，在民事诉讼法中设立督促程序的主要是大陆法系国家，比较有代表性的是德国和日本。1877 年颁布的《德国民事诉讼法》第 688 条规定，以支付一定金额的本国货币为标的的请求，可以依申请人的申请发出督促决定。《日本民事诉讼法》第 382 条规定，债权人请求债务人给付金钱和其他代替或有价证券的，可以向有管辖权的简易法院申请支付令。尽管各国民事诉讼法对这一制度的适用范围、申请、异议等具体规定有一定的不同，但都使用"督促程序"的名称，其核心内容均为法院以支付令的形式督促债务人还债。

二、督促程序的特点

督促程序除具有民事特别程序的一般特点外，还具有以下特点：

1.督促程序具有非讼性。督促程序属于非讼程序，但它兼有诉讼程序的特点。诉讼程序的标志是当事人用起诉的方法，请求法院以实体判决的手段解决民事争议，而非讼程序则是利用起诉和实体判决以外的方法由法院处理特定的民事法律关系。督促程序因债权人申请而开始，法院根据债权人的申请发出支付令之后，债务人在法定的期限内提出书面异议时，支付令失效；如果其后转为诉讼程序，则该案按普通程序处理。但督促程序不是必经的诉前程序。同时，督促程序具有非讼性质，支付令发生执行效力的前提是申请人与被申请人之间对存在债权债务关系没有争议，它与用于解决民事争议的普通程序或简易程序有着明显的区别。

2.督促程序的适用范围具有特定性。督促程序的适用范围仅限于给付金钱或有价证券的债务案件，并且以申请人无对待给付义务和支付令能够送达债务人为条件。不符合上述条件的债务案件，例如以其他财产或行为为内容的债权债务争议，如果债务人没有履行义务，债权人可以向有管辖权的人民法院起诉，请求人民法院判令债务人履行，但不能通过督促程序加以解决。

3.督促程序的可选择性。债权人请求债务人给付金钱、有价证券的，可以适用督促程序。但是，法律并没有强制这类案件必须适用督促程序，当事人可以选择诉讼程序或督促程序来解决。如果当事人选择了诉讼程序的，就不能再选择督促程序。选择诉讼程序的，适用第一审普通程序或者简易程序进行审理。可见，督促程序不是解决这类案件的必经程序或唯一程序，法律赋予了当事人的程序选择权。

4.督促程序审理的简捷性。适用督促程序审理的案件不需要开庭审理。人民法院依督促程序受理债权人的申请后，仅对债权人提供的事实和证据进行书面审查，不调查取证，不传唤当事人和开庭审理。通过书面审查，认为债权债务关系明确合法的，即可发出支付令，要求债务人清偿债务。

5.支付令生效的附条件性。支付令是附期限、附条件的法律文书。人民法院

向债务人发出的支付令发生法律效力需要具备两个条件：一是期限上的要求，即债务人自收到支付令之日起15日届满，支付令才能生效；二是行为上的要求，即债务人在上述期限届满前不清偿债务，也不提出书面异议的，支付令才能生效。

三、督促程序的法律价值

督促程序作为一种非讼程序，在民事诉讼法律体系中具有重要的意义：

1.有助于民事诉讼公平和效率价值的实现。诉讼公正与诉讼效率是现代民事诉讼所追求的价值目标，而督促程序通过独特的制度构造实现了民事诉讼的这一价值。督促程序的公正性主要体现在：其一，督促程序的适用范围和适用条件的明确限定，使得督促程序所解决的是简易且无争议的案件，有利于债权人合法债权的保护，进而有助于实现实体公正；其二，支付令生效的一个重要前提条件是债务人没有异议，为此法律赋予债务人对支付令的异议权，使债务人获得与债权人相同的法律对待，确保司法天平的不偏不倚。督促程序的效率性是由其非讼性和简捷性来保证实现的。在遵行公正性的前提下，与通常争讼程序相比，督促程序更加突出和强调其效率性，以期降低当事人的诉讼成本和国家司法资源的投入。

2.有助于当事人接近司法或寻求司法保护。主要体现如下：其一，督促程序有助于公正及时地实现诉讼目的，其程序简单明了，消除了复杂程序给当事人带来的理解上的困难，从而为当事人提供了一种廉价和亲善的司法救济途径；其二，对于法律关系明确、争议不大的涉及债权债务关系的案件，当事人既可以选择诉讼程序进行解决，也可以选择更为简便的督促程序进行解决，客观上为纠纷的当事人提供了更多的解决纠纷的渠道；其三，在特定时间内，将督促程序所节约的审判资源，用于更多案件的解决，这样不仅实现审判资源的优化配置，而且通过简易化的程序使一般国民普遍能够得到具体的有程序保障的司法服务。

3.有助于完善民事诉讼法程序体系。根据案件的性质和繁简而设置相应的程序，这种做法已为各国民事诉讼立法所普遍接受。民事诉讼程序的多元化和专门化是有效解决纠纷的必然要求。督促程序适应民事诉讼程序发展的趋势，有助于根据争议的性质和繁简程度分流案件，提高司法效率。

第二节　支付令的申请与审查

一、支付令申请的条件

依照《民事诉讼法》第 214 条和《民诉法解释》第 429 条的规定，支付令的申请必须具备下述条件：

1.债权人申请给付的范围，仅限于请求给付金钱或有价证券。首先，债权人所提出的请求应属于给付请求。督促程序的目的在于取得执行名义，实现债权的内容。给付请求具有法律关系明确并可强制执行的特点。如果当事人提出的是确认或变更法律关系的请求，则不能适用督促程序。其次，督促程序只适用于金钱或有价证券的给付请求。此处所称"金钱"是指作为流通手段和支付手段的货币，而"有价证券"是指设定并证明持券人一定财产权利的书面凭证，根据《民诉法解释》第 429 条的规定，有价证券包括汇票、本票、支票、股票、债券、国库券、可转让的存款单等。这一限定是符合督促程序简易、迅速解决债务纠纷的立法要求的。其他标的物的给付请求比较复杂，当事人双方往往互有责任，须经调查、取证和开庭审理才能认定，需要通过诉讼程序解决。

此外，根据《劳动合同法》(2007 年 6 月 29 日颁布，2008 年 1 月 1 日起施行)第 30 条的规定，用人单位拖欠或者未足额支付劳动报酬的，劳动者可以依法向当地人民法院申请支付令，人民法院应当依法发出支付令。

2.请求给付的金钱或者有价证券已到偿付期且数额确定。首先，债务必须已经到期。在给付期限届至时，债权人才有权要求给付，债务人也才有给付的义务。如果债务尚未到期，则债权人不得申请支付令追索。其次，要求给付的金钱或有价证券的数额必须是确定的。数额是否能够确定，应以债权债务的具体内容为准。依有关债权债务关系文书，能够明确计算出数额的，应认定为是确定的。如有关文书中未载明具体数额，双方对金额、数量或计算方法尚有争议的，则不能适用督促程序。

3.债权人没有对待给付义务，即债权人与债务人之间没有其他债务纠纷，债务关系是单向的。依照《民事诉讼法》的规定，适用支付令的债务关系必须明确。如果债权人与债务人互向对方承担某种给付义务，债务纠纷中的权利义务关系不能仅凭一方当事人的申请就予以认定，也不能仅按一方当事人的请求而向其相对人发出限期清偿债务的命令。因此，债权人与债务人之间存在其他债务纠纷的，不适

用督促程序，应按普通程序或简易程序予以解决。

4.支付令能够送达债务人。支付令能够送达债务人，这里的“能够送达”是指人民法院按照法定送达方式，能使债务人直接收到支付令。根据支付令的法律特征，支付令的送达方式一般应以直接送达为原则，只有在直接送达有困难的情况下，才可以采用委托送达和邮寄送达。直接送达有利于债务人在法定期限内及时提出对支付令的异议。对于在支付令的送达中，是否可以采用留置送达方式，法学界有不同的意见。《民诉法解释》第431条规定：“向债务人本人送达支付令，债务人拒绝接收的，人民法院可以留置送达。”可见，支付令的留置送达应具备两个要件：第一，支付令必须向债务人本人送达；第二，债务人拒绝接收支付令。但对支付令的送达，不可采用公告送达的方式。这是由于公告送达是一种推定送达，债务人未必知悉；再者，公告送达所需时间太长，不符合督促程序的宗旨。对送达的期限，我国《民事诉讼法》没有规定，台湾地区“民事诉讼法”第515条第1项规定：“发支付命令后，三个月内不能送达于债务人者，其命令失其效力。”这一规定有利于明确送达的期间，值得借鉴。但台湾地区“民事诉讼法”规定三个月的送达期限似乎过长，不能体现督促程序迅捷的特点。《督促程序规定》第6条规定，人民法院发出支付令之日起30日内无法送达债务人的，应当裁定终结督促程序。

5.债权人未向人民法院申请诉前保全。这是因为，按照《民事诉讼法》的规定，当事人申请诉前保全的，应当在人民法院采取保全措施后30天内，按照普通程序提起诉讼。当事人申请诉前保全视为选择通过普通诉讼程序处理纠纷，不得同时再按照督促程序申请支付令。

二、支付令申请的方式

《民事诉讼法》第214条规定，债权人向人民法院申请支付令，应向人民法院提交申请书。申请书应载明以下内容：

1.申请人的姓名、名称、住所等基本情况。申请人为法人或其他组织的，还应记明法定代表人或主要负责人的姓名及职务。

2.债务人的姓名、名称、住所的基本情况。债务人为法人或其他组织的，还应记明其法定代表人或主要负责人的姓名及职务。

3.请求给付金钱或者有价证券的数量和所根据的事实、证据。应写明债权债务关系发生的经过，具体的金额，有价证券的种类、数量，及有关证据的情况。

4.申请支付令的请求。即说明申请符合法律关于申请支付令条件的事实，请求法院依法向债务人发出支付令。

三、对支付令申请的审查

人民法院在受理支付令申请后，由审判员一人对申请进行审查。受理申请后的审查属于实体审查，不同于受理阶段的形式审查。它有以下几个特点：(1)在审查的范围上，以债权人的请求为基础，仅限于审查债权人提供的事实和证据，不要求债务人提出书面答辩以及事实和证据。(2)在审查的方式上，采取书面审查的方式，不需要询问债务人，不进行调查取证，也不公开审理。(3)在审查的内容上，着重审查当事人的债权债务关系是否明确合法。债权债务关系明确，是指债权债务关系事实清楚，数额确定，双方没有实质争议，债权的存在无须确认，债务人对债权人有给付的义务，债权人对债务人无对待给付义务。债权债务关系合法，是指引起债权债务关系发生的事实以及债权债务的内容不违反法律规定。因高利贷、赌博、诈骗或因欺诈、胁迫或乘人之危而设定的债权不受法律保护。

四、对支付令申请的处理

人民法院对债权人提供的事实和证据进行审查后，认为债权债务关系明确并已经达到履行期限，符合《民事诉讼法》第 214 条规定的条件的，应当自受理之日起 15 日内，向债务人发出支付令。支付令应记明以下事项：(1)债权人、债务人姓名或名称等基本情况；(2)债务人应当给付的金钱、有价证券的种类、数量；(3)清偿债务或者提出异议的期限；(4)债务人在法定的期限内不提出异议的法律后果。支付令由审判员、书记员署名，加盖法院印章。对法院发出的支付令，债务人不能提出上诉，但有权在法定期限内向发出支付令的法院提出异议。

法院受理申请后，经审查债权人提出的事实和证据后，认为债权人的申请不能成立的，应在 15 日内裁定驳回申请，该裁定不得上诉。结合《督促程序规定》第 5 条以及《民诉法解释》第 430 条的规定，人民法院受理债权人的支付令申请后，由审判员一人进行审查。经审查，有下列情况之一的，应当裁定驳回申请：(1)当事人不适格；(2)给付金钱或者汇票、本票、支票以及股票、债券、国库券、可转让的存款单等有价证券的证明文件没有约定逾期给付利息或者违约金、赔偿金，债权人坚持要求给付利息或者违约金、赔偿金的；(3)债权人要求给付的金钱或者汇票、本票、支票以及股票、债券、国库券、可转让的存款单等有价证券属于违法所得；(4)要求给付的金钱或者有价证券尚未到期或者数额不确定的；(5)债权人申请支付令之前已向人民法院申请诉前保全，或者申请支付令同时又要求诉前保全。

根据《民诉法解释》第 432 条的规定，属于下列情形之一的，人民法院应当裁定

终结督促程序,已发出支付令的,支付令自行失效:(1)人民法院受理支付令申请后,债权人就同一债权债务关系又提起诉讼的;(2)人民法院发出支付令之日起30日内无法送达债务人的;(3)债务人收到支付令前,债权人撤回申请的。

第三节　支付令的效力与异议

一、支付令的法律效力

根据《民事诉讼法》第216条第3款的规定,债务人在收到支付令后的法定期间内既不提出异议又不清偿债务的,支付令即与生效判决具有同等法律效力。其效力表现为以下两方面:(1)确定力。包括形式确定力和实质确定力。形式确定力,是指支付令一旦做出,就不得提起上诉。实质确定力,即既判力。债务人自收到支付令之日起15日内,既不清偿债务,又不提出书面异议或异议被裁定驳回的,支付令即具有既判力,债权人和债务人就支付令所确定的债权债务关系不得再提起诉讼,法院不得受理和审判就该支付令所确定的事项而提起的诉讼。(2)执行力。支付令生效后,债权人可以支付令为执行根据,向发出支付令的人民法院申请强制执行。人民法院按《民事诉讼法》规定的执行程序办理。债权人申请执行支付令的期限,适用《民事诉讼法》第239条的规定,即当事人可在支付令生效后2年内向法院申请强制执行。

如前所述,人民法院制作的支付令具有如同民事判决、裁定、调解书一样的效力。如果支付令出现了错误,应如何予以纠正呢?对此,《民事诉讼法》没有明文规定。《民诉法解释》第443条规定,人民法院院长对本院已发生法律效力的支付令,发现确有错误,认为需要撤销的,应当提交审判委员会讨论决定后,裁定撤销支付令,驳回债权人的申请。支付令被撤销后,当事人可依法起诉,当事人因执行支付令而取得的财产,适用《民事诉讼法》关于执行回转的规定。

二、支付令的异议

支付令的异议,是指债务人对法院发出的支付令在法定期限内声明不服的行为。《民事诉讼法》第216条规定,债务人提出的支付令异议,必须符合以下条件:(1)异议必须由债务人提出。其他人提出的意见不构成支付令异议。(2)异议必须在法定期限内提出。债权人对支付令的异议必须在收到支付令之日起15日内提出。超过法定期限提出异议的，异议不成立，人民法院可以裁定驳回异议。(3)异议必须以书面方式提出。债务人以口头方式提出异议的无效。(4)异议必须针对债权人的请求，即债务关系本身提出。在督促程序中，债权人提出申请后，法律并未赋予债务人答辩或在庭审中辩论的权利，但为保护债务人的合法权益，贯彻民事诉讼当事人诉讼权利平等的原则，法律赋予债务人对支付令的异议权。债务人认为债权人的申请不符合事实或不应履行债务的，可以向发出支付令的人民法院提出书面异议。人民法院收到债务人提出的书面异议后，经审查认为异议成立的，应当裁定终结督促程序。支付令自行失效。

债务人对支付令的异议权的性质属于绝对异议权或是相对异议权，在诉讼理论和司法实践中，均有不同的意见。一种意见认为，债务人的异议权是绝对的异议权，即只要债务人在法定期间提出书面的异议，不论这种异议是否具有正当的理由，都将导致支付令失效，法院无权审查这种异议是否具有正当的理由。其理由是：如果要求债务人在提出异议的同时提供事实和证据，人民法院势必应对事实与证据进行审查，这就使督促程序等同于民事诉讼的通常程序，对当事人双方的争议进行审理。如果债务人的异议无正当理由被驳回，支付令将发生效力，而债务人对支付令又无上诉权，其合法权益也就不能得到保障。另一种意见认为，应赋予债务人相对的异议权，即异议须附具理由，法院也有权审查异议的理由是否正当。其理由是：既然债权人提出支付令的申请应符合法律规定的条件，那么，基于当事人诉讼权利平等的原则，债务人提出异议也应说明理由。同时，我国存在大量的债务人逾期不履行义务的现象，如果任由债务人提出异议，将会挫伤债权人申请支付令的积极性，也会使督促程序的作用大为减弱。

我国立法采纳第一种观点。根据《督促程序规定》和《民诉法解释》的规定，债务人在法定期间提出书面异议的，人民法院无须审查异议是否有理由，应当直接裁定终结督促程序。可见，在支付令发出后，只要债务人在法定的期限内提出了书面异议，就会导致支付令的失效，债务人的异议不需要附具任何的理由。从督促程序的特点来看，它的基本条件是债权债务关系明确，没有争议，一旦出现争议，就不应再适用督促程序进行审理。因此，我国法律的规定是合理的，也与国外的相关立法例基本一致。至于是否会影响督促程序的作用以及债权人、人民法院适用该程序的积极性，应通过后续的保障来完善。

《督促程序规定》对有关债务人异议的问题作了如下规定：(1)债务人对债权债务关系没有异议，但对清偿能力、清偿期限、清偿方式等提出不同意见的，不影响支付令的效力；(2)债权人基于同一债权债务关系，向债务人提出多项支付请求，债务人仅就其中一项或几项请求提出异议的，不影响其他各项请求的效力；(3)债权人基于同一债权债务关系，就可分之债向多个债务人提出支付请求，多个债务人中的

一人或几人提出异议的，不影响其他请求的效力。人民法院作出终结督促程序的裁定前，债务人请求撤回异议的，应当准许。

根据《民诉法解释》第 439 条的规定，人民法院作出终结督促程序或者驳回异议裁定前，债务人请求撤回异议的，应当裁定准许。债务人对撤回异议反悔的，人民法院不予支持。

三、督促程序的终结

督促程序的终结是指由于发生特定的原因，或者由于督促程序各个阶段的任务已经完成，从而结束督促程序。

根据《民事诉讼法》及有关司法解释的规定，督促程序的终结有以下几种情形：(1)人民法院受理债权人提出的支付令申请后，经审查，申请不成立的，应当裁定予以驳回，终结督促程序；(2)人民法院在发出支付令前，债权人撤回申请的，人民法院应当裁定终结督促程序；(3)债务人在法定期间对支付令提出书面异议，支付令自行失效，人民法院应当终结督促程序；(4)债务人在收到人民法院发出的支付令后，在法定的期间履行了债务，督促程序自然终结；(5)人民法院受理支付令申请后，债权人就同一债权关系又提起诉讼，或者人民法院发出支付令之日起 30 日内无法送达债务人的，应当裁定终结督促程序。

对于督促程序终结后可否直接转入民事诉讼通常程序的问题，有两种立法例。一种做法是在督促程序终结时，将支付令的申请视为起诉，直接转入诉讼程序。这就免除了当事人另行起诉的手续，由此简化诉讼程序。另一种做法是根据民事诉讼的处分原则，由当事人自己决定是否起诉，因为若将支付令的申请视为起诉，可能有违起诉自由的原则。我国过去采取第二种做法，1991 年《民事诉讼法》规定，在债务人提出异议、支付令失效后，督促程序终结，债权人如果要诉请司法保护，必须依民事诉讼法关于起诉的规定，另行向人民法院起诉。2012 年修改《民事诉讼法》时，改采第一种立法例。修改后的《民事诉讼法》第 217 条第 2 款规定："支付令失效的，转入诉讼程序，但申请支付令的一方当事人不同意提起诉讼的除外。"

在引例中，虽然申请人与被申请人事后订立了付款协议，但被申请人收到支付令后对付款协议反悔，不同意按支付令履行支付义务，提出了书面异议。该异议成立，从而导致了支付令失效和督促程序的终结。本案可转入诉讼程序，法院按通常程序进行审理。如申请人不同意提起诉讼，则仅终结督促程序。

第十五章　公示催告程序

【引　例】

2009年12月18日，某家电公司将一张可以背书转让的未到期的汇票背书转让给某商场。但是，双方当事人都不知道，就在12月1日，这张汇票的出票人已经向法院提出了公示催告程序的申请，法院即依法予以公告，公告期间为2009年12月7日至2010年2月18日。问：当事人应如何维护自己的权益？

第一节　公示催告程序概述

一、公示催告程序的概念

公示催告程序又称除权程序，是指法院根据当事人的申请，以公告的方法，告知并催促利害关系人在指定期限内向法院申报权利，如其不申报权利，即依法作出宣告票据或其他事项无效的程序。公示催告的目的在于宣告不明的利害关系人对公示催告事项的权利无效，解决该票据或其他事项的权利归属问题。在此程序中，没有特定的相对人；如果相对人是明确的，则应当通过普通诉讼的方式解决，不能适用公示催告程序。公示催告程序作为一种司法救济的手段和途径，旨在调整票据丧失后的票据权利义务关系。若是其他机关或组织以公示方法催告利害关系人申报权利的，则不属于公示催告程序。

票据作为有价证券，具有票面记载的权利与票据不可分离的特点。换言之，不持有票据的人，不得行使票据上的权利。当票据的持有人因票据被盗、遗失或灭失而丧失对票据的实际占有，票据权利人对票据的权利难免受到损害。《民事诉讼法》设立公示催告程序，通过法院的公示催告，一方面排除申请人以外的任何人对

该票据享有权利，另一方面确认只有申请人对该票据享有权利，从而及时解决票据权利人因失去票据而可能遭受的财产损失，这对于保护票据权利人的合法权益，保障票据的流通安全具有重要意义。例如，某人不慎遗失支票后，他可以向法院申请适用公示催告程序。由于法院不能确定真正的权利人，因此，法院发出公告，确认有无其他人申报权利。在无人申报权利或申报无效的情况下，法院作出判决确认该票据无效。此后，该申请人可以依据法院的除权判决书请求支付，而支付人不能以申请人无票据为由拒绝支付。

公示催告程序是我国1991年修订《民事诉讼法》时增设的制度，是对外国法律尤其是大陆法系国家法律制度的合理移植，适应了我国市场经济的发展需要。通过公示催告程序宣告票据无效通常被认为是大陆法系国家采用的补救方法，德国、日本等国家的民事诉讼法均有公示催告程序的规定。而英美法系则通过诉讼的方式来解决票据丧失后的权利救济问题。

对于适用公示催告程序的案件，各国和地区一般都要求应当以法律有明确规定的为限，其范围也不尽相同。例如在德国，可以申请公示催告的事项相当广泛。根据《德国民事诉讼法》的规定，公示催告主要包括以下几种：(1)死亡宣告的公示催告；(2)排除土地所有人或船舶所有人的公示催告；(3)排除各种债权人的公示催告；(4)宣告证券无效的公示催告。上述四类中，第一类和第四类是大多数国家所共同规定的，不过，对于第一类，即宣告死亡问题，很多国家并不将其规定于公示催告程序中。[①] 而对于第四类，德国法律规定的证券种类极为广泛，包括汇票、本票、支票、无记名证券、抵押证券、土地债务债券及定期土地债务债券、股票、商人的指示证券、提单、仓单、保险单等。

在我国台湾地区，可以申请公示催告的事项较多，其“民事诉讼法”第539条第1项规定：“申报权利之公示催告，以得依背书转让之证券或法律有规定者为限。”得依背书转让的证券包括指示证券、无记名证券、提单、仓单、载货证券、汇票、本票、支票、公司股票等。另外，台湾地区“民法”第1157条规定了要求被继承人之债权人于一定期限内申报其债权的公示催告，第1178条规定了要求继承人于一定期限内承认继承的公示催告，第1179条规定了要求受遗赠人表明是否接受遗赠的公示催告等等。[②]

我国对票据的丧失问题长期采用挂失的办法予以补救。根据有关规定，允许挂失的票据，在其付款期限届满后一定期间内没有被他人冒领的，一般可以办理退

① 在德国，1951年1月15日的《失踪法》颁布之后，不再通过公示催告程序处理宣告死亡事项。参见谢怀栻译：《德意志联邦共和国民事诉讼法》，中国法制出版社2001年版，第263页。

② 陈荣宗、林庆苗：《民事诉讼法》(下)，台湾三民书局2005年第4版，第919～920页。

款手续，但是如被他人冒领了，银行则往往不需要承担责任；不允许挂失的票据，被他人冒领的后果一般由丢失票据的人自负。由此可见，挂失的办法虽然能起到一定补救作用，但却无法根本解决票据丧失后的权利救济问题，并且其适用范围有限。此外，在实践中还有一种遗失支票后采取登报声明作废的做法，这种做法虽能引人关注，但其仅是声明人单方意思表示，一般不具有法律效力，在被告知的不特定众人之间不能建立起民事权利义务关系。为此，我国通过确立公示催告程序，以此解决票据丧失后带来的权利救济问题，也使《民事诉讼法》进一步适应市场经济的发展。《民事诉讼法》专章规定了公示催告程序。《海事诉讼特别程序法》规定了海事公示催告程序。

适用公示催告程序的事项主要规定在《票据法》中。《票据法》调整汇票、本票、支票从签发到承兑的一系列民事法律行为。该法第 15 条规定："票据丧失，失票人可以及时通知票据的付款人挂失止付，但是，未记载付款人或者无法确定付款人及其代理付款人的票据除外。收到挂失止付通知的付款人，应当暂停支付。失票人应当在通知挂失止付后 3 日内，也可以在票据丧失后，依法向人民法院申请公示催告，或者向人民法院提起诉讼。"除了《票据法》规定的汇票、本票、支票之外，提单、仓单和股票也属于广义的票据。《合同法》第 387 条规定："仓单是提取仓储物的凭证。存货人或者仓单持有人在仓单上背书并经保管人签字或者盖章的，可以转让提取仓储物的权利。"《海商法》第 79 条规定："提单的转让，依照下列规定执行：(一)记名提单：不得转让；(二)指示提单：经过记名背书或者空白背书转让；(三)不记名提单：无需背书，即可转让。"《公司法》第 143 条规定，记名股票被盗、遗失或者灭失，股东可以依照《民事诉讼法》规定的公示催告程序，请求人民法院宣告该股票失效。人民法院宣告该股票失效后，股东可以向公司申请补发股票。

二、公示催告程序的特点

公示催告程序是我国《民事诉讼法》设立的一种特殊的程序。它与一般的诉讼程序相比，具有以下几个特点：

(一)程序的非讼性

从性质来看，公示催告程序属于非讼程序。适用这一程序并不能解决当事人之间因民事权利义务关系发生的纠纷，而只能确认申请人申请公示催告并在一定期限内无人申报权利这一事实。在公示催告程序中，申请人根本无法知道有无利害关系人，更不知道利害关系人是谁。因此，公示催告案件没有明确的被告或者被申请人。一旦明确了利害关系人，公示催告程序就失去了其存在的基础而必须终

结，申请人可以向人民法院提起民事诉讼，通过诉讼程序解决纠纷。

(二)适用范围的特定性

根据我国《民事诉讼法》第 218 条第 1 款的规定，公示催告程序仅适用于可以背书转让的票据被盗、遗失、灭失的案件以及法律规定可以申请公示催告的其他事项。不能背书转让的票据被盗、遗失、灭失的案件以及不属于法律规定可以申请公示催告的事项，都不能适用公示催告程序。

(三)程序制度的独特性

公示催告程序具有明显不同于诉讼程序及其他非讼程序的特点。主要表现如下：(1)公示催告程序由公示催告和除权判决两个阶段构成；(2)公示催告程序的两个阶段均需有申请人申请才能启动；(3)公示催告程序的两个阶段可以由两个不同的审判组织进行审理，公示催告阶段由一位审判员组成独任庭审理，除权判决阶段则应由三位审判员组成合议庭审理；(4)公示催告程序主要适用书面审查和公告的方式进行审理。

(四)程序的简捷性

公示催告程序的目的在于适应票据流通的安全性与迅速性，简便快速地对丧失的票据作出除权判决，从而使申请人恢复票据权利，完成法律救济手段。公示催告程序的简捷性与迅速性主要体现为：(1)在公示催告阶段实行独任制，无须法庭辩论，仅作书面审查；(2)公示催告程序实行一审终审。人民法院在无利害关系人在公告期间申报权利的情况下，即可以依照申请人申请，作出票据无效的除权判决，该判决书自公告之日起即发生法律效力，利害关系人不得提出上诉。

三、公示催告程序的功能

公示催告程序是随着社会的发展，为满足社会经济生活的需要而设立的。从我国社会的现实情况分析，设立公示催告程序确有必要。该程序主要具有以下几个方面的功能：

1.维护票据持有人的合法权益。票据的丧失即票据的持有人丧失对票据的占有，包括绝对丧失和相对丧失两种。绝对丧失包括票据被焚烧、撕毁等；相对丧失包括票据被盗、被抢、遗失等。以上失去票据的情形，均违反票据持有人本人的意愿。票据作为一种支付工具和信贷工具，在我国经济建设具有重要作用。票据使用得越广泛，票据丧失以及因票据丧失引出的权利纠纷问题也会越来越多。如果没有相关法律的调整，票据权利人势必会遭到损害。因此，《民事诉讼法》规定了公示催告程序，以维护票据持有人的合法权益。

2.确保票据流通的安全。公示催告程序的确立会为票据市场的规范化提供法律依据，保障了票据的正常流转，适应市场经济和改革开放发展的需要，同时也为票据法提供配套的法律保护手段。

3.有利于民事诉讼法律体系的完善，并能与国际市场接轨。确立票据丧失后的法律救济手段是国际通用的做法，公示催告程序的确立完备了我国法律体系，也改善了法律环境。同时，票据丧失后及时的法律保障也使我国市场与国际市场顺利接轨，促进市场经济的发展。

四、公示催告程序的适用范围

我国《民事诉讼法》第 218 条第 1 款规定："按照规定可以背书转让的票据持有人，因票据被盗、遗失或者灭失，可以向票据支付地的基层人民法院申请公示催告。依照法律定可以申请公示催告的其他事项，适用本章规定。"据此规定，人民法院适用公示催告的范围有以下两类：

（一）按照规定可以背书转让的票据

票据一词有广义和狭义之分。广义的票据，是指商业活动中的一切票证，包括各种有价证券和凭证，如股票、债券、本票、提货单、车船票、借据等。狭义的票据，是指发票人依法签发，由自己无条件支付或委托他人无条件支付一定金额的有价证券。背书，是指持票人为了将票据权利转让给他人或者将票据权利授予他人行使，而在票据背面或者粘单上记载有关事项并签章，然后将票据交付他人的票据行为。背书可以分为转让背书和非转让背书。前者是以转让票据权利为目的；后者不以转让票据权利为目的，而以将票据权利授予他人行使为目的。通常的背书为转让背书，比如为买卖、赠与、贴现等目的将票据背书转让他人。由于票据行为具有无因性，转让背书的目的通常无须在票据上记载。

1.汇票。我国现行的汇票分为银行汇票和商业汇票。银行汇票和商业汇票均为记名式票据，在一般情况下可以背书转让。持票人丧失允许转让的汇票，可以申请公示催告。

2.本票。主要指银行本票。所谓银行本票，是指申请人将款项交存银行，由银行签发给其凭以办理转账结算或支取现金的票据。银行本票的使用目前仅限于单位、个体经营户和个人在同一城市内的商品交易和劳务供应以及其他款项的结算。银行本票分为定额本票和不定额本票，一律为记名式票据，允许背书转让。

3.支票。支票是银行的存款人签发给收款人办理结算或委托开户银行将款项支付给收款人的票据。目前中国人民银行总行批准的地区(即上海、广州、武汉和沈阳等)的转账支票可以背书转让。

我们认为,对于支票能否适用公示催告程序问题上应注意以下界限,即凡是不记名式票据,如定额支票等,均以单纯交付为转让方式,不适用公示催告程序;凡是记名式票据,有关规定不允许背书转让的,也不适用公示催告程序。

(二)可以公示催告的其他事项

我国公示催告程序的适用范围主要限于可以背书转让的汇票、本票、支票。立法者考虑到未来法制的完善,新颁布的法律可能会有其他事项将适用公示催告程序的规定,因此规定"依照法律规定可以申请公示催告的其他事项,适用本章规定",这就为今后扩大公示催告程序的适用范围预留了发展的空间。

例如,《海事诉讼特别程序法》第 100 条规定:"提单等提货凭证持有人,因提货凭证失控或者灭失,可以向货物所在地海事法院申请公示催告。"提单等提货凭证的流转比票据的流转复杂得多,其失控或者灭失前的最后持有人的涉及面较为广泛,既可能是托运人,也可能是收货人,还可能是银行、邮递公司、托运人或收货人的代理人等。就银行来说,包括开证行、通知行和议付行等。因此,所谓"提货凭证持有人",应解释为在提单流转中已经支付对价取得提单后又失去控制的人。所谓"失控"可解释为"失去控制",既包含了因"被盗、遗失"所造成的对提货凭证支配权的丧失,也包含了因电子数据交换系统故障、电脑"黑客"侵袭以及操作密码遗忘、丢失等所造成的对电子提货凭证支配权的丧失等情形。

第二节 公示催告案件的审理程序

一、公示催告的申请和受理

(一)公示催告的申请

公示催告程序依当事人的申请而开始,人民法院不得依职权提起。

1.申请人。申请人必须是票据或其他事项的权利人。票据或其他事项的权利人必须具备两个条件:一是他持有或占有票据或其他事项必是合法的;二是票据或其他事项是在他手中丧失或情况不明的,他是票据或其他事项丧失前的最后持有人、占有人。

2.申请条件。申请适用公示催告程序必须符合以下条件:一是申请公示催告的事项必须是可以背书转让的票据或其他法律规定可以公示催告的事项;二是申请公示催告的原因必须是可以背书转让的票据有被盗、遗失或灭失的事实,即非自愿地丧失票据;三是利害关系人处于不明状态。所谓利害关系人不明,是指与申请事项有权益关系的人有无不明或姓名不明。在公示催告程序中利害关系人处于不明状态,是申请公示催告的前提条件。如果与票据上的权利有利害关系的人是明确的,说明存在有关票据权利的争议,该争议可通过一般诉讼程序解决,不适用公示催告程序。如果利害关系人只是暂时地址不明或下落不明,则仍应认为有明确的利害关系人,可依一般诉讼程序进行民事诉讼,以公告方式送达诉讼文书,而不能适用公示催告。

3.管辖法院。根据《民事诉讼法》第 218 条的规定,公示催告案件由票据支付地的基层人民法院管辖。所谓票据支付地,是指票据上载明的付款地;票据上未载明付款地的,票据付款人的住所地或主要营业地为票据付款地。

4.申请方式。申请人申请公示催告不能采用口头形式,必须采用书面形式,申请人必须提交书面申请书。申请书的内容主要有:(1)载明票面金额,票面金额是指票据上载明的金额;(2)载明发票人,发票人是指签发票据的人;(3)载明持票人,持票人是指丧失票据前的最后票据持有人;(4)载明背书人。背书人是指转让票据权利的人;(5)载明申请的理由和事实,以及付款人、收款人、银行账号和票据被盗、遗失、灭失的经过;(6)其他事项,如票据的收款人、付款的账号、开户银行、到期日、票据号码等。

5.公告催告申请的撤回。公示催告申请人撤回申请,应在公示催告前提出。公示催告期间申请撤回的,人民法院可以径行裁定终结公示催告程序。

(二)公示催告申请的审查和受理

申请人向人民法院提交申请;是否受理申请,由人民法院审查决定。人民法院收到公示催告的申请后,应当立即审查,并决定是否受理。人民法院对公示催告申请的审查事项包括:(1)申请主体资格的审查,即审查申请人是否为享有请求权的票据持有人以及审查申请人有无诉讼能力;(2)申请标的是否属于法律规定的可以背书转让的票据被盗、遗失、灭失情形;(3)申请人提供的事实和证据,是否与申请请求相符;(4)审查申请人提供的申请书是否写明票据的主要内容,包括丧失的票据的名称,该票据的特征、失去该票据的有关情节和法律规定的其他条件是否具备;(5)当事人的申请是否属本法院管辖。经过审查认为申请符合受理条件的,裁定予以受理,并同时通知支付人停止支付;认为申请不符合受理条件的,在 7 日内

裁定驳回申请。

公告催告申请的受理，是指人民法院对申请人的申请，经审查认为符合法定条件的，决定予以审理的行为。适用公示催告程序审理的案件，应由审判员一人独任审理；判决宣告票据无效的，应当由审判员组成合议庭审理。

二、发出停止支付的通知与公告

人民法院决定受理申请人的申请后，应当依职权向支付人发出停止支付的通知，并发出公示催告的公告。这是公示催告程序的重要环节，也是作出无效判决的前提。

（一）发出停止支付的通知

停止支付的通知，是指人民法院决定受理公示催告的申请后，向支付人发出的停止支付的法律文书。人民法院停止支付的通知书，应直接送达对票据负有支付义务的支付人。支付人收到人民法院停止支付的通知后，应当停止支付。如果支付人拒绝停止支付的，除可以依照《民事诉讼法》第111条和第114条采取强制措施外，在除权判决作出后，支付人仍应承担支付义务。如果申请人因此造成损害后果的，支付人应当承担损害赔偿责任。根据我国《民事诉讼法》第219条的规定，人民法院在决定受理申请人申请的同时，向票据支付人发出通知，令其停止支付。票据等被盗、遗失或灭失以后，非法持有人有可能向支付人申请支付，这样申请人即使申请公示催告，宣告票据无效已无实际意义。为防止非法持有人向支付人主张权利，法律作出了以上规定。

停止支付的通知具有财产保全的性质。因此，采取止付措施，应当符合民事诉讼法关于财产保全的规定，例如可以责令申请人提供担保，止付只能限于请求的范围等。但止付通知也有不同于一般财产保全的特点：首先，它不需要申请人专门提出申请，而是法院受理公示催告案件的一种职权行为。其次，止付通知在被申请人提供担保的情况下也不应解除，其效力始于送达、终于公示催告程序终结。最后，止付通知不允许当事人申请复议。

根据《民诉法解释》第456条的规定，人民法院通知支付人停止支付，应当符合有关财产保全的规定。支付人收到停止支付通知后拒不止付的，法院可依照民事诉讼法有关排除妨害民事诉讼行为的规定采取强制措施。在判决生效后，支付人仍应承担付款义务。

应当指出的是，如果支付人在收到人民法院的通知之前已经支付或贴现，支付人或贴现人应立即回复人民法院，说明情况，并告知收款人的名称。人民法院应将此转告申请人，申请人可据此以收款人为被告提起票据纠纷诉讼。

（二）发出公示催告公告

为了催促利害关系人向人民法院申报权利，保障利害关系人对票据的合法权益免受票据无效判决的影响，人民法院在决定受理申请人的申请后，应当同时通知支付人停止支付，停止支付的通知与受理公示催告同步进行，并在3日内发出公告，催促利害关系人申报权利。公示催告期间由人民法院根据实际情况决定，但不得少于60日。该期间既是公示催告的实质内容，也是公示催告程序合理性的体现。

公告，是指人民法院在公示催告程序中，催促票据利害关系人申报权利的告示。公告是人民法院保障利害关系人合法权益的法定程序，是公示催告程序中的一个重要环节。人民法院的公告应写明如下内容：(1)公示催告申请人的姓名或名称；(2)票据的种类、票面金额、发票人、持票人、背书人，以及申请的事实和理由等，如丢失、被盗等；(3)利害关系人的申报权利的期间：根据《民事诉讼法》第219条的规定，利害关系人申报权利的期间为60日，该期间应标明开始日和终止日；(4)有关的法律后果：在公示催告期间转让票据权利的行为无效；利害关系人不申报权利将产生丧失票据权利的后果。

《民诉法解释》第448条规定："公告应当在有关报纸或者其他媒体上刊登，并于同日公布于人民法院公告栏内。人民法院所在地有证券交易所的，还应当同日在该交易所公布。"

三、申报权利

申报权利，是指丧失票据等的利害关系人，在公示催告期间向人民法院主张票据权利的行为。《民事诉讼法》第221条第1款规定："利害关系人应当在公示催告期间向人民法院申报。"申报权利应注意以下几点：

1.申报权利人应当是善意持票人。善意持票人是指不知道也不应当知道票据让与人的票据权利有瑕疵，又经过背书取得票据的人。

2.利害关系人申报权利，只能向发出公示催告的人民法院提出；向申请人或者其他人民法院申报均不发生效力。

3.申报权利应当在人民法院指定的期间内进行。指定期间不得少于60日。

4.对利害关系人的申报，应当进行审查。经审查，如果公示催告申请人申请公示催告的票据与利害关系人提出的票据不一致的，人民法院应裁定驳回利害关系人的申报。

5.申报权利的法律后果。申报权利成立，在法律上产生终结公示催告程序的效力。利害关系人在公示催告期间应当向人民法院申报权利，人民法院在收到申报后经审查符合条件的，应当裁定终结公示催告程序，并及时通知支付人。申请人或支付人不服裁定的，可以向票据支付地或者被告住所地的人民法院提起诉讼。

第三节　除权判决

一、除权判决的概念

除权判决又称宣告票据无效判决，它是指公示催告期间届满，无人申报权利或者申报无效，人民法院根据申请人的申请，作出的宣告票据或其他事项无效的判决。《民事诉讼法》第 222 条规定:“没有人申报的，人民法院应当根据申请人的申请，作出判决，宣告票据无效。”作出除权判决，必须具备以下两个条件:(1)在申报权利的期间没有人申报，或者申报被人民法院裁定驳回;(2)申请人提出申请，请求人民法院作出除权判决。除权判决是公示催告程序中相对独立的阶段，人民法院不得依职权主动开始这一阶段，必须由申请人提出请求。申请人应当在申报权利期间届满次日起 1 个月内向人民法院申请除权判决，若逾期未提出申请，人民法院应裁定终结公示催告程序。

二、除权判决的效力

除权判决应当公告。一经公告，该判决即发生如下法律效力:(1)票据失去效力，持有票据的利害关系人不能行使票据上的权利。利害关系人对判决有异议的，可以根据《民事诉讼法》第 223 条的规定提起诉讼。(2)公示催告申请人根据法院判决行使票据上的权利，有权依据判决向付款人请求支付款项，付款人不得拒绝支付。(3)公示催告程序终结。

实践中有这样的情形:在公示催告期间，利害关系人对公示催告的内容确实不知情，而通过受让行为取得票据后，却导致票据权利丧失的后果。对此，我们认为利害关系人对公示催告是否知情，并不是其应否受法律保护的事实依据。即使利害关系人对公示催告不知情，法律也推定其知情，或者说在人民法院公告期间，他们应当知道。这是因为人民法院的公告具有公示的法律效力，不同于其他性质的广告。利害关系人的受让行为(如通过背书转让、质押转让、贴现转让等方式)如果发生在公示催告期间，受让人取得票据是否善意，就不是人民法院审理公示催告申请人与利害关系人之间的纠纷所需要考虑的因素。换言之，在公示催告程序期间，以公示催告的票据背书转让、质押转让、贴现转让的方式取得票据的持票人主张票据权利的，人民法院不予支持。但是，在公示催告期间以外，利害关系人对公示催告后导致票据权利丧失是否知情，受让人取得票据是否善意，人民法院就应当予以考虑。公示催告期间届满后，人民法院作出除权判决前，利害关系人取得票据并据此主张票据权利的，人民法院应当支持。

三、除权判决的撤销

人民法院作出判决后，除申请人以外，其他人失去了对票据的权利，但有时候，由于某些不可抗力原因，利害关系人未能在人民法院判决前申报权利。例如，公示催告期间，利害关系人正患病、正在国外，或者因为战争、洪水、地震、交通断绝等原因不知道人民法院对票据的公示催告，人民法院作出判决后，才得知自己所持票据已被宣告无效。对此，该利害关系人可以根据《民事诉讼法》第 223 条的规定，向作出票据无效判决的人民法院提起诉讼。诉讼应当自知道或者应当知道该判决公告之日起一年内提出。根据《民诉法解释》第 127 条的规定，民事诉讼法第 223 条规定的 1 年为不变期间，不适用诉讼时效中止、中断、延长的规定。这种诉讼不是撤销除权判决之诉，而是一个普通的票据纠纷诉讼，通过诉讼来解决票据双方的权利义务纠纷，从而带有补救的性质。[①]

在引例中，某家电公司和某商场转让票据的时间为 12 月 18 日，正处于公示催告期间，因此，其转让票据的行为无效。由于家电公司与某商场都不知道公示催告这一情况，根据《民事诉讼法》的规定，当事人可以自知道或应当知道除权判决之日起 1 年内，向作出除权判决的人民法院提起票据纠纷诉讼。

我国《民事诉讼法》对撤销除权判决未作规定，但规定在除权判决生效后一年内，利害关系人可以提起诉讼。《民事诉讼法》第 223 条规定："利害关系人因正当理由不能在判决前向人民法院申报的，自知道或者应当知道判决公告之日起一年内，可以向作出判决的人民法院起诉。"由于这种起诉并非直接针对除权判决本身而提起，因而可称为另行起诉制度。这种另行起诉的制度存在一定缺陷。利害关系人另行起诉后，法院按照票据纠纷进行审理，审理后所作的判决，可能与除权判决的内容相一致，也可能与除权判决的内容相抵触。二者内容相抵触时，应当以哪一个判决为准呢？在此情况下，若承认后一判决，除权判决又应当如何处置呢？对

① 江伟主编：《民事诉讼法学》，高等教育出版社 2004 年版，第 408 页。

于这一重要问题,《民事诉讼法》及相关司法解释的态度并不明确,既没有规定法院在作出内容不同的新判决时应当一并撤销原除权判决,也没有规定内容不同的新判决作出后原除权判决即视为撤销。这就导致对于同一事项,可能出现相互矛盾的两个判决,从而有损司法判决的严肃性。我们认为,立法上有必要完善对利害关系人的法律救济制度。对此,可借鉴大陆法系国家的通行做法,规定利害关系人可提起撤销除权判决之诉。《民事诉讼法》第 223 条所规定的"利害关系人因正当理由不能在除权判决前向人民法院申报权利"之情形,可以作为撤销除权判决之诉的法定事由,但撤销除权判决之诉的理由不应仅限于这一种情形。

《民诉法解释》第 460 条对《民事诉讼法》第 223 条规定的"正当理由"作了具体的界定:(1)因发生意外事件或者不可抗力致使利害关系人无法知道公告事实的;(2)利害关系人因被限制人身自由而无法知道公告事实,或者虽然知道公告事实,但无法自己或者委托他人代为申报权利的;(3)不属于法定申请公示催告情形的;(4)未予公告或者未按法定方式公告的;(5)其他导致利害关系人在判决作出前未能向人民法院申报权利的客观事由。

从德、日等国的规定来看,撤销除权判决之诉的法定事由较多。例如《德国民事诉讼法》第 957 条第 2 款规定:"有下列情形之一时,对除权判决,可以以申请人为被告,向管辖公示催告法院所在地区的州法院提起撤销之诉:(1)没有法律准许公示催告的情形;(2)对公示催告未予公告或未按法律规定的方式予以公告;(3)未遵守规定的公示催告期间;(4)作出判决的法官依法应该回避;(5)已有申报的请求权或权利,但在判决中未依法予以考虑;(6)具备根据犯罪行为提起回复原状之诉的要件。"《日本民事诉讼法》亦有类似的规定,其所规定的提起撤销除权判决之诉的法定理由更为广泛,即除了类似于上述《德国民事诉讼法》所规定的法定事由外,还规定关于提起再审的某些法定事由也可以作为撤销除权判决之诉的理由,例如,作为判决证据的文书或其他物件,是经过伪造或变造的;以证人、鉴定人、翻译人员的虚伪陈述作为判决的证据的等等。这些有关撤销除权判决之诉的立法例,对于完善我国公示催告程序中利害关系人之救济程序具有很好的借鉴意义。

我们认为,在撤销除权判决之诉中,原告是利害关系人,而被告则只能是除权判决中的申请人。撤销除权判决之诉必须向作出除权判决之诉的人民法院提出。受诉人民法院在受理利害关系人的起诉后,应当另行组成合议庭,适用普通诉讼程序处理。如果受诉法院认为符合法定条件,作出撤销除权判决的,应发出公告。撤销除权判决书生效后,原先宣告无效的票据恢复其效力,利害关系人恢复对该票据的权利。

第十六章 执行程序总论

【引 例】

被执行人甲公司的原注册资金为人民币1300万元，由乙公司、李某、王某、华某共同出资。2004年4月30日，甲公司增加注册资金至人民币2700万元，其中乙公司与华某的出资未变更，李某的出资增加了1200万元，王某的出资增加了200万元，但作为李某、王某增加出资中的实物出资部分即8辆车（价值250万元）和2套房产（价值100万元）并未登记到甲公司名下。2004年12月20日，李某、王某在未将其对甲公司出资补足的情况下，将其对甲公司的股权转让给丙公司。现甲公司无财产可用于清偿对丁公司所负的债务。问：申请执行人应如何维护自己的权益？

第一节 执行程序概述

一、民事执行的概念

民事执行，亦称强制执行，是指国家机关依债权人的申请或依职权，依据执行根据，运用国家强制力，强制债务人履行义务，以实现债权人的民事权利的活动。民事执行中，有权根据生效法律文书向人民法院申请执行的人，称为申请执行人（又称债权人）；对方当事人称为被执行人（又称债务人）。

民事执行不同于行政执行。根据我国《行政诉讼法》的规定，行政执行由行政机关或者人民法院进行，执行根据包括法院的行政判决书、裁定书，以及行政机关制作的行政决定书、命令书等；而民事执行在我国只由人民法院进行，执行根据包括法院的裁判文书、仲裁裁决书和公证债权文书等。

民事执行也不同于刑事执行。根据我国《刑事诉讼法》的规定，刑事执行由公

安机关或者司法行政机关下属的监狱负责，刑事罚金、没收财产、死刑等判决的执行，由人民法院负责，必要时可以会同公安机关执行。刑事执行的执行根据只能是人民法院制作的刑事判决书、裁定书等。

实现生效法律文书的方式有两种：一种是履行，另一种是执行。执行相对于履行而言，二者之间存在根本性的区别。履行是债务人自觉实现法律文书的行为，执行是人民法院强制实现法律文书的行为；履行并无法定的程序要求，执行必须严格依照法定程序进行。

二、民事执行的特征

民事执行的目的在于强制实现生效法律文书所确定的权利义务。作为法定机关的一项专门活动，民事执行具有以下法律特征：

1.执行机构的特定性。根据我国法律的规定，人民法院是行使民事执行权的法定机关，只有人民法院才有权采取强制性执行措施迫使债务人履行义务，实现生效法律文书的内容。因此，所有依法应当通过民事执行程序实现的生效法律文书，必须统一由人民法院执行。

2.执行根据的有效性。人民法院实施民事执行，必须具有执行根据，即存在依法应当由法院强制实现的法律文书。同时，据以执行的法律文书必须已经发生法律效力。

3.执行手段的强制性。强制性是民事执行的重要特征。民事执行的强制性主要体现为执行措施或手段的强制性，即执行机构可以不经债务人同意，强制其交付一定的财产、作出或不作出一定的行为，债务人必须服从与容忍。执行措施或手段的强制性直接来源于国家权力的强制性。民事执行的强制性贯穿于民事执行过程的始终。执行机构实施民事执行的过程，就是对债务人的财产或行为采取强制性措施的过程。

4.执行程序的法定性。民事执行必须按照法律规定的程序、制度与方式进行。具体来说，从执行程序的启动到执行措施的采取，从一种执行措施到另一种执行措施的更替，从执行程序中重大事项的处理到执行争议的解决等等，执行机构都必须严格依照法律的规定进行。

三、民事执行的作用

民事执行的作用是民事执行的社会效应，也就是民事执行功能发挥出来的，在现实社会生活中产生的影响或造成的结果。它一方面受社会现实条件的制约，另一方面是民事执行功能的外在化或现实化。民事执行的作用主要有以下几个方面：

1.使应然法律效力变成实然法律效力。经过判决而确认的权利，仍是理论状态的权利，其效力仍处于应然状态。对当事人来说，这种理论状态的权利只有变成实然的权利，即由应然力变成实然力，才具有实际意义。法律效力应然状态变实然状态的途径有两种：一是债务人自觉履行，二是由执行机关强制债务人履行义务。民事执行对债权人债权的实现以及法律的落实具有不可替代的作用。换言之，如果应然法律效力无法转化成为实然法律效力，则生效的法律裁判就是一纸空文。这不仅是对审判资源的浪费，更是对当事人权利的切实实现以及救济保护的忽视。从这一意义上说，实现和落实权利的执行程序比确认权利的审判程序更为重要。

2.确保司法权威与尊严。法律的权威与尊严来自司法公正的品格。生效法律文书的实现有利于法律的尊严和司法的权威，反之，则会冲击法律的威严和法治的实现。执行机关依照法律规定采取强制措施，迫使义务人履行义务，体现了有法必依、违法必究的法治原则。如果已确定的民事权利义务关系得不到实现，既损害了债权人的合法权益，也损害了法律的权威性。这样一来，权利人不但会失去对民事执行制度的信心，而且可能会对权利确认制度（包括审判制度）产生疑虑，进而影响整个法律制度的威信。

3.维护社会安定，促进经济发展。民事执行是联结审判和社会的纽带，执行的成效直接影响着审判工作的社会效果。通过民事执行程序，权利人的合法权利得以恢复，从而有利于维护法律秩序，促进社会的发展。如果没有民事执行程序或执行不力，权利人的权利得不到有效救济，民众就会丧失对司法制度的信任，可能转而采取自力救济方式。一旦众多债权人都不择手段地实现自己的权利，其结果必然引发社会的危机。

四、民事执行行为

民事执行行为是指执行机构基于债权人的申请，运用国家公权力强制债务人履行债务，以实现债权人权利的公法上的行为。

执行机构实施民事执行所运用的国家公权力，为民事执行权。民事执行权是法律赋予执行机构运用国家强制力强制实现申请执行人经由生效法律文书确认的民事权利的权力。① 由于民事执行权的行使直接限制或剥夺债务人的财产处分自

① 关于民事执行权的性质之争，存在多种学说，参见肖建国主编：《民事执行法》，中国人民大学出版社 2014 年版，第 22～25 页。

由、人身自由和意志自由，对债务人影响极大，为此，法律对执行权行使的程序作了严格的规定，并保证审判权对执行权能够形成制约。执行机构实施民事执行行为时，必须严格遵守法律所规定的要件、程式或方法。归纳起来，学界对民事执行行为的性质有以下不同观点：

1.司法行为说。持此说者认为，民事执行是国家司法机关即法院所实施的行为，民事执行权是国家赋予的司法职能的一部分，民事执行行为应当属于司法行为。这是我国民事诉讼法学界的主流观点。

2.行政行为说。持此说者认为，民事执行旨在实现判决所确定的民事权利，而不是解决当事人之间的私权纠纷。民事执行权由法院和行政机关共同行使，在由法院行使民事执行权的场合，这种权力仍然区别于司法审判权。该说主张以此为前提构建纵向领导和横向联系的行政模式的执行体制。

3.折中说。持此说者认为，民事执行行为包含两类不同性质的行为，即纯粹的执行行为和执行救济行为。纯粹的执行行为是指执行主体依照执行根据，基于国家公权力，采取执行措施，强制债务人履行债务，实现债权人权利的行为。这种行为主要发生在执行主体与债务人之间，遵循的是职权进行主义和当事人不平等主义。常见的执行行为如查封、扣押、拍卖、划拨等即属此例。这种执行行为性质上类似于行政行为。执行救济行为是指执行主体为处理执行过程中出现的争议而实施的行为，如执行和解、执行中止、执行终结、执行异议、暂缓执行、执行回转、代位申请执行等。这种行为具有司法的消极性和被动性特征，属于司法行为。

折中说又分为两种：一种是以司法行为为本质的折中说。这种观点认为，尽管执行行为具有一定的行政行为的特点，但是从整体上看，执行行为依然是一种司法行为。执行行为正当性的最终来源是审判行为的正当性，而绝不是政府行为的正当性；从国家权力分工来看，执行行为是实现司法救济的基本手段，是审判行为的保障措施和当然的、不可或缺的附属物。完整的司法行为必然包括审判行为和执行行为两个部分。另一种是以行政行为为本质的折中说。这种观点认为，司法行为属于一种解决争议的行为，是由作为司法机关的法院依申请实施的行为。民事执行则不是解决争议的行为，未必完全由法院实施，因此其本质上不属于司法行为，而是与司法行为有密切联系的行政行为。在由法院为执行行为时，它是由司法机关实施的一种特殊行为。

我们认为，民事执行行为是在司法权控制下的与审判行为平行的一种司法强制行为。它以强制实现已确定的权利义务关系为目的，执行机构并不负责解决当事人之间发生的纠纷或者其他未决的纠纷。民事执行程序的发动并不完全以当事人申请为必要条件，执行机构在某些情况下可以依职权开始执行。执行程序一旦启动，执行机构即运用国家强制力依法采取强制措施，限制、剥夺被执行人的财产权以达到执行目的。因此,民事执行虽然遵循司法行为的某些原理,但具有自身的特殊性和相对独立性。其本质上是一种司法强制行为,在很多方面不同于民事审判所具有的司法判断权的性质。

五、执行程序

(一)执行程序的概念

执行程序是指执行机构在执行当事人、协助执行人及其他有关人员的参加下,根据已经发生效力的法律文书,采取执行措施,迫使债务人履行义务,实现债权人权利的法定程式和步骤。

执行程序是以民事执行权为基础的法定程序。民事执行权是国家权力的一种,它是国家为了禁止私力救济而赋予执行机构的一种专门的、实现生效法律文书内容的权力。一般认为,民事执行权包括执行裁判权和执行实施权两个方面。前者是裁断执行过程中发生的纠纷的权力,后者是采取执行措施、迫使债务人履行义务的权力。

(二)启动执行程序的条件

执行程序是民事权利救济的最后一道工序,但不是争议解决的必经程序。也就是说,不是任何一个案件都可以启动执行程序,也不是任何一个案件都必须经过执行程序。启动执行程序必须具备如下条件:(1)法律文书已经发生法律效力;(2)该法律文书所确定的给付义务已经到期;(3)义务人没有履行义务且无正当理由。

(三)执行程序与审判程序的关系

民事权利救济可以分为两个阶段:一是确定民事权利的阶段,二是实现民事权利的阶段。前者包括调解、仲裁和民事诉讼,后者就是执行。通过民事诉讼解决纠纷时,在确定民事权利的阶段,审判机关运用国家公权力对当事人之间的民事权利义务关系作出最具权威性的裁断;在实现民事权利的阶段,执行机关运用国家公权力保证具有执行力的法律文书得以实现。执行程序是依据生效的法律文书,实现民事权利义务的程序。审判程序则是确认民事权利义务关系,解决当事人实体权利义务纠纷的程序。民事权利实现之前必先确定,确定之后必求实现。因此,执行程序与审判程序既有密切联系,又有明显区别。

执行程序与审判程序的联系主要表现在以下方面:(1)执行程序和审判程序的

终极目标相同，都是为了解决民事纠纷、保护民事权益、维持私法秩序。(2)在通常情况下，审判程序是执行程序的前提和基础，执行程序是审判程序的继续和完成。(3)审判程序与执行程序在特定情形下存在交叉。这主要体现为，在审判程序中，必要时审判机构可作出先予执行裁定；在执行程序中，如果生效裁判确有错误，审判机构可以启动再审程序。综上可见，如果缺少了执行程序，则审判程序必将软弱无力；而如果缺少了审判程序，那么执行程序在很大程度上也将成为无源之水。因此，人们往往在广义上使用诉讼程序的概念，认为其包含审判程序和执行程序。

执行程序与审判程序的区别主要表现在以下方面：(1)程序建立的权力基础不同。执行程序是以民事执行权为基础建立的，审判程序是以民事审判权为基础建立的，民事执行权与民事审判权在性质上的区别决定了执行程序与审判程序在性质上的不同。(2)程序的直接目的不同。执行程序的目的是实现已经发生效力的法律文书的内容；审判程序的任务是查明事实，分清是非，确认当事人之间已经发生争议的民事权利义务关系。(3)程序的内容不同。执行程序是由多种执行方式和执行措施构成的单一程序；审判程序则是由适应不同性质的案件的多种程序构成的复合程序。(4)程序启动的原因不同。执行程序的启动是由于当事人申请执行或审判组织移送执行，启动的前提条件是债务人拒不履行生效法律文书确定的义务。审判程序的启动是由于原告起诉或申请人申请，启动的前提条件是当事人之间的民事权利义务关系处于争议状态或不确定状态。(5)适用范围和条件不同。一方面，经过审判程序审理的案件并不必然意味着要经过执行程序。具体地说，审判程序所处理的案件中，只有给付之诉案件的裁判结果才有执行的必要，确认之诉、形成之诉的裁判则没有必要予以执行；给付之诉的案件也并非全都需要执行，只有那些经裁判确定的义务人无故不履行义务时，才可能启动执行程序。另一方面，执行程序的适用范围不限于审判程序处理的案件。执行活动所依赖的执行根据，除了由审判程序所产生的裁判文书外，还包括仲裁机构、公证机构、行政机构乃至外国仲裁机构作出的法律文书。

六、民事执行的立法体例

民事执行法可以分为形式意义上的民事执行法和实质意义上的民事执行法。前者是指法典化的民事执行立法。后者是指各种规定民事执行程序的法律规范的总和，例如，公司法、公证法、仲裁法中有关民事执行的规定。

从世界范围来看，各国和地区有关民事执行程序的立法主要有三种体例：

1.制定单行法。即采取民事执行程序单独立法的体例。奥地利、瑞典、日本、韩国、法国、俄罗斯以及我国台湾地区等采取这种体例。

2.并入民事诉讼法典。即采取民事执行程序与民事审判程序混合立法的体例。德国、意大利、西班牙等国将执行程序规定在民事诉讼法典之中,作为民事诉讼法典的一编。

3.规定于其他法律之中。即采取民事执行程序与其他法典混合立法的体例。例如,瑞士将执行程序规定在破产法中。美国的情况比较复杂:各州都有关于强制执行的法律,但名称各不相同;在联邦立法层面,破产法、公平收债程序法等法律中都有执行程序的规定。在英国,20世纪90年代的民事司法改革之前,民事执行程序一直由法院法和法院规则予以规范。然而该执行体制的实际效果并不理想,于是,英国在民事司法改革的整体框架下对执行制度进行大刀阔斧的改革。2002年英国《民事诉讼规则》修订时增补了大量关于强制执行的规定,确立了统一的新执行方式。

我国现行民事执行立法采取执行程序与审判程序混合立法的模式,将执行程序规定在《民事诉讼法》之中。从长远来看,为有效解决"执行难"问题,规范执行活动,维护当事人合法权益,我国应制定独立的强制执行法。2007年10月,全国人大常委会首次修改1991年《民事诉讼法》,其重点在于完善执行程序。2012年8月,全国人大常委会再次修改《民事诉讼法》时,对执行程序作了若干修改和补充。其中最重要的是增设一条原则性的规定:"人民检察院有权对民事执行活动实行法律监督"(第235条)。

近年来,最高人民法院为了规范执行行为,保障当事人合法权益,解决"执行难"问题,颁布了一系列有关执行的司法解释,包括:(1)1998年《关于人民法院执行工作若干问题的规定》(以下简称《执行规定》);(2)2000年《关于高级人民法院统一管理执行工作若干问题的规定》(以下简称《统一管理执行工作规定》);(3)2002年《关于正确适用暂缓执行措施若干问题的规定》;(4)2004年《关于人民法院民事执行中查封、扣押、冻结财产的规定》(以下简称《执行查封规定》);(5)2004年《关于人民法院民事执行中拍卖、变卖财产的规定》(以下简称《执行拍卖规定》);(6)2005年《关于人民法院执行设定抵押的房屋的规定》;(7)2006年《关于人民法院执行公开的若干规定》;(8)2006年《关于人民法院办理执行案件若干期限的规定》(以下简称《执行期限规定》);(9)2008年《关于适用〈中华人民共和国民事诉讼法〉执行程序若干问题的解释》(以下简称《执行解释》);(10)2010年《关于限制被执行人高消费的若干规定》。(11)2011年《关于委托执行若干问题的规定》(以下简称《委托执行规定》);(12)2013年《关于公布失信被执行人名单信息的若干规定》;(13)2015年《关于人民法院办理执行异议和复议案件若干问题的规定》(以下简称《执行异议规定》);(14)2018年《关于人民法院办理仲裁裁决执行案件若干问题的规定》等。

2016 年 12 月 19 日，最高人民法院，最高人民检察院联合召开发布会，公布《关于民事执行活动法律监督若干问题的规定》，该规定自 2017 年 1 月 1 日起施行。

第二节　执行的基本原则

执行原则是指对执行活动起指导作用的准则。执行原则是执行组织、执行当事人和其他执行参与人在执行程序中必须遵守的行为准则。

根据我国《民事诉讼法》及有关司法解释的规定，结合执行工作的实践经验，民事执行应当遵循以下原则：

一、依法执行原则

依法执行原则是指执行应当按照《民事诉讼法》和其他有关法律规定进行。依法执行原则是民事执行最基本的原则，是法治原则在民事执行程序中的要求与体现。这一原则有以下三个方面的含义与要求：

1.执行必须以生效的法律文书为根据。若无据以执行的生效法律文书，执行程序不能开始和进行。

2.执行必须依法定的方式开始。除人民法院依职权主动执行的情况外，其他案件的执行均须依申请开始。不仅如此，权利人的申请还必须符合执行的法定条件。

3.执行必须依法定的程序和步骤进行。执行程序开始后，执行机构必须严格依照法律的规定实施执行，严格依照法律规定的程序采取执行措施；延缓、中止、终结执行都必须依据法定的程序。

二、执行标的有限原则

执行标的即执行对象，是指民事执行活动指向的客体。根据我国法律及有关司法解释的规定，执行活动只能针对债务人的财产和行为，不能对债务人的人身采取执行措施；在执行债务人的财产时，也有一定范围的限制。此即执行标的有限原则，它包括以下两层含义：

1.执行标的限于债务人的财产和行为。执行标的限于债务人的财产与行为，主要有三个方面的理由:其一,民事案件多为财产权益争议,具有给付内容的法律文书只可能要求债务人给付一定的财产或实施一定的行为,不可能涉及人身。其二,只有财产和行为才能满足债权人依据生效法律文书提出的给付要求,人身不能作为满足债权人给付请求的客体。其三,重视人权保护和执法文明化的司法理念决定了人身不能成为执行标的。

2.对债务人财产的执行限于一定的范围。在对债务人的财产实施执行时,应当从保障人权的角度出发,为债务人及其所扶养家属保留生活必需费用和生活必需品。我国《民事诉讼法》第 243 条、第 244 条规定,扣留、提取债务人的收入,应当保留债务人及其所扶养家属的生活必需费用;查封、扣押、冻结、拍卖、变卖债务人的财产,应当保留债务人及其所扶养家属的生活必需品。

三、全面保护当事人合法权益原则

执行的任务在于迫使债务人履行义务,实现债权人的权利,因此,保护债权人的合法权益是执行的出发点与基本目的。但是,迫使债务人履行义务,实现债权人的权利,并不等于可以置债务人的合法权益于不顾。权利平等性与法治文明性要求在民事执行中,既要保护债权人的合法权益,也要保证债务人能够维持正常的生产和生活,使其合法权益不因执行而受到损害,同时应当平等对待不同类型的当事人,公平保护其合法权益。全面保护当事人合法权益原则有以下三个方面的含义:

1.保护债权人的合法权益。全面保护当事人的合法权益,首先是要保障债权人的合法权益得以实现。法律文书一旦生效,债务人不主动履行义务,甚至拒绝或逃避履行义务,经债权人申请或审判机构移送,执行机构就应当坚决执行已经生效的法律文书,强制债务人履行法律文书确定的义务。

2.保护债务人的合法权益。全面保护当事人的合法权益,就要保证债务人能维持正常的生产和生活,保护债务人的合法权益。第一,在迫使债务人履行义务时,应当保留债务人必需的生产资料、生活必需费用和生活必需品,保证债务人不至于因为执行陷入无法生产甚至无法生活的困境。第二,在执行程序中,迫使债务人履行的义务,不能超出法律文书确定或法律规定的债务人应当履行义务的范围。第三,对不同类别的财产实施执行时,应当注意执行顺序的合理性,尽量减少执行给社会带来的震荡。一般而言,对于货币和实物财产,应当首先执行债务人的存款或现金,不足以实现债权人权利时再执行实物财产;对于动产和不动产,应当首先执行动产,不足以实现债权人权利时再执行不动产;对于债务人的财产与其对第三人的债权,应当首先执行债务人的财产,不足以实现债权人权利时再执行其对第三人的债权。第四,采取执行措施时,应当尽量通知债务人本人或者其成年家属到

场。第五,应当给予债务人提出异议乃至提起诉讼的救济机会。

3.平等保护不同类型的当事人的合法权益。全面保护当事人的合法权益,就要平等对待本地当事人与外地当事人、自然人与法人、国有企业与集体或民营企业,克服地方保护主义的干扰和其他对当事人不平等的做法,确保国家法律的统一实施,维护国家法制的严肃性,促进社会的稳定与发展。

四、强制执行与说服教育相结合原则

强制性是执行的最基本的特点。离开了强制,就谈不上执行。对于拒不履行义务的债务人,应当坚决、果断、及时地采取强制性的执行措施,迫使其履行义务。与此同时,执行人员应当对债务人进行说服教育,尽可能促使其自觉履行义务。在执行中,应当注意防止两种倾向:一是只重视执行的强制性,而忽略说服教育在执行中应有的作用;二是过分强调说服教育,而忽视执行的强制性。

五、法院执行与协助执行相结合原则

人民法院是国家的民事执行机关,执行生效的法律文书是人民法院的职责,因此,人民法院的执行机构应当依法履行职责,确保实现权利人的权利。在民事执行实践中,有时需要其他单位或个人协助,否则难以完成执行任务。在这种情况下,有关单位、个人的协助行为就成为整个执行过程中不可缺少的条件。根据《民事诉讼法》的规定,有关单位和个人都有义务根据人民法院的通知,协助执行。拒绝协助执行的,人民法院可以对直接责任人员采取强制措施。

人民法院依法执行与有关单位、个人协助执行相结合是做好执行工作的重要保障。但是,协助执行的单位或个人只有协助人民法院执行的义务,无权直接采取民事执行措施。

第三节　执行程序的一般规定

一、执行根据

(一)执行根据的概念及特征

民事执行必须以生效的法律文书为根据,没有法律文书或者法律文书尚未生

效的，都不能执行。当事人据以申请和人民法院据以采取执行措施的各种生效法律文书，称为执行根据，亦称执行名义。作为执行根据的法律文书，具有以下两个基本特征：(1)确定性。即作为执行根据的必须是发生法律效力的法律文书。(2)给付性。即作为执行根据的法律文书必须是判令债务人给付金钱、财物，或者履行一定的行为，包括作为或不作为。

(二)执行根据的构成要件

法律文书构成执行根据，必须具备一定的要件，包括形式要件与实质要件：

1.形式要件。在形式上，法律文书要成为执行根据必须具备以下条件：(1)须为公文书。只有法定的有权机关制作的公文书，才能成为执行根据。(2)须指明债权人和债务人。执行根据必须使债权人和债务人特定化，即指明其姓名或名称、住址或地址以及其他情况。(3)须指定执行事项。执行事项不明确的，执行机构无法据以执行。

2.实质要件。在内容上，法律文书应当具备下列要素才能成为执行根据：(1)法律文书的内容必须明确具体。债权人权利的范围及具体内容、债务人应当履行义务的范围及具体内容，都必须在法律文书中作出明确规定，否则不能构成执行根据。(2)给付内容必须合法且适于强制执行。债务人应当给付的标的物或应当履行的行为不得违反法律的禁止性规定，不得违背社会公共利益和善良风俗。同时，给付的内容必须适于通过执行机构采取强制性的执行措施来实现，如果给付内容不适于强制执行，也不能成为执行根据。《民诉法解释》第463条规定："当事人申请人民法院执行的生效法律文书应当具备下列条件：(一)权利义务主体明确；(二)给付内容明确。法律文书确定继续履行合同的，应当明确继续履行的具体内容。"

(三)执行根据的种类

根据作为执行根据的法律文书的制作主体的不同，可以将执行根据分为两大类。

第一类，人民法院制作的法律文书，主要有以下几类：(1)发生法律效力且具有给付内容的民事判决书、裁定书、决定书、调解书和支付令；(2)刑事附带民事判决书、调解书；(3)发生法律效力并有给付内容的行政判决书和裁定书；(4)在国际司法协助领域，我国法院裁定承认和执行的外国法院判决等司法裁判和国外仲裁裁决等司法外裁决；(5)在区际司法协助领域，人民法院裁定承认和执行的港澳台地区司法裁判和仲裁裁决。

第二类，法律规定应当由人民法院执行的其他法律文书，主要有以下三类：

(1)我国国内和涉外仲裁机构作出的仲裁裁决书和调解书;(2)公证机构制作的以给付为内容并载明义务人愿意接受强制执行承诺的债权文书;(3)法律或司法解释规定按照民事执行程序执行的其他法律文书。例如,根据《执行规定》第 13 条、第 14 条的规定,由人民法院执行的行政处理、处罚决定包括:专利管理机关依法作出的处理、处罚决定,国务院各部门、地方各级人民政府和海关依照法律、法规作出的处理决定和处罚决定等。

二、执行管辖

(一)执行管辖的概念

执行管辖,是指各级人民法院之间以及同一级的各个人民法院之间受理执行案件的分工和权限。

执行管辖不同于诉讼管辖。执行管辖是解决生效法律文书由哪个人民法院执行的问题,而诉讼管辖是解决民事争议案件的管辖法院的问题。对于《民事诉讼法》没有特别规定的事项,应适用该法关于民事诉讼管辖的一般规定,如共同管辖、移送管辖、指定管辖、管辖权的转移等。

(二)执行管辖的种类

作为执行根据的法律文书不同、案件的性质不同,执行管辖也有所不同。我国现行执行管辖有级别管辖、普通管辖、共同管辖、移送管辖等。

1.执行级别管辖

执行级别管辖,是指不同级别的法院之间受理执行案件的分工与权限。我国四级人民法院都设有执行机构,每一级人民法院的执行机构都管辖一定范围内的执行案件。划分级别管辖的标准主要是案件的性质及影响。具体来说,人民法院作出的生效裁判的执行,由第一审人民法院管辖。其他机构作出的生效法律文书的执行,其级别管辖参照人民法院受理诉讼案件的级别管辖的规定确定。其中,中级人民法院管辖的执行案件包括:(1)我国涉外仲裁机构作出的仲裁裁决,由债务人住所地或被执行财产所在地的中级人民法院管辖。(2)涉外仲裁过程中,当事人申请财产保全,经仲裁机构提交人民法院的,由被申请人住所地或被申请保全的财产所在地中级人民法院裁定并执行;申请证据保全的,由证据所在地的中级人民法院裁定并执行。(3)专利管理机关依法作出的处理决定和处罚决定,由被执行人住所地或财产所在地的省、自治区、直辖市有权受理专利纠纷案件的中级人民法院执行。(4)国务院各部门、各省、自治区、直辖市人民政府和海关依照法律、法规作出的处理决定和处罚决定，由被执行人住所地或财产所在地的中级人民法院执行。

2.执行地域管辖

地域管辖，是指同一级别的人民法院受理执行案件的分工与权限。根据《民事诉讼法》第224条的规定，发生法律效力的民事判决、裁定、调解书，由第一审人民法院或者与第一审人民法院同级的被执行的财产所在地人民法院执行。法律规定由人民法院执行的其他法律文书，如仲裁裁决书、公证机关依法赋予强制执行效力的债权文书等，由被执行人住所地或者被执行的财产所在地人民法院执行。另据《民诉法解释》第462条的规定，发生法律效力的实现担保物权裁定、确认调解协议裁定、支付令，由作出裁定、支付令的人民法院或者与其同级的被执行财产所在地的人民法院执行。认定财产无主的判决，由作出判决的人民法院将无主财产收归国家或者集体所有。

3.执行共同管辖与选择管辖

两个以上的人民法院对同一执行案件都有管辖权的，称为共同管辖。对于共同管辖案件，当事人可以向其中一个人民法院申请执行，当事人向两个以上人民法院申请执行的，由最先立案的人民法院管辖。由于当事人的申请，受申请的人民法院取得对执行案件的管辖权，其他人民法院不得再管辖该案件，此即选择管辖。

4.执行移送管辖

人民法院发现受理的执行案件依法不属于本院管辖的，应当移送有管辖权的人民法院执行，受移送的人民法院应当执行，且不得再自行移送。如果受移送的人民法院认为执行案件依法不属于本院管辖的，应当报请其上级人民法院决定。

5.执行指定管辖

指定管辖，是指上级人民法院以裁定方式，指定下级人民法院对某一案件行使管辖权。其实质是法律赋予上级人民法院在特殊情况下变更和确定案件管辖，以适应执行工作中的需要。指定管辖能及时解决管辖权的争议，避免地方保护主义，保证案件及时正确地得以执行。司法实践中，交叉执行就是一个典型的例子：上级法院对各下级法院所办理的可能受地方保护主义干扰的案件，有权指定由其他法院负责执行。

（三）管辖权争议的处理

所谓管辖权争议，包括相互推诿或相互争夺等表现形式。其原因可能是法院之间辖区界限不明、对法律规定的理解不一致以及地方保护主义的干扰等。不论哪一种原因引起争议，有关法院之间应先协商解决，协商不成的，应报请其共同上级法院指定管辖。报请时，应逐级上报。

此外，根据《统一管理执行工作规定》第7条的规定，对跨高级人民法院辖区的

法院与公安、检察机关执行争议案件，由执行法院所在地的高级人民法院与有关公安、检察等机关所在地的高级人民法院等有关机关协调解决，必要时可报请最高人民法院协调处理。

(四)执行管辖权的转移

执行管辖权的转移，是指基层人民法院和中级人民法院管辖的执行案件，因特殊情况需要由上级人民法院执行的，可以报请上级人民法院执行；高级人民法院对下级人民法院管辖的执行案件，在特殊情况下可以裁定提级执行。

根据《统一管理执行工作规定》第 9 条的规定，下列案件可以裁定提级执行：(1)高级人民法院指令下级人民法院限期执结，逾期未执结需要提级执行的；(2)下级人民法院报请高级人民法院提级执行，高级人民法院认为应当提级执行的；(3)疑难、重大和复杂的案件，高级人民法院认为应当提级执行的；(4)最高人民法院函示提级执行的。

从目前有关司法解释的规定来看，执行管辖中的管辖权转移不同于诉讼管辖中的管辖权转移。在执行管辖中，管辖权的转移仅限于案件的管辖权由下级人民法院转移到上级人民法院，而不得从上级人民法院转移到下级人民法院。同时，只有基层人民法院和中级人民法院才能将案件的管辖权转移给上级人民法院，高级人民法院的管辖权不得转移到最高人民法院。这种规定有利于确保执行程序的公正性，对于预防和克服地方保护主义具有重要的现实意义。

三、执行主体

执行主体，是指在民事强制执行过程中，参加执行程序，依据执行法律规范享有权利和承担义务，并能够引起执行程序的发生、变更和终结的组织和个人。执行主体包括执行机构和执行当事人。在执行中，除了执行主体之外，还有执行参与人，如见证人、协助执行人等。

(一)执行机构

执行机构又称执行组织，是指具体行使国家民事强制执行权、专门从事执行工作的组织。在我国，执行机构设置于人民法院内部，具有法定性与专门性。

1.执行机构的设置

我国采取审执分立的方式设置执行机构。《民事诉讼法》第 228 条第 1 款和第 3 款规定：“执行工作由执行员进行。”“人民法院根据需要可以设立执行机构。”《执行规定》第 1 条规定：“人民法院根据需要，依据有关法律的规定，设立执行机构，专门负责执行工作。”随着时间的推移和实践的需要，我国法律和司法解释对执行机构的有关规定日渐明确，执行机构的地位日趋独立。目前，我国地方各级人民法院大都将执行机构由执行庭改为执行局，以加强和改善执行工作。

根据《执行规定》等司法解释的规定，审执分立存在如下例外情况：(1)人民法庭审结的案件，一般由人民法庭负责执行，但复杂、疑难的案件或被执行人不在本辖区的案件，由执行机构负责执行。(2)人民法院在审理民事、行政案件中作出的财产保全和先予执行裁定，由审理案件的审判庭负责执行。

2.执行机构的组成人员

执行机构行使民事执行权，是通过具体的人员进行的。执行机构及执行人员所属的人民法院也称为执行法院。执行机构通常由人民法院院长、执行庭(局)长、执行法官、执行员、书记员和司法警察组成。

(1)执行员。执行员是执行机构的主要组成人员，其主要职权是办理有关执行事项。执行工作由执行员持执行公务证进行。案件执行中，执行人员应当依法实行回避。采取强制执行措施时，执行员应当出示证件。执行完毕后，应当将执行情况制作笔录，由在场的有关人员签名或者盖章。

《法官法》第52条规定：“对人民法院的执行员，参照本法有关规定进行管理”，但该法没有明确规定执行员的资格及任免程序。在执行改革中，各地法院普遍推行了执行实施权与执行裁决权分离行使的制度，即由具有审判职称的法官负责执行裁决事项，由不具有审判职称的执行员负责执行实施工作。

(2)庭(局)长。各级人民法院执行庭(局)长，除办理执行案件外，还主持重大执行事项的讨论，监督执行人员，处理有关行政事务。

(3)院长。根据《执行规定》第5条的规定，执行程序中重大事项的办理，应当由三名以上执行员讨论，并报经院长批准。执行程序中，执行员实施拘传、拘留、罚款、中止执行程序等行为，须经院长批准；实施搜查，须由院长签发搜查令。

(4)书记员。《人民法院组织法》第49条规定：“人民法院的书记员负责法庭审理记录等审判辅助事务。”执行机构配置书记员，负责记录及其他日常性工作，协助执行员办理执行事项。

(5)司法警察。各级人民法院设司法警察。司法警察受执行员指挥，负责维持执行工作秩序，并协助执行工作的进行。采取重大的执行措施，必须有司法警察参加。必要时可以请求公安机关予以协助。

3.执行争议的协调

两个或者两个以上人民法院在执行相关案件中发生争议的，应当协商解决；协商不成的，逐级报请上级法院，直至报请共同的上级法院协调处理。执行争议经高级人民法院协商不成的，由有关的高级人民法院书面报请最高人民法院协调处理。

上级法院协调下级法院之间的执行争议所作出的处理决定，有关法院必须执行。上级法院协调处理有关执行争议案件，认为必要时，可以决定将有关款项划到本院指定的账户。

4.执行监督

根据《执行规定》第129条的规定，上级人民法院依法监督下级人民法院的执行工作。最高人民法院依法监督地方各级人民法院和专门法院的执行工作。根据《执行规定》第130条至第136条的规定，上级人民法院执行机构对下级人民法院执行工作的监督、指导和协调，主要包括以下一些内容：

(1)指令纠正或者裁定纠正。上级法院发现下级法院在执行中作出的裁定、决定、通知或具体执行行为不当或有错误的，应当及时指令下级法院纠正，并可以通知有关法院暂缓执行。下级法院收到上级法院的指令后必须立即纠正。如果认为上级法院的指令有错误，可以在收到该指令后5日内请求上级法院复议。上级法院认为请求复议的理由不成立，而下级法院仍不纠正的，上级法院可直接作出裁定或决定予以纠正，送达有关法院及当事人，并可直接向有关单位发出协助执行通知书。

(2)裁定不予执行。上级法院发现下级法院执行的非诉讼生效法律文书有不予执行事由，应当依法作出不予执行裁定而不制作的，可以责令下级法院在指定时限内作出裁定，必要时可直接裁定不予执行。

(3)限期执行。上级法院发现下级法院的执行案件(包括受委托执行的案件)在规定的期限内未能执行结案的，应当作出裁定、决定、通知而不制作的，或应当依法实施具体执行行为而不实施的，应当督促下级法院限期执行，及时作出有关裁定等法律文书，或采取相应措施。

(4)共同执行或者指定执行。对下级法院长期未能执结的案件，确有必要的，上级法院可以决定由本院执行或与下级法院共同执行，也可以指定本辖区其他法院执行。

(5)按审判监督程序处理。上级法院在监督、指导、协调下级法院执行案件中，发现据以执行的生效法律文书确有错误的，应当书面通知下级法院暂缓执行，并按照审判监督程序处理。

(6)暂缓执行。上级法院在申诉案件复查期间，可以决定对生效法律文书的暂缓执行，有关审判庭应当将暂缓执行的通知抄送执行机构。上级法院通知暂缓执行的，应同时指定暂缓执行的期限。暂缓执行的期限一般不得超过3个月。有特殊情况需要延长的，应报经院长批准，并及时通知下级法院。暂缓执行的原因消除后，应当及时通知执行法院恢复执行。期满后上级法院未通知继续暂缓执行的，执行法院可以恢复执行。

(7)追究责任。下级法院不按照上级法院的裁定、决定或通知执行,造成严重后果的,按照有关规定追究有关主管人员和直接责任人员的责任。

《执行解释》第11条规定,在一定情形下,上级法院可以根据申请执行人的申请,责令执行法院限期执行或者变更执行法院。第12条规定,上级法院责令执行法院限期执行的,应当向其发出督促执行令,并将有关情况通知申请执行人。第13条规定,上级法院责令执行法院限制执行,执行法院在指定期间内无正当理由仍未执行完结的,上级法院应当裁定由本院执行或者指令本辖区其他法院执行。

(二)执行当事人

执行当事人是指在执行程序中享有民事权利、承担民事义务的人。其中,依执行根据享有民事权利的一方,称为债权人或权利人,在因申请而开始的执行程序中,又称为申请执行人;依执行根据承担民事义务的一方,称为债务人,也称为义务人或被执行人。

执行根据的效力原则上只及于法律文书确定的当事人。因此,在一般情况下,只有法律文书确定的权利人和义务人才能成为执行当事人。但是,法律文书发生效力后,由于出现一些特殊情况,有关文书所确定的当事人可能发生变更,如作为当事人的公民死亡,法人或其他组织终止、合并、分立等。这类案件进入执行程序时,执行当事人就会与法律文书确定的当事人不一致。此外,在一些执行案件中,债务人本人没有履行义务的能力,但依法应当由他人替代履行义务,或者由他人承担连带责任。此时,同样会出现执行当事人与法律文书确定的当事人不一致的情形。案外人因实体法上的原因继受或承担法律文书确定的当事人的权利义务,在执行程序中成为执行当事人的法律制度,称为执行当事人的变更与追加。执行当事人的变更与追加主要有两种情形:一是执行债权人的变更,二是执行债务人的变更与追加。[①]

1.执行债权人的变更

法律文书发生效力后,如果该文书确定的债权依法由他人继受,该他人就成为债权人,并可以向执行机构申请执行,这就是执行债权人的变更。执行债权人的变更是由于权利主体的变更而形成的。

在实践中,执行债权人的变更主要有以下两种情形:(1)作为债权人的公民死亡,其继承人可以通过申请执行而成为执行债权人。(2)作为债权人的法人或其他组织终止、合并、分立,继受其权利的法人或其他组织可以通过申请执行而成为执

① 2016年11月7日,最高人民法院发布《关于民事执行中变更、追加当事人若干问题的规定》。该《规定》自2016年12月1日起施行。

行债权人。

2.执行债务人的变更与追加

执行债务人的变更与追加，是指在执行过程中，由于出现特殊情况，由其他公民、法人或其他组织履行债务人义务的法律制度。根据《民事诉讼法》与有关司法解释的规定，执行债务人的变更与追加主要有以下几种情形：

(1)作为债务人的公民死亡的，应当执行其遗产。遗产已被继承的，人民法院应当裁定变更债务人，由遗产继承人在其继承遗产的范围内偿还债务。

(2)作为被执行人的法人或者其他组织终止的，由其权利义务承受人履行义务。在执行过程中，作为一方当事人的法人或其他组织终止，尚未确定权利义务承受人的，人民法院应当依法裁定中止执行，待权利义务承受人确定后再恢复执行。

(3)作为债务人的法人或其他组织合并、分立，其权利义务由变更后的法人或其他组织承受，人民法院可以裁定变更后的法人或其他组织为执行债务人。其中，法人或其他组织的分立符合法定程序的，由分立后存续的企业按照分立协议确定的比例承担债务；不符合法定程序分立的，裁定由分立后存续的企业按照其从被执行企业分得的资产占原企业总资产的比例对执行债权人承担责任。法人或其他组织被撤销的，如果依有关实体法的规定有权利义务承受人的，人民法院可以裁定该权利义务承受人为执行债务人。

(4)其他组织在执行中不能履行法律文书确定的义务的，人民法院可以裁定追加对该组织依法承担义务的法人或公民为执行债务人。具体而言，有以下几种情形：①执行债务人为无法人资格的私营独资企业，无能力履行法律文书确定的义务的，人民法院可以裁定执行该独资企业业主的其他财产。②执行债务人为个人合伙组织或者合伙型联营企业，无能力履行生效法律文书确定的义务的，人民法院可以裁定追加该合伙组织的合伙人或参加该联营企业的法人为执行债务人。③执行债务人为企业法人的分支机构，不能清偿债务的，可以裁定企业法人为执行债务人。企业法人直接经营管理的财产仍不能清偿债务的，人民法院可以裁定执行该企业法人其他分支机构的财产。④执行债务人无财产清偿债务，如果其开办单位对其开办时投入的注册资金不实或者抽逃注册资金的，人民法院可以裁定变更或追加其开办单位为执行债务人，使其在注册资金不实或抽逃注册资金的范围内，对执行债权人承担责任。⑤执行债务人被撤销、注销或歇业后，上级主管部门或开办单位无偿接受执行债务人的财产，致使债务人无遗留财产清偿债务或者遗留财产不足清偿的，可以裁定由上级主管部门或开办单位在所接受的财产范围内承担责任。⑥在执行程序中，作为执行债务人的法人或其他组织名称变更的，人民法院可以裁定变更后的法人或其他组织为执行债务人。⑦如果据以执行的法律文书是依法设立的仲裁机构或公证机构制作的，在执行过程中发现被申请执行人已被撤销、合并、分立或者资不抵债的，应经审核后，裁定中止执行，由申请执行人向制作该法律文书的机构申请变更被申请执行人。变更后，申请执行人可向人民法院申请恢复执行。

在引例中，由于李某、王某对甲公司的出资不实，依据有关司法解释的规定，应当在注册资金不实的范围内，对申请执行人承担责任。申请执行人丁公司可向法院申请追加甲公司的原股东李某、王某为本案被执行人。

(5)第三人为债务人履行义务提供担保。分为两种情况：其一，在执行程序中，第三人为被执行人履行义务提供担保的，当被执行人逾期仍不履行时，人民法院可以追加担保人为被执行人。其二，在审理案件期间，第三人为债务人提供担保，人民法院据此未对债务人的财产采取保全措施或解除保全措施，案件审结后如果债务人无财产可供执行或其财产不足清偿债务时，人民法院有权裁定执行担保人在担保责任范围内的财产。

(6)对债务人的债务人的执行。即被执行人不能清偿债务，但对本案以外的第三人享有到期债权的，人民法院可以作出冻结该债权的裁定，并通知该第三人向申请执行人履行。如该第三人在指定的期限内不提出异议又不履行的，执行法院有权裁定对其强制执行。

(7)对妨害民事执行的案外人的执行。负有协助执行义务的案外人妨害民事执行的行为使生效法律文书无法执行的，人民法院可以裁定该案外人为被执行人，在一定范围内对申请执行人承担责任，如《执行规定》第 33 条、第 37 条、第 56 条规定的情形。

(三)执行参与人

执行参与人是指人民法院和执行当事人以外的参与执行工作的组织和个人，包括协助执行人、执行见证人、被申请执行人的家属以及代理人和翻译人员等。

在执行程序中，按照人民法院的协助执行通知书配合执行机构进行执行工作的单位和个人，称为协助执行人。如协助办理查询、冻结事务的银行、工商部门，负责办理产权过户登记手续的土地、房管部门，协助扣留、提取被执行人收入的单位。

在执行程序中，人民法院采取某些执行措施时，到场亲自对执行活动进行观察和监督，证实执行情况的人，称为执行见证人。根据《民事诉讼法》第 245 条、第 250 条的规定，可以成为执行见证人的人员包括：(1)被执行人的成年家属；(2)被执行人为公民时，其工作单位或者财产所在地基层组织指派参加执行的人员；(3)被执行人为单位时，其法定代表人或者主要负责人。

四、执行客体

执行客体，又称执行标的、执行对象，是指民事执行所指向的财物或行为。执行标的由执行根据确定，其范围仅限于被执行人的财产和行为。我国《民事诉讼法》禁止将人身作为执行客体。执行标的不同于诉讼标的。诉讼标的一般是指当事人发生争议的、要求法院予以裁判的民事权利义务关系，而执行标的是指强制执行行为的对象。执行标的物则是指以“物”的形态体现出来的执行标的，属于执行标的的一种，但执行标的不仅包括执行标的物，还包括财产权利和行为等。

（一）财产

1.可以作为执行标的之财产

（1）有体物。被执行人的财物应当是其享有所有权或者有权处分的物。对物的执行通常指有金钱价值的一切物与权利，一般分为有体物与无体物。有体物依其可否移动又可以分为动产和不动产。根据有关法律、法规及司法解释，作为执行标的之不动产包括：①土地使用权；②房屋，包括地上建筑物、构筑物、地下室、仓库、停车场、桥梁、水坝、水塔、烟囱等；③林木。作为执行标的之动产包括：①船舶和航空器；②机动车辆；③有价证券，如股票、存单、凭证式国库券等；④其他动产。

（2）无形财产权。无形财产权是指被执行人所享有的包括存款、债权、知识产权、股权及其他权利在内的财产权。作为执行标的的无形财产权，必须是债务人独立的财产权利，具有财产价值和可转让性。具体而言，成为执行标的的无形财产权包括：①存款；②农村土地承包经营权；③建设用地使用权；④宅基地使用权；⑤其他自然资源使用权，如矿业权、海域使用权、森林或者林木采伐权、取水权、渔业权；⑥专利权；⑦注册商标专用权；⑧著作权；⑨股权，如有限责任公司股权或者投资权益、独资企业投资权益、中外合资中外合作企业股权或者投资权益；⑩公路运营权；⑪电话电传租用权；⑫出租车运营权。

2.不得作为执行标的之财产

民事实体法和程序法基于保障社会安全或者债务人的生存、维护社会公益或者第三人利益、促进社会文化发展等考虑，规定对于被执行人的某些特定财产，执行法院不得采取执行措施，此即豁免执行的财产。

根据有关法律和司法解释的规定，下列有体财产不得成为执行标的：第一，维护被执行人的生存而不得执行的财产。《民事诉讼法》第244条及《执行查封规定》第5条规定，查封、扣押、冻结、拍卖被执行人的财产时，应当保留被执行人及其所扶养家属的生活必需品，所以生活必需品不得作为执行标的。此处的生活必需品主要包括：必需的衣服、寝具、餐具等；在一定期间内所需的食物、燃料等必需品；被执行人职业上必需的器具及物品；教育上所需的物品。第二，禁止流通物。主要包括：矿藏、水流等国家专有物；虽非专有但禁止转让的物，如武器、弹药、毒品、淫秽书画等。第三，基于社会公益而不得强制执行的财产。如学校的教育设施、医院的医疗设施等。第四，基于维护公序良俗而不得执行的财产。有的财产虽为被执行人所有，但属感情慰藉或者传统风俗、信仰的物品，若对之强制执行，则有悖公序良俗。如遗像、牌位、墓碑及其他祭祀、礼拜所用之物等。第五，基于财产性质不得强制执行或者限制强制执行的财产。例如，最高人民法院 1999 年曾发出通知，禁止对人民银行及其分支机构的办公楼、运钞车及营业场所等财产采取查封等执行措施。[①] 又如，《执行规定》第 34 条规定，对金融机构的营业场所，不得进行查封。第六，外交豁免及领事豁免执行的财产。主要包括：馆舍、设备、馆舍内其他财产、使馆交通工具、外交代表财产等。[②]

根据有关法律及司法解释的规定，对下列财产权利不得执行或者只有在具备一定条件时才能执行：(1)信用证开证保证金；(2)证券经营机构清算账户资金；(3)证券、期货交易保证金；(4)银行承兑汇票保证金；(5)旅行社质量保证金；(6)粮棉油收购专项资金；(7)商业银行根据国家政策向特定企业发放的具有特定用途的贷款；(8)社会保险基金和社会基本保障资金；(9)国防科研试制费；(10)金融机构存款准备金；(11)军费(但军队工厂、农场、马场、军人服务部、省军区以上单位实行企业经营的招待所和企业的上级财务主管部门等单位开设的军队“特种企业存款”除外)；(12)征用土地补偿费、安置补偿费；(13)单位和职工缴纳的住房公积金；(14)由地方财政部门管理、主要用于社会公益的各项附加收入即财政预算外资金；(15)《民法通则》规定的专属于债务人所有的权利，如健康权、姓名权、肖像权、名誉权以及《宪法》规定的退休金等。

(二)行为

行为请求权的执行属于非金钱债权执行的一种。行为作为执行标的，仅限于执行依据中规定债务人应当实施或者不得实施一定行为的案件。成为执行标的的行为，可以是作为，例如，修建围墙；也可以是不作为，例如，不得使用某商标。在

---

① 最高人民法院《关于不得对中国人民银行及其分支机构的办公楼、运钞车、营业场所等进行查封的通知》(1999 年 3 月 4 日)。

② 2005 年 10 月 25 日起施行的《外国中央银行财产司法强制措施豁免法》规定，包含外国中央银行的现金、票据、银行存款、有价证券、外汇储备、黄金储备以及该银行的不动产和其他财产在内的外国中央银行财产也享有司法豁免。

"作为"中，依据是否能为他人所替代实施，又可以分为可替代的行为与不可替代的行为。可替代的行为，是指债务人行为的内容具有可替代性，不论是由债务人作出还是由第三人代替作出，债权人在法律上和经济上所获得的价值并无不同；不可替代的行为，是指债务人的行为不具有可替代性，无法由第三人代为履行，否则，债权人的权利就不能实现，或者不能获得符合债务本旨之给付，或者与社会伦理观念相违背。前者如拆除房屋、运送物品、制造机器等；后者往往与人身、专门技能等相联系，例如，令某歌唱家表演，令债务人亲自当面道歉，等等。

对于行为，难以采取直接执行的方法，现代各国原则上采取间接执行，即对人执行，包括限制债务人的自由、罚款等；或代替执行，即由第三人代替债务人履行，费用由该债务人承担。

在我国，对于可替代的行为，如果被执行人未按执行通知履行的，法院可以委托有关单位或其他人完成，费用由被执行人承担。对于不可替代的行为的执行，若被执行人未自愿履行的，法院可依照《民事诉讼法》以妨害民事诉讼行为论处，对债务人处以罚款、拘留。

（三）人身执行的执行标的

在现代法制国家，仅允许在例外情况下以人身为执行标的，包括两种情况：(1)人的身体。对于交出子女的执行根据，可以用直接强制方法，将该子女交给债权人。这是可以将人的身体作为执行标的的唯一特殊情形。(2)人的自由。如果债务人不履行债务，可以采用拘传、拘留、限制出境等措施，迫使债务人履行义务，这是以人的自由作为执行标的。

不过，一些学者认为，即使在上述情况下，也不是以人身作为执行标的。在离婚案件中，虽然法院判决将子女交给对方直接抚养，但实际上执行的对象是交出子女的行为，而不是子女的人身。此外，在债务人不履行债务的情形下，虽然法院可以采用拘留的方式限制被执行人的人身自由，但这时并不以被执行人的人身自由作为执行标的，而是对被执行人妨害民事诉讼的行为所采取的强制性措施，其目的在于排除其妨害民事诉讼的行为。

第十七章　执行程序分论

【引　例】

甲公司长期拖欠客户的货款，乙公司等债权人起诉至法院。法院审理后判决甲公司给付欠款700余万元。判决生效后，甲公司未履行义务，各债权人相继向法院申请执行。法院在执行中，对被执行人的车辆等财产予以查封、拍卖，偿还了部分款项。后经调查发现，甲公司曾在丙公司出资680万元而拥有其30%的股权。问：法院应如何处理？

第一节　执行程序的进行

根据《民事诉讼法》的规定，执行程序的开始有两种形式，即申请执行和移送执行。债权人是否申请执行，应当由当事人自由决定。所以，执行程序一般只有申请人提出申请以后才开始，此即申请执行；在特别情况下不依当事人的申请，而是法院依职权开始，此即移送执行。

一、执行程序的开始

（一）申请执行

1.申请执行的概念和条件

申请执行，是指根据生效法律文书享有权利的当事人，因义务人逾期拒不履行义务，为实现其合法权利，向人民法院提出申请，请求人民法院依法强制执行，从而实现其权利的行为。

当事人向人民法院提出申请执行，必须符合以下条件：

(1)据以申请执行的法律文书已经发生法律效力，并且具有执行内容。《民诉

法解释》第463条规定："当事人申请人民法院执行的生效法律文书应当具备下列条件：(一)权利义务主体明确；(二)给付内容明确。法律文书确定继续履行合同的，应当明确继续履行的具体内容。"

(2)法律文书规定的履行义务期限已经届满，义务人仍未履行义务，且无正当理由。

(3)必须在规定的申请执行的期限内提出申请。根据《民事诉讼法》第239条的规定，申请执行的期限为2年。申请执行时效的中止、中断，适用法律有关诉讼时效中止、中断的规定。[①] 这一期限，从法律文书规定履行期间的最后一日起计算；法律文书规定分期履行的，从规定的每次履行期间的最后一日起计算。当然，债权人在法定期限内提出执行申请，执行完毕的，债权人如发现被执行人有其他财产，可以随时请求法院继续执行，不受此期限的限制。对于分期给付的债权，各期债权履行期届至，经权利人申请，执行法院即可继续执行。为防止将执行时效的性质误认为诉讼上的期间制度，《民诉法解释》第483条规定："申请执行人超过申请执行时效期间向人民法院申请强制执行的，人民法院应予受理。被执行人对申请执行时效期间提出异议，人民法院经审查异议成立的，裁定不予执行。被执行人履行全部或者部分义务后，又以不知道申请执行时效期间届满为由请求执行回转的，人民法院不予支持。"

(4)应向有管辖权的人民法院提出申请。[②]

2.申请执行的程序

申请执行，应向人民法院提交下列文件和证件：(1)申请执行书。申请执行书应当写明申请执行的理由、事项、执行标的，以及申请执行人所了解的被执行人的财产状况。申请执行人书写申请执行书确有困难的，可以口头提出申请。人民法院接待人员对口头申请应当制作笔录，由申请执行人签字或盖章。外国一方当事人申请执行的，应当提交中文申请执行书。当事人所在国与我国缔结或共同参加的司法协助条约有特别规定的，按照条约规定办理。(2)生效法律文书副本。

---

① 《执行解释》第27条规定："在申请执行时效期间的最后六个月内，因不可抗力或者其他障碍不能行使请求权的，申请执行时效中止。从中止时效的原因消除之日起，申请执行时效期间继续计算。"第28条规定："申请执行时效因申请执行，当事人双方达成和解协议、当事人一方提出履行要求或者同意履行义务的而中断。从中断时起，申请执行时效期间重新计算。"

② 根据《执行规定》第18条的规定，人民法院受理执行案件应当符合下列条件：(1)申请或移送执行的法律文书已经生效；(2)申请执行人是生效法律文书确定的权利人或其继承人、权利承受人；(3)申请执行人在法定期限内提出申请；(4)申请执行的法律文书有给付内容，且执行标的和被执行人明确；(5)义务人在生效法律文书确定的期限内未履行义务；(6)属于受申请执行的人民法院管辖。

(3)申请执行人的身份证明。公民个人申请的,应当出示居民身份证;法人申请的,应当提交法人营业执照副本和法定代表人身份证明;其他组织申请的,应当提交营业执照副本和主要负责人身份证明。(4)继承人或权利承受人申请执行的,应当提交继承或承受权利的证明文件。(5)其他应当提交的文件或证件。

申请执行仲裁机构的仲裁裁决,应当向人民法院提交有仲裁条款的合同书或仲裁协议书。申请执行国外仲裁机构的仲裁裁决的,应当提交经我国驻外使领馆认证或我国公证机关公证的仲裁裁决书中文本。

申请执行人可以委托代理人代为申请执行。委托他人代理的,应当向人民法院提交经委托人签字或盖章的授权委托书,写明委托事项和代理人的权限。委托代理人代为放弃、变更民事权利,代为进行执行和解或代为收取执行款项的,应当有委托人的特别授权。

向人民法院申请强制执行,申请人不必预交申请费,待执行后由被申请方负担费用。

3.人民法院不予执行的情形

在一般情况下,当事人向有管辖权的人民法院提出执行申请的,人民法院应当予以执行。但遇有法律规定的不予执行情形时,人民法院不予执行。根据《民事诉讼法》和最高人民法院相关司法解释的规定,不予执行主要有以下四种情形:

(1)对国内仲裁裁决不予执行。《民事诉讼法》第237条规定,被申请人提出证据证明国内仲裁裁决有下列情形之一的,经人民法院组成合议庭审查核实,裁定不予执行:①当事人在合同中没有订有仲裁条款或者事后没有达成书面仲裁协议的;②裁决的事项不属于仲裁协议的范围或者仲裁机构无权仲裁的;③仲裁庭的组成或者仲裁的程序违反法定程序的;④裁决所根据的证据是伪造的;⑤对方当事人向仲裁机构隐瞒了足以影响公正裁决的证据的;⑥仲裁员在仲裁该案时有贪污受贿、徇私舞弊、枉法裁决行为的。此外,人民法院认定执行该裁决违反社会公共利益的,也可以裁定不予执行。同时,被申请人提出证据证明仲裁机构裁决的事项部分属于仲裁协议的范围,部分超过仲裁协议的范围,经人民法院组成合议庭审查核实,对超过部分裁定不予执行。仲裁裁决被人民法院裁定不予执行的,当事人可以根据双方达成的书面仲裁协议重新仲裁,也可以向人民法院起诉。

(2)对涉外仲裁裁决不予执行。《民事诉讼法》第274条规定,被申请人提出证据证明涉外仲裁裁决有下列情形之一的,经人民法院组成合议庭审查核实,裁定不予执行:①当事人在合同中没有订有仲裁条款或者事后没有达成书面仲裁协议的;②被申请人没有得到指定仲裁员或者进行仲裁程序的通知,或者由于其他不属于被申请人的原因未能陈述意见的;③仲裁庭的组成或者仲裁的程序与仲裁规则不符的;④裁决的事项不属于仲裁协议的范围或者仲裁机构无权仲裁的。此外,人民

法院认定执行该裁决违背社会公共利益的，裁定不予执行。

(3)对公证债权文书不予执行。《民事诉讼法》第238条规定，公证债权文书确有错误的，人民法院裁定不予执行，并将裁定书送达双方当事人和公证机关。

(4)对外国法院的判决、裁定的不予执行。根据《民事诉讼法》第282条的规定，人民法院对申请或请求承认和执行外国法院作出的发生法律效力的判决、裁定，认为违反中华人民共和国法律的基本原则或者国家主权、安全、社会公共利益的，不予承认和执行。

(二)移送执行

移送执行，是指人民法院制作的法律文书发生法律效力后，由审理该案的审判人员依职权直接交付执行机构强制执行的行为。移送执行的对象限于人民法院制作的法律文书，不包括其他机构作出的生效法律文书。移送执行是执行程序启动的特殊方式。

根据《民事诉讼法》第236条、《执行规定》第19条及其他有关司法解释的规定，需要移送执行的案件有以下几类：(1)人民法院制作的具有给付内容如给付赡养费、扶养费、抚恤金、医疗费和劳动报酬的生效法律文书。(2)人民法院制作的生效刑事法律文书中含有财产执行内容的民事判决、裁定、调解书。(3)人民法院制作的财产保全裁定和先予执行的裁定。(4)人民法院制作的对妨碍民事诉讼行为的罚款、拘留决定书。(5)人民法院制作的涉及国家、集体或者公民重大利益的民事判决书、裁定书。

(三)对执行申请和移送执行书的审查

执行机构收到当事人申请书(包括口头申请)或者审判人员的移送执行书后，应当依法进行审查，审查事项包括：(1)申请执行书或移送执行书是否符合条件；(2)是否具有期间耽误的正当理由，并依审查结果决定是否准予顺延申请执行期限；(3)执行根据若是仲裁机构或公证机构制作的法律文书，还要审查是否具有《民事诉讼法》规定不予执行的情况。

经审查，人民法院对符合条件的申请，应当在7日内予以立案；认为不符合条件的，应当在7日内裁定不予受理。

(四)强制执行

强制执行，是指人民法院采取强制措施，迫使义务人履行生效法律文书所确定的给付义务的行为。

执行程序开始后，执行人员应当认真做好执行准备工作。执行准备工作的任务，主要是向被执行人发出执行通知书，以及调查被执行人的财产状况。根据法律规定，人民法院决定受理执行案件后，应当在3日内向被执行人发出执行通知书，责令其在指定期间内履行生效法律文书确定的义务，并承担《民事诉讼法》第253条规定的迟延履行期间的债务利息或迟延履行金。执行通知书的送达，适用《民事诉讼法》关于送达的规定。

人民法院执行非诉讼法律文书，必要时可向制作生效法律文书的机构调取卷宗材料。申请执行人应当向人民法院提供其所了解的被执行人的财产状况或线索。被执行人必须如实向人民法院报告其当前以及收到执行通知之日前一年的财产状况。① 人民法院在执行中有权向被执行人、有关机关、社会团体、企业事业单位或公民个人调查了解被执行人的财产状况，对调查所需的材料可以进行复制、抄录或拍照，但应当依法保密。为查明被执行人的财产状况和履行义务的能力，可以传唤被执行人或被执行人的法定代表人或负责人到人民法院接受询问。被执行人拒绝按人民法院的要求提供其有关财产状况的证据材料的，人民法院可以按照《民事诉讼法》第248条的规定进行搜查。人民法院依法搜查时，对被执行人可能存放隐匿的财物及有关证据材料的处所、箱柜等，经责令被执行人开启而拒不配合的，可以强制开启。②

被执行人未按执行通知书指定的期间履行生效法律文书确定的义务的，人民法院应当及时采取执行措施。在必要时，执行员可以立即采取执行措施。人民法院采取执行措施，应当制作裁定书，送达被执行人。

人民法院自收到申请执行书之日起超过6个月未执行的，申请人可以向上一级人民法院申请执行。上一级人民法院经审查，可以责令原人民法院在一定期限内执行，也可以决定由本院执行或者指令其他人民法院执行。

---

① 《执行解释》第32条规定："被执行人依照民事诉讼法第217条（现为第241条）的规定，应当书面报告下列财产情况：(1)收入、银行存款、现金、有价证券；(2)土地使用权、房屋等不动产；(3)交通运输工具、机器设备、产品、原材料等动产；(4)债权、股权、投资权益、基金、知识产权等财产性权利；(5)其他应当报告的财产。被执行人自收到执行通知之日前一年至当前财产发生变动的，应当对该变动情况进行报告。被执行人在报告财产期间履行全部债务的，人民法院应当裁定终结报告程序。"

② 2017年2月18日，最高人民法院公布《关于民事执行中财产调查若干问题的规定》（自2017年5月1日起施行）。

二、委托执行和代位执行

（一）委托执行

1.委托执行的概念

委托执行，是指受理执行案件的法院对于被执行人或者被执行财产在外地的案件，委托当地法院代为执行的一种制度。在委托执行中，被委托代为执行的法院是受托法院，受理执行案件并让当地法院代为执行的法院是委托法院。

2.委托执行的条件

委托执行应当具备以下条件：(1)被执行人或者被执行的财产全部或者部分在外地。(2)受托法院是被执行人或者被执行的财产所在地法院。(3)委托法院应在立案后一个月内办妥委托执行手续。超过此期限委托的，应当经对方法院同意。(4)委托执行一般应在同级人民法院之间进行。经对方法院同意，也可委托上一级的法院执行。被执行人是现役军人或者军事单位的，可以委托对其有管辖权的军事法院执行。执行标的物是船舶的，可以委托有管辖权的海事法院执行。(5)委托法院应当向受委托法院出具书面委托函，并附送据以执行的生效法律文书副本原件、立案审批表复印件及有关情况说明。

3.委托执行案件的范围

根据《委托执行规定》第1条的规定，债务人或者被执行的财产在本省、自治区、直辖市辖区以外的案件，除少数特殊情况外，应当委托异地的同级人民法院执行。执行案件中有三个以上被执行人或者三处以上被执行财产在本省、自治区、直辖市辖区以外，且分属不同异地的，执行法院根据案件具体情况，报经高级人民法院批准后可以异地执行了。根据《执行规定》第112条的规定，委托法院明知被执行人有下列情形的，应当及时依法裁定中止执行或终结执行，不得委托当地法院执行：(1)无确切住所，长期下落不明，又无财产可供执行的；(2)有关法院已经受理以被执行人为债务人的破产案件或者已经宣告其破产的。

人民法院在执行经我国法院承认的外国法院制作的判决、裁定，仲裁机构制作的仲裁裁决以及公证机构作出的公证债权文书时，不存在委托执行的问题。这类案件应当由债权人直接向债务人的住所地、被执行的财产所在地人民法院提出执行申请。

4.委托执行的程序

凡需要委托外地法院执行的，委托法院应当向受托法院出具书面委托函，并附送申请执行书、委托执行案件审批表、据以执行的生效法律文书副本原件及有关情况的材料或说明，包括财产保全情况、债务人的财产状况、生效法律文书履行的情况，并注明申请执行人地址、联系电话、联系人等。

受委托的人民法院接到委托函件后，必须在 7 日内予以立案，并及时将承办人、联系电话、地址等告知委托法院；如发现委托执行的手续、资料不全，应及时要求委托法院补办，但不得据此拒绝接受委托。委托法院应当在 30 日内完成补办事项。

受托法院应在 6 个月内执行完毕。委托手续不全的，执行期限自受托法院收到齐全手续之日起算。《委托执行规定》第 11 条规定，受托法院未能在 6 个月内将受托案件执结的，申请执行人有权请求受托法院的上一级法院提级执行或指定执行。委托执行后，委托法院应当及时告知申请执行人。受委托人民法院应当严格按照生效法律文书的规定和委托人民法院的要求执行，并应当依法自行决定采取执行措施和强制措施，也可以与委托法院共同商定执行方式方法。委托执行后，遇有下列情况，由受托法院依照法律和司法解释的规定处理：(1)需要变更或追加被执行主体的；(2)因执行担保需要暂缓执行的；(3)当事人之间达成执行和解协议的；(4)案外人对非属据以执行的生效法律文书指定交付的执行标的物提出异议的。

案外人对据以执行的生效法律文书指定交付的财物和票证提出异议的，受托法院应当及时将案外人的书面异议转交委托法院处理。委托法院应当及时作出中止执行或驳回异议的裁定，并通知受托法院。受托法院在办理受托执行案件过程中，发现据以执行的生效法律文书有明显错误，如予以执行将造成严重后果的，应当首先对被执行人的财产采取查封、扣押、冻结等措施，然后将书面意见及时转交作出生效法律文书的法院处理。

高级人民法院和中级人民法院对所属下级法院办理的受托执行案件，应当采取有效措施监督执行，必要时可以采取指定执行、共同执行和提级执行以及统一集中清理的办法执行。

(二)代位执行

1.代位执行的概念和特征

在执行程序中，债务人不能清偿债务，但对本案以外的第三人享有到期债权的，人民法院可以依申请执行人的申请，通知该第三人向申请执行人履行债务，该第三人对债务没有异议但在通知指定的期限不履行的，人民法院可以采取执行措施迫使其履行义务。此即对债务人到期债权的执行制度，又称代位执行制度。

对到期债权的执行，其理论基础是债权人的代位权，即债务人怠于主张其对第三人的债权时，债权人可以代位申请执行该第三人的财产。代位申请执行制度能

够减少诉讼环节，实现诉讼经济，对于清理企业“三角债”“连环债”具有重要的现实意义。

代位执行不同于一般的执行制度，其特殊性主要体现在以下三个方面：(1)被执行主体的特殊性。在一般执行制度中，被执行主体是执行根据确定的债务人，即生效法律文书确定的应当承担义务的一方当事人。而在代位执行中，被执行的主体并没有体现在执行根据中，而是执行根据确定的债务人之外的第三人。(2)执行标的的特殊性。在一般的执行制度中，执行标的是债务人所有的财产或债务人的行为，其中对财产执行时往往体现为货币或财物。而在代位执行中，执行标的是债权，即执行根据确定的债务人对第三人享有的债权。(3)执行开始程序的特殊性。在一般的执行制度中，执行程序因法院依职权发动，或者因债权人申请而发动，一旦发动就可以开始执行。而在代位执行中，只能因债权人申请才能启动，法院不能依职权开始代位申请执行。同时，只有当第三人对于应当履行的债务没有异议且不履行义务时，才能开始执行程序。

2.代位申请执行的条件和程序

代位执行程序的启动除了应具备执行的一般条件外，还必须符合下列条件：(1)债务人无偿还能力，或者只有部分偿还能力；(2)债务人对第三人享有到期债权，但是债务人怠于行使其债权或者虽然行使但未能达到目的；(3)债权人提出申请。

对被执行人到期债权的执行程序与一般的执行有所不同，即必须向第三人发出履行到期债务通知书，然后根据该第三人对履行通知的不同态度采取不同的执行措施。其程序如下：(1)申请执行人或被执行人向执行机关申请。(2)执行机关向第三人发出履行到期债务通知书，通知书必须直接送达该第三人。履行通知应包含如下内容：第三人对履行到期债务通知书无异议的，应在收到通知后的 15 日内直接向申请执行人清偿其对被执行人所负的债务，不得向被执行人清偿。第三人对履行通知书有异议的，应当在收到履行通知后的 15 日内向执行法院提出；异议可以以书面形式提出，也可以以口头形式向执行人员提出，由执行人员记录在案。第三人违背上述义务的后果。(3)第三人收到通知后，在法定期限内无异议，但又不履行义务的，执行法院可对该第三人的财产强制执行。

三、协助执行

(一)协助执行的概念

协助执行，是指受理案件的法院通知有关单位、个人或者请求有关法院协助执行生效法律文书所确定内容的一种法律制度。在范围上，协助执行既包括法院之间的协助执行，又包括有关单位和公民个人的协助执行。

（二）法院之间的协助执行

法院之间的协助执行具有以下三个特征：(1)被执行人或者被执行财产在辖区外。(2)受理执行案件的法院直接到辖区以外执行。对于被执行人或者被执行财产在外地的案件，受理法院认为不需要或者不适宜委托执行的，可以直接到外地执行，并根据情况请求当地法院给予协助。(3)当地法院辅助执行。协助执行中，执行法院以自己的名义采取执行措施，实施执行行为，当地法院只是起配合、支持、帮助等辅助作用。

法院之间的协助执行与委托执行有着明显的区别：法院之间的协助执行是受理执行案件的法院直接到辖区以外去执行，当地法院起辅助作用。而委托执行是由受理执行案件的法院委托被执行人或者被执行的财产所在地法院执行，受理执行案件的法院并不到辖区以外去执行。

执行法院异地直接执行案件时，应当主动请求当地法院协助执行，同时应当出具协助执行公函、介绍信，出示执行公务证，并可以主动介绍案情和准备采取的执行方案，同时阐明要求协助的内容。对执行法院的协助执行请求，当地人民法院应当积极配合，协同排除障碍，保证执行人员的人身安全和执行装备、执行标的物不受侵害。

（三）有关单位和公民个人的协助执行

1.有关单位和公民个人协助执行的情形

人民法院对不动产和特定的动产（如车辆、船舶等）进行财产保全，可以采用扣押有关财产权证照并通知有关产权登记部门不予办理该项财产的转移手续的财产保全措施；必要时，也可以查封或扣押该项财产。在执行中，需要办理有关财产权证照转移手续的，人民法院可以向有关单位发出协助执行通知书，有关单位必须办理。

被执行人未按执行通知履行法律文书确定的义务，人民法院有权向银行、信用合作社和其他有储蓄业务的单位查询被执行人的存款情况，有权冻结、划拨被执行人的存款，但查询、冻结、划拨存款不得超出被执行人应当履行义务的范围。人民法院决定冻结、划拨存款，应当作出裁定，并发出协助执行通知书，银行、信用合作社和其他有储蓄业务的单位必须办理。

法律文书指定交付的财物或者票证，由执行员传唤双方当事人当面交付，或者由执行员转交，并由被交付人签收。有关单位持有该项财物或者票证的，应当根据

人民法院的协助执行通知书转交，并由被交付人签收。有关公民持有该项财物或者票证的，人民法院通知其交出，拒不交出的，强制执行。

2.对有关单位和公民个人拒不协助执行的处理

根据《民事诉讼法》第114条的规定，有义务协助调查、执行的单位有下列行为之一的，人民法院除责令其履行协助义务外，并可以予以罚款：(1)有关单位拒绝或者妨碍人民法院调查取证的；(2)有关单位接到人民法院协助执行通知书后，拒不协助查询、扣押、冻结、划拨、变价财产的；(3)有关单位接到人民法院协助执行通知书后，拒不协助扣留被执行人的收入、办理有关财产权证照转移手续、转交有关票证、证照或者其他财产的；(4)其他拒绝协助执行的。人民法院对具有上述行为之一的单位，可以对其主要负责人或者直接责任人员予以罚款、拘留，还可以向监察机关或者有关机关提出予以纪律处分的司法建议。

根据《执行规定》的规定，违反法院协助执行通知，协助被执行人转移财产或者擅自向被执行人支付或者清偿的下列行为，行为人将承担相应的民事责任：(1)金融机构擅自解冻被人民法院冻结的款项，致冻结款项被转移的，人民法院有权责令其限期追回已转移的款项。在限期内未能追回的，应当裁定该金融机构在转移的款项范围内以自己的财产向申请执行人承担责任。(2)有关单位收到人民法院协助执行被执行人收入的通知后，擅自向被执行人或其他人支付的，人民法院有权责令其限期追回；逾期未追回的，应当裁定其在支付的数额内向申请执行人承担责任。(3)被执行人或其他人擅自处分已被查封、扣押、冻结财产的，人民法院有权责令责任人限期追回财产或承担相应的赔偿责任。(4)有关企业收到人民法院发出的协助冻结通知后，擅自向被执行人支付股息或红利，或擅自为被执行人办理已冻结股权的转移手续，造成已转移的财产无法追回的，应当在所支付的股息或红利或转移的股权价值范围内向申请执行人承担责任。

四、执行担保

（一）执行担保的概念

执行担保，是指在执行过程中，被执行人履行义务有困难时，通过向法院提供担保的方式，在经申请执行人同意后，由法院决定暂缓执行的制度。

执行担保制度既能够维护被执行人的利益，又能够保障申请执行人的权利。执行担保制度使履行义务有困难的被执行人通过暂缓执行的方式恢复履行能力，这有利于维护被执行人的利益。在暂缓执行或者执行担保期限届满时，如果被执行人仍然没有履行能力，法院有权执行被执行人的担保财产或者担保人的财产，这有利于保障申请执行人的权利。2018 年 2 月 22 日，最高人民法院发布《关于执行担保若干问题的规定》。

（二）执行担保的要件

根据《民事诉讼法》第 231 条的规定，执行担保的成立应当具备以下要件：(1)被执行人向法院提出申请。(2)被执行人向法院提供可靠的担保。在方式上，可以由被执行人向人民法院提供财产作担保，也可以由第三人出面作担保。以财产作担保的，应提交保证书；由第三人担保的，应当提交担保书。担保人应当具有代为履行或者代为承担赔偿责任的能力。被执行人或其担保人以财产向人民法院提供执行担保的，应当依据《担保法》的有关规定，按照担保物的种类、性质，将担保物移交执行法院，或依法到有关机关办理登记手续。(3)经申请执行人同意。这主要是因为执行担保成立以后，申请执行人的权利将被推迟实现，因此，是否同意由被执行人提供执行担保，应当经申请执行人同意。(4)经法院准许。这意味着法院不仅有权决定是否暂缓执行，而且有权决定暂缓执行的期限。如果担保是有期限的，暂缓执行的期限应与担保期限一致，但最长不得超过 1 年。如没有担保期限，则由人民法院根据案件情况决定暂缓执行的期限。

（三）执行担保的效力

执行担保成立后，产生如下法律效力：(1)执行担保成立的，人民法院应当裁定暂缓执行。人民法院作出暂缓执行的决定后，原判决、裁定等法律文书的执行中止，除债务人主动履行义务外，债权人不得要求债务人履行义务。(2)债务人应当按照暂缓执行决定书中确定的期限履行生效法律文书指定的义务。(3)在暂缓执行期间，债务人或担保人对担保的财产有转移、隐藏、变卖、毁损等行为的，人民法院可以恢复强制执行。(4)债务人在人民法院决定暂缓执行的期限内仍不履行法律文书所确定的义务的，人民法院可以直接执行债务人提供担保的财产或者裁定执行担保人的财产，但执行担保人的财产以担保人提供担保的部分财产为限。

五、执行承担

执行承担，是指在执行过程中由于出现特殊情况，法院裁定由其他公民、法人或者组织作为被执行人的制度。执行承担制度有利于维护申请执行人的合法权益，保障执行程序的正常进行。

根据《民事诉讼法》及相关司法解释的规定，执行程序中的执行承担主要有以下几种情形：

1.作为被执行人的公民死亡，其遗产继承人没有放弃继承的，人民法院可以裁定变更被执行人，由该继承人在遗产的范围内偿还债务。继承人放弃继承的，人民法院可以直接执行被执行人的遗产。

2.执行中作为被执行人的法人或者其他组织分立、合并的，其权利义务由变更后的法人或者其他组织承受；被撤销的，如果依有关实体法的规定有权利义务承受人的，可以裁定该权利义务承受人为被执行人。

3.其他组织在执行中不能履行法律文书确定的义务的，人民法院可以裁定执行对该其他组织依法承担义务的法人或者公民个人的财产。

4.在执行中，作为被执行人的法人或者其他组织名称变更的，人民法院可以裁定变更后的法人或者其他组织为被执行人。

六、执行和解

（一）执行和解的概念

执行和解，是指在执行过程中，双方当事人自愿作出相互谅解和让步，就履行生效法律文书的有关内容达成协议，经人民法院批准，从而结束执行程序的一种制度。执行和解是结束执行程序的一种特殊方式。《民事诉讼法》第230条规定："在执行中，双方当事人自行和解达成协议的，执行员应当将协议内容记入笔录，由双方当事人签名或者盖章。申请执行人因受欺诈、胁迫与被执行人达成和解协议的，或者当事人不履行和解协议的，人民法院可以根据当事人的申请，恢复对原生效法律文书的执行。"

执行和解不同于法院调解：首先，法院调解是在审判人员主持下进行的；而执行和解是双方当事人之间主动进行的，没有第三者参加。其次，法院调解只能适用于起诉和审理阶段，不适用于执行阶段；执行和解是在执行阶段进行的，在执行程序中，人民法院不得再主持调解。再次，法院调解是人民法院行使审判权的一种形式，是一种诉讼活动；执行和解是双方当事人处分自己民事权利和诉讼权利的行为，是一种非诉讼活动。只要当事人的处分行为不违背法律，不损害国家、集体利益和他人的合法权益，人民法院就应当予以确认。最后，法院调解达成协议，制作调解书并经当事人签收后，就具有强制力，当事人必须遵守，否则债权人可以申请执行；在执行程序中当事人之间达成的执行和解协议不具有法律上的强制力，只能由当事人自动履行，不能申请人民法院强制执行。

在执行过程中，双方当事人根据案件的实际情况，通过协议对生效法律文书确定的履行义务的主体、标的及数额、履行期限和履行方式等问题达成和解，既有利于债权人民事权益的迅速实现，又有利于债务人解脱债务负担，同时有利于减轻人民法院的执行负担。2018年2月22日，最高人民法院发布《关于执行和解若干问题的规定》。

（二）执行和解的成立条件和效力

1.执行和解的成立条件。从性质上讲，执行和解是当事人行使处分权的行为。只有符合下列条件，执行和解才能成立：(1)双方当事人完全自愿的真实意思表示。自愿是指当事人不是在受他方威胁、欺诈或者在自己重大误解的情况下所作的意思表示。(2)执行和解的内容，不得违反法律规定，不损害国家、集体和他人的利益。和解内容若违反以上情形，法院不能批准成立。(3)和解应当在执行过程中进行。执行和解是在执行程序中双方自愿结束执行程序的一种合意表示，在执行程序前后所达成的和解都不属于执行和解。(4)执行过程中的和解须经人民法院审查批准。

2.执行和解的效力。执行和解协议不具有民事强制执行的效力。作为一种民事合同，它重新确定了申请执行人所享有的权利和被执行人应履行的义务，产生如下效力：(1)法院应当裁定中止执行，从而暂停执行程序。(2)双方当事人均应遵守和履行和解协议。如果一方当事人不履行的，法院可以根据对方当事人的申请，恢复执行；当事人根据和解协议已经履行的部分仍然有效。(3)和解协议履行完毕的，法院应终结执行。当事人如果申请按照原生效法律文书执行的，法院不予准许。当事人申请恢复执行的，适用《民事诉讼法》第239条申请执行期限的规定。但应注意，申请执行期限因达成执行和解协议而中止，自和解协议所定履行期限的最后一日起连续计算。

在适用执行和解时应注意以下几点：(1)执行和解应当遵循自愿、平等的原则，体现当事人自由处分民事权利的精神，人民法院在执行中不能为结案而组织当事人强制和解。(2)申请执行人因受欺诈、胁迫与被执行人达成和解协议，或者债务人不履行和解协议的，债权人不能依和解协议申请强制执行，而只能申请恢复执行原生效的法律文书。恢复执行原生效法律文书时，和解协议已履行的部分应当扣除。(3)执行和解协议具有可诉性。被执行人一方不履行执行和解协议的，申请执行人可以申请恢复执行原生效法律文书，也可以就履行执行和解协议向执行法院提起诉讼。当事人、利害关系人认为执行和解协议无效或者应予撤销的，可以向执行法院提起诉讼。执行和解协议被确认无效或者撤销后，申请执行人可以据此申请恢复执行。(4)申请恢复执行期间属于不变期间，应当连续计算。法定的申请执行期间减去应当申请而未申请的期间即为申请恢复执行的期限。此外，申请恢复执行原生效法律文书实际上是对原执行程序的继续，因此不能重新立案。

七、执行中止

(一)执行中止的概念和法定情形

执行中止,是指在执行过程中,因为发生了特殊情况而暂时中止执行程序,待特殊情况消失以后再恢复执行程序的制度。根据《民事诉讼法》第256条等有关规定,有下列情形之一的,人民法院应当裁定中止执行:

1.申请人表示可以延期执行的。不仅申请开始执行程序是当事人的一种权利,在执行程序开始以后,当事人仍然有权决定执行程序是否向前推进。通常说来,在执行过程中只要当事人表示可以延期执行,法院就应当尊重当事人的这种决定,中止执行程序。

2.案外人对执行标的提出确有理由的异议的。案外人是指申请执行人和被执行人以外的第三人。执行过程中,案外人对执行标的提出异议的,法院应当按照法定程序进行审查。理由不成立的,予以驳回;理由成立的,由院长批准中止执行。

3.作为一方当事人的公民死亡,需要等待继承人继承权利或者承担义务的。在执行过程中,一方当事人死亡将使执行程序因为缺乏权利主体或义务主体而无法继续。因此,在继承人继承权利或义务之前,应当中止执行。

4.作为一方当事人的法人或者其他组织终止,尚未确定权利义务承受人的。在执行过程中,作为被执行人的法人或者其他组织分立、合并的,其权利义务由变更后的法人或者其他组织承受;被撤销的,如果依有关实体法的规定有权利义务承受人的,可以裁定该权利义务承受人为被执行人。作为被执行人的法人或者其他组织名称变更的,人民法院可以裁定变更后的法人或者其他组织为被执行人。其他组织在执行中不能履行法律文书确定的义务的,人民法院可以裁定执行对该组织依法承担义务的法人或者公民的个人财产。在确定上述义务承担人之前,人民法院应当裁定中止执行。

5.按照审判监督程序提审或再审的案件,执行机构应当根据上级法院或本院作出的中止执行的裁定中止执行。

6.人民法院认为应当中止执行的其他情形。根据《执行规定》第102条、《民诉法解释》第466条、第513条的规定,人民法院裁定应当中止执行的其他情形主要有以下几种:(1)人民法院已经受理以执行债务人为债务人的破产案件的;(2)执行债务人确无财产可供执行的;(3)执行的标的物是其他法院或仲裁机构正在审理的案件争议的标的物,需要等待该案审理完毕确定权属的;(4)一方当事人申请执行仲裁裁决,另一方当事人申请撤销仲裁裁决的;(5)仲裁裁决的被申请执行人依据

《民事诉讼法》第237条第2款的规定向人民法院提出不予执行请求，并提供适当担保的；(6)据以执行的法律文书需要补充判决、裁定补正或解释的；(7)申请执行人与被执行人达成和解协议后请求中止执行的；(8)在执行中，作为被执行人的企业法人符合《企业破产法》第2条第1款规定情形的，执行法院经申请执行人之一或者被执行人同意，应当裁定中止对该被执行人的执行，将执行案件相关材料移送被执行人住所地人民法院。①

根据《执行规定》第102条和《民诉法解释》第466条、第513条的规定，需要中止执行的其他情形主要有以下几种：第一，人民法院已受理以被执行人为债务人的破产申请的；第二，被执行人确无财产可供执行的；第三，执行的标的物是其他法院或仲裁机构正在审理的案件争议标的物，需要等待该案件审理完毕确定权属的；第四，一方当事人申请执行仲裁裁决，另一方当事人申请撤销仲裁裁决的；第五，仲裁裁决的被申请执行人依据《民事诉讼法》第237条第2款的规定向人民法院提出不予执行请求，并提供适当担保的；第六，申请执行人与被执行人达成和解协议后请求中止执行的；第七，在执行中，作为被执行人的企业法人符合《企业破产法》第2条第1款规定情形的，执行法院经申请执行人之一或者被执行人同意，应当裁定中止对该被执行人的执行，将执行案件相关材料移送被执行人住所地人民法院。

（二）执行中止的效力

人民法院决定中止执行时，应当作出中止执行的书面裁定，写明中止执行的理由和法律依据，由执行员、书记员署名，加盖人民法院印章，该裁定送达双方当事人后，立即发生法律效力。

中止执行的效力主要体现在以下两个方面：一是人民法院应当暂停一切执行活动；二是执行程序的当事人及其他参与人不得改变中止执行前的财产状况和事实状态。例如，申请执行人不得擅自采取行动向被执行人追索债务；被执行人不得自行处分已经被查封、扣押的财产；协助执行人不得推卸协助法院执行的义务。

（三）执行程序的恢复

执行中止是执行程序的暂时停止，不是执行程序的结束，因此，执行中止前的一切执行活动不因执行中止而失去效力。当执行中止的原因消除后，执行程序可以根据当事人的申请或者人民法院依职权恢复进行。人民法院决定恢复执行的，应当书面通知当事人和其他参与人。恢复执行是中止执行前已进行程序的继续，

---

① 《企业破产法》第2条第1款规定："企业法人不能清偿到期债务，并且资产不足以清偿全部债务或者明显缺乏清偿能力的，依照本法规定清理债务。"

中止前人民法院和当事人的执行活动仍然有效。

八、执行终结

(一)执行终结的概念

执行终结,又称执行终止,是指在执行过程中,由于出现某些特殊情况,使得执行程序无法继续进行,或者继续进行已无意义,从而由法院裁定结束执行程序的制度。

执行终结有广义和狭义之分。广义的执行终结等同于执行程序的结案方式。在我国《民事诉讼法》中,执行终结是在狭义上使用的,专指执行程序在出现法定事由时的非正常终结方式。

执行终结与执行中止有所区别:前者是指停止执行程序,以后不再恢复;后者是指执行程序暂时停止,待条件具备时,再恢复执行程序。

(二)执行终结的法定情形与程序

根据《民事诉讼法》第 257 条的规定,有下列情形之一的,人民法院应当裁定终结执行:

1.申请人撤销申请的。申请执行人撤销申请,是其处分民事权利的行为,只要该行为不违背法律的规定,人民法院应予准许,从而终结执行。

2.据以执行的法律文书被撤销。据以执行的法律文书因确有错误而被制作单位撤销后,执行便失去根据,应当予以终结。

3.作为被执行人的公民死亡,无遗产可供执行,又无义务承担人的。在执行过程中,被执行人死亡,如有遗产的,人民法院应执行其遗产;如有义务承担人的,也可责令承担人履行义务;如果既无遗产,又无义务承担人的,执行就不能继续进行,人民法院应当终结执行。

4.追索赡养费、扶养费、抚育费案件的权利人死亡的。这类案件的权利人死亡后,权利人所享有的权利即告消灭,所以,人民法院应当终结执行。

5.作为被执行人的公民因生活困难无力偿还债款,无收入来源,又丧失劳动能力的。适用《民事诉讼法》这一规定时,必须具备两个条件:(1)被执行人与申请人之间的债务是一种借贷关系,被执行人因生活困难,无力偿还借款;(2)被执行人无收入来源,且丧失劳动能力。只有上述两条件同时存在,才能认定其永久地失去偿还能力并终结执行。

6.人民法院认为应当终结的其他情形。这是执行终结的弹性条款,由人民法院灵活掌握。例如，根据《执行规定》第105条的规定，在执行中，被执行人被人民法院裁定宣告破产的，执行法院应当裁定终结执行。

人民法院终结执行时，应制作裁定书，写明终结执行的原因，由执行人员签名并加盖人民法院印章。终结执行的裁定一经送达当事人，立即生效。由二审人民法院终审的判决、裁定和调解书，需要终结执行的，应当由执行员将终结执行的书面报告和意见，报经二审法院或上级法院执行组织签署意见并备案后，制作裁定书。受托法院对委托执行的案件，发现应当终结执行的，应当出具书面报告，函请委托法院作出裁定。

九、执行结案

（一）执行结案的方式

根据《执行规定》第108条的规定，执行结案的方式主要有以下四种：(1)生效法律文书确定的内容全部执行完毕；(2)裁定终结执行；(3)裁定不予执行；(4)当事人之间达成执行和解协议并已履行完毕。

（二）执行结案的期限

根据2006年《执行期限规定》第1条的规定，被执行人有财产可供执行的案件，一般应当在立案之日起6个月内执结；非诉执行案件一般应当在立案之日起3个月内执结。特殊情况须延长执行期限的，应当报请本院院长或副院长批准。申请延长执行期限的，应当在期限届满前5日内提出。

委托执行的案件，委托的人民法院应当在立案后1个月内办理完委托执行手续，受委托的人民法院应当在收到委托函件后30日内执行完毕。未执行完毕，应当在期限届满后15日内将执行情况函告委托人民法院。

《民事诉讼法》第254条规定，人民法院采取执行措施后，被执行人仍不能偿还债务的，应当继续履行义务。债权人发现被执行人有其他财产的，可以随时请求人民法院执行。根据《民诉法解释》第517条的规定，债权人依照《民事诉讼法》第254条的规定请求人民法院继续执行的，不受《民事诉讼法》第239条所规定的申请执行时效期间的限制。

第二节　执行救济

一、执行救济的概念

执行救济，是指当事人或利害关系人的权益，因法院的执行行为违法或不当而受到侵害时，请求法院采取保护和补救措施的制度。根据执行理论及各国和地区的执行制度，执行救济可分为程序上的救济、实体上的救济和特殊的救济方法。

程序上的救济，一般称为“执行异议”，是指当事人或利害关系人认为执行的措施、方法或其他行为违反了执行程序的有关规定，而请求执行法院采取补救或者排除妨害措施的救济制度。

实体上的救济，是指债务人或利害关系人基于实体上的法律关系，请求排除不当的强制执行。实体上的救济实际上是指执行异议之诉，包括债务人异议之诉和案外人异议之诉。前者是指债务人对于执行依据所载的债权请求，主张有足以排除法院强制执行的事由，而请求法院作出该执行依据不得执行的判决。例如，债权人申请强制执行，而被执行人主张有业已清偿、提存、抵销、免除等消灭债权人请求的事由，或者主张自己非执行依据的效力所及等，即可提出债务人异议之诉。后者又称为第三人异议之诉，是指案外人认为其就执行标的物有足以排除强制执行的权利，而请求法院作出该特定标的物不得执行的判决。例如，案外人认为对执行标的物享有所有权，即可提出执行异议之诉。

特殊的救济方法，是指对于特殊执行程序所设的特别救济方法。例如，我国台湾地区“强制执行法”规定的参与分配程序中对分配表的异议、债权人对执行根据之执行力所及的第三人提起的许可执行之诉等。

我国《民事诉讼法》分别在第 225 条和第 227 条就违法执行行为之执行异议与案外人对执行标的的异议及异议之诉作了规定，并在第 233 条规定了执行回转之特殊救济程序；《民诉法解释》第 511 条、第 512 条则对分配方案的异议程序作了规定。

为了规范人民法院办理执行异议和复议案件，维护当事人、利害关系人和案外人的合法权益，最高人民法院于 2015 年 5 月 5 日公布《关于人民法院办理执行异议和复议案件若干问题的规定》。该规定自公布之日起施行。

二、对违法执行行为的执行异议

执行实践中，由于各种原因，难免会出现执行人员违反法律规定、违法或不当实施执行行为的现象，《民事诉讼法》明确赋予当事人和利害关系人对违法执行行为提出异议的权利，并规定了对异议的处理程序。

《民事诉讼法》第225条规定："当事人、利害关系人认为执行行为违反法律规定的，可以向负责执行的人民法院提出书面异议。当事人、利害关系人提出书面异议的，人民法院应当自收到书面异议之日起15日内审查，理由成立的，裁定撤销或者改正；理由不成立的，裁定驳回。当事人、利害关系人对裁定不服的，可以自裁定送达之日起10日内向上一级人民法院申请复议。"此条是针对执行行为违法而为当事人、利害关系人提供救济的规定，实际上就是强制执行理论上所说的"程序上的执行救济"，类似于大陆法系国家和地区的执行立法与理论中的"执行异议"制度。

（1）异议的主体。可以提出执行异议的主体包括执行当事人和利害关系人。所谓"利害关系人"，是指执行当事人以外，其法律上的权益因执行行为而受到侵害的公民、法人或其他组织。

（2）异议的事由。异议的事由是法院执行行为违法。执行行为在实践中的具体表现纷繁复杂、形式多样，是否违反法律的规定和能否提出异议要结合具体情况判断。一般来讲，在下列情形下当事人或利害关系人可提出执行异议：其一，执行法院所采取的执行措施、执行方法违法；其二，执行法院在强制执行时没有遵守法定的程序；其三，对执行法院作出的裁定、命令不服。根据《执行异议规定》第5条的规定，有下列情形之一的，当事人以外的公民、法人和其他组织，可以作为利害关系人提出执行行为异议：①认为人民法院的执行行为违法，妨碍其轮候查封、扣押、冻结的债权受偿的；②认为人民法院的拍卖措施违法，妨碍其参与公平竞价的；③认为人民法院的拍卖、变卖或者以物抵债措施违法，侵害其对执行标的的优先购买权的；④认为人民法院要求协助执行的事项超出其协助范围或者违反法律规定的；⑤认为其他合法权益受到人民法院违法执行行为侵害的。

（3）异议的程序。根据《执行异议规定》的规定，执行异议符合法律规定条件的，人民法院应当在3日内立案，并在立案后3日内通知异议人和相关当事人。不符合受理条件的，裁定不予受理；立案后发现不符合受理条件的，裁定驳回申请。执行异议申请材料不齐备的，人民法院应当一次性告知异议人在3日内补足，逾期未补足的，不予受理。异议人对不予受理或者驳回申请裁定不服的，可以自裁定送达之日起10日内向上一级人民法院申请复议。上一级人民法院审查后认为符合

受理条件的，应当裁定撤销原裁定，指令执行法院立案或者对执行异议进行审查。执行法院收到执行异议后 3 日内既不立案又不作出不予受理裁定，或者受理后无正当理由超过法定期限不作出异议裁定的，异议人可以向上一级人民法院提出异议。上一级人民法院审查后认为理由成立的，应当指令执行法院在 3 日内立案或者在 15 日内作出异议裁定。

人民法院对执行行为异议，应当按照下列情形，分别处理：①异议不成立的，裁定驳回异议；②异议成立的，裁定撤销相关执行行为；③异议部分成立的，裁定变更相关执行行为；④异议成立或者部分成立，但执行行为无撤销、变更内容的，裁定异议成立或者相应部分异议成立。

当事人、利害关系人申请复议的，应当采取书面形式；该书面材料可以通过执行法院转交，也可以直接向执行法院的上一级人民法院提交。执行法院收到复议申请后，应当在 5 日内将复议所需的案卷材料报送上一级人民法院；上一级人民法院收到复议申请后，应当通知执行法院在 5 日内报送复议所需的案卷材料。上一级人民法院对当事人、利害关系人的复议申请，应当组成合议庭进行审查，且应当自收到复议申请之日起 30 日内审查完毕，并作出裁定。有特殊情况需要延长的，经本院院长批准，可以延长，延长的期限不得超过 30 日。人民法院对执行异议和复议案件实行书面审查。案情复杂、争议较大的，应当进行听证。

(4)异议的效力。执行异议审查和复议期间，不停止执行。被执行人、利害关系人提供充分、有效的担保请求停止相应处分措施的，人民法院可以准许；申请执行人提供充分、有效的担保请求继续执行的，应当继续执行。

三、案外人对执行标的的异议与执行异议之诉

执行过程中，可能出现将案外人的财产作为被执行人的财产查封、扣押、冻结以及其他侵害案外人实体权益的情况，此时显然有必要为案外人提供相应的救济程序，允许其提出异议。此类异议乃案外人对执行标的提出的异议，实际上是一种实体权利义务争议。对于此类争议，其他国家和地区比较常见的做法是设立案外人异议之诉，通过诉讼程序处理。我国《民事诉讼法》第 227 条规定："执行过程中，案外人对执行标的提出书面异议的，人民法院应当自收到书面异议之日起 15 日内审查，理由成立的，裁定中止对该标的的执行；理由不成立的，裁定驳回。案外人、当事人对裁定不服，认为原判决、裁定错误的，依照审判监督程序办理；与原判决、裁定无关的，可以自裁定送达之日起 15 日内向人民法院提起诉讼。"该规定的要点在于，在案外人对执行标的提出异议时，将执行机构的审查作为前置程序，先由执行机构进行审查并作出裁定，对执行机构的处理不服的，案外人才能提起诉讼或者

对该案件依审判监督程序处理;同时,在当事人对执行机构作出的裁定不服时,亦允许其提起诉讼。为便于这一程序机制的实施,《执行程序解释》《民诉法解释》和《执行异议规定》对其作了进一步的规定。

(一)案外人的异议程序

1.异议的主体与形式。提出异议的主体应当是案外人,即应当是执行当事人以外的、非执行依据效力所及的公民、法人或其他组织。异议应当采用书面形式。

2.异议的事由。《执行程序解释》第 15 条将异议的事由界定为“案外人对执行标的主张所有权或者有其他足以阻止执行标的转让、交付的实体权利”,因此,案外人异议的事由,应当是对执行标的主张实体权利,并以此为基础主张法院的执行侵害了其实体法上的权利,请求法院停止对该标的的执行。多数情况下,案外人系对执行标的主张所有权而提出异议,但案外人异议所主张的实体权利并不限于所有权。案外人对执行标的享有建设用地使用权、宅基地使用权、地役权等用益物权,或者享有质权、留置权等担保物权,或者享有占有权、使用权等实体权利时,如果因强制执行而使其权利受到损害或妨碍时,均可提出案外人异议。根据《执行异议规定》第 24 条的规定,对案外人提出的排除执行异议,人民法院应当审查下列内容:(1)案外人是否系权利人;(2)该权利的合法性与真实性;(3)该权利能否排除执行。

3.异议的期限。案外人对执行标的提出异议的,应当在该执行标的执行程序终结前提出。

4.对异议的审查与处理。对符合法律规定条件的执行异议,人民法院应当在 3 日内立案,并在立案后 3 日内通知异议人和相关当事人。不符合受理条件的,裁定不予受理;立案后发现不符合受理条件的,裁定驳回申请。对于案外人对执行标的提出的书面异议,人民法院应当自收到异议之日起 15 日内审查,经审查,按照下列情形分别处理:①案外人对执行标的不享有足以排除强制执行的权益的,裁定驳回其异议;②案外人对执行标的享有足以排除强制执行的权益的,裁定中止执行。驳回案外人执行异议裁定送达案外人之日起 15 日内,人民法院不得对执行标的进行处分。案外人异议审查期间,人民法院不得对执行标的进行处分。案外人向人民法院提供充分、有效的担保请求解除对异议标的的查封、扣押、冻结的,人民法院可以准许;申请执行人提供充分、有效的担保请求继续执行的,应当继续执行。因案外人提供担保解除查封、扣押、冻结有错误,致使该标的无法执行的,人民法院可以直接执行担保财产;申请执行人提供担保请求继续执行有错误,给对方造成损失的,应当予以赔偿。

(二)案外人对裁定不服时的救济

案外人主张对执行标的享有实体权利,向法院提出异议但被驳回时,其进一步的救济程序可分为两种情况:

1.认为原判决、裁定错误的,按照审判监督程序办理。这里的"原判决、裁定"是指作为执行依据的生效法律文书。在案外人异议程序中,案外人认为原判决、裁定错误,需要通过审判监督程序处理的执行依据通常是交付特定物的法律文书。

根据《民诉法解释》第423条、第424条的规定,案外人对驳回其执行异议的裁定不服,认为原判决、裁定、调解书内容错误损害其民事权益的,可以自执行异议裁定送达之日起6个月内,向作出原判决、裁定、调解书的人民法院申请再审。人民法院裁定再审后,案外人属于必要的共同诉讼当事人的,依照《民诉法解释》第422条第2款规定处理,即:按照第一审程序再审的,应当追加其为当事人,作出新的判决、裁定;按照第二审程序再审,经调解不能达成协议的,应当撤销原判决、裁定,发回重审,重审时应追加其为当事人。案外人不是必要的共同诉讼当事人的,人民法院仅审理原判决、裁定、调解书对其民事权益造成损害的内容。经审理,再审请求成立的,撤销或者改变原判决、裁定、调解书;再审请求不成立的,维持原判决、裁定、调解书。

2.异议与原判决、裁定无关的,案外人可以自裁定送达之日起15日内提起诉讼。所谓"与原判决、裁定无关",是指案外人提出异议所针对的标的物不是判决、裁定指定执行的标的物,而是法院在执行中自行采取执行措施所针对的标的物。案外人对此类执行标的的异议不涉及判决、裁定本身的对错问题,仅涉及对执行标的本身的实体权利争议。如法院驳回案外人对此类执行标的的异议,则其可依法提起诉讼,此即案外人执行异议之诉,旨在通过审判程序最终确定该执行标的的权利归属。

(三)当事人对裁定不服时的救济

案外人提出异议后,执行法院经审查认为案外人异议理由成立的,应裁定中止对该标的的执行。对该裁定,当事人不服的,也有如下两种救济途径:第一,认为原判决、裁定错误的,依照审判监督程序办理。第二,异议与原判决、裁定无关的,可以自裁定送达之日起15日内向人民法院提起诉讼,此即当事人执行异议之诉。

(四)执行异议之诉

1.执行异议之诉的类型和管辖

根据《民诉法解释》的规定,执行异议之诉包括两种类型。一是案外人执行异议之诉，即案外人对执行标的提出异议而执行法院裁定驳回其异议时，案外人依法提起的排除对执行标的之执行的诉讼。二是申请执行人执行异议之诉，即执行法院基于案外人的执行异议申请而裁定中止执行时，申请执行人依法提起的请求判令对该执行标的继续执行的诉讼。被执行人无权依照《民事诉讼法》第227条的规定提起执行异议之诉。申请执行人对中止执行裁定未提起执行异议之诉，被执行人提起执行异议之诉的，人民法院告知其另行起诉。

案外人、当事人对执行异议裁定不服而提起执行异议之诉的，由执行法院管辖。

2.执行异议之诉的特别要件

案外人提起执行异议之诉，除应当符合《民事诉讼法》第119条规定外，还应当具备下列条件：(1)案外人的执行异议申请已经被人民法院裁定驳回；(2)有明确的排除对执行标的执行的诉讼请求，且诉讼请求与原判决、裁定无关；(3)自执行异议裁定送达之日起15日内提起。人民法院应当在收到起诉状之日起15日内决定是否立案。

申请执行人提起执行异议之诉，除应当符合《民事诉讼法》第119条规定外，还应当具备下列条件：(1)依案外人执行异议申请，人民法院裁定中止执行；(2)有明确的对执行标的继续执行的诉讼请求，且诉讼请求与原判决、裁定无关；(3)自执行异议裁定送达之日起15日内提起。人民法院应当在收到起诉状之日起15日内决定是否立案。

3.执行异议之诉的当事人

案外人提起执行异议之诉的，以申请执行人为被告。被执行人反对案外人异议的，被执行人为共同被告；被执行人不反对案外人异议的，可以列被执行人为第三人。

申请执行人提起执行异议之诉的，以案外人为被告。被执行人反对申请执行人主张的，以案外人和被执行人为共同被告；被执行人不反对申请执行人主张的，可以列被执行人为第三人。

4.执行异议之诉的审判

(1)审理程序。人民法院审理执行异议之诉案件，适用普通程序。

(2)证明责任。案外人或者申请执行人提起执行异议之诉的，案外人应当就其对执行标的享有足以排除强制执行的民事权益承担举证证明责任。

(3)裁判。对案外人提起的执行异议之诉，人民法院经审理，按照下列情形分别处理：①案外人就执行标的享有足以排除强制执行的民事权益的，判决不得执行该执行标的；②案外人就执行标的不享有足以排除强制执行的民事权益的，判决驳回诉讼请求。案外人同时提出确认其权利的诉讼请求的，人民法院可以在判决中

一并作出裁判。

对申请执行人提起的执行异议之诉，人民法院经审理，按照下列情形分别处理：①案外人就执行标的不享有足以排除强制执行的民事权益的，判决准许执行该执行标的；②案外人就执行标的享有足以排除强制执行的民事权益的，判决驳回诉讼请求。

对案外人执行异议之诉，人民法院判决不得对执行标的执行的，执行异议裁定失效。对申请执行人执行异议之诉，人民法院判决准许对该执行标的执行的，执行异议裁定失效，执行法院可以根据申请执行人的申请或者依职权恢复执行。

5.执行异议之诉对执行程序的影响

案外人执行异议之诉审理期间，人民法院不得对执行标的进行处分。申请执行人请求人民法院继续执行并提供相应担保的，人民法院可以准许。

人民法院对执行标的裁定中止执行后，申请执行人在法律规定的期间内未提起执行异议之诉的，人民法院应当自起诉期限届满之日起 7 日内解除对该执行标的采取的执行措施。

6.对恶意提出执行异议或异议之诉的处理

被执行人与案外人恶意串通，通过执行异议、执行异议之诉妨害执行的，人民法院应当依照《民事诉讼法》第 113 条规定处理，即应当根据情节轻重对其予以罚款、拘留，构成犯罪的，依法追究刑事责任。申请执行人因此受到损害的，可以提起诉讼要求被执行人、案外人赔偿。

四、执行回转

（一）执行回转的概念

执行回转，是指在民事执行过程中或执行结束后，由于据以执行的判决书、裁定书、调解书或其他法律文书被依法撤销，由人民法院重新采取执行措施，强制取得财产的一方当事人将执行所得财产的一部分或全部退还给原来的债务人，使财产权利恢复到执行程序开始前的状态。

在司法实践中，发生执行回转的原因大致有如下几种：(1)人民法院制作的判决、裁定已经执行完毕，但该判决、裁定被本院或者上级法院经审判监督程序进行再审后依法撤销，权利人可以以发生法律效力的再审判决、裁定为依据，申请执行回转。(2)人民法院制作的先予执行的裁定，在执行完毕后，被本院的生效判决或者上级法院的终审判决所撤销，因先予执行而取得财物的一方当事人应当将执行所得返还给对方当事人。(3)其他机关制作的由人民法院强制执行的法律文书，在执行完毕后，又被制作机关或者上级机关依法撤销的，也应当由人民法院采取执行回转措施，责令一方当事人将原执行所得财产返还给对方当事人。

（二）执行回转的条件

执行回转是执行程序中的一种特殊制度，其适用必须具备下列条件：

1.具有对原作为执行根据的法律文书作出明确否定的新的法律文书。这是执行回转的实质要件。只有当原生效法律文书被依法撤销时，才有可能发生执行回转。要撤销原法律文书，必须作出新的法律文书。新的法律文书，既可能是原作出机关作出的，也可能是其上级机关或人民法院作出的。新的法律文书必须具有明确否定原法律文书的内容。

2.原法律文书已经由人民法院按照执行程序执行完毕，执行程序已经终结。只有在执行程序已经结束，并已经将执行所得交付债权人时，才有必要进行执行回转。如果执行程序尚未结束，债务人的财产尚未交付给债权人，可由人民法院裁定撤销执行，并解除对财产的查封、扣押、冻结或者将财产发还债务人，无须执行回转。如果执行所得已经交付债权人，债权人拒绝退还的，就应执行回转。执行所得已经部分交付债权人的，应对该部分财产执行回转。

3.根据新的法律文书，已经获得执行所得的人丧失了取得财产权利的依据，并拒绝返还其所得财产。执行程序的发生以执行根据为前提，执行根据被撤销后，依该执行根据取得的民事权益便失去了合法依据，原取得权利的人必须将其返还给债务人。只有当取得权利的人拒绝返还时，才有执行回转的必要。如果获得权利的人自动返还原取得的权利，也不需要执行回转。

（三）执行回转的程序

根据《民事诉讼法》和最高人民法院相关司法解释，在执行程序中或执行结束后，据以执行的法律文书被人民法院或者其他机关撤销或变更的，原执行机构应当依据当事人申请或者依职权，按照新的生效法律文书，作出执行回转的裁定，责令原申请执行人返还已取得的财产及其孳息或其他民事权益。拒绝返还的，予以强制执行。

一般来说，人民法院制作的生效法律文书被依法撤销后，已经执行完毕的，人民法院应当依职权主动作出裁定，责令申请执行人返还已经取得的财产或其他民事权益；其他机构制作的生效法律文书被依法撤销后，已经执行完毕的，人民法院不能主动裁定执行回转，但当事人提出申请的，人民法院应当采取执行回转。执行回转时，如果已执行的标的物系特定物，应当强制原申请执行人退还原物。不能退还原物的，可以折价抵偿。

第三节　执行措施

一、执行措施的概念

执行措施，是指人民法院依法强制债务人实现执行根据中所确定义务的各种方法和手段。执行措施具有以下特点：

1.执行措施具有强制性。执行措施的强制性是以国家公权力为基础的，是促使义务人履行义务的重要保障。

2.执行措施具有法定性。不仅各种具体执行措施要有法律明确的规定，而且法院在采取具体的执行措施时还必须严格按照法定的条件和程序。

3.执行措施具有多样性。执行根据所确定的权利种类不同、执行对象不同，所需要采取的执行措施也不同。执行措施的多样性能够保障执行措施与所要实现的权利相适应。

二、执行措施的种类

根据不同的标准，对执行措施可以进行不同的分类：

1.根据执行对象的性质和特点，可以分为对财产的执行措施和对行为的执行措施。其中，对财产的执行措施，又可以分为对金钱债权的执行和对非金钱债权的执行，而对非金钱债权的执行又可以分为物的交付请求权的执行和行为请求权的执行。

2.根据执行行为能否直接实现执行根据所确定内容，可以分为直接执行措施、间接执行措施和代执行措施。直接执行措施，是指能够直接满足执行根据所确定内容的执行措施，如划拨、拍卖、变卖。间接执行措施，是指虽然不能直接满足执行根据所确定内容，但能够促使被执行人履行义务的执行措施，如拘留、罚款。代执行措施，是指法院采取的措施能够实现执行根据所确定内容，但又不同于执行根据所要求方式的执行措施。例如，侵权人拒不履行生效判决，不为对方恢复名誉、消除影响的，人民法院可以采取公告、登报等方式，将判决的主要内容及有关情况公布于众，费用由被执行人负担。

3.根据执行措施能否直接达到强制义务人履行义务和实现生效法律文书的目的，可以分为控制性执行措施和处分性执行措施。控制性执行措施也称为保全性执行措施，是指以防止被执行人转移、隐藏、变卖、毁损财产为目的的执行措施，如查封、冻结、扣留等措施。处分性执行措施，是指通过将被执行人的财产变价用以清偿债务的执行措施。

三、对金钱债权的执行措施

（一）对金钱债权执行的概念

所谓金钱债权，又称金钱给付请求权，指以给付一定数额金钱为内容的请求权。金钱债权是实践中最常见的债权形式，借款合同中对借款的归还请求权、买卖合同中对货款的支付请求权和对违约金、赔偿金的支付请求权、侵权案件中的损害赔偿请求权等，都属于金钱债权。金钱的表现形式是货币，而人民币是我国境内的法定支付工具，故金钱债权一般是指要求支付人民币的债权，在法律或司法解释有规定的情况下也可以是外币。如最高人民法院 1991 年《关于人民法院审理借贷案件的若干意见》第 12 条规定："公民之间因借贷外币、台币发生纠纷，出借人要求以同类货币偿还的，可以准许。"

为实现金钱债权，在债务人有金钱时，可以将该金钱直接交付给债权人，其执行方法比较简单。债务人没有现款可供执行时，金钱以外的财产就成为执行标的物。此时人民法院应通过拍卖、变卖等变价程序将有关财产变现为金钱。

根据简便原则和对债务人生活影响较小的原则，实务中在执行债务人的财产时，通常先执行现金；现金不够清偿的，执行其存款、股息红利收入和债权；仍不足清偿的，执行债务人的动产，最后执行债务人的知识产权、不动产、投资股权等。无论执行债务人的何种财产，都不得超出债务人应当履行义务的范围，并应当保留债务人及其所扶养家属的生活必需费用和生活必需品。

除了当事人之间金钱给付义务外，关于诉讼费用的执行、罚金、罚款的执行等也适用关于金钱债权的执行程序；非金钱债权的执行在一定情况下也可以转化为金钱债权的执行。例如，对于可以替代行为的执行，法院可以责令他人代为履行并由债务人支付费用，对于不可以替代行为的执行，法院可以命债务人赔偿损失。因此，各国立法都将金钱债权的执行措施作为民事执行法的重点内容。

（二）对金钱的执行

对金钱的执行措施，包括对义务人现金、存款和收入的执行。对义务人现金的

执行，主要是采取义务人直接交付现金或者由法院转交的方式执行。[①] 下文主要介绍对存款的执行和对收入的执行。

1.对存款的执行

《民事诉讼法》第 242 条第 1 款规定，被执行人未按执行通知履行法律文书确定的义务，人民法院有权向有关单位查询被执行人的存款、债券、股票、基金份额等财产情况，有权扣押、冻结、划拨、变价被执行人的财产，但查询、扣押、冻结、划拨、变价的财产不得超出被执行人应当履行义务的范围。

《执行规定》第 34 条规定，被执行人为金融机构的，对其交存在人民银行的存款准备金和备付金不得冻结和扣划，但对其在本机构、其他金融机构的存款，及其在人民银行的其他存款可以冻结、划拨，并可对被执行人的其他财产采取执行措施，但不得查封其营业场所。

查询，是指人民法院向银行、信用合作社和其他有储蓄业务的单位通过调查、询问，了解被执行人存款情况的执行措施。

冻结，是指人民法院向银行、信用合作社和其他有储蓄业务的单位发出协助执行通知书，不准被执行人在一定期限内提取和转移其存款的执行措施。冻结的目的在于防止被申请人或债务人提取或转移存款，并促使其自动履行义务。采取冻结措施时，人民法院应当作出裁定，并向有关金融机构发出协助执行通知书。有关金融机构接到通知书后，应当立即办理冻结手续。债务人账户上当日存款不足冻结数额的，有关金融机构应当继续冻结其后进入该账户的款项，直到达到需要冻结的数额。冻结存款的期限为 6 个月，需要延长冻结的，应当在冻结期满前办理继续冻结手续。每次冻结的最长期限仍为 6 个月。对于法院的冻结，任何单位不得擅自解冻，违者将按照《民事诉讼法》的规定，追究其法律责任。金融机构擅自解冻被人民法院冻结的款项，致冻结款项被转移的，人民法院有权责令其限期追回已转移的款项。在限期内未能追回的，应当裁定该金融机构在转移的款项范围内以自己的财产向申请执行人承担责任。

划拨，是指人民法院通过银行、信用合作社和其他有储蓄业务的单位，将被执行人账户上的存款，划入债权人账户的执行措施。划拨可以在冻结存款的基础上进行，也可以不冻结存款直接进行。划拨存款的目的在于实现债权人的债权，完成执行任务。采取划拨措施时，人民法院应当作出裁定，向有关金融机构发出协助执行通知书，并附生效法律文书。有关金融机构接到协助划拨存款的通知书后，只要债务人的账户内有存款，应当立即将款项划拨到人民法院指定的账户上。债务人

---

① 最高人民法院《关于执行款物管理工作的规定(试行)》(法发[2006]11 号)要求各级法院财务部门开设执行款专户，对确有必要存入执行款专户的执行款实行专项管理、专款专付。

的账户上当日无存款或者款额不足划拨数额的，金融机构应当按照该通知书的要求，对债务人随后进入该账户的款项予以划拨，直至达到划拨数额为止。

人民法院可以直接向银行及其营业所、储蓄所、信用合作社以及其他有储蓄业务的单位查询、冻结、划拨被执行人的存款。外地法院可以直接到被执行人住所地、被执行财产所在地银行及其营业所、储蓄所、信用合作社以及其他有储蓄业务的单位查询、冻结、划拨被执行人应当履行义务部分的存款，无须由当地人民法院出具手续。

2.对收入的执行

《民事诉讼法》第 243 条第 1 款规定："被执行人未按执行通知履行法律文书确定的义务，人民法院有权扣留、提取被执行人应当履行义务部分的收入。但应当保留被执行人及其所扶养家属的生活必需费用。"

《执行规定》第 36 条规定，被执行人在有关单位的收入尚未支取的，人民法院应当作出裁定，向该单位发出协助执行通知书，由其协助扣留或提取。扣留，是指人民法院强制留置被执行人的收入，禁止其支取和处分的执行措施。扣留是一种临时性的执行措施，其目的在于促使被执行人履行义务。提取，是指人民法院依法支取被执行人的收入，并将其转交给权利人的执行措施。

扣留、提取的收入，主要是指被执行人的工资、奖金以及其他劳动报酬。在范围上应当以被执行人应当履行义务部分的收入为限，并且应当保留被执行人及其所扶养家属的生活必需费用。

人民法院扣留、提取收入时，应当作出裁定，并发出协助执行通知书，被执行人所在单位、银行、信用合作社和其他有储蓄业务的单位必须办理。有关单位收到人民法院协助执行被执行人收入的通知后，擅自向被执行人或其他人支付的，人民法院有权责令其限期追回；逾期未追回的，应当裁定其在支付的数额内向申请执行人承担责任。

（三）对非金钱财产的执行

对非金钱财产的执行，主要采取查封、扣押、冻结、拍卖、变卖等执行措施。非金钱财产由于不具有直接流通性，不能直接用于清偿债务，而只能通过一定的方式将其转换为可以流通的货币，再用于债务的清偿。从性质上看，对非金钱财产的执行，可以分为对动产、不动产的执行和对其他特殊财产的执行两类，两类执行对象所要求的执行措施有所不同。法院实施查封、扣押、冻结财产时应当注意：第一，查封、扣押、冻结财产时，应当保留被执行人及其所扶养家属的生活必需品和必需的生活费用。第二，不得超范围查封、扣押、冻结。第三，不得重复查封、扣押、冻结。

1.一般非金钱财产的执行

(1)查封、扣押

查封、扣押是一种临时性的执行措施,其目的在于禁止被执行人处分或者转移特定的财产。查封主要针对不动产或体积较大且难以移动的动产采取,一般是就地封存;扣押则主要针对体积较小或者虽然体积较大但易于移动的动产采取,一般是易地扣留。但很多国家和地区对这两个概念不作区分,例如德国、法国和日本将此处所称的“查封”、“扣押”统称为“扣押”,而我国台湾地区则将其统称为“查封”。在我国的司法实践中,有时也未对查封、扣押的含义作严格的区分。

查封、扣押财产的价值应当与被执行人履行债务的价值相当。人民法院对被执行人所有的其他人享有抵押权、质押权或留置权的财产,可以采取查封、扣押措施。财产拍卖、变卖后所得价款,应当在抵押权人、质押权人或留置权人优先受偿后,其余额部分用于清偿申请执行人的债权。①

按照《执行规定》第 41 条的规定,查封,是指人民法院采用封条就地封存被执行人的财产,禁止被执行人、其他人转移和处理的措施。动产的查封,应当采取加贴封条的方式。不便加贴封条的,应当张贴公告。对有产权证照的动产或不动产的查封,应当向有关管理机关发出协助执行通知书,要求其不得办理查封财产的转移过户手续,同时可以责令被执行人将有关财产权证照交人民法院保管。必要时也可以采取加贴封条或张贴公告的方法查封。②

财产被查封后,人民法院可以指定被执行人负责保管。查封期间,若被执行人拒绝保管查封财产,人民法院可以委托有关单位或个人代为保管,保管费由被执行人承担。被查封的财产,如继续使用对其价值无重大影响,可以允许被执行人继续使用。因被执行人保管或使用的过错造成的损失,由被执行人承担。

扣押,是指人民法院把被执行人的财产转移到一定的场所,不准被执行人对该财产占有、使用和处分的措施。这种措施一般用于价值较高、易于移动的动产,有时也用于船舶、航空器等特殊物品。对于被扣押的财产,人民法院可以自行保管,必要时也可以委托有关单位或个人保管。不论由谁保管,都不得占有和挪用。保

① 根据最高人民法院《关于人民法院执行设定抵押的房屋的规定》第 1 条的规定,对于被执行人所有的已经依法设定抵押的房屋,人民法院可以查封,并可以根据抵押权人的申请,依法拍卖、变卖或者抵债。

② 最高人民法院《执行查封规定》第 9 条规定,查封不动产的,人民法院应当张贴封条或者公告,并可以提取保存有关财产权证照。

管所需费用由被执行人负担。[①]

法院采取查封、扣押执行措施时，应当作出裁定书。《民事诉讼法》第 245 条规定，人民法院查封、扣押财产时，被执行人是公民的，应当通知被执行人或者他的成年家属到场，其工作单位或者财产所在地的基层组织也应当派人参加；被执行人是法人或其他组织的，应通知其法定代表人或者主要负责人到场，拒不到场的，不影响执行。对被查封、扣押的财产，执行人员必须逐一清点并造具清单，由在场人签字或盖章后，交被执行人一份。被执行人是公民的，也可以交给他的成年家属一份。被执行人的财产经查封、扣押后，在人民法院指定的期间内履行义务的，人民法院应当及时解除查封、扣押措施。

人民法院在执行过程中对被执行人财产已查封、冻结的，任何单位包括其他法院不得重复查封、冻结或者擅自解冻，违者以妨害民事诉讼行为论处。[②] 但《执行规定》第 41 条指出，法院的查封"既未向有关管理机关发出协助执行通知书，也未采取加贴封条或张贴公告的办法查封的，不得对抗其他人民法院的查封"。被执行人或其他人擅自处分已被查封、扣押、冻结财产的，人民法院有权责令责任人限期追回财产或承担相应的赔偿责任。

法院查封、扣押的行为具有如下效力：

第一，对人的效力。被执行人的财产被查封、扣押后，除人民法院允许其占有、保管和使用外，被执行人丧失对该财产的占有和使用权，也丧失处分权。但该财产的所有权仍然属于被执行人，标的物发生毁损、灭失的意外风险，仍然由被执行人承担。申请执行人因查封、扣押而获得对该项财产的优先执行权，但不得优先于此前在该项财产上存在的担保物权或其他法定优先权。但是，查封、扣押没有公示的，其效力不得对抗善意第三人。

第二，对财产的效力。查封、扣押的效力及于查封、扣押物的从物和天然孳息。查封地上建筑物的效力及于该地上建筑物使用范围内的土地使用权，查封土地使用权的效力及于地上建筑物，但土地使用权与地上建筑物的所有权分属被执行人与他人的除外。查封、扣押的财产灭失或者毁损的，查封、扣押的效力及于该财产的替代物、赔偿款；人民法院应当及时作出查封、扣押该替代物、赔偿款的裁定。

第三，时间效力。根据《民诉法解释》第 487 条的规定，人民法院冻结被执行人

---

① 最高人民法院《执行查封规定》第 8 条规定，查封、扣押动产的，人民法院可以直接控制该项财产。人民法院将查封、扣押的动产交付其他人控制的，应当在该动产上加贴封条或者采取其他足以公示查封、扣押的适当方式。

② 最高人民法院《执行查封规定》第 28 条规定，对已被人民法院查封、扣押、冻结的财产，其他人民法院可以进行轮候查封、扣押、冻结。查封、扣押、冻结解除的，登记在先的轮候查封、扣押、冻结即自动生效。

的银行存款的期限不得超过一年，查封、扣押动产的期限不得超过两年，查封不动产、冻结其他财产权的期限不得超过3年。申请执行人申请延长期限的，人民法院应当在查封、扣押、冻结期限届满前办理续行查封、扣押、冻结手续，续行期限不得超过前款规定的期限。人民法院也可以依职权办理续行查封、扣押、冻结手续。查封、扣押期限届满，人民法院未办理延期手续的，查封、扣押的效力消灭。

第四，预查封的效力。预查封的效力等同于正式查封。在预查封期间，任何单位和个人不得擅自处分预查封的财产，有关部门也不得办理转让、抵押手续。土地、房屋权属在预查封期间登记在被执行人名下的，预查封登记自动转为查封登记。预查封期限届满之日，人民法院未办理预查封续封手续的，预查封的效力消灭。

第五，轮候查封、扣押的效力。执行法院的查封、扣押措施解除时，或者执行法院对该查封、扣押的财产仅做部分处理，还有剩余部分时，其他法院的轮候查封、扣押自动转为查封、扣押；有两个以上法院采取轮候查封、扣押的，登记在先的轮候查封、扣押自动生效。

(2)拍卖、变卖

根据《民事诉讼法》第247条的规定，财产被查封、扣押后，执行员应当责令被执行人在指定期间履行法律文书确定的义务。被执行人逾期不履行的，人民法院应当拍卖被查封、扣押的财产；不适于拍卖或者当事人双方同意不进行拍卖的，人民法院可以委托有关单位变卖或者自行变卖。对于国家禁止自由买卖的物品，交有关单位按照国家规定的价格收购。

拍卖，是指人民法院将被执行人的财产，以公开竞价的方式卖给出价最高的竞买人，并将所得价金交给债权人的执行措施。法院采取这一措施时应按照《民事诉讼法》《民诉法解释》《执行拍卖规定》的规定进行，并应注意以下事项：

第一，被执行人的财产被查封、扣押、冻结后，法院应当及时进行拍卖、变卖或者采取其他执行措施。财产被查封、扣押后，被执行人在人民法院指定的期间不履行义务的，人民法院应当拍卖被查封、扣押的财产；不适于拍卖或者当事人双方同意不进行拍卖的，人民法院可以委托有关单位变卖或者自行变卖。国家禁止自由买卖的物品，交有关单位按照国家规定的价格收购。人民法院在执行中需要拍卖被执行人财产的，可以由人民法院自行组织拍卖，也可以交由具备相应资质的拍卖机构拍卖。交拍卖机构拍卖的，人民法院应当对拍卖活动进行监督。

第二，拍卖的准备。主要任务包括：确定资产评估机构；确定拍卖机构；确定保留价；执行人员调查拍卖财产的权属状况、占有使用情况等；发布拍卖公告；竞买人预交保证金；通知当事人、已知的担保物权人、优先购买权人或其他优先权人、竞买人于拍卖日到场。拍卖开始前，有下列情形之一的，法院应当撤回拍卖委托：执行名义被撤销的；权利人撤回执行申请的；被执行人全部履行了执行名义确定的金钱债务的；当事人达成了执行和解协议无须拍卖财产的；案外人对拍卖财产提出确有理由的异议的；拍卖机构与竞买人恶意串通的等。被执行人在拍卖日前向法院提交足额金钱清偿债务，要求停止拍卖的，法院应当准许，但被执行人应当负担因拍卖所支出的实际费用。

第三，优先购买权人的买受。拍卖过程中，有最高应价时，优先购买权人可以表示以该最高价买受，如无更高应价，则拍归优先购买权人；如有更高应价，而优先购买权人不作表示的，则拍归该应价最高的竞买人。顺序相同的多个优先购买权人同时表示买受的，以抽签方式决定买受人。

第四，重新拍卖。拍卖成交或者以流拍的财产抵债后，买受人逾期未支付价款或者承受人逾期未补交差价而使拍卖、抵债的目的难以实现的，法院可以裁定重新拍卖。重新拍卖时，原买受人不得参加竞买。重新拍卖的价款低于原拍卖价款造成的差价、费用损失及原拍卖中的佣金，由原买受人承担。人民法院可以直接从其预交的保证金中扣除。扣除后保证金有剩余的，应当退还原买受人；保证金数额不足的，可以责令原买受人补交；拒不补交的，强制执行。

第五，再行拍卖。拍卖时无人竞买或者竞买人的最高应价低于保留价，到场的执行权利人不申请以该次拍卖所定的保留价抵债的，应在 60 日内再行拍卖。对流拍的动产只可进行一次拍卖，对流拍的不动产或者其他财产权可进行两次拍卖。

第六，拍定。拍卖成交的，法院应当作出裁定，送达买受人或者承受人。拍卖成交后，买受人应当在拍卖公告确定的期限或者法院指定的期限内将价款交付到法院或者汇入法院指定的账户。拍卖成交的，标的物所有权自拍卖成交裁定送达买受人时转移。法院裁定拍卖成交后，除有依法不能移交的情形外，应当于裁定送达后 15 日内，将拍卖的财产移交买受人或者承受人。被执行人或者第三人占有拍卖财产应当移交而拒不移交的，强制执行。拍卖财产上原有的担保物权及其他优先受偿权，因拍卖而消灭。拍卖所得价款，应当优先清偿担保物权人及其他优先受偿权人的债权，但当事人另有约定的除外。拍卖财产上原有的租赁权及其他用益物权，不因拍卖而消灭，但该权利继续存在于拍卖财产上，对在先的担保物权或者其他优先受偿权的实现有影响的，法院应当依法将其除去后进行拍卖。拍卖成交的，拍卖机构可以向买受人收取佣金。拍卖未成交或者非因拍卖机构的原因撤回拍卖委托的，拍卖机构为本次拍卖已经支出的合理费用，应当由被执行人负担。

第七，流拍后的处理。流拍后的处理方法如下：①以流拍的财产抵债。拍卖时无人竞买或者竞买人的最高应价低于保留价，到场的执行权利人申请或者同意以该次拍卖所定的保留价接受拍卖财产的，应当将该财产交其抵债。有两个以上执行权利人申请以拍卖财产抵债的，由法定受偿顺位在先的权利人优先承受，受偿顺

位相同的则以抽签方式决定承受人。承受人应受清偿的债权额低于抵债财产的价额的，法院应当责令其在指定的期间内补交差额。②不能抵债的，解除查封、冻结，将该财产及时退还被执行人。对于第二次拍卖仍流拍的动产，法院可以将其作价交执行权利人抵债。执行权利人拒绝接受或者依法不能交付其抵债的，法院应当解除查封、扣押，并将该动产退还被执行人。对于第三次拍卖仍流拍的不动产或其他财产权，执行权利人拒绝接受或依法不能交付其抵债的，法院应于第三次拍卖终结之日起 7 日内发出变卖公告，自公告之日起 60 日内没有买受人愿意以第三次拍卖的保留价买受该财产，且执行权利人仍不表示接受该财产抵债的，应当解除查封、冻结，将该财产退还被执行人，但对该财产可以采取其他执行措施的除外。

变卖，是指人民法院将被执行人已经被查封、扣押的财产，不经过拍卖而直接以一定价格卖出。适用变卖的财产，通常是无法拍卖或者双方当事人同意不需要拍卖的财产。[①] 人民法院在执行中需要变卖被执行人财产的，可以交有关单位变卖，也可以由人民法院直接变卖。由人民法院直接变卖的，变卖前应就价格问题征求物价等有关部门的意见，作价应当公平合理。被执行人申请对人民法院查封的财产自行变卖的，人民法院可以准许，但应当监督其按照合理价格在指定的期限内进行，并控制变卖的价款。

人民法院拍卖、变卖被执行人的财产，可以在查封、扣押的基础上进行，也可以不经查封、扣押程序而直接采取拍卖或变卖措施。人民法院拍卖、变卖被执行人的财产，应当委托依法成立的资产评估机构进行价格评估。拍卖、变卖被执行人的财产成交后，必须即时钱物两清。委托拍卖、组织变卖被执行人财产所发生的实际费用，从所得价款中优先扣除。所得价款超出执行标的数额和执行费用的部分，应当退还被执行人。人民法院对被执行人所有的其他人享有抵押权、质押权或留置权的财产进行拍卖、变卖后所得价款，应当在抵押权人、质押权人或留置权人优先受偿后，其余额部分用于清偿申请执行人的债权。

除拍卖、变卖以外，经申请执行人和被执行人同意，也可以不经拍卖、变卖，直接将被执行人的财产作价交申请执行人抵偿债务，对剩余债务，被执行人应当继续清偿。如果被执行人的财产无法拍卖或变卖的，经申请执行人同意，人民法院可以将该项财产作价后交付申请执行人抵偿债务，或者交付申请执行人管理；申请执行人拒绝接收或管理的，退回被执行人。

---

① 最高人民法院《执行拍卖规定》第 34 条规定，对查封、扣押、冻结的财产，当事人双方及其有关权利人同意变卖的，可以变卖。金银及其制品、当地市场有公开交易价格的动产、易腐烂变质的物品、季节性商品、保管困难或者保管费用过高的物品，人民法院可以决定变卖。

(3)强制管理

强制管理,是指人民法院选任管理人对已被查封、扣押的被执行人的财产实施管理,以管理所得收益清偿申请执行人债权的执行措施。对于强制管理,目前仅有《民诉法解释》第492条的简单规定:“被执行人的财产无法拍卖或变卖的,经申请执行人同意,且不损害其他债权人合法权益和社会公共利益的,人民法院可以将该项财产作价后交付申请执行人抵偿债务,或者交付申请执行人管理;申请执行人拒绝接收或管理的,退回被执行人。”

关于可实施强制管理的财产范围,一些国家和地区通常将其限定为不动产或船舶、航空器等特定动产,我国则未作限制。对于管理人的选定,《民诉法解释》将其限定为申请执行人,其他国家和地区则规定执行法院可以选任自然人、法人或者其他组织担任管理人。而对于如何实施强制管理的具体程序问题,现行法律和司法解释尚未予以规定。

从实践来看,强制管理措施终结的情形主要有以下几种:债权获得清偿;管理无实益,即管理所得的收益在扣除管理费用及其他必要的支出后,无剩余可能的;申请执行人撤回执行申请;被管理的财产灭失;执行依据被依法撤销等。

2.特殊非金钱财产的执行

(1)对债务人知识产权的执行。债务人享有知识产权,又拒不履行生效法律文书确定的义务,人民法院有权采取以下强制执行措施:裁定禁止债务人转让其专利权、注册商标专用权、著作权(财产权部分)等知识产权,并向有关部门发出协助执行通知书,要求其不得办理知识产权转移手续,必要时可以责令债务人将知识产权或者使用权证照交人民法院保存。采取上述执行措施后,债务人仍拒不履行义务的,人民法院有权对债务人享有的知识产权采取拍卖、变卖等执行措施,将所得价款交付申请执行人,以确保生效法律文书内容的实现。拍卖、变卖知识产权所得价款用于支付债务人应履行的债务后有剩余的,剩余部分应交付债务人。

(2)对股份凭证的执行。依《执行规定》第52条的规定,对被执行人在其他股份有限公司中持有的股份凭证(股票),人民法院可以扣押,并强制被执行人按照公司法的有关规定转让,也可以直接采取拍卖、变卖的方式进行处分,或直接将股票抵偿给债权人,用于清偿被执行人的债务。

(3)对投资权益的执行。对被执行人从有关企业中应得的已到期的股息或红利等收益,人民法院有权裁定禁止被执行人提取和有关企业向被执行人支付,并要求有关企业直接向申请执行人支付。对被执行人预期从有关企业中应得的股息或红利等收益,人民法院可以采取冻结措施,禁止到期后被执行人提取和有关企业向被执行人支付。到期后人民法院可从有关企业中提取,并出具提取收据。有关企业收到人民法院发出的协助冻结通知后,擅自向被执行人支付股息或红利,应当在

所支付的股息或红利范围内向申请执行人承担责任。

(4)对股权的执行。主要有以下几种情形:①对被执行人在有限责任公司、其他法人企业中的投资权益或股权,人民法院可以采取冻结措施。冻结投资权益或股权的,应当通知有关企业不得办理被冻结投资权益或股权的转移手续,不得向被执行人支付股息或红利。被冻结的投资权益或股权,被执行人不得自行转让。②被执行人在其独资开办的法人企业中拥有的投资权益被冻结后,法院可以直接裁定予以转让,以转让所得清偿其对申请执行人的债务。③对被执行人在有限责任公司中被冻结的投资权益或股权,法院可以依据《公司法》第72条、第73条的规定,征得全体股东过半数同意后,予以拍卖、变卖或以其他方式转让。不同意转让的股东,应当购买该转让的投资权益或股权,不购买的,视为同意转让,不影响执行。法院也可允许并监督被执行人自行转让其投资权益或股权,将转让所得收益用于清偿对申请执行人的债务。法院依照强制执行程序转让股东的股权时,应当通知公司及全体股东。其他股东享有优先购买权。其他股东自法院通知之日起不行使优先购买权的,视为放弃优先购买权。④对被执行人在中外合资、合作经营企业中的投资权益或股权,在征得合资或合作他方的同意和有关主管机关的批准后,可以对冻结的投资权益或股权予以转让。如果被执行人除在中外合资、合作企业中的股权以外别无其他财产可供执行,其他股东又不同意转让的,可以直接强制转让被执行人的股权,但应当保护合资他方的优先购买权。

在引例中,法院可裁定冻结、提取甲公司在丙公司的股权收益;如仍不足以清偿债务,还可裁定冻结、拍卖该项股权,以满足申请执行人的执行请求。

四、对非金钱债权的执行措施

非金钱债权的执行措施,债权人的要求不在于获得金钱,而在于满足对物的占有或者要求债务人为行为给付,所以不能适用查封和变价的方法。非金钱债权的执行措施根据债权人请求的具体内容,又可以分为物的交付请求权的执行和对行为请求权(包括作为和不作为)的执行。

(一)物的交付请求权的执行

1.物的交付请求权的执行的概念

物的交付请求权,是债权人请求交付法律文书所指定的物的权利。对交付财物请求权的执行,是指根据生效法律文书,债权人对被执行人有物的交付请求权,法院为实现这一请求权而实施的执行。

根据执行根据中指定交付物的不同,对交付财物请求权的执行可以分为交付动产的执行和交付不动产的执行。《民事诉讼法》第 249 条关于交付指定交付的财物或者票证的规定属于交付动产的执行;第 250 条关于强制迁出房屋或者强制退出土地的规定属于交付不动产的执行。

2.交付财物和票证的执行

《民事诉讼法》第 249 条第 1 款规定:"法律文书指定交付的财物或者票证,由执行员传唤双方当事人当面交付,或者由执行员转交,并由被交付人签收。"对交付财物或者票证的执行,属于交付动产的执行。

债务人拒不履行交付法律文书指定的财物或者票证的义务时,人民法院有权通过一定的强制手段,责令和监督债务人交付法律文书所指定的财物或票证。法律文书所指定的财物,可以是特定物,也可以是特定化的种类物;法律文书所指定的票证,一般是有财产权利内容的凭证,如股票、国库券等。

生效法律文书确定债务人应当履行的义务是交付财物或票证的,债务人必须交付原物。如果原物已被隐匿或非法转移的,人民法院有权责令债务人交出。原财物确已变质、损坏或灭失的,应当裁定折价赔偿或按标的物的价值强制执行债务人的其他财产。

交付财物或票证的方法有当面交付和转交两种。当面交付,是指执行人员传唤双方当事人到庭或指定场所,由债务人将法律文书所确定的应当交付的财物或票证交付给债权人。转交分为由人民法院转交和由第三人转交两种。由人民法院转交是指债务人将应当交付的财物或票证交给人民法院,由人民法院转交给债权人。由第三人转交,是指人民法院应当向持有或保管财物、票证的第三人发出协助执行通知书,要求第三人将财物或票证转交给申请执行人或人民法院。受通知的第三人拒不转交的,执行人员可以强制执行,并可按妨害民事执行的行为对第三人采取强制措施。

法律文书指定交付的财物或票证由第三人持有或保管,第三人在收到法院的协助执行通知书后,协同被执行人转移财物或票证的,人民法院有权责令其限期追回,逾期未追回的,应当裁定其承担赔偿责任。有关单位或公民个人(第三人)在其持有、保管法律文书指定交付的财物或票证期间,因过错行为致使财物或票证被损坏、灭失的,人民法院可以责令持有人赔偿,拒不赔偿的,裁定按照执行的财物或票证的价值强制执行。

强制交付的财物或票证依法需要办理产权证照转移手续或者进行变更登记的,执行机构应当通知有关部门办理产权证照的变更手续或者进行变更登记。接到通知的单位应当根据通知的规定依法办理。

3.强制迁出房屋或退出土地的执行

迁出房屋或退出土地,是指人民法院强制搬迁被执行人在所占房屋内或土地

上的财物，并将腾出的房屋或土地交给申请执行人的措施。强制被执行人迁出房屋或退出土地，是对于交付不动产的执行措施。对房屋拆迁、房屋买卖、强占房屋、强占土地、宅基地纠纷等案件，法律文书发生效力后，如果债务人拒不履行义务，人民法院就可根据债权人的申请，强制其迁出房屋或退出土地。强制被执行人迁出房屋或退出土地，对于被执行人的利益会造成重大的影响，同时往往会遇到较大的阻力和障碍，因此必须严格按照法定程序进行。根据《民事诉讼法》第 250 条的规定，强制被执行人迁出房屋或者退出土地应当按照下列程序进行：

（1）发出执行公告。强制迁出房屋或退出土地，应当由法院院长签发限期迁出房屋或退出土地的公告。公告应写明强制债务人迁出房屋或退出土地的原因，并再次指定债务人履行义务的期限，说明逾期不履行的法律后果。公告应由人民法院院长署名，并加盖人民法院印章。公告应张贴在债务人应当迁出的房屋或应当退出的土地附近。公告期间，债务人履行了法律文书确定的义务，执行程序即可结束，否则，人民法院应当实施进一步的执行措施。

（2）通知有关人员到场。强制执行时，债务人是公民的，应通知本人或其成年家属到场，并邀请债务人所在单位以及有关房屋、土地所在地的基层组织派人参加，以便协助执行；债务人是法人或其他组织的，应当通知其法定代表人或主要负责人到场。拒绝到场的，不影响执行。

（3）依法强制执行。强制债务人迁出房屋或退出土地的执行工作，应当由执行员、书记员和司法警察共同进行。强制迁出房屋时，执行人员应当组织人力将被执行人的财物清点后，造具清单，然后送往指定的地点，交给债务人。债务人是公民的，也可以交给他的成年家属。债务人拒收的，执行员可以指定由有关单位或个人保管。强制迁出房屋和保管财物所发生的一切费用，均由债务人承担。强制退出土地时，执行员应派人将土地上的一切财物运到指定地点，所需要的劳务费用由债务人承担。

（4）制作执行笔录。人民法院强制执行的全过程，应由书记员制作笔录，由执行人员、债务人、在场人员签名或盖章后存卷。

（5）交付。强制迁出后腾空的房屋或退出的土地，人民法院应及时交付申请执行人，结束执行程序。

（二）对行为的强制措施

1.对行为请求权执行的概念

对行为请求权的执行，是指根据生效法律文书一方当事人有义务履行一定的行为而拒不履行的，债权人请求人民法院强制该当事人履行一定的作为义务。《民事诉讼法》对于行为请求权的执行作了规定。第 251 条规定："在执行中，需要办理有关财产权证照转移手续的，人民法院可以向有关单位发出协助执行通知书，有关单位必须办理”。第252条规定了作为、不作为请求权的执行。被执行人拒不履行生效法律文书中指定的行为的，人民法院可以强制其履行。

对行为请求权的执行与金钱债权、物的交付请求权的执行不同之处在于，行为请求权没有执行标的物，不能采用直接强制的方法，在被执行人拒绝履行行为义务时，只能通过法定的方法迫使被执行人履行义务。

2.对可替代行为的执行

对于可替代完成的行为，被执行人拒不履行的，人民法院可以委托有关单位或他人完成，因完成上述行为所发生的费用，由被执行人承担。拒不承担的，依对金钱执行的方法采取强制执行措施。

3.对不可替代行为的执行

对于不可替代的行为，执行方法有两种，一种是拟制执行，即法律文书一旦生效，就视为义务人已履行义务，如赔礼道歉；另一种是首先对其说服教育，敦促其自动履行，经说服教育债务人仍拒不履行的，人民法院应当依妨害民事执行的有关规定对债务人采取强制措施，如罚款、拘留等；对申请执行人由此而受到的损失，被执行人应当进行赔偿；构成犯罪的，依法追究刑事责任（拒不执行生效裁判罪）。例如，法院审理离婚案件，判决未成年子女由女方抚养，但男方拒不交出该子女，此时就应当按不可替代的作为行为采取强制执行措施。根据《民诉法解释》第505条的规定，被执行人不履行法律文书指定的行为，且该项行为只能由被执行人完成的，人民法院可以依照《民事诉讼法》第111条第1款第6项规定处理，即将其作为“拒不履行人民法院已经发生法律效力的判决、裁定”的妨害行为，予以罚款、拘留；构成犯罪的，依法追究刑事责任。被执行人在人民法院确定的履行期间内仍不履行的，人民法院可以依照《民事诉讼法》第111条第1款第6项规定再次处理。

五、保障性的执行措施

保障性的执行措施，是指为保障执行的有效性，依据法律规定保障和配合一般性执行措施的辅助性措施。一般性执行措施的作用主要在于通过其实施直接使权利人的权利得以实现，而保障性执行措施的作用则是为一般性执行措施的实施提供保障。尽管并不是所有的执行措施都需要保障性措施，但在有些情况下，如果没有保障性的执行措施，法律文书的内容就难以实现。《民事诉讼法》规定了以下保障措施。

(一)查询债务人的存款

债务人未按执行通知书指定的期限履行给付金钱义务的，人民法院可以直接调查询问或审查追问债务人的存款情况，以查明债务人的履行能力，并为冻结、划拨该存款做好准备。

查询既可用于执行准备阶段，也可用于执行实施阶段。查询时，人民法院应当向银行及其营业所、储蓄所、信用社以及其他有储蓄业务的单位发出协助执行通知书。外地法院可以直接到债务人住所地、被执行的财产所在地的银行及其营业所、储蓄所、信用社以及其他有储蓄业务的单位查询债务人应当履行义务部分的存款，无须经由当地人民法院出具手续。有关机构或单位接到协助执行通知后，应当积极协助，不得拒绝。

(二)搜查

搜查是指被执行人隐匿财产、拒不履行生效法律文书确定的义务时，人民法院依法对被执行人的人身、住所以及其他可能隐匿财产的处所进行搜寻查找的行为。搜查的目的在于发现债务人隐匿的财产，为实施其他执行措施奠定基础。在执行中，被执行人隐匿财产、会计账簿等资料的，人民法院除可依照《民事诉讼法》第111条第1款第6项规定对其处理外，还应责令被执行人交出隐匿的财产、会计账簿等资料。被执行人拒不交出的，人民法院可以采取搜查措施。

搜查是一种严厉的执行措施，不仅关系到是否侵犯宪法赋予公民的基本权利，如人身自由权、名誉权、居住权等，而且影响到人民法院执法的严肃性，因此必须严格按照法律规定的条件和程序进行。

采取搜查措施应当具备如下条件：(1)被执行人有隐匿财产、会计账簿等资料的行为。根据《执行规定》第30条的规定，被执行人拒绝按人民法院的要求提供其有关财产状况的证据材料的，人民法院即可按照《民事诉讼法》第248条的规定进行搜查。因此，被执行人拒不报告其财产状况的，即可认为符合这一条件。(2)人民法院责令被执行人交出隐匿的财产、会计账簿等资料，而被执行人拒不交出。

适用搜查措施应当遵守以下程序：(1)法院院长签发搜查令。人民法院决定采取搜查措施，必须由院长签发搜查令，由执行员负责执行，实践中一般有司法警察参加。搜查人员应当按规定着装，并向被搜查人出示搜查令和工作证件。(2)通知有关人员到场。搜查的对象为公民的，应当通知被执行人或者其成年家属以及基层组织派员到场；搜查对象是法人或者其他组织的，应当通知法定代表人或主要负责人到场，有上级主管部门的，也应通知该主管部门有关人员到场。拒不到场的，不影响搜查的进行。除上述人员外，禁止其他无关人员进入搜查现场。(3)搜查对象包括被执行人的住所、财产隐匿地及人身。对被执行人可能存放隐匿的财物及有关证据材料的处所、箱柜等,经责令其开启而拒不配合的,人民法院可以强制开启。搜查妇女的身体,应当由女执行人员进行。(4)采取查封、扣押措施,制作查封、扣押财产清单。搜查中发现应当依法采取查封、扣押措施的财产,依照《民事诉讼法》第 245 条第 2 款和第 247 条规定办理。(5)制作搜查笔录。对于搜查的过程,人民法院应制作搜查笔录,由搜查人员、被搜查人及其他在场人签名、捺印或者盖章。拒绝签名、捺印或者盖章的,应当记入搜查笔录。

(三)责令支付迟延履行利息或迟延履行金

迟延履行,是指债务人不按生效法律文书指定的期间履行义务,或者故意拖延履行义务。对于债务人迟延履行义务的行为,人民法院除了依法强制执行外,还应追究债务人迟延履行的责任。根据《民事诉讼法》第 253 条的规定,因债务人应当履行义务的内容不同,其承担迟延履行的法律责任也有所不同。承担迟延履行责任主要有两种方式。

1.加倍支付迟延利息。该方式适用于迟延履行金钱给付义务的情形,即对于债务人未按法律文书指定的期间履行给付金钱义务的,应当加倍支付迟延履行期间的债务利息。迟延履行利息按银行同期贷款最高利率计算,加倍支付。计息期间从法律文书确定的履行期限的最后一日的次日开始至履行义务之日止。

2.支付迟延履行金。该方式适用于迟延履行除金钱给付义务之外的其他义务,即未按生效法律文书指定的期间履行非金钱给付义务的,无论是否给申请执行人造成损失,都应当支付迟延履行金。已经造成损失的,双倍补偿申请执行人已经受到的损失;没有造成损失的,迟延履行金可以由人民法院根据具体案情确定。迟延履行期间从生效法律文书指定的履行期间届满的次日起计算。

人民法院决定受理执行案件后,应当向被执行人发出执行通知,责令其在指定的期间内履行生效法律文书确定的义务,并承担《民事诉讼法》第 253 条规定的迟延履行期间的债务利息或迟延履行金。

(四)办理财产权证照转移手续

在财物的所有权发生转移时,除实际交付财物外,有的还需要办理一定的法定手续,所有权的转移才能在法律上有效。为此,《民事诉讼法》规定了强制办理有关财产权证照的强制措施,即对执行中需要在转移标的物的同时转移财产权证照的,人民法院强制将有关的产权证照转移给权利人。

《民事诉讼法》第 251 条规定,在执行中,需要办理有关财产权证照转移手续的,人民法院可以向有关单位发出协助执行通知书,有关单位必须办理。《适用民

诉法意见》第292条规定，人民法院在执行中需要办理房产证、土地证、山林所有权证、专利证书、商标证书、车辆执照等有关财产权证照转移手续的，可以依照《民事诉讼法》第251条的规定办理。

（五）对剩余债务的继续执行

在执行程序中，人民法院采取执行措施后，债务人仍不能清偿债务的，应当由其继续履行义务。债权人发现债务人有其他财产的，可以随时请求人民法院执行。这种制度称为继续执行。

继续执行通常有以下两种情况：(1)债务人暂时无履行能力，待其有履行能力时，债权人可以申请继续执行。(2)债务人转移、隐匿财产，抽逃资金或者外出躲债，债权人发现其财产后，可以申请继续执行。

继续执行不受申请执行期间的限制。继续执行的实质仍是执行，并不豁免债务人的债务。债务人的债务不因执行或分配而豁免，只要债务人还有剩余债务存在，就应当负责清偿，直到全部清偿完毕。这与破产制度有所区别。

（六）执行威慑措施

《民事诉讼法》第255条规定："被执行人不履行法律文书确定的义务的，人民法院可以对其采取或者通知有关单位协助采取限制出境，在征信系统记录、通过媒体公布不履行义务信息以及法律规定的其他措施。"

当前"执行难"问题受社会诚信制度缺失、财产监管制度不健全等诸多因素的影响，要从根本上解决"执行难"问题，应当在加强法院自身执行力度的同时，建立起一套国家执行威慑机制。例如，建立执行案件信息管理系统，将全国法院每年受理的所有执行案件的基本信息全面登录，并允许当事人、社会公众查询，加强上级法院和社会公众对执行的监督力度，并将该系统与金融、工商登记、房地产、交通、出入境管理等部门以及其他社会诚信体系网络相链接，逐步从法律、经济、生活、舆论等各个方面对被执行人进行制约，使其在融资、投资、经营、置产、出境、注册新公司、高消费等方面，都受到严格的审查和限制，促使其自动履行义务，最大限度地实现债权。为进一步加大执行力度，推动社会信用机制建设，最大限度地保护当事人的合法权益，最高人民法院于2010年7月1日公布了《关于限制被执行人高消费的若干规定》。[①]

在执行威慑机制中，公布失信被执行人名单信息的机制对于促使被执行人履行义务具有重要意义。《民诉法解释》第518条规定："被执行人不履行法律文书确定的义务的，人民法院除对被执行人予以处罚外，还可以根据情节将其纳入失信被执行人名单，将被执行人不履行或者不完全履行义务的信息向其所在单位、征信机构以及其他相关机构通报。"最高人民法院2013年7月1日通过、2017年1月16日修正的《关于公布失信被执行人名单信息的若干规定》专门规定了这一机制的程序和要求，其中第7条、第8条规定：各级人民法院应当将失信被执行人名单信息录入最高人民法院失信被执行人名单库，并通过该名单库统一向社会公布。各级人民法院可以根据各地实际情况，将失信被执行人名单通过报纸、广播、电视、网络、法院公告栏等其他方式予以公布，并可以采取新闻发布会或者其他方式对本院及辖区法院实施失信被执行人名单制度的情况定期向社会公布。人民法院应当将失信被执行人名单信息，向政府相关部门、金融监管机构、金融机构、承担行政职能的事业单位及行业协会等通报，供相关单位依照法律、法规和有关规定，在政府采购、招标投标、行政审批、政府扶持、融资信贷、市场准入、资质认定等方面，对失信被执行人予以信用惩戒。人民法院应当将失信被执行人名单信息向征信机构通报，并由征信机构在其征信系统中记录。失信被执行人是国家工作人员的，人民法院应当将其失信情况通报其所在单位。失信被执行人是国家机关、事业单位、国有企业的，人民法院应当将其失信情况通报其上级单位或者主管部门。

为建立健全解决"执行难"问题的长效机制，确保生效法律文书得到有效执行，维护法律权威和尊严，推进社会诚信体系建设，中央纪律检查委员会、最高人民法院、最高人民检察院、公安部、监察部、司法部等20个中央部门于2010年7月7日联合印发《关于建立和完善执行联动机制若干问题的意见》。2011年5月27日，最高人民法院发布《关于依法制裁规避执行行为的若干意见》；2014年10月10日，最高人民法院与国家工商总局联合发布《关于加强信息合作规范执行与协助执行的通知》；2014年10月24日，最高人民法院与中国银行业监督管理委员会联合发布《关于人民法院与银行业金融机构开展网络执行查控和联合信用惩戒工作的意见》；2014年12月9日，最高人民法院与中国证券监督管理委员会联合发布《关

---

① 该规定禁止被执行人以其财产实施乘坐飞机、列车软卧，住宿星级酒店等高消费行为。据统计，截至2014年年底，各级法院共公布失信被执行人894906人次，其中自然人776288名，法人及其他组织118618个；累计限制1055414人次购买飞机票，限制56038人次购买列车软卧车票。参见最高人民法院：《中国法院的司法公开》，人民法院出版社2015年版，第17页。2015年7月6日，最高人民法院对该规定作了修改并将该规定的名称改为《关于限制被执行人高消费及有关消费的若干规定》。

于加强信用信息共享及司法协助机制建设的通知》。

第四节　参与分配与执行竞合

一、参与分配

（一）参与分配的概念和条件

参与分配，是指在执行程序中，由于债务人的财产不能清偿所有债权人的全部债权，申请执行人以外的其他债权人依据有效的执行根据申请加入已经开始的执行程序，全体债权人就执行标的物的变价公平受清偿的制度。参与分配实际上解决的是公民和其他组织不能全部清偿所有债务时，如何实现所有的债权人公平受偿的问题。从功能上看，参与分配旨在弥补现行破产程序适用范围上的缺陷。根据现行破产制度，公民和其他组织不适用破产程序。通过参与分配制度，能够在一定程度上解决公民和其他组织不能清偿全部债务时，全体债权人的公平受偿问题。参与分配应当具备以下条件：

1.被执行人是公民或者其他组织。如果被执行人是法人，在执行过程中其财产不能清偿所有债权，法院可以告知当事人依法申请破产。①

对于作为被执行人的企业法人，其资产不足以清偿全部债务或者明显缺乏清偿能力的，《民诉法解释》第 513 条至第 516 条规定了向破产程序转化的机制。即在执行中，作为被执行人的企业法人符合《企业破产法》第 2 条第 1 款规定情形的，执行法院经申请执行人之一或者被执行人同意，应当裁定中止对该被执行人的执行，将执行案件相关材料移送被执行人住所地法院。该法院应当自收到执行案件相关材料之日起 30 日内，将是否受理破产案件的裁定告知执行法院。不予受理的，应当将相关案件材料退回执行法院。被执行人住所地法院裁定受理破产案件的，执行法院应当解除对被执行人财产的保全措施。被执行人住所地法院裁定宣

① 《企业破产法》第 135 条规定："其他法律规定企业法人以外的组织的清算，属于破产清算的，参照本法规定的程序。"《合伙企业法》第 92 条规定："合伙企业不能清偿到期债务的，债权人可以依法向法院提出破产清算申请，也可以要求普通合伙人清偿。合伙企业依法被宣告破产的，普通合伙人对合伙企业债务仍应承担无限连带责任。"根据上述规定，债务人是企业法人以外的组织，法律规定参照适用《企业破产法》进行破产清算的，不适用参与分配制度。

告被执行人破产的，执行法院应当裁定终结对该被执行人的执行。被执行人住所地法院不受理破产案件的，执行法院应当恢复执行。当事人不同意移送破产或者被执行人住所地法院不受理破产案件的，执行法院就执行变价所得财产，在扣除执行费用及清偿优先受偿的债权后，对于普通债权，按照财产保全和执行中查封、扣押、冻结财产的先后顺序清偿。为促进和规范执行案件移送破产审查工作，保障执行程序与破产程序的有序衔接，最高人民法院于 2017 年 1 月 20 日发布《关于执行案件移送破产审查若干问题的指导意见》。

2.必须有两个或者两个以上债权人对同一债务人进行执行，并且都已经取得执行根据或者已经起诉。[①]

3.债权人的债权必须全部是金钱债权或者已经转换为金钱请求的债权。

4.被执行人的财产不能清偿所有的债权。包括被执行人为公民或其他组织，其全部或主要财产已被一人民法院因执行确定金钱给付的生效法律文书而查封、扣押或冻结，无其他财产可供执行或其他财产不足清偿全部债务的情形。

5.参与分配应当在执行程序开始后，被执行人的财产被清偿完毕前提出。

（二）参与分配的程序

1.参与分配的申请。申请参与分配，申请人应当向执行法院提交申请书，申请书应写明参与分配和被执行人不能清偿所有债务的事实和理由，并附执行依据。参与分配申请应当在执行程序开始后，被执行人的财产被清偿完毕前提出。

2.主持分配的法院。对参与被执行人财产的具体分配，应当由首先查封、扣押或冻结的法院主持进行。主持分配的法院接到有关执行法院转交的参与分配申请后，经审查，认为符合申请参与分配条件的，应裁定准许该其他债权人参与分配；认为不符合条件的，应驳回其申请。

3.优先权人优先受偿。人民法院对被执行人所有的其他人享有抵押权、质押权或留置权的财产，可以采取查封、扣押措施。财产拍卖、变卖后所得价款，应当在抵押权人、质押权人或留置权人优先受偿后，其余额部分用于清偿申请执行人的债权。对人民法院查封、扣押或冻结的财产有优先权、担保物权的债权人，可以申请参加参与分配程序，主张优先受偿权。

4.普通债权人按比例受偿。参与分配案件中可供执行的财产，在对享有优先权、担保物权的债权人依照法律规定的顺序优先受偿后，按照各个案件债权额的比

① 申请人提交已起诉证明后，执行机构应当准许其参与分配。不过，对其分配数额予以提存。申请人胜诉判决确定的，应将该提存的分配数额交付申请人；败诉判决确定的，应视情况将提存的分配数额交还义务人或重新分配。

例进行分配。

5.债权人可以申请继续执行。被执行人的财产被分配给各债权人后，被执行人对其剩余债务应当继续清偿。债权人发现被执行人有其他财产的，人民法院可以根据债权人的申请继续依法执行。

6.企业法人应参照执行。被执行人为企业法人，未经清理或清算而撤销、注销或歇业，其财产不足清偿全部债务的，应当参照上述规定，对各债权人的债权按比例清偿。

《执行解释》第25条、第26条规定了参与分配的救济途径。债权人或被执行人对分配方案有异议的，可自收到分配方案之日起15日内向执行法院提出书面异议。异议人可以自收到反对意见通知之日起15日内向执行法院提起诉讼。此即分配方案异议之诉。通过分配方案异议之诉，可以一并解决与分配有关的问题。

《民诉法解释》第511条规定："多个债权人对执行财产申请参与分配的，执行法院应当制作财产分配方案，并送达各债权人和被执行人。债权人或者被执行人对分配方案有异议的，应当自收到分配方案之日起十五日内向执行法院提出书面异议。"第512条规定："债权人或者被执行人对分配方案提出书面异议的，执行法院应当通知未提出异议的债权人、被执行人。未提出异议的债权人、被执行人自收到通知之日起十五日内未提出反对意见的，执行法院依异议人的意见对分配方案审查修正后进行分配；提出反对意见的，应当通知异议人。异议人可以自收到通知之日起十五日内，以提出反对意见的债权人、被执行人为被告，向执行法院提起诉讼；异议人逾期未提起诉讼的，执行法院按照原分配方案进行分配。诉讼期间进行分配的，执行法院应当提存与争议债权数额相应的款项。"

二、执行竞合

（一）执行竞合的概念

执行竞合，是指在民事执行程序中，两个或者两个以上债权人根据不同的执行根据，针对同一债务人的特定财产，申请法院强制执行，从而产生的各债权人请求之间相互排斥、权利难以同时得到满足的状态。

由于民事执行既包括对已经生效的终局法律文书的执行（通常称为终局执行），又包括在案件审理中所采取的保全措施（通常称为保全执行），因此，执行竞合的具体类型有三种，即终局执行之间的竞合、保全执行之间的竞合、终局执行与保全执行之间的竞合。其中，终局执行之间的竞合，是指执行终局的执行根据而形成的竞合状态。保全执行之间的竞合，是指在案件审理中采取的保全措施而形成的竞合状态。终局执行与保全执行之间的竞合，是指因为执行已经生效的终局法律文书以及采取的保全措施而形成的竞合状态。

（二）执行竞合的条件

民事执行竞合应具备以下条件：(1)必须存在数个执行权利人，即有两个或者两个以上权利人存在。(2)数个执行权利人的执行根据各不相同，执行根据可以是法院的判决、裁定、调解书或支付令，也可以是仲裁裁决、公证债权文书等。(3)数个执行根据的执行发生在同一时期内。同一时期指对执行义务人财产的执行期，在此期间内，可以同时也可以先后参加执行。(4)执行对象是同一债务人的同一特定财产，并且该财产不能同时满足所有的执行根据。

通常认为，执行竞合可以是金钱债权执行与特定物交付执行的竞合，也可以是特定物与特定物交付执行之间的竞合，但不能是金钱债权与金钱债权执行的竞合。因为执行竞合是多个债权人请求之间相互排斥、权利难以同时得到满足的状态，而金钱债权与金钱债权的执行，多数权利人可以通过参与分配获得受偿，并不存在完全相互排斥的状态。

（三）执行竞合的处理

对于执行竞合的处理，理论上争议较大，目前主要有三种观点：(1)优先主义，即指多个债权人就同一债务人财产申请执行时，先申请执行的债权人享有优先于后申请债权人受偿的权利。采取优先主义的国家主要有德国、美国、英国等，其中以德国为代表。《德国民事诉讼法》第 804 条规定："扣押后，债权人在扣押物上即取得质权……扣押在先所产生的质权优先于扣押在后所产生的质权。"(2)平等主义，即无论申请执行和采取强制措施的先后，均享有平等受偿的机会。采取平等主义的国家主要有法国、意大利等，其中以法国为代表。该理论主张，对于金钱债权的执行竞合，无论债务人财产是否能够清偿所有债权，所有债权人均可申请参与分配而获平等受偿。(3)团体优先主义，即多个债权人对同一债务人享有金钱债权，申请执行的债权人与在一定期限内请求参与分配的债权人，成为一个优先受偿的团体，可以依债权比例平等受偿。这其实是优先主义与平等主义的折中，故又称折中主义。该说以瑞士为代表，日本也依此做法。

优先主义与平等主义的立论依据都是公平原则。平等主义强调债权人平等是债法的基本原则，债务人的财产是全体债权人所有债权的总担保，债权人的债权如无实体法上的优先权不能通过执行程序获得优先权，因此，平等主义主张的是实体法上的平等。而优先主义则认为，平等应是一种竞争机会的平等，勤于调查并采取措施主张债权的人应比怠于主张债权者得到更优的执行，这才符合公平原则，而且

也符合诉讼的效率原则。因此，优先主义强调的是程序上的公平。我国法律尚未有“执行竞合”这一概念，《民事诉讼法》仅作了不得重复查封、冻结的规定，但最高人民法院《执行规定》对如何解决执行竞合问题作了一些规定。

1.保全执行之间的竞合。(1)不同保全措施之间的竞合。如果各债权均为无担保债权，则按照采取保全措施的先后顺序，在先的保全措施有优先受偿的权利。(2)同种保全措施之间的竞合。如果先采取的保全措施与后采取的保全措施相抵触，后采取的保全措施无效。先采取的保全措施与后采取的保全措施相抵触主要包括：后采取的保全措施撤销或者变更了先采取的保全措施的内容；后采取的保全措施能够禁止或者除去先采取的保全措施；后采取的保全措施在内容上与先采取的保全措施不相容。

2.终局执行之间的竞合。(1)多个执行根据指定的交付物同一。遇此情形，各有关法院应当立即停止执行，报请共同的上级法院处理。(2)多份生效法律文书确定金钱给付内容的多个债权人分别对同一被执行人申请执行，各债权人对执行标的物均无担保物权的，按照执行法院采取执行措施的先后顺序受偿。(3)债权种类不同的执行竞合。多个债权人的债权种类不同的，基于所有权和担保物权而享有的债权，优先于金钱债权受偿。有多个担保物权的，按照各担保物权成立的先后顺序清偿。

3.终局执行与保全执行的竞合。(1)保全执行在前，终局执行在后。法院在执行中已对被执行人的财产进行查封、冻结的，其他法院不得重复查封、冻结。保全债权人在取得终局执行根据以后，可以直接向法院申请将保全执行程序变为终局执行程序。(2)终局执行在前，保全执行在后。在终局执行过程中，如果执行法院对被执行人的财产并没有取得实际控制，或者执行法院虽然已经对被执行人的财产取得实际控制，但在程序上却存在瑕疵，这时的终局执行不能对抗保全执行。

第十八章 涉外民事诉讼程序

【引 例】

中国H公司与德国S公司在上海签订了一份货物买卖合同，约定合同履行中若发生争议，双方应当在德国L州法院通过诉讼解决纠纷。H公司依据合同交付了货物，但S公司迟迟未将货款汇入合同约定的账户，于是H公司起诉至北京市中级人民法院，请求法院判决S公司履行合同并赔偿相应损失。S公司在收到起诉状副本后，未就管辖权提出异议，并且在规定的时间内提交了书面答辩状。北京市中级人民法院经审理后，判决德国S公司败诉。德国S公司于是以合同中约定管辖法院为德国L州法院、北京市中级人民法院无权管辖该案件为由，上诉至北京市高级人民法院。问：法院应如何处理？

第一节 涉外民事诉讼程序概述

一、涉外民事诉讼程序的概念

涉外民事诉讼是指含有涉外因素的民事诉讼，即诉讼主体、客体或者诉讼内容具有外国因素，经由内国法院审理的民商事案件。涉外民事诉讼程序，是指人民法院受理、审理、执行具有涉外因素民事案件所适用的诉讼程序。

所谓“涉外”因素，包括以下几种情形：其一，具有涉外主体因素，即诉讼当事人一方或者双方是外国人、无国籍人或者外国的企业和组织。其二，讼争的民事法律关系设立、变更或者终止的基础法律事实发生于外国。例如合同纠纷的双方为中国法人，但是争议的合同是在外国签订的。其三，诉讼标的物具有涉外因素。即诉讼当事人虽是我国的公民、法人或其他组织，但诉讼标的物在外国。如原被告均为

中国公民，被继承人生前住所也在我国境内，当事人为继承在外国的银行存款而发生继承遗产的诉讼。还有一种广义的观点，即将"涉外"理解为包括民事诉讼某一环节或者行为需要在国外进行的情形，如文书送达或者判决的外国承认和执行等。此外，如果在具体法律适用中需要考虑外国民事诉讼的法律规范，也可以纳入涉外民事诉讼中。[①]

《民诉法解释》第 522 条规定："有下列情形之一，人民法院可以认定为涉外民事案件：(一)当事人一方或者双方是外国人、无国籍人、外国企业或者组织的；(二)当事人一方或者双方的经常居所地在中华人民共和国领域外的；(三)标的物在中华人民共和国领域外的；(四)产生、变更或者消灭民事关系的法律事实发生在中华人民共和国领域外的；(五)可以认定为涉外民事案件的其他情形。"

各国法律均有关于涉外民事诉讼程序的规定(有学者称之为"国际民事程序法")，但立法体例却不尽相同。归结起来，大致有以下三种：第一种是在民事诉讼法之外另行制定涉外民事诉讼法，两法并列，分别调整国内民事诉讼关系与涉外民事诉讼关系。此种立法体例由于会造成立法上的重复，采用的国家较少。第二种是以民事诉讼法作为规范涉外民事诉讼程序的一般法，在民事诉讼法之外(通常是在国际私法中)，又对涉外民事诉讼程序作出特别规定。采用这种立法体例的有南斯拉夫、土耳其、瑞士等国。第三种是在民事诉讼法中对涉外民事诉讼程序作出特别规定。具体又有两种做法：一种是根据特别规定所涉及的内容，将其分别列入有关章节中，如将有关管辖的特别规定列入管辖中，将送达、调查取证的特别规定列入送达中。德国、日本等国采用这种立法体例。另一种是在民事诉讼法中先规定国内民事诉讼程序，然后设专门的编、章，对涉外民事诉讼中的一些特殊问题，集中加以规定。我国采用这一立法体例。我国《民事诉讼法》第四编即"涉外民事诉讼程序的特别规定"，对涉外民事诉讼程序的一般原则、管辖、送达与期间、仲裁、司法协助等事项作了规定。

涉外民事诉讼程序的特别规定不是与审判程序、执行程序并列的独立、完整的程序规范，而只是针对涉外民事诉讼中的某些事项作出的特别规定。涉外民事诉讼程序规范与一般民事诉讼程序规范的关系，是特殊与一般的关系，人民法院在审理涉外民事案件时，有特别规定的，应适用特别规定，没有特别规定的，适用《民事诉讼法》的一般规定。在适用特别规定时，仍应遵循总则所规定的基本原则。

---

① 黄进主编：《国际私法》，法律出版社 1999 年版，第 874 页。

二、涉外民事诉讼程序的特征

涉外民事诉讼与国内民事诉讼在诉讼的基本构成要件上有许多相同之处，但涉外民事诉讼由于其诉讼主体、诉讼标的或诉讼标的物具有涉外因素，因而有别于国内民事诉讼，主要表现如下：

1.涉外民事诉讼与国家主权密切相关。在涉外民事诉讼中，不仅存在着双方当事人与人民法院的民事诉讼法律关系，而且还存在着中国与外国的关系。这就不可避免地使国家主权成为涉外民事诉讼中的一个突出问题。在处理时，既要维护我国的司法主权，又应尊重他国的司法主权，以贯彻国际法中互相尊重主权和领土完整的原则。

2.涉外民事诉讼在具体诉讼制度上有其特殊性。涉外民事诉讼，由于具有涉外因素且当事人在我国可能没有住所，为方便当事人进行诉讼行为或行使诉讼权利，在某些具体的诉讼制度上，如管辖、期间、送达等，法律作出了不同于国内民事诉讼的特别规定。

3.涉外民事诉讼与司法协助相联系。司法权具有严格的地域性，人民法院只能在我国领域内实施诉讼行为，不能到外国实施诉讼行为。但是，涉外民事诉讼中的某些诉讼行为，可能需要外国法院的配合与协助；涉外民事诉讼的某些裁判，可能需要外国法院的承认及执行。因此，司法协助也是涉外民事诉讼中的一个重要问题。

4.涉外民事诉讼涉及法律冲突与适用。由于各国对同一法律事项规定的不同，在产生法律冲突时，可能涉及准据法的问题，包括程序法的适用与实体法的适用，而国内民事诉讼在法律适用上不存在这些问题。

三、涉外民事诉讼程序的适用范围

我国的涉外民事诉讼程序是为受理、审理、执行具有涉外因素民事案件所设立的，因此，其适用范围为涉外民事案件。

关于“民事”的概念，各国法律中并无统一的规定。这种差异主要源于各国在法律划分方面的不同。大陆法系国家将法律区分公法和私法两大部分，民法和商法都属于私法，但有的国家实行“民商合一”，有的国家实行“民商分立”。在英美法系各国，并不存在一个统一的“民事”法律部门，有关民商法范畴的法律关系由普通法和衡平法调整。[①]

虽然各国对于法律部门的划分存在巨大的差异，但是在国际民事司法协助制度中，无论是国内立法还是国际条约，一般都是将整个民事领域的所有事项（包括商法）规定在一个统一的制度之中。在立法方式上，有的采用"民事或商事"的提法，也有的仅提及"民事"，将商事案件也包括其中。

我国与外国缔结的民事司法协助条约对于适用范围的规定一般有两种方式，一种是在条约的名称和约文中直接使用"民事或商事"的提法，不再对之作进一步的解释；另一种是在条约的名称和约文中使用"民事"一词，并用专门的条文对民事的范围作出说明。例如，我国和波兰《关于民事和刑事司法协助的协定》专设"定义"一条，规定："本协定中所指'民事案件'，也包括商法、婚姻法和劳动法等范围内有关财产权益和人身权利的案件"（第 12 条）。严格地说，这并不是对"民事"一词所下的定义，而是为了避免有关缔约方由于本国法律部门划分的不同而缩小民事司法协助所应当包括的范围。

涉港、澳、台民事案件，是指当事人、争议标的物或者争议法律关系的发生、变更、消灭等方面具有涉港、澳、台因素的民事案件。涉港、澳、台民事案件不属于涉外民事案件，但又不完全等同于国内民事案件。由于历史的原因，港、澳、台地区的政治、经济、法律制度与内地不同，国家根据"一国两制"方针处理港、澳、台问题。我国已恢复对香港、澳门行使主权；海峡两岸的和平统一也已成为大势所趋。在今后较长的时期内，港、澳、台地区将保留有相对独立的立法权、司法权和终审权。因此，人民法院在审理涉及港、澳、台民事案件时，在实体法上，可能会遇到区际法律冲突问题，需要制定区际法律冲突规范；在程序法上，从诉讼文书的送达到判决、裁定的执行，都会遇到与涉外民事诉讼相类似的问题，因此，也需要制定相应的法律规范予以解决。为此，最高人民法院制定了一系列司法解释文件，主要有以下方面：1998 年 5 月 22 日公布的《关于人民法院认可台湾地区有关法院民事判决的规定》；1999 年 3 月 29 日公布的《关于内地与香港特别行政区法院相互委托送达民商事司法文书的安排》；2000 年 1 月 24 日公布的《关于内地与香港特别行政区相互执行仲裁裁决的安排》；2001 年 8 月 27 日公布的《关于内地与澳门特别行政区法院就民商事案件相互委托送达司法文书和调取证据的安排》；2006 年 3 月 21 日

---

① 在普通法系各国，并没有完整的行政法体系，在司法体制上也没有建立独立的行政法院。行政裁判机构所受理的案件与普通法院所受理的民商事案件相互混杂和渗透，无法分清哪些是纯粹的行政案件，哪些是民商事案件。因而，英美等国都坚持将行政案件列入民商事范围，以避免这类案件被排除在司法协助的范围之外。参见徐宏：《国际民事司法协助》，武汉大学出版社 2006 年第 2 版，第 15 页。

公布的《内地与澳门特别行政区关于相互认可和执行民商事判决的安排》;2007 年 12 月 12 日公布的《关于内地与澳门特别行政区相互认可和执行仲裁裁决的安排》;2008 年 4 月 17 日公布的《关于涉台民事诉讼文书送达的若干规定》;2008 年 7 月 3 日公布的《关于内地与香港特别行政区法院相互认可和执行当事人协议管辖的民商事案件判决的安排》;2009 年 3 月 9 日公布的《关于涉港澳民商事案件司法文书送达问题若干规定》;2015 年 6 月 25 日公布的《关于认可和执行台湾地区仲裁裁决的规定》;2015 年 6 月 29 日公布的《关于认可和执行台湾地区法院民事判决的规定》;2017 年 4 月 24 日公布的《关于内地与香港特别行政区法院就民商事案件相互委托提取证据的安排》;2017 年 6 月 20 日公布的《关于内地与香港特别行政区法院相互认可和执行婚姻家庭民事案件判决的安排》;2019 年 1 月 18 日公布的《关于内地与香港特别行政区法院相互认可和执行民商事案件判决的安排》等。《民诉法解释》第 551 条规定:“人民法院审理涉及香港、澳门特别行政区和台湾地区的民事诉讼案件,可以参照适用涉外民事诉讼程序的特别规定。”

第二节　涉外民事诉讼程序的原则

依照《民事诉讼法》基本原则的精神,参照国际惯例,结合涉外民事诉讼的特点,我国《民事诉讼法》第二十三章规定了进行涉外民事诉讼所应遵循的一般原则。这些原则以维护国家主权为核心,是国家主权原则在民事诉讼中的具体体现。

一、国家主权原则

国家主权是一个国家的根本属性,是一国所固有并当然享有的基本权力。从其内涵分析,国家主权原则体现在对民事诉讼的绝对管辖权上,具体包括:在立法层面上,对于该国境内的所有诉讼活动和行为进行规定的权力;在守法层面上,要求外国人在该国境内进行诉讼活动要遵守内国诉讼法规范的权力;在司法层面上,对于涉及国家利益、社会利益的特殊案件排除他国管辖的本国专属管辖权的施行。从其外延分析,国家主权原则可以再细分为司法主权原则和司法豁免原则两个方面。[①] 司法主权原则是指一个国家在涉外民事诉讼中保持国家的司法独立,享有完整而独立的司法管辖权,包括:第一,内国司法机关代表国家对涉外民事纠纷的

① 常怡主编:《比较民事诉讼法》,中国政法大学出版社 2002 年版,第 804 页。

司法管辖权不容侵犯和剥夺，这是内国司法管辖权受到尊重的重要体现；第二，内国司法机关独立自主的地位不容侵犯，这是司法权至高性和独立性的根本要求，也是司法独立原则的体现；第三，司法权仅归属于内国司法机关，外国司法机关不得在内国行使司法权。[①]

国家主权原则还体现在对于内国适用的诉讼程序规范的属地性上，即诉讼所涉及的程序性规范，均适用法院地法。这既是古老的“场所支配行为”法谚的直接体现，也体现了程序性规范被视为公益性立法而归属于公法范畴的基本特征。

国家的管辖是国家对其领土和居民行使主权的具体体现。在实践中，国家管辖并非单一的概念，它包含不同的方面，具有各种不同的形式，既有属人和属地管辖之分，又有行政、立法和司法管辖之别。在不同方面和不同形式下，管辖权的内容各有不同。但不论其间有何区别，管辖权的根据在于国家主权，因此，司法管辖权不容置疑地应受保护和尊重。各国对于管辖权问题一般都兼采属人和属地管辖，并辅之以保护性管辖和普遍性管辖，尽其可能将主权范围内的纠纷纳入主权管辖之下，同时排斥外国主权在内国主权范围内的行使。但必须注意的是，司法主权的至高性和独立性并不意味着其行使的任意性，司法主权的行使受到国家义务等的制约。国际合作的需要促使各国互相妥协，让渡部分主权权力。对国家所作出的妥协、让渡承诺，内国应该坚持“有约必守”，切实履行国家义务。例如，对享有豁免权的外交人员应当给予司法豁免，而不能借口主权的至高性和独立性而拒绝遵循。

二、适用我国民事诉讼法的原则

诉讼程序依法院所在地法，是一项国际惯例。我国《民事诉讼法》第 259 条规定：“在中华人民共和国领域内进行涉外民事诉讼，适用本编规定。本编没有规定的，适用本法其他有关规定。”据此，在我国进行涉外民事诉讼，必须适用我国《民事诉讼法》。

适用我国民事诉讼法的原则主要表现在以下三个方面：第一，任何外国人、无国籍人、外国企业和组织，在我国领域内进行民事诉讼，都必须遵守我国民事诉讼法。第二，凡属我国人民法院管辖的案件，我国均有司法审判权。对于属于我国人民法院专属管辖的案件，任何外国法院均无权审判。第三，任何外国法院的判决、裁定和外国仲裁机构的裁决，未经我国法院承认，在我国领域内不发生法律效力。

---

① 金彭年：《国际民商事程序法》，杭州大学出版社 1995 年版，第 15 页。

三、司法豁免原则

司法豁免权，是指一个国家或国际组织派驻他国的外交代表所享有的免受驻在国司法管辖的权利。《民事诉讼法》第 261 条规定："对享有外交特权与豁免的外国人、外国组织或者国际组织提起的民事诉讼，应当依照中华人民共和国有关法律和中华人民共和国缔结或者参加的国际条约的规定办理。"我国已于 1975 年 11 月 25 日加入《维也纳外交关系公约》，1979 年 7 月 3 日加入《维也纳领事关系公约》，并于 1986 年 9 月 5 日制定《外交特权与豁免条例》，1990 年 10 月 30 日制定《领事特权与豁免条例》。有关外交代表及领事官员的司法豁免问题，应按照上述公约和法律的规定办理。

享有司法豁免权的主体包括：(1)外交代表及与其共同生活的配偶和未成年子女；(2)使馆行政技术人员、领事官员和领馆行政技术人员；(3)来中国访问的外国国家元首、政府首脑、外交部部长及其他具有同等身份的官员；(4)其他依照我国参加或者缔结的国际条约享有司法豁免权的外国人、外国组织或国际组织。对于上述享有司法豁免权的外交代表，我国法院不受理对他们提起的民事诉讼。但是，民事司法豁免权具有一定的相对性、限制性和不完全性。根据《维也纳外交关系公约》及我国《外交特权与豁免条例》的规定，外交代表享有民事管辖豁免，但下列各项除外：(1)派遣国政府明确表示放弃民事管辖豁免(不包括对判决的执行也放弃豁免，如要放弃，必须另作出明确表示)；(2)享有豁免权的外交代表主动提起诉讼，对与本诉直接有关的反诉不享有豁免权；(3)外交代表以私人身份进行的遗产继承诉讼；(4)外交代表因从事公务范围以外的职业或商业活动而引致的诉讼。

根据《维也纳领事关系条约》及我国《领事特权与豁免条例》的规定，领事官员也享有民事管辖豁免权，但除上述外交代表不享有豁免权的(1)(2)(3)项外，在以下诉讼中，领事代表也不享有豁免权：(1)涉及未明示派遣国代表身份所订的契约的诉讼；(2)涉及在中国境内的私有不动产的诉讼；(3)因车辆、船舶或者航空器在中国境内造成的事故涉及损害赔偿的诉讼。此外，与外交代表不同，领事官员可以被要求在司法或行政程序中到场作证，但没有义务就其执行职务所涉及的事项作证。

值得注意的是，2005 年 10 月 25 日，十届全国人大常委会第十八次会议通过《外国中央银行财产司法强制措施豁免法》。依据该法的规定，我国对外国中央银行财产给予财产保全和执行的司法强制措施的豁免。但是，外国中央银行或者其所属国政府书面放弃豁免的或者指定用于财产保全和执行的财产除外。

在实践中还应注意与此相关的国家主权豁免原则，其内容包括管辖、诉讼程序

以及强制执行三个方面。[①] 管辖豁免指的是未经一个国家的明确同意，不得在任何其他国家法院以该外国为被告或者其国家财产为诉讼标的物而提起诉讼。不过，如果涉案是基于反诉而发生的，则作为原告的国家不得主张管辖豁免。诉讼程序豁免指的是在被诉国家认诺放弃豁免，同意作为被告参加诉讼或者作为原告启动诉讼后，享有在其他诉讼程序上特别的豁免，如对其财产进行的诉讼保全，对其出庭以及举证义务不得强迫等。强制执行豁免，指的是一国同意他国法院审理涉及该国作为原告或者被告的诉讼，未经其同意不得依据当地法院判决对它实行强制执行。

四、遵守国际条约原则

有约必守，是现代国家在国际交往中体现国家之间信任、善意和责任的准则。在国际法意义上，它又被称为条约神圣原则，得到各国的普遍承认。《民事诉讼法》第 260 条规定："中华人民共和国缔结或者参加的国际条约同本法有不同规定的，适用该国际条约的规定，但中华人民共和国声明保留的条款除外。" 我国政府历来信守国际条约，重视并加强与外国的司法协助关系，近年来已先后与一些国家缔结了民事司法协助条约，并参加了一些有关涉外民事诉讼的国际公约，如《承认及执行外国仲裁裁决公约》《关于向国外送达民事或商事司法文书和司法外文书公约》《关于从国外调取民事或商事证据的公约》等。这些公约、条约中有关民事诉讼的规定，如果与我国《民事诉讼法》的规定不一致的，应优先适用国际条约。但对于国际条约中我国政府声明保留的条款，人民法院不受其约束。

五、使用我国通用语言、文字的原则

《民事诉讼法》第 262 条规定："人民法院审理涉外民事案件，应当使用中华人民共和国通用的语言、文字。当事人要求提供翻译的，可以提供，费用由当事人承担。"涉外民事诉讼使用受诉法院所在国语言、文字，是国际通行的原则，也是主权原则的体现。因此，在我国进行民事诉讼时，应使用我国通用的语言、文字，但如果外国当事人不通晓我国通用的语言、文字的，人民法院可以为其提供翻译，其费用由需要翻译的当事人承担。

---

① 常怡主编:《比较民事诉讼法》，中国政法大学出版社 2002 年版，第 808～809 页。

六、委托中国律师代理诉讼的原则

《民事诉讼法》第263条规定："外国人、无国籍人、外国企业和组织在人民法院起诉、应诉，需要委托律师代理诉讼的，必须委托中华人民共和国的律师。"律师制度是一国司法制度的组成部分，任何一个主权国家的司法制度只能在本国领域内适用。我国在涉外民事诉讼中允许外国当事人委托律师代理诉讼，但必须委托我国的律师，正是我国独立行使司法权的体现。同时，我国也不排斥与外国在司法事务方面的交流与合作。截至2016年9月，已有229家外国律师事务所在北京、上海、广州、厦门、天津、大连、沈阳、杭州等城市设立代表处，从事一定范围的律师业务。[①]

根据国务院2001年12月22日公布的《外国律师事务所驻华代表机构管理条例》(自2002年1月1日起施行)，外国律师事务所在华设立代表机构、派驻代表，应当经国务院司法行政部门许可；外国律师事务所、外国其他组织和个人不得以咨询公司或者其他名义在中国境内从事法律服务活动。根据该条例的规定，代表机构及其代表，只能从事不包括中国法律事务的五种活动：(1)向当事人提供该外国律师事务所律师已获准从事执业业务的国家的法律咨询，以及有关国际条约、国际惯例的咨询；(2)接受当事人或者中国律师事务所的委托，办理在该外国律师事务所律师已获准从事律师执业业务的国家的法律事务；(3)代表外国当事人，委托中国律师事务所办理中国法律事务；(4)通过订立合同与中国律师事务所保持长期的委托关系办理法律事务；(5)提供有关中国法律环境影响的信息。该条例还规定，代表机构不得聘用中国执业律师；聘用的辅助人员不得为当事人提供法律服务。代表机构及其代表依照条例规定从事法律服务活动，受中国法律保护。

需要指出的是，前述规定并不意味着外国人、无国籍人、外国企业和组织在人民法院起诉、应诉都必须委托中国律师。而是说，只有在需要委托律师代理诉讼时，必须委托中国的律师。如果不存在委托律师代理诉讼的必要，他们也可以委托本国公民或中国公民代理诉讼。《民诉法解释》第528条、第529条规定，涉外民事诉讼中的外籍当事人，可以委托本国人为诉讼代理人，也可以委托本国律师以非律师身份担任诉讼代理人；外国驻华使、领馆官员，受本国公民的委托，可以以个人名义担任诉讼代理人，但在诉讼中不享有外交或者领事特权和豁免。在涉外民事诉讼中，外国驻华使、领馆授权其本馆官员，在作为当事人的本国国民不在我国领域内的情况下，可以以外交代表身份为其本国国民在我国聘请中国律师或中国公民

① 《中华人民共和国司法部公告》(第166号)，载《法制日报》2016年9月5日第6版。

代理民事诉讼。

《民事诉讼法》第264条规定，在我国领域内没有住所的外国人、无国籍人、外国企业和组织委托我国律师或者其他人代理诉讼，从我国领域外寄交的授权委托书，应当经所在国公证机关证明，并经我国驻该国使领馆认证，或者履行我国与该所在国订立的有关条约中规定的证明手续后，才具有效力。

第三节　涉外民事诉讼的管辖

司法权是国家主权的重要组成部分。法院对涉外民事案件行使管辖权，直接涉及维护国家主权的问题。各国在确定涉外民事案件的管辖时，普遍实行国家主权原则，同时要求具体案件必须与本国具有某种连结因素。由于各国所强调的连结因素的不同，形成了不同的确定管辖权的原则，主要有以下三种：(1)属地管辖原则。即以当事人的住所地、居所地和事物的存在地(如合同履行地、侵权行为发生地、争议标的物所在地)等作为行使管辖权的连结因素。(2)属人管辖原则。即以当事人(无论是原告还是被告)的国籍作为连结因素而行使管辖权。(3)实际控制原则。即根据法院是否能够对被告或者其财产实行直接的控制并作出有效的判决，以确定法院对于某一涉外案件是否具有管辖权。

我国《民事诉讼法》关于涉外民事案件管辖的特别规定，既参照了国际惯例，又充分考虑了当事人及诉讼与我国法院的实际联系，对应当由我国法院管辖的案件，我国法院绝不放弃管辖权，同时也不任意扩大我国法院的管辖权。根据我国《民事诉讼法》第二十四章的规定，涉外民事诉讼管辖包括特殊地域管辖和专属管辖。在涉外民事诉讼中，还可能遇到诉讼竞合以及管辖权冲突的问题。

一、特殊地域管辖

《民事诉讼法》第265条规定，因合同纠纷或者其他财产纠纷，对在我国领域内没有住所的被告提起的诉讼，如果合同在我国领域内签订或履行，或者诉讼标的物在我国领域内，或者被告在我国领域内有可供扣押的财产，或者被告在我国领域内设有代表机构，可以由合同签订地、合同履行地、诉讼标的物所在地、可供扣押财产所在地、侵权行为地或者代表机构所在地人民法院管辖。该条规定是专门针对被告在我国领域内没有住所的合同或其他财产纠纷案件的特殊地域管辖。上述地点与诉讼都有一定的联系，便于人民法院管辖，便于我国当事人起诉，以维护我国的司法管辖权。

二、专属管辖

《民事诉讼法》第266条规定，因在我国履行中外合资经营企业合同、中外合作经营企业合同、中外合作勘探开发自然资源合同发生纠纷提起的诉讼，由我国人民法院管辖。该项规定为我国涉外民事诉讼的专属管辖。在我国境内成立的中外合资经营企业、中外合作经营企业是我国的企业法人，而中外合作勘探开发自然资源合同纠纷，实质上是我国政府与外国投资者在合作勘探开发自然资源的过程中产生的纠纷，涉及我国对本国自然资源享有的永久主权，且上述三种案件的合同签订地、履行地在我国，纠纷事实存在于我国，诉讼标的物也在我国，因此，应当由我国人民法院专属管辖。《民诉法解释》第531条规定，涉外合同或者其他财产权益纠纷的当事人，可以书面协议选择被告住所地、合同履行地、合同签订地、原告住所地、标的物所在地、侵权行为地等与争议有实际联系地点的外国法院管辖。对属于我国人民法院专属管辖的案件，当事人不得以书面协议选择外国法院管辖，但协议选择仲裁的除外。

三、涉外民商事案件的集中管辖

为适应我国加入世贸组织后的新形势，最高人民法院对涉外民商事案件的管辖作出重大调整，使这类案件的管辖具有跨地域性，并提高了审理法院的级别。根据最高人民法院2002年2月25日发布的《关于涉外民商事案件诉讼管辖若干问题的规定》，第一审涉外民商事案件由下列法院集中管辖：(1)国务院批准设立的经济技术开发区法院；(2)省会、自治区首府、直辖市所在地的中级法院；(3)经济特区、计划单列市中级法院；(4)最高法院指定的中级法院；(5)高级人民法院。下列案件实行集中管辖：(1)涉外合同和侵权纠纷案件；(2)信用证纠纷案件；(3)申请撤销、承认与执行国际仲裁裁决的案件；(4)审查有关涉外民商事仲裁条款效力的案件；(5)申请承认和强制执行外国法院民商事判决、裁定的案件。涉及港澳台当事人的民商事案件的管辖，参照上述规定处理。

四、诉讼竞合

诉讼竞合，是指同一当事人就同一争议，基于相同的事实以及相同的诉讼目的，同时在两个以上国家的法院提起诉讼的现象，包括两种情况：(1)当事人一方作

为原告，在两个以上国家的法院提起诉讼；(2)一方当事人作为原告在甲国法院提起诉讼，对方当事人也以原告的身份，在乙国法院提起诉讼。诉讼竞合现象的产生，与当事人的诉讼动机、诉讼行为有关，同时也是各国涉外民事诉讼管辖权扩大化的必然结果。当事人为了最大限度地维护自己的权益，必然尽力选择最有利于自己的法院起诉，而各国为了扩大本国法院对涉外案件的管辖权，通常尽量增加本国法院行使管辖权的连结因素，这就使得当事人“挑选法院”(forum shopping)[①]有了较大的自由。

诉讼竞合不可避免地会引起各国之间在管辖权问题上的冲突。各国对此采取了如下几种对策：(1)拒绝行使管辖权或中止诉讼。(2)禁止在外国法院进行的诉讼，即由法院发出禁诉令，如果当事人违背禁令，继续在外国法院进行诉讼，即构成“藐视法庭”的行为，法院可对该当事人予以处罚。(3)允许当事人自行选择审判法院。其做法是既不驳回在本国进行的诉讼，也不禁止当事人在外国法院进行诉讼。其理由是双方当事人有权选择他认为最好的法律、最好的救济和最好的程序制度。[②]

五、国际民事管辖权冲突及其协调

国际民事管辖权是指一国法院根据本国缔结或参加的国际条约和国内法对特定的涉外民事案件行使审判权的资格。国际民事管辖权的行使关系到国家主权和国家利益以及本国当事人利益的保护，但各国的利益是不相同的，因此，至今国际社会仍没有形成一个统一的国际民事管辖权制度，也就不可避免地会产生对同一国际民事案件多国法院主张管辖权的冲突问题。为了解决这一冲突，就有必要对国际民事管辖权予以协调，其途径一般有两种：一是缔结国际条约，规定各缔约国法院行使国际民事管辖权的原则和依据。二是通过国内立法来加以协调。例如，立法规定协议管辖制度，在发生国际民事管辖权冲突时，当事人可选择管辖的法院。又如，根据“不方便法院”原则确定本国法院是否应行使管辖权，即对于内国法院有管辖权的涉外民事案件，如在另一国家法院起诉和受理，更能获得便利和公正

---

① 参见英国《牛津法律词典》对 forum shopping(挑选法院)的解释：The practice of choosing a country in which to bring a legal case through the courts on the basis of which country's laws are the most favourable. In some instances there is a choice of jurisdiction. See Jonathan Law (ed.), *Oxford Dictionary of Law*, Eighth Edition, Oxford University Press, 2015, p.271.

② 参见江伟主编：《民事诉讼法学》，复旦大学出版社 2002 年版，第 627 页。

的结果，内国法院经自由裁量后，可以停止审理此案或驳回原告的起诉。[①] 现在，不方便法院原则已得到美国、英国、澳大利亚等普通法系国家判例法的承认，并已开始为少数大陆法系国家(如荷兰、日本等)立法所接受。[②]

《民诉法解释》第532条规定："涉外民事案件同时符合下列情形的，人民法院可以裁定驳回原告的起诉，告知其向更方便的外国法院提起诉讼：(一)被告提出案件应由更方便外国法院管辖的请求，或者提出管辖异议；(二)当事人之间不存在选择中华人民共和国法院管辖的协议；(三)案件不属于中华人民共和国法院专属管辖；(四)案件不涉及中华人民共和国国家、公民、法人或者其他组织的利益；(五)案件争议的主要事实不是发生在中华人民共和国境内，且案件不适用中华人民共和国法律，人民法院审理案件在认定事实和适用法律方面存在重大困难；(六)外国法院对案件享有管辖权，且审理该案件更加方便。"这是我国司法解释文件首次明文规定"不方便法院"原则，具有重要的意义。

我国《民事诉讼法》虽然设立专章对涉外民事管辖权作出规定，但对涉外民事管辖权的冲突如何解决则未有明文规定。对此，学者也有不同看法。一种意见认为，在存在中外民事管辖权冲突的情况下，同一涉外民事纠纷由不同国家法院审理，往往会因适用不同的冲突规则，援用不同的国内法或实体规范而对案件作出不同的判决，将直接影响当事人的权利义务。涉外民事纠纷由外国法院管辖，往往会给我方当事人带来诸多不便，如法律适用不公、诉讼费用昂贵、审判程序烦琐、遭受歧视待遇等。因此，对于我国和外国法院都有管辖权的涉外民事纠纷，我方当事人应尽量利用内外国涉外民事诉讼中的有关制度，促成纠纷在我国法院就近审理，从而排除外国法院的管辖权。另一种意见认为，涉外民事诉讼管辖权的国际协调是互惠原则的要求，互惠原则要求在涉外民事诉讼中内外国相互给予一定的礼遇，管辖权的国际协调正是这种互惠的具体体现。如果在发生管辖权冲突时，内国法院总是拒绝承认外国司法管辖权的合法性，其结果必然招致外国否定内国法院管辖权的报复，即使判决确定，也难以被外国法院承认和执行。因此，只要与内国重大利益或公共秩序无关，就应尽可能地尊重外国国家司法管辖权。

《民诉法解释》第533条规定："中华人民共和国法院和外国法院都有管辖权的

---

① 美国《布莱克法律词典》对 forum non conveniens(不方便法院原则)解释如下：The doctrine that an appropriate forum—even though competent under the law—may divest itself of jurisdiction if, for the convenience of the litigants and witnesses, it appears that the action should proceed in another forum in which the action might originally have been brought. See Bryan A. Garner(ed.), *Black's Law Dictionary*, Seventh Edition, West Group, 1999, p.665.

② 奚晓明：《不方便法院制度的几点思考》，载《法学研究》2002年第1期；宋建立：《国际民商事诉讼管辖权冲突的协调与解决》，法律出版社2009年版，第136～156页。

案件，一方当事人向外国法院起诉，而另一方当事人向中华人民共和国法院起诉的，人民法院可予受理。判决后，外国法院申请或者当事人请求人民法院承认和执行外国法院对本案作出的判决、裁定的，不予准许；但双方共同缔结或者参加的国际条约另有规定的除外。”该司法解释第15条还规定：“中国公民一方居住在国外，一方居住在国内，不论哪一方向人民法院提起离婚诉讼，国内一方住所地人民法院都有权管辖。国外一方在居住国法院起诉，国内一方向人民法院起诉的，受诉人民法院有权管辖。”可见，我国的司法解释是采纳第一种意见的，这一做法对保护我国当事人的合法权益及维护本国司法管辖权较为有利，但却忽略了国际礼让原则在解决国际民事诉讼管辖权冲突中的重要作用，且与当今国际社会的普遍做法不相一致，不利于扩大我国的对外民事交往。我们认为，在互惠原则的基础上，只要无损我国重大利益或公共秩序，应尊重与案件有密切联系国家法院的司法管辖权，而不应一味强调只要我国法院有管辖权，就不予承认外国法院的民事裁判。为此，我们建议，今后修订《民事诉讼法》时，应借鉴外国的有关合理制度，对解决国际民事管辖权的冲突作出具体的规定。

在引例中，尽管双方当事人在合同约定了管辖法院，但是由于H公司起诉至北京市中级人民法院后，S公司并未对管辖权提出异议且提交了书面答辩状，因此应当视为其承认我国法院对该案的管辖权。据此，北京市高级人民法院驳回其上诉，维持原判。

2017年9月12日，中国驻荷兰大使吴恳代表中国政府签署了《选择法院协议公约》(*Convention on Choice of Court Agreements*)。该公约于2005年6月30日由海牙国际私法会议第二十次外交大会通过，2015年10月1日生效。该公约保障国际民商事案件当事人排他性选择法院协议的有效性，被选择法院所作出的判决应当在缔约国得到承认和执行，这对加强国际司法合作，促进国际贸易与投资具有积极作用。据报道，我国作为海牙国际私法会议成员国，全程参与了公约谈判并发挥了积极作用。签署公约后，我国将加紧研究公约批准事宜，以期公约早日对我国生效，为我国在民商事判决承认与执行领域开展对外合作提供新的法律基础。

第四节　期间、送达

一、涉外民事诉讼的期间

涉外民事诉讼期间，是指依据法律规定或者受诉法院依据职权指定的，法院、当事人和其他诉讼参与人进行一定涉外民事诉讼活动时所必须遵守的时间期限。在涉外民事诉讼中，由于当事人可能在我国没有住所，无论是人民法院送达诉讼文书或是当事人提出答辩状、上诉状，都需要较长的时间。因此，《民事诉讼法》对涉外民事诉讼的期间作了特别的规定。涉外民事诉讼的期间的适用，主要依据当事人在我国境内是否有住所：如有住所，主要依据《民事诉讼法》的一般规定，如无住所，则适用特殊规定。该特殊规定主要分为答辩期间、上诉期间和审理期间三种。

1.答辩期间。涉外民事诉讼的答辩期间是指涉外民事诉讼中，被告或者被上诉人，针对原告或者上诉人的起诉或者上诉，而提出答辩状的时间期限。我国涉外民事诉讼的答辩人，如果在我国境内没有住所，一审、二审的答辩期间均为 30 日，从被告或者被上诉人收到起诉状或者上诉状副本后开始计算。如果当事人不能在法定期限内提出上诉或者答辩状，可以向人民法院申请延期，是否准许由人民法院决定。

2.上诉期间。涉外民事诉讼上诉期间是指涉外民事诉讼中，不服一审判决、裁定的当事人，向人民法院提出上诉的期间。涉外民事诉讼的上诉人如果在我国境内没有住所，可以在收到判决书、裁定书之日起 30 日内提出上诉。如果境外的当事人在法定上诉期间内提出上诉存在困难，可以向人民法院申请延期。如果上诉人在我国境内有住所，则适用上诉期间的一般规定，即对一审判决上诉期限为 15 日，对一审裁定上诉期限为 10 日。如果当事人在法定期限内均未提出上诉，上诉期间届满后裁判文书即发生法律效力。

3.审理期间。我国《民事诉讼法》第 270 条规定："人民法院审理涉外民事案件的期间，不受本法第 149 条、第 176 条规定的限制。"由于涉外民事案件相对于国内民事案件而言，具有较为复杂、审理难度较大的特点，往往需要更长的时间，因此，法律特许它不受《民事诉讼法》第 149 条关于普通程序的审结期限和第 176 条关于第二审程序的审结期限规定的限制。

二、涉外民事诉讼的送达

涉外民事诉讼的送达，是指在涉外案件中，送达诉讼文书的司法行为。依据当事人所在地域的不同，可以分为域内送达和域外送达两种。由于域内送达依据《民事诉讼法》的一般规定，而域外送达的程序和方式依据特别规定，因此多数学者认为涉外民事诉讼送达等同于域外送达。[①] 根据《民事诉讼法》第 267 条的规定，人民法院可以采用以下的送达方式：

---

① 田平安主编：《民事诉讼法原理》，厦门大学出版社 2012 年第 5 版，第 425 页。

1.依照受送达人所在国与我国缔结或者共同参加的国际条约中规定的方式送达。我国已参加了《关于向国外送达民事或商事司法文书和司法外文书公约》,还先后与法国、波兰、比利时等国家签订了司法协助协定,在向公约参加国的当事人送达诉讼文书时,可以按公约或条约的规定进行。

2.通过外交途径送达。这种送达方式是国际公认的一种最正规的送达方式。最高人民法院、外交部、司法部 1986 年 8 月 14 日《关于我国法院和外国法院通过外交途径相互委托送达法律文书若干问题的通知》对这种送达方式的程序和要求作了具体的规定。其程序如下:经我国各高级人民法院将应送达的诉讼文书,送交我国外交机关,然后由外交部领事司送交当事人所在国驻我国的外交机构,再由其转交给该国的外交机关,按照该国法律规定送达给当事人。但该种送达方式的手续较为烦琐,所花的时间也较长。

3.委托我国驻外使、领馆代为送达。对在我国领域内没有住所的具有中国国籍的受送达人,可以委托我国驻受送达人所在国的使领馆代为送达。这种送达方式是《维也纳领事关系公约》所认可的,我国与大多数国家一样,是该公约的参加国。

4.向有权代收的诉讼代理人送达。在我国没有住所的当事人,如有委托代理人,且代理人有代收诉讼文书的权利的,或者当事人专门委托了代收诉讼文书的代理人的,人民法院可直接向其代理人送达。

5.向受送达人在我国领域内设立的代表机构、分支机构、业务代办人送达。受送达人在我国没有住所,但有代表机构、分支机构或业务代办人的,人民法院可向上述机构送达。最高人民法院 2002 年 6 月 11 日《关于向外国公司送达司法文书能否向其驻华代表机构送达并适用留置送达问题的批复》指出:"人民法院向外国公司的驻华代表机构送达诉讼文书时,可以适用留置送达的方式。"

6.邮寄送达。采用该种送达方式,必须以受送达人所在国的法律允许邮寄送达为前提。涉外邮寄送达,自邮寄之日起满 3 个月,送达回证没有退回,但根据各种情况足以认定已经送达的,期间届满之日即视为送达。

7.采用传真、电子邮件等能够确认受送达人知悉的方式送达。这是 2012 年修法时增设的送达方式。

8.公告送达。采用以上方式均无法送达时,可以公告送达。自公告之日起满 3 个月的,视为送达。

三、《关于向国外送达民事或商事司法文书和司法外文书公约》

1991 年 3 月 2 日,七届全国人大常委会第十八次会议决定批准我国加入 1965

年 11 月 15 日订立于海牙的《关于向国外送达民事或商事司法文书和司法外文书公约》(以下简称《海牙送达公约》),并指定司法部为中央机关和有权接收外国通过领事途径转递的文书的机关。该公约于 1992 年 1 月 1 日对我国生效。最高人民法院、外交部、司法部于 1992 年 3 月 4 日发布关于执行该公约有关程序的通知。根据通知的规定,凡该公约的成员国有关机关请求我国法院送达民事或商事司法文书和司法外文书的,应按以下途径和程序进行:

1.由公约缔约国驻华使馆、领事馆转送的该国法院或其他机关请求我国法院送达的民事或商事司法文书,应直接送交我国司法部,司法部转送给最高人民法院,最高人民法院交有关人民法院送达当事人。送达证明由有关法院交最高人民法院退司法部,由司法部送交该国驻华使领馆。

2.公约成员国有权送交文书的主管当局或司法协助员可以直接把请求送达的民事或商事司法文书送交我国司法部,司法部转递最高人民法院,再由最高人民法院交有关法院送达当事人。送达证明由有关法院交最高人民法院退司法部,司法部送交该国主管当局或司法协助员。

3.公约成员国驻华使、领馆,在不违反我国法律规定的前提下,可以直接向其在华的公民送达民事或商事司法文书。

我国法院请求外国有关机关送达民事或商事司法文书或司法外文书的,应按以下途径和程序进行:

1.我国法院请求公约成员国向该国公民或第三国公民或无国籍人送达民事或商事司法文书,有关中级人民法院或专门人民法院应将请求书和所送司法文书送有关高级人民法院转最高人民法院,由最高人民法院送司法部转送给该国指定的中央机关;必要时,也可由最高人民法院送我国驻该国使馆转送给该国指定的中央机关。

2.我国法院欲向在公约成员国的中国公民送达民事或商事司法文书,可委托我国驻该国的使、领馆代为送达。委托书和所送司法文书应由有关中级人民法院或专门人民法院送有关高级人民法院转最高人民法院,由最高人民法院径送或经司法部转送我国驻该国使、领馆送达给当事人。送达证明按原途径退有关法院。

3.我国与公约成员国签订有司法协助协定的,按协定的规定办理。

在通常情况下,法院应当在有证据证明当事人已经收悉开庭传票或类似文件后,才可在受送达当事人缺席出庭的情况下进行下一步诉讼程序,包括作出判决。但是,《海牙送达公约》第 15 条第 2 款规定:每一缔约国均可声明,只要满足下列条件,即使未收到送达或交付的证明,法官仍可不顾第 1 款的规定作出判决:(1)已依本公约所规定的一种方法递送文书;(2)法官根据具体案件认为自递送文书之日起不少于 6 个月的适当期间已满;(3)尽管为获得证明书,已通过文书发往国的主管

机关尽了一切合理的努力，但仍未收到任何种类的证明书。我国根据法律的基本原则并参照大多数国家的做法，作出声明：在符合该款规定的各项条件的情况下，即使未收到任何送达证明，法官仍有权作出判决。

为规范涉外民事或商事案件司法文书送达，最高人民法院于 2006 年 7 月 17 日制定了《关于涉外民事或商事案件司法文书送达问题若干规定》。根据该规定，作为受送达人的自然人或者企业、其他组织的法定代表人、主要负责人在我国领域内的，人民法院可以向该自然人或者法定代表人、主要负责人送达。除受送达人在授权委托书中明确表明其诉讼代理人无权代为接收有关司法文书外，其委托的诉讼代理人为《民事诉讼法》第 264 条第 4 项规定的有权代其接受送达的诉讼代理人，人民法院可以向该诉讼代理人送达。人民法院向受送达人送达司法文书，可以送达给其在我国领域内设立的代表机构。受送达人在我国领域内有分支机构或者业务代办人的，经该受送达人授权，人民法院可以向其分支机构或者业务代办人送达。受送达人所在国与我国签订有司法协助协定，且为《关于向国外送达民事或商事司法文书和司法外文书公约》成员国的，人民法院依照司法协助协定的规定办理。受送达人所在国允许邮寄送达的，人民法院可以邮寄送达。除上述送达方式外，人民法院还可以通过传真、电子邮件等能够确认收悉的其他适当方式向受送达人送达。除公告送达方式外，人民法院可以同时采取多种方式向受送达人进行送达，但应根据最先实现送达的方式确定送达日期。人民法院向受送达人在我国领域内的法定代表人、主要负责人、诉讼代理人、代表机构以及有权接受送达的分支机构、业务代办人送达司法文书，可以适用留置送达的方式。受送达人未对人民法院送达的司法文书履行签收手续，但存在以下情形之一的，视为送达：(1)受送达人书面向人民法院提及了所送达司法文书的内容；(2)受送达人已经按照所送达司法文书的内容履行；(3)其他可以视为已经送达的情形。

随着计算机和互联网的发展，其所使用的空间也越来越广泛。在人们享受着通过互联网传输文件的便利之时，国际社会也开始考虑通过网络向域外送达司法文书和司法外文书的可能性。海牙国际私法会议常设事务局已经开始对电子送达进行调研，观察各国的实践和未来的发展，以期获得能够在多大程度上在缔约国间使用电子送达的信息。但是，由于目前各国就这一送达方式进行立法认可的还很少，其有效性以及实际的可能性尚待进一步深入研究。①

---

① 何其生：《域外送达制度研究》，北京大学出版社 2006 年版，第四章第五节“电子送达与《海牙送达公约》”。

第五节 司法协助

一、司法协助的概念

司法协助(judicial assistance),是指不同国家的法院之间,根据本国缔结或者参加的国际条约,或者根据互惠原则,互相代为一定的诉讼行为,可分为一般的司法协助和特殊的司法协助两种。一般司法协助,是指不同国家的法院之间依据对方请求代为送达诉讼文书、调查取证等行为;特殊司法协助是指两国法院互相承认和执行对方生效的法院判决和仲裁裁决。

在一般情况下,一国法院的判决和仲裁机构的裁决,只在一国领域内发生效力。涉外民事案件由于有涉外因素,一国法院在审理时,往往需要他国法院的协助,司法协助正是因此而产生。但是,并非需要司法协助的不同国家的法院之间都能互相代为一定的诉讼行为。司法协助必须坚持国家主权和平等互利的原则,它以国家缔结或者参加的国际条约所规定的司法协助事项或以互惠原则为根据,没有这种根据,就不存在司法协助关系。

司法协助实质上是一种不同法域之间相互提供的司法便利或者帮助,因此,互惠互利原则是落实司法协助的主要基础。司法权派生于国家主权,具有排他性,从而使得涉外民事诉讼中,涉及外法域的司法协助必须获得该法域的认可才能够得以施行,否则可能构成对他国司法主权的侵犯。我国《民事诉讼法》第 277 条第 1 款规定:"请求和提供司法协助,应当依照中华人民共和国缔结或者参加的国际条约所规定的途径进行;没有条约关系的,通过外交途径进行。"截至 2005 年 7 月,我国已先后参加了《承认及执行外国仲裁裁决公约》《关于向国外送达民事或商事司法文书和司法外文书公约》《关于从国外调取民事或商事证据的公约》等国际公约,并与法国、波兰、意大利、比利时、罗马尼亚、西班牙等 32 个国家签订了民事司法协助协定(公约)。有关我国法院与外国法院司法协助的事项应依照上述公约和协定的规定办理,但我国对公约声明保留的条款除外。此外,最高人民法院、外交部、司法部 1986 年联合发出《关于我国法院和外国法院通过外交途径相互委托送达法律文书若干问题的通知》,与我国没有条约关系的,应依该规定通过外交途径进行司法协助。

从国际社会通行的民事司法协助条约的规范来看,各国之间的民事司法协助一般包括下列内容:一是关于向国外转递诉讼文件或委托书的途径;二是关于受托

国家履行司法协助的条件；三是受托国家履行委托的程序；四是被送达的诉讼文书和委托书的文字；五是关于司法协助的费用。其中最为核心的内容是涉及途径、条件和程序的相关规定。

二、一般司法协助

一般司法协助，是指本国法院和外国法院互相根据对方提出的请求，代为送达诉讼文书、调查取证等诉讼行为。

一般司法协助的条件如下：(1)两国之间必须有共同缔结或者参加的有关司法协助的国际条约，或者根据互惠原则两国之间存在事实上的司法协助关系。(2)请求协助的事项不损害被请求国的主权、安全或者社会公共利益。(3)请求书及所附文件需附有被请求国的文字译本或者国际条约规定的其他文字文本。

1997 年 7 月 3 日，八届全国人大常委会第二十六次会议批准我国加入《关于从国外调取民事或商事证据的公约》(1998 年 2 月 6 日起对我国生效)。该公约于 1970 年在海牙签订，1972 年生效，是迄今为止在民商事域外取证方面最完善的公约。截至 2005 年 11 月，已有德、美、英、法、俄等 43 个国家批准或加入。[①] 公约中规定了请求书取证、外交官或领事人员取证、特派员取证三种域外取证方式。

1.请求书取证

请求书取证是从国外取证的最基本方式，指受理民商事案件的成员国的司法机关可以通过请求书请求证据所在成员国的司法机关代为调查和搜集证据。其要求为：(1)请求书应包含请求机关和被请求机关的名称、当事人及其代理人的姓名和地址、诉讼的性质、要取得的证据或其他要履行的司法行为、取证对象的情况及取证需使用特殊程序的要求等。请求书应使用被请求国的文字，或随附此种文字的译本。除非特别声明，不得拒绝接受法文或英文作成的请求书或所附译文。(2)被请求国执行机关经审查符合条件的，可依本国法律规定的方式和程序进行取证，也可以按请求国的要求，依特殊方式进行。被请求国执行机关如认为请求不符合公约规定的，可以向请求国提出异议，请求国不予更正的，则不予执行。(3)缔约国可以声明允许另一缔约国请求机关的司法人员在执行请求书时到场。

2.外交官、领事人员和特派员取证

外交官、领事人员和特派员取证都涉及一国官员在另一国领土上从事司法行为的问题，与国家主权密切相关。因此，公约允许缔约国或加入国对规定该种取证方式的第二章作出全部或部分的保留。全国人大常委会在批准我国加入该公约时

① 杜焕芳：《国际民商事司法与行政合作研究》，武汉大学出版社 2007 年版，第 138 页。

即作出声明，除第 15 条以外，不适用公约第二章的规定。公约第 15 条规定，在民商事方面，缔约国的外交官或领事人员可以在另一缔约国境内其行使职权的区域内，对其所代表国家的国民就其本国法院受理的诉讼进行调查取证，但不得采取强制措施。我国《民事诉讼法》第 277 条第 2 款规定："外国驻中华人民共和国的使领馆可以向该国公民送达文书和调查取证，但不得违反中华人民共和国的法律，并不得采取强制措施。"

2013 年 4 月 7 日，最高人民法院发布《关于依据国际公约和双边司法协助条约办理民商事案件司法文书送达和调查取证司法协助请求的规定》。

三、特殊司法协助

特殊司法协助，是指两国法院互相承认和执行对方发生法律效力的法院裁判和仲裁机关的裁决。其条件如下：(1)两国之间必须有共同缔结或者参加的有关特殊司法协助的国际条约，或者依据互惠原则进行。(2)不违反被请求国法律的基本原则或者国家主权、安全、社会公共利益。(3)请求书及所附文件需附有被请求国的文字译本或者国际条约规定的其他文字文本。

（一）承认和执行外国法院裁判

由于世界各国在社会政治制度和经济制度方面的不同，在社会组织，特别是司法组织方面的差异，在法律意识上的不一致，再加上各国在经济领域的利益传统以及随之而来的对外国法院司法行为的不信任等等，所有国家的国内立法和有关国际条约，在规定内国法院需承认与执行外国法院判决的同时，都规定了承认与执行外国法院判决时应予遵守的条件。综观各国立法及有关国际条约的规定，大致可以概括为如下几个方面：

1.原判决国法院具有合格的管辖权。原判决国法院必须具有合格的管辖权，这是国际社会普遍公认的条件。但是，管辖权是一个非常复杂的问题，国家间的管辖权冲突经常发生，因此，必须解决依何国法律来确定原判决国法院的管辖权问题，目前主要有四种标准：依被请求承认与执行国的法律，依原审国的法律；依原审国和被请求承认与执行国两国的法律；依据条约的规定。大多数国家的诉讼法规定，原判决国法院的管辖权应当依承认与执行地国家的内国法来确定。

2.诉讼程序具有必要的公正性。基于对败诉一方当事人的保护，各国立法及有关国际条约都规定，内国法院在承认与执行外国法院判决时，必须对其诉讼权利是否受到损害进行审查。这种审查主要包括：一是败诉方是否得到合法传唤，从而出庭陈述了自己的诉讼主张和行使了自己的辩护权；二是在败诉方没有诉讼行为

能力时是否得到适当的代理。如果内国法院发现有关的诉讼程序中败诉一方当事人基于自身失误以外的原因未能适当地陈述自己的主张和行使自己的辩护权，或在没有诉讼行为能力时未得到适当的代理，就可以认为该诉讼程序不具备公正性，从而拒绝承认与执行相应的判决。①

3.外国法院判决是确定的判决。确定的判决是指由一国法院或有审判权的其他机关按照其内国法所规定的程序，对诉讼案件中的程序问题和实体问题所作的具有约束力，而且已经发生法律效力的判决。终审判决是确定的终局判决，但是，在一定的条件下，大多数国家的立法和司法实践也承认与执行外国法院非终局性的中间判决。总之，外国法院的判决必须是已经确定的判决，这几乎是所有国家法律和有关国际公约规定的承认与执行外国法院判决的最基本的条件。

4.外国法院的判决是合法的判决。请求承认与执行的外国法院的判决必须合法，也就是说，有关的外国法院判决是基于合法手段而获取的。大多数国家的立法和司法实践都强调，采用欺诈手段获得的外国法院判决不能在内国境内得到承认与执行；而且，大多数国家的法律都是基于内国法来进行识别的。

5.外国法院的判决不得与其他有关的法院判决相抵触。对于一国来说，对于相同当事人就同一争议的案件所作出的判决只能有一个，如果一国对于相同当事人之间就同一争议所进行的诉讼已经作出了生效判决，当事人之间的权利义务关系即告明确，任何一方当事人都有义务服从该判决，而不允许利用外国法院的判决加以对抗。同样，如果一国已承认了第三国法院对相同当事人之间就同一争议的案件所作出的生效判决，第三国法院的判决即在该国取得了与该国法院判决同等的效力，在此情况下，该国也不能再承认与执行外国法院的判决。这也是各国立法和司法实践所普遍接受的条件。

6.原判决国法院适用了适当的准据法。这一条件强调作出判决的外国法院应当适用了被请求国冲突规范所指定的准据法。大多数国家的法律和司法实践都要求，外国法院在特定的范围内适用内国的冲突法规范或不违反内国的有关冲突法规范。

此外，有关国家之间还应存在互惠关系，而且，外国法院的判决不得与内国的公共政策相抵触。

在我国，承认和执行外国法院裁判的一般程序如下：由当事人或所在国法院提出申请，经我国有管辖权的中级人民法院依法审查，认为符合特殊司法协助条件

① 例如，《中华人民共和国和法兰西共和国关于民事、商事司法协助的协定》第22条第4款规定，在“败诉一方当事人未经合法传唤，因而没有出庭参加诉讼”的情况下所作出的裁判，“不予承认和执行”。

的，裁定承认其效力；需要执行的，发出执行令，依照我国《民事诉讼法》的有关规定予以执行。如果认为不符合条件，即违反我国法律的基本原则或者国家主权、安全、社会公共利益的，则裁定不予承认和执行。

《民诉法解释》第544条规定："当事人向中华人民共和国有管辖权的中级人民法院申请承认和执行外国法院作出的发生法律效力的判决、裁定的，如果该法院所在国与中华人民共和国没有缔结或者共同参加国际条约，也没有互惠关系的，裁定驳回申请，但当事人向人民法院申请承认外国法院作出的发生法律效力的离婚判决的除外。承认和执行申请被裁定驳回的，当事人可以向人民法院起诉。"第548条规定："承认和执行外国法院作出的发生法律效力的判决、裁定或者外国仲裁裁决的案件，人民法院应当组成合议庭进行审查。人民法院应当将申请书送达被申请人。被申请人可以陈述意见。人民法院经审查作出的裁定，一经送达即发生法律效力。"

（二）承认和执行外国仲裁裁决

外国仲裁裁决在我国的承认和执行可分为三种情况：

1.在《纽约公约》缔约国作出的裁决

1986年12月2日，六届全国人大常委会第十八次会议决定我国加入《承认及执行外国仲裁裁决公约》(即1958年《纽约公约》)。我国于1987年1月22日申请加入该公约，该公约于1987年4月22日起对我国生效。

我国在加入该公约时提出互惠保留和商事保留。为了妥善地执行公约的规定，最高人民法院于1987年4月10日发出《关于执行我国加入的〈承认及执行外国仲裁裁决公约〉的通知》。该《通知》指出：

(1)根据我国加入该公约所作的互惠保留声明，我国对在另一缔约国领土内作出的仲裁裁决的承认和执行适用该公约。该公约与我国民事诉讼法有不同规定的，按公约的规定办理。对于在非缔约国领土内作出的仲裁裁决，需要我国法院承认和执行的，应按我国同申请人所在国缔结的其他条约或按互惠原则办理。

(2)根据我国加入该公约时所作的商事保留声明，我国仅对按照我国法律属于契约性和非契约性商事法律关系所引起的争议适用该公约。所谓"契约性和非契约性商事法律关系"，具体是指由于合同、侵权或者根据有关法律规定而产生的经济上的权利义务关系，例如，货物买卖、财产租赁、工程承包、加工承揽、技术转让、合资经营、合作经营、勘探开发自然资源、保险、信贷、劳务、代理、咨询服务和海上、民用航空、铁路、公路的客货运输，以及产品责任、环境污染、海上事故和所有权的

争议等，但不包括外国投资者与东道国政府之间的争端。[①]

(3)根据1958年《纽约公约》第4条，申请我国法院承认和执行在另一缔约国领土内作出的仲裁裁决，由仲裁裁决的一方当事人提出。对于当事人的申请应由我国下列地点的中级人民法院受理：被执行人为自然人的，为其户籍所在地或者居所地；被执行人为法人的，为其主要办事机构所在地；被执行人在我国无住所、居所或者主要办事机构，但有财产在我国境内的，为其财产所在地。

(4)我国有管辖权的中级人民法院接到一方当事人请求后，应对申请承认及执行的外国仲裁裁决进行审查，如果认为不具有该公约第5条第1款、第2款所列的情形，应当裁定承认其效力，并依照我国《民事诉讼法》规定的程序执行；如果认定具有该公约第5条第2款所列情形之一的，或者根据被申请人提供的证据证明具有第5条第1款所列情形之一的，应当裁定驳回申请，拒绝承认及执行。

(5)申请我国法院承认及执行的仲裁裁决，仅限于1958年《纽约公约》对我国生效后在另一缔约国领土内作出的仲裁裁决。该项申请应当在我国《民事诉讼法》第215条规定的申请执行期限内提出。

2.在与我国订有双边条约的国家作出的外国裁决

在我国与一些国家订立的双边贸易、投资保护和司法协助的条约或协定中，规定有关相互承认与执行对方国家的仲裁裁决的条文。对于在这些国家作出的仲裁裁决，可按双边条约的规定予以承认和执行。例如，我国和土耳其1992年9月28日签订的《关于民事、商事和刑事司法协助的协定》第26条“仲裁机构裁决的承认和执行”规定：“除符合本章第三节的其他规定外，符合下列条件的仲裁裁决应予承认与执行：(1)按照被请求的缔约一方的法律，该项仲裁裁决属于对契约性或非契约性商事争议作出的仲裁裁决；(2)仲裁裁决是基于当事人关于将某一特定案件或今后由某一特定法律关系所产生的案件提交仲裁机构管辖的书面仲裁协议作出的，且该项仲裁裁决是上述仲裁机构在仲裁协议中所规定的权限范围内作出的；(3)根据被请求的缔约一方的法律，提交仲裁机构管辖的协议是有效的。”

3.在与我国没有有关条约关系的其他国家作出的裁决

对于在《纽约公约》缔约国以及与我国订有双边条约国家以外的其他国家作出的仲裁裁决，需要在我国境内承认与执行的，应由当事人向我国法院提出申请，我

① 外国投资者与东道国政府之间的争端一般由1965年《关于解决各国和其他国家的国民之间投资争端的公约》(即《华盛顿公约》)所设解决投资争端的国际中心解决。我国已于1992年批准加入1965年《华盛顿公约》。《华盛顿公约》规定，每一缔约国都应承认依照该公约作出的裁决具有约束力，并在其领土内履行该裁决所确定的金钱上的义务，如同该裁决是该国法院的最后判决一样。

国法院按照互惠原则办理。如果外国裁决的作出地国与我国有相互承认与执行仲裁裁决的互惠关系，并且该裁决在形式上符合我国法律的规定，裁决的执行不违反我国法律的基本原则及国家主权、安全和社会公共利益的，人民法院裁定承认其效力，发出执行令，按照我国《民事诉讼法》规定的程序执行。

1995 年 8 月 28 日，最高人民法院发出《关于人民法院处理与涉外仲裁及外国仲裁有关问题的通知》，设立了报告制度，即对于下级法院准备拒绝承认和执行外国仲裁裁决的案件，应在报请最高人民法院同意后，才能作出拒绝承认和执行的裁定。根据该《通知》，当事人向人民法院申请承认和执行外国仲裁机构的裁决，如果人民法院认为申请承认和执行的外国裁决不符合我国参加的国际公约的规定或者不符合互惠原则的，在裁定拒绝承认和执行之前，必须报请本辖区所属高级人民法院进行审查；如果高级人民法院同意拒绝承认和执行，应将其审查意见报最高人民法院。待最高人民法院答复后，方可裁定拒绝承认和执行。该报告制度的设立，主要是为了尽可能严格把握拒绝承认和执行外国仲裁裁决的条件，避免随意拒绝承认和执行外国仲裁裁决的情形的发生。由最高人民法院对拒绝承认和执行外国仲裁裁决的案件统一把关，不仅可以统一执法的尺度，而且可以有效避免地方保护主义可能带来的干扰。

2017 年 12 月 26 日，最高人民法院发布《关于仲裁司法审查案件报核问题的有关规定》，其中第 2 条规定：各中级人民法院或者专门人民法院办理涉外涉港澳台仲裁司法审查案件，经审查拟认定仲裁协议无效，不予执行或者撤销我国内地仲裁机构的仲裁裁决，不予认可和执行香港特别行政区、澳门特别行政区、台湾地区仲裁裁决，不予承认和执行外国仲裁裁决，应当向本辖区所属高级人民法院报核；高级人民法院经审查拟同意的，应当向最高人民法院报核。待最高人民法院审核后，方可依最高人民法院的审核意见作出裁定。

从近年的司法实践来看，我国法院对外国仲裁裁决的司法监督表现出越来越宽松的态度，充分尊重当事人的意思自治，尊重当事人选择仲裁方式解决其纠纷的意愿，尽可能地承认仲裁协议和仲裁裁决的有效性，承认和执行外国仲裁裁决，积极支持非诉讼纠纷解决机制的发展和完善。

在涉外民事诉讼中，可能还有一些具体事项需要国家间的相互协助。比如，外国法的查明，法律情报的交换，户籍文书的送交，涉外财物的归还，各种文书的证明等等。在我国与外国签订的司法协助条约中，一般都涉及“交换法律情报”或关于外国法查明的内容，其目的在于准确查明案情，正确适用法律，以保护当事人的合法权益。